भारतीय राष्ट्रीय आन्दोलन
(Indian National Movement)

भारतीय राष्ट्रीय आन्दोलन

उर्मिला शर्मा
एस॰के॰ शर्मा

एटलांटिक पब्लिशर्स एण्ड डिस्ट्रीब्यूटर्स

प्रकाशक

एटलांटिक पब्लिशर्स एण्ड डिस्ट्रीब्यूटर्स

बी-2, विशाल एन्क्लेव, नई दिल्ली - 110027

दूरभाष : 25413460, 25429987, 25466842

विक्रय केन्द्र

एटलांटिक पब्लिशर्स एण्ड डिस्ट्रीब्यूटर्स

7/22, अन्सारी रोड, दरियागंज, नई दिल्ली-110002

दूरभाष : 23273880, 23285873, 23280451

फैक्स : 91-11-23285873

e-mail : info@atlanticbooks.com

web: www.atlanticbooks.com

टाईपसैटिंग : ए॰पी॰डी॰ कम्प्यूटर ग्रॉफिक्स, नई दिल्ली

मुद्रक : मेहरा ऑफ्सेट प्रैस, नई दिल्ली

BHARATIYA RASHTRIYA ANDOLAN *(in Hindi)*

By Urmila Sharma & S.K. Sharma

प्रस्तावना

भारतीय आजादी के पचास वर्ष पूरे होने के बाद भी भारतवासियों को भारतीय राष्ट्रीय आन्दोलन से बार-बार प्रेरणा लेने की आवश्यकता है। भारतीय राष्ट्रीय आन्दोलन का इतिहास आज भी भारतीय सामान्य जनों एवं नेताओं को दिशा निर्देश दे सकता है। हर्ष है कि लगभग समस्त भारतीय विश्वविद्यालयों में स्नातक एवं स्नातकोत्तर कक्षाओं में राजशास्त्र विषय के विद्यार्थियों के लिये भारतीय राष्ट्रीय आन्दोलन का अध्ययन अनिवार्य है।

प्रस्तुत पुस्तक में समस्त भारतीय विश्वविद्यालयों की बी० ए० एवं एम० ए० (राजशास्त्र) कक्षाओं के पाठ्यक्रमानुसार भारतीय राष्ट्रीय आंदोलन का आलोचनात्मक विवरण एवं मूल्यांकन दिया गया है। उन्नीसवीं शताब्दी में सामाजिक एवं धार्मिक आन्दोलन से प्रारम्भ करके इस पुस्तक में भारतीय राष्ट्रीय आन्दोलन की सभी धाराओं—उग्रवाद, उदारवार, सैन्यवाद, पुनरुत्थानवाद, गांधीवाद, साम्प्रदायिकता, समाजवाद एवं साम्यवाद का विवरण एवं मूल्यांकन दिया गया है। दूसरी ओर राष्ट्रीय आन्दोलन के प्रारंम्भ से लेकर ब्रिटिश काल में भारत को क्रमश: उत्तरोत्तर अधिकार देने वाले सभी संवैधानिक सुधारों, सन् 1919, 1935 तथा 1947 के अधिनियमों का विवरण दिया गया है। पुस्तक के अन्त में प्रमुख भारतीय राजनैतिक दल देश को किस दिशा में ले जाना चाहते हैं तथा राष्ट्रीय आन्दोलन में उनका क्या योगदान रहा है। इसका विवरण दिया गया है।

इस प्रकार यह पुस्तक विद्यार्थियों के लिये आदर्श पाठ्यपुस्तक तथा सामान्य पाठकों के लिये अनिवार्य जानकारी है। राजशास्त्र के विद्यार्थियों एवं प्राध्यापकों से पुस्तक के संशोधन के सम्बन्ध में सुझाव पाकर लेखकगण आभारी होंगे।

उर्मिला शर्मा

एस० के० शर्मा

विषय सूची

1

उन्नीसवीं शताब्दी में सामाजिक और धार्मिक आन्दोलन (Social and Religious Movements in Nineteenth Century)

भारतवर्ष में अंग्रेजी साम्राज्य की स्थापना हो जाने पर अंग्रेजों ने भारत का शोषण करना आरम्भ किया। उन्होंने भारतवर्ष की तत्कालीन धार्मिक, दार्शनिक, सामाजिक, राजनैतिक और आर्थिक दशा का अध्ययन करके यह नतीजा निकाला कि भारतवर्ष इन सभी क्षेत्रों में पिछड़ चुका है। इसलिए उन्होंने भारतवर्ष पर अंग्रेजी सभ्यता और संस्कृति को थोपने का प्रयास करना शुरू किया। भारतवर्ष में इस समय धार्मिक और सामाजिक क्षेत्र में पण्डितों और पुरोहितों का पाखण्ड, बाल-विवाह, जाति-पांति का भेद और सती प्रथा आदि अनेक बुराईयां अपनी जड़ें मजबूत कर चुकीं थीं। ऐसे वातावरण में ईसाई धर्म के पादरियों और प्रचारकों ने हिन्दी भाषा के माध्यम से ईसाई धर्म का प्रचार करना शुरू किया। अंग्रेजी सरकार ने अंग्रेजी भाषा द्वारा भारतीयों को अंग्रेजी संस्कृति में रंगने का प्रयास करना शुरू कर दिया। इसका नतीजा यह निकला कि देश पर ईसाई धर्म का प्रभाव और अंग्रेजी संस्कृति का रंग बड़ी तेजी से चढ़ने लगा। इस समय में दो प्रकार के विचार वाले लोग दिखाई पड़ते थे। एक वर्ग उन लोगों का था जो कि अपनी धार्मिकता के कारण धार्मिक क्षेत्र में किसी भी प्रकार के सुधार के कट्टर विरोधी थे। दूसरा वर्ग उन लोगों का था जो कि योरोपीय विज्ञान से प्रभावित होकर उस संस्कृति को ही अपनाने के पक्षपाती थे। इसी समय एक ऐसे तीसरे वर्ग का जन्म हुआ जिसने कि योरोपीय वैज्ञानिक उन्नति और भारतीय प्राचीन संस्कृति का मेल मिलाने का दृष्टिकोण सामने रखा। ये धार्मिक क्षेत्र में कट्टरता और पाखण्ड के विरोधी थे। ये विज्ञान को भी अपना स्वामी नहीं मानते थे। वे इन दोनों में समन्वय स्थापित कर भारतीय संस्कृति को एक नया रूप देना चाहते थे। इनके प्रयासों का परिणाम यह हुआ कि उन्नीसवीं सदी में बहुत से धार्मिक और सामाजिक सुधारकों ने जन्म लिया और बहुत सी सुधारवादी संस्थाओं की स्थापना की जिन्होंने देश में राष्ट्रीय जागृति की नींव डाली।

तत्कालीन परिस्थितियाँ

1765 में बंगाल का शासन ईस्ट इण्डिया कम्पनी के हाथ में आ गया था। तत्पश्चात् कम्पनी दूसरे प्रदेशों में भी आन्तरिक कलह का लाभ उठाती रही और अपने विशेषाधिकार बढ़ाती रही। इस प्रकार भारत में 17वीं सदी के मध्य से 19वीं सदी के मध्य तक निरन्तर विद्रोहों और युद्धों का वातावरण बना रहा। ऐसी अव्यवस्था और धार्मिक कठिनाईयों के मध्य में भारतीय विद्वानों और धार्मिक सुधारकों ने जन्म लिया। इसमें प्रभाव डालने वाले तत्वों में मुख्य रूप से पश्चिम के साथ सम्बन्ध स्थापित होना है। अंग्रेजों की भारत-विजय के साथ-साथ भारतवर्ष में पश्चिमी संस्कृति का भी प्रसार हुआ। अठारहवीं शताब्दी तक भारतवासी अपनी प्राचीन संस्कृति को भूला बैठे थे। यही कारण था कि इस समय प्रेरणा, उत्साह एवं दूरदर्शिता का अभाव था, उनके स्थान पर रूढ़िवादिता आ गई थी। संस्कृति के क्षेत्र में आडम्बर बढ़ गया था। वाराणसी, जहाँ वेदों के पठन-पाठन और वेदांगों का अध्ययन मुख्य साधना थी, वहां की जनता वास्तविक वेदों को खो बैठी थी, यहां तक कि ऋग्वेद की एक भी सही प्रति प्राप्त नहीं थी। विदेशियों के सम्पर्क में आने से भारतीयों ने उनसे तर्क और विज्ञान सीखे, जिनको जीवन के सम्पूर्ण अंगों में प्रयोग करके अन्धविश्वासों से युद्ध आरम्भ किया। इस कार्य में पाश्चात्य शिक्षा-पद्धति का अत्यधिक योगदान रहा, परन्तु एक दुर्भाग्यपूर्ण स्थिति यह उत्पन्न हो गई कि पाश्चात्य शिक्षा प्राप्त व्यक्तियों में से अधिकतर पाश्चात्य रंग में रंग गए और पाश्चात्य संस्कृति का अन्धानुकरण प्रारम्भ हो गया। इससे भी अधिक बुरा प्रभाव यह हुआ कि यह वर्ग अपनी संस्कृति की अज्ञानता में उसको हेय मानने लगा। फलत: यह शिक्षित वर्ग भारतीय धार्मिक और सामाजिक व्यवस्था को निरर्थक समझने लगा। कुछ व्यक्तियों ने तो धर्म परिवर्तन तक कर लिया था इनमें कृष्णमोहन बनर्जी, लालबिहारी दे, कवियित्री तोरूदत्त के पिता गोविन्ददत्त आदि के नाम उल्लेखनीय हैं, परन्तु ऐसे समय में, जबकि भारतीय संस्कृति पर कुठाराघात हो रहा था, कुछ ऐसी महान् विभूतियां भी हुईं, जिन्होंने भारतीय धर्म एवं संस्कृति को अति उत्तम रूप में प्रस्तुत कर भारतीयों के ज्ञान-चक्षु खोल दिए। इस जागरण को हम 'धार्मिक पुनरुत्थान' का नाम देते हैं।

धर्म सुधार आन्दोलन

भारतीय समाज में धर्म का विशेष महत्व है। भारतीय धर्मशास्त्रों के अनुसार धर्म की परिभाषा इतनी विस्तृत रूप से दी गई है जिसमें कि मनुष्य के जीवन के प्रत्येक कार्य-कलाप के लिये उचित नियमों का उल्लेख किया गया है। इस प्रकार से 'धर्म' शब्द का अर्थ केवल पूजा अथवा उपासना से सम्बन्धित नियमों का उल्लेखमात्र ही नहीं है अपितु उसके अन्तर्गत सम्पूर्ण जीवन को धर्मानुसार व्यतीत करने के लिए नियमों का निरूपण किया गया है। 18वीं शताब्दी के उत्तरार्द्ध में पाश्चात्य शिक्षा-दीक्षा के प्रभाव से प्रभावित कुछ विद्वानों ने भारतीय संस्कृति की खोज प्रारम्भ की, जिसके फलस्वरूप इस समय में बहुत से आन्दोलन इस क्षेत्र में प्रारम्भ हुए जिनको 'धर्म सुधार आन्दोलन' का नाम दिया गया है।

राजा राममोहन राय और ब्रह्म-समाज

बंगाल में बर्दवान जिले में राधानगर ग्राम के ब्राह्मण जमींदार रमाकान्त राय के यहां 1774 ई० में राजा राममोहन राय ने जन्म लिया। इनकी प्रारम्भिक शिक्षा पटना में हुई, जहाँ कि इन्होंने

अरबी, फारसी और संस्कृत भाषाओं का अध्ययन किया। वहीं पर वे सूफी मतावलम्बियों के प्रभाव में आए, जिनके कारण न केवल इनकी विचारधारा में परिवर्तन आया अपितु इनके वस्त्र तथा रुचि भी मुसलमानी हो गई। इन्होंने कुरान का अध्ययन अरबी भाषा में किया। इसके पश्चात् एक समय इनका अपने पिता से वाद-विवाद बहुत अधिक बढ़ गया जिसके फलस्वरूप यह तीन वर्ष तक स्थान-स्थान पर घूमते रहे। कुछ समय पश्चात् यह बनारस पहुंच गए और वहाँ रहकर ब्राह्मण और वैदिक धर्मशास्त्रों का मनोयोगपूर्वक अध्ययन व अनुशीलन किया। लगभग 1803 में वे मुर्शिदाबाद चले गये। वहां से इन्होंने एक धार्मिक लेख फारसी भाषा में निकाला जिसका शीर्षक 'तुहफत-उल-मुवाहिद्दीन' (A gift of Monotheisic) था। इसमें मूर्ति-पूजा तथा समस्त धर्मों के अन्धविश्वासों के विरुद्ध मत प्रकट किया गया था। राजा राममोहन राय स्वयं एक विश्वबन्धुत्व धर्म की स्थापना करने का प्रयास कर रहे थे। तत्पश्चात् उन्होंने लैटिन, ग्रीक व हीब्रू भाषाओं की जानकारी भी प्राप्त की। इन्होंने उपनिषदों तथा वेदान्त का जो अध्ययन किया था वह इनकी प्रारम्भिक पुस्तकों में प्रकशित किया गया है। सन् 1792 ई० के बाद जब वह कलकत्ता में आकर बस गये थे तब भी उनमें तथा अन्य विद्वानों में धार्मिक तथा सामाजिक समस्याओं पर वाद-विवाद चल रहे थे। ये विवाद अधिकतर जैन, हिन्दू तथा मुस्लिम धर्मावलम्बियों के साथ होते थे। इसी समय में इन्होंने तन्त्र साहित्य का अध्ययन किया, इन्होंने पश्चिमी राजनीति और फ्राँस की क्रान्ति का अध्ययन किया। 1814 ई० में इन्होंने कम्पनी की नौकरी से अवकाश प्राप्त कर लिया था। सन् 1815 ई० में इन्होंने धार्मिक विषयों पर विचार-विनिमय के उद्देश्य से 'आत्मीय सभा' की स्थापना की थी। सन् 1819 ई० में इन्होंने 'कलकत्ता यूनीटेरियन कमेटी' की स्थापना की, 1825 ई० में इन्होंने वेदान्त कालिज की स्थापना की थी। बाइबिल के अध्ययन के प्रभाव से इन्होंने एक लेख 'दी प्रिसेप्ट्स आफ जीसस' भी लिखा जिसमें बाइबिल के आधार पर शाँति और प्रसन्नता का मार्ग दिखलाया गया था। इससे इनका अत्यधिक विरोध हुआ। सन् 1824 ई० में इन्होंने ब्रह्म-समाज की स्थापना की।

राजा राममोहन राय का सम्पूर्ण जीवन इस नवीन युग की आत्मा को प्रतिबिम्बित करता है। इन्हें आधुनिक भारतीय जागृति का पिता कहना सर्वथा उचित होगा। इन्होंने एकेश्वरवाद की शिक्षा दी। इन्होंने तत्कालीन प्रचलित हिन्दू विश्वासों तथा बहुत से देवी-देवताओं की मूर्ति आराधना करने तथा उनसे सम्बन्धित बहुत से संस्कारों का विरोध किया। इन्होंने इस बात को स्पष्ट करने की चेष्टा की कि इनके विचार प्राचीन हिन्दू-शास्त्रों पर आधारित हैं, जिनके प्रयोग में वर्तमान समय के अन्धविश्वासों के कारण अन्तर आ गया है। राममोहन राय के विचारों ने हिन्दू-समाज को झकझोर दिया। राममोहन राय ने बंगाली भाषा में प्राचीन सिद्धांतों का प्रतिपादन आरम्भ किया जिसके द्वारा इन्हें अपनी विचारधारा को स्पष्ट करने में सहायता मिली। इन्होंने अपने इन धार्मिक विचारों को ब्रह्म-समाज के द्वारा देश के विभिन्न भागों में फैलाया। अप्रत्यक्ष रूप से बंगाली गद्य साहित्य और बंगाली पत्रकारिता को राजा राममोहन राय द्वारा प्रोत्साहन मिला।

डॉ० आर० सी० मजूमदार के अनुसार राजा जी अंग्रेजी शिक्षा के महान् प्रवर्त्तक थे। उन्होंने न केवल इस कार्य के लिए विभिन्न संस्थाओं की स्थापना की अपितु इस कार्य में दूसरों की भी

सहायता की। 1820 ई० में इन्होंने कलकत्ता में संस्कृत कालिज की स्थापना का विरोध किया, क्योंकि उससे विद्यार्थी केवल वे ही बातें सीख सकते थे जोकि हजारों वर्ष पहले प्रचलित थीं। इसके विपरीत यह चाहते थे कि भारतवर्ष में ऐसी उदारवादी शिक्षा का प्रबन्ध हो जिससे गणित, दर्शन, रसायनशास्त्र तथा दूसरे आधुनिक विषयों का अध्ययन किया जाये।

समाज-सुधार—राजा जी विशेष रूप से समाज की कुरीतियों को दूर करना चाहते थे। वह जाति-प्रथा की जटिलता और स्त्रियों की गिरती हुई दशा में सुधार करना चाहते थे। वह सती-प्रथा के विरुद्ध थे और इसके लिए उन्होंने ब्रिटिश सरकार से अधिनियम बनाने का अनुरोध किया। वह स्त्रियों के उत्तराधिकार के नियमों में परिवर्तन लाना चाहते थे जिससे कि विधवा स्त्रियों की दशा में सुधार हो सके। वह स्त्रियों की शिक्षा भी उचित रूप से प्रदान करने के पक्ष में थे। वह केवल कुछ विशेष परिस्थितियों में ही विधवा-विवाह होने के पक्ष में थे। संक्षेप में, यह कहा जा सकता है कि उन्होंने भारत के समाज सुधार की सही रूपरेखा प्रस्तुत की, जिसमें कि स्त्रियों की दशा सुधारने का कार्य तथा जातिवाद के कठोर नियमों का विरोध मुख्य था।

राजनीति के क्षेत्र में राजा राममोहन राय संवैधानिक रूप से आन्दोलन करने के पक्ष में थे, जिसके फलस्वरूप आगे चलकर भारतीय राष्ट्रीय काँग्रेस का जन्म हुआ। उनकी राजनीति का आधारभूत सिद्धांत था 'स्वतन्त्रता प्रेम, जो कि आत्मा का सर्वोत्तम जोश हो' (Love of freedom, amounting to the strongest passion of the soul)। उनका दृढ़ विश्वास था कि भारतीय भी दूसरे उन्नत देशों के लोगों के समान बन सकते हैं। राममोहन राय के जीवन-चरित्र के लेखक भी इस बात को स्वीकार करते हैं कि उनके मस्तिष्क में सदैव ही अपने देशवासियों के राजनीतिक अधिकारों को बढ़ाने की चिन्ता रहती थी।

राजा जी प्रेस की स्वतन्त्रता भी चाहते थे। उन्होंने समय-समय पर प्रेस के बन्धक के नियमों के विरुद्ध सर्वोच्च न्यायालय और प्रिवी कौंसिल में प्रार्थना-पत्र प्रस्तुत किया। उनकी मृत्यु के दो वर्ष पश्चात् 1835 में उनका श्रम फलीभूत हुआ जबकि प्रेस पर से सभी प्रतिबन्धों को हटा दिया गया।

राजा राममोहन राय कानून और न्याय के क्षेत्र में भी सुधार के पक्ष में थे। वे यह नहीं चाहते थे कि धर्म के आधार पर न्याय किया जाये। इसके साथ ही वे हिन्दू, मुस्लिम, ईसाई इत्यादि धर्मावलम्बियों के लिये एक समान न्याय के पक्ष में थे। वे जमींदारी प्रथा के विरोधी थे क्योंकि उससे धन का संचय केवल कुछ ही व्यक्तियों के हाथों में हो गया था और साधारण कृषक की स्थिति अत्यन्त दयनीय थी। इसके लिए उन्होंने भूमि पर किराया कम करने तथा किसानों द्वारा दिए जाने वाले लगान में कमी करने का अनुरोध किया। इससे उत्पन्न घाटे को पूरा करने के लिए उन्होंने ऐश्वर्य की वस्तुओं पर कर लगाकर अथवा यूरोपियन कलक्टरों के स्थान पर भारतीयों को कम वेतन पर नियुक्त करने की सलाही दी। इन सुधारों के अतिरिक्त उन्होंने ब्रिटिश-भारतीय सेना का भारतीयकरण, न्यायपालिका और कार्यपालिका के कार्यालयों का पृथक्करण और फौजदारी व दीवानी कानूनों के बनाये जाने तथा फारसी भाषा के स्थान पर न्यायालयों में अंग्रेजी के प्रयोग का अनुरोध किया। उपरोक्त सुधारों के लिये राजा राममोहन राय ने अपना सम्पूर्ण जीवन अर्पित

कर दिया। उनकी मृत्यु 1833 ई० में ब्रूसेल्स में हुई। धार्मिक आन्दोलन के क्षेत्र में उनका स्थापित किया हुआ ब्रह्म-समाज सर्वप्रथम सुधारवादी आन्दोलन था।

ब्रह्म-समाज

राजा राममोहन राय के आन्दोलन के फलस्वरूप 1828 में ब्रह्म-समाज की स्थापना हुई। उन्होंने सबसे पहले अन्तरावलोकन तथा विश्लेषण के द्वारा हिन्दू धर्म को काफी सीमा तक अन्धविश्वासों से मुक्त कर दिया। राजा जी द्वारा स्थापित सभा में वे सब व्यक्ति एकत्रित हो सकते थे जोकि एक ईश्वर में विश्वास रखते थे और मूर्ति-पूजा के विरोधी थे। राजा जी ने स्वयं 1830 ई० में इस सभा के लिए एक भवन दिया जहाँ कि इस समाज की सभाएँ होती थीं। यह स्मरणीय है कि राममोहन राय अपने को हिन्दू के अतिरिक्त अन्य कुछ नहीं समझते थे। उन्होंने अन्त समय तक इस आक्षेप का विरोध किया कि उन्होंने किसी नवीन मत की स्थापना की है। उनके द्वारा स्थापित ब्रह्म-सभा में प्रति सप्ताह ब्राह्मणों द्वारा वेदों का पाठ होता था। उस सभा-मण्डल में ब्राह्मण के अतिरिक्त अन्य जाति का व्यक्ति नहीं जा सकता था।

देवेन्द्रनाथ ठाकुर

राजा राममोहन राय के इंगलैंड चले जाने और वहीं उनकी मृत्यु हो जाने के कारण कुछ समय तक ब्रह्म-समाज का कार्य ढीला पड़ गया, परन्तु शीघ्र ही देवेन्द्रनाथ ठाकुर ने इस सभा को नवजीवन प्रदान किया। इन्होंने एक नियमावली बनाई और इसका सदस्य बनने के लिए एक साधारण उत्सव भी प्रचलित किया। इस प्रकार से इस सभा को एक आध्यात्मिक भ्रातृत्व संस्था के रूप में परिवर्तित कर दिया गया। उन्होंने 'तत्वबोधिनी' पत्रिका के द्वारा इसके सिद्धान्तों का प्रतिपादन किया। इसके अनुसार वेद ब्रह्म-समाज के आधारभूत धार्मिक ग्रन्थ स्वीकार किए गए।

केशवचन्द्र सेन और नवीन ब्रह्म-समाज

देवेन्द्रनाथ ठाकुर के साथ-साथ केशवचन्द्र सेन ने भी ब्रह्म-समाज को प्रगतिशील बनाया। ईसाई धर्म से अधिक प्रभावित होने के कारण केशवचन्द्र सेन ब्रह्म-समाज को ईसाई धर्म के सिद्धान्तों के अनुसार चलाना चाहते थे जिसके द्वारा ब्रह्म-समाज दो दलों में विभक्त हो गया —(1) आदि ब्रह्म-समाज, (2) साधारण ब्रह्म-समाज। केशवचन्द्र सेन के सहयोगी अन्तर्जातीय विवाह तथा विधवा-विवाह के पक्ष में थे और ब्राह्मण पुजारियों द्वारा मंच से उपदेश देने के विरुद्ध थे जिसके फलस्वरूप केशव को देवेन्द्रनाथ ठाकुर ने ब्रह्म-समाज से पृथक् कर दिया था। आदि ब्रह्म-समाज ने मूर्ति-पूजा के स्थान पर केवल 'एक ईश्वर ' के सिद्धान्त को अपनाया था, परन्तु वे लोग हिन्दू समाज से पूर्णतया पृथक् नहीं होना चाहते थे। इस विभाजन से आदि ब्रह्म-समाज ने समाज सुधार के सब कार्यक्रमों को त्याग दिया। डॉ० आर० सी० मजूमदार के अनुसार इससे राजा राममोहन राय द्वारा प्रारम्भ किया हुआ सुधार कार्य का युग समाप्त हुआ और अब सुधार आन्दोलन में नए युग का प्रारम्भ हुआ।

नवीन ब्रह्म-समाज

केशवचन्द्र सेन द्वारा स्थापित नवीन ब्रह्म-समाज ने ही सम्पूर्ण बंगाल और दूसरे प्रान्तों में स्थान-स्थान पर स्थानीय समाजों की स्थापना की। इसमें स्त्रियों को भी सदस्य बनाया गया और साथ ही समाज-सुधार के लिए एक साधारण कार्यक्रम तैयार किया गया। केशवचन्द्र सेन प्रचार-यात्राओं पर निकले जिससे बम्बई में प्रार्थना-समाज और मद्रास में वेद-समाज की स्थापना हुई। इस समाज के प्रभाव का प्रतिफल यह हुआ कि ब्रिटिश सरकार ने 1872 में ऐक्ट बनाया जिसके द्वारा बाल-विवाह तथा बहुपत्नी-प्रथा समाप्त कर दी गई, और अन्तर्जातीय तथा विधवा-विवाहों की कानूनी स्वीकृति हिन्दू और इस्लाम धर्म के अतिरिक्त दूसरे धर्मावलम्बियों को भी प्रदान कर दी गई। इन्होंने इस धर्म के प्रचारार्थ कीर्तन इत्यादि भी प्रारम्भ कर दिया। धीरे-धीरे इस धर्म में गुरु का सम्मान अधिक बढ़ गया कि वह पैगम्बर अथवा अवतार समझा जाने लगा।

क्रमश: अवतार रूप में मनुष्य की इस पूजा का बड़ा विरोध हुआ। विरोधी लोग स्त्री-शिक्षा के पक्ष में थे और पर्दा-प्रथा के तीव्र विरोधी थे। सन् 1878 ई॰ में जब केशव की 14-वर्षीय बहन का विवाह, कूँच बिहार के राजा से हुआ तो इन प्रगतिवादियों ने एक नवीन 'साधारण ब्रह्म-समाज' की स्थापना की। शीघ्र ही केशव द्वारा स्थापित ब्रह्म-समाज ने भी इस नवीन साधारण ब्रह्म-समाज द्वारा प्रारम्भ किए गए आन्दोलन को स्वीकार कर लिया।

यह नवीन समाज वैधानिक रास्ते पर चलते हुए सामाजिक सुधार के कार्यक्रमों को आगे बढ़ाता रहा। वास्तव में सामाजिक सुधार के क्षेत्र में इसके प्रचार के फलस्वरूप पर्दा-प्रथा की समाप्ति, विधवा-विवाह का प्रचलन, बहु-विवाह तथा बाल-विवाह की समाप्ति और उच्च शिक्षा के लिए प्रबन्ध आदि भारतीय हिन्दू समाज द्वारा अपनाए जा सके। इसके प्रभाव से हिन्दू अन्य लोगों के साथ सामाजिक उत्सवों में सहयोग देने लगे और समुद्र द्वारा विदेशों को यात्रा के लिए जाने लगे। फिर भी, जैसा कि डॉ॰ मजूमदार लिखते हैं, यह आन्दोलन एकेश्वरवाद को लेकर प्रारम्भ हुआ था और इसका मुख्य उद्देश्य मूर्ति-पूजा का उन्मूलन था परन्तु अपने दोनों ही आदर्शों में यह सफलता नहीं प्राप्त कर सका।

प्रार्थना-समाज

बंगाल से बाहर दूसरे प्रान्तों में ब्रह्म-समाज आन्दोलन ने कुछ भिन्न रूप धारण किया। महाराष्ट्र में यह सबसे अधिक जोर पकड़ गया जहाँ कि एक प्रार्थना-समाज की भी स्थापना हुई। ब्रह्म-समाज के समान इसके प्रमुख उद्देश्य थे—(1) विवेकपूर्ण उपासना करना, (2) जाति-प्रथा को अस्वीकार करना, (3) विधवा-विवाह का प्रचार करना, (4) स्त्री-शिक्षा को प्रोत्साहन देना, (5) बाल-विवाह का बहिष्कार करना, (6) अन्य सामाजिक सुधार करना इत्यादि। केशवचन्द्र सेन ने 1867 में प्रार्थना-समाज का प्रारम्भ किया था। इनके साथ नवीनचन्द्र राय, पी॰ सी॰ मजूमदार और महेन्द्रनाथ बोस जैसे प्रसिद्ध ब्रह्म-समाजी भी थे। प्रार्थना-समाज के अनुयायियों ने कभी भी हिन्दू समाज से बाहर किसी नवीन धर्म की स्थापना का विचार नहीं किया। वे भक्ति में विश्वास

रखते थे और महाराष्ट्र के सन्तों के प्रति भी गहरी आस्था थी। उनमें विशेष रूप से नामदेव, तुकाराम और रामदास का नाम लिया जा सकता है। प्रार्थना-समाज ने विशेष रूप से धार्मिक सुधारों जैसे अन्तर्जातीय सहभोज और अन्तर्जातीय विवाह, विधवा-विवाह और स्त्रियों की दशा में सुधार आदि को प्रोत्साहन दिया। इन्होंने पन्ढरपुर में एक अनाथालय की स्थापना की। इन्होंने विदेशी मिशनरियों के तरीके से सुधार-कार्य किया।

महादेव गोबिन्द रानाडे

प्रार्थना-सभा की सफलता का मुख्य श्रेय जस्टिस महादेव गोबिन्द रानाडे को है। उन्होंने अपना सम्पूर्ण जीवन प्रार्थना-समाज की उन्नति में लगा दिया। उन्होंने 1861 में 'विधवा-विवाह संस्था' बनाने में सहयोग दिया। उन्हीं के सहयोग से 'दिक्खन शिक्षा समाज' की स्थापना हो सकी थी। उनकी प्रतिभा व बुद्धि विलक्षण थी। उन्होंने ही सर्वप्रथम यह सुझाव दिया था कि सुधारकों को सम्पूर्ण मानव के उद्धार का प्रयास करना चाहिए, न कि उसके एकपक्षीय सुधार का कार्यक्रम हो। उनके अनुसार धर्म और सामाजिक सुधार पृथक् नहीं किए जा सकते हैं। सी० एफ० एण्डरूज के शब्दों में, ''सुधारकों में रानाडे राजा राममोहन राय और सर सैयद अहमद खॉ के समीप आते हैं परन्तु .... वह दोनों से रचनात्मक उद्देश्य में बढ़कर थे, पाश्चात्य सभ्यता के आधारभूत सिद्धान्तों को भली-भाँति समझते थे और भारतीय परिस्थितियों में उनका प्रयोग भी जानते थे।''

प्रार्थना-समाज भी ब्रह्म-समाज के समान पाश्चात्य विचार एवं विवेकशीलता के प्रभावस्वरूप प्रारम्भ हुआ। इसमें प्रतिक्रियावादी तथा उग्र सुधारवादी व्यक्ति शमिल नहीं हुए थे। इस प्रकार के विचारों को जन्म देने वाले आन्दोलन आर्यसमाज व रामकृष्ण मिशन थे।

थियोसोफिकल सोसाइटी

अंग्रेजी शिक्षा के प्रभाव एवं प्रसार के फलस्वरूप भारत में एक ऐसी संस्था की भी स्थापना हुई जिसमें किसी प्रकार की साम्प्रदायिकता नहीं थी। ऐसी संस्था की स्थापना मद्रास के अडयार नामक शहर में हुई। इस संस्था का मुख्य उद्देश्य समस्त विश्व के धर्मों की भूलभूत एकता स्थापित करना था। आज भी यह संस्था आध्यात्मिक जीवन के महत्व और विश्वबन्धुत्व के सिद्धांत का प्रचार करती है। न्यूयार्क में सर्वप्रथम 1875 ई० में एक महिला मैडम ब्लेवेटस्की और कर्नल एल० एस० आलकट ने इस संस्था की स्थापना की थी। 1893 ई० में भारत में आकर डॉ० एनी बेसेंट ने इस संस्था को अनुपम शक्ति दी। इस संस्था ने भारत में हिन्दू धर्म को जागृति की प्रेरणा दी। इनका स्थापित किया हुआ वाराणसी का सेण्ट्रल हिन्दू कालिज विश्वविद्यालय में परिवर्तित हो गया। इस संस्था ने अपनी शाखाएँ भारतवर्ष के विभिन्न भागों में स्थापित कर उच्च शिक्षा के साथ-साथ वैज्ञानिक हिन्दू धर्म के अध्ययन को भी प्रोत्साहन दिया। इसी संस्था ने सर्वप्रथम अछूतों के लिए पाठशालाओं का निर्माण कर राष्ट्रीय कार्य की ओर दृढ़ कदम उठाया। इस संस्था के प्रचार स्वरूप भारतीयों में नवीन स्फूर्ति, अतीत के प्रति श्रद्धा और आत्मविश्वास की भावना ने जन्म लिया। आत्मविश्वास से आत्मगौरव को बल मिलता है। थियोसोफिकल सोसाइटी ने हिन्दू धर्म की प्राचीन रूढ़ियों, विश्वासों और कर्मकांडों को वैज्ञानिक स्वरूप में

ढालकर प्राचीन भारतीय आदर्शों और परम्पराओं को सम्बल दिया। आज भी भारतवर्ष में इस संस्था के चिन्ह विद्यमान हैं।

आर्य-समाज

स्वामी दयानन्द

आर्य-समाज के संस्थापक महर्षि स्वामी दयानन्द सरस्वती थे। इनका बचपन का नाम मूलशंकर था। इनका जन्म सन् 1824 ई० में एक ब्राह्मण परिवार में हुआ था। यह गुजरात के रहने वाले थे। इनके पिता अम्बाशंकर एक धनी जमींदार थे। पाँच वर्ष की आयु से मूलशंकर की पढ़ाई आरम्भ हुई। आठवें वर्ष इनका यज्ञोपवीत संस्कार हुआ। इसी समय इन्हें 'गायत्री' और ''संध्योपासन विधि' सिखाई गई। पिता ही स्वयं इन्हें पढ़ाते थे। यह स्वयं सामवेदी ब्राह्मण थे, इससे मूलशंकर पर शिवमत के संस्कार डाले गए तथा इस मत के अनुसार व्रत रखना और शिवलिंग की पूजा करना भी सिखाया गया। मूलशंकर ने 14 वर्ष की ही आयु में यजुर्वेद संहिता कण्ठस्थ कर ली थी।

इसी वर्ष मूलशंकर के पिता ने उनको शिवरात्रि व्रत करने की आज्ञा दी। पहले तो वह इसके लिए तैयार न हुए परन्तु इस व्रत का माहात्म्य सुनने पर वह व्रत रखने को तैयार हो गए। व्रत के दिन उन्हें रात्रि जागरण का भी आदेश मिला। रात्रि की पूजा के उपरान्त सब लोग ऊंघने लगे परन्तु मूलशंकर अपनी आँखों पर पानी के छींटे देकर जागते रहे। रात्रि के समय शान्त वातावरण देख एक चूहा बिल से निकल कर शिवलिंग के चारों ओर घूमने लगा और उस पर पड़ी सामग्री खाने लगा। यह देखकर मूलशंकर की क्या मनोदशा हुई इसका चित्रण अत्यन्त कठिन है। सम्भवत: उनके मस्तिष्क में विचार उमड़ रहे थे कि ''मूलशंकर उठ, विद्या पढ़, मेरे ज्ञान को प्राप्त कर, वेदों को ठीक-ठाक पढ़ और मनुष्यों को समझा, कि शिव सारी दुनिया की भलाई चाहने वाला होने से ईश्वर का एक नाम है। लोग दूसरों की भलाई के लिए अपने आराम और धन की भेंट देकर मेरे पूजक हो सकते हैं, न कि केवल एक नियत रात्रि में जागरण कर और पाषाण-लिंग पर चढ़ावा चढ़ाकर।'' इस घटना के दो वर्ष पश्चात् उनकी बहन की मृत्यु विशूचिका के कारण थोड़े ही समय में हो गई। जब मूलशंकर की आयु 19 वर्ष की थी उस समय उनके चाचा भी इसी रोग से मृत्यु को प्राप्त हुए जिनका उन पर बहुत प्रभाव पड़ा।

शास्त्रों के अनुसार 8 वर्ष की आयु में पुत्र को गुरूकुल भेज देना चाहिए। इस विचार को मूलशंकर ने अपने पिता के समक्ष रखा। वह व्याकरण, ज्योतिष और वैद्यक पढ़ने के लिए वाराणसी जाना चाहते थे परन्तु उनके पिता उनका विवाह करना चाहते थे। फिर, उन्होंने अपने ग्राम से 3 कोस दूर एक वृद्ध पण्डित से शिक्षा ग्रहण करने की इच्छा प्रकट की। 21 वर्ष की आयु में उन्हें विवाह-बन्धन में डालने का पूर्ण प्रबन्ध हो गया। इससे बचने का अन्य कोई उपाय न देखकर उन्होंने गृह त्याग दिया। पिता ने उन्हे ढूंढ निकाला, परन्तु वे रात्रि में फिर छिपकर निकल भागे। यह उनकी पिता से अन्तिम भेंट थी।

ब्रह्मचारी मूलशंकर ने संन्यास आश्रम में प्रवेश किया। उन्होंने विभिन्न स्थानों का भ्रमण किया और वेदाध्ययन करते रहे। वह योगियों से भेंट करने आबू पर्वत भी गए। इसके पश्चात वह बहुत से स्थानों पर घूमते हुए टीहरी पहुंचे, जहां कि तन्त्रवादियों की पुस्तकें देखकर इन्हें अत्यन्त घृणा हुई। वहाँ से वह फिर श्रीनगर और केदार घाटी पहुँचे। यहां उन्होंने बहुत काल तक स्वामी विरजानन्द से शिक्षा ग्रहण की।

आर्य-समाज द्वारा समाज सुधार

अध्ययन समाप्त करने के पश्चात् दयानन्द ने उपदेश देने का कार्य प्रारम्भ किया। अपने विचारों को फैलाने के लिए इन्होंने बम्बई में 1875 ई० में आर्य-समाज की स्थापना की। उन्होंने अपना प्रसिद्ध ग्रन्थ 'सत्यार्थ प्रकाश' प्रकाशित किया। इनके सुधार-कार्यों की तुलना मार्टिन लूथर से की जा सकती है जिसने यूरोप में केथोलिक चर्च के विरुद्ध सुधार कार्य का बीड़ा उठाया था। स्वामी जी ने हिन्दू धर्म को पवित्र वैदिक आधार पर स्थापित करने का कार्य किया। उन्होंने वेदों का अध्ययन सभी जातियों के लिए उचित बतलाया जिससे कि देश को जाति-प्रथा से मुक्ति मिल सके। ऋषि दयानन्द द्वारा प्रस्तुत किया गया यह दृष्टिकोण कि 'वेद सम्पूर्ण ज्ञान का भण्डार है' अत्यधिक आलोचना का विषय बन गया, परन्तु धीरे-धीरे उनके इस मत में विद्वानों को बहुत-कुछ सार दृष्टिगोचर हुआ। श्री अरविन्द ने लिखा है कि, ''ऋषि दयानन्द की इस विचारधारा में कोई ऊटपटाँग बात नहीं है कि वेद में विज्ञान तथा धर्म दोनों के सत्य निहित हैं। मेरा तो यहाँ तक विश्वास है कि वेद में विज्ञान के वे सत्य भी निहित हैं जो आधुनिक विश्व के पास बिल्कुल नहीं हैं और इसलिए दयानन्द ने वैदिक ज्ञान की गहराई के विषय में अधिक नहीं बल्कि कम ही कहा है।'' स्वामी जी ने अनेकेश्वरवाद, मूर्ति-पूजा, अवतारवाद, जाति-प्रतिबन्ध, रूढ़िवादिता, अशिक्षा, पर्दा-प्रथा, छुआछूत तथा समुद्र-यात्रा-निषेध के विरुद्ध उपदेश दिए। वे विधवा-विवाह तथा स्त्री शिक्षा के पक्ष में थे। उन्होंने ही सबसे पहले 'शुद्धि आन्दोलन' प्रारम्भ किया जिससे कि दूसरे धर्म में परिवर्तित हिन्दुओं को वापस हिन्दू समाज में लिया जा सके। उन्होंने हिन्दी भाषा के प्रसार में अत्यधिक योग दिया। वे प्रथम व्यक्ति थे जिन्होंने सम्पूर्ण भारत के लिए हिन्दी भाषा का प्रसार आवश्यक बतलाया था। उन्होंने बड़ी दृढ़ता से हिन्दुओं को अपने प्राचीन धर्म, गौरव और आदर्श का स्मरण दिलाया। इसके साथ ही उन्होंने अपने 'सत्यार्थ प्रकाश' नामक ग्रन्थ में स्वधर्म, स्वभाषा व स्वदेश की भावना को प्रोत्साहित किया। यह उनके इस उपदेश का ही फल था कि कालान्तर में भारतवासियों ने स्वराज्य के लिए कार्य करना प्रारम्भ किया। श्री अरविन्द घोष के शब्दों में, ''स्वामी जी परमात्मा की इस विचित्र सृष्टि के एक अद्वितीय योद्धा तथा मनुष्य और मानवीय संस्थाओं का संस्कार करने वाले अदभुत शिल्पी थे।''

प्रारम्भ में वह ब्रह्म-समाज के साथ समझौता करना चाहते थे और इसी विचार से 1869 ई० में कलकत्ता में एक सभा में भाग लेने गये, परन्तु इसका कोई निष्कर्ष नहीं निकला। कालान्तर में उनके द्वारा स्थापित किए हुए आर्य-समाज की शाखायें सम्पूर्ण पंजाब, उत्तर प्रदेश, गुजरात, महाराष्ट्र और अन्य स्थानों में फैल गईं जिससे कि ब्रह्म-समाज का प्रभाव लुप्तप्राय हो गया। स्वामी दयानन्द जी की मृत्यु सन् 1883 ई० में दूसरे धर्मावलम्बियों के द्वारा दूध में काँच मिलाकर

पिलाये जाने के कारण हो गई। उनके कार्य को उनके शिष्य लाला हंसराज, पण्डित गुरुदत्त, लाला लाजपतराय और स्वामी श्रद्धानन्द आदि ने आगे बढ़ाया। आर्य-समाज ने स्थान-स्थान पर स्कूल और कालिज प्रारम्भ किए जिनमें कि कुछ अंश तक वैदिक शिक्षा भी दी जाती है। 1902 ई० में हरिद्वार में गुरुकुल की स्थापना की गई जो कि वर्तमान समय में विश्वविद्यालय के रूप में वैदिक आदर्शों का जीवित स्तम्भ है।

सामान्य रूप से स्वामी दयानन्द सरस्वती ने आर्य-समाज के निम्नलिखित 10 सिद्धान्त बतलाये हैं—

(1) सब सत्य विद्या और जो पदार्थ विद्या से जाने जाते हैं उन सबका आदि मूल परमेश्वर है।

(2) ईश्वर सच्चिदानन्दस्वरूप, निराकर, सर्वशक्तिमान, न्यायकारी, दयालु, अजन्मा, अनन्त, निर्विकार, अनादि, अनुपम, सर्वाधार, सर्वेश्वर, सर्वव्यापक, सर्वान्तर्यामी, अजर, अमर, अभय, नित्य, पवित्र, और सृष्टिकर्त्ता है। उसी की उपासना करना उचित है।

(3) वेद सब सत्य विद्याओं की पुस्तक है। वेद का पढ़ना-पढ़ाना और सुनना-सुनाना सब आर्यों का परम धर्म है।

(4) सत्य को ग्रहण करने और असत्य को छोड़ने में सर्वदा उद्यत रहना चाहिये।

(5) सब काम धर्मानुसार अर्थात् सत्य और असत्य का विचार करके करने चाहिये

(6) संसार का उपकार करना अर्थात् शारीरिक, आत्मिक और सामाजिक उन्नति करना इस समाज का मुख्य उद्देश्य है।

(7) सबसे प्रीतिपूर्वक, धर्मानुसार, यथायोग्य बरतना चाहिये।

(8) अविद्या का नाश और विद्या की वृद्धि करनी चाहिये।

(9) प्रत्येक को अपनी ही उन्नति से संतुष्ट नहीं रहना चाहिये, किन्तु सबकी उन्नति में अपनी उन्नति समझनी चाहिये।

(10) सब मनुष्यों को सामाजिक सर्वहितकारी नियम पालन में परतन्त्र रहना चाहिए और प्रत्येक हितकारी नियम में सब स्वतन्त्र रहें।

इस प्रकार आर्य-समाज ने मूर्ति-पूजा का खण्डन कर हिन्दू समाज को पतन से बचा लिया। ईसाई मिशनरियों के चंगुल से गरीब और पददलित जातियों को बचाने का मुख्य श्रेय आर्य-समाज को ही है। यह समाज आज भी भारतीय सभ्यता के उत्थान में निरन्तर योगदान कर रहा है।

राधास्वामी मत

19वीं शताब्दी के धार्मिक आन्दोलन में राधास्वामी सत्संग का भी योगदान है। इस मत के प्रवर्तक राधास्वामी थे जिनके नाम पर इस मत का प्रचार हुआ। यह अपने को सन्त सतगुरु भी कहते थे। इस मत में गुरु का महत्व सबसे अधिक माना जाता है जो वास्तव में सच्चा पथ-प्रदर्शक

समझा जाता है। इनके दूसरे गुरु ने 'राधास्वामी मत प्रकाश' नामक पुस्तक का प्रकाशन किया। उनके अनुसार 'राधास्वामी' शब्द मौलिक आत्मा का प्रतीक है। इनके समय में भी गुरु की महत्ता बढ़ी और यह प्रचार किया गया कि मोक्ष की प्राप्ति गुरु की सहायता से ही हो सकती है। गुरु द्वारा बतलाये गये प्रगति के साधन को 'सुरत शब्द योग' के द्वारा प्रतिपादित किया गया। इसी को निरन्तर प्रयोग करने से मोक्ष की प्राप्ति का द्वार खुल सकता है। 'सुरत' शब्द का अर्थ है दैवी आत्मा और 'योग' से तात्पर्य है पहले बतलाई गई दोनों आत्माओं का मिलन। इस मत के अनुयायियों द्वारा किसी भी मादक द्रव्य का सेवन और मांसाहार नहीं किया जा सकता।

राधास्वामी मत के प्रथम गुरु शिवदयाल साहब का जन्म एक क्षत्रिय परिवार में 1818 ई० में हुआ था। उन्होंने सन् 1861 ई० में सार्वजनिक रूप से अपने सिद्धान्तों की घोषणा की थी। यह आगरा के निवासी थे और वहीं से इन्होंने अपने कार्य को प्रारम्भ किया। आज राधास्वामी संस्थायें उत्तरी भारत के विभिन्न भागों में स्थापित हैं। शिवदयाल साहब की मृत्यु सन् 1878 ई० में हुई। उनकी समाधि आज भी 'राधास्वामी वाटिका' में विद्यमान है।

इस मत के दूसरे गुरु राय सालिगराम सहाय हुए। इनका जन्म 1828 ई० में एक/कायस्थ परिवार में हुआ था। ये उत्तर प्रदेश के पोस्ट मास्टर जनरल थे। पहले गुरु की मृत्यु के पश्चात् 1878 ई० में ये इस सम्प्रदाय के गुरु बन गए। इनके समय में इस मत का अधिक प्रसार हुआ। इन्होंने बहुत-सी पुस्तकें भी लिखीं।

इस मत के तीसरे गुरु ब्रह्मशंकर मिश्र थे। इनका जन्म 1861 ई० में हुआ था। इन्होंने कलकत्ता में एम० ए० तक शिक्षा प्राप्त की थी। बाद में से दयालबाग में आकर बस गए थे और यहां रहते हुए इन्होंने इस मत के लिए बहुत ही महत्वपूर्ण कार्य किया। 1898 ई० में द्वितीय गुरु की मृत्यु होने के पश्चात् ये गुरु बन गये और 'महाराज साहब' की उपाधि धारण की। इन्होंने सत्संग का एक विधान भी बनाया और उसमें एक केन्द्रीय व्यवस्थापिका समिति के निर्माण का नियम बनाया। इस प्रकार से दयालबाग समस्त देश की राधास्वामी सभाओं का केन्द्र-स्थान बन गया। इनकी मृत्यु 1907 ई० में हो गई।

इनकी मृत्यु के पश्चात् राधास्वामी मत में कुछ फूट के लक्षण दिखाई पड़े। परन्तु आज भी श्री आनन्दस्वरूप जी के प्रयासों के फलस्वरूप दयालबाग ही इसका केन्द्र-स्थान बना हुआ है। दयालबाग में बहुत से सुधार-कार्यों के अतिरिक्त सत्संगियों को आर्थिक सहयोग भी प्राप्त होता है। इन्होंने वहां रहने के लिए समुचित मकान इत्यादि बनवायें हैं जहां गृहहीन और असहाय मतावलम्बियों को सहायता देने का भी प्रबन्ध है। यहां पर इनके अपने स्कूल और कालिज हैं जिनमें विविध विषयों में शिक्षा दी जाती है। इन्होंने एक इंजीनियरिंग कालिज की भी स्थापना की। इससे पता चलता है कि ये वर्तमान प्रगति के साथ-साथ चलना चाहते हैं। इनके मन में किसी भी प्रकार के जातिगत नियमों का बन्धन नहीं है। जहाँ तक इनके सिद्धान्तों का सम्बन्ध है वे गुप्त रूप से गुरु के द्वारा सत्संगी को बतलाए जाते हैं। यह मत मुख्यत: भक्ति से सम्बन्धित है, इसमें हिन्दू धर्म को नहीं छोडना पड़ता। इस मत के अनुयायियों को दान-धर्म के कार्य करने होते

हैं और सदैव सेवा-भाव तथा प्रार्थना में रत रहने का उपदेश दिया जाता है। इसमें किसी प्रकार का हठयोग नहीं है और न ही इसमें गूढ़ उपदेश हैं। इसके अनुयायियों की दानशीलता के कारण इसके प्रचारकार्य में बहुत अधिक सहायता मिली। आज के युग में यह मत भारतवासियों में त्याग की भावना उत्पन्न करने में महत्वपूर्ण योगदान दे रहा है।

रामकृष्ण मिशन

रामकृष्ण परमहंस द्वारा स्थापित मिशन एक आध्यात्मिक आन्दोलन था। इस आन्दोलन को 18वीं-19वीं सदी में चल रहे दूसरे आन्दोलनों के वर्ग में रखना अनुचित होना, क्योंकि इन्होंने कोई पृथक् सिद्धान्तों का प्रतिपादन नहीं किया। यह एक प्रकार से हिन्दू धर्म के अन्दर सुधार करने का एक प्रयास कहा जा सकता है। यह आत्म-ज्ञान अथवा ईश्वरीय प्रेरणा से ओत-प्रोत था। रामकृष्ण के द्वारा स्थापित मिशन के उद्देश्यों एवं शिक्षाओं का ज्ञान प्राप्त करने से पूर्व उनके जीवन का अध्ययन आवश्यक है।

रामकृष्ण

रामकृष्ण परमहंस का जन्म 18 फरवरी, 1835 ई० में हुगली के समीप कामारपुकुर ग्राम में हुआ। इनका बाल्यकाल का नाम गजाधर था। बचपन से ही इनके विचारों में कल्पना-शक्ति का अत्यधिक पुट था। इन्हे संगीत और कविता में अध्याधिक रुचि थी। कभी-कभी ये स्वयं धार्मिक नाटकों में अभिनय करते थे। शिव का अभिनय करते समय इन्हे परमानन्द की अनुभूति होती थी। इसी प्रकार से विशालाक्षी देवी अथवा किसी देवता की पूजा करते समय भी वे समाधिस्थ हो जाते थे। जिस समय उनकी आयु केवल 9 वर्ष की थी उसी समय से ही इन्हें पारिवारिक पूजा का भार सम्भालना पडा। उस समय के ब्राह्मण कुलों में पूजा का आडम्बर अत्यधिक था।

सन् 1856 ई० में ये कलकत्ता के दक्षिणेश्वर काली मन्दिर के मुख्य पुजारी बन गये थे और वहीं पर मृत्युपर्यन्त रहे। इस मन्दिर में एक 'कृष्ण मन्दिर' था और शेष 12 मन्दिरों में शिव की मूर्ति थी। रामकृष्ण स्वयं काली के मन्दिर की देखभाल करते थे। यही इनकी इष्टदेवी थी। इसी के ध्यान और योग में ये निरन्तर अपना समय व्यतीत करते थे। कहा जाता है कि इन्होंने कितनी ही बार काली से साक्षात्कार किया। एक समय तो ये दो दिन तक अचेत अवस्था में रहे। कहा जाता है कि इनकी आत्मिक शक्ति इतनी अधिक बढ़ गई थी कि इन्होंने अपनी इच्छानुसार राम और कृष्ण के भी दर्शन किये। 1859 ई० में ये कुछ समय के लिये अपने गाँव चले गये और वहां उनका विवाह हो गया, परन्तु ये पुन: दक्षिणेश्वर मन्दिर में वापस चले आए। यहाँ आने पर ये वैष्णव धर्म, अद्वैतवाद, इस्लाम, ईसाई और बौद्ध धर्म के सिद्धान्तों को नियम से प्रयोग में लाए, जिसके फलस्वरूप वे स्वयं रहस्यदर्शी बन गये। जो लोग इनके पास शिक्षा ग्रहण करने जाते थे उनको यह अपने उपदेशों से मोह लेते थे। इन्होंने कहानियों के माध्यम से दर्शनों की व्याख्या की। ये जीव मात्र में ईश्वर मानते थे और उसकी सेवा को ईश्वर-सेवा मानते थे। इस प्रकार सारांश में इनका सिद्धान्त था, 'पीड़ित मानव की सेवा के द्वारा ईश्वर उपासना करना।' इनके संदेश को स्वामी विवेकानन्द ने सम्पूर्ण संसार में फैलाया। रामकृष्ण परमहंस की मृत्यु 15 अगस्त, 1886

ई० में हो गई। इनके मुख्य सिद्धान्त थे–(1) ईश्वर को समझना, (2) ईश्वर के प्रति भक्ति अर्थात् मानव के प्रति भक्ति, (3) पवित्रता, (4) साधुता, (5) नि:स्वार्थता, (6) मानव-प्रेम, (7) नम्रता।

सारांश में इनका धर्म सबको सम्मिलित करने वाली आध्यात्मिकता थी।

विवेकानन्द का 'रामकृष्ण मिशन'

रामकृष्ण परमहंस के मुख्य शिष्य विवेकानन्द थे। सर्वप्रथम सन् 1881 ई० में रामकृष्ण से इनकी भेंट हुई थी। विवेकानन्द ने सबसे पहले एक ही प्रश्न रामकृष्ण से किया था, "क्या आपने ईश्वर को देखा है?" श्री रामकृष्ण ने तत्काल उत्तर दिया, "हां, मैं ईश्वर को ठीक वैसे ही देखता हूँ जैसा कि तुम्हें यहां पर देख रहा हूँ।" उन्होंने आगे कहा, "ईश्वर पहचाना जा सकता है, मनुष्य उसे वैसे ही देख सकता है और उसके साथ बातचीत कर सकता है, जैसे कि मै तुम्हारे साथ कर रहा हूँ, परन्तु ऐसा करने की कौन परवाह करता है। लोग अपने स्त्री-बच्चों, धन-सम्पत्ति के लिए आंसुओं की धार बांध देते हैं, परन्तु ईश्वर के लिये कौन ऐसा कर सकता है। यदि कोई मनुष्य सचमुच उसके लिए रोता या विलाप करता है तो ईश्वर निश्चय ही प्रकट हो जाता है।" इस वार्तालाप का नरेन्द्रनाथ (विवेकानन्द)पर बड़ा प्रभाव पड़ा। यह बहुत ही जल्दी आध्यात्मिकता के 'साधक' बन गये। अपने गुरु की मृत्यु के पश्चात् उन्होंने 1886 ई० में 'रामकृष्ण मिशन' की स्थापना की। बहुत से लोग इस संस्था के सदस्य बन गए। विवेकानन्द अपने बहुत से साथियों के साथ भ्रमण के लिये बहुत से स्थानों को गये। इनके भाषण और तेज से प्रभावित होकर बहुत से राजकुमार भी इस संस्था के सदस्य बन गए। अपने प्रशंसकों की सहायता से यह शिकागो में होने वाली 'विश्वधर्म गोष्ठी' में भाग लेने गए। वहां पर बड़ी कठिनाई से एक प्राध्यापक की सहायता से इन्हें गोष्ठी में भाग लेने की अनुमति मिल सकी। पाश्चात्य दार्शनिक इनके भाषण से मन्त्रमुग्ध हो गए। 'विश्वधर्म परिषद्' में इन्होंने घोषणा कि की वेदान्त सभी का धर्म है। इन्होंने यूरोप व अमेरिका में भारत के दृष्टिकोण को प्रस्तुत करते हुए समस्त धर्मों की मूलभूत एकता, वेदान्त की महत्ता और धर्म में समन्वय की आवश्यकता पर उपदेश दिए। विवेकानन्द में उच्च राष्ट्रवादिता और आध्यात्मिकता थी। इनका विश्वास था कि वर्तमान समाज आध्यात्मिक शिक्षा से ही उन्नति कर सकता है और यह कार्य केवल भारत कर सकता है। इस प्रकार उन्होंने निर्भीक होकर भारत के बाहर विदेशों में भारतीय संस्कृति को दूसरी संस्कृतियों से उच्च बतलाने का कार्य किया। इससे भारतीय जन-जीवन को ऐसा सम्बल मिला जिससे अपनी सभ्यता को हेय समझने की भावना नष्ट होने लगी। सर वेलेण्टाइन कीरोल के शब्दों में, "विवेकानन्द पहले हिन्दू थे जिनके व्यक्तित्व से विदेशों में प्राचीन भारतीय सभ्यता और नवीन राष्ट्रीयता की विचारधारा को मान्यता प्राप्त हुई।"[1] इनके ही प्रयत्नों के फलस्वरूप भारत के विभिन्न भागों में रामकृष्ण मिशन की शाखाएँ हैं जिनके द्वारा मिशन परोपकारिता के दिव्य कार्य और देश-हितकारी साधनों से समाज-सेवा

---

1. "Vivekanand was the first Hindu whose personality won demonstrative recognition abroad for India's ancient civilisation and for her newborn claim to nationhood."

—Sir Valentine Chirol

कर रहा है। बहुत से स्थानों पर इस मिशन के अस्पताल, अनाथालय, आश्रम और विद्यालय एवं वाचनालय हैं।

मुस्लिम सुधार आन्दोलन

अंग्रेजों के आगमन के साथ-साथ ही भारतवर्ष में मुस्लिमों की शासन-सत्ता लुप्त हो गई थी। अंग्रेजी राज्य में मुसलमानों को उच्च पद नहीं प्रदान किये गये और अंग्रेजों की व्यापारिक नीति के फलस्वरूप उनके कला-कौशल भी समाप्त हो गए। आर्थिक व सामाजिक दशा के कारण ही मुसलमान अंग्रेजी शिक्षा से भी अछूते रहे। इस समय तक मुस्लिम समाज में अनेक कुप्रथायें भी प्रविष्ट हो चुकी थीं जैसे बाल-विवाह, पर्दा-प्रथा, बहुविवाह इत्यादि। वर्तमान युग का प्रभाव मुस्लिम समाज पर भी पड़ा।

19वीं शताब्दी में अरब की ही भाँति भारत में भी मुस्लिम सुधार आरम्भ हुआ। इस सुधारवादी आन्दोलन के संचालक शाह अब्दुल अजीज, सैयद बरेलवी, शेख करामत अली व हाजी सरायतुल्ला थे। सामाजिक कुरीतियों को दूर करने का श्रेय सैयद अहमद बरेलवी को दिया जाता हैं। इन्होंने ईश्वर की एकता पर पुन: बल दिया तथा प्रत्येक मुसलमान को इस्लाम धर्म की व्याख्या करने का अधिकार दिया और सन्त-पूजा का विरोध किया। ये भारत को दारूलहर्ब (युद्ध का घर) कहते थे और गैर-मुसलमानों के विरुद्ध धार्मिक युद्ध करने का आदेश देते थे। इसके अलावा ये पाश्चात्य शिक्षा व संस्थाओं के भी पक्ष में नहीं थे। इन सब बातों से इन्होंने भारत में साम्प्रदायिकता का बीजारोपण किया।

शेख करामत अली ने भारतीय मुसलमानों को पाश्चात्य शिक्षा और विचारों को ग्रहण करने को कहा था। 19वीं शताब्दी के आखिरी वर्षों में मिर्जा गुलाम अहमद ने 'अहमदिया आन्दोलन' चलाया। इन्होंने अपने को अल्लाह का पैगम्बर तथा फिर से विशुद्ध इस्लाम की स्थापना करने वाला बतलाया।

इस आन्दोलन का ध्येय यह था कि कुरान की आज्ञाओं का आध्यात्मिक तथा नैतिक दृष्टि से पालन किया जाए। इसने 'जिहाद' (धर्म-युद्ध) पर बल नहीं दिया। इसके अलावा पर्दा-प्रथा, तलाक तथा बहुविवाह प्रथा को ठीक माना। सन् 1914 में 'लाहौरी दल' सम्मुख आया जिन्होंने मिर्जा गुलाम अहमद को सुधारक के रूप में स्थान दिया।

इस क्षेत्र में महत्वपूर्ण आन्दोलन सर सैयद अहमद खाँ (1817-1898) और मौलवी चिराग अली (1844-1895) द्वारा चलाया गया। सर सैयद अहमद खाँ ने बुद्धिवाद, आधुनिक विज्ञान तथा पाश्चात्य शिक्षा पर बल देकर मुसलमानों के धार्मिक, सामाजिक व शिक्षात्मक विचारों को नया मोड़ दिया। इन्होंने पर्दा-प्रथा का विरोध किया व स्त्री-शिक्षा पर जोर दिया। इनका विचार था कि मुसलमनों की उन्नति के लिए पाश्चात्य विज्ञान तथा शिक्षा आवश्यक है। अत: शिक्षा-प्रसार हेतु इन्होंने अलीगढ़ में 'मोहमेडन एंग्लो-ओरियण्टल कालिज' की नींव रक्खी जो आज 'मुस्लिम विश्वविद्यालय' के नाम से पुकारा जाता है। सर सैयद अहमद खाँ कुरान के टीकाकार के साथ-साथ पत्रकार और उर्दू गद्य के प्रसिद्ध लेखक भी थे। उन्होंने स्वयं ही

'तहजीबुल अखलाक' नामक पत्रिका का संचालन किया। पानीपत के ख्वाजा अल्ताफ हुसैन हाली, बिजनौर के मौलवी नजीर अहमद तथा आजमगढ़ के मौलवी शिबलीनुमानी ने सर सैयद अहमद खाँ की अत्यधिक सहायता की थी। मौलवी चिराग अली ने मुसलमानों को चरित्र तथा रीति-रिवाजों की उन्नति का उपदेश दिया। इसके साथ ही इन्होंने बहुविवाह, बाल-विवाह तथा पर्दे का विरोध किया। इसके अलावा उर्दू के प्रसिद्ध कवि इकबाल, लखनऊ के शेख अब्दुल हलीम तथा सैयद अकबर हुसैन ने भी सहयोग दिया। इतना होते हुये भी मुसलमानों की प्रगति धीमी ही रही।

20वीं शताब्दी में 'मुस्लिम लीग' के निर्माण एवं मुहम्मद अली जिन्ना के प्रयत्नों के फलस्वरूप मुसलमानों में राजनीतिक चेतना दृष्टिगोचर हुई, परन्तु इस राजनीतिक चेतना का प्रभाव एक अभिशाप के रूप में सम्मुख आया जिसके कारण कटु साम्प्रदायिकता फैली और देश भारत और पाकिस्तान नामक दो राष्ट्रों में विभाजित हो गया। भारत में बीसवीं सदी में सबसे बड़े समाज-सुधारक गाँधी जी थे।

अभ्याय के लिये प्रश्न

1. उन्नीसवीं शताब्दी में धर्म एवं समाज सुधार के मुख्य आन्दोलनों का वर्णन कीजिए।
2. यह कथन कहां तक सच है कि भारत में राष्ट्रीय जागृति की नींव उन्नीसवीं शताब्दी के धार्मिक आन्दोलन ने डाली।
3. उन्नीसवीं शताब्दी में 'ब्रह्म-समाज' और 'आर्य-समाज' का राष्ट्रीयता की भावना जागृत करने में क्या योगदान था? वर्णन कीजिये।
4. थियोसोफी ने भारतीय राजनैतिक तथा राष्ट्रीय जागृति में क्या योगदान दिया?
5. भारत में विभिन्न सुधारवादी आन्दोलनों द्वारा लाये गये सामाजिक परिवर्तन की विवेचना कीजिये।
6. उन्नीसवीं शताब्दी में भारत में सुधार आन्दोलन पर एक संक्षिप्त टिप्पणी लिखिये।
7. प्रमुख भारतीय सामाजिक संस्थाओं पर सुधारवादी आन्दोलनों के प्रभाव की विवेचना कीजिये।
8. संक्षेप में भारत में कुछ प्रमुख सुधार आन्दोलनों का वर्णन कीजिये।

2

भारत में राष्ट्रीय आन्दोलन
(National Movement in India)

मैकडोनल्ड के अनुसार "भारतीय राष्ट्रवाद राजनीतिक मछलियों का आन्दोलन ही नहीं अपितु इससे बढ़कर बहुत कुछ रहा है। यह एक ऐतिहासिक परम्परा का पुनरुज्जीवन एक राष्ट्र की आत्मा की मुक्ति है।"[1] 19वीं शताब्दी के उत्तरार्द्ध का काल भारत में राष्ट्रीयता के जन्म का काल कहा जाता है। 18वीं और 19वीं सदी के समाज सुधार भारतीय राष्ट्रीय आन्दोलन के प्रवर्त्तक थे। उन्होंने तत्कालीन समाज में जागृति का बीज बोया और राजनीतिक चेतना को जन्म दिया जो भारत के भावी राष्ट्रीय आन्दोलन का आधार बना। इस काल में देश के विभिन्न भागों में अनेक राष्ट्रीय संगठनों का निर्माण हुआ, जिनमें इण्डियन एसोसियेशन (1876), ईस्ट इण्डिया एसोसियेशन (1869), इण्डिया लीग (1875), बोम्बे प्रेसीडेन्सी एसोसियेशन और महाजन सभा (1881) प्रमुख हैं। इन संगठनों ने देश के विभिन्न भागों में राजनीतिक चेतना जगाने का काम किया। सन् 1861 से 1885 तक एक नूतन चेतना का अभ्युदय हुआ जिसकी अभिव्यक्ति 'भारतीय राष्ट्रीय काँग्रेस' के रूप में हुई। राष्ट्रीय काँग्रेस की स्थापना के बाद भारतीय राष्ट्रीयता का प्रमुख उद्देश्य ब्रिटिश शासन से मुक्ति प्राप्त करना था जिसमें काँग्रेस ने केन्द्रीय भूमिका अदा की। डा. पट्टाभि सीतारमैया के शब्दों में "काँग्रेस का इतिहास ही भारत की स्वतन्त्रता के संघर्ष का इतिहास है, यद्यपि काँग्रेस की स्थापना के पूर्व और पश्चात् दूसरी अनेक शक्तियों के द्वारा भी इस उद्देश्य से कार्य किया गया था, लेकिन काँग्रेस ने भारतीय स्वाधीनता के संघर्ष में सदैव ही धुरी का कार्य किया। यह वह धुरी थी जिसके चारों ओर स्वतन्त्रता की महान् गाथा की विविध घटनाएँ घटित हुईं।"

---

1. "Indian nationalism has been much more than the agitation of political coteries. It is the revival of a historical tradition, the liberation of the soul of a people."

—Macdonald

राष्ट्रीय आन्दोलन के कारण और उत्तरदायी तत्त्व (CAUSES AND FACTORS OF THE NATIONAL MOVEMENT)

भारत में राष्ट्रीय चेतना की जागृति अथवा राष्ट्रीय आन्दोलन का अभ्युदय अनेक राष्ट्रीय और अन्तर्राष्ट्रीय घटनाओं का परिणाम था। राष्ट्रीय आन्दोलन जन असन्तोष का परिणाम होता है। भारत में यह असन्तोष धार्मिक, सामाजिक, आर्थिक, राजनीतिक तथा अन्य क्षेत्रों में उत्पन्न हुआ जो साम्राज्य विरोधी और राष्ट्रीय स्वतन्त्रता की पक्षधर भावनाओं के उदय का कारण बना। इस प्रकार भारतीय राष्ट्रीय आन्दोलन अनेक शक्तियों और कारणों का संश्लेषण रहा है। जहाँ धार्मिक और सामाजिक आन्दोलनों ने भारतीय राष्ट्रीय आन्दोलन की पृष्ठभूमि तैयार की वहाँ अंग्रेजों की क्रूर, निर्दय, अंतर्राष्ट्रीय और जातीय भेदभाव की नीतियों ने आर्थिक, राजनीतिक और सामाजिक आक्रोश को जन्म दिया; जिन्होंने राष्ट्रीयता और स्वतन्त्रता की भावनाओं को उकसाया। संक्षेप में, भारतीय राष्ट्रीय आन्दोलन के उदय के उत्तरदायी तत्त्व और प्रमुख कारण निम्नलिखित थे:

(1) 1857 का स्वतन्त्रता संग्राम—1857 का सैनिक विद्रोह भारत में इतनी तीव्र गति से फैला कि उसने जन विद्रोह तथा भारतीय स्वतन्त्रता के युद्ध का रूप धारण कर लिया यद्यपि यह विद्रोह कुछ कारणोंवश असफल रहा; किन्तु ब्रिटिश शासन ने इस का दमन करने में जिस अमानुषिक कार्यवाही का आश्रय लिया, उससे जनता का असन्तोष बहुत अधिक बढ़ गया। सर चार्ल्स डिल्के अपनी पुस्तक 'Greater India' में लिखते हैं "अंग्रेजों ने अपने कैदियों की बिना न्यायिक कार्यवाही के और ऐसे ढंग से हत्या कर दी जो सभी भारतीयों की दृष्टि में पाशविकता की चरम सीमा थी...... दमन के दौरान गाँव के गाँव जला दिये गये। निर्दोष ग्रामीणों का वह कत्लेआम किया गया कि मुहम्मद तुगलक भी उसमे शरमा जायेगा।"[2]

अंग्रेजों की बदला लेने की भावना ने इस असन्तोष को और भी बढ़ावा दिया। भारतीयों के मन में अंग्रेजी शासन को जड़मूल से उखाड़ फैंकने की भावना बढ़ी। अंग्रेजों में भारतीयों के प्रति और भारतीयों में अंग्रेजों के प्रति घृणा की भावना बढ़ी। एडवर्ड थाम्पसन के शब्दों में, "विद्रोह के बाद भारतीयों में अंग्रेजों के प्रति भंयकर घृणा की भावना आ गयी और भारतीयों में विद्रोह कर विचार आते ही अंग्रेजों से बदला लेने की भावना बढ़ती ही जाती थी।"[3]

(2) राजनीतिक एकता की स्थापना—ब्रिटिश शासन के पूर्व भारत में राजनीतिक एकता का अभाव था यातायात के साधनों के अभाव और विकेन्द्रीकृत शासन व्यवस्था के कारण अशोक और अकबर जैसे महान् शासकों को भी भारत में राजनीतिक एकता स्थापित करने में

---

2. राम गोपाल: *भारतीय राजनीति*, पृ. 37 से उद्धृत।
3. " Right at the back of many Indians, the mutiny fits as he talks with an Englishman — as unavenged and unappeased ghost. "

—Edward Thompson

सफलता नहीं मिली थी। ब्रिटिश शासन सम्पूर्ण देश को एक दृढ़ केन्द्रित शासन के अन्तर्गत लाने में सफल हुआ। आवागमन के साधनों ने उन्हें इस कार्य में सहायता दी। भारत में ब्रिटिश साम्राज्य की स्थापना के साथ सम्पूर्ण भारत में एकसी शासन व्यवस्था स्थापित हो गयी और राजनीतिक दृष्टि से भारत एक रूप हो गया। पूनिया के शब्दों में, ''हिमालय से कुमारी अन्तरीप तक सम्पूर्ण भारत एक सरकार के अधीन आ गया और इसने जनता में राजनीतिक एकता की भावना को जन्म दिया।''[4]

यद्यपि ब्रिटिश शासन का उद्देश्य भारत में राजनीतिक एकता उत्पन्न करना नहीं था, लेकिन क्रमशः शोषित भारतीयों के हृदय में अंग्रेजी साम्राज्य का अन्त करने की भावना बलवती हुई और समान विचारधाराओं से प्रभावित व्यक्तियों में मैत्रीपूर्ण सम्बन्धों की स्थापना हुई। पं. नेहरू के शब्दों में, इस राजनीतिक एकता का परिणाम यह हुआ कि ''ब्रिटिश शासन द्वारा स्थापित भारत की राजनीतिक एकता सामान्य अधीनता की एकता थी, लेकिन उसने सामान्य राष्ट्रीयता की एकता को जन्म दिया।''[5] राजनीतिक एकीकरण अखण्ड और स्वतन्त्र भारत की अवधारणा से दिखाई पड़ा।

(3) धार्मिक और सामाजिक पुनर्जागरण–अपनी पुस्तक (Renascent India) में डॉ. जकारिया ने लिखा है कि ''भारत की पुनर्जागृति मुख्यतः आध्यात्मिक थी तथा एक राष्ट्रीय आन्दोलन का रूप धारण करने से पूर्व इसने अनेक सामाजिक और धार्मिक आन्दोलनों का सूत्रपात किया।'' 19वीं सदी के धार्मिक और सामाजिक सुधार आन्दोलन राष्ट्रीयता के विकास में बहुत अधिक सहायक सिद्ध हुए। इन में ब्रह्म-समाज, आर्य-समाज, रामकृष्ण मिशन और थियोसॉफिकल सोसायटी का नाम प्रमुख रूप से लिया जा सकता है। राजा राममोहन राय, स्वामी दयानन्द, विवेकानन्द और श्रीमती एनीबेसेण्ट आदि नेताओं ने इन आन्दोलनों के माध्यम से भारतीय धार्मिक और सामाजिक जीवन की बुराइयाँ दूर कर उनमें सुधार के भाव उत्पन्न किये और उन्हें यह ज्ञान कराया कि उनकी सभ्यता और संस्कृति बहुत अधिक श्रेष्ठ रही है। इस भाव ने उनकी आत्महीनता की भावना को नष्ट कर उनमें आत्मविश्वास और आत्माभिमान की भावना जगाई। अब उनमें यह विचार उत्पन्न हुआ कि वे उन्हें स्वतन्त्रता की प्राप्ति हेतु प्रयत्न करने चाहिएं। धार्मिक और सामाजिक सुधार आन्दोलनों ने राष्ट्रीय आन्दोलनों के लिए पृष्ठभूमि तैयार की।

(4) ऐतिहासिक अनुसन्धान–साहित्य, धर्म और संस्कृति के प्रसिद्ध विद्वान सर विलियम जोन्स, मैक्सलूमर जैकोबी, कौलबुक, रौथ, ए. वी, कीथ, बुर्नफ, डॉ. भण्डारकर और हर प्रसाद शास्त्री आदि ने भारतीयों के सम्मुख भारतीय राजनीतिक, सामाजिक और सांस्कृतिक इतिहास का ऐसा विवरण प्रस्तुत किया, जो किसी भी रूप में समकालीन यूरोपियन सभ्यताओं से हीन नहीं

---

4. ''The whole of India from the Himalayas to Cape Comorin was now brought under government and this gave her people a new sense of political unity. ''
—K.V.. Punniah : *The Constitutional History of India,* p. 105.

5. ''The political unity of India brought about by the British was unity of common subjection but it gave rise to a unity of common Nationalism.''
—Pt. Jawaharlal Nehru : *Autobiography*, p. 437.

था। मध्य एशिया में कार्य कर रहे यूरोपियन विद्वानों ने बतलाया कि भूतकाल में भारत का सांस्कृतिक साम्राज्य पामीर, मलाया, इण्डोनेशिया और मैकोंग की उपजाऊ घाटी तक फैला हुआ था। इन ऐतिहासिक अनुसन्धानों ने भारतीयों में अपनी पुरातन सभ्यता और संस्कृति के प्रति गौरव की भावना उत्पन्न की। उनके मस्तिष्क में आत्मविश्वास की भावना जगी और उज्जवल भविष्य का चित्र उपस्थित हुआ। श्री मजूमदार के अनुसार, ''यह खोज भारतीयों के हृदय में चेतना उत्पन्न करने में असफल नहीं हो सकती थी जिसके परिणामस्वरूप उनके हृदय राष्ट्रीयता की भावना व देशभक्ति से भर गये।''[6]

(5) पाश्चात्य शिक्षा– पाम दत्त के अनुसार, ''भारत में ब्रिटिश शासन द्वारा पाश्चात्य शिक्षा प्रारम्भ किये जाने का उद्देश्य यह था कि भारतीय सभ्यता और संस्कृति का पूर्ण रूप से लोप हो जाय और एक ऐसे वर्ग का निर्माण हो, जो रक्त और वर्ण से तो भारतीय हो, किन्तु जो रुचि, विचार, शब्द और बुद्धि से अंग्रेज हो जाय।''[7] अंग्रेज इस मनोरथ में कुछ सीमा तक सफल भी हुए, क्योंकि अनेक शिक्षित भारतीयों ने प्राचीन सभ्यता तथा संस्कृति से विमुख होकर स्वयं को पाश्चात्य रंग में ढालना प्रारम्भ कर दिया। अंग्रेजी साहित्य स्वतन्त्रता की उदात्त भावनाओं से परिपूर्ण था अतः इससे राष्ट्रीयता और स्वतंत्रता को प्रोत्साहन मिला। इस प्रकार पाश्चात्य शिक्षा भारत के लिए ईश्वरीय देन सिद्ध हुई।

पाश्चात्य शिक्षा के कारण भारतीयों को मिल्टन, बर्क, मिल, मैकॉले और हरबर्ट स्पेन्सर जैसे विचारकों की कृतियों का ज्ञान प्राप्त हुआ। जिनसे उनमें स्वतन्त्रता, राष्ट्रीयता और स्वराज्य की भावनाओं का संचार हुआ। संकीर्ण विचारों में परिवर्तन हुआ और उनका दृष्टिकोण व्यापक हो गया। भारतीयों पर पश्चिमी शिक्षा के प्रभाव के सम्बन्ध में ए. आर. देसाई लिखते हैं–''शिक्षित भारतीयों ने अमरीका, इटली और आयरलैण्ड के स्वतन्त्रता संग्रामों के सम्बन्ध में पढ़ा। उन्होंने ऐसे लेखकों की रचनाओं का अनुशीलन किया जिन्होंने व्यक्तिगत और राष्ट्रीय स्वतन्त्रता के सिद्धान्तों का प्रचार किया है। ये शिक्षित भारतीय भारत के राष्ट्रीय आन्दोलन के राजनीतिक और बौद्धिक नेता हो गये।''[8] राजा राममोहन राय, दादाभाई नौरोजी, वोमेशचन्द्र बनर्जी, सुरेन्द्रनाथ बनर्जी, फिरोजशाह मेहता, गोपालकृष्ण गोखले और दीनशा वाचा, भारतीय राष्ट्रीयता के ये सभी सन्देशवाहक अंग्रेजी शिक्षा की ही देन थे। अंग्रेजी भाषा के रूप में पाश्चात्य शिक्षा ने सम्पूर्ण भारत के व्यक्तियों को पारस्परिक विचार-विनिमय का साधन प्रदान किया, जिसके परिणामस्वरूप भारतवासी एक-दूसरे के निकट सम्पर्क में आये। अंग्रेजी भाषा ने भारतीयों को एक मंच पर लाने, सामान्य समस्याओं पर विचार करने और कार्य की सामान्य योजना के निर्माण का पथ प्रशस्त किया। लॉर्ड मैकॉले ने कहा कि, ''उस दिन को जब यूरोपियन ज्ञान प्राप्त भारतीय यूरोपियन संस्थाओं की माँग करेंगे, मैं ब्रिटिश इतिहास का सर्वाधिक गौरवपूर्ण दिवस समझूगा।''[9] मैकॉले

---

6. R. C. Mazumdar , *History of the Freedom Movement in India.* Vol. I, p. 237.
7. R. Palme Dutt, *India Today,* p. 283.
8. A.R. Deasi, *Social Background of Indian Nationalism,* p 299.
9. In 1813. — said, "It would be proudest day in English history, when having become instructed in European knowledge, the Indians shall demand European Institutions."

का यह स्वप्न ही इतना शीघ्र सार्थक हो गया जिसकी उसने कभी कल्पना न की होगी।

(6) भारतीयों का विदेश गमन—19वीं सदी से अनेक भारतीय शिक्षा पाने तथा अन्य कार्यों से विदेश जाने लगे। उन्होंने वहाँ प्रजातन्त्रीय सिद्धान्तों तथा संगठनों को स्वयं देखा और स्वतन्त्रता, समानता और भ्रातृत्व का पाठ पढ़ा। इन विचारों और सिद्धान्तों से प्रभावित होकर वे उस दिन का स्वप्न देखने लगे जब भारत में भी प्रजातान्त्रिक विचारों और संस्थाओं को मूर्त रूप प्राप्त होगा। श्री गुरुमुख निहालसिंह ने लिखा है—''इंगलैण्ड में रहने से उन्हें स्वतन्त्र राजनीतिक संस्थाओं की कार्यविधि का घनिष्ठ ज्ञान प्राप्त हो जाता था, वे स्वतन्त्रता और स्वाधीनता का मूल्य समझ जाते थे तथा उनके मन में जमी हुई दासता की मनोवृत्ति घट जाती थी।''[10]

(7) भारतीय समाचार-पत्रों तथा देशी साहित्य का विकास—मुनरो के अनुसार ''एक स्वतन्त्र प्रेस और विदेशी राज एक-दूसरे के विरुद्ध हैं और वे दोनों एक साथ नहीं चल सकते।''[11] यह बात भारतीय समाचार-पत्रों पर भी पूरी उतरती है। पाश्चात्य शिक्षा के प्रभाव से देश में प्रेस का विकास हुआ और समाचार-पत्रों की संख्या में आशातीत वृद्धि हुई। अंग्रेजी पत्रों के भारत-विरोधी प्रचार को भारतीय समाचार-पत्रों ने करारा उत्तर दिया और भारतीयों को विदेशी शासन की त्रुटियों से परिचित कराया। इस श्रेणी के समाचार-पत्रों में सम्वाद कौमुदी (1821), बाम्बे समाचार (1822), बंगदूत (1831), रास्त गुफ्तार (1815), अमृत बाजार पत्रिका (1868), ट्रिब्यून (1877) के नाम प्रमुख हैं।

इस काल में कुछ लेखकों की रचनाओं ने राष्ट्रीयता के विकास में बहुत योगदान दिया। 'बंकिमचन्द्र' के 'आनन्दमठ' तथा 'वन्देमातरम्' ने बंगाल में क्रान्तिकारी राष्ट्रवाद की पाठ्यपुस्तक का कार्य किया। इन्द्र विद्यावाचस्पति लिखते हैं—''इसी समय माइकल मधुसूदन दत्त ने बंगाली में, भारतेन्दु हरिशचन्द्र ने हिन्दी में, नर्मद ने गुजराती में, चिपलूणकर ने मराठी में, भारती ने तमिल में तथा अन्य अनेक साहित्यकारों ने विभिन्न भाषाओं में राष्ट्रीयता की भावना से परिपूर्ण उत्कृष्ट साहित्य का सृजन किया। इन साहित्यिक कृतियों ने भारतवासियों के हृदयों में सुधार व जागृति की अपूर्व उमंग उत्पन्न कर दी।''[12]

(8) आर्थिक असन्तोष—गैरट ने लिखा है कि ''राष्ट्रीयता में शिक्षित वर्ग का अनुराग हमेशा ही कुछ सीमा तक आर्थिक और कुछ सीमा तक धार्मिक कारणों से हुआ है।''[13] भारत में ईस्ट इण्डिया कम्पनी की स्थापना का उद्देश्य इस देश का आर्थिक शोषण करना था। ईस्ट इण्डिया कम्पनी और बाद में ब्रिटिश शासन द्वारा किये गये इस आर्थिक शोषण के फलस्वरूप जिस भारत को 17वीं सदी तक 'सोने की चिड़िया' कहा जाता था। उसी भारत के सम्बन्ध में 1900 ई. में सर विलियम डिग्वी ने लिखा है कि, ''करीब 10 करोड़ मनुष्य ब्रिटिश भारत में ऐसे

---

10. G. N. Singh, *Landmarks in Indian Constitutional and National Development,* p. 109.
11. '' A free press and the Dominion of strangers are things, which are quite incompatible and cannot long exist together.''
—Munro Quoted from Dr. I. Prasad, *History of Modern India,* p. 308.
12. इन्द्र विद्यावाचस्पति, *भारतीय स्वाधीनता संग्राम का इतिहास,* p. 32.
13. Garrat, *An Indian Commentary,* p. 119.

हैं जिन्हें किसी समय भी भरपेट अन्न नहीं मिलता—इस अध:पतन की दूसरी मिसाल इस समय सभ्य और उन्नतिशील देश में कहीं भी दिखाई नहीं दे सकती।''[14] इस प्रकार आर्थिक शोषण के राजनीतिक परिणाम उत्पन्न होने स्वाभाविक थे।

ईस्ट इण्डिया कम्पनी ने भारत के उद्योग-धन्धों को समूल नष्ट कर दिया। व्यापार पर उनका पूर्ण अधिकार स्थापित हो गया। जिससे भारतीय जनता निर्धनता और भुखमरी का शिकार होती गयी। उद्योग-धन्धों के विनाश उद्योग-धन्धों में कार्य करने वाले व्यक्ति कृषि की ओर झुके, जिससे भूमि पर दबाव बहुत बढ़ गया। सरकार ने कृषि की उन्नति की ओर कोई ध्यान नहीं दिया, जिससे किसानों की दशा शोचनीय हो गयी। अनेक अकालों ने स्थिति को और भी अधिक दयनीय बना दिया। औद्योगिक दृष्टि से विकसित देश इंगलैण्ड और पिछड़े हुए देश भारत के बीच ब्रिटिश शासन ने स्वतन्त्र व्यापार की नीति अपनायी जिससे गिरते हुए भारतीय उद्योग-धन्धे समाप्त हो गये। अंग्रेजी शासन की आर्थिक नीतियों से असन्तुष्ट होकर भोलानाथ चन्द्र ने 1877 में लिखा, ''बिना बल का प्रयोग किये; बिना राजद्रोह किये तथा बिना वैधानिक सहायता की अपेक्षा किये अपने पुराने गौरव को प्राप्त कर लेना हमारे हाथ की बात है। हमारे पास केवल एक, किन्तु सबसे अधिक प्रभावशाली अस्त्र शेष है—नैतिक विरोध और इस अस्त्र का प्रयोग किसी प्रकार भी अपराध नहीं हो सकता। इस अमोघ अस्त्र के प्रयोग का केवल एक उपाय है—विदेशी वस्तुओं का बहिष्कार'' भारतीयों ने यह समझ लिया कि उनकी इस दयनीय स्थिति का दोष विदेशी शासन पर है और उसका अन्त करने के प्रयत्न किये जाने चाहिएं।

(9) भारतीयों को उच्च पदों से अलग रखने की नीति—1833 के अधिनियम में कहा गया था कि सरकारी नौकरियों में प्रवेश योग्यता के आधार पर दिया जायेगा और किसी भी भारतीय को धर्म, जन्म-स्थान, वंश और वर्ण के कारण कोई पद प्रदान करने में बाधा नहीं उपस्थित की जायेगी। 1858 की सामाज्ञी की घोषणा में भी इसी प्रकार की नीति को दोहराया गया था; परन्तु व्यवहार में इस नीति का पालन कभी नहीं किया गया।

भारतीयों को 'भारतीय नागरिक सेवा' (I.C.S.) से अलग रखने के प्रयत्न किये गये। इस सेवा में प्रवेश की आयु 21 वर्ष थी, परीक्षा केवल इंगलैण्ड में होती थी और परीक्षा का माध्यम अंग्रेजी भाषा था। ऐसी स्थिति में भारतीयों के लिए इसमें प्रवेश करने के लिए ब्रिटेन वासियों से प्रतियोगिता करना अत्यधिक कठिन लगा फिर भी यदि सुरेन्द्रनाथ बनर्जी या श्री अरविन्द घोष जैसे मेधावी विद्यार्थी परीक्षा में सफल हो जाते, तो घुड़सवारी जैसी गौण बात के आधार पर उन्हें सेवा में प्रवेश से रोक दिया जाता था। सेवा में प्रवेश कर लेने के बाद भी मामूली सी गलती के आधार पर उन्हें अलग कर दिया जाता था।

1877 में नागरिक सेवा में प्रवेश की आयु 21 वर्ष के स्थान पर 19 वर्ष ही कर दी गयी, जिससे भारतीयों के लिए इस प्रतियोगिता में शामिल होना असम्भव ही हो गया। ब्रिटिश सरकार के इस कार्य का विरोध करने और इस प्रश्न पर राष्ट्रीय जनमत के निर्माण हेतु सुरेन्द्रनाथ बनर्जी ने सम्पूर्ण देश का दौरा किया तथा 1876 में इण्डियन एसोसियेशन (Indian Association) की स्थापना की, जिसे कांग्रेस की पूर्ववर्ती संस्था कहा जा सकता है।

---

14. सुन्दरलाल, *भारत में अंग्रेजी राज*, पृ. 11.

(10) प्रजाति विभेद नीति—1857 के विद्रोह के पूर्व भारत स्थित अंग्रेजों और भारतीयों के सम्बन्ध पर्याप्त अच्छे थे, किन्तु विद्रोह के बाद ब्रिटिश शासन ने प्रजाति विभेद की जो नीति अपनायी, उससे इस मधुरता का स्थान पारस्परिक घृणा और कटुता ने ले लिया।

(11) भारतीयों के विरुद्ध पक्षपातपूर्ण विचार—गुरुमुख निहाल सिंह के अनुसार—"विद्रोह के बाद, भारत में आने वाले अंग्रेजों के मस्तिष्क में भारतीयों के बारे में बड़ी विचित्र धारणाएँ होती थीं। वे मंच में तत्कालीन हास्य चित्रों के अनुसार भारतीयों को ऐसा जन्तु समझते थे जो आधा वनमानुष और आधा नीग्रो था, जिसे केवल भय द्वारा ही समझाया जा सकता था और जिसके लिए जनरल नील तथा उनके साथियों का घृणा और आतंक का व्यवहार ही उपयुक्त था।"[15] ऐसे व्यक्तियों के लिए भारतीयों के साथ घुलना-मिलना या मित्रतापूर्ण सम्बन्ध स्थापित करना असम्भव था। मि. गैरट के अनुसार—"उन्होंने अपने लिए एक विचित्र व्यवहार नीति अपनाई जिसके तीन महत्वपूर्ण सिद्धान्त थे। प्रथम, यह कि एक यूरोपियन का जीवन अनेक भारतीयों के जीवन के बराबर है। द्वितीय, प्राच्य देशवासियों पर केवल भय के आधार पर ही शासन किया जा सकता है। तृतीय, वे वहाँ लोकहित के लिए नहीं वरन् अपने निजी आय और ऐश्वर्य के लिए आये।"[16]

(12) न्याय में भेदभाव—भारतीयों को ब्रिटिश सरकार और अंग्रेजों की मनमानी तथा आतंकपूर्ण नीति विशेष रूप से खटकती थी। 1872 के मालेर कोटला उपद्रवों में बिना अभियोग निर्णय किये 49 सिखों को तोप से उड़वा दिया गया था। इसके विपरीत अंग्रेजों के भारतीयों के साथ बर्बरतापूर्ण व्यवहार या भारतीयों की हत्या की जो घटना घटित होती थी उनमें अंग्रेज अपराधियों को छोड़ दिया जाता था या मामूली-सी सजा दे दी जाती थी। इस सम्बन्ध में सर थियोडर मॉरिसन का हवाला देते हुए कहा जा सकता है—"यह एक महासत्य है जिसे छिपाया नहीं जा सकता कि अंग्रेजों द्वारा भारतीयों की हत्या की जाने की घटना एक दो नही है। अमृत बाजार पत्रिका के एक अंक (11 अगस्त, 1882) में ऐसी घटनाओं का जिक्र है जिनमें हत्यारों को पूरी कानूनी सजा नहीं मिली। यूरोपियन के मुकदमों में शहर से जूरी बुलाये जाते हैं। उनमें विजेता जाति के होने का अहंकार सबसे ज्यादा है, उनकी नैतिक भावना इस बात की अनुमति नहीं देती कि एक अंग्रेज को किसी भारतीय की हत्या के अपराध में अपनी जान देनी पड़े।"[17] उपर्युक्त नीति और उन सभी घटनाओं के परिणाम के सम्बन्ध में गैरट ने ठीक ही कहा है कि—"भारतीय राष्ट्रीयता की बढ़ोतरी में उपुर्यक्त कटुता की भावना एक बहुत बड़ा कारण थी।"

(13) यातायात तथा संचार के साधनों का विकास—1860-79 में सड़कों, रेलों, डाक और तार यातायात तथा संचार के द्रुत साधनों के विकास से राष्ट्रीय भावना के विकास में सहायता मिली। इन साधनों से भारत के विभिन्न भागों में रहने वाले देश के शुभचिन्तक आपस में बार-बार मिलकर देशहित में कार्य करने की योजना बना सकते थे और जनता से व्यक्तिगत तथा सीधा सम्पर्क स्थापित कर सकते थे। श्री गुरुमुख निहाल सिंह के शब्दों में, "संचार के इन

15. गुरुमुख निहाल सिंह, *भारत का वैधानिक एवं राष्ट्रीय विकास*, पृ. 44
16. Garrat, *An Indian Commentary*, p. 44.
17. Morrison, *Imperial Rule in India*, pp. 27-29.

साधनों ने सारे देश को गूँथकर एक कर दिया और भौगोलिक एकता को एक मूर्त वास्तविकता बना दिया।''[18] इन साधनों के कारण ही श्री बनर्जी का नागरिक सेवा सम्बन्धी अखिल भारतीय दौरा सम्भव हो सका।

(14) विदेशी आन्दोलनों का स्वस्थ प्रभाव—इटली, जर्मनी, रूमानिया और सर्बिया में राजनीतिक आन्दोलन, फ्रांस में तृतीय गणतन्त्र की स्थापना और इंगलैण्ड में सुधार कानूनों का पारित होना आदि घटनाओं ने भारतीयों को अपनी मातृभूमि की स्वाधीनता हेतु संघर्ष के लिए प्रेरित किया। मजूमदार के शब्दों में-''भारतीय सीमा के बाहर घटित इन घटनाओं में भारतीय राष्ट्रवाद की धारा को स्वाभाविक रूप से प्रभावित किया।''[19]

(15) लार्ड लिटन की दमनात्मक नीति—सुरेन्द्रनाथ बनर्जी ने लिखा है—''राजनीतिक प्रगति के विकास में बुरे या क्रूर शासक बहुधा एक गुप्त वरदान के रूप में आते हैं। उनके कारण समाज में ऐसी जागृति उत्पन्न होती है, जैसी वर्षों के प्रचार और आन्दोलन से भी उत्पन्न न हो ''[20] बनर्जी का यह कथन भारत में लॉर्ड लिटन के शासन के सम्बन्ध में सही घटित होता है।

अपने शासनकाल (1876-80) में लॉर्ड लिटन ने ऐसे कार्य किये जिनसे भारतीय राष्ट्रीयता को प्रोत्साहन मिला।

(i) 1876 में भारतीय नागरिक सेवा की आयु 21 वर्ष से घटकर 19 वर्ष कर दी गई।

(ii) 1 जनवरी, 1877 को विक्टोरिया को 'भारत की महारानी' घोषित करने के लिए दिल्ली में एक विशाल दरबार का आयोजन किया गया। जबकि दक्षिण भारत में बहुत बड़ा दुर्भिक्ष पड़ा था। भारतीय समाचार-पत्रों ने इसके विरुद्ध आवाज उठायी। एक समाचार-पत्र ने तो यहाँ तक लिख दिया कि—''जब रोम जल रहा था, तब नीरो बाँसुरी बजा रहा था।''[21] इस दरबार में श्री बनर्जी एक पत्र प्रतिनिधि की हैसियत से सम्मिलित हुए और यहीं उनके मष्तिष्क में यह भावना जागृत हुई कि—''यदि एक स्वेच्छाचारी वायसराय की प्रशंसा के लिए देश के राजा तथा अमीर उमरावों को एकत्रित किया जा सकता है तो देशवासियों को न्यायसंगत ढंग से, स्वेच्छाचारिता को रोकने के लिए क्यों नहीं संगठित किया जा सकता है।''[22] इसी वर्ष जबकि भारतीय जनता भूखों मर रही थी, भारत से इंगलैण्ड को 80 लाख पौण्ड के अन्न का निर्यात किया गया।

---

18. " Lines of communication knit up the vast country and turned geographical unity into a tangible reality. "
—G.N. Singh,
19. R.C. Mazumdar, *History of Freedom Movement in India.* p. 328.
20. " In the evolution of political progress, bad rulers are often blessing in disguise, Lord Lytton stirred community into life, a result that years of agitation would perhaps have failed to achieve. "
—S.N. Banerjee, *A Nation in Making*, p. 63.
21. When Rome was burning Nero was fiddling.
22. "If the princes and nobles in the land could be forced to form a pageant for the glorification of an autocratic Viceroy, why could not the people be gathered together to unite themselves to restrain by constitutional means and methods, the spirit of autocratic rule. "
—S. N. Benerjee (Quoted from A. C. Majumdar, *Indian National Revolution*)

(iii) लार्ड लिटन द्वारा अफगानिस्तान पर आक्रमण करने में जो दो करोड़ स्टर्लिंग का खर्च हुआ, उसका बोझ भारत की निर्धन जनता पर पड़ा। 1878 में भारतीय सेना को सायप्रस भेजने का भी भारतीय जनता ने विरोध किया।

(iv) 1878 में लिटन शासन द्वारा पारित 'वर्नाक्यूलर प्रेस एक्ट' से भारतीय भाषाओं के समाचार-पत्रों पर कठोर नियन्त्रण स्थापित हो गया। भारत के शिक्षित वर्ग ने इसे 'गैगिंग एक्ट' का नाम दिया। समस्त देश में और विशेषतया बंगाल में इस कानून का इतना प्रबल विरोध हुआ कि अन्त में बाध्य होकर लॉर्ड रिपन को यह कानून रद्द करना पड़ा।

(v) लॉर्ड लिटन को 'भारतीय शस्त्र अधिनियम' के अनुसार भारतीय बिना लाइसेंस कोई भी शस्त्र लेकर नहीं चल सकते थे। जबकि यूरोपियनों या ऐंग्लों-इण्डियन पर इस प्रकार का कोई प्रतिबन्ध न था। भारतीय जनता ने इस कानून को अपना घोर अपमान समझा।

(vi) लॉर्ड लिटन की 'आर्थिक नीति' भी असन्तोष उत्पन्न करने थी। अपनी परिषद के अधिकांश सदस्यों की राय के विरुद्ध उसने लंकाशायर के उद्योगपतियों के हितों की रक्षा के लिए विदेशी सूती कपड़े पर आयात कर हटा दिया जिससे भारत के सूती वस्त्र उद्योग को बहुत हानि पहुँची। इससे भारत सरकार के आय का एक बहुत बड़ा साधन समाप्त हो गया।

लॉर्ड लिटन के इन कार्यों के परिणामस्वरूप ब्रिटिश शासन के प्रति भारतीय जनता का असन्तोष बहुत उग्र हो गया। सर विलियम वैडरवर्न ने ब्लंट से कहा था कि "लॉर्ड लिटन के शासनकाल के अन्त में स्थिति विद्रोह की सीमा तक पहुँच गयी थी।"

(16) इल्बर्ट विधेयक सम्बन्धी विवाद—1880 में उदारवादी लॉर्ड रिपन भारत के गर्वनर जनरल बने। उन्होंने प्रशासन के विभिन्न क्षेत्रों में अनेक सुधार कार्य किये। इस समय तक न्यायिक क्षेत्र में जाति-विभेद विद्यमान था और भारतीय न्यायाधीशों को यूरोपियन अपराधियों के मुकदमे सुनने का अधिकार नहीं था। सन् 1883 में लॉर्ड रिपन की परिषद् के विधि सदस्य पी. सी. इल्बर्ट ने परिषद में एक विधेयक प्रस्तुत किया, जिसका उद्देश्य भारतीय न्यायाधीशों को यूरोपियन अपराधियों के मुकदमे सुनने का अधिकार देना था। भारत में रहने वाले अंग्रेजों ने इल्बर्ट विधेयक को अपना जातीय अपमान समझा और इसके विरोध में आन्दोलन करने के लिए एक लाख से भी अधिक रुपयों का चन्दा किया। भारत और इंगलैण्ड में विधेयक के विरुद्ध आन्दोलन करने के लिए 'यूरोपियन रक्षा संघ' (European Defence Association) की स्थापना की गई और विधेयक की निन्दा करने हेतु विविध सभाएँ की गईं। सर हेनरी कॉटन के अनुसार, "कलकत्ता के कुछ अंग्रेजों ने सरकारी भवन के सन्तरियों को वश में करके लॉर्ड रिपन को बाँधकर वापस इंगलैण्ड भेजने का षड्यन्त्र रचा और यह सब बंगाल के गर्वनर तथा पुलिस कमिश्नर की जानकारी में हुआ।"[23] इस आन्दोलन से बाध्य होकर विधेयक को मूल रूप में समाप्त कर देना पड़ा और केवल यह निश्चित किया गया कि भारतीय जिलाधीशों और सेशन जजों को यूरोपियन अपराधियों के फैसले का अधिकार होगा। किन्तु यूरोपियन अपराधी अपने मुकदमे में जूरी बैठाने की माँग कर सकेंगे जिसके कम से कम आधे सदस्य यूरोपियन होंगे।

23. Sir Henry Cotton, *New India*, pp. 15-16.

इल्बर्ट विधेयक के विषय में श्री बनर्जी लिखते हैं कि—"कोई भी स्वाभिमानी भारतीय अब आँख मूँदकर सुस्त नहीं बैठा रह सकता था। जो इल्बर्ट विवाद के महत्व को समझते थे उनके लिए यह देशभक्ति की महान् पुकार थी।" हेनरी कॉटन का कहना है कि "इस विधेयक के विरोध में किये गये यूरोपीय आन्दोलन ने भारत की राष्ट्रीय विचारधारा को जितनी एकता प्रदान की, उतनी तो विधेयक पारित होकर भी नहीं कर सकता था।" यूरोपियनों के आन्दोलन ने भारतीयों को भी अखिल भारतीय संगठन की स्थापना की आवश्यकता अनुभव करायी। ए. सी. मजूमदार लिखते हैं कि—"इस आन्दोलन ने भारतीयों को यह भी अनुभव करा दिया कि राजनीतिक प्रगति वांछनीय है तो केवल एक राष्ट्रीय सभा द्वारा ही सम्भव है। इस सभा का सम्बन्ध विभिन्न प्रान्तों की स्वतन्त्र राजनीति से न होकर देश की एक व्यापक राजनीति से ही होना चाहिए।"[24]

उपर्युक्त तत्वों के परिणामस्वरूप भारत के लोगों में इस चेतना का विकास हुआ कि उनकी इस दयनीय स्थिति के लिए ब्रिटिश शासन ही उत्तरदायी है और इन चेतना ने ही अखिल भारतीय कांग्रेस को जन्म दिया।

भारतीय कांग्रेस के पूर्ववर्ती संगठन
(Forerunners of Indian National Congress)

राष्ट्रवाद के विकास के परिणामस्वरूप इस देश में राजनीतिक संगठनों की स्थापना की प्रक्रिया प्रारम्भ हो गयी। थोड़े ही समय में ब्रिटिश इण्डियन एसोसियेशन, इण्डिया लीग, इण्डियन एसोसियेशन, बाम्बे एसोसियेशन, पूना की सार्वजनिक सभा और राष्ट्रीय सम्मेलन के रूप में अनेक राजनीतिक संघों की स्थापना हुई। 1885 में कांग्रेस की स्थापना की पृष्ठभूमि के रूप में कांग्रेस के पूर्ववर्ती संगठनों का विवरण निम्नलिखित है:

(1) ब्रिटिश इण्डियन एसोसियेशन—कांग्रेस की पूर्ववर्ती संस्थाओं के अन्तर्गत सबसे पहली और प्रमुख संस्था "ब्रिटिश इण्डियन एसोसियेशन" थी। इसकी स्थापना अक्टूबर 1851 में की गयी थी। देश के अन्य भागों में इसकी शाखाएँ स्थापित करने का प्रयत्न किया गया परन्तु इसमें सफलता नहीं मिली।

राजेन्द्रलाल मित्र, रामगोपाल घोष, प्यारेचन्द्र मित्रा और हरिशचन्द्र मुखर्जी जैसे योग्य व्यक्तियों के निर्देशन में इस संस्था के द्वारा महत्वपूर्ण कार्य किया गया। इसने भारतीयों के लिए राजनीतिक अधिकारों की माँग की और इस उद्देश्य से सन् 1852 में ब्रिटिश संसद को एक स्मृतिपत्र भेजा। जिसमें विधायी परिषदों में भारतीयों के शामिल किये जाने और ब्रिटेन के साथ भारत में भी प्रतियोगी परीक्षाओं की व्यवस्था करने की माँग की गई। इस संस्था ने भारतीयों में राजनीतिक चेतना उत्पन्न करने की दिशा में भी महत्वपूर्ण सफलता प्राप्त की।

(2) इण्डिया लीग (1875)—सन् 1851 में स्थापित 'ब्रिटिश इण्डियन एसोसियेशन' उच्च राजनीतिक आदर्शों की प्राप्ति में सफल नहीं रहा। अस्तु बंगाल के कुछ प्रगतिशील व्यक्तियों

---

24. A.C., Majumdar, *Indian National Revolution*, p. 39.

ने सन् 1875 में एक नवीन संगठन 'इण्डिया लीग' की स्थापना की। इस संस्था का उद्देश्य भारत के लोगों में राष्ट्रीयता की भावना को बढ़ावा देना और उनमें राजनीतिक चेतना उत्पन्न करना था। परन्तु थोड़े ही समय बाद इसके स्थान पर 'इण्डियन एसोसियेशन' की स्थापना हो गयी।

(3) इण्डियन एसोसियेशन (1876)– 26 जुलाई, 1876 को कलकत्ता के इल्बर्ट हॉल की एक सार्वजनिक सभा में इण्डियन एसोसियेशन की स्थापना हुई जिसमें 700 से अधिक व्यक्ति उपस्थित थे। श्री बनर्जी ने इस संगठन के उद्देश्य बताये थे–(1) इस देश में सबल जनमत का निर्माण करना, (2) विभिन्न जातियों के व्यक्तियों को समान राजनीतिक हितों और आकांक्षाओं के आधार पर संगठित करना। (3) हिन्दू-मुस्लिम मित्रता स्थापित करना, और (4) सार्वजनिक आन्दोलनों में सामान्य जनता को शामिल करना।

1876 में ही ब्रिटिश शासन द्वारा नागरिक सेवा में प्रवेश की आयु 21 वर्ष से घटाकर 19 वर्ष कर दी गयी थी। संघ ने इस व्यवस्था के विरुद्ध संघर्ष करने का निश्चय किया। संघ की ओर से श्री बनर्जी ने सम्पूर्ण देश का दौरा किया। संघ ने वर्नाक्यलूर प्रेस अधिनियम और शस्त्र अधिनियम जैसी प्रतिक्रियावादी कानूनों के विरुद्ध भी संघर्ष किया।

(4) बाम्बे प्रेसीडेंसी एसोसियेशन–19वीं सदी के प्रारम्भ में बाम्बे एसोसियेशन की स्थापना की गयी, जो कि थोड़े समय बाद निर्जीव हो गया। श्री नौरोजी फरन्दजी द्वारा इसको फिर से सजीव बनाने का प्रयत्न भी सफल नहीं हुआ। अतः फिरोजशाह मेहता और बदरुद्दीन तैयबजी ने इसके स्थान पर 'बाम्बे प्रेसीडेंसी एसोसियेशन' की स्थापना की–जिसने राजनीतिक जागरण की दिशा में प्रशंसनीय कार्य किया।

(5) पूना सार्वजनिक सभा (1867)–महाराष्ट्र में समाज सुधार करने और राजनीतिक चेतना उत्पन्न करने के लिए महादेव गोविन्द रानाडे द्वारा 1867 में पूना में सार्वजनिक सभा की स्थापना की गयी। जोकि 19वीं सदी के अन्त तक कार्य करती रही। सन् 1881 में मद्रास में 'महाजन सभा' की स्थापना हुई।

अखिल भारतीय कांग्रेस की स्थापना

1881 में मद्रास में 'महाजन सभा' की स्थापना हुई। 1875 के बाद लॉर्ड लिटन के अविवेकपूर्ण कार्यों और उसके बाद लॉर्ड रिपन के शासनकाल में इल्बर्ट विधेयक सम्बन्धी विवाद ने एक अखिल भारतीय राजनीतिक संगठन की आवश्यकता स्पष्ट की। इन परिस्थितियों में एक अवकाशप्राप्त अंग्रेज अधिकारी एलेन ऑक्टेवियन ह्यूम (Allan Octavian Hume) के मस्तिष्क में कांग्रेस की स्थापना के विचार का उदय हुआ। ह्यूम ने 1 मार्च, 1883 को कलकत्ता विश्वविद्यालय के स्नातकों के नाम एक अत्यन्त हृदयस्पर्शी पत्र लिखा। इस पत्र में उन्होंने 50 ऐसे नवयुवकों की माँग की जो सच्चे, निःस्वार्थ, आत्मसंयमी, नैतिक साहस रखने वाले और निःस्वार्थी हों। पत्र का अन्त अत्यधिक प्रभावशाली था। जिसमें उन्होंने लिखा था–"आपके कन्धों पर रखा हुआ जुआ तब तक विद्यमान रहेगा, जब तक आप इस ध्रुव सत्य को समझकर उसके अनुसार कार्य करने को उद्यत न होंगे कि आत्म-बलिदान तथा निःस्वार्थ कर्म ही स्थायी सुख तथा स्वतन्त्रता के अचूक पथ-प्रदर्शक हैं।" ह्यूम ने अपनी योजना के सम्बन्ध में नये

वायसराय लॉर्ड डफरिन से भी वार्ता की। लॉर्ड डफरिन ने उनकी बातों को ध्यानपूर्वक सुना और प्रस्तावित संघ के कार्यक्षेत्र को बढ़ाने का सुझाव दिया इस वार्ता के सम्बन्ध में कांग्रेस के प्रथम अध्यक्ष वोमेशचन्द्र बनर्जी लिखते हैं—''ह्यूम का विचार था कि भारत के प्रमुख व्यक्ति साल में एक बार एकत्रित होकर सामाजिक विषयों पर चर्चा कर लिया करें। वे नहीं चाहते थे कि उनकी चर्चा का विषय राजनीति रहे—क्योंकि बम्बई, कलकत्ता और मद्रास में पहले से ही राजनीतिक मण्डल थे। लॉर्ड डफरिन ने ह्यूम साहब के विचार को राजनीतिक दिशा प्रदान की। उन्होंने कहा कि इस संस्था को इंगलैण्ड की तरह यहाँ सरकार के विरोध का कार्य करना चाहिए। उन्होंने यह इच्छा व्यक्त की कि यहाँ के राजनीतिज्ञ प्रति वर्ष अपना सम्मेलन किया करें और सरकार को बताया करें कि शासन में क्या-क्या त्रुटियाँ हैं और उसमें क्या सुधार किये जायें।''[25]

वायसराय के निर्देशों के अनुसार ह्यूम ने अपनी योजना में परिवर्तन किया। इंगलैण्ड जाकर उन्होंने वहाँ के प्रमुख व्यक्तियों लॉर्ड रिपन, डलडौजी, जॉन ब्राईट और स्लेग्र आदि से विचार-विनिमय किया। भारत लौटने के पूर्व उन्होंने इंगलैण्ड में 'भारतीय संसदीय समिति' (Indian Parliamentary Committee) का संगठन किया, जिसका उद्देश्य ब्रिटिश संसद के सदस्यों में भारतीय मामलों के प्रति दिलचस्पी उत्पन्न करना था।

इंगलैण्ड से वापस आने पर यह निश्चित किया गया कि कांग्रेस का प्रथम अधिवेशन पूना में 25 से 28 दिसम्बर, 1885 तक होगा। परन्तु पूना में हैजा शुरू हो जाने पर अधिवेशन पूना के स्थान पर बम्बई में स्थानान्तरित किया गया। 28 दिसम्बर, 1885 को दिन के 11 बजे गोकुलदास तेजपाल संस्कृत कॉलेज के भवन में कांग्रेस का प्रथम अधिवेशन हुआ जिसकी अध्यक्षता कलकत्ता के प्रसिद्ध बैरिस्टर वोमेशचन्द्र बनर्जी द्वारा की गयी। अधिवेशन में भारत के अनेक प्रसिद्ध व्यक्ति दादाभाई नौरोजी, फीरोजशाह मेहता, दीनाशा एदलजी वाचा, काशीनाथ तैलंग, नारायण गणेश चन्द्रावरकर, पी. आनन्दाचार्लू, वी. राघवाचार्य और एस. सुब्रहमण्यं आदि उपस्थित थे। यह समस्त कार्य सरकारी आशीर्वाद, से किया गया था। कूपलैण्ड ने लिखा है, ''भारतीय राष्ट्रीयता ब्रिटिश राज की शिशु थी और ब्रिटिश अधिकारियों ने उसके पालने को आर्शीवाद दिया था''[26] अधिवेशन में सर विलियम वैडरबर्न और रानाडे जैसे सरकारी अधिकारी भी उपस्थित थे। सभापति श्री वोमेशचन्द्र बनर्जी ने कांग्रेस की गुरुता की और प्रतिनिधियों का ध्यान आकर्षित करते हुए इसके निम्नलिखित उद्देश्य बतलाये थे:—

(1) साम्राज्य के विभिन्न भागों में देशहित के लिए लगन से कार्य करने वाले व्यक्तियों के बीच घनिष्ठता और मित्रता स्थापित करना।

(2) समस्त देशवासियों में वंश, धर्म और प्रान्त सम्बन्धी दूषित संस्कारों को मिटाकर राष्ट्रीय एकता की भावनाओं का पोषण और परिवर्द्धन करना।

(3) महत्वपूर्ण और आवश्यक सामाजिक प्रश्नों पर भारत के शिक्षित लोगों में अच्छी तरह चर्चा होने के अनन्तर प्राप्त परिपक्व सम्मतियों का संग्रह करना।

---

25. W. C. Benerjee, *Introduction to Indian Politics*, p. 65.
26. ''Indian Nationalism was the child of the British Raj and British Authorities blessed its cradle.'' —Coupland, *The Indian Problem*, 1933-1935, p. 23.

(4) उन तरीकों और दिशाओं का निर्णय करना, जिसके द्वारा भारत के राजनीतिज्ञ देशहित के लिए कार्य करें।

कांग्रेस की स्थापना के आधारभूत कारण

1. राजनैतिक असन्तोष का सेफ्टी वाल्व—श्री ए. ओ. ह्यूम तथा उनके सहयोगियों के कांग्रेस को संगठित करने के वास्तविक उद्देश्यों के सम्बन्ध में विद्वान एकमत नहीं हैं। इस सम्बन्ध में प्रमुख रूप से दो व्याख्याएँ प्रस्तुत की जाती हैं।

पहली व्याख्या के अनुसार कांग्रेस की स्थापना भारत में व्याप्त व्यापक असन्तोष के लिए सेफ्टी वाल्व (Safety Valve) के रूप में की गयी थी अर्थात् कांग्रेस का जन्म ब्रिटिश साम्राज्य की रक्षा के लिए हुआ था। लॉर्ड लिटन के दमनकारी शासन में भारतीय जनता की दयनीय दरिद्रता और शिक्षित नवयुवकों का घोर असन्तोष क्रान्ति का रूप धारण करने वाला था। विश्वसनीय सूत्रों से ह्यूम को इस बात का ज्ञान था कि राजनीतिक अशान्ति अन्दर ही अन्दर बढ़ रही है। दक्षिण के कृषक विद्रोह ने और बंगाल के उग्र क्रान्तिकारियों की गतिविधियों ने दूरदर्शी ह्यूम को भावी खतरे की सूचना दे दी थी। जन आन्दोलन की इस क्रान्तिकारी भावना से चिन्तित होकर ह्यूम साहब जनता के असन्तोष को क्रान्ति का रूप ग्रहण करने से रोकने के लिए, 'सेफ्टी वाल्व' का निर्माण किया। ह्यूम के जीवनी लेखक सर विलियम वेडरबर्न के अनुसार ह्यूम ने एक बार कहा था कि "भारत में असन्तोष की बढ़ती हुई शक्तियों से बचने के लिए एक 'सेफ्टी वाल्व' (Safety Valve) की आवश्यकता है और कांग्रेस आन्दोलन से बढ़कर सेफ्टीवाल्व दूसरी कोई चीज नहीं हो सकती।"[27]

उपर्युक्त धारणा का प्रतिपादन करते हुए लाला लाजपतराय ने अपनी प्रसिद्ध पुस्तक 'यंग इण्डिया' में लिखा है कि, "भारतीय कांग्रेस की स्थापना का मुख्य उद्देश्य यह था स्थापक द्वारा ब्रिटिश साम्राज्य की इन संकटों से रक्षा करना और उसको छिन्न-भिन्न होने से बचाना चाहते थे।"[28] सर विलियम वेडरबर्न ने लिखा है कि, "बम्बई के दक्षिणी भाग में तो उपद्रव फूट पड़े थे। ह्यूम साहब की यह योजना क्रान्ति का भय दूर करने तथा भारतीयों में उमड़ती राष्ट्रीयता की भावना को रोकने के उद्देश्य से बनायी गयी थी।" इस सम्बन्ध में डॉ॰ नन्दलाल चटर्जी ने लिखा है कि—"मि. ह्यूम ने कांग्रेस की स्थापना का विचार उस समय देश के सम्मुख प्रस्तुत किया, जबकि भारत पर रूसी आक्रमण का विशेष भय था। अत: यह स्पष्ट है कि उनका उद्देश्य भारतीय आन्दोलन को ठीक दिशा में परिवर्तित कर देना तथा इस देश में रूसियों के हथकण्डे तथा शरारतें रोक देना था। जब रूस का आक्रमण का भय समाप्त हो गया तो, भारत सरकार का व्यवहार

---

27. " A Safety-valve for the escape of great and growing forces was urgently needed and no more efficacious safety-valve than one Congress movement could possibly devise. "

—Sir William Wedderburn, *Allan Octavian Hume,* p. 71.

28. "The main reason for founding the Indian National Congress was the anxiety of the originators to prevent the disruption of the Empire."

—Lala Lajpat Rai, *Young India,* p. 135.

कांग्रेस के प्रति एकदम बदल गया।'' इस सम्बन्ध में रजनी पामदत्त ने तो यहाँ तक कह दिया कि ''कांग्रेस की स्थापना ब्रिटिश सरकार की एक पूर्व-निश्चित गुप्त योजना के अनुसार की गयी थी।''[29]

कांग्रेस ने ह्यूम और उन ब्रिटिश अधिकारियों की आशाओं को पूर्ण किया जिन्होंने कांग्रेस की स्थापना में योग दिया था। वह शिक्षित भारतीयों के असन्तोष का आकर्षण केन्द्र बन गयी। कांग्रेस के मंच से इस बेचैनी और असन्तोष को वैधानिक रूप से व्यक्त किया जाने लगा। इस प्रकार कांग्रेस राष्ट्रीस असन्तोष को व्यक्त करने का शान्तिमय साधन बन गयी। इस दृष्टि से सन् 1889 की कांग्रेस रिपोर्ट में व्यक्त किये गये विचार विशेष रूप से उल्लेखनीय हैं, ''कांग्रेस आन्दोलन की यह महत्ता है कि उसने भारत में फैली हुई छोटी-मोटी क्रान्तिकारी संस्थाओं को दबा दिया और राजनीतिक असन्तोष को वैधानिक उपायों द्वारा व्यक्त करने का साधन उपस्थित किया।''

2. राष्ट्रीय संस्था—कांग्रेस की स्थापना के सम्बन्ध में दूसरी धारणा यह है कि कांग्रेस की स्थापना भारतवासियों के हितार्थ एक राष्ट्रीय संस्था के रूप में की गयी थी। यदि कांग्रेस की स्थापना के सम्बन्ध में प्रतिपादित 'पहली' धारणा को स्वीकार कर लिया जाय, जो यह न केवल ह्यूम वरन् उन भारतीय नेताओं पर भी आक्षेप होगा जिन्होंने कांग्रेस की स्थापना में सहयोग दिया था। सुश्री एनी बेसेण्ट लिखती हैं कि ''राष्ट्रीय कांग्रेस का जन्म मातृभमि की रक्षा के हित में 17 प्रमुख भारतीयों तथा ह्यूम साहब के द्वारा हुआ था।'' श्री गुरुमुख निहाल ने लिखा है कि ''यह सम्भव है कि ब्रिटिश साम्राज्य को बचाने तथा कांग्रेस का प्रयोग एक अभय दीप की तरह करने के विचार ह्यूम तथा वेडरबर्न के हृदयों में हो; किन्तु इस बात पर विश्वास करना असम्भव है कि दादाभाई नौरोजी, सुरेन्द्रनाथ बनर्जी, वोमेश चन्द्र बनर्जी फिरोजशाह मेहता और रानाडे जैसे भारतीय नेता इनके हाथों में साधनमात्र थे या वे भी साम्राज्य को क्रान्ति के खतरे से बचाने का विचार रखते थे।''[30]

ह्यूम ने भी अपने जीवन का काफी बड़ा भाग भारतीय जनता के कल्याण में ही लगाया था, और उन्हें साम्राज्यवादी नहीं कहा जा सकता। ह्यूम के उच्च आदर्श को स्वीकार करते हुए 'यंग इण्डिया' के लेखक लाला लाजपतराय लिखते हैं कि ''ह्यूम स्वतन्त्रता के पुजारी थे और उनका हृदय भारत की निर्धनता तथा दुर्दशा पर रोता था—वे इस बात को अच्छी तरह समझते थे

---

29. ''As is well-known, the National Congress, while arising from the preceding development and beginnings of activity of the Indian middle-class, was brought into existence as an organisation through the initiative and under the guidance of an Englishman. More than that what is less universally known, the National Congress was infact brought into being through the initiative and under the guidance of direct British governmental policy, on a plan secretly pre-arranged with the Viceroy, as an intended weapon for safe generating British rule against the rising forces of popular unrest and anti-British feeling.''

—R. Palme Dutt, *India Today,* p. 289.

30. गुरुमुख निहालसिंह, *भारत का वैधानिक एवं राष्ट्रीय विकास,* पृ.108.

कि कोई भी शासन चाहे देशी हो अथवा विदेशी, बिना किसी दबाव के जनता की माँग को पूरा नहीं करता। इसलिए वे चाहते थे कि भारतीयों के द्वारा स्वतन्त्रता के लिए प्रयत्न किये जाने चाहिएं। इस दिशा में प्रथम प्रयत्न संगठित होना था इसलिए उनके द्वारा संगठन का परामर्श दिया गया।''[31] कलकत्ता विश्वविद्यालय के स्नातकों के नाम लिखे गये अपने पत्र में उन्होंने 'देश हित के लिए कन्धे पर रखे जुए को उतारने का स्पष्ट आह्वान किया था।' ह्यूम साहब का उद्देश्य ब्रिटिश साम्राज्य का पक्ष-पोषण नहीं वरन् ब्रिटिश शासन के विरुद्ध भारतीय जनता को वैधानिक रूप से संगठित करना था। इसका प्रमाण यह है कि 1888 के कांग्रेस अधिवेशन से उन्होंने भारतीय जनता को ब्रिटिश शासन के विरुद्ध आन्दोलन करने के लिए उद्बोधित करते हुए कहा था ''हमारे शिक्षित भारतीयों ने पृथक-पृथक रूप से, हमारे अखबारों ने व्यापक रूप से तथा हमारी राष्ट्रीय महासभा के समस्त प्रतिनिधियों ने एक स्वर से सरकार को समझाने की चेष्टा की है किन्तु सरकार ने, जैसा कि प्रत्येक स्वेच्छाचारी सरकार का रवैया होती है, समझने से इंकार कर दिया है। अब हमारा काम यह है कि देश में अलख जगाएँ, ताकि हर भारतीय जिसने भारतमाता की छाती का दूध पिया है, हमारा साथी, सहयोगी तथा सहायक बन जाये और यदि आवश्यकता पड़े तो काबडेन और उसके बहादुर साथियों की तरह आजादी, न्याय तथा अपने अधिकारों के लिए जो महासंग्राम हम छेड़ने जा रहे हैं, उसका वह सैनिक बन जाय।''[32] प्रसिद्ध इतिहासकर डॉ॰ ईश्वरी प्रसाद का भी विचार है कि ''राष्ट्रीय कांग्रेस की स्थापना भारतीयों के हित की दृष्टि से ही की गयी।''[33]

कांग्रेस की स्थापना के उद्देश्य के सम्बन्ध में उपुर्यक्त दोनों दृष्टिकोण आंशिक रूप से सत्य हैं। कांग्रेस की स्थापना के मूल में ब्रिटिश साम्राज्य के रक्षण की भावना तो विद्यमान थी, किन्तु इसके साथ ही भारतीयों के हित का विचार और भारतीयता की भावना भी विद्यमान थी। भारतीय राजनीति में उस समय दो प्रमुख धाराएँ थीं। पहले मत के लोग हिंसा के द्वारा ब्रिटिश राज्य का अन्त कर देना चाहते थे। दूसरे मत के लोग ब्रिटिश राज्य का कम से कम तत्काल अन्त नहीं चाहते थे। वे भारतीय शासन भारतीय जनता का ऐसा प्रतिनिधित्व चाहते थे जो बढ़ते-बढ़ते इतना बढ़ जाये कि भारत ब्रिटिश ताज के अन्तर्गत स्वशासन प्राप्त कर ले। ह्यूम और कांग्रेस की स्थापना में उनके सहयोगी भारतीय राजनीति को इस दूसरी धारा से सम्बद्ध थे। कँाग्रेस की स्थापना देश को वैधानिक प्रगति के मार्ग पर आगे बढ़ने के लिए ही की गयी थी।

---

31. ''He (Hume) had a passion for liberty. His heart bled at the sight of so much misery and poverty.... He burned with indignation at the cowardly behaviour of his countrymen towards Indians.... He was an ardent student of history and knew fully well that no government whether national or foreign had conceded popular demand without pressure from below.... He therefore wanted the Indians to strike for their Liberty. The first step was to organise. So he advised organisation.''
—Lala Lajpat Rai, *Young India,* p. 133.

32. राम गोपाल, *भारतीय राजनीति,* पृ. 102 से उदृत

33. Dr. I. Prasad, *History of Modern India,* p. 311.

1885 में स्थापित अखिल भारतीय राष्ट्रीय कांग्रेस का उद्देश्य जाति, धर्म या वर्ण के किसी भेदभाव के बिना सभी भारतवासियों का प्रतिनिधित्व करना था। कांग्रेस का राष्ट्रीय स्वरूप इसी से स्पष्ट हो जाता है कि इसके प्रथम अध्यक्ष वोमेशचन्द्र बनर्जी भारतीय ईसाई थे, दूसरे दादाभाई नौरोजी पारसी थे, तीसरे बदरुद्दीन तैयब जी मुसलमान थे और चौथे तथा पाँचवे अध्यक्ष जार्ज यूल तथा सर विलियम वेडरबर्न अंग्रेज थे। दूसरी गोलमेज परिषद् के अवसर पर गांधीजी ने कांग्रेस के राष्ट्रीय स्वरूप पर इन शब्दों में बल दिया था–"कांग्रेस सच्चे अर्थों में राष्ट्रीय है, वह किसी विशेष जाति, वर्ग या हित की प्रतिनिधि नहीं है। यह समस्त भारतीय हितों और सब वर्गों की प्रतिनिधि होने का दावा करती है। मेरे लिए सबसे अधिक प्रसन्नता की बात है कि उसकी उपज प्रारम्भ में एक अंग्रेज के मस्तिष्क में हुई। ऐलन आक्टेवियन ह्यूम को कांग्रेस के पिता के रूप में हम जानते हैं। दो महान् पारसियों दादाभाई नौरोजी और फिरोजशाह मेहता ने इसका पोषण किया। प्रारम्भ में ही कांग्रेस में मुसलमान, ईसाई, ऐंग्लो-इण्डियन आदि शामिल थे बल्कि मुझे यह कहना चाहिए कि इसमें सब धर्मों, सम्प्रदायों और हितों का पूर्णता के साथ प्रतिनिधित्व होता था।"[34] कांग्रेस के अधिकांश सदस्य और पदाधिकारी हिन्दू थे क्योंकि भारत की अधिकांश जनता हिन्दू है। कांग्रेस में आनुपातिक रूप में मुसलमानों की संख्या कम होने का कारण यह भी था कि सर सैयद अहमद जैसे प्रभावशाली व्यक्ति मुसलमानों को कांग्रेस के बाहर रखने का पूरा प्रयत्न कर रहे थे। परन्तु मुसलमानों सहित सभी वर्गों के हितों की रक्षा का पूरा-पूरा प्रयत्न करके कांग्रेस ने राष्ट्रीय स्वरूप को बनाये रखा।

अभ्यास के लिये प्रश्न

1. भारत की स्वतन्त्रता के राष्ट्रीय आन्दोलन के उदय के प्रमुख कारणों का परीक्षण कीजिए।
2. भारत में राष्ट्रीय चेतना के विकास के लिए उत्तरदायी कारणों का विवेचन कीजिए।
3. भारतीय राष्ट्रीय कांग्रेस की स्थापना में सहायक परिस्थितियों एवं कारणों को इंगित कीजिए।

---

34. Quoted from Pattabhi Sitaramayya's, *The History of Indian National Congress,* Vol. I, p. 20.

3

भारत में ब्रिटिश उपनिवेशवाद
(British Colonialism in India)

उपनिवेशवाद क्या है?

उपनिवेश वह भू प्रदेश है जो एक विदेशी राज्य द्वारा शासित है और जिसके अपने निवासियों को अपने शासन में पूरे राजनीतिक अधिकार प्राप्त नहीं हैं। आर्गेन्सिकी के अनुसार, ''उन सभी क्षेत्रों को हम उपनिवेश कहेंगे जो एक विदेशी सत्ता द्वारा शासित हैं तथा जिसके निवासियों को पूरे राजनीतिक अधिकार प्राप्त नहीं हैं।''[1] 'उपनिवेशवाद' नये उपनिवेशों (New Colonies) को अर्जित (acquire) करने की नीति है। यह एक श्रेष्ठ राज्य का अपने से निम्न राज्य के साथ सम्बन्ध है। उपनिवेशवाद की परिभाषा करते हुए हॉब्सन ने लिखा है ''उपनिवेशवाद अपने श्रेष्ठ स्वरूप में राष्ट्रीयता का स्वाभाविक प्रसार है और सफल उपनिवेशवाद का मानदण्ड ही यह है कि उपनिवेशवादी राज्य अपनी सभ्यता के मूल्यों को नये प्रदेशों के स्वाभाविक सामाजिक परिवेश में कहाँ तक स्थापित कर सकता है?''[2]

साम्राज्यवाद और उपनिवेशवाद में अन्तर

साम्राज्यवाद और उपनिवेशवाद में कोई विशेष अन्तर नहीं है। हॉब्सन ने दोनों शब्दों को पर्यायवाची माना है। उसके अनुसार, ''जर्मनी और फ्रांस का उपनिवेशवादी दल अपने उद्देश्यों और कार्यविधि में इंगलैण्ड के साम्राज्यवादी दल के समरूप ही है।'' तथापि ई. एफ. पैनरोज ने अपनी पुस्तक 'अन्तर्राष्ट्रीय सम्बन्धों में क्रान्ति' में 'उपनिवेशवाद तथा साम्राज्यवाद में निम्नलिखित अन्तर बताये हैं :

1. साम्राज्यवाद में नये-नये भू प्रदेश और क्षेत्रों का समामेलन एकदम स्पष्ट और प्रत्यक्ष होता है तथा इन अधीन प्रदेशों पर साम्राज्यवादी देश की विधि व्यवस्था तथा शासन प्रणाली एकदम आरोपित कर दी जाती है जबकि उपनिवेशवाद में अधीन प्रदेशों की विधि और शासन व्यवस्था पर पूर्ण नियन्त्रण नहीं होता और मूल विधि व्यवस्था की कई विशेषताएं स्वीकार कर ली जाती हैं।

---

1. A. P. K. Organski, *World Politics,* New York, 1964, p. 223.
2. J. A. Hobson, *Imperialism -A Study,* 1938, p. 7.

2. साम्राज्यवाद में नये प्रदेशों को पूर्ण आत्मसात करने का प्रयत्न होता है, नये प्रदेशों के निवासियों को बलात वही सभ्यता, संस्कृति, जीवनमूल्य, राजनीतिक संस्थाएँ, आर्थिक नीतियाँ अपनाने को बाध्य किया जाता है जो साम्राज्यवादी देश की होती हैं, जबकि उपनिवेशवाद में मूल निवासियों की सांस्कृतिक तथा सामाजिक विशेषताएं जीवित रहती हैं।

3. साम्राज्यवाद में तो पूर्ण विलयन हो जाता है, जबकि उपनिवेशवाद में राष्ट्रीयता के विकास के अवसर अधिक होते हैं।

अस्तु उपनिवेशवाद और साम्राज्यवाद के बीच इतना कम अन्तर है कि बहुत अधिक सीमा तक एक के लिए दूसरे का प्रयोग किया जा सकता है और इन दोनों के बीच विभाजक रेखा खींचना कठिन है।

उपनिवेशवाद के सामान्य लक्षण

फांसीसी रेमो आरों (Ramond Aron) ने कहा है कि ''उपनिवेशवाद में शासक देश के अल्पसंख्यक व्यक्ति साम्राज्यवादी सत्ता के प्रतिनिधि रूप में उपनिवेशों का प्रशासन चलाते हैं। इस प्रकार ''उपनिवेशवाद उन आर्थिक, सामाजिक और राजनीतिक नीतियों का नाम है जिस पर चलकर कोई साम्राज्यवादी शक्ति दूसरे क्षेत्रों अथवा लोगों पर अपना नियन्त्रण बनाये रखना अथवा उनका विस्तार करना चाहती है।''[3]

उपनिवेशवाद के सामान्य लक्षण निम्नलिखित हैं :

(1) विस्तारवाद–उपनिवेशवाद के अन्तर्गत एक राष्ट्र द्वारा अपनी सीमाएँ बढ़ाते हुए अन्य विविध राष्ट्रीय इकाइयों पर अपना आधिपत्य स्थापित कर लिया जाता है। उदाहरण के लिए, ब्रिटेन के द्वारा उपनिवेशवाद की नीति अपनाते हुए एशिया और अफ्रीका के विविध देशों तक अपनी राष्ट्रीय सीमाएँ विस्तृत कर ली गयीं।

(2) राष्ट्रीय स्वार्थ का पालन–उपनिवेशवाद के अन्तर्गत राष्ट्रों या शासित देशों के हितों की अपेक्षा अधिपति या शासक देशों के हितों को प्रधानता दी जाती है। उपनिवेशवाद के अन्तर्गत शासक देश के द्वारा 'श्वेत व्यक्तियों के बोझ' (White Mens Burden) या इसी प्रकार के अन्य किसी सिद्धान्त का प्रतिपादन किया जाता है, जिसका आशय यह होता है कि वे उस देश में सभ्यता और संस्कृति का प्रसार करने के लिये आये हुए हैं जबकि वस्तुस्थिति इसके नितान्त विपरीत होती है। उदाहरण के लिए, भारत पर ब्रिटिश उपनिवेशवाद के समबन्ध में पार्कर मून (Parker Moon) ने लिखा है, ''अंग्रेजों के भारत में आने तथा उनके वहाँ बने रहने का प्रमुख कारण भारत के हितों की रक्षा करना नहीं वरन् ग्रेट ब्रिटेन को लाभ पहुँचाना था।''[4]

---

3. "The aggregate of various economic, political and social policies by which an imperial power maintains or extends its control over other areas or peoples."
—*Webster's Dictionary* (1961)

4. "The reason why the Britishers entered India and the primary reason why they remained there was not to benefit India, but to benefit Britain."
—Parker Moon, *Imperialism and World Politics.*

(3) केन्द्रीकृत शासन व्यवस्था—उपनिवेशवाद केन्द्रीकृत व्यवस्था में विश्वास करता है क्योंकि केन्द्रीकृत शासन व्यवस्था के आधार पर ही अपने नियन्त्रण को मजबूत बनाये रखा जा सकता है।

(4) शक्ति पर आधारित—उपनिवेशवाद शक्ति पर आधारित होता है और उसके विकास के साधन अनौचित्यपूर्ण तथा निम्न कोटि के होते हैं। जैसा कि बोन ने कहा है, ''उपनिवेशवाद का साधन ही बल प्रयोग का भय दिखाना है।''[5]

(5) फूट डालो और राज्य करो की नीति—उपनिवेशवाद स्थापित करने वाली शक्ति यह जानती है कि यदि अधीन देश की जनता एक होकर उनके विरुद्ध खड़ी हो जाये, तो उनके लिए अपना शासन बनाये रखना सम्भव नहीं रहेगा। इसलिए वे अधीन देश के सम्बन्ध में 'फूट डालो और राज्य करो' (Divide and Rule) की नीति अपनाते हैं।

भारत में ब्रिटिश उपनिवेशवाद (BRITISH COLONIALISM IN INDIA)

16वीं सदी में यूरोपियन देशों में भारत के सम्बन्ध में यह सोचा जाता था कि वह एक ऐसा अथाह गर्त है जिसमें संसार का अधिकांश सोना और चाँदी चारों ओर से आकर जमा होता जा रहा है और जहाँ से बाहर निकलने का उसे एक भी रास्ता नहीं मिलता। अस्तु यूरोप के विभिन्न देश भारत के साथ व्यापार करने के लिए आकर्षित हुए। पुर्तगाल भारत के साथ व्यापार करने वाला पहला यूरोपियन देश था। पुर्तगाल की बढ़ती हुई समृद्धि की चर्चाओं से प्रभावित होकर लन्दन के कुछ व्यापारियों ने भारत तथा पूर्वी देशों के साथ व्यापार करने के लिए 1599 ई. में 'ब्रिटिश ईस्ट इंडिया कम्पनी' (British East India Company) की स्थापना की। 31 दिसम्बर, 1600 ई. को ब्रिटिश साम्राज्ञी एलिजाबेथ ने अंग्रेज व्यापारियों को इस कम्पनी को भारत के साथ व्यापार करने का एकाधिकार प्रदान किया।

17वीं सदी के अन्त तक ईस्ट इण्डिया कम्पनी ने भारत में समुद्री तट के मुख्य बन्दरगाहों को प्राप्त कर लिया तथा सूरत, मद्रास, कलकत्ता व बम्बई में अपनी फैक्ट्रियाँ स्थापित कर लीं। यहां से वह देश के अन्य भागों के साथ सुविधापूर्वक व्यापार करने लगे।

इस प्रगति के साथ-साथ कम्पनी को अपने व्यापार को बनाये रखने के लिए अन्य यूरोपियन कम्पनियों का मुकाबला करना पड़ा। चूंकि 17वीं सदी के मध्य से ही डच और पुर्तगालियों की शक्ति का पतन प्रारम्भ हो गया था अत: ब्रिटिश कम्पनी को इन शक्तियों का सामना नहीं करना पड़ा, किन्तु उसे फ्रांसीसी कम्पनी का विरोध झेलना पड़ा। डूप्ले के फ्रांसीसी कम्पनी के गर्वनर नियुक्त होने के साथ ही सन् 1741 से भारत में अपना प्रभुत्व जमाने के लिए दोनों कम्पनियों के बीच संघर्ष प्रारम्भ हुआ जो 20 वर्ष से भी अधिक समय तक चला। संघर्ष के अन्तिम दौर में दोनों शक्तियों के बीच कनार्टक का युद्ध हुआ जिसमें 22 जनवरी, 1760 ई. को बन्देवाश की लड़ाई में फ्रांसीसी कम्पनी की अन्तिम रूप से पराजय का सामना करना पड़ा। इसके बाद 'पेरिस

5. "The use of threat of force is the main method of Imperialism." —Bonn

की सन्धि' हुई जिसके अनुसार फ्रांसीसियों का नियन्त्रण चन्द्रनगर, पाण्डिचेरी, यनाम और माही बस्तियों तक ही सीमित रह गया और शेष भारत में अंग्रेजों का प्रभुत्व छा गया।

ब्रिटिश उपनिवेशवाद

1755 ई. तक ईस्ट इण्डिया कम्पनी एक व्यावसायिक संस्था के रूप में अपना अस्तित्व स्थापित कर चुकी थी। इस समय भारत की राजनीतिक स्थिति ऐसी थी कि कम्पनी भारत में राजनीतिक सत्ता स्थापित करने का लोभ न छोड़ सकी। 1707 ई. में औरंगजेब के बाद मुगल सम्राट बहुत अधिक निर्बल हो गये थे, और प्रमुख सामन्तों ने अपने क्षेत्र में नियन्त्रण स्थापित कर लिया था। ऐसी स्थिति में ईस्ट इण्डिया कम्पनी के महत्वाकांक्षी और साहसी सदस्यों ने 'शक्ति और राजनीति का खेल' (Game of Power Politics) प्रारम्भ कर दिया।

इसमें बंगाल में कम्पनी को विशेष सफलता प्राप्त हुई। 1756 ई. में क्लाइव ने बंगाल के नवाब सिराजुद्दौला के सेनापति मीरजाफर से मिलकर षड्यन्त्र रचा जिसके फलस्वरूप सन् 1757. ई. में प्लासी के युद्ध में नवाब की पराजय हुई और मीरजाफर को बंगाल का नवाब घोषित किया गया। इससे वास्तविक शक्ति कम्पनी के हाथ में आ गयी और भारत में ब्रिटिश उपनिवेशवाद का प्रारम्भ हुआ ब्रिटिश उपनिवेशवाद का अध्ययन निम्न चार चरणों में किया जा सकता है :

(1) कम्पनी की सर्वोपरिता (Supremacy) **1756 से 1857 का काल** —सन्1756 में बंगाल में वास्तविक शक्ति कम्पनी के हाथ में आ गयी थी। सन् 1761 तक अंग्रेजों ने दक्षिण व पूर्व में भी स्थिति पर नियन्त्रण प्राप्त कर लिया था। सन् 1764. ई. में मुगल सम्राट की सेनाओं और कम्पनी की सेनाओं के बीच 'बक्सर का युद्ध' हुआ जिसमें कम्पनी की जीत हुई।

(2) बंगाल का दोहरा शासन (Dual Government) **1765-1772**—सन् 1765 से लेकर 1772 तक बंगाल और उसके पड़ोसी क्षेत्र में दोहरा शासन रहा। दिल्ली सम्राट के सूबेदार की हैसियत से बंगाल का नवाब 'दीवानी और निजामत' दो प्रधान कार्य करता था। दीवानी के अन्तर्गत करों की वसूली तथा नागरिक प्रशासन और निजामत के अन्तर्गत सैनिक शक्ति तथा फौजदारी अधिकार आते थे। 1764 के बक्सर युद्ध के बाद कम्पनी के द्वारा मुगल सम्राट के साथ जो सन्धि की गयी, उसके अनुसार बंगाल के शासन की दीवानी शक्ति कम्पनी के हाथ में आ गयी, जबकि निजामत शक्ति मुगल सम्राट के प्रतिनिधि के हाथ में बनी रही। सन् 1765 ई. में बंगाल में अपनायी गयी शासन प्रबन्ध की यह पद्धति ही 'दोहरा शासन' (Dual Government) कहलाती हैं। कम्पनी के द्वारा इस दोहरे शासन का जाल अपने यूरोपियन प्रतिद्वन्द्वियों, देशी राजाओं और ब्रिटिश सरकार को वास्तविक स्थिति से अनभिज्ञ बनाये रखने के लिए रचा गया था।"[6] इस दोहरे शासन के अन्तर्गत जनता का भीषण शोषण हुआ। गौरहम सैण्डरसन के शब्दों में "अंग्रेजों के आगमन के समय तक बंगाल का प्रान्त निश्चय ही संसार का सबसे समृद्ध क्षेत्र था। इस धन सम्पदा वाले और आबाद क्षेत्र में कभी कोई अकाल नहीं पड़ा था। सदियों से बंगाल अपनी अतुल समृद्धि के लिए प्रसिद्ध था किन्तु ब्रिटिश उपनिवेशवाद ने केवल 13 वर्षों (1765-1778) में ही सारे बंगाल में तबाही, गरीबी, भुखमरी, अकाल और मौत फैला दी।"

---

6. Sri Ram Sharma, *Constitutional History of India*, p. 5.

1772 ई. में वारेन हेस्टिंग्ज की बंगाल के गवर्नर पर नियुक्ति के साथ यह दोहरा शासन समाप्त हो गया। अब कम्पनी इस क्षेत्र क़े प्रशासन के लिए भी उत्तरदायी हो गयी।

(3) रेग्यूलेटिंग एक्ट (Regulating Act), **1773**—भारत की तेजी से बिगड़ती हुई स्थिति, कम्पनी के अधिकारियों द्वारा अनुचित उपायों से अधिकाधिक धन संग्रह और स्वयं कम्पनी की गिरती हुई आर्थिक स्थिति का सुधार करने के लिए जब कम्पनी ने ब्रिटिश सरकार से 10 लाख पौंड का ऋण माँगा, तो ब्रिटिश सरकार को कम्पनी के कार्यों की जाचँ-पड़ताल का अवसर मिल गया। 'गुप्त संसदीय समिति' की जाँच-पड़ताल के बाद सन् 1773 ई. में ब्रिटिश सरकार द्वारा 'रेग्यूलेटिंग एक्ट (Regulating Act) पारित किया गया। यह कम्पनी के कार्यों पर ब्रिटिश सरकार के नियन्त्रण का प्रारम्भ था। इस अधिनियम के द्वारा बंगाल के गवर्नर को गवर्नर-जनरल बना दिया गया और उसे मद्रास और बम्बई प्रान्तीय सरकारों पर नियन्त्रण रखने का अधिकार दिया गया। गर्वनर-जनरल की सहायता के लिए एक कार्यकारिणी परिषद की व्यवस्था भी की गयी।

(4) पिट्स इन्डिया अधिनियम (Pitt's India Act, 1784)—रेग्यूलेटिंग एक्ट की कमियों को दूर करने के लिए अप्रैल 1783 में 'डण्डाज अधिनियम' और नवम्बर 1783 में 'फाक्स का भारतीय विधेयक' (Fox's India Bill) पेश किया गया। यह विधेयक पारित न हो सका। अत: 1784 ई. में 'पिट् का भारतीय अधिनियम, (Pitt's India Act) पारित किया गया। इस अधिनियम का प्रमुख उद्देश्य कम्पनी के कार्यों पर ब्रिटिश सरकार का नियन्त्रण स्थापित करना था। इससे पूर्व कम्पनी के कार्यों का नियमन और नियन्त्रण 'कोर्ट ऑफ डायरेक्टर्स' द्वारा किया जाता था। पिट के भारतीय अधिनियम में कम्पनी के कार्यों को दो भागों में बाँट दिया गया—राजनीतिक और व्यापारिक। कम्पनी के व्यापारिक कार्यों का पूर्ण नियन्त्रण कम्पनी के संचालकों के हाथ में छोड़ दिया गया। कम्पनी के राजनीतिक, सैनिक और शासन सम्बन्धी कार्यों पर नियन्त्रण रखने के लिए ब्रिटिश सरकार द्वारा 'नियन्त्रण मण्डल' (Board of Control) स्थापित किया गया। इन दो सत्ताओं में नियन्त्रण मडल को अपेक्षाकृत शक्तिशाली स्थिति प्राप्त थी।

(5) विभिन्न चार्टर अधिनियम—पिट् का भारतीय अधिनियम ब्रिटिश सरकार को सन्तुष्ट करने में असफल रहा। ऐसी स्थिति में प्रति 20 वर्ष बाद ब्रिटिश सम्राट द्वारा कम्पनी को जो 'अधिकार-पत्र' (Charter) प्रदान किया जाता था; उससे कम्पनी के विशेषाधिकारों में कमी करके ब्रिटिश शासन का अधिक नियन्त्रण स्थापित कर दिया जाता था। सन् 1793 में प्रथम चार्टर अधिनियम पारित किया गया और उसके बाद 1813, 1833 व 1835 में इस प्रकार के चार्टर अधिनियम पारित किये गये।

(6) 1857 का स्वतन्त्रता संग्राम (Independence Struggle of 1857)—लार्ड डलहौजी ने अपने शासनकाल में कम्पनी के भारतीय क्षेत्र में विस्तार के सभी सम्भव प्रयत्न किये। उसने कठोर 'हड़प-नीति' (Doctrine of Lapse) अपनाकर तथा देशी शासकों के साथ दुर्व्यवहार करके उनमें से अनेक को ब्रिटिश शासन का घोर शत्रु बना दिया। अंग्रेजों द्वारा भारतीयों के सामाजिक और धार्मिक व्यवहारों तथा रीति-रिवाजों में हस्तक्षेप तथा उन्हें बड़े पैमाने पर ईसाई बनाने के प्रयत्नों ने साधारण भारतीयों में तीव्र असन्तोष उत्पन्न कर दिया। आर्थिक क्षेत्र

में ब्रिटंन की औद्योगिक आवश्यकताओं को पूरा करने के लिए भारत का निरन्तर शोषण किया जा रहा था। भारत का धन तेजी से इंगलैण्ड जा रहा था और भारत में कृषक श्रमिक तथा व्यापारी सभी वर्गों की स्थिति बहुत अधिक बुरी थी। सैनिक क्षेत्र में अंग्रेज और भारतीय सैनिकों में भेदभाव किया जाता था। और भारतीय सैनिकों के साथ अंग्रेज अधिकारियों का व्यवहार खराब था। इसी समय उनको जो कारतूस दिये गये, उन्हें चिकना करने के लिए गाय और सुअर की चर्बी का उपयोग किया गया। उन्होंने यह सोचा कि उन्हें धर्म-भ्रष्ट करने की चेष्टा की जा रही है। इन परिस्थितियों में विद्रोह का न होना अत्यधिक आश्चर्यजनक होता।[7] परन्तु आधुनिक शस्त्र सामग्री तथा आर्थिक साधनों के अभाव, क्रान्तिकारियों की सेना में एकबद्धता और संगठन के अभाव, अनेक भारतीय शासकों और वर्गों के असहयोग तथा विरोधी व्यवहार आदि कारणों ने क्रान्ति को असफल कर दिया।

(7) भारत पर ब्रिटिश संसद की सर्वोपरिता (Supremacy) **का काल, (1858-1917)**—1857 की क्रान्ति ने कम्पनी के प्रशासन के दोषों की ओर ध्यान आकर्षित किया और यह स्वीकार किया जाने लगा कि भारतीय शासन की सत्ता को सम्राट को हस्तान्तरण किया जाना चाहिए। अस्तु, 'सत्ता हस्तान्तरित और भारत के श्रेष्ठतम शासन हेतु कानून' (Transfer of Power and Act for the Better Government of India, 1858) के आधार पर सम्राट ने भारत का शासन अपने हाथ में ले लिया। वास्तव में भारतीय शासन की सत्ता का कम्पनी से सम्राट को हस्तान्तरण की प्रक्रिया सन् 1793 के प्रथम अधिकार-पत्र के समय से ही प्रारम्भ हो गयी थी।

(8) उदारतावादी निरंकुशता—1858 से 1917 के काल को 'उदारतावादी निरंकुशता' (Benevolent Despotism) का काल कहा जा सकता है। भारत में ब्रिटिश सरकार उतनी ही स्वेच्छाचारी बनी रही जितनी कि इसके पूर्व कम्पनी की सरकार थी या कोई भी सरकार हो सकती थी। परन्तु स्वतन्त्रता संग्राम से ब्रिटिश सरकार ने इस सत्य को समझ लिया कि भारत में शासन को बनाये रखने के लिए भारतीयों के सहयोग को प्राप्त किया जाना आवश्यक है। भारतीयों का सहयोग उसे प्राप्त करने के लिए जो चेष्टाएँ की गयीं उन्हीं के आधार पर इसे 'उदारतावादी' कहा जा सकता है।

1861 के अधिनियम द्वारा ब्रिटिश सरकार ने पहली बार देश के प्रशासन में भारतीयों के सहयोग को प्राप्त करने की चेष्टा की। गवर्नर-जनरल तथा गवर्नरों की परिषदों को कानून निर्माण की शक्ति प्रदान की गयी। इनके सदस्यों की संख्या बढ़ाकर इनमें कुछ भारतीयों का रहना आवश्यक किया गया। 1892 का 'भारतीय परिषद अधिनियम' कानून निर्माण के कार्यों में भारतीयों का सहयोग प्राप्त करने की दिशा में दूसरा कदम था। इस अधिनियम द्वारा केन्द्रीय विधान परिषद की सदस्य संख्या में वृद्धि की गयी, अप्रत्यक्ष निर्वाचन प्रणाली अपनाई गई और विधायी परिषदों के कार्यों तथा शक्तियों में वृद्धि की गयी। सन् 1909 ई. के अधिनियम को कुछ लोग भारत में प्रतिनिध्यात्मक संस्थाओं का प्रारम्भ मनाते हैं, परन्तु वास्तव में यह उदारतावादी निरंकुशवाद की दिशा में एक चरण था। किसी प्रकार का मौलिक परिवर्तन करने के बजाय इस अधिनियम 1892 ई. के अधिनियम द्वारा प्रारम्भ की गयी अप्रत्यक्ष निर्वाचन की प्रक्रिया को आगे-बढ़ाने का कार्य किया गया।

---

7. "If mutiny is ever justifiable, no strong justification could be given than that of the sepoy troops." —W.E.H. Lecky, *The Map of Life,* pp 103-104

(9) उत्तरदायी शासन का विकास, (Growth of Responsible Government 1917-1935)—20 अगस्त, सन् 1917 ई. को भारत के सम्बन्ध में भारत मन्त्री लार्ड माण्टेग्यू के द्वारा एक महत्वपूर्ण घोषणा में पहली बार यह कहा गया कि भारत के सम्बन्ध में ब्रिटिश शासन का अन्तिम लक्ष्य भारत में उत्तरदायी शासन की स्थापना करना है। इसके साथ ही यह भी कहा गया कि उत्तरदायी शासन की स्थापना एकदम नहीं वरन् क्रमिक विकास द्वारा ही सम्भव है। स्पीयर (Spear) के इस विचार में "यह भारतीय स्वशासन की दिशा में ब्रिटिश नीति का प्रारम्भ बिन्दु थी।"[8] उत्तरदायी शासन के विकास की दिशा में ब्रिटिश शासन के द्वारा दो अधिनियम पारित किये गये—पहला "भारतीय शासन अधिनियम, 1919" और दूसरा "भारतीय शासन अधिनियम, 1935" पहले अधिनियम द्वारा प्रान्तों में आंशिक रूप में उत्तरदायी शासन की स्थापना की गयी, जबकि केन्द्रीय शासन को पूर्णतया अनुत्तरदायी बनाये रखा गया। प्रान्तीय शासन के सम्बन्ध में यह व्यवस्था बहुत अधिक दोषपूर्ण थी। अतः सन् 1935 ई. के अधिनियम द्वारा इसे समाप्त कर प्रान्तों में पूर्ण उत्तरदायी शासन की स्थापना की गयी। सन् 1935 ई. के अधिनियम द्वारा केन्द्र में आंशिक रूप से उत्तरदायी शासन (द्वैध शासन) की स्थापना की गयी। अपने समस्त दोषों के बावजूद सन् 1919 ई. और सन् 1935 ई. के अधिनियम उत्तरदायी शासन की दिशा में महत्वपूर्ण कदम थे।

1935 में दूसरा विश्वयुद्ध होने के साथ ही राष्ट्रीय और अन्तर्राष्ट्रीय परिस्थितियाँ बहुत तेजी से परिवर्तित हो रही थीं। ब्रिटेन के लिए भारत में अपने उपनिवेश को बनाये रखना न तो सम्भव था और न ही लाभदायक था अतः सन् 1947 में भारत में ब्रिटिश उपनिवेश का अन्त हो गया।

भारत में ब्रिटिश उपनिवेशवाद का विकास

रजनी पामदत्त के शब्दों में, "साम्राज्यवाद द्वारा प्रत्यक्ष उपनिवेश बनाये गये देशों में भारत सबसे बड़ा ही नहीं हैं। वह सबसे पुराना और सबसे ज्यादा समय तक अनेक पीड़ितों से शासित और शोषित है, इसलिए वह औपनिवेशिक 'व्यवस्था की कार्यपद्धति और उसके परिणाम' का मुकम्मल रूप पेश करता है।"[9] भारत में ब्रिटिश उपनिवेशवाद का इतिहास 18वीं शताब्दी में पतनोन्मुख मुगल साम्राज्य के अन्तिम दिनों से शुरू होकर वर्तमान शताब्दी के मध्य में स्वतन्त्रता प्राप्ति तक चलता है। इस लम्बी अवधि को मोटे तौर पर तीन चरणों में बाँटा जा सकता है।

1. व्यापार पूँजी का साम्राज्यवाद (1757-1813)
2. मुक्त व्यापार पूँजी सम्बन्धी साम्राज्यवाद (1814-1884)
3. वित्त पूँजी का साम्राज्यवाद (1885-1947)

व्यापार पूँजी का साम्राज्यवाद 1757-1813—सन् 1757 में ईस्ट इण्डिया कम्पनी ने भारत के उत्तरी-पूर्वी प्रदेशों पर अधिकार कर लिया। इस औपनिवेशिक विस्तार के दो मूल

---

8. "This document was the starting point of British policy towards self-government for the final thirty years of British rule." —Spear, *India,* p. 342.
9. रजनी पामदत्त, *आज का भारत*, मैकमिलन, 1977, पृ० 29.

उद्देश्य थे। पहला उद्देश्य पूर्वी देशों से व्यापार की सुविधाओं पर एकाधिकार की स्थापना करना और दूसरे ब्रिटिश, यूरोपीय तथा भारतीय व्यापारियों और उत्पादकों को व्यापारिक सुविधाओं से वंचित करना। व्यापारिक एकाधिकार के द्वारा भारत की सम्पत्ति का अपहरण किया गया। औपनिवेशिक विस्तार का दूसरा उद्देश्य राज्य की ताकत के द्वारा सरकारी राजस्व (रेवेन्यू) का अपहरण करना था। कम्पनी को भारत में नये युद्धों के लिए, समुद्र में जहाजी बेड़ा रखने के लिए, स्थल सेनाओं के निर्माण के लिए, बन्दरगाहों की हिफाजत के लिए और अपने यूरोपीय प्रतिद्वन्द्वियों से लड़ने के लिए अपार धन की जरूरत थी। इसलिए करों को निरन्तर बढ़ाकर कम्पनी नें भारत विजय का सारा खर्चा भारतीयों से ही वसूल किया। उसने एक विजेता प्रजाति के प्रतिनिधि के रूप में विजित प्रजाति की प्रजा से राजस्व को खिराज के रूप में वसूल करना अपना अधिकार माना। भारत में अंग्रेजों की नियुक्ति के सवाल पर ब्रिटिश संसद और ईस्ट इण्डिया कम्पनी में संघर्ष हुआ क्योंकि दोनों अपने पिट्ठुओं को अधिक-से-अधिक संख्या में लाभप्रद नौकरियाँ देना चाहते थे। कम्पनी के अधिकांश कर्मचारी भ्रष्टाचार के जरिये सरकारी राजस्व और व्यापारियों एवं जमींदारों के संचित धन को लूटते थे। प्रारम्भिक वर्षों में सम्पत्ति के अपहण में व्यापार की तुलना में सीधी लूट का अंश कहीं अधिक था। भारतीय दस्तकारों और व्यापारियों पर नियन्त्रण स्थापित कर कम्पनी ने उनके उत्पादन और व्यापार को बहुत हानि पहुँचाई। दस्तकारों को बहुत कम मज़दूरी और कीमत देकर उनके धन्धों को चौपट कर दिया।

उपनिवेशवाद के इस पहले चरण में प्रशासन, न्याय प्रणाली, यातायात, संचार, खेती और औद्योगिक उत्पादन, व्यावसायिक प्रबन्ध या आर्थिक संगठन के क्षेत्रों में कोई मौलिक परिवर्तन नहीं किये गये। ईसाई पादरियों को भी धार्मिक प्रचार कार्य की सुविधा नहीं दी गयी। कलकत्ता और वाराणसी में फारसी और संस्कृत की शिक्षा के लिए दो संस्थाएँ खोली गयीं। प्रशासन में जो न्यूनतम सुधार हुए उनका उद्देश्य राजस्व वसूली करना था। मुगल, मराठा या सिक्ख शासकों की तरह ब्रिटिश शासकों का उद्देश्य भी अधिक-से-अधिक कर वसूल करना था। यह कार्य अंग्रेजों ने अपने पूर्ववर्ती भारतीय शासकों की तुलना में अधिक निपुणता से किया इसका कारण यह था कि भारत के अतिरिक्त धन के अपहरण का जो तरीका अंग्रेजों ने अपनाया था, उसके लिए उन्होंने भारत में व्यापक सामाजिक, आर्थिक या प्रशासनिक परिवर्तनों के लाने की कोई जरूरत नहीं समझी थी। यह शोषण प्रणाली भारत के तत्कालीन सामाजिक, सांस्कृतिक, आर्थिक और राजनीतिक ढाँचे पर आसानी से लादी जा सकती थी। इसीलिए भारत के पारम्परिक ढांचे को तोड़ने की कोई आवश्यकता नहीं थीं। अपने पूर्ववर्ती भारतीय शासकों के पदचिन्हों पर चलते हुए, अंग्रेजों ने भारत की अन्दरूनी व्यवस्था को छेड़े बगैर ही उनके अतिरिक्त धन का अपहरण किया।

अंग्रेजों की औपनिवेशिक विचारधारा तथाकथित 'रूढ़िवाद' पर आधारित थी। उपनिवेशवाद के पहले चरण में अंग्रेज शासक भारतीय सभ्यता और संस्कृति, फारसी और संस्कृत साहित्य, हिन्दू और मुसलमान धर्म एवं पारम्परिक रीति-रिवाजों के प्रति आदर का भाव रखते थे। ब्रिटेन की राष्ट्रीय आय का 2 प्रतिशत अंश भारतीय खिराज के रूप में प्राप्त हुआ। इस चरण में ब्रिटेन में राष्ट्रीय आय का 7 प्रतिशत भाग औद्योगीकरण के लिए पूँजी के रूप में लगाया गया।

ईस्ट इण्डिया कम्पनी के व्यापारिक संस्थान की जगह सरकारी संस्थान, बनते ही ब्रिटेन में इस बात के लिए संघर्ष शुरू हो गया कि उपनिवेश का प्रशासन ब्रिटिश समाज के किस वर्ग के हितों के अनुसार चलाया जाये। सन् 1773 के रेग्यूलेटिंग ऐक्ट और सन् 1784 के पिट्स इण्डिया ऐक्ट के द्वारा ब्रिटिश औद्योगिक वर्ग के प्रतिनिधि के रूप में ब्रिटिश संसद ने ईस्ट इण्डिया कम्पनी में शामिल एकाधिकारी व्यापारी वर्ग के हितों पर अंकुश लगाने की कोशिश की। इंगलैण्ड की औद्योगिक क्रान्ति ने ब्रिटिश समाज और राजनीति का नक्शा ही बदल दिया। ऐडम स्मिथ ने अपनी पुस्तक Wealth of Nations में ईस्ट इंण्डिया कम्पनी के व्यापारिक एकाधिकार को इंगलैण्ड की औद्योगिक उन्नति के लिए बाधक माना। सन् 1813 में कम्पनी के व्यापारिक एकाधिकार का अन्त कर दिया गया। इंगलैण्ड का नया औद्योगिक व्यापारी वर्ग स्वतन्त्र व्यापार की नीति का समर्थक था; अत: उपनिवेशवाद अपने पहले रूप में कायम नहीं रह सका। लूट और सीधे अपहरण पर आधारित उपनिवेशवाद लगातार और स्थायी शोषण की प्रक्रिया को सुरक्षित नहीं रख सका। विपिनचन्द्र के अनुसार इस अवस्था में उपनिवेशवाद निम्नलिखित चार अन्तर्विरोधों से ग्रस्त था:

(i) पहला अन्तर्विरोध ब्रिटिश राष्ट्रीय हितों व कम्पनी के व्यापारिक हितों तथा कम्पनी के अधिकारियों के निजी स्वार्थों के बीच में था। इस अन्तर्विरोध के समाधान को ही पाठ्य-पुस्तकों में सुधारों के नाम से पुकारा जाता है।

(ii) बंगाल का शोषण और लूट तथा बंगाल की अर्थव्यवस्था का पुनरुद्धार।

(iii) कपड़ा उद्योग पर एकाधिकार तथा कपड़ा उद्योग का पतन।

(iv) कंम्पनी के मुनाफे और खिराज तथा भारत विजय का खर्च।

मुक्त पूँजी सम्बन्धी साम्राज्यवाद (1814-1884)—इंगलैण्ड में पूँजीवाद के विकास का दूसरा चरण औद्योगिक पूँजीवाद है। इस की अवस्था में स्वतन्त्र व्यापार पर आधारित उपनिवेशवाद का दूसरा चरण शुरू होता है। जिसमें औपनिवेशिक अर्थव्यवस्था, प्रशासन तथा नीति को औद्योगिक पूँजीपति वर्ग के हितों के अनुसार निर्धारित किया गया है ईस्ट इण्डिया कम्पनी और औद्योगिक पूँजीपतियों का साम्राज्य में एक जैसा हित नहीं था। न तो उन्हें भारतीय कुटीर उद्योग द्वारा उत्पन्न वस्तुओं पर एकाधिकारी व्यापार से कोई लाभ था और न ही वे भारतीय राजस्व के सीधे अपहरण में कोई दिलचस्पी रखते थे। न वे ब्रिटिश युवकों को भारत में नौकरियाँ दिलाने के इच्छुक थे और न उन्हें भ्रष्टाचार के जरिये मालामाल होते देखना चाहते थे। औद्योगिक पूँजीपतियों की सामाज्य में रुचि निम्नलिखित चार कारणों से है :

(i) वे अपने कारखानों के तैयार माल की खपत के नये बाजार चाहते थे और भारत एक विशाल बाजार था।

(ii) वे अपने कारखानों के लिए कच्चा माल और मजदूरों के लिए खाद्य पदार्थ चाहते थे। भारत के किसान उनकी इन जरूरतों को पूरा कर सकते थे।

(iii) भारत को पराधीन उपनिवेश के रूप में स्वतन्त्र व्यापार के जरिए एक परावलम्बी व्यापारिक साझेदार बनाकर वे भारतीय जनता का शोषण करना चाहते थे।

(iv) वे श्रम के अन्तर्राष्ट्रीय विभाजन के नाम पर भारत के अतिरिक्त धन का व्यापार के द्वारा अपहरण करते हुए भारत को औद्योगिक रूप से अल्पविकसित उपनिवेश और ब्रिटेन को एक निरन्तर समृद्धि की ओर अग्रसर औद्योगिक राष्ट्र बनाना चाहते थे।

इंगलैण्ड का तैयार माल खरीदने के लिए खाद्य पदार्थों और कच्चे माल का निर्यात करना भारत के लिए जरूरी था। कुटीर उद्योगों के नष्ट होने पर कपड़े का निर्यात बन्द हो गया और भारतीय कृषि के विकास की आवश्यकता अनुभव की गयी। इंगलैण्ड से कपड़े का आयात शुरू हुआ। शोषण की नयी व्यवस्था के अनुसार एक नया आर्थिक, राजनीतिक, वैचारिक और सांस्कृतिक वातावरण तैयार किया गया। अब भारत को एक नये ढंग के उपनिवेश की भूमिका शुरू करनी थी। औपनिवेशिक इतिहास की पुस्तकों में इन्हें ब्रिटिश शासन के 'सुधार' या 'लाभ' के नामों से पुकारा जाता है। आर्थिक क्षेत्र में स्वतन्त्र व्यापार की नीति अपनायी गयी। ब्रिटिश पूँजीपतियों और व्यापारियों को भारतीय बाजार में प्रवेश की खुली छूट दी गयी। कृषि व्यवस्था, रैयतवाड़ी व्यवस्था का उद्देश्य सरकार के हाथ में कृषि के क्षेत्र से अतिरिक्त धन को बटोरना था तथा जमींदार व दूसरे बिचौलियों को निकालकर किसानों के हाथ में कुछ अतिरिक्त धन छोड़ देना था जिससे वे कृषि का विकास कर सकें और अधिक आय होने पर और अधिक ब्रिटिश तैयार माल खरीद सकें। कार्नवालिस के स्थायी प्रबन्ध का उद्देश्य जमींदारों के माध्यम से कृषि का विकास करना था।

प्रशासन के क्षेत्र में यह आवश्यक माना गया कि देश के कोने-कोने में कानून और व्यवस्था की स्थापना की जाये जिससे प्रत्येक गाँव के निवासी अपनी पैदावार को बेच सकें और बदले में इंगलैण्ड का तैयार माल खरीद सकें। प्रशासन को व्यापक और गहरा बनाया गया। नयी विधि संहिताएँ बनायी गयीं और नये ढंग के कानूनों के अनुसार न्याय करने के लिए नये ढंग की अदालतें कायम की गयीं। अंग्रेजी साहित्य और अंग्रेजी माध्यम से इतिहास की शिक्षा का प्रबंध किया गया ताकि प्रशासनिक और कानूनी ढाँचे के संचालन के लिए शिक्षित लोगों का एक वर्ग तैयार हो जाये। निर्यात और आयात के लिए यातायात के सस्ते और सरल साधन जुटाने के लिए रेल मार्ग, सड़कों और जहाजों का निर्यात और विस्तार किया गया। कृषि के विकास के लिए नहरों का निर्माण किया गया, परन्तु धन की कमी के कारण अनेक सिंचाई योजनाएँ स्थगित कर दी गयीं।

मैकॉले, ट्रैवेलियन, काब्डैन और ब्राइट उदारवादी साम्राज्यवाद का प्रतिनिधित्व करते थे। यह भारतीयों को मानसिक और सांस्कृतिक रूप से अंग्रेज बनाने की विचारधारा थी; अंग्रेजों का दावा था कि वे भारतीयों को स्वशासन की कठिन कला में प्रशिक्षण दे रहे थे। उपनिवेशवाद द्वारा अतिरिक्त धन के अपहरण के पुराने तरीके बन्द नहीं हुए। कम्पनी के मुनाफों का भुगतान जारी रहा भारत में ब्रिटिश शासन को स्थापित करने के लिए तथा युद्धों के खर्च को पूरा करने के लिए लोक ऋण का भुगतान भारतीय राजस्व पर सीधा डाका था। भारत में नियुक्त अंग्रेज अधिकारियों के वेतन और पेन्शनें भी सीधी लूट की मिसाल थीं। विपिनचन्द्र के अनुसार उपनिवेशवाद की दूसरी अवस्था में निम्नलिखित अन्तर्विरोध पैदा हुए :

(i) किसान की क्रय शक्ति बढ़ाने के लिए और कृषि का पूँजीवादी विकास करने के लिए

लगान और मालगुजारी घटाना और नये तथा पुराने ढंगों से भारत के अतिरिक्त धन के अपहरण के लिए भूमि करों की मात्रा बढ़ाना। इस अन्तर्विरोध के फलस्वरूप किसान तबाह हो गया और कृषि की उन्नति करने में असफल रहा। दस्तकारियों के विनाश के साथ-साथ भूमि पर ज्यादा दबाव पड़ा, लगान बढ़े, खेती भी अविकसित रही और विदेशी या स्वदेशी माल को खरीदने के लिए किसान की क्रय शक्ति कमजोर होती गयी।

(ii) साहूकार ने किसान और जमींदार को ऋण देकर जीवित रखा और लगान एवं मालगुजारी के भुगतान का प्रबन्ध किया, इस प्रकार वह कृषि क्षेत्र के अतिरिक्त धन का मुख्य मालिक बन बैठा। साहूकार ने किसान, जमींदार और सरकार की स्थिति को कमजोर बनाया।

(iii) भारत सरकार प्रशासन या सेना पर ज्यादा खर्च करे या विकास कार्यों पर ध्यान दे अर्थात् ब्रिटिश शासन की सुदृढ़ता अधिक जरूरी है या शासन के उद्देश्यों की पूर्ति आवश्यक है।

(iv) भुगतान के सन्तुलन का संकट अर्थात् निर्यात को धन के विकास का साधन बनाया जाये या उससे आयात का भुगतान किया जाये?

(v) यदि उपनिवेशवाद भारतीय किसान की उत्पादन और निर्यात क्षमता को घटाता है तो भारत ब्रिटिश के तैयार माल को अधिक मात्रा में कैसे खरीदे?

(vi) भारतीय किसान ज्यादा लगान दें या ज्यादा माल खरीदें?

(vii) क्या अफीम का चीन को निर्यात चालू रखा जाये या उस पर पाबन्दी लगा दी जायें क्योंकि पाबन्दी का अर्थ भारत द्वारा ब्रिटिश तैयार माल को खरीदने की शक्ति को घटाना था; यह मानवीय नैतिकता और व्यापारिक मुनाफाख़ोरी का अन्तर्विरोध था।

वित्त-पूँजी का साम्राज्यवाद (1885-1947)—पश्चिमी यूरोप, संयुक्त राज्य अमरीका और जापन के औद्योगीकरण के कारण विश्व में बाजारों, कच्चे माल के स्रोतों और पूँजी के निर्यात के अवसरों के लिए विकट प्रतिद्वन्द्विता शुरू हुई। ब्रिटिश साम्राज्यवादियों ने भारतीय राजस्व का उपयोग अपने साम्राज्य के विस्तार और सुरक्षा के लिए किया। इंगलैण्ड में साम्राज्यवाद, राष्ट्रवाद और प्रजाति विशेष को मिलाकर नयी राजनीतिक विचारधारा प्रस्तुत की गयी। राष्ट्र के नाम पर ब्रिटिश पूँजीपति और मजदूरों के समान हितों के गीत गाये गये। अतः मजदूर वर्ग मताधिकार मिलने पर भी पूँजीवादी राजनीतिक व्यवस्था के प्रति विद्रोह शुरू करने में सफल नहीं हुआ।

भारत में साम्राज्यवादी नीतियों और मनोवृत्तियों में पूँजी निवेश का विशेष महत्व है। अरुण बोस के अनुसार रेल मार्गों और सार्वजनिक ऋण को छोड़कर व्यवहार में ब्रिटिश पूँजी को भारतीय अर्थव्यवस्था में बहुत सीमित रूप से ही लगाया गया। भारत में ब्रिटिश पूँजी लगाने के स्वप्न और पूँजी के वास्तविक निर्यात में काफी अन्तर है। विपिनचन्द्र के अनुसार ब्रिटिश उपनिवेशवाद ने पहले से ही भारत की अर्थव्यवस्था को इतना अधिक निचोड़ लिया था कि साम्राज्यवादी चरण में पूँजी के अधिक निर्यात से मुनाफे कमाने की बहुत सीमित सम्भावना शेष रही थी। वस्तुतः अंग्रेज पूँजीपतियों ने भारत में अपनी पूँजी लगाने के स्थान पर भारतीय पूँजी को ब्रिटेन और साम्राज्य के दूसरे उपनिवेशों में चालाकी से ले जाने के अन्यायपूर्ण तरीके निकाल लिये थे।

उपनिवेशवाद की तीसरी अवस्था में भी अतिरिक्त धन के अपहरण के पुराने तरीके कायम रहे। भारतीय राजस्व का लगभग एक-तिहाई भाग अंग्रेजों पर खर्च किया जाता था और लगभग आधा भाग सेनाओं पर व्यय होता था। आयात और निर्यात के असन्तुलन द्वारा भी ब्रिटेन भारत के अतिरिक्त धन का अपहरण होता था। राजनीतिक और प्रशासनिक क्षेत्रों में अंग्रेजों ने अपने साम्राज्यवादी नियन्त्रण को और अधिक मजबूत बनाने की कोशिश की। उदारवादी साम्राज्यवादी सिद्धान्तों की जगह ब्रिटिश शासन के स्थायी रूप और भारत के लिए उदार एकतन्त्र की आवश्यकता के विचार प्रस्तुत किये गये। भारतीयों को स्वराज्य और लोकतन्त्र के लिए स्थायी रूप से अयोग्य घोषित कर दिया गया। प्रथम विश्वयुद्ध के बाद राष्ट्रीय आन्दोलन की उग्रता से प्रभावित होने पर अंग्रेजों ने उपुर्यक्त विचारों में कुछ संशोधन स्वीकार किये। प्रशासन पर नौकरशाही के दबाव को बढ़ाने की निरन्तर कोशिश की गयी। औपनिवेशिक व्यवस्था में संकट उत्पन्न होने पर आर्थिक, सामाजिक और सांस्कृतिक परिवर्तन की गति बहुत धीमी हो गई। औपनिवेशिक अर्थव्यवस्था और समाज के अन्तर्विरोध अपनी चरम सीमा पर पहुँच गये। विपिनचन्द्र के अनुसार ये अन्तर्विरोध निम्नलिखित हैं :

(i) स्थिर और गतिहीन व्यवस्था में राजस्व बढ़ाना असम्भव हो गया।

(ii) व्यवस्था में परिवर्तन के प्रयास का अन्त हो गया।

(iii) आधुनिक विचारों, समाज और संस्कृति के प्रसार को रोकने की कोशिश शुरू हुई क्योंकि उसका परिणाम उपनिवेशवाद विरोधी विचारों की 'आधुनिकता' के आगमन के रूप में निकला।

(iv) ब्रिटिश शासन के आर्थिक प्रभाव के रूप में भारतीय पूँजीपति वर्ग का उदय हुआ जिसने ब्रिटिश उपनिवेशवाद को राजनीतिक तथा आर्थिक क्षेत्रों में चुनौती दी।

(v) सबसे महत्वपूर्ण अन्तर्विरोध भारतीय जनता के हितों और भारतीय सामाजिक, आर्थिक और राजनीतिक विकास तथा ब्रिटिश साम्राज्यवादी ढांचे और प्रणाली के बीच पैदा हुआ जिसने एक शक्तिशाली राष्ट्रीय आन्दोलन को जन्म दिया।

ब्रिटिश उपनिवेशवाद का प्रभाव
(IMPACT OF BRITISH IMPERIALISM)

अर्थव्यवस्था पर प्रभाव (Impact on Economy)

भारत के आर्थिक जीवन पर ब्रिटिश उपनिवेशवाद के प्रभाव को "ब्रिटेन द्वारा भारत का शोषण और इसके परिणामस्वरूप भारत की गम्भीर आर्थिक दुर्गति" कहा जा सकता है। अंग्रेजों के आगमन के पूर्व भारत अपनी समृद्धि और गौरव के चरमोत्कर्ष पर था और यूरोपियन देशों में भारत को सोने-चाँदी का अथाह भण्डार समझा जाता था। भारत में अंग्रेजी शासन सत्ता स्थापित करने वाले राबर्ट क्लाइव ने स्वयं भारत की सम्पन्नता का अनेक स्थानों पर उल्लेख किया है। 1757 ई. में बंगाल की पुरानी राजधानी मुर्शिदाबाद में प्रवेश के बाद उसने लिखा था, "यह शहर उतना ही विस्तृत, घनी बस्ती वाला और धनी है जितना लन्दन। लेकिन फर्क यह है

कि यहाँ के लोगों के पास लन्दन के लोगों से बहुत कम सम्पत्ति है।''[10] 17वीं सदी तक भारत के प्रत्येक भाग में खाद्यान्नों की प्रचुरता थी। टैवर्नियर ने लिखा है कि ''छोटे से छोटे गाँव में चावल, आटा, मक्खन, दूध और चीनी बहुत अधिक मात्रा में उपलब्ध हो सकती है।'' भोजन और वस्त्र के सम्बन्ध में भारत आत्मनिर्भर था, और इन चीजों को बहुत बड़ी मात्रा में विदेशों को भेजता था। ढाका की मलमल, पंजाब और कश्मीर के ऊनी वस्त्र, हीरे-जवाहरात, गरम मसाले, शृंगार प्रसाधन, हाथी दाँत और चन्दन की लकड़ी की कलात्मक वस्तुएँ तथा सुगन्धित तेल और इत्र आदि की विदेशों में बहुत खपत थी। इन वस्तुओं के बदले समस्त विश्व से सोने और चाँदी के सिक्के भारत आते थे। 200 वर्षों के आर्थिक शोषण के परिणामस्वरूप इसी सम्पन्न भारत की जो स्थिति हुई, उसका वर्णन करते हुए 1900 ई. में विलियम डिग्वी ने लिखा था, ''19वीं सदी के शुरू में लगभग 10 करोड़ मनुष्य ब्रिटिश भारत में ऐसे हैं जिन्हें किसी समय भी भर-पेट भोजन प्राप्त नहीं होता......इस अध:पतन की दूसरी मिसाल इस समय किसी भी सभ्य या उन्नतिशील देश में कहीं पर दिखायी नहीं दे सकती।''[11] ब्रिटिश उपनिवेशवाद ने भारतीय कृषि, कारीगरी, उद्योग-धन्धों तथा व्यापार को क्रूरता के साथ नष्ट किया। ब्रिटिश उपनिवेशवाद के द्वारा भारत के आर्थिक ढाँचे को नष्ट करने में निम्नलिखित चरण रहे हैं :

(i) राजनीतिक षड्यन्त्र और लूट-खसोट—भारत के आर्थिक शोषण का प्रारम्भ राजनीतिक षड्यन्त्र और लूट-खसोट के रूप में किया गया। भारत के स्थानीय शासक एक-दूसरे के साथ लड़ते-झगड़ते रहते थे। कम्पनी के द्वारा स्थानीय झगड़ों में अपनी सुप्रशिक्षित सेना द्वारा एक पक्ष की सहायता की जाती और इस सहायता की ज्यादा से ज्यादा कीमत वसूल कर ली जाती। कम्पनी एक के बाद दूसरे व्यक्ति को नवाब बनाकर गद्दी पर बैठाती और हर नये नवाब से भारी नजराने और दौलत वसूल करती। उदाहरण के लिए जब कम्पनी ने प्लासी के युद्ध के बाद 1757 ई. के मीरजाफर को बंगाल का नवाब बनाया तो इस अहसान के बदले में मीरजाफर ने कम्पनी को 24 परगने की जमींदारी सौंप दी। सन् 1760 में कम्पनी ने मीरजाफर को हटाकर मीरकासिम को नवाब बना दिया जिसने कम्पनी को 3 जिले भेंट किये। जमीन और जिलों के अलावा मीरजाफर और मीरकासिम से कम्पनी और उसके अधिकारियों ने उस समय के मूल्य के हिसाब से लगभग 3 करोड़ रुपये का सोना आदि वसूल किया।[12] कम्पनी के अफसर भी भारी लूट-खसोट में लगे हुए थे। बहुत थोड़े वेतन लेने पर भी, निजी व्यापार और भ्रष्टाचार द्वारा वे थोड़े ही दिनों में भारी सम्पत्ति के स्वामी हो जाते। कम्पनी के अधिकारी डाकुओं की तरह हथियारबन्द गिरोह बनाकर गाँव में भी निकल पड़ते और भारी लूटमार कर लौट आते न कोई कानून था और न कोई न्याय स्वयं क्लाइव माना है कि कम्पनी के कर्मचारी और एजेण्ट धन हड़पने के लिए प्रजा पर घोर अन्याय और अत्याचार करते थे।

(ii) बंगाल में दीवानी अधिकारों की प्राप्ति—बंगाल के नवाब दिल्ली सम्राट के सूबेदार की हैसियत से दो कार्य करता था—दीवानी और निजामत। कम्पनी के द्वारा निजामत

---

10. Quoted from *Indian Industrial Commission Report*, p. 249.
11. सुन्दरलाल, *भारत में अंग्रेजी* राज, पृ० 1 से उधृत।
12. सुभाष कश्यप, *भारत का संवैधानिक विकास और स्वाधीनता संघर्ष*, पृ० 14 से उधृत।

अधिकार नवाब को सौंपते हुए दीवानी अधिकार अपने हाथ में ले लिये गये। ये दीवानी अधिकार ही भारत में कम्पनी और आगे चलकर ब्रिटिश सरकार के प्रभुत्व के आधार बने।

कम्पनी के द्वारा भारत से यूरोप को जो रेशमी तथा सूती कपड़े और मसाले भेजे जाते थे, उसके बदले में उन्हें भारतीय व्यापारियों को बहुमूल्य धातुएँ (सोना, चाँदी आदि) देनी होती थी; क्योंकि उस समय तक इंगलैण्ड में किन्हीं ऐसी वस्तुओं का उत्पादन प्रारम्भ नहीं हुआ था, जिन्हें अदला-बदली में भारत को दिया जाता। इस क्रम में व्यापार को लम्बे समय तक जारी नहीं रखा जा सकता था। अत: कम्पनी ऐसे मार्ग की खोज में थी, जिसमें इन वस्तुओं के बदले में कुछ भी न देना पड़े, कम्पनी को यह मार्ग बंगाल की दीवानी के रूप में मिला। रजनी पामदत्त लिखते हैं, ''इस प्रकार कम्पनी के व्यापारियों का सबसे प्रिय स्वप्न पूरा हो गया। वे जो वर्षों से भारत को बिना कुछ दिये यहाँ की धन-दौलत खींच ले जाने का स्वप्न देख रहे थे वह अन्त में पूरा हो गया,''[13] 1755 और 1780 के बीच, उस समय के मूल्य की दृष्टि से कम-से-कम 60 करोड़ रुपये के मूल्य का ठोस धन (चाँदी, सोना और अन्य धातुएँ) बंगाल से ब्रिटेन पहुँचा।

(iii) भारतीय धन-सम्पदा से इंगलैण्ड का औद्योगीकरण—18वीं सदी के उतरार्द्ध में भारत से लूटकर जो धन-सम्पदा इंगलैण्ड पहुँचायी गयी, उसी के आधार पर इंगलैण्ड में औद्योगिक क्रान्ति सम्भव हो सकी। अमरीकी लेखक ब्रुक ऐडम्स के अनुसार, ''भारत की दौलत के आने से इंगलैण्ड की राष्ट्रीय पूँजी बहुत अधिक बढ़ गयी। प्लासी के युद्ध के बाद बहुत शीघ्र ही बंगाल की लूट लन्दन में पहुँचने लगी और तुरन्त ही इसका प्रभाव प्रतीत हुआ क्योंकि सभी प्रमुख लेखकों के मतानुसार औद्योगिक क्रान्ति का प्रारम्भ 1770 ई. में हुआ।''[14]

जिस समय भारत का धन इंगलैण्ड पहुँच रहा था, उन्हीं दिनों वहाँ पर नये-नये आविष्कार हो रहे थे, परन्तु सम्पत्ति के अभाव में ये आविष्कार महत्वहीन बनकर रह जाते थे। डॉ० कनिघंम (Cunningham) का मत है कि ''इस (औद्योगिक क्रान्ति) का प्रादुर्भाव अचानक और अकारण आविष्कार प्रतिभा के फूट पड़ने के कारण नहीं हुआ था, वरन् उसके पीछे यह सत्य था कि इंगलैण्ड में उस समय इतनी अधिक पूँजी जमा हो चुकी थी जिससे इन आविष्कारों का बड़े पैमाने पर उपयोग करना सम्भव हो सका।''

(iv) इंगलैण्ड की औद्योगिक क्रान्ति और भारत का औद्योगिक विनाश—18वीं सदी के उत्तरार्द्ध में अपने औद्योगीकरण को आगे बढ़ाने हेतु ब्रिटेन के लिए भारतीय उद्योग-धन्धों को चौपट करना जरूरी हो गया। भारतीय अर्थ-व्यवस्था के मूल आधार कुटीर उद्योग-धन्धों को नष्ट किया गया; जिससे कि भारत से कच्चा माल बहुत थोड़े मूल्य पर इंगलैण्ड भेजा जा सके और इंगलैण्ड के कल-कारखानों में जो माल तैयार होता उसे ऊँचे मूल्य पर भारतीय बाजारों में बेचा जा सके।

---

13. Rajni Palme Dutt, *India Today.*
14.. Brook Adams, *The Law of Civilization and Decay,* pp. 259-60.

ईस्ट इण्डिया कम्पनी और ब्रिटिश सरकार ने इस कार्य के लिए निम्नलिखित तरीके अपनाये;

(अ) चुंगी के नियमों और दरों में परिवर्तन—भारत में चुँगी नियमों और दरों में इस ढंग से परिवर्तन किये गये कि रुई आदि कच्चा माल इंगलैण्ड भेजने में आसानी हो और कम मूल्य पर यह माल वहाँ भेजा जा सके।

(ब) कृषि व्यवस्था में परिवर्तन—इंगलैण्ड के लिए भारत से कच्चा माल प्राप्त करने के उद्देश्य से भारतीय कृषि व्यवस्था में आवश्यक परितर्वतन किये गये। ये परिवर्तन भारत के लिए अत्यधिक लाभकारी थे।

(स) महसूल नीति—भारतीय बाजारों में ब्रिटिश माल की खपत के लिए यह व्यवस्था की गयी कि ब्रिटिश माल भारत में आने पर महसूल न लगे। दूसरी तरफ भारतीय माल पर इंगलैण्ड में इतना महसूल लगे कि वह किसी भी हालत में ब्रिटिश माल से सस्ता न बिक सके। सन् 1832 ई. में रिचर्ड नामक अंग्रेज़ ने संसद की एक कमेटी के सामने बयान में कहा था कि किसी-किसी भारतीय वस्तु पर तो 3 हजार प्रतिशत तक अर्थात् 1 रुपये के माल पर 30 रुपये महसूल लिया जाता था। 19वीं सदी के अन्त तक इंगलैण्ड में औद्योगिक विकास का कार्य सम्पन्न हो गया तो इंगलैण्ड और भारत के बीच 'स्वतन्त्र व्यापार की नीति' (Policy of Free Trade) को अपनाया गया। इंगलैण्ड के कल-कारखानों में बने माल और भारतीय कुटीर उद्योगों में बने माल के बीच स्वतन्त्र प्रतियोगिता का जो परिणाम हो सकता था, वही हुआ।

(द) भारतीय कारीगरों पर अमानवीय अत्याचार—भारतीय उद्योग-धन्धों को समाप्त करने के लिए भारतीय कारीगरों पर अमानवीय अत्याचार किये गये। वस्त्र उद्योगों में लगे हुए भारत के बहुत अधिक कुशल कारीगरों के अँगूठे ही काट दिये गये। अंग्रेज अधिकारियों द्वारा विभिन्न शिल्पों में लगे हुए व्यक्तियों पर ऐसे अत्याचार किये जाते थे जिन से छुटकारा पाने के लिए उन्हें अपनी शिल्पकारी को छोड़कर कृषि को अपनाना पड़ा। भारतीय कारीगरों पर दबाव डालकर उनकी कारीगरी के रहस्यों का पता लगाया गया और ब्रिटिश कारीगरों को यह रहस्य बतलाये गये। भारत के सबसे अधिक श्रेष्ठ शिल्प देशी राजाओं और नवाबों के संरक्षण में विकसित होते थे। जब देशी राजाओं और नवाबों का स्थान कम्पनी और बाद में ब्रिटिश शासन ने ले लिया तो इससे भी इन शिल्पों को भारी आघात पहुँचा।

ब्रिटिश सरकार द्वारा अपनायी गयी इस नीति के परिणामस्वरूप जो भारत सदियों से अपना कपड़ा सारी दुनिया को भेजता था, वह 1850 ई. तक उल्टे भारी मात्रा में विदेशी कपड़ा मँगाने लगा। ब्रिटेन द्वारा दुनिया के विभिन्न देशों को भेजे जाने वाले कपड़े में से एक-चौथाई केवल भारत ही में खपने लगा। रजनी पामदत्त के शब्दों में "एक तरफ जहाँ इंगलैण्ड की मशीन में बने कपड़े ने भारत के बुनकरों को बर्बाद किया, वहाँ दूसरी तरफ मशीन के बने सूत ने भारत के चरखें वालों को मिटा दिया। 1818 और 1836 ई. के बीच भारत में इंगलैण्ड के बने सूत की खपत 5,200 गुनी बढ़ गयी थी।" 17वीं सदी तक भारत में न केवल वस्त्र उद्योग, वरन् नमक उद्योग, चीनी उद्योग और लोहा उद्योग भी बहुत अधिक विकसित थे; परन्तु ब्रिटिश सरकार ने भारत में ब्रिटिश वस्तुओं की खपत को बढ़ाने के लिए इन उद्योगों को भी नष्ट कर दिया। नमक

उद्योग को नष्ट करने के लिए नमक बनाने पर कड़े प्रतिबन्ध लगाये गये। भोजन के लिए नमकीन पानी तक उबालने पर रोक लगा दी गयी, अतः यह उद्योग चौपट हो गया। भारत से हजारों मन चीनी ब्रिटेन तथा अन्य देशों को जाती थी। स्वतन्त्र व्‍ ‍ार में जब अंग्रेज चीनी उद्योग को नष्ट न कर सके तो भारी कर लगाकर उद्योग को नष्ट कर दिया गया। भारत में प्राचीनकाल से लोहा गलाने के कारखाने थे, परन्तु ब्रिटिश शासन के अन्तर्गत इंगलैण्ड से सस्ता लोहा मँगाकर इस उद्योग को समाप्त कर दिया गया। 1840 ई. के आसपास जब भारत में कागज के कारखाने खुलने लगे तो भारत-मन्त्री सर चार्ल्स वुड ने आदेश निकाला कि भविष्य में भारत सरकार द्वारा इंगलैण्ड में बने कागज का ही उपयोग किया जाना चाहिए, इस प्रकार ब्रिटिश सरकार भारतीय उद्योग-धन्धों को नष्ट करने पर तुली हुई थी और उसे इसमें सफलता भी प्राप्त हुई। प्रो. गाडगिल के अनुसार "ब्रिटिश काल में भारतीय अर्थ-व्यवस्था में जितने भी परिवर्तन हुए, उन सबमें अधिक नाटकीय घटना यहाँ के उद्योगों का पतन है। यह पतन अचानक और पूर्ण रूप से हुआ"[15]

प्रथम विश्वयुद्ध के बाद भारत के उद्योग-धन्धों को प्रोत्साहन मिला परन्तु सूती वस्त्र उद्योग के अतिरिक्त अन्य सभी उद्योग विदेशी पूँजीपतियों के अधिकार में थे। इस प्रकार औद्योगिक विकास भारत के आर्थिक शोषण का ही एक साधन था। भारत में सूती वस्त्र उद्योग का जो विकास हुआ, उसका बहुत कुछ श्रेय राष्ट्रीय आन्दोलन में अपनाये गये विदेशी वस्त्र के बहिष्कार और स्वदेशी प्रचार को है।

यद्यपि ब्रिटेन ने भारत में यातायात के साधनों का विकास किया और इस परिणामस्वरूप भारत के आर्थिक, सामाजिक और राजनीतिक जीवन पर प्रभाव पड़ा; परन्तु जैसा कि ए. आर. देसाई लिखते हैं, "ब्रिटेन द्वारा यातायात के आधुनिक साधनों को अपनाने का कार्य भारत राष्ट्र के चतुर्मुखी आर्थिक सामाजिक, राजनीतिक और सांस्कृतिक विकास के लिए नहीं किया गया, वरन् यह कार्य प्रमुख रूप से ब्रिटेन के आर्थिक, राजनीतिक और सैनिक हितों के लिए किया गया।"[16]

(v) ब्रिटिश उपनिवेशवाद और कृषि की दुर्गति—ब्रिटिश उपनिवेशवाद ने कृषि की भी ऐसी दुर्गति की कि अकाल और भुखमरी भारतीय आर्थिक जीवन के सामान्य नियम बन गये। उद्योग-धन्धों के पतन से उद्योग-धन्धों में लगे हुए कारीगर और मजदूर कृषि की ओर झुके और भूमि पर दबाव बहुत अधिक बढ़ गया। 18वीं सदी के अन्त तक भारतीय अर्थ-व्यवस्था कृषि और उद्योग-धन्धों दोनों पर टिकी हुई थी, ब्रिटिश नीति के परिणामस्वरूप भारत अब कृषक देश बनकर रह गया और कृषि की भी भंयकर दुर्गति हुई।

भारतीय कृषि की दुर्गति 1765 में प्रारम्भ हुई, जबकि कम्पनी के द्वारा बंगाल के दीवानी अधिकार अपने हाथ में लिये गये। कम्पनी को कृषि की उन्नति में कोई दिलचस्पी नहीं थी। वह तो लगान के माध्यम से अधिक-से-अधिक कमाने में लगी हुई थी। कम्पनी के द्वारा लगान में

---

15. "The only dramatic event in the economic transition is perhaps, the decline of the handicrafts. The collapse of these was indeed sudden and complete." —Prof. Gadgil.
16. A.R. Desai, *Social Background of Indian Nationalism,* p.129.

बहुत अधिक वृद्धि की गयी, बंगाल के अन्तिम भारतीय शासक ने अपने शासन के अन्तिम वर्ष 1764-65 में लगान के रूप में 8 लाख 17 हजार पौण्ड वसूल किये थे, कम्पनी के शासनकाल में दूसरे ही वर्ष यह रकम 14 लाख 17 हजार हो गयी। लगान की यह रकम निरन्तर बढ़ती ही गयी और इसे अत्याधिक कठोरता के साथ वसूल किया गया। लगान की व्यवस्था से उत्पादन कम होता जा रहा था, और लगान की राशि बढ़ती ही जा रही थी। लगान को चुकाने के लिए किसानों को महाजनों से ऋण लेना होता था जिसे चुकाने की सामर्थ्य उनमें कभी भी पैदा नहीं हो पाती थी।[17] लगान की यह राशि कम्पनी द्वारा भारतीय मध्यस्थों के माध्यम से वसूल की जाती थी। इन मध्यस्थों ने ही जमींदारों का रूप ले लिया। इस प्रकार कम्पनी द्वारा प्रारम्भ की गयी व्यवस्था ने जमींदारों और साहूकारों को जन्म दिया, जो भारतीय किसानों के सबसे बड़े दुश्मन रहे हैं। लगान व्यवस्था के कारण ही खेतिहर मजदूरों का उदय हुआ। छोटे किसानों की स्थिति भी खेतिहर मजदूरों से अच्छी नहीं थी। भीषण निर्धनता और बेरोजगारी से भारतीय ग्राम जो कि सदियों से पूर्ण और आत्मनिर्भर जीवन की इकाई के रूप में चले आ रहे थे, अब अत्यधिक अव्यवस्थित जीवन के ढेर बनकर रह गये।

उपनिवेशवाद के राजनीतिक परिणाम

ब्रिटिश शासन के भारत के राजनीतिक जीवन पर प्रभाव का दो रूपों में अध्ययन किया जा सकता है। 'प्रथम भारत में राजनीतिक एकता की स्थापना' और द्वितीय 'अनवरत रूप से फूट डालो और राज्य करो' की नीति अपनाकर भारत को एक ऐसे रास्ते पर आगे बढ़ाना जिसका स्वाभाविक और अनिवार्य परिणाम 1947 में भारत का विभाजन था।

1. राजनीतिक एकता की स्थापना—ब्रिटिश शासन के पूर्व भारत में राजनीतिक एकता का अभाव था। यातायात के साधनों के अभाव और विकेन्द्रीकृत शासन व्यवस्था के कारण अशोक और अकबर जैसे महान शासकों को भी भारत में राजनीतिक एकता स्थापित करने में सफलता नहीं मिली। यातायात के साधनों से ब्रिटिश शासन देश को एक ही दृढ़ केन्द्रित शासन के अन्तर्गत लाने में सफल हुआ। परन्तु ब्रिटिश शासन का उद्देश्य भारत में राजनीतिक एकता स्थापित करना नहीं था। उनका उद्देश्य तो समस्त भारत में एक-सी प्रशासन व्यवस्था को अपनाकर भारत में लम्बे समय तक अपना नियन्त्रण रखना था। पं. नेहरू के शब्दों में, ''ब्रिटिश शासन द्वारा स्थापित भारत की राजनीतिक एकता सामान्य अधीनता की एकता थी, लेकिन उसने सामान्य राष्ट्रीयता की एकता को जन्म दिया।''[18] दूसरे गोलमेज सम्मेलन में महात्मा गाँधी ने कहा था कि ''भारत में साम्प्रदायिकता की समस्या ब्रिटिश शासन की समकालिक है''[19] सदियों से एक-दूसरे के साथ मिल-जुलकर निवास करते रहने के कारण भारत के हिन्दुओं और मुसलमानों ने एक-दूसरे के अनुकूल बनने और एक दूसरे के प्रति सहिष्णुता की स्वस्थ भावना को सुविकसित करने की प्रवृत्ति अपना ली थी। अंग्रेजों ने स्वयं को राष्ट्रीयता के इस वेगवान प्रवाह को तोड़ने के काम में

17. A.R. Desai, *Ibid.*, p. 58.
18. J.L. Nehru, *Autobiography,* p. 437.
19. "The problem of communalism is co-evil with the British advent in India."
-M. Gandhi, Quoted from Coupland, *The Indian Problem* (1833-1935), p. 35.

लगा दिया। मेहता और पटवर्द्धन के शब्दों में, ''अपने समस्त विख्यात कौशल के साथ, जिसने कि अभी हाल में उनकी कूटनीति को संसार में सबसे अधिक शक्तिशाली बनाये रखा था, अंग्रेज शासकों ने अपने आपको हिन्दू और मुसलमान के मध्य खड़ा करके ऐसे साम्प्रदायिक त्रिभुज की रचना का निश्चय किया, जिसके आधार वे स्वयं रहे।''[20]

2. फूट डालो और राज्य करो—इस नीति के अन्तर्गत पहले तो 'आंग्ल-हिन्दू सहयोग' और आंग्ल-मुस्लिम विरोध' की नीति अपनायी गयी, परन्तु सन् 1870 से इस नीति को 'आंग्ल-मुस्लिम सहयोग' और आंग्ल-हिन्दू विरोध' में बदल दिया गया। इस नीति के अन्तर्गत सन् 1893 ई. में 'मोहम्मडन ऐंग्लो औरियन्टल डिफेस एसोसियेशन' की स्थापना की गयी। 1906 ई. में दो ऐसे कार्य किये गये, जिनका भारत के इतिहास पर दूरगामी बुरा प्रभाव पड़ा। इनमें से प्रथम था 1 अक्टूबर, 1906 को मुस्लिम प्रतिनिधि मण्डल की गवर्नर-जरनल से भेंट और साम्प्रदायिक तथा भारात्मक प्रतिनिधित्व की माँग, तथा द्वितीय मुस्लिम लीग की स्थापना। सन् 1923 में मौलाना मोहम्मद अली ने कांग्रेस के अध्यक्ष पद से अपने भाषण में कहा था कि '1906 के शिष्टमण्डल का अभिनय अंग्रेज सूत्रधारों के निर्देशानुसार किया गया था।[21] विविध उपायों के आधार पर ब्रिटिश शासन ने मुसलमानों को राष्ट्रीय जीवन की मुख्य धारा में मिलने से रोका। भारत में समय-समय पर होने वाले साम्प्रदायिक दंगे ब्रिटिश शासन के स्वार्थों को ही पूरा कर रहे थे। उन्होंने ही मुस्लिम लीग को पाकिस्तान का विचार दिया और उन्हें इस लक्ष्य को पूरा करने की दिशा में आगे बढ़ाया। सन् 1947 में भारत के विभाजन के बाद भी हिन्दुस्तान और पाकिस्तान के हिन्दू और मुसलमान ब्रिटिश सरकार द्वारा फैलाये गये विष के प्रभाव को समय-समय पर भुगतते रहते हैं। श्री नेहरू ने कहा था कि ''मैं ब्रिटिश अधिकारियों को उसके लिए क्षमा नहीं कर सकता, जो भूमिका उन्होंने भारत में फूट डालने में निभायी है। अन्य सभी घाव भर जायेंगे, किन्तु यह बहुत लम्बे समय तक दुख देता रहेगा''[22]

औपनिवेशिक शासन का सामाजिक जीवन पर प्रभाव

1. नये सामाजिक वर्गों का उदय—वह अंग्रेजी शासनकाल में नये सामाजिक अर्थतन्त्र, नयी राज्य व्यवस्था और नयी शिक्षा का सीधा परिणाम था। बंगाल में, अंग्रेजों का शासन सबसे पहले कायम हुआ और यहीं अंग्रेज सरकार ने भारतीय इतिहास में पहली बार जमींदारी के रूप में निजी सम्पत्ति की सृष्टि की। इसलिए बंगाल में ही सर्वप्रथम पट्टेदार और जमींदार जैसे दो नये वर्गों की स्थापना हुई। बंगाल और बम्बई में ही सर्वप्रथम जूट और सूती कपड़े के कारखानों जैसे उद्योगों की स्थापना हुई और सर्वहारा तथा उद्योगपति जैसे नये वर्गों का जन्म हुआ। ब्रिटिश शासन के दिनों में भारत में कृषि के क्षेत्र में मुख्यत: ये वर्ग आविर्भूत हुए—(1) ब्रिटिश सरकार द्वारा

---

20. "With all their famed skill, which until recently had made their diplomacy the most powerful in the world, the English rulers decided to put themselves between the Hindus and Muslims and so created a communal triangle of which they would remain in the base."

—Ashok Mehta and Patwardhan, *The Communal Triangle of India*, p. 52.

21. Congress Presidential Address, *Indian Annual Register,* 1924, p. 62.
22. J.L Nehru, *Discovery of India,* p. 10.

बनाया गया जमींदारी वर्ग, (2) अन्यत्रवासी भूस्वामी, (3) जमींदार और अन्यत्रवासी भूस्वामियों के मातहत पट्टेदार, (4) काश्तकार मालिकों का वर्ग, जिसकी उच्चतम, मध्यम और निम्न तीन श्रेणियाँ थीं, (5) खेतिहर मजदूर, (6) व्यापारियों का नया वर्ग, और (7) सूदखोर महाजनों का नया वर्ग। नगरों में ये वर्ग मुख्यत: निम्नलिखित थे: (1) वाणिज्यिक और वित्तीय पूँजीपतियों व उद्योगपतियों का वर्ग, (2) औद्योगिक, आवागमन के साधन सम्बन्धी, खनिज विषयक और ऐसे अन्य कार्यों में लगे आधुनिक मजदूर वर्ग, (3) आधुनिक पूँजीवादी अर्थ-व्यवस्था में बँधा छोटे व्यापारियों और दुकानदारों का वर्ग, (4) पेशेवर वर्ग, टेक्नीशियन, डाक्टर, वकील, प्रोफेसर, पत्रकार, मैनेजर और अन्य लोगों का वर्ग, जिसमें बुद्धिवादियों और शिक्षित मध्यम वर्ग के लोग हैं।

2. सामाजिक सुधार—ब्रिटिश शासन ने भारत में सामाजिक सुधार के क्षेत्र में काफी दिलचस्पी दिखायी। 1857 ई. के पूर्व ब्रिटिश शासन ने सामाजिक सुधार के कुछ कार्यों में प्रत्यक्ष रूप से भाग लिया। गवर्नर-जनरल लार्ड विलियम बैंटिक (1828 से 1835) ने सती-प्रथा का अन्त और ठगी के अन्त की दिशा में महत्वपूर्ण कार्य किया गया और कन्या-वध के रोकने के भी प्रयत्न किये गये। कानून के आधार पर बाल-विवाह आदि को रोकने के भी प्रयत्न किये गये यद्यपि इसमें उन्हें कोई उल्लेखनीय सफलता प्राप्त नहीं हुई। पाश्चात्य शिक्षा और अंग्रेजों के सम्पर्क एवं प्रभाव से भारत के लोगों ने अपने सामाजिक जीवन की कुरीतियों को अनुभव किया और उन्हें इन कुरीतियों को दूर करने में थोड़ी या अधिक रूप में प्रेरणा मिली। ब्रिटिश शासन ने भारत के लोगों को सामाजिक जीवन के नवीन मापदण्ड और व्यवहार प्रदान किये।

3. अंग्रेजी शिक्षा—शिक्षा के क्षेत्र में ब्रिटिश उपनिवेशवाद का व्यापक प्रभाव पड़ा। भारतीय राष्ट्रवाद की प्रेरणा शक्ति पाश्चात्य शिक्षा और साहित्य रहा है। अंग्रेजी साहित्य ने भारतीयों में स्वाधीनता की भावना जागृत की। इस के द्वारा भारतीय पश्चिमी विचारधारा, के सम्पर्क में आये।

4. जातिवाद और साम्प्रदायिकता को बढ़ावा—भारत में जातिवाद और साम्प्रदायिकता के विस्तार में अंग्रेज शासकों की प्रभावक भूमिका रही है। जनगणना करते समय इस बात पर बहुत बल दिया जाता था कि किसी व्यक्ति की जाति क्या है। इसी प्रकार हिन्दू-मुसलमान फूट को बढ़ावा देने में अंग्रेजों का विशेष हाथ रहा है। भारतीय जनता में फूट डालने के लिए अंग्रेजों ने मुस्लिम सम्प्रदाय को प्रोत्साहन देने की नीति अपनायी। सिखों, हरिजनों व ऐंग्लो-इंडियन समुदाय के लिए भी अलग-अलग निर्वाचन क्षेत्रों की व्यवस्था की गयी।

प्रश्न

1. उपनिवेशवाद से आप क्या समझते हैं? भारत में ब्रिटिश उपनिवेशवाद के इतिहास का संक्षिप्त वर्णन कीजिए।
2. भारतीय जीवन पर उपनिवेशवाद के क्या प्रभाव पड़े? उपनिवेशवाद ने भारत के आर्थिक शोषण और भारत के विभाजन के लिए किस प्रकार से कार्य किया?

4

भारत में ब्रिटिश साम्राज्यवाद एवं नव-उपनिवेशवाद (British Imperialism and Neo-Colonialism in India)

साम्राज्यवाद का अर्थ

आधुनिक काल में 'साम्राज्यवाद' शब्द का प्रयोग दो अर्थों में किया जाता है—पहला आर्थिक और दूसरा राजनीतिक। आर्थिक साम्राज्यवाद का तात्पर्य एक देश द्वारा दूसरे देश के आर्थिक शोषण तथा स्वामित्व से है। राजनीतिक साम्राज्यवाद से एक देश द्वारा दूसरे देश के राजनीतिक शोषण का बोध होता है।

राज्यों का अपने प्रभाव और नियन्त्रण को फैलाना ही साम्राज्यवाद कहा जायेगा। शूमाँ के अनुसार, "साम्राज्यवादी देश चाहे जितनी नैतिकता का स्वांग भरें और बहाने करें, परन्तु साम्राज्यवाद वास्तव में अधीन जातियों पर हिंसा और शक्ति के साधनों द्वारा विदेशी शासन लादने के अतिरिक्त और कुछ नहीं है।"

साम्राज्यवाद की प्रमुख विशेषताएँ

1. साम्राज्यवाद अपने राज्य की सीमाएँ बढ़ाने में विश्वास करता है।
2. साम्राज्यवाद का ध्येय अन्य देशों को अपने अधीन करना होता है।
3. साम्राज्यवाद का उद्देश्य अन्य देशों का आर्थिक, सैनिक व राजनैतिक शोषण है।
4. साम्राज्यवाद के अन्तर्गत विविध राष्ट्रीय इकाइयों पर एक ही राष्ट्र का आधिपत्य होता है।

साम्राज्यवाद के विस्तार के कारण

साम्राज्यवाद के विस्तार के अनेक प्रमुख कारण रहे हैं।

(1) उग्र राष्ट्रवाद—उग्र राष्ट्रवाद से साम्राज्यों व उपनिवेशों का निर्माण हुआ। जातीय सर्वोच्चता की भावना अन्ततोगत्वा सैन्यवाद में बदल जाती है और अन्य राज्यों पर अधिकार कर लिया जाता है।

(2) आर्थिक लाभ–औद्योगिक देशों के अधीन अन्य देशों से कच्चा माल खरीदने तथा तैयार माल बेचने में सुविधा रहती है। उपनिवेशों में पूँजी लगायी जा सकती है और लाभ अर्जित किया जा सकता है। डॉ॰ आर्शीवादम् के अनुसार, "उपनिवेशों का मूल्य कच्चे माल के उत्पादकों की अपेक्षा तैयार माल के बाजारों के रूप में अधिक होता है।" जॉसेफ चेम्बरलेन का कहना था कि साम्राज्यवाद का तात्पर्य है वाणिज्य। धर्म प्रचार भी साम्राज्यवाद का महत्वपूर्ण कारण रहा है। उपनिवेशों की स्थापना में धर्म ने मार्ग प्रशस्त किया और व्यापारियों और शासकों ने उनका अनुसरण किया।

भारत में ब्रिटिश साम्राज्यवाद के विकास की अवस्थाएँ

अध्ययन की सुविधा के दृष्टिकोण से भारत में ब्रिटिश साम्राज्यवाद के विकास को निम्नलिखित कालों में बाँटा जा सकता है:

1. सन् 1600–1756: 'दासता की ओर'
2. सन् 1757–1857: 'हस्तक्षेप तथा प्रदेशों को हड़पने का युग'।
3. सन् 1858–1909: 'दिखावटी सहयोग का काल'।
4. सन् 1909–1939: 'फूट डालो और राज करो की नीति का युग'।
5. सन् 1940–1947: 'खंडित आजादी'।

1. सन् 1600 से 1756 तक 'दासता की ओर'

16वीं शताब्दी में भारत अपने गौरव के शिखर पर पहुँच चुका था। उस के अतुल धन की चर्चा दूर-दूर के देशों में होती थी। लन्दन के कुछ व्यापारियों ने भारत तथा पूर्वी देशों के साथ व्यापार करने के लिए 1599 में 'लन्दन कम्पनी' की स्थापना की। अगले वर्ष के अन्तिम दिन उन्हें भारत देशों के साथ व्यापार का एकाधिकार प्रदान करने वाला 'शाही अधिकारपत्र' (Royal Charter) मिला। डच, पुर्तगाली तथा फ्रान्सीसी कम्पनियों की भाँति कुछ ही वर्षों में यह कम्पनी भारत और पश्चिमी देशों के बीच वाले व्यापारिक लाभ में साझेदार बन गयी। ईस्ट इण्डिया कम्पनी का चार्टर कम्पनी को केवल शांतिमय उपायों से व्यापार तक ही सीमित रखता था।

जब तक भारत में मुगलों की शक्ति बनी रही तब तक ईस्ट इण्डिया कम्पनी केवल व्यापार से सम्बन्ध रखती रही। सन् 1707 ई. में अन्तिम शक्तिशाली मुगल सम्राट औरंगजेब की मृत्यु से मुगल साम्राज्य छिन्न-भिन्न होने लगा। छोटे-छोटे देशी राजा तथा नवाब अपने-अपने क्षेत्रों के स्वतन्त्र शासक बन बैठे। मराठों ने भी अपने साम्राज्य को बढ़ाया। हिन्दू-मुस्लिम राजाओं के झगड़ों में यूरोप के व्यापारी भी कूद पड़े। फ्रेन्च तथा अंग्रेजों ने व्यापार के साथ-साथ अपने छोटे-छोटे राज्य भी स्थापित कर लिये। फ्रेन्च तथा अंग्रेजों में भी प्रतिद्वन्द्विता चली। फ्रेन्च कम्पनी का नेतृत्व डूप्ले ने किया तथा अंग्रेज क्लाइव के नेतृत्व में लड़े। दोनों ही देशी राजाओं और नवाबों को आपस में लड़ाते रहे और उनकी सहायता से एक-दूसरे को हराने का प्रयास करते रहे।

2. सन् 1757 से 1857 तक हस्तक्षेप तथा प्रदेशों को हड़पने का युग

(i) प्लासी का युद्ध—सन् 1757 ई. का प्लासी का युद्ध ईस्टइण्डिया कम्पनी के इतिहास में सर्वाधिक महत्वपूर्ण घटना थी। इस में बंगाल के नवाब सिराजुद्दौला को पराजित कर कम्पनी ने राजनीतिक प्रभुत्व स्थापित किया। अंग्रेजों ने सिराजुद्दौला के सेनापति मीरजाफर को लालच देकर बहका लिया और प्लासी की विजय के बाद कम्पनी ने उसे बंगाल का नवाब बना दिया। इस अहसान के बदले में मीरजाफर ने कम्पनी को 24 परगने की जमींदारी सौंप दी। सन् 1760 में कम्पनी ने मीरजाफर को पदच्युत कर मीरकासिम को नवाब बना दिया और उसने कंम्पनी को तीन जिले और भेंट कर दिए। 1764 ई. में बक्सर के युद्ध में दिल्ली के सम्राट, अवध के नवाब तथा बंगाल के नवाब को हराकर अंग्रेज कम्पनी ने बंगाल, बिहार तथा उड़ीसा पर अधिकार कर लिया। अब ईस्ट इण्डिया कम्पनी व्यापार के साथ-साथ भारत में शासन करने लगी। इस प्रकार भारत में ब्रिटिश साम्राज्य की नींव सन् 1757 में प्लासी के मैदान में ही रखी गयी।

(ii) संचालक मण्डल—1765 ई. में कम्पनी के माध्यम से भारत में ब्रिटिश शासन की शुरूआत हुई। कम्पनी का शासन एक संचालक मण्डल की देख-रेख में होता था। ब्रिटिश सरकार किसी प्रकार हस्तक्षेप नहीं करती थी। कम्पनी के कर्मचारियों ने राजनीतिक सत्ता का दुरुप्रयोग करना प्रारम्भ किया। कम्पनी के कार्यकर्ता भारत से अपार धन-सम्पत्ति इंगलैण्ड ले गये और नवाबों की भाँति ऐशो-आराम से रहने लगे। कम्पनी के राजनीतिक सत्ता हथियाने का प्रारम्भ से ही विरोध किया गया था और कम्पनी के आलोचकों ने ब्रिटिश संसद से हस्तक्षेप करने की प्रबल माँग की।

(iii) गुप्त समिति—ऐसी स्थिति में कम्पनी के मामलों की जाँच-पड़ताल करने के लिए ससंद ने एक गुप्त समिति नियुक्त की। उस समिति ने मई 1773 में अपनी रिपोर्ट पेश की, जिसके आधार पर पूर्वी देशों के शासन के नियन्त्रण का निर्णय किया गया। लार्ड नॉथ ने संसद में बिल प्रस्तुत किया जो बाद में 1773 का रेग्यूलेटिंग ऐक्ट बन गया।

(iv) रेग्यूलेटिंग एक्ट—भारतीय विजयों पर संसदीय नियन्त्रण का प्रारम्भ 1773 के रेग्यूलेटिंग ऐक्ट से होता है। भारत की शासन-व्यवस्था की रूपरेखा को जिन बहुत से अधिनियमों ने निर्धारित किया है, उनमें यह सर्वप्रथम है। इसने तीन कार्य किये—(अ) इसने इंगलैंण्ड में कम्पनी के संगठन में परिवर्तन कर दिया, और भारत में कम्पनी की शासन-व्यवस्था को भी इसने बदल दिया। (ब) इसने एक सीमा तक बम्बई तथा मद्रास प्रेसीडेन्सियों को बंगाल के गवर्नर-जनरल के अधीन कर दिया और इसके परिणामस्वरूप भारत में कम्पनी के अधीनस्थ समस्त प्रदेश एक सर्वोच्च सत्ता के नियन्त्रण में आ गये। (स) इसने मन्त्रिमण्डल द्वारा कम्पनी की देखभाल करने की व्यवस्था की।

इस अधिनियम से ही भारत में ईस्टइण्डिया कम्पनी के शासन पर संसदीय नियन्त्रण स्थापित करने के प्रयासों की गाथा प्रारम्भ होती है। इस ऐक्ट को भारत में ब्रिटिश राज्य के केन्द्रीकरण की दिशा में प्रथम चरण भी कहा जा सकता है।

(v) विस्तारवादी नीति—विस्तारवादी नीति के मुख्य अभिनेता थे लार्ड क्लाइव, लार्ड वेलिजली, लार्ड हेस्टिंग्स तथा लार्ड डलहौजी।

(vi) अंग्रेज़ी साम्राज्य का विस्तार—1765 में अंग्रेजों ने बंगाल प्रान्त के दीवानी के अधिकार प्राप्त कर लिये। बंगाल प्रान्त में बिहार और उड़ीसा भी थे। वेलिजली ने मैसूर राज्य के एक भाग को कम्पनी को दे दिया। हेस्टिंग्ज ने मराठों की शक्ति को समाप्त किया और पिंडारियों का दमन करके और राजपूत राजाओं के साथ मैत्रीपूर्ण सन्धियाँ करके सारे राजस्थान और मध्य भारत को अंग्रेजों के लिए सुरक्षित बना दिया। डलहौजी ने 1849 में पंजाब को अंग्रेजी राज्य में मिलाया। उसने देशी राज्यों को हड़पने के लिए 'अपहरण की नीति' चलायी। उसने सतारा, सम्भलपुर, जैतपुर, बघाट, उदयपुर (मध्यप्रदेश), झांसी और नागपुर आदि कई राज्य अंग्रेजी साम्राज्य में सम्मिलित कर लिये। सन् 1857 ई. की क्रान्ति से पूर्व भारत का एक बहुत बड़ा भाग अंग्रेजी साम्राज्यवाद का शिकार हो चुका था। इस काल में भारत का शासन चलाने के लिए पिट का भारत अधिनियम, 1784, 1813 का चार्टर ऐक्ट, 1833 का अधिनियम, 1853 का चार्टर अधिनियम आदि पारित किये गये थे।

3. 1858 से 1909 तक: 'दिखावटी सहयोग का काल'

(i) 1857 का विद्रोह—सन् 1857 ई. में भारत में ब्रिटिश साम्राज्य से मुक्ति पाने का सर्वप्रथम महत्वपूर्ण प्रयास हुआ। इस विद्रोह में किसानों, कारीगरों और सैनिकों ने लाखों की संख्या में भाग लिया। वह विद्रोह ब्रितानी साम्राज्य की जड़ें हिलाने के लिए काफी था। विद्रोह के मुख्य कारण थे—आर्थिक शोषण, धार्मिक हस्तक्षेप, जातीय भेदभाव की ब्रिटिश नीति, तथा चर्बी वाली कारतूस की घटनाएँ। इसके द्वारा भारत में ब्रिटिश शासन के स्वरूप को ही पलट दिया गया। यहीं से भारत के इतिहास में संवैधानिक शासन का सूत्रपात हुआ। भारत का शासन अब ईस्ट इण्डिया कम्पनी के हाथ से निकलकर ब्रिटिश सम्राट तथा ब्रिटिश संसद के हाथों में आ गया।

1857 की घटनाओं के फलस्वरूप भारत में कम्पनी के राज्य का अन्त हुआ जैसा कि ब्राइट लिखते हैं, "उक्त प्रश्न पर राष्ट्र की आत्मा अदमनीय रूप से जाग उठी और उसने ईस्ट इण्डिया कम्पनी को तोड़ देने का निर्णय किया।" पियली के अनुसार, "1857 की क्रान्ति भारत में ब्रिटिश शासन की समाप्ति का प्रथम प्रयास था तथा पुरानी व्यवस्था को इससे गहरा धक्का लगा। इस क्रान्ति के फलस्वरूप संसद् में भारतीय शासन के बारे में नया विचार-विमर्श हुआ तथा नयी नीतियों को अपनाने हेतु 1858 का विधेयक प्रस्तुत किया गया।

(ii) उदार निरंकुशता— इस काल में अंग्रजों ने 'दिखावटी सहयोग' (Apparent Association) अथवा 'उदार निरंकुशता' (Benevolent Autocracy) की नीति की शुरूआत की। महारानी विक्टोरिया ने अपनी उद्घोषणा में कहा कि देशी नरेशों के सम्मान और अधिकारों की रक्षा की जायेगी, उन्हें स्वेच्छा से गोद लेने का अधिकार होगा, कम्पनी द्वारा उनके साथ की गयी सन्धियों करारों आदि का पालन किया जायेगा तथा उनके क्षेत्रों को नहीं छीना जायेगा। 1857 के विद्रोह में भाग लेने वाले विद्रोहियों के साथ दया और क्षमा का व्यवहार किया जायेगा, बन्दियों को

रिहा कर दिया जायेगा तथा सभी धर्मों और जातियों के लोगों को बिना किसी पक्षपात के योग्यतानुसार सरकारी पदों पर नियुक्ति के अवसर दिये जायेंगे। घोषणा में यह भी विश्वास दिलाया गया कि जनता के धार्मिक विचारों और विश्वासों में किसी प्रकार का हस्तक्षेप नहीं किया जायेगा। इस घोषणा ने भारत में साम्राज्यवाद को एक नया रूप दिया जिसे मैकॉले ने 'उदार निरंकुशतावाद' की संज्ञा दी। ''उदार'' इसलिए कि भारतीय शासन में भारतीयों के सहयोग की कामना की गयी, 'निरंकुश' इसलिए कि ब्रिटिश सरकार पूर्व की भाँति ही स्वेच्छाचारी बनी हुई थी।

(iii) भारत शासन अधिनियम 1861—इस काल में अंग्रेजों ने दिखावटी सहयोग की चतुर नीति अपनायी और 1861 तथा 1892 के भारत शासन अधिनियम पारित किये। सन् 1861 के अधिनियम के अन्तर्गत गवर्नर-जनरल की कार्यकारिणी परिषद् को कानून निर्माण करने का अधिकार दिया गया। यह भी व्यवस्था की गयी कि अपने इस अधिकार का प्रयोग करते समय परिषद् कम से कम 6 और अधिक से अधिक 12 सदस्यों से परामर्श करेगी। इन अतिरिक्त सदस्यों की नियुक्ति गवर्नर-जनरल करते थे। इनमें से कम से कम आधे गैर-सरकारी व्यक्ति होते थे।

(iv) भारतीय परिषद् अधिनियम, 1892—1892 का भारतीय परिषद् अधिनियम विधेयन कार्यों में भारतीयों का सहयोग प्राप्त करने की दिशा में दूसरा कदम था। इस अधिनियम द्वारा केन्द्रीय विधान परिषद् की सदस्य संख्या में वृद्धि की गयी, परोक्ष निर्वाचन प्रणाली की व्यवस्था की गयी और सदस्यों को बजट पर वाद-विवाद करने का अधिकार दिया गया। इस अधिनियम ने सदस्यों को सार्वजनिक हित के विषयों पर प्रश्न पूछने का भी अधिकार दिया।

(v) लार्ड लिटन के कार्य—लार्ड लिटन ने अनेक मूर्खतापूर्ण कार्य किये। (अ) भारतीय सिविल सर्विस की आयु 21 वर्ष से घटाकर 19 वर्ष कर दी गयी। (ब) सन् 1877 में जबकि भारत में अकाल था उसने विशाल दरबार आयोजित कर विक्टोरिया को भारत की महारानी घोषित किया (स) सन् 1878 में वर्नाक्यूलर प्रेस ऐक्ट पारित कर समाचार-पत्रों पर आघात किया (द) आर्म्स ऐक्ट पारित कर भारतीयों को बिना लाइसेंस के शस्त्र रखने की मनाही कर दी गई, जबकि अंग्रेजों पर यह कानून लागू नहीं होता था। (इ) सन् 1904 में 'सरकारी गुप्त अधिनियम' बनाया गया, सन् 1905 में बंगाल का विभाजन किया गया। (उ) अंग्रेजों ने 'मुक्त व्यापार नीति' को अपनाया जिसका एकमात्र ध्येय भारत के व्यापार को हतोत्साहित करना था। संक्षेप में, अंग्रेजों का ध्येय ब्रिटिश साम्राज्य की जड़ें मजबूत करना था और इस काल में ब्रिटिश निरंकुशता में कोई परिवर्तन नहीं आया।

4. सन् 1909 से 1939 : 'फूट डालो और राज करो' की नीति

ब्रिटिश साम्राज्य को सुदृढ़ करने के लिए अंग्रेजों ने 'फूट डालो तथा राज करो, (Divide and Rule) की नीति अपनायी। हिन्दू और मुसलमान दोनों उनकी सहानुभूति तथा शासकीय संरक्षण के लिए लालायित रहते थे और एक-दूसरे का विरोध करते थे।

(i) मुस्लिम साम्प्रदायिकता—20वीं शताब्दी की प्रथम दशाब्दी में भारत में मुस्लिम साम्प्रदायिकता का विकास हुआ। इससे पूर्व हिन्दू-मुसलमान मिलजुलकर रहते थे। सन् 1906

में पृथक् निर्वाचन की माँग की गयी तथा मुस्लिम लीग की स्थापना हुई। सन् 1908 में लीग ने जातीय प्रतिनिधित्व की माँग की। सन् 1909 के मार्ले-मिण्टो सुधारों ने पृथक् निर्वाचन की व्यवस्था कर मुसलमानों को हिन्दुओं से सदैव के लिए पृथक कर दिया। लार्ड मार्ले ने मिण्टो को एक पत्र में लिखा, "याद रखना कि पृथक् निर्वाचन क्षेत्र बनाकर हम ऐसे घातक विष के बीज बो रहे हैं जिनकी फसल बड़ी कड़वी होगी।" 1919 तथा 1935 के अधिनियमों में अंग्रेजों ने पृथक्तावादी प्रवृत्तियों को लगातार प्रोत्साहित किया और साम्प्रदायिक निर्वाचन की पद्धति को ज्यादा विस्तृत कर दिया।

(ii) साम्प्रदायिक पंचाट—सन् 1932 में ब्रिटिश सरकार ने विभिन्न सम्प्रदायों के प्रतिनिधित्व के विषय पर एक पंचाट प्रकाशित किया जिसे "साम्प्रदायिक पंचाट" कहा जाता है। इस पंचाट ने पृथक निर्वाचन पद्धति को न केवल मुसलमानों के लिए कायम रखा बल्कि उसे दलित वर्गों के ऊपर भी लागू कर दिया। दलित वर्गों के लिए पृथक् निर्वाचनों की योजना के पीछे अंग्रेजी कूटनीतिज्ञों का यह षड्यन्त्र था कि उन्हें हिन्दुओं से अलग कर दिया जाये।

(iii) काँग्रेस सरकार—जब 1935 के ऐक्ट को क्रियान्वित करने के लिए चुनाव हुआ तो भारत के आठ प्रान्तों में काँग्रेस की सरकार बनी। द्वितीय महायुद्ध में भारत की भूमिका के प्रश्न पर अंग्रेजों ने काँग्रेस सरकार की पूर्ण उपेक्षा की और काँग्रेसी सरकारों ने त्याग-पत्र दे दिये। ब्रिटिश गर्वनरों ने प्रान्तों के शासन अपने हाथों में लिये और सारे भारत पर ब्रिटिश सरकार का निरंकुश शासन स्थापित हो गया।

5. सन् 1940 से 1947 : 'खण्डित आजादी'

अंग्रेजों ने हिन्दू-मुसलमान साम्प्रदायिकता के विष को घोला उसका परिणाम भारत की 'खण्डित आजादी' है। अंग्रेजों की यह चाल थी कि खण्डित भारत कमजोर होगा और कमजोर भारत ब्रिटिश स्वार्थ के लिए लाभप्रद होगा। अंग्रेजों ने क्रिप्स योजना (1942), मन्त्री मिशन योजना (1946) तथा माउण्टबैटन योजना द्वारा भारत के विभाजन की भूमिका तैयार कर ली। ऐटली के मजदूर-दलीय मन्त्रीमण्डल ने विभाजन का कार्य अन्तिम वायसराय लार्ड माउण्टबैटन को सौंपा। काँग्रेसी नेताओं पर माउण्टबेटन के व्यक्तित्व का बड़ा असर था। माउण्टबैटन ने काँग्रेस और लीग दोंनों को विभाजन के लिए तैयार कर लिया और भारतीय स्वतन्त्रता अधिनियम, 1947 द्वारा दो अधिराज्यों की व्यवस्था करवा दी।

साम्राज्यवाद से नव-उपनिवेशवाद (Neo-Colonialism) की ओर

रजनी पाम दत्त के अनुसार "1914-18 के युद्ध के बाद से आमतौर पर यह धारणा बन गयी कि भारत में साम्राज्यवाद एक ऐसी नयी अवस्था में पहुँच चुका है जो अपने पूर्ववर्ती काल से एकदम भिन्न है।" औद्योगिक पूँजी के युग से महाजनी पूँजी के युग में संक्रमण हुआ साम्राज्यवाद से नव-उपनिवेशवाद की ओर विकास में महत्वपूर्ण कारक निम्नलिखित थे :

(1) महाजनी पूँजी में संक्रमण—19वीं शताब्दी में नजराने के रूप में प्राप्त लाखों पौण्ड की सम्पत्ति प्रतिवर्ष इंगलैण्ड भेजी जाती थी। भारत के एक व्यापारी एन. एलेक्जेण्डर ने बताया था कि "1847 तक भारत लगभग 60 लाख पौंड का आयात और लगभग 90 लाख पौंड

का निर्यात करता था। आयात और निर्यात के बीच का यह अन्तर ही वह नजराना है जो कम्पनी को मिलता था और जो लगभग चालीस लाख पौंड होता था।'' 1851 से 1901 के बीच शासन करने वाले अधिकारियों द्वारा 'गृह शुल्क' के नाम पर इंगलैण्ड भेजी गयी कुल राशि में सात गुना वृद्धि हुई और यह 25 लाख पौंड से बढ़कर 1 करोड़ 73 लाख पौंड हो गयी जिसमें से केवल 20 लाख पौंड से सामान आदि खरीदे गये थे। इस आँकड़े में वह राशि शामिल नहीं की गयी है जो सरकारी अफसरों ने व्यक्तिगत तौर से भेजी थी।

(2) **निर्यात**—सन् 1933-34 तक भारत से किया गया कुल निर्यात 6 करोड़ 97 लाख पौंड तक पहुँच गया जिसमें से 2 करोड़ 68 लाख पौंड के पण्य और 4 करोड़ 29 लाख पौंड के खजाने भेजे गये। असाधारण रूप से अधिक यह अन्तिम राशि इस बात का संकेत देती है कि संकट के समय स्टर्लिंग की सहायता के लिए भारत से सोना भेजा गया।

भारत से इंग्लैण्ड भेजी गयी 19वीं सदी के मध्य से शुरू हुए नजराने की राशि में वृद्धि का तालिका से यह साफ पता चलता है कि आधुनिक युग में इंगलैण्ड ने भारत के शोषण में कितनी प्रगति की है :

तालिका 4.1— भारत में इंगलैण्ड जाने वाले नजराने में वृद्धि (लाख पौंड में)

	1851	1901	1913-14	1933-34
गृह शुल्क	25	173	194	275
भारतीय निर्यात में अधिकता	33	110	142	697

व्यापार सम्बन्धों का सन्तुलित चित्र पेश करने के लिए पाँच वर्षों की अवधि का खाका निम्नलिखित है :

तालिका 4.2— पाँच वर्ष की अवधि का वार्षिक औसत (लाख पौंड में)

	1851-55	1857-1901	1905-10 से 1913-44 तक	1931-32 से 1935-36 तक
भारतीय निर्यात में अधिकता....	43	153	225	592

उपरोक्त तालिका से पता चलता है कि भारत से इंगलैण्ड जाने वाली धन सम्पत्ति में तेजी से वृद्धि हुई। इस शोषण के रूप और तरीके में परिवर्तन की झलक मिलती है।

रजनी पाम दत्त के शब्दों में ''19वीं सदी के उत्तरार्द्ध में भारत से इंगलैण्ड जाने वाले नजराने की राशि में जबरदस्त वृद्धि के जारी रहने के पीछे दरअसल जो बात छिपी है वह यह है कि शोषण के एक नये रूप का जन्म हो चुका था जिसकी 19वीं सदी के स्वतन्त्र व्यापार वाले औद्योगिक पूँजीवाद से शुरूआत हुई थी लेकिन जो महाजनी पूँजी द्वारा भारत के शोषण के 20वीं सदी की नयी अवस्था में विकसित हो रहा था।''

(3) सार्वजनिक ऋण—आगे चलकर साम्राज्यवाद की नयी तकनीक के रूप में भारत में ब्रिटिश पूँजी निवेश का दौर प्रारम्भ हुआ। साम्राज्यवादी विस्तार के सामान्य नियम के अन्तर्गत इस प्रक्रिया को पूँजी का निर्यात कहा जायेगा भारत में ब्रिटिश पूँजी निवेश का केन्द्र सार्वजनिक ऋण था। सन् 1858 में जब ब्रिटिश सरकार ने सत्ता अपने हाथ में ली तो ईस्ट इण्डिया कम्पनी से सात करोड़ पौंड का कर्ज भी उत्तराधिकार में मिला। ब्रिटिश सरकार की देख-रेख में सार्वजनिक ऋण 18 वर्षों में दुगुना अर्थात् यह 7 करोड़ पौंड से बढ़कर 14 करोड़ पौंड हो गया सन् 1900 तक यह बढ़कर 22 करोड़ 40 लाख पौंड और सन् 1913 तक 27 करोड़ 40 लाख पौंड हो गया। सन् 1939 तक द्वितीय विश्वयुद्ध के शुरू होने से तुरन्त पहले, यह राशि 88 करोड़ 42 लाख पौंड या 11 अरब 79 करोड़ रुपये हो गयी जिसे दो भागों में बाँट दिया गया—भारतीय ऋण और स्टर्लिंग ऋण। इस प्रकार ब्रिटिश सरकार के प्रत्यक्ष शासनकाल के लगभग 75 वर्षों में ऋण की राशि में 12 गुना से भी अधिक की वृद्धि हुई। इंगलैण्ड का स्टर्लिंग ऋण तेजी से बढ़ रहा था। सन् 1856 में कम्पनी के शासनकाल की समाप्ति तक वह ऋण 40 लाख पौण्ड से कम ही था। 1860 तक इसमें तेजी से वृद्धि हुई और यह 3 करोड़ पौण्ड हो गया, सन् 1913 तक यह 17 करोड़ 70 लाख और सन् 1939 तक 35 करोड़ 58 पौंड हो गया।

इस ऋण का एक कारण युद्ध आदि के वे खर्चे थे जो भारत से वसूल किये जाने थे और दूसरा कारण सरकार द्वारा शुरू हो गयी रेल और सार्वजनिक निर्माण योजनाओं की लागत थी। राज्य की मदद से रेल पथ निर्माण का विकास कार्य करने के लिए निजी कम्पनियों को दी गयी गारण्टी तथा साथ ही सीधे राज्य द्वारा रेलवे निर्माण से इस ऋण में बहुत अधिक वृद्धि हुई। जो प्रणाली अपनायी गयी थी उसके अन्तर्गत रेल निर्माण के लिए ब्रिटेन का पूँजीपति जितनी भी पूँजी लगाता था उस पर सरकार से पाँच प्रतिशत ब्याज की गारंटी मिलती थी।

(4) पूंजी निवेश—रेल निर्माण और चाय, कॉफी, तथा रबड़ बागानों एवं छोटे-मोटे उद्योगों के विकास के साथ-साथ 19वीं सदी के उत्तरार्द्ध में ब्रिटेन के पूँजीपति बड़ी तेजी से अपनी निजी पूँजी भारत में लगाने लगे। भारत में ब्रिटिश पूँजी निवेश की प्रक्रिया या तथाकथित 'पूँजी के निर्यात' का अर्थ यह नहीं था कि भारत में आधुनिक उद्योग का विकास हो गया था। सन् 1914 के युद्ध के पहले भारत में जितनी ब्रिटिश पूँजी थी उसका 97 प्रतिशत भाग सरकारी कामों, यातायात, बागानों और बैंकों में लगा हुआ था।

तालिका 4.3— ब्रिटिश पूँजी निवेश के क्षेत्र

	लाख पौंडों में
सरकारी और म्यूनिसिपल	1825
रेलें	1365
बागान (चाय, कॉफी, रबड़)	242
ट्राम वे	41
खानें	35
बैंक	34

	लाख पौंडों में
तेल	32
व्यापारिक और औद्योगिक	25
वित्त, भूमि और पूँजी निवेश	18
विविध	33

उपरोक्त तालिका से स्पष्ट है कि ब्रिटिश पूँजी का अधिकांश ऐसे कामों में लगा होना था जिनसे अंग्रेजों को भारत में अपना व्यापार फैलाने और कच्चे मालों के स्रोत तथा ब्रिटिश माल के बाजार के रूप में उसका शोषण करने में मदद मिलती थी। औद्योगिक विकास से इन कामों का किसी भी तरह का सम्बन्ध नहीं था।

(5) भारत का पूँजीवादी शोषण—भारत के महाजनी पूँजीवादी शोषण के लिए प्रथम विश्वयुद्ध से पहले ही जमीन तैयार हो गयी थी। वास्तविक शोषण अपने पूर्ण रूप में बाद के वर्षों में ही हुआ।

1874 से 1879 तक पाँच वर्षों में भारत में आयात का 82 प्रतिशत भाग ब्रिटेन से आया था। इसके अलावा कुल माल का 11 प्रतिशत ब्रिटिश साम्राज्य के अन्य भागों से आया था। इस प्रकार विश्व के अन्य देशों के लिए भारतीय बाजार का 1/14 से भी कम भाग बचा रहा था। 1884-89 तक ब्रिटेन का भाग 82 प्रतिशत से घटकर 79 प्रतिशत हो गया। 1889-1904 तक यह 66 प्रतिशत और 1904-14 तक 63 प्रतिशत हो गया।

इसके साथ ही लगायी गयी पूँजी पर मुनाफे में और घरेलू खर्च की राशि में तेजी से वृद्धि होने लगी। सन् 1913-14 में भारत और ब्रिटेन के बीच 11 करोड़ 70 लाख का व्यापार हुआ। व्यापार पर 10 प्रतिशत व्यापारिक लाभ की दर से 1 करोड़ 20 लाख पौंड का मुनाफा हुआ। यदि इसमें भारत को भेजे गये सभी ब्रिटिश सामानों पर निर्माताओं के मुनाफे के रूप में 10 प्रतिशत जोड़ें तथा जहाज कम्पनियों के मालिकों की आय के रूप में 80 लाख पौंड जोड़े, तो पता चलेगा कि अंग्रेज व्यापारियों, निर्माताओं और जहाज कम्पनियों को सन् 1913 में भारत से अधिक से अधिक कुल 2 करोड़ 80 लाख पौंड का मुनाफा हुआ था। रजनी पामदत्त के शब्दों में "..... लेकिन यह स्पष्ट है कि 1914 तक भारत के साथ व्यापार करने वाली कम्पनियों, निर्माताओं और जहाज कम्पनियों को कुल मिलाकर जितना लाभ होता था उससे कहीं ज्यादा बड़ी राशि यहाँ लगी हुई ब्रिटिश पूँजी के मुनाफे तथा सीधे नजराने के रूप में इंगलैण्ड चली जाती थी। इससे यह पता चलता है कि 20वीं सदी में महाजनी पूँजी द्वारा भारत का शोषण ही इस देश की लूट का मुख्य स्वरूप बन गया था।"[1]

(6) औद्योगीकरण—कभी-कभी यह कहा जाता है कि शोषण के बाजवूद भारत में ब्रिटिश शासन ने किसी न किसी तरह औद्योगीकरण और आर्थिक विकास को बढ़ावा दिया। वास्तविकता यह है कि भारत में जो भी औद्योगिक विकास हुआ, वह आर्थिक तथा राजनीतिक

1. रजनी पामदत्त, *आज का भारत* (1977 संस्करण), पृ० 162.

दोनों ही क्षेत्रों में ब्रिटिश महाजनी पूँजी के विरोध का सामना करके और उसमें संघर्ष करके हुआ। सन् 1914 तक साम्राज्यवाद, भारत में औद्योगिक विकास का खुले तौर पर और साफ-साफ विरोध करता था। भारतीय औद्योगिक विकास को हतोत्साहित करने के लिए तदनुसार सीमाशुल्क नीति तैयार की गयी। सन् 1914 तक भारत में औद्योगिक विकास बेहद धीमा रहा। विकास मुख्यत: कपास और जूट उद्योग तक ही सीमित रहा। कपास उद्योग में भारतीय पूँजी आगे बढ़ने का प्रयास कर रही थी और पटसन उद्योग में ब्रिटिश पूँजी की कोशिश यह थी कि ब्रिटेन के पटसन मजदूरों की माँगों के विरोध में एक फायदेमन्द हथियार के रूप में वे भारत में उपलब्ध मजदूरों का इस्तेमाल कर सकें जो सस्ते दर पर काम कर देते है। इंजीनियरिंग के क्षेत्र में केवल मरम्मत करने के लिए स्थापित और वह भी मुख्यतया रेलवे के लिए काम करने वाले कारखानों का अस्तित्व था।

प्रथम विश्वयुद्ध के बाद ब्रिटिश सरकार द्वारा आर्थिक क्षेत्र में जो औद्योगीकरण की नीति को लक्ष्य बनाने की घोषणा की गयी उसके सैनिक, सामरिक और राजनीतिक कारण थे। युद्ध की परिस्थितियों तथा मेसोपोटामिया की अपकीर्तियों से जब अंग्रेजों ने महसूस किया कि भारत 'युद्ध के पूर्वी रंगमंच' का आधार बन सकता है। युद्ध के बाद उत्पन्न आर्थिक होड़ से भारतीय बाजार पर अंग्रेजों द्वारा स्थापित एकाधिकार को विदेशी प्रतियोगियों ने ध्वस्त करना शुरू कर दिया था। हार्डिंग ने बताया था कि खतरा इस बात का है कि भारत विदेशी निर्माताओं के सामानों का अम्बार लगाने की जगह बन जायेगा। इसे रोकने के लिए सीमा शुल्क की प्रणाली से दो मकसद हल होंगे। एक तो उससे भारत के अन्दर उद्योग-धन्धों का विकास होता था, तथा अंग्रेजों के लिए यह सम्भावना थी कि अपने आर्थिक तथा राजनीतिक प्रभुत्व के कारण वे अन्तत: ब्रिटिश पूँजी के लिए मुनाफा निकाल सकें। दूसरे, सीमा शुल्क की व्यवस्था से यह भी संभव हो जायेगा कि ब्रिटेन से आने वाले माल पर शुल्क कम करके अंग्रेज भारत के बाजारों पर फिर से कब्जा कर लें।

नव-उपनिवेशवाद
(NEO-COLONIALISM)

नव-उपनिवेशवाद का अर्थ

नव-उपनिवेशवाद में शक्तिशाली और अपेक्षाकृत कम शक्तिशाली राज्य का सम्बन्ध एक आर्थिक उपनिवेश या उपग्रह निवेश (Satellite) का होता है। नव-उपनिवेशवाद का लक्ष्य नव-स्वतन्त्र देशों में विकास को पूँजीवादी दिशाओं में निर्दिष्ट करना है जिससे उन देशों के शोषण की सम्भावना बनी रहे।

भारत में नव-उपनिवेशवाद

सन् 1939 के बाद भारत में ब्रिटिश शोषण का नव-उपनिवेशवादी रूप उभरने लगा। भारतीय पूँजी के विकास के बावजूद ब्रिटिश पूँजी का बैंकिग, वाणिज्य, मुद्रा विनिमय और बीमा, जहाजरानी, रेल व्यवस्था, चाय, कॉफी और रबर बागानों तथा पटसन उद्योग में एकाधिकारपूर्ण प्रभुत्व कारगर ढंग से बना हुआ है। समूची राजनीतिक प्रणाली इस प्रभुत्व को बनाये रखने के

लिए काम करती रही। लोहा और इस्पात उद्योग में भारतीय पूँजी को ब्रिटिश पूँजी से समझौता करने को मजबूर होना पड़ा। भारतीय पूँजी के स्रोत सूती कपड़ा उद्योग में 'प्रबन्धक एजेंसी' (मैनेजिंग एजेंसी) के जरिये ब्रिटिश पूँजी का नियन्त्रण काफी अधिक है।

मैनेजिंग एजेन्सी प्रणाली

भारत तथा एशिया के अन्य देशों में साम्राज्यवादी उद्योग के लिए मैनेजिंग एजेंसी प्रणाली एक खास तरह की प्रणाली है जिसका इस्तेमाल भारत के औद्योगिक विकास पर अंग्रेजों का प्रभुत्व बनाये रखने के एक प्रधान अस्त्र के रूप में हुआ है। इस प्रणाली के द्वारा कुछ मैनेजिंग एजेंसी कम्पनियाँ विभिन्न औद्योगिक कम्पनियों और कल-कारखानों को बढ़ावा देती हैं, उन पर नियन्त्रण रखती हैं काफी हद तक उनके लिए पूँजी इकट्ठा करती हैं, उनके संचालन और उत्पादन पर अपना प्रभुत्व बनाये रखती हैं तथा उनमें निर्मित सामान को बाजार में भेजती हैं। इन कम्पनियों के बोर्ड ऑफ डायरेक्टर्स की नाममात्र की भूमिका होती है। मुनाफे की राशि कम्पनियों के हिस्सेदारों को नहीं मिलती, उसे मैनेजिंग एजेन्सियाँ ही हजम कर जाती हैं।

मैनेजिंग एजेंसी कम्पनियाँ भारतीय और अंग्रेजी दोनों तरह की हैं; परन्तु सबसे पुरानी और सबसे मजबूत कम्पनियाँ अंग्रेजों की हैं। इनका सरकार और लन्दन के साथ घनिष्ठतम सम्बन्ध है। ऐंड्रयूल ऐंड कम्पनी तथा जार्डन ऐंड स्किनर जैसी फर्मे भारत में ब्रिटिश राज के इतिहास का एक अध्याय हैं। बम्बई कपड़ा उद्योग के मामले में, 1927 में 'टेरिफ बोर्ड कॉटन टैक्सटाइल इंक्वायरी' ने बम्बई की कपड़ा मिलों से सम्बन्धित 99 प्रतिशत आंकड़े देकर उसके आधार पर इन शक्तियों के सम्बन्ध की उल्लेखनीय तस्वीर पेश की :

तालिका 4.4—बम्बई की कपड़ा मिलें

	मिलें	तकले	करघे	पूँजी (करोड़ रुपयों में)
अंग्रेज मैनेजिंग एजेंटों वाली कम्पनियाँ 9	27	1,112,144	22,121	9.89
भारतीय मैनेजिंग एजेंटों वाली कम्पनियाँ 32	56	2,360,528	51,580	9,77

उपरोक्त तालिका में यह देखा जा सकता है अंग्रेज मैनेजिंग एजेंटों का जहाँ कम्पनियों पर 22 प्रतिशत नियन्त्रण था वहीं उनका मिलों पर 33 प्रतिशत, तकलों पर 32 प्रतिशत, करघों पर 30 प्रतिशत और पूँजी निवेश के एक बड़े भाग अर्थात् 50.3 प्रतिशत पर नियन्त्रण था। यह ऐसे उद्योग की स्थिति है जो भारतीय पूँजी के विकास का प्रमुख क्षेत्र है।

भारतीय उद्योग पर ब्रिटिश पूँजी की पकड़ अब भी बनी हुई है। विदेशी कम्पनियों ने भारत में अपनी उप-कम्पनियाँ खोल दीं और भारत में इन्हें पंजीकृत भी कराया। लीवर ब्रदर्स, डनलप, इम्पीरियल कैमिकल्स जैसी विशाल कम्पनियों की भारत में अपनी सहायक कम्पनियाँ हैं और यह संख्या प्रतिदिन बढ़ रही है। सन् 1945 में केन्द्रीय विधान मण्डल के बजट अधिवेशन में भारत के वाणिज्य मन्त्री ने कहा कि 1942-43 तक के चार वर्षों के दौरान, ब्रिटिश भारत से

बाहर पंजीकृत 5 कम्पनियों ने अपने नाम के अन्त में 'इण्डिया लिमिटेड' जोड़कर भारत में व्यापार स्थापित किया। इसके अलावा 1943-44 की समाप्ति तक के 5 वर्षों में 108 'इण्डिया लिमिटेडों' ने भारत में अपना पंजीकरण कराया, इन कम्पनियों के अन्तर्गत हर तरह के उद्योग आते हैं। प्रोफेसर वाडिया और मर्चेण्ट ने लिखा है: "भारी पूँजी से लगे गैर-भारतीय कारखानों ने माचिस, सिगरेट, साबुन, जूता, रबर, रसायन आदि का जबर्दस्त उत्पादन शुरू किया और भारतीय कारखानों को नष्ट कर दिया। इन्होंने न केवल बड़े उद्योगों का मुकाबला किया बल्कि हमारे (भारत के) लघु उद्योगों के लिए भी खतरा पैदा कर दिया।"[2]

बहुराष्ट्रीय कम्पनियाँ—आजादी के पूर्व भारतीय अर्थतन्त्र पर विदेशी पूँजी, विशेषकर बहुराष्ट्रीय कम्पनियों का लगभग एकाधिपत्य था। तेल, दवा, चाय, जूट, आदि उद्योगों; व्यापार, यातायात, बैंकिग, बीमा आदि सेवाओं पर उनका पूर्ण नियन्त्रण था। आजादी के बाद समाजवादी देशों, विशेषकर सोवियत संघ, के सहयोग से इस्पात, इन्जीनियरिंग, विद्युत, तेल आदि बुनियादी उद्योगों में सशक्त सार्वजनिक क्षेत्र का विकास हुआ। साथ ही साथ राष्ट्रीय निजी पूँजी का भी काफी विकास हुआ। परन्तु साम्राज्यवाद के प्रति समझौता-परस्त नीति और साम्राज्यवादी सहायता से आर्थिक विकास करने की भ्रमपूर्ण समझदारी के कारण बहुराष्ट्रीय कम्पनियों को अपने क्रियाकलापों को जारी रखने तथा फैलाने की उदारतापूर्वक छूट दी गयी। फलत: राष्ट्रीय पूँजी के समानान्तर इन कम्पनियों की पूँजी में भी अबाध गति से वृद्धि हो रही है।

मार्च 1948 में भारत में कुल विदेशी पूँजी 256 करोड़ रुपये के बराबर थी। परन्तु सन् 1970 में केवल बहुराष्ट्रीय कम्पनियों की पूँजी बढ़कर 1285.09 करोड़ रुपये के बराबर और सन् 1972-73 में 2821.8 करोड़ रुपये के बराबर हो गयी। इस प्रकार 22 वर्ष की अवधि में बहुराष्ट्रीय कम्पनियों की पूँजी में 10 गुनी से भी अधिक की वृद्धि हुई। मई 1976 में संसद में दी गयी सूचना के अनुसार बहुराष्ट्रीय कम्पनियों की 538 शाखाएँ (वैसी कम्पनियाँ जिनका मुख्यालय भारत के बाहर साम्राज्यवादी देशों में है) और 202 सहयोगी इकाइयाँ (वैसी भारतीय कम्पनियाँ जिनकी पेडअप पूँजी का 50 प्रतिशत से अधिक भाग किसी-न-किसी बहुराष्ट्रीय कम्पनियों द्वारा नियन्त्रित है) भारत में कार्यरत हैं। समग्र निवेश के आधार पर इण्डियन अल्यूमीनियम और बिक्री के आधार पर हिन्दुस्तान लीवर भारत में कार्यरत सर्वाधिक बड़ी बहुराष्ट्रीय कम्पनियाँ हैं। इनके अतिरिक्त, डनलप इण्डिया, यूनियन कार्बाइड, फिलिप्स इण्डिया, बाटा इण्डिया, बर्मा शैल, सीमैन्स इण्डिया, अशोक ले लैण्ड, ब्रुक बाण्ड, गुडइयर, फाइजर आदि भारत में कार्यरत प्रमुख बहुराष्ट्रीय कम्पनियाँ हैं। संख्या तथा निवेश के आधार पर ब्रिटिश कम्पनियाँ प्रथम स्थान पर हैं और द्वितीय स्थान पर अमरीकी कम्पनियाँ हैं। इन कम्पनियों की लगभग 10 प्रतिशत महत्वपूर्ण भारतीय आबादी पर जबदस्त पकड़ है।

आजादी के बाद देश के अर्थतन्त्र में बहुराष्ट्रीय कम्पनियों को अपने क्रियाकलापों को तेजी से फैलाने की उदारतापूर्ण छूट देने और इनके साथ सम्पन्न किये गये आर्थिक एवं तकनीकी सहयोग-समझौते के पीछे तर्क यह रहा है कि इससे पूँजी विनियोग में वृद्धि, तकनीकी जानकारी

2. वाडिया एण्ड मर्चेण्ट, *अवर इकोनॉमिक प्रोब्लम*, 1945, पृ॰, 466.

की प्राप्ति, विदेशी मुद्रा की बचत और अर्थतन्त्र के सन्तुलित एवं तीव्र विकास में सहायता मिलती है। परन्तु वास्तविकता इससे पूर्णतः भिन्न है। इन कम्पनियों का एकमात्र उद्देश्य भारत से अधिकाधिक धन लूट कर ले जाना है। उदाहरण के लिये बहुराष्ट्रीय तेल कम्पनियां 18वीं शताब्दी के पूर्वार्द्ध में भारत में आयीं। भारत की स्वतन्त्रता के समय देश के तेल उद्योग पर बर्मा शैल, कालटैक्स, बर्मा आयल कम्पनी तथा स्टैण्डर्ड वैक्यूम आयल कम्पनी का एकाधिकार था। परन्तु इन कम्पनियों ने भारत में एक समन्वित तेल उद्योग विकसित करने का प्रयास न करके मात्र बिक्री संगठनों का विकास किया। इनका उद्देश्य अपनी प्रधान इकाइयों द्वारा मध्यपूर्व एशिया में उत्पादित तेल के लिए भारत को बाजार बनाये रखना था। इसलिए, इन कम्पनियों ने भारत में तेल की खोज करने, तेल निकालने और तेलशोधक कारखाना खड़ा करने का कोई प्रयास नहीं किया। आजादी के बाद भारत के अपने यहाँ से निकाले गये तेल पर आधारित समन्वित तेल उद्योग को विकसित करने के लिए एस्सो, बर्मा शैल और कालटैक्स आयातित तेल पर आधारित एक-एक तेलशोधक कारखाना लगाने के लिए सहमत हुए। 1951-53 के बीच सरकार के साथ जो समझौते सम्पन्न हुए वे हमारे राष्ट्रीय हित के खिलाफ थे। समझौते के तहत् इन बहुराष्ट्रीय तेल कम्पनियों को शत-प्रतिशत अपने स्वामित्व में कारखाना लगाने की अनुमति, 30 वर्ष तक राष्ट्रीयकरण न करने का आश्वासन, कहीं से भी कच्चा तेल लेने की आजादी, कच्चे तेल के आयात पर कर की छूट, शोधित तेल के एक बड़े भाग को देश से बाहर ले जाने का अधिकार आदि रियायतें दी गयीं। इन कम्पनियों ने काफ़ी मुनाफा उपार्जित किया जिसका बड़ा भाग देश के बाहर गया। इन तेल कम्पनियों के अपने ही प्रतिवेदन के अनुसार तीनों तेलशोधक कारखानों को खड़ा करने में कुल 53 करोड़ रुपये खर्च किये और 1959-61 के बीच 83 करोड़ रुपये यानी लागत खर्च से 26 करोड़ रुपये अधिक भारत के बाहर मुनाफे के रूप में ले गयीं। तेल कम्पनियों के क्रियाकलापों की जाँच के लिए सन् 1959 में भारत सरकार द्वारा नियुक्त समिति के प्रतिवेदन के अनुसार बहुराष्ट्रीय तेल कम्पनियों द्वारा उपार्जित मुनाफा विश्व के किसी भाग में उपार्जित मुनाफे से अधिक है।

बहुराष्ट्रीय कम्पनियाँ मुनाफे की ऊँची दर प्राप्त करने के लिए कर चोरी से लेकर सरकारी अधिकारियों की मदद से राष्ट्रीय अर्थतन्त्र को खोखला करने तक का काम करती हैं। सन् 1976 में संसद में पेश लोक-लेखा समिति के प्रतिवेदन में ब्रिटिश-अमरीकी ग्रिंडलैज बैंक द्वारा बड़े पैमाने पर कर की चोरी का रहस्योद्घाटन किया गया था। प्रतिवेदन के आधार पर आय-कर अधिकारियों ने सन् 1959-60 से सन् 1965-66 तक आय-कर के पुनरावलोकन करने की कार्यवाही प्रारम्भ की तो कलकत्ता उच्च न्यायालय में रिट याचिकाएँ पेश कर बैंक ने कार्यवाही स्थगित करादी। उपर्युक्त प्रतिवेदन के अनुसार बाटा कम्पनी ने 1968 से 1973 के बीच 10.64 लाख रुपये के राजस्व की चोरी की। इस प्रकार बहुराष्ट्रीय निगम उपनिवेशवाद के संक्रमणकाल का एक नया चरण है।

अभ्यास के लिए प्रश्न

1. भारत में ब्रिटिश साम्राज्यवाद के विकास के चरणों का वर्णन कीजिए।
2. नव-उपनिवेशवाद के स्वभाव पर विस्तृत नोट लिखिए।

5

राष्ट्रवाद का उदय
(Emergence of Nationalism)

राष्ट्र की परिभाषा एक ऐसे जन-समूह के रूप में की जा सकती है जो कि एक भौगोलिक सीमाओं से निश्चित देश में रहता हो, समान परम्परा, समान हितों और समान भावनाओं से बंधा हो और जिसमें एकता के सूत्र में बांधने की उत्कंठा तथा समान राजनैतिक महत्वाकांक्षायें पायी जाती हों। राष्ट्र के निर्णायक तत्वों में राष्ट्रीयता की भावना सबसे अधिक महत्वपूर्ण है। राष्ट्रीयता की भावना किसी राष्ट्र के सदस्यों में पायी जाने वाली सामुदायिक भावना है जो उनका संगठन सुदृढ़ रखती है। भारत में अंग्रेजों के शासनकाल में राष्ट्रीयता की भावना का विशेष रूप से विकास हुआ। इस विकास में विशिष्ट बौद्धिक वर्ग का महत्वपूर्ण योगदान है। भारत में अंग्रेजी शिक्षा के प्रसार से एक ऐसे विशिष्ट वर्ग का निर्माण हुआ जो स्वतन्त्रता का मूल्य समझता था और जिसमें अपने देश को अन्य पाश्चात्य देशों के समकक्ष लाने की प्रेरणा थी। पाश्चात्य देशों का इतिहास पढ़कर उसमें राष्ट्रवादी भावनाओं का विकास हुआ। इसका तात्पर्य यह नहीं है कि भारत के प्राचीन इतिहास से नयी पीढ़ी को राष्ट्रवादी प्रेरणा नहीं मिली है, किन्तु आधुनिक काल में नवोदित राष्ट्रवाद अधिकतर अंग्रेजी शिक्षा का ही परिणाम है। देश में अंग्रेजी शिक्षा प्राप्त किये हुये नव्योत्क्रान्त (Elite) विशिष्ट वर्ग ने ही राष्ट्रीयता का झण्डा उठाया।

भारतीय राष्ट्रवाद का उदय

भारतीय राष्ट्रवाद एक आधुनिक तत्व है। ब्रिटिश शासनकाल में अनेक वस्तुगत और आत्मगत शक्तियों की क्रिया-प्रतिक्रियाओं से और अनेक अन्तर्राष्ट्रीय परिस्थितियों के दबाव से भारत में राष्ट्रवाद का उदय हुआ। इस राष्ट्रवाद का अध्ययन अनेक दृष्टिकोणों से महत्वपूर्ण है। राष्ट्रवाद के उदय की प्रक्रिया अत्यन्त जटिल और बहुमुखी रही है। भारत में अंग्रेजों के आने से पहले देश में ऐसी सामाजिक संरचना थी जो कि संसार के किसी भी अन्य देश में शायद ही कहीं पाई जाती हो। वह पूर्व-मध्यकालीन यूरोपीय समाजों से आर्थिक दृष्टि से भिन्न थीं। भारत विविध भाषा-भाषी और अनेक धर्मों की अनुयायी विशाल जनसंख्या का देश है। सामाजिक दृष्टि से हिन्दू समाज जोकि देश की जनसंख्या का सबसे बड़ा भाग है विभिन्न जातियों और उपजातियों में विभाजित रहा है। स्वयं हिन्दू धर्म में किसी विशिष्ट प्रकार के कर्मकाण्ड या पूजा-पद्धति का

नाम नहीं है, बल्कि उसमें कितने ही प्रकार के दर्शन और पूजा-पद्धतियाँ सम्मिलित हैं। इस प्रकार हिन्दू-समाज अनेक सामाजिक और धार्मिक विभागों में बंटा हुआ है। भारत की सामाजिक, आर्थिक और राजनीतिक संरचना तथा विशाल आकार के कारण यहाँ पर राष्ट्रीयता का उदय अन्य देशों की तुलना में अधिक कठिनाई से हुआ है, किन्तु जैसा कि पीछे देश की सांस्कृतिक विविधता में एकता के विवेचन के प्रसंग में बतलाया जा चुका है, सामाजिक, आर्थिक और सांस्कृतिक दृष्टि से देश में इतनी अधिक विविधता पायी जाते हुए भी भारत में सांस्कृतिक जीवन-शक्ति किसी भी अन्य देश से कम नहीं रही हैं। भारतीय राष्ट्रवाद की एक दूसरी विशेषता यह है कि यह देश में अंग्रेजों के शासनकाल में उदय हुआ। अंग्रेजों ने अपने विशिष्ट हितों के लिये देश में आर्थिक संरचना में व्यापक परिवर्तन किये, एक केन्द्रीय राज्य का निर्माण किया, आधुनिक शिक्षा का प्रसार किया, यातायात और संदेशवहन के साधन बढ़ाये तथा सभी संस्थाओं में व्यापक परिवर्तन किये। इससे एक ऐसे नये विशिष्ट वर्ग का निर्माण हुआ जिसने राष्ट्रवाद का झण्डा ऊँचा उठाया, जिन्होंने ब्रिटिश साम्राज्यवाद से टक्कर ली और भारतीय राष्ट्रवाद के विकास को प्रेरणा दी। इस प्रकार भारतीय राष्ट्रवाद के विकास की सामाजिक पृष्ठभूमि अत्यन्त जटिल और बहुरूपी रही है।

पूर्व-ब्रिटिश सामाजिक पृष्ठभूमि

भारतीय राष्ट्रवाद को समझने के लिए उसकी सामाजिक पृष्ठभूमि को समझना आवश्यक है। भारत में अंग्रेजों के आने से पहले भारतीय ग्राम आत्मनिर्भर समुदाय थे। वे छोटे-छोटे गणराज्यों के समान थे जो प्रत्येक बात में आत्मनिर्भर थे। इस प्रकार भारतीय सामंतवाद यूरोपीय सामंतवाद से भिन्न रहा है। ब्रिटिश-पूर्व भारत में ग्रामीण अर्थ-व्यवस्था कृषि और कुटीर उद्योग पर आधारित थी और सदियों से ज्यों की त्यों चली आ रही थी। कृषि और उद्योग में तकनीकी स्तर अत्यन्त निम्न था। सामाजिक क्षेत्र में परिवार, जाति पंचायत और ग्रामीण पंचायत सामाजिक नियन्त्रण कर कार्य करते थे। नगरीय क्षेत्र में कुछ नगर राजनैतिक, कुछ धार्मिक और कुछ व्यापार की दृष्टि से महत्वपूर्ण थे। अधिकतर राज्यों की राजधानी किसी न किसी नगर में थी। नगरों में अधिकतर लघु-उद्योग प्रचलित थे। इन उद्योगों को राजकीय सहायता प्राप्त होती थी। अधिकतर ग्रामों और नगरों में परस्पर सांस्कृतिक आदान-प्रदान बहुत कम होता था, क्योंकि यातायात और सन्देशवहन के साधन बहुत कम विकसित थे। इस प्रकार राजनैतिक परिवर्तनों से ग्रामों की सामाजिक स्थिति पर बहुत कम प्रभाव पड़ता था। विभिन्न ग्रामों और नगरों के एक दूसरे से अलग-अलग रहने के कारण देश में कभी अखिल भारतीय राष्ट्र की भावना उत्पन्न नहीं हो सकी। भारत में जो भी राष्ट्रीयता की भावना थी, वह अधिकतर धार्मिक और आदर्शवादी (Ideological) एकता की भावना थी, वह राजनैतिक और आर्थिक एकता की भावना नहीं थी। लोग तीर्थ-यात्रा करने के लिये पूर्व से पश्चिम और उत्तर से दक्षिण भारत का दौरा अवश्य करते थे, और इससे देश की धार्मिक एकता की भावना बनी हुयी थी, किन्तु सम्पूर्ण देश परस्पर संघर्षरत छोटे-छोटे राज्यों में बंटा हुआ था, जिनमें बराबर युद्ध होते रहते थे। दूसरी ओर ग्रामीण समाज इन राजनैतिक परिवर्तनों से लगभग अछूते रहते थे। भारतीय संस्कृति मुख्य रूप से धार्मिक रही है। उनमें राजनैतिक और आर्थिक मूल्यों को कभी भी इतना अधिक भी महत्व नहीं दिया गया, जितना

कि आधुनिक संस्कृति में दिया जाता है। अस्तु, भारतीय संस्कृति की एकता भी धार्मिक आदर्शवादी एकता है। उसमें राष्ट्रीय भावना का अधिकतर अभाव ही दिखलायी पड़ता है।

कृषि व्यवस्था में परिवर्तन

भारत में अंग्रेजों की विजय के पश्चात् भारतीय समाज में व्यापक रूपान्तर हुआ। ब्रिटिश साम्राज्य की स्थापना का कारण मुगल साम्राज्य का पतन और देश का अनेक छोटे-छोटे राज्यों में विभाजित होना था। ब्रिटिश शासन पूर्व-मुस्लिम शासनों से अनेक बातों में भिन्न था। भारतीय लोगों की तुलना में अंग्रेजों में राष्ट्रीयता की भावना, अनुशासन, देश-भक्ति और सहयोग कहीं अधिक दिखलायी पड़ते थे। उनके इन गुणों ने भारतीय विशिष्ट वर्ग को भी प्रभावित किया। अंग्रेजी शासन के भारत की आर्थिक संरचना पर दूरवर्ती प्रभाव पड़े। उससे एक ओर देश में प्राचीन एशियायी समाज को आघात पहुँचा और दूसरी ओर पाश्चात्य समाज की स्थापना हुई। उससे देश में राजनैतिक एकता का निर्माण हुआ। उसके प्रभाव से देश में राष्ट्रीयता के आन्दोलन का विकास हुआ। उससे देश की कृषि-व्यवस्था में आमूलचूल परिवर्तन हुआ। अंग्रेजों के आने से पहले भूमि राजा की नहीं समझी जाती थी उसे जोतने वाले राजा को कर दिया करते थे, अस्तु भूमि निजी सम्पत्ति भी नहीं मानी जाती थी। अंग्रेजों के आने से भूमि पर ग्रामीण समुदाय का अधिकार नहीं रहा, बल्कि वह व्यक्तियों की निजी सम्पति बन गयी। इस प्रकार देश के कुछ भागों में जमींदारों और अन्य भागों में किसानों का भूमि पर अधिकार हो गया। लार्ड कार्नवालिस के राज्यकाल में बंगाल, बिहार और उड़ीसा में जमींदार वर्ग का उदय हुआ। इससे ग्रामीण अर्थव्यवस्था में दूरवर्ती परिवर्तन हुये। देश के अन्य भागों में रैयतवाड़ी प्रबन्ध से किसानों को अपने द्वारा जोती गयी भूमि पर अधिकार दे दिया गया। सर टॉमस ने मद्रास के गवर्नर के रूप में सन् 1820 ई० में रैयतवाड़ी व्यवस्था प्रारम्भ की। इससे देश में व्यापक सामाजिक, राजनैतिक, सांस्कृतिक और मनोवैज्ञानिक परिवर्तन हुये। लगान देने की नयी व्यवस्था में ग्रामीण पंचायत नहीं बल्कि जमींदार और किसान सीधे सरकार को कर देने लगे। इस प्रकार कृषि-व्यवस्था व्यापार की स्थिति में आयी और परम्परागत भारतीय ग्रामीण व्यवस्था का विघटन हुआ। क्रमशः कृषि व्यवस्था का रूपान्तर होने लगा। भूमि पर निजी अधिकार स्थापित होने से भूमि के छोटे-छोटे टुकड़े बढ़ने लगे। इन अपखण्डन (Fragmentation) से खेती पर बुरा प्रभाव पड़ा। लगान वसूल करने की नयी प्रणाली से सरकारी कर्मचारियों के नवीन वर्ग का निर्माण हुआ, जिसका दूरवर्ती राजनैतिक महत्व है। देश की आर्थिक दशा बिगड़ने लगी, गरीबी बढ़ने लगी। गाँवों में लोगों पर कर्ज बढ़ने लगा, जिससे क्रमशः भूमि खेती करने वालों के हाथ से छीन कर खेती न करने वाले भू-स्वामियों के हाथों में जाने लगी। इससे भू-दासों के एक नवीन वर्ग का निर्माण हुआ, जिसके हित भू-स्वामियों के हित के विरुद्ध थे। कृषि के क्षेत्र में एक ओर सर्वहारा भू-दास और दूसरी ओर परोपजीवी जमींदार वर्ग का निर्माण हुआ, जिनमें परस्पर संघर्ष और तनाव बढ़ने लगा। इन वर्गों के निर्माण से व्यापक, सामाजिक, आर्थिक और राजनैतिक परिवर्तन हुये।

नगरीय अर्थव्यवस्था में परिवर्तन

ब्रिटिश शासनकाल में नगरीय अर्थव्यवस्था में भी व्यापक परिवर्तन हुये। कुटीर उद्योगों को धक्का लगा। विदेशी शासन में उनके हितों पर कुठाराघात हुआ, उनके माल की खपत कम होती गयी, जिससे क्रमशः परम्परागत उद्योग समाप्त होने लगे। दूसरी ओर उद्योगों का भी पतन हुआ। कारीगरों का सामाजिक स्तर गिरने लगा और वे कारीगरी के काम छोड़कर अन्य व्यवसायों में लगने लगे। विदेशों से आये हुये बने-बनाये माल के मुकाबले में देशी माल की खपत घटने लगी, जिसके परिणामस्वरूप भारत अधिकतर कच्चा माल उत्पादन करने का स्रोत बन गया और देश के बाजार विदेशी माल से भरे जाने लगे। इस पृष्ठभूमि का देश में आधुनिक उद्योगों के विकास में अत्यधिक महत्व है। अंग्रेजों ने अपने लाभ के लिये देश में यातायात और सन्देशवहन के साधन बढ़ाये। उन्होंने नये-नये उद्योगों की स्थापना की। इन सबसे क्रमशः राष्ट्रीयता की भावना के विकास में सहायता मिली। अंग्रेजी पढ़े-लिखे नये लोगों ने अंग्रेजों की आर्थिक नीति की कटु आलोचना की। देश में उद्योगों के विकास से पूंजीपति वर्ग बढ़ने लगा। अनेक पूंजीपति कारखानेदार नहीं थे, बल्कि केवल आर्थिक व्यवस्था करते थे। अधिकतर भारतीय उद्योगों में विदेशी पूंजी लगी हुई थी। इस प्रकार देश की अर्थव्यवस्था देश के लिए हानिकारक और अंग्रेजों के लिये लाभदायक थी, दूसरी ओर व्यापार और उद्योग के क्षेत्र में एकाधिकार बढ़ रहा था।

यातायात और सन्देशवहन का विकास

पूर्व-ब्रिटिश भारत में यातायात और सन्देशवहन के साधन अत्यन्त अविकसित थे। अंग्रेजों ने सारे देश में रेलों का जाल बिछा दिया जिससे व्यापक सामाजिक, आर्थिक और राजनैतिक परिवर्तन हुये। यातायात के अन्य साधनों का भी विकास हुआ।

शिक्षा का प्रसार

अंग्रेजों ने देश में एक ऐसे वर्ग के निर्माण के लिए अंग्रेजी शिक्षा का प्रचार किया जो कि उन्हें शासन में सहायता दे सके। पूर्व-ब्रिटिश भारत में अधिकतर शिक्षा धार्मिक शिक्षा थी जो संस्कृत पाठशालाओं या मुस्लिम मदरसों के माध्यम से दी जाती थी। ईसाइयों ने देश में आधुनिक शिक्षा का प्रसार किया, यद्यपि उनकी शिक्षा का एक उद्देश्य देश में ईसाइयों की संख्या बढ़ाना था, किन्तु उससे लौकिकीकरण, पश्चिमीकरण तथा आधुनिकीकरण की प्रक्रियाओं को भी प्रोत्साहन मिला। अंग्रेजों ने सामान्य शिक्षा के अतिरिक्त विभिन्न प्रकार की प्राविधिक शिक्षा और विशिष्ट व्यावसायिक शिक्षा देने के लिये भी विद्यालय खोले। पाश्चात्य शिक्षा के प्रभाव से देश में एक ऐसे विशिष्ट वर्ग का निर्माण हुआ जिसने राष्ट्रीय शिक्षा की ओर ध्यान दिया। यह वर्ग शिक्षा के महत्व को भली प्रकार जानता था इसमें देशमुख, चिपलूणकर, आगरकर, मगनभाई, कर्मचन्द, कर्वे, तिलक, गोखले, मालवीय और गाँधी जैसे महापुरुषों ने राष्ट्रीय शिक्षा-व्यवस्था की ओर विशेष ध्यान दिया। ब्रह्म समाज, आर्य समाज, रामकृष्ण मिशन और अलीगढ़ आन्दोलन ने शिक्षा को प्रोत्साहित किया। बनारस में हिन्दू विश्वविद्यालय और अलीगढ़ में मुस्लिम विश्वविद्यालय की स्थापना हुई। देश में सब कहीं दयानन्द ऐंग्लों-वैदिक

विद्यालयों और कॉलिजों की स्थापना हुई। अंग्रेजी शिक्षा के प्रसार से जहाँ एक ओर काले अंग्रेजों का वर्ग बढ़ा जो कि केवल जन्म से ही भारतीय और अन्य सब प्रकार से अंग्रेज थे, वहाँ दूसरी ओर ऐसे पढ़े-लिखे लोगों के वर्ग का भी निर्माण हुआ जो कि देश की प्राचीन परम्पराओं पर गर्व करते थे। इन्हीं लोगों ने देश में राष्ट्रीय आन्दोलनों का सूत्रपात किया। भारत में अंग्रेजी शिक्षा प्रणाली की चाहे जो भी आलोचना की जाये यह निश्चित है कि उससे देश में राष्ट्रीय आन्दोलनों का सूत्रपात हुआ। उससे राष्ट्रीयता, जनतन्त्रवाद और समाजवाद की लहर उत्पन्न हुई, किन्तु भारतीय राष्ट्रवाद केवल अंग्रेजी शिक्षा का परिणाम नहीं है। भारतीय राष्ट्रीय आन्दोलन अंग्रेजों की साम्राज्यवाद और शोषण व्यवस्था के विरुद्ध विद्रोह था। आधुनिक शिक्षा ने उसको प्रेरणा अवश्य दी।

अंग्रेजी शिक्षा का प्रभाव

अंग्रेजी शिक्षा से जनतन्त्रीय, वैज्ञानिक और विवेकवादी सांस्कृतिक मूल्यों का प्रसार हुआ। अंग्रेजी जनतन्त्रीय साहित्य को पढ़कर पढ़े-लिखे भारतीयों में प्रतिक्रियावादी सामाजिक संस्थाओं के प्रति विद्रोह उत्पन्न हुआ। विश्व संस्कृति के ज्ञान से जहाँ एक ओर भारतीयों का ज्ञान बढ़ा वहाँ दूसरी ओर उनका दृष्टिकोण भी व्यापक हुआ। उससे उनमें विश्व विकास की एकता की भावना बढ़ी। उससे उन्होंने अपनी परम्परागत सामाजिक संस्थाओं, रीति-रिवाजों और संरचना की समीक्षा की तथा उसके गुण-दोषों को पहचाना। राष्ट्रीय विशेषताओं पर ध्यान देते हुए उन्होंने यह भी पता लगाया कि जो नियम अन्य देशों पर लागू होते हैं, वे ही नियम बड़ी सीमा तक भारतीयों पर भी लागू होते हैं। नवीन राजनैतिक और आर्थिक व्यवस्था ने नव्योत्क्रान्त विशिष्ट वर्ग के सामने देश की समस्याओं को नये रूप में उपस्थित किया। रानाडे, गोखले, गाडगिल तथा के॰ टी॰ शाह जैसे अर्थशास्त्रियों ने भारतीय अर्थशास्त्र की समीक्षात्मक विवेचना की। उन्होंने यह देखा कि देश की आर्थिक समस्याओं को चाणक्य और व्यास की रचनाओं से नहीं बल्कि एडम स्मिथ, रिकार्डो, लिस्ट या मार्क्स के विचारों से अधिक आसानी से सुलझाया जा सकता है। विभिन्न विज्ञानों का ज्ञान प्राप्त करके बुद्धिजीवी वर्ग ने उसे समाज के अन्य वर्गों में फैलाना शुरू किया। पाश्चात्य ग्रन्थों का भारतीय भाषाओं में बड़ी तेजी से अनुवाद किया जाने लगा। इस प्रकार वैज्ञानिक, साहित्यिक, कलात्मक, राजनैतिक, आर्थिक और समाजशास्त्रीय महत्व के ग्रन्थों के भारतीय अनुवाद प्रकाशित हुये। इन अनुवादों के अतिरिक्त विभिन्न विषयों पर स्वतन्त्र ग्रन्थों की रचना की गयी। विभिन्न देशी भाषाओं में नवीन साहित्य के विकास से जनता में सामाजिक, आर्थिक, राजनैतिक और सांस्कृतिक तथ्यों का ज्ञान बढ़ने लगा। इस प्रकार बुद्धिजीवियों ने अपने लेखों, भाषणों और बातचीत के द्वारा जनता में जागृति उत्पन्न की और उनके दृष्टिकोण को विस्तृत बनाया। अंग्रेजी भाषा ने देश के भिन्न-भिन्न भागों से आने वाले विद्वानों का परस्पर विचार-विमर्श का साधन उपलब्ध कराया। इस प्रकार राष्ट्रीय स्तर पर विभिन्न सामाजिक, राजनैतिक और वैज्ञानिक विषयों पर विचार-विमर्श किया जाने लगा। इससे राष्ट्रीय सम्मेलन और अनेक राष्ट्रीय समितियों के अधिवेशन सम्भव होने लगे। भारत में राष्ट्रीय आन्दोलन के विकास में अंग्रेजी शिक्षा के योगदान को इसी तथ्य से समझा जा सकता है कि आर्थिक, राजनैतिक, सामाजिक, धार्मिक और सांस्कृतिक सभी क्षेत्रों में अंग्रेजी पढ़े-लिखे लोग ही विभिन्न आन्दोलनों के नेता थे।

ब्रिटिश शासन में कानूनी एकता

पूर्व-ब्रिटिश भारत में मौलिक, राजनैतिक और प्रशासनिक एकता का सर्वथा अभाव था। अंग्रेजों ने समस्त देश में राजनैतिक और प्रशासनिक दृष्टि से सामान्य व्यवस्था स्थापित की। उन्होंने समस्त राज्य में कानून के राज्य की स्थापना की और इन कानूनों को अधिनियमों का रूप दिया गया। ये कानून राज्य के प्रत्येक नागरिक पर लागू किये गये और इनको लागू करने के लिये देश में एक जटिल न्याय व्यवस्था का निर्माण हुआ। राज्य द्वारा नियुक्त न्यायाधीश कानूनों की व्याख्या करते थे, और राज्य के अधिनियमों को नागरिकों पर लागू करते थे। सम्पूर्ण देश में निचली अदालतों, जिला अदालतों, उच्च न्यायालयों और संघीय न्यायालय की स्थापना हुई जिसकी अपील प्रिवी कौंसिल में की जा सकती थी। इस प्रकार कानून रीति-रिवाजों पर आधारित न होकर अधिक निश्चित बन गये। कानून का राज्य स्थापित होने से स्थानीय पंचायतों के अधिकार कम हो गये तथा न्याय-व्यवस्था में एकरूपता की स्थापना हुई। अंग्रेजों के आने से पहले के भारत में और अंग्रेजी राज्य में कानूनी व्यवस्था में भारी अन्तर दिखलायी पड़ता है जबकि पूर्व-ब्रिटिश कानून अधिकतर धार्मिक स्वीकृतियों पर आधारित था, ब्रिटिश कानून अधिनियम और जनतन्त्रीय मूल्यों पर आधारित था। उसमें जाति, वर्ग, प्रजाति, वर्ण, लिंग, आदि के भेदभाव के बिना राज्य के प्रत्येक नागरिक को समान अधिकार प्राप्त थे। इस प्रकार ब्रिटिश शासनकाल में भारतीय इतिहास में पहली बार देश की जनता में जनतन्त्रीय आधार पर एकता स्थापित हुई।

प्रशासनिक एकता

कानूनी एकता के अतिरिक्त ब्रिटिश शासन में प्रशासनिक एकता की भी स्थापना हुई। नगरीय, जिलों की, और सूबों की प्रशासनिक व्यवस्था समस्त देश में एक ही प्रकार की थी। लगान की व्यवस्था में व्यापक परिवर्तन होने से समस्त देश में भूमि-सम्बन्धी कानून व्यवस्था की स्थापना हुई, जिससे भूमि के क्रय-विक्रय और रेहन रखने के सम्बन्ध में समस्त देश में एक से कानूनों का प्रसार हुआ। आर्थिक क्षेत्र में ब्रिटिश सरकार ने समस्त देश में एक से सिक्कों का प्रसार किया, जिससे व्यापार और क्रय-विक्रय में अभूतपूर्व आसानी हुई।

राष्ट्रीय एकता का अभाव

इस प्रकार अंग्रेजी शासन में भारत में राजनैतिक, वैधानिक और प्रशासनिक एकता की स्थापना हुई, किन्तु यह एकता राष्ट्रीयता नहीं थी, इसमें अनेक दोष थे। सन् 1857 में रानी विक्टोरिया की घोषणा के द्वारा भारत में अंग्रेजी राज्य में और अधिक देशी राज्यों में शामिल करने पर रोक लगा दी गयी। इससे देश में सैंकड़ों छोटे-बड़े देशी राज्य ब्रिटिश भारत से अलग रह गये और एकता के मार्ग में बाधा उत्पन्न हुई। दूसरे, अंग्रेजी राज्य में जो कानून और शासन व्यवस्था भारत में लागू की गयी वह भारतीयों द्वारा नहीं बनायी गयी थी बल्कि इंगलैंड की सरकार द्वारा लादी गयी थी। वास्तव में, भारत में अंग्रेजी राज्य का मूल उद्देश्य अंग्रेजी पूंजीवाद के राजनैतिक, आर्थिक, और अन्य हित की देखभाल करना था और इसके लिये उन्होंने देश का सब प्रकार से शोषण किया। अंग्रेजों की इस शोषण-नीति के प्रति विद्रोह के रूप में राष्ट्रीय आन्दोलनों का विकास हुआ। ज्यों-ज्यों भारतीयों में राजनैतिक चेतना बढ़ने लगी, उन्होंने प्रशासनिक सुधारों,

सेवाओं के भारतीयकरण, विभिन्न संस्थाओं में भारतीय प्रतिनिधित्व, प्रजातीय भेद के उन्मूलन, वोट देने और चुने जाने के अधिकार, असैनिक स्वतन्त्रताओं और देश के संविधान तथा भारतीय जनता के प्रति उत्तरदायी धारासभाओं की माँग उपस्थित की। संक्षेप में, उन्होंने भारतीय जनता के प्रति उत्तरदायी धारासभाओं की माँग की। इस प्रकार भारतीय राष्ट्रवादी आन्दोलन मूलरूप से जनतन्त्रीय आन्दोलन था। इन जनतन्त्रीय आदर्शों को प्राप्त करने के लिये राजनैतिक नेताओं ने देश को अंग्रेजों के शासन से मुक्त कराने का नारा बुलन्द किया।

नए वर्गों का उदय

अंग्रेजों के शासनकाल में नवीन सामाजिक और आर्थिक व्यवस्था तथा नवीन प्रशासनिक प्रणाली और नयी शिक्षा के विस्तार से नये वर्गों का उदय हुआ। ये वर्ग प्राचीन भारतीय समाज में नहीं पाये जाते थे। ये अंग्रेजी शासनकाल में पूंजीवादी व्यवस्था से उत्पन्न हुये। किन्तु देश के विभिन्न भागों में इन नवीन वर्गों का एक ही प्रकार से उदय नहीं हुआ। इसका कारण यह था कि देश के विभिन्न भागों में एक ही साथ अंग्रेजी शासन की स्थापना नहीं हुई और न उनमें एक ही साथ सुधार लागू किये गये। सबसे पहले बंगाल में अंग्रेजी शासन की स्थापना हुई ओर वहीं से सबसे पहले जमींदार वर्ग उत्पन्न हुआ। इसी प्रकार बंगाल और बम्बई में सबसे पहले बड़े उद्योगों की स्थापना की गयी और वहाँ पर उद्योगपतियों और श्रमिकों के वर्गों का निर्माण हुआ। अन्त में, जब सम्पूर्ण देश में अंग्रेजी शासन की स्थापना हुई तो सब कहीं राष्ट्रीय स्तर पर नये सामाजिक वर्ग दिखलायी पड़ने लगे। इन नये सामाजिक वर्गों के निर्माण में पूर्व-ब्रिटिश सामाजिक व आर्थिक संरचना का भी महत्वपूर्ण योगदान था। उदाहरण के लिये, अंग्रेजों के आने के पहले बनियों में व्यापार और उद्योग अधिक था और अंग्रेजी शासनकाल में भी इन्हीं लोगों ने सबसे पहले पूंजीपति वर्ग का निर्माण किया। इसी प्रकार ब्राह्मण प्राचीन काल से ही अध्ययन-अध्यापन का कार्य करते चले आ रहे थे। ब्रिटिश शासनकाल में इन्होंने ही आधुनिक बुद्धिजीवी वर्ग का निर्माण किया। हिन्दुओं की तुलना में मुस्लिम जनसंख्या में शिक्षा का प्रसार कम होने के कारण उनमें बुद्धिजीवी, मध्यम वर्ग और बुर्जुवा वर्ग हिन्दू समुदाय की तुलना में बहुत बाद में दिखलायी दिया। इस प्रकार अंग्रेजी शासनकाल में जमींदार वर्ग, भूमि जोतने वाले, भू-स्वामी वर्ग, कृषि श्रमिक, व्यापारी वर्ग, साहूकार वर्ग, पूंजीपति वर्ग, मध्यम वर्ग, छोटे व्यापारी और दुकानदार वर्ग, डाक्टर, वकील, प्रोफेसर, मैनेजर, क्लर्क आदि व्यवसायी वर्ग और विभिन्न कारखानों, खानों और बगीचों में काम करने वाले श्रमिक वर्गों का उदय हुआ। इनमें से अनेक वर्गों के हित परस्पर विरुद्ध थे और उन्होंने अपने-अपने हितों की रक्षा करने के लिये अनेक नवीन आन्दोलन छेड़ें।

आधुनिक भारतीय विशिष्ट वर्ग का उदय

विशिष्ट वर्ग (Elite) के प्रत्यय में मुख्य रूप से बुद्धिजीवी (Intellectual) वर्ग की गणना की जाती है, किन्तु बुद्धिजीवी वर्ग ही एकमात्र विशिष्ट वर्ग नहीं है। विशिष्ट वर्ग में सामाजिक आर्थिक दृष्टि से उच्च वर्ग भी सम्मिलित होता है। इस प्रकार विशिष्ट वर्ग में बुद्धिजीवी तथा सामाजिक, आर्थिक और राजनैतिक दृष्टि से उच्च वर्ग के लोग सम्मिलित होते हैं। यह विशिष्ट

वर्ग ही प्रत्येक देश की प्रगति का मूलाधार होता है। इसी में से विभिन्न क्षेत्रों के नेता उत्पन्न होते हैं। यही देश की समृद्धि को आगे बढ़ाता है। इसी से राजनैतिक, आर्थिक, साहित्यिक और सांस्कृतिक प्रगति सम्भव हो पाती है। इस विशिष्ट वर्ग के निर्माण के बिना कोई भी देश आगे नहीं बढ़ सकता और जिन देशों ने संसार में अभूतपूर्व प्रगति की है उनकी प्रगति का श्रेय उनके विशिष्ट वर्गों को ही जाता है। प्राचीन भारत में विशिष्ट वर्ग ने ही विभिन्न क्षेत्रों में देश को आगे बढ़ाया। मध्यकाल में देश में विशिष्ट वर्ग बहुत कमजोर हो गया था। वर्तमान काल में देश में राष्ट्रीय आन्दोलन का उदय और विकास विशिष्ट वर्ग के माध्यम से ही हुआ और स्वतन्त्र भारत में देश की प्रगति विशिष्ट वर्ग पर ही निर्भर है। अब इस विशिष्ट वर्ग के विभिन्न उपवर्गों के विषय में अधिक विस्तार से जान लेना उचित होगा।

बुद्धिजीवी वर्ग

जैसा कि पीछे बतलाया जा चुका है, बुद्धिजीवी वर्ग विशिष्ट वर्ग में सबसे अधिक महत्वपूर्ण है। आधुनिक भारत में पाश्चात्य संस्कृति के प्रभाव से विवेकवाद (Rationalism), जनतन्त्रवाद, विज्ञानवाद आदि मूल्यों को लेकर नये बौद्धिक वर्गों का उदय हुआ। इनमें राजा राममोहनराय और उनके द्वारा स्थापित ब्रह्म-समाज का बौद्धिक वर्ग अग्रणी थे। उन्नीसवीं शताब्दी के पहले दस वर्षों में भारत में शिक्षित भारतीयों की संख्या बहुत कम थी। देश में नये-नये विद्यालयों, कॉलिजों और विश्वविद्यालयों की स्थापना से क्रमशः पढ़े-लिखे लोगों का वर्ग बढ़ने लगा और उन्नीसवीं शताब्दी के द्वितीय अर्द्ध भाग से देश में एक विशाल बुद्धिजीवी वर्ग का निर्माण हुआ। इस बुद्धिजीवी वर्ग ने आधुनिक भारतीय राष्ट्रवाद के विकास में महत्वपूर्ण योगदान दिया है। उन्होंने देश में अनेक प्रगतिशील समाज सुधार और धर्म-सुधार आन्दोलन प्रारम्भ किये। सभी राजनैतिक व राष्ट्रीय आन्दोलन बुद्धिजीवियों द्वारा ही प्रारम्भ किये गये और वे ही उनके नेता थे। इस वर्ग के लोगों ने राष्ट्रीयता और स्वतन्त्रता की भावना को शिक्षा प्रचार के माध्यम से समस्त देश में फैलाया। उन्होंने विभिन्न देशी भाषाओं के माध्यम से विशाल साहित्य का निर्माण किया और उसके द्वारा राष्ट्रवाद और जनतन्त्र के मूल्यों का प्रसार किया। इसी वर्ग में से महान् वैज्ञानिकों, कवियों, इतिहासकारों, समाजशास्त्रियों, दार्शनिकों और अर्थशास्त्रियों का उदय हुआ। इन लोगों ने पाश्चात्य संस्कृति, सामाजिक, आर्थिक और राजनैतिक संरचना का अध्ययन किया और उसके आधार पर भारतीय राष्ट्रीय समस्याओं को सुलझाने का प्रयास किया। सन् 1851 और सन् 1884 के मध्य देश में बुद्धिजीवी वर्ग की अनेक समितियों की स्थापना हुई। इन संगठनों ने सरकारी सेवाओं के भारतीयकरण की माँग उपस्थित की। सन् 1857 के बाद देश में अनेक विश्वविद्यालयों की स्थापना होने से शिक्षित भारतीयों की संख्या तेजी से बढ़ने लगी। इनमें राष्ट्रीय चेतना तीव्र रूप से उपस्थित थी। अस्तु, सन् 1885 में देश में पहले राष्ट्रीय राजनैतिक संगठन के रूप में भारतीय राष्ट्रीय कांग्रेस (Indian National Congress) की स्थापना हुई। कांग्रेस की कार्यवाही अंग्रेजी के माध्यम से ही होती थी, क्योंकि अंग्रेजी पढ़े-लिखे लोग ही उसके नेता थे। इसके बाद से भारत के राष्ट्रवाद का इतिहास मुख्य रूप से भारतीय राष्ट्रीय कांग्रेस का ही इतिहास रहा है। कांग्रेस का संगठन क्रमशः मध्यम वर्ग और साधारण जनसमाज में फैलने लगा, किन्तु इस आन्दोलन के नेता सदैव बुद्धिजीवी वर्ग के ही लोग रहे हैं। उग्रवादी और उदारवादी दोनों ही प्रकार के नेता

बुद्धिजीवी थे। उग्रवादी नेताओं में बाल गंगाधर तिलक, बी॰ सी॰ पाल, अरविन्द घोष, लाला लाजपत राय तथा उदारवादी बौद्धिक नेताओं में गोपालकृष्ण गोखले, दादाभाई नौरोजी, एस॰ बनर्जी, एम॰ जी॰ रानाडे और फीरोजशाह के नाम उल्लेखनीय हैं। सन् 1918 के बाद राष्ट्रीय आन्दोलन का विशेष रूप से विस्तार हुआ और उसकी बागडोर महात्मा गांधी, चितरंजनदास, मोतीलाल नेहरू, विट्ठल भाई पटेल, चक्रवर्ती राजगोपालचार्य, राजेन्द्र प्रसाद, जवाहरलाल नेहरू, सुभाषचन्द्र बोस और समाजवादी तथा साम्यवादी बुद्धिजीवी के हाथ में आयी।

भारतीय राष्ट्रीय कांग्रेस के अतिरिक्त हिन्दू, मुस्लिम और अन्य समुदायों में सामाजिक, धार्मिक और राजनैतिक सुधार के विभिन्न आन्दोलनों में भी बुद्धिजीवी लोग ही नेता थे। उदाहरण के लिए भीमराव अम्बेडकर पिछड़े वर्गों में सामाजिक और राजनैतिक सुधार और शिक्षा के नेता थे। इस प्रकार अंग्रेजी शासन में सामाजिक, राजनैतिक और सांस्कृतिक सभी क्षेत्रों में बुद्धिजीवी वर्ग के लोगों ने ही जनता का नेतृत्व किया। अकेले भारत में ही नहीं, किन्तु संसार के सभी देशों में बुद्धिजीवियों ने ही सभी प्रगतिशील आन्दोलनों का नेतृत्व किया है। इस प्रकार भारत में बुद्धिजीवियों का उदय विश्व के बुद्धिजीवी वर्ग के एक अंग के ही रूप में था। वर्तमान काल में भी देश का भविष्य बुद्धिजीवियों, डॉक्टरों, प्रोफेसरों, इन्जीनियरों, वकीलों, पत्रकारों, राज कर्मचारियों, विद्यार्थियों तथा साहित्यकारों पर ही निर्भर है। आजकल विद्यार्थियों में सामाजिक परिवर्तन की जो लहर उठी है उसका देश के भावी विकास में भारी महत्व है।

पूंजीपति बुर्जुवा वर्ग

बुद्धिजीवी वर्ग के अतिरिक्त विशिष्ट वर्ग में एक महत्वपूर्ण अंग पूंजीपति बुर्जुवा वर्ग भी है। ये लोग व्यापार और उद्योग के क्षेत्र में नेता होते हैं। ये आर्थिक शक्तियों को नियन्त्रित करते है। भारत में इस वर्ग का उदय व्यापार, वाणिज्य, उद्योग और बैंक के विस्तार के द्वारा हुआ। प्रारम्भ में इन संस्थाओं पर यूरोपियनों का अधिकार था, किन्त क्रमशः इनका भारतीयकरण होता गया। उन्नीसवीं शताब्दी में, देश में बुर्जुवा वर्ग का संगठित रूप दिखलायी दिया। सन् 1834 में कलकत्ते में प्रथम यूरोपीय चैम्बर ऑफ कॉमर्स की स्थापना हुई। बम्बई और मद्रास में सन् 1836 में इसी तरह चैम्बरों की स्थापना हुई। सन् 1887 में पहली भारतीय चैम्बर ऑफ कॉमर्स और बंगाल राष्ट्रीय चैम्बर ऑफ कॉमर्स की स्थापना हुई। सन् 1907 में भारतीय व्यापारी चैम्बर की बम्बई में स्थापना हुई। सन् 1925 में व्यापारियों और उद्योगपतियों के हितों की देखभाल करने के लिए इण्डियन चैम्बर ऑफ कॉमर्स की स्थापना हुई। क्रमशः देश के विभिन्न भागों में इसकी शाखाओं की स्थापना हुई। इस बुर्जुवा वर्ग ने देश के औद्योगिक और आर्थिक विकास में महत्वपूर्ण भाग लिया है और राष्ट्रीय आन्दोलन को भी समय-समय पर आर्थिक सहायता प्रदान की।

सामाजिक वर्ग का राष्ट्रीय चरित्र

आधुनिक भारत में उपरोक्त नये सामाजिक वर्ग राष्ट्रीय चरित्र रखते हैं। वे एक ही राज्य के अन्तर्गत हैं और राष्ट्रीय अर्थ-व्यवस्था के अभिन्न अंग है। इस प्रकार प्रत्येक नवीन सामाजिक वर्ग के सदस्यों में अखिल भारतीय स्तर पर लक्षणों और हितों की समानता दिखलायी पड़ती है।

इससे राष्ट्रीय स्तर पर वर्ग संगठन बनने में सहायता मिली है और समान हितों को लेकर राष्ट्रीय स्तर पर आन्दोलन छेड़े जा सकते हैं। पूर्व-ब्रिटिश भारत में ऐसी बात नहीं थी। समान हितों की चेतना बढ़ने से प्रत्येक वर्ग में अपने हितों की रक्षा करने के लिए राष्ट्रीय स्तर पर संगठन बनाने की प्रवृत्ति बढ़ी है। इस प्रकार बुद्धिजीवी वर्ग, व्यावसायिक वर्ग, दुकानदार वर्ग, मिल-मालिक वर्ग और विभिन्न प्रकार के औद्योगिक संस्थाओं में काम करने वाले श्रमिक वर्गों के राष्ट्रीय स्तर पर संगठन बने हैं जो कि अपने वर्गगत हितों की देखभाल करते हैं। कभी-कभी इन वर्गों में परस्पर संघर्ष भी दिखलायी पड़ता है। इसका मुख्य कारण यह है कि सभी वर्ग समान रूप से जनतन्त्रीय आदर्शों को नहीं मानते। उदाहरण के लिए पूंजीवादी वर्ग में प्रतिक्रियावादी प्रवृतियाँ दिखलायी पड़ती हैं, जबकि दूसरी ओर श्रमिक वर्ग में साम्यवाद का प्रचार बढ़ रहा है।

भारत में राजनैतिक आन्दोलनों का भारतीय राष्ट्रवाद की अभिव्यक्ति के रूप में उदय हुआ। आधुनिक राजनैतिक राष्ट्रवाद भारत में विदेशी शासन की प्रतिक्रिया के रूप में उत्पन्न हुआ, क्योंकि अंग्रेज हर प्रकार से देश का शोषण कर रहे थे और भारतीयों के हित उनके हितों के विरुद्ध थे। भारतीय राष्ट्रवाद सबसे पहले सन् 1828 में ब्रह्म-समाज के रूप में प्रकट हुआ। सन् 1843 में ब्रिटिश इण्डिया सोसायटी की स्थापना हुई। सन् 1851 में ब्रिटिश इण्डियन एसोसियेशन के रूप में विभिन्न राजनैतिक दलों का संगठन हुआ। सन् 1857 ई० में समस्त देश में अंग्रेजों के विरुद्ध स्वतन्त्रता का संग्राम लड़ा गया। यह अंग्रेजी शोषण के विरुद्ध तीव्र प्रतिक्रिया की अभिव्यक्ति थी। इस संघर्ष को पूरी तरह से राष्ट्रीय संघर्ष नहीं कहा जा सकता क्योंकि इसमें भाग लेने वाले अनेक नेता अपने व्यक्तिगत स्वार्थों के लिए लड़ रहे थे किन्तु अनेक नेताओं का लक्ष्य देश को विदेशियों की अधीनता से स्वतन्त्र करना था। अस्तु, इस आन्दोलन ने देश में भक्ति की भावना जगायी। इसने सबसे पहले यह सिद्ध किया कि हिन्दू और मुस्लिम मिलकर अंग्रेजी शासन के विरुद्ध लड़ सकते हैं। इससे भारत में इन दो समुदायों को मिलाकर एक राष्ट्र बनाने की कल्पना में विश्वास स्थापित हुआ। अंग्रेजों ने इस बात को समझकर सदैव हिन्दू-मुस्लिम समुदायों में संघर्ष बनाये रखा और 'फूट डालो तथा राज्य करो' की नीति अपनायी। बाद में, अंग्रेजों की इसी नीति के परिणामस्वरूप देश का विभाजन हुआ। सन् 1871 में अंग्रेजों ने वहाबी आन्दोलन का दमन किया। 1870 में कृषि की दशा बहुत खराब थी। सन् 1867 और सन् 1880 के बीच देश में अनेक भयंकर अंकाल पड़े जिनमें सन् 1877 का अकाल अत्यधिक भयंकर था। इससे बम्बई, मद्रास और देश के अन्य भागों में तीन करोड़ छः लाख लोग प्रभावित हुये। कृषि के क्षेत्र में इन घटनाओं से आर्थिक व्यवस्था छिन्न-भिन्न हो गयी और अनेक स्थानों पर किसानों में दंगे हुये। देश की इस दयनीय स्थिति के समय सन् 1877 में दिल्ली में रानी विक्टोरिया के दरबार लगाने से देश में असंतोष की आग और भी भड़क उठी। सन् 1878 के वर्नाक्यलूर प्रेस ऐक्ट और सन् 1879 के आर्म्स ऐक्ट ने असन्तोष को और भी भड़काया। सन् 1882 में सरकार ने लंकाशायर के कपड़ा उद्योग की सहायता करने के लिए भारत में कपड़ा आयात करने पर कर में और भी कमी कर दी। इससे अंग्रेजी राज्य के विरुद्ध असन्तोष बढ़ा और यह सिद्ध हुआ कि वे अंग्रेजों के हितों को प्राप्त करने के लिए भारतीयों का शोषण कर रहे हैं।

इन सब घटनाओं से देश के पढ़े-लिखे वर्ग में अंग्रेजों के प्रति असन्तोष उत्पन्न हुआ। विभिन्न देशों के स्वतन्त्रता आन्दोलनों के इतिहास का अध्ययन करने से और टॉमस पेन, स्पेन्सर, बर्क, वाल्टेयर और मेजिनी के विचारों से प्रेरणा पाकर भारतवर्ष में पढ़े-लिखे लोगों में राष्ट्रीय चेतना जागृत हुयी। सन् 1870 से सन् 1885 के बीच छपे साहित्य में अंग्रेजों के प्रति जनता का असन्तोष स्पष्ट दिखलायी पड़ता है। यह असन्तोष सन् 1883 में विस्फोटक रूप ग्रहण कर चुका था।

बुद्धिजीवी नेताओं का योगदान

जैसा कि पीछे बतलाया जा चुका है, भारतीय राष्ट्रीय आन्दोलन के विकास में बुद्धिजीवी विशिष्ट वर्ग ने महत्वपूर्ण योगदान दिया। सन् 1885 से सन् 1905 तक भारतीय राष्ट्रीय आन्दोलन की बागडोर उदारवादी बुद्धिजीवी नेताओं के हाथों में थी, इनमें डब्ल्यू॰ सी॰ बनर्जी, आनन्दमोहन बोस, लालमोहन बोस, एन॰ सी॰ मजूमदार, रासबिहारी घोष, सुरेन्दनाथ बनर्जी और रमेशचन्द्र दत्त इत्यादि बंगालियों तथा बम्बई के दादाभाई नौरोजी, फीरोजशाह मेहता, बदरुद्दीन तैयब जी, आप्टे,, आगरकर, तैलंग, रानाडे, गोखले, दिनशावाचा, मालाबारी और चन्दबरकर, मद्रास के पी॰ आर॰ नायडू, सुब्रमण्यम अय्यर, आनन्द चारलू, बी॰ राघवचारियर के नाम उल्लेखनीय हैं। इनके अतिरिक्त केशव, पिल्ले, मदनमोहन मालवीय तथा पण्डित धर और अंग्रेजी में ह्यूम बैडरबर्न तथा हैनरी कॉटन के नाम उल्लेखनीय हैं। भारतीय राष्ट्रीय कॉंग्रेस में बुद्धिजीवियों, शिक्षित वर्ग तथा पूंजीपति बुर्जुवा वर्ग के ही प्रतिनिधियों ने आन्दोलन को आगे बढ़ाया। इस सभी को भारतीय विशिष्ट वर्ग कहा जा सकता है। इस प्रकार भारतीय राष्ट्रीय आन्दोलन, अन्य देशों के समान विशिष्ट वर्ग के हाथ में ही था।

राजनैतिक आन्दोलन का विकास

उदारवादी नेताओं के मार्गदर्शन में कांग्रेस ने प्रशासनिक सुधारों की माँग की, जिनमें सरकारी सेवाओं में भारतीयों को अधिकार, सेवाओं का भारतीयकरण, देश की आर्थिक दशा में सुधार तथा सैनिक खर्चे को कम करने आदि की मांगें मुख्य हैं। कुटीर उद्योगों को प्रोत्साहित करने की माँग की गयी। सन् 1918 तक कांग्रेस की अधिकतर माँगों में से बहुत कम पूरी हो सकीं थीं। दूसरी ओर अंग्रेज सरकार राष्ट्रीय आन्दोलन को दबाने के लिये बराबर प्रयत्नशील थी। इसके लिये अंग्रेजी सरकार ने अनेक अधिनियम पारित किये, जिनसे भारतीयों की स्वतन्त्रता पर बहुत कुछ रोकथाम लग गयी। इससे उदारवादी नेताओं की आँखें खुलीं और अंग्रेजों की न्यायप्रियता पर से विश्वास उठ गया। इससे कांग्रेस में उग्र वर्ग की सत्ता बढ़ने लगी। सन् 1905 में कांग्रेस अधिवेशन में उग्रवादी नेताओं ने अपनी शक्ति का प्रदर्शन किया। लाला लाजपत राय, लोकमान्य तिलक तथा अन्य उग्र नेताओं ने स्वदेशी और विदेशी बायकाट का नारा लगाया। सन् 1906 में मुसलमानों के हितों की रक्षा करने के लिये भारत में मुस्लिम लीग की स्थापना हुई। कांग्रेस के बाहर दर्जनों क्रान्तिकारियों ने अंग्रेजी राज्य के विरुद्ध संघर्ष बनाये रखा। बंगाल के विभाजन से संघर्ष की यह आग और भी भड़क उठी और स्वराज्य, विदेशी बायकाट तथा राष्ट्रीय शिक्षा के नारे बुलन्द किये गये। सभी राष्ट्रीय नेताओं ने विदेशी सत्ता का बायकाट करने का आदेश दिया।

स्थान-स्थान पर सभाओं, जुलूसों और हड़तालों का बाजार गर्म हुआ। अनेक दैनिक और साप्ताहिक समाचार-पत्रों ने आन्दोलन को प्रोत्साहित किया। बंगाल, महाराष्ट्र और पंजाब में क्रान्तिकारियों की बाढ़-सी आ गयी। सन् 1907 के सूरत अधिवेशन में कांग्रेस में उदारवादी और राष्ट्रवादी नेताओं में फूट दिखलायी पड़ी। सन् 1907 के बाद से सरकारी दमन-चक्र और भी तेजी से चलने लगा। सन् 1908 में अरविन्द घोष पर मुकदमा चलाया गया। इसी वर्ष लोकमान्य तिलक को माण्डले में छः वर्ष के लिये कारावास में बन्द कर दिया गया। पंजाब में लाजपतराय और अजीतसिंह को पंजाब से बाहर निकाल दिया गया। सन् 1918 में उदारवादियों ने कांग्रेस को छोड़कर लिबरल फैडरेशन की स्थापना की। इसके बाद से कांग्रेस में तीव्र राष्ट्रवादी प्रवृत्तियाँ बढ़ने लगीं। देश में सब कहीं और विदेश में भी क्रान्तिकारी आन्दोलन जोर पकड़ता गया। इन क्रान्तिकारियों में मदनलाल ढींगरा, सावरकर बन्धु, बारीन्द्र घोष, श्री अरविन्द, हरदयाल, रासबिहारी, अमीरचन्द, भगतसिंह और चन्द्रशेखर आजाद के नाम उल्लेखनीय हैं। 13 अप्रैल, सन् 1920 में अमृतसर में जलियाँवाला बाग का हत्याकाण्ड हुआ, जिससे सारे देश में जबर्दस्त प्रतिक्रिया हुई।

इसके बाद से कांग्रेस के राष्ट्रीय आन्दोलन की बागडोर गाँधीजी ने सम्भाल ली और उन्हीं के नेतृत्व में देश को स्वराज्य प्राप्त हुआ। गाँधीजी के नेतृत्व में राष्ट्रीय आन्दोलन का विभिन्न पहलुओं में विकास हुआ। उन्होंने स्त्रियों की दशा सुधारने, अस्पृश्यता उन्मूलन, साम्प्रदायिकता दूर करने इत्यादि समाज सुधार की विभिन्न दिशाओं में महत्वपूर्ण आन्दोलनों का सूत्रपात किया। सन् 1920 में अंग्रेजों के विरुद्ध असहयोग आन्दोलन छेड़ा गया। सन् 1923 में स्वराज्य पार्टी की स्थापना हुई। जिसकी शक्ति सन् 1925 में बहुत बढ़ गयी। इसके साथ-साथ देश में समाजवादी और साम्यवादी विचारों का प्रभाव बढ़ता रहा। सन् 1928 में साइमन कमीशन का बायकाट किया गया। 23 दिसम्बर, सन् 1929 को गाँधी, मोतीलाल नेहरू, जिन्ना और सप्रू ने वाइसराय से मिलकर भारत को पूर्ण डोमिनियन स्टेटस देने की माँग की। इसके बाद लाहौर कांग्रेस में पूर्ण स्वराज्य की माँग का प्रस्ताव स्वीकार हो गया। 26 जनवरी, सन् 1930 को पहला स्वतन्त्रता दिवस मनाया गया। इसी वर्ष नागरिक अवज्ञा आन्दोलन प्रारम्भ हुआ और विदेशी कपड़े तथा शराब का बायकाट किया गया। सन् 1936 में लखनऊ कांग्रेस में जवाहरलाल नेहरू के सभापतित्व में राष्ट्रीय आन्दोलन को अधिक व्यापक बनाने की माँग की गयी। कांग्रेस के अन्तर्गत ही समाजवादी दल की स्थापना हुई। कांग्रेस के बाहर अनेक किसान संगठनों ने कृषि के क्षेत्र में विभिन्न सुधारों की माँग की। मार्च सन् 1937 में कांग्रेस ने विभिन्न सूबों में मंत्रिमण्डल में भाग लेना स्वीकार कर लिया। सन् 1939 में कांग्रेस में दक्षिण-पन्थी और वाम-पन्थी वर्गों में संघर्ष हुआ और गांधीजी तथा सुभाषचन्द्र बोस में मतभेद दिखलायी दिया। इसके बाद सुभाषचन्द्र बोस ने कांग्रेस के सभापतित्व से इस्तीफा देकर फारवर्ड ब्लाक की स्थापना की।

जब इस प्रकार एक ओर राष्ट्रीय आन्दोलन बराबर आगे बढ़ रहा था, दूसरी ओर अनेक मुस्लिम नेता मुसलमानों के हितों को बनाये रखने के लिये साम्प्रदायिक विचार फैला रहे थे। अंग्रेजों ने भी इस प्रवृति को प्रोत्साहित किया। मुस्लिम लीग ने भारत में मुसलमानों के लिये अलग से देश की माँग की। लीग के लाहौर अधिवेशन में जिन्ना ने मुसलमानों को भारत से अलग राष्ट्र घोषित किया। इस प्रकार देश में दो राष्ट्र का सिद्धान्त प्रचलित हुआ। इसी दो राष्ट्र के सिद्धान्त से आगे चलकर सन् 1947 में देश का बँटवारा हुआ और पाकिस्तान का जन्म हुआ।

भारतीय राष्ट्रीय आन्दोलन में विभिन्न सोपान

भारत में राष्ट्रवाद के विकास की उपरोक्त संक्षिप्त रूपरेखा से उसके अनेक सोपान स्पष्ट होते हैं। संक्षेप में, भारतीय राष्ट्रीय आन्दोलन में निम्नलिखित सोपान देखे जा सकते हैं—

(1) **सन् 1885 से पहले का राष्ट्रीय आन्दोलन**—इसमें राजा राममोहनराय और अन्य पढ़े-लिखे भारतीयों ने देश में प्रेस की स्वतन्त्रता तथा प्रशासनिक सुधार आदि जनतन्त्रीय अधिकारों की माँग की और सामाजिक तथा सुधार आन्दोलन छेड़े।

(2) **सन् 1895 से सन् 1912 तक**—इस काल में उदारवादी बुद्धिजीवियों ने भारतीय राष्ट्रीय आन्दोलन का नेतृत्व किया। इन नेताओं में बुद्धिजीवियों के अतिरिक्त बुर्जुवा वर्ग के लोग भी थे। देश में आधुनिक शिक्षा के प्रसार से इस युग में राष्ट्रीय आन्दोलन का क्षेत्र व्यापक हो गया था। देश में उद्योगों का विस्तार होता जा रहा था, जिससे स्वदेशी आन्दोलन को सहायता मिली। इस युग में अधिकतर राष्ट्रीय आन्दोलन भारतीय राष्ट्रीय कांग्रेस के नेतृत्व में आगे बढ़ा।

(3) **सन् 1905 से सन् 1918 तक**—इस युग में राष्ट्रीय आन्दोलन की बागडोर उदारवादियों के हाथ से निकल कर उग्रवादी नेताओं के हाथ में आ गयी। चूंकि कुछ नेताओं ने राष्ट्रीय आन्दोलन को हिन्दू दर्शन पर आधारित करने की कोशिश की, इसलिये प्रतिक्रियास्वरूप मुसलमानों में साम्प्रदायिक प्रवृत्तियाँ बढ़ीं और मुस्लिम लीग की स्थापना हुई।

(4) **सन् 1918 से सन् 1934 तक**—राष्ट्रीय आन्दोलन के इस युग में वह जनसाधारण में फैल गया और उसे जनता का सहयोग प्राप्त हुआ। इस काल में भारतीयों में राष्ट्रीय जागृति देखी जा सकती है, क्योंकि प्रथम विश्व महायुद्ध के बाद अंग्रेजों की पोल खुल चुकी थी और भारतीयों का उन पर से विश्वास उठ गया था। इस युग में अनेक अन्तर्राष्ट्रीय घटनाओं से भारतीय स्वतन्त्रता आन्दोलन को प्रोत्साहन मिला। देश में अनेक पूंजीपति अपनी स्थिति मजबूत बना सके थे। इन्होंने कांग्रेस के स्वतन्त्रता आन्दोलन को सहायता दी, क्योंकि स्वदेशी और विदेशी बायकाट को नारों से उद्योगपतियों को लाभ था। गांधी जी ने वर्ग-संघर्ष के सिद्धान्त के स्थान पर विभिन्न वर्गों में सहयोग की बात की, जिससे उनके नेतृत्व में बुर्जुवा वर्ग ने राजनैतिक नेताओं की सहायता की। इस युग में देश में समाजवादी और साम्यवादी समूहों का महत्व बढ़ा और राष्ट्रीय स्तर पर अनेक श्रमिक आन्दोलन प्रारम्भ हये। सन् 1930 से सन् 1934 तक कांग्रेस ने गांधी जी के नेतृत्व में नागरिक अवज्ञा आन्दोलन चलाया जिसमें देश के युवक-युवतियों ने व्यापक रूप से भाग लिया।

(5) **सन् 1934 से सन् 1939 तक**—इस युग में सुभाषचन्द्र बोस ने फारवर्ड ब्लाक की स्थापना की। मुस्लिम लीग की शक्ति पहले से अधिक बढ़ गयी। विद्यार्थियों, किसानों और श्रमिकों में साम्यवादी दल का प्रसार बढ़ने लगा और किसानों और श्रमिकों में अनेक स्वतन्त्र राजनैतिक दलों की स्थापना हुयी और कांग्रेस ने इनका समर्थन किया। इस प्रकार किसानों और श्रमिकों में राष्ट्रीय चेतना का विकास हुआ, दूसरी ओर विभिन्न सामाजिक वर्गों में वर्ग संघर्ष बढ़ने लगा।

(6) सन् 1939 से सन् 1947 तक—इस युग में राष्ट्रीय आन्दोलन का बहुमुखी विकास हुआ और 15 अगस्त, सन् 1947 को देश अंग्रेजों के शासन से स्वतन्त्र हो गया।

इसके बाद देश में एक ओर राष्ट्रीय प्रवृतियाँ बढ़ी हैं तो दूसरी ओर विभिन्न वर्गों और व्यक्तियों तथा राजनैतिक दलों ने अपने-अपने निहित स्वार्थों को सिद्ध करने के लिए विघटनकारी शक्तियों को प्रोत्साहन दिया है। वर्तमान स्थिति किसी भी प्रकार से सन्तोषजनक नहीं कही जा सकती। जैसा कि अगले अध्याय में बतलाया जायेगा, देश में राजनीतिकरण बढ़ता जा रहा है। एक ओर जनतन्त्रीय मूल्यों का प्रचार बढ़ रहा है तो दूसरी ओर कुछ राजनैतिक दल फात्सीवादी और साम्यवादी प्रवृतियों को भी प्रोत्साहन दे रहे हैं। इन सब विभिन्न प्रवृतियों में देश का भविष्य क्या होगा यह निश्चित रूप से नहीं कहा जा सकता किन्तु यह निश्चित है कि देश के भविष्य को बनाने में बुद्धिजीवी विशिष्ट वर्ग सबसे अधिक महत्वपूर्ण योगदान देगा।

राष्ट्रवाद के उदय के कारण

भारतवर्ष में अनेक कारणों से राजनैतिक चेतना का विकास हुआ। इसलिए यह कहा गया है कि भारतीय राष्ट्रीय आन्दोलन का जन्म वास्तव में परिस्थितियों का परिणाम था व्यक्तिगत प्रयत्नों का नहीं। काफी समय से ऐसे कारण उत्पन्न हो रहे थे जिन्होंने भारतीय राष्ट्रीय आन्दोलन को जन्म दिया। उसके विषय में कपलैण्ड ने लिखा है, ''भारतीय राष्ट्रवाद वास्तव में अंग्रेजी शासन का शिशु या अंग्रेजी शासन के द्वारा ही इसकी परवरिश हुई।''[1] संक्षेप में भारत में राष्ट्रवाद (Nationalism) के जन्म के मुख्य कारण निम्नलिखित कहे जा सकते हैं—

(1) ब्रिटिश साम्राज्यवाद—जैसा कि पीछे कहा जा चुका है, राष्ट्रवाद ब्रिटिश साम्राज्यवाद का ही परिणाम था। आर० पी० दत्त० के शब्दों में, ''ब्रिटिश सरकार द्वारा प्रत्यक्ष रूप से निर्धारित नीति के अन्तर्गत तथा उसकी पहल पर वाइसराय द्वारा पूर्व निर्धारित एक योजना के अनुसार राष्ट्रीय कांग्रेस का निर्माण वास्तव में इस उद्देश्य से हुआ था कि वह भारत में अंग्रेजी शासन का संरक्षण जनता के बढ़ते हुये असंतोष तथा अंग्रेज विरोधी भावना से कर सके।'' प्रोफेसर नून ने कहा है, ''ब्रिटिश साम्राज्यवाद ने भारत में एक तीसरे दल की अध्यक्षता में राजनैतिक एकता उत्पन्न की यद्यपि भारतीय समाज में अनेकों विभिन्नतायें प्रचलित थीं।''[2] संक्षेप में भारत में राष्ट्रीय चेतना के विकास में अप्रत्यक्ष रूप से अंग्रेजी साम्राज्यवाद का महत्वपूर्ण योगदान रहा है।

(2) यूरोपीय देशों से संपर्क—अंग्रेजों के शासनकाल में यूरोपीय देशों से भारतवासियों के सम्बन्ध में भी देश में राष्ट्रीय चेतना का विकास हुआ। लार्ड रोनाल्डशे के शब्दों में, ''पाश्चात्य शिक्षण की नई शराब युवा भारतीयों के मस्तिष्क में प्रवेश कर गई। उन्होंने

---

1 ''Indian Nationalism, in truth, was the child of the British Raj and the British authorities blessed its cradle.'' — Coupland

2. ''British imperialism in India gave her a political unity under a third party in spite of many discordant elements in Indian society.'' —Prof. Noon

स्वतन्त्रता और राष्ट्रवाद के केन्द्र में गहरा घूंट भर कर पिया।''[3] जर्मनी और इटली के एकीकरण और यूनान तथा बेल्जियम के स्वतन्त्रता आन्दोलनों का भारतीयों के मस्तिष्क पर गहरा प्रभाव पड़ा जिससे राष्ट्रीय आन्दोलन को प्रोत्साहन मिला। यद्यपि मैकॉले का उद्देश्य भारतीय राष्ट्रीय चेतना को जड़मूल से नष्ट कर देना था। किन्तु वही शिक्षा राष्ट्रीय आन्दोलन के लिये वरदान सिद्ध हुई।

(3) **पाश्चात्य शिक्षा**—इस प्रकार मैकले की साम्राज्यवादी नीति का परिणाम उसके लक्ष्य से उल्टा निकला। पाश्चात्य संस्कृति के ज्ञान से भारतवासियों में स्वतन्त्रता के प्रति आग्रह बढ़ा। ए० आर० देसाई के शब्दों में, ''देश में राजनीति के आन्दोलन का सूत्रपात करने वाले पाश्चात्य शिक्षा प्राप्त लोग ही थे।''

(4) **पाश्चात्य संस्कृति का प्रभाव**—पाश्चात्य शिक्षा के प्रभाव से भारतीयों पर पाश्चात्य संस्कृति का प्रभाव पड़ा। उन्हें जनतंत्रीय शासन प्रणाली का ज्ञान हुआ। मेजिनी, रूसो, मिल, बर्क, लाक और वाल्टेयर की रचनाओं को पढ़कर उनमें गुलामी के प्रति घ्रणा उत्पन्न हुई। शिक्षा प्राप्त करने के लिये विदेश यात्रा करने वाले भारतीयों पर स्वतन्त्र देशों के रहन-सहन, स्वतन्त्रता, समानता और भ्रातृत्व आदि के मूल्यों ने महत्वपूर्ण प्रभाव डाला। जहाँ शिक्षित भारतीय एक ओर प्राचीन भारतीय संस्कृति और धर्म से विमुख हुये। वहाँ दूसरी ओर पाश्चात्य संस्कृति के प्रभाव से उनमें स्वतन्त्रता और स्वशासन का आग्रह उत्पन्न हुआ।

(5) **प्राचीन संस्कृति का अध्ययन**—उपरोक्त विवेचन से यह नहीं समझा जाना चाहिये कि राष्ट्रीय चेतना के विकास में प्राचीन भारतीय संस्कृति का योगदान नहीं रहा है। उन्नीसवीं शताब्दी में मैक्समूलर, आर० जी० भण्डारकर, राजेन्द्रलाल मित्र, हरप्रसाद शास्त्री आदि अनेक विद्वानों ने प्राचीन भारतीय संस्कृति का अध्ययन करके उससे राष्ट्रीय चेतना के विकास में महत्वपूर्ण प्रोत्साहन प्राप्त किया।

(6) **भारतीय प्रेस और साहित्य का प्रभाव**—राष्ट्रीय चेतना के विकास पर तत्कालीन भारतीय प्रेस और भारतीय साहित्य का महत्वपूर्ण प्रभाव रहा है। टाइम्स आफ इण्डिया, मद्रास मेल, स्टेट्समैन और सिविल तथा मिलिट्री गजट आदि शासक वर्ग के पत्रों की चुनौतियों का उत्तर देने के लिए अमृत बाजार पत्रिका, ट्रिब्यून और पायनीयर जैसे राष्ट्रीय समाचार-पत्रों का जन्म हुआ। भारतीय स्वतन्त्रता संग्राम के अनेक प्रसिद्ध नेता जैसे गांधी, नेहरू, तिलक, सुरेन्द्रनाथ बैनर्जी, दादाभाई नौरोजी, सी० वाई० चिन्तामणि, राजा राम मोहन राय, केशवचन्द्र सेन और गोपाल कृष्ण गोखले आदि किसी न किसी राष्ट्रीय पत्रिका के सम्पादक रहे हैं। समाचार-पत्रों के अतिरिक्त समकालीन भारतीय साहित्य में अनेक पुस्तकों ने भी विचारों के क्षेत्र में क्रॉंति उत्पन्न की। इनमें बंकिमचन्द्र की 'आनन्द मठ' पुस्तक और 'वन्दे मातरम' गीत, दयानन्द का 'सत्यार्थ प्रकाश' तथा मधुसूदन दत्त, भारतेन्दु हरिश्चन्द्र, चिपलूणकर, भारती और श्री अरविन्द आदि की रचनाओं ने राष्ट्रीय चेतना के विकास को प्रोत्साहित किया।

---

3. "The new wine of western learning went into the heads of the young Indians. They drank deep from the source of liberty and nationalism." —Lord Ronalasay

(7) धार्मिक और सामाजिक नवजागरण—डा० जकारिया ने भारतीय राष्ट्रीय आन्दोलन के विषय में लिखा है, ''भारत में नवजागरण सबसे पहले समाज सुधार आन्दोलन के रूप में उत्पन्न हुआ, राजनैतिक जागरण का आन्दोलन उत्पन्न करने से बहुत पहले उसने महत्वपूर्ण धार्मिक और सामाजिक सुधार उत्पन्न किये।'' इस प्रकार भारत में राष्ट्रीय चेतना के विकास में धार्मिक और समाज सुधारक आन्दोलन ने महत्वपूर्ण योगदान दिया है। इनमें से मुख्य निम्नलिखित हैं:—

(i) ब्रह्म-समाज—सन् 1828 में राजा राम मोहन राय ने ब्रह्म-समाज की स्थापना की। ब्रह्म-समांज सब प्रकार की सामाजिक बुराइयों के विरुद्ध था। राजा राम मोहन राय को भारतीय राष्ट्रवाद का मसीहा कहा जाता है। उन्होंने सब प्रकार के अन्धविश्वासों और सामाजिक बुराइयों जैसे सती-प्रथा, बाल-विवाह, विधवा-विवाह निषेध, छुआछूत आदि का तीव्र विरोध किया। उनकी जलाई हुई ज्योति को उनके बाद देवेन्द्र नाथ ठाकुर और केशवचन्द्र सेन ने प्रज्ज्वलित रखा।

(ii) आर्य समाज—स्वामी दयानन्द सरस्वती ने आर्य समाज की स्थापना करके हिन्दू समाज में सब प्रकार के अन्धविश्वासों और बुराइयों का विरोध किया। स्वामी जी राष्ट्रीयता के कट्टर समर्थक थे। उन्होंने स्पष्ट लिखा कि विदेशियों का राज्य सुखदायी नहीं होता। उन्होंने घोषणा की कि भारत भारतवासियों के लिये है। उन्होंने अन्य धर्मों का जोरदार खण्डन करके आर्य धर्म की श्रेष्ठता का समर्थन किया।

(iii) थियोसोफिकल सोसाइटी—नई चेतना के विकास में जो कार्य उत्तरी भारत में आर्य समाज ने किया वही दक्षिणी भारत में थियोसोफिकल सोसाइटी ने किया। वह सोसाइटी रूसी महिला ब्लावटस्की तथा अेमरीकन सेना के कर्नल हेनरी आलकाट की स्थापित की थी। बाद में श्रीमती एनीबेसेन्ट इसकी सदस्या बनीं और उन्होंने इस सोसाइटी के माध्यम से भारत में समाज सुधार के क्षेत्र में महत्वपूर्ण कार्य किया। थियोसोफिकल सोसाइटी ने पाश्चात्य संस्कृति की तुलना में भारतीय संस्कृति, ज्ञान, साहित्य और दर्शन की महत्ता पर जोर दिया। सन् 1918 में श्रीमती ऐनीबेसेन्ट कांग्रेस की अध्यक्षा चुनी गयीं और उन्होंने होमरूल आन्दोलन का संचालन किया।

(iv) रामकृष्ण मिशन— सन् 1886 में स्वामी विवेकानन्द ने रामकृष्ण मिशन की स्थापना की। विवेकानन्द अमरीका, यूरोप और जापान गये और वहाँ भारतीय वेदान्त का प्रचार किया। उनके प्रसिद्ध शिष्यों में स्वामी रामतीर्थ ने उल्लेखनीय कार्य किया। विवेकानन्द को भारत का देशभक्त संन्यासी कहा जाता है। उन्होंने अपने भाषणों के माध्यम से देश में आत्म-गौरव और राष्ट्रीय चेतना को उकसाया। वे यह चाहते थे कि स्वतन्त्र होकर भारत संसार के अन्य राष्ट्रों के मध्य आध्यात्मिकता के विकास का अपना महत्वपूर्ण कार्य पूरा करे।

उपरोक्त समाज सुधार आन्दोलनों के अतिरिक्त अन्य संस्थाओं ने भी देश में राष्ट्रीय चेतना के विकास में महत्वपूर्ण कार्य किया। इनमें महादेव गोविन्द रानाडे द्वारा स्थापित दक्षिण शिक्षा समाज तथा गोपाल कृष्ण गोखले द्वारा स्थापित सर्वेन्ट आफ इण्डिया सोसाइटी के नाम उल्लेखनीय

हैं। उपरोक्त धार्मिक और सामाजिक समाज सुधार आन्दोलनों ने भारत में राष्ट्रीय चेतना के विकास में जो महत्वपूर्ण योगदान दिया है उनके विषय में इन्द्र विद्यावाचस्पति ने ठीक ही लिखा है कि "जब लम्बी दासता से बन्जर हुई भारत की भूमि को सशस्त्र क्रांति के विशाल हल ने खोद कर तैयार कर दिया और जब सुधारकों के दल ने उसमें मानसिक स्वाधीनता के बीज बो दिये तब यह सम्भव हो गया कि उसमें से राजनैतिकता के अंकुर उत्पन्न हों।"

(8) यातायात और सन्देशवहन के साधनों का विकास—अंग्रेजी शासनकाल में सारे देश में तार, टेलीफोन आदि सन्देशवहन के साधनों के माध्यम से विचारों का आदान-प्रदान होने लगा सारे देश में पक्की सड़कों और रेल मार्गों का जाल बिछ जाने से यातायात बढ़ा, देश के विभिन्न भागों के निवासियों के परस्पर सम्पर्क बढ़े और इस सबसे राष्ट्रीय चेतना के विकास की गति तीव्र हुई।

(9) अंग्रेजों की शासन नीति—जैसा कि पीछे कहा जा चुका है, अंग्रेजों की शासन नीति का भारतीय राष्ट्रीय चेतना के विकास में महत्वपूर्ण योगदान रहा है। उन्होंने अपने देश के आर्थिक लाभ को दृष्टि में रखते हुये भारत का भयंकर आर्थिक शोषण किया। स्थानीय उद्योग धन्धे क्रमशः नष्ट होने लगे। लाखों करोड़ों लोग बेकार हो गये। देश में सब कहीं अंग्रेजों का माल खपने लगा। समस्त अर्थव्यवस्था अस्त-व्यस्त हो गयी। गरीबी बढ़ने लगी। इन सब कारणों से जनता में अंग्रेजों के प्रति द्वेष की भावनायें बढ़ती गईं। दूसरी ओर अंग्रेज भी अपने को श्रेष्ठ और भारतीयों को हीन समझते थे। अस्तु, उनके दुर्व्यवहार ने भी भारतीयों में राष्ट्रीय चेतना को उकसाया। अंग्रेजी शासन में सिविल सर्विस में भारतीयों को आने की अनुमति नहीं थी। उन्होंने अनेक नियम ऐसे बना रखे थे जिनसे भारतीय सिविल सर्विस में न आ सकें। उनकी इस नीति का विरोध करने के लिये ही सन् 1877 में इण्डियन ऐसोसियेशन की स्थापना हुई। देश में सब कहीं सरकार की ओर से अंग्रेजों और भारतीयों में अन्तर किया जाता था। न्यायालयों में उन्हें समान न्याय नहीं मिलता था। अनेक भयंकर अपराध करके ही अंग्रेज साफ बच जाते थे। इन सब कारणों से देश में अंग्रेजी शासन के विरुद्ध आन्दोलन प्रारम्भ हुआ।

(10) राजनैतिक कारण—राष्ट्रीय चेतना के विकास में सबसे अधिक महत्वपूर्ण कारण राजनैतिक कारक है। वास्तव में प्रत्यक्ष रूप से इन्हीं कारकों ने भारतीय राष्ट्रीय कांग्रेस को जन्म दिया था। प्रजातीय घ्रणा और द्वेष तथा अविश्वास और दमन की नीति के अतिरिक्त अंग्रेजी शासन में अनेक ऐसी राजनैतिक घटनायें हुईं जिनसे देश में राष्ट्रीय चेतना की लहर सी दौड़ गयी। अंग्रेजी साम्राज्यवाद के कट्टर समर्थक लार्ड लिटन ने सन् 1876 से 1880 तक केवल 4 वर्ष के शासन काल में ऐसे अनेक कार्य किये जिनसे देश में राष्ट्रीय आन्दोलन को प्रोत्साहन मिला। सन् 1877 में दिल्ली में महारानी विक्टोरिया के दरबार का आयोजन किया गया। इस समय देश में भारी अकाल पड़ा हुआ था जबकि इस दरबार पर पैसा पानी की तरह बहाया गया। स्वभावतया इससे जनता में असंतोष उत्पन्न हुआ। रूस के भय से भारत को पश्चिमी सीमा को दृढ़ करने के लिये लिटन ने अफगानिस्तान से युद्ध छेड़ दिया जिसका भारी बोझ भारत की गरीब जनता को उठाना पड़ा। इसी काल में शस्त्र सम्बन्धी अधिनियम (Arms Act) पास हुआ जिसके अनुसार कोई भी भारतीय बिना लाइसेंस के हथियार लेकर नहीं चल सकता था जबकि विदेशियों पर यह

कानून लागू नहीं होता था। यह अनेक भारतीयों को अत्यधिक अपमानजनक प्रतीत हुआ। सन् 1878 में वरनाक्यूलर प्रेस अधिनियम (Vernacular Press Act) पास हुआ जिसके अनुसार सरकार का विरोध करने पर किसी भी प्रेस को जब्त किया जा सकता था और इसके विरुद्ध न्यायालय में किसी भी प्रकार की अपील नहीं हो सकती थी। इस अधिनियम का शिक्षित भारतीयों ने जोरदार विरोध किया। भारत मंत्री सैलिसबरी के दबाब से लिटन ने भारत में विदेशी सूती कपड़े के आयात पर से कर हटा दिया जिससे भारत में इस उद्योग को बड़ी चोट पहुँची और लाखों कारीगर बेकार हो गये।

लार्ड लिटन के बाद सन् 1880 में लार्ड रिपन भारत का वाइसराय बना। उसने विदेशियों और भारतीयों में भेदभाव मिटाने के लिये सन् 1883 में एलबर्ट बिल (Albert Bill) उपस्थित किया। यूरोपियन लोगों ने इस बिल का भारी विरोध किया जिससे भारतीयों को यह पता चला कि अंग्रेज उन्हें कहाँ तक नीचा समझते हैं। इस विरोध की घटना से शिक्षित भारतीयों को अपनी स्थिति का पता चल गया। उन्हें यह स्पष्ट हो गया कि यदि राजनैतिक प्रगति करनी है तो उसके लिये एक राष्ट्रीय सभा की अयोजना की जानी चाहिये। अस्तु, सन् 1885 में भारतीय राष्ट्रीय कांग्रेस का निर्माण हुआ इसके लक्ष्य के विषय में लिखा गया है, "कांग्रेस का जन्म सरकारी अफसरों द्वारा अनुमोदित संस्था के रूप में हुआ जिसका उद्देश्य भारत में बढ़ते हुये असन्तोष को निकालने के लिये एक सेफ्टी वाल्व का काम करना था।"

अभ्यास के लिये प्रश्न

1. "भारतीय राष्ट्रवाद वास्तव में अंग्रेजी शासन का शिशु था तथा अंग्रेजी शासन के द्वारा ही इसकी परवरिश हुई।" (कपलैंड) इस कथन की विवेचना कीजिये।
2. क्या आप इस मत से सहमत हैं कि भारतीय राष्ट्रवाद ब्रिटिश राज्य का शिशु था? भारत में राष्ट्रीय चेतना के विकास में पाश्चात्य शिक्षा एवं संस्कृति और अंग्रेजों के आर्थिक शोषण, अविश्वास, दमन तथा जातीय विभेद की नीतियों के योगदान का मूल्याकन कीजिये।
3. उन कारणों की विवेचना कीजिए जिनके परिणामस्वरूप भारतवर्ष में राष्ट्रीय चेतना का विकास हुआ और राष्ट्रीय महासभा की स्थापना हुई।
4. भारतीय राष्ट्रीय आन्दोलन पर पाश्चात्य शिक्षा का क्या प्रभाव पड़ा?
5. अंग्रेजी शिक्षा का भारतीय राष्ट्रीय आन्दोलन पर क्या प्रभाव पड़ा?

6

राष्ट्रीय आन्दोलन की उदारवादी धारा (Moderate Stream of National Movement)

कांग्रेस का जन्म और विकास

राष्ट्रीय आन्दोलन में उदारवादी धारा की प्रमुखता के विषय में, जी॰ आर॰ प्रधान् लिखते हैं , ''कांग्रेस के प्रारम्भिक दिनों के प्रस्तावों में, हम अत्यन्त उदार माँगें पाते हैं। काँग्रेस के संस्थापक आकाश में उड़ने वाले आदर्शवादी नहीं थे बल्कि वे व्यावहारिक सुधारक थे तथा उदारवाद की भावनाओं और सिद्धान्तों से ओत-प्रोत थे। वे स्वतंत्रता की ओर धीरे-धीरे कदम बढ़ाना चाहते थे। इसीलिए उनकी माँगें बहुत ऊँची नहीं थी।''[1] काँग्रेस के 20 वर्षों के (1885-1905) प्रारम्भिक काल में उदार अथवा नरम राष्ट्रीयता की प्रधानता रही। इस युग में काँग्रेस क्रान्तिकारी संस्था नहीं थी। इसके नेताओं ने ब्रिटिश सम्राट के प्रति विश्वास तथा सहयोग की नीति अपनायी तथा याचना, स्मृति-पत्रों और प्रतिनिधि मण्डलों के आधार पर भारतीय जनता को राजनीतिक अधिकार दिलाने के प्रयत्न करते रहे। काँग्रेस के इस काल की सबसे बड़ी सफलता 1892 का भारतीय परिषद् अधिनियम है।

अपने प्रथम काल में काँग्रेस ने ब्रिटिश शासन की आधारभूत न्यायप्रियता में विश्वास रखते हुये प्रार्थना-पत्रों, स्मृति-पत्रों और प्रतिनिधि मण्डलों की जो नीति अपनायी थी, उसके वांछित परिणाम प्राप्त न हुए। अत: सन् 1906 तक काँग्रेस का नेतृत्व उग्र राष्ट्रवादियों के हाथ में आ गया। सन् 1907 में 'सूरत विच्छेद' हुआ जिससे काँग्रेस दो पक्षों—नरम तथा गरम दल में बँट गयी और इन दोनों दलों के मध्य समझौता 1915 ई. में ही हो सका।

---

1. "If we look at the proceedings of the Congress, we are struck by the extreme moderation of its demands. The organisers and promoters of the Congress were not idealists, who had built their habitation away on the horizon, they were practical reformers imbued with spirit, principles and methods of Mid-Victorian liberation and bent on winning freedom by gradual stages broadening from step. They therefore, took scrupulous care not to pitch their demands too high."

—G.R. Pradhan, *Indian Struggle for Swaraj,* p. 24.

सन् 1920–1947 तक 28 वर्षों के काल में महात्मा गांधी सभी राष्ट्रीय गतिविधियों के केन्द्र बने रहे अत: इसे 'राष्ट्रीयता का गांधी युग' कहा जाता है। इस काल में काँग्रेस ने पहले ब्रिटिश सरकार के साथ सहयोग और फिर अहिंसात्मक संघर्ष की नीति अपनायी, जिसके तीन निरन्तर प्रगतिशील चरण—असहयोग आन्दोलन, सविनय अवज्ञा आन्दोलन और भारत छोड़ो आन्दोलन थे। इस काल में प्रारम्भ में ही नरम दल के लोग काँग्रेस से पृथक् हो गये तथा उन्होंने अपनी संस्था "अखिल भारतीय उदार संघ" (All India Liberal Federation) की स्थापना कर ली। इस काल में हिन्दू-मुस्लिम मतभेद अपने चरम स्तर पर पहुँच गये।

1885 में काँग्रेस के प्रथम अधिवेशन में केवल 72 प्रतिनिधि सम्मिलित हुए थे। भारतीय जनता के बढ़ते हुए राष्ट्रीय उत्साह के कारण राष्ट्रीय काँग्रेस की शक्ति में निरन्तर वृद्धि होती गयी। दूसरे, तीसरे और चौथे अधिवेशन में क्रमश: 436, 607 तथा 1,248 प्रतिनिधियों ने भाग लिया। काँग्रेस की प्रगति के सम्बन्ध में पट्टाभि सीतारमैया ने ठीक ही कहा है कि, "जिस प्रकार एक बड़ी नदी का मूल एक छोटे से सोते से होता है उसी प्रकार महान् संस्थाओं का प्रारम्भ भी बहुत साधारण होता है। जीवन के प्रारम्भ में वे अत्यन्त वेग के साथ दौड़ती हैं, परन्तु ज्यों-ज्यों व्यापक होती जाती हैं त्यों-त्यों उनकी गति मन्द किन्तु स्थिर होती जाती है। ज्यों-ज्यों वे आगे बढ़ती हैं, त्यों-त्यों उनमें सहायक नदियाँ मिलती जाती हैं तथा वे उसको अधिकाधिक सम्पन्न बनाती जाती हैं। यही उदाहरण हमारी काँग्रेस पर भी लागू होता है।"[2] काँग्रेस ने शीघ्र ही अखिल भारतीय राष्ट्रीय संस्था का रूप ग्रहण कर लिया।

काँग्रेस के प्रति सरकार का दृष्टिकोण

(1) सरकार का सहयोग—तत्कालीन वायसराय लॉर्ड डफरिन ने काँग्रेस को एक राजनीतिक संस्था का रूप देने का विचार रखा था और "जब उनके विचार के आधार पर भारतीय राष्ट्रीय काँग्रेस की स्थापना की गयी तो उन्होंने इस संस्था पर अपना वरद हस्त रखा। आरम्भ के तीन वर्षों में काँग्रेस के प्रति शासन का दृष्टिकोण सहानुभूतिपूर्ण रहा और इसे सरकार का सहयोग प्राप्त रहा। स्वयं लॉर्ड डफरिन ने काँग्रेस के द्वितीय अधिवेशन में सम्मिलित प्रतिनिधियों का स्वागत किया था। तीसरे अधिवेशन के अवसर पर मद्रास के गवर्नर ने राजभवन में प्रतिनिधियों का सम्मान किया था तथा स्वागत समिति की मदद की थी।"[3]

परन्तु जैसे-जैसे काँग्रेस की शक्ति बढ़ती गयी और सामाजिक, आर्थिक तथा प्रशासनिक सुधारों की प्रबल माँग की जाने लगी, काँग्रेस के प्रति ब्रिटिश सरकार के रुख में परिवर्तन होने लगा। स्वयं लॉर्ड डफरिन, इसके कार्यों को शंका की दृष्टि से देखने लगे। अपने शासन काल की समाप्ति पर उन्होंने काँग्रेस की निन्दा करते हुए कहा कि, "मुझे उसका भारतीय जनता के प्रतिनिधित्व का दावा बेबुनियाद लगता है। काँग्रेस तो एक ऐसे नगण्य अल्प मत का प्रतिनिधित्व करती है, जिसको एक शानदार और विभिन्न रूपों वाले साम्राज्य के शासन की बागडोर हर्गिज

---

2. डॉ॰ पट्टाभि सीतारमैया, *काँग्रेस का इतिहास,* पृ॰ 29.

3. C.Y. Chintamani, *Indian Politics Since Mutiny,* p. 26.

नहीं दी जा सकती।''[4] आंग्ल-भारतीय समाचार-पत्रों ने यह दोहराना शुरू किया कि ''यह तो छिपे वेष में एक ऐसी राजद्रोही संस्था है जिसे न तो जनता का प्रतिनिधित्व प्राप्त है और न ही जिसका कोई मूल्य है।''[5]

(2) सरकार द्वारा विरोध—सन् 1888 के इलाहाबाद अधिवेशन तक ब्रिटिश सरकार के दृष्टिकोण में परिवर्तन हो चुका था। उत्तर-पश्चिमी सीमा प्रान्त के गवर्नर सर आकलैण्ड कॉलविन ने काँग्रेस का अधिवेशन इलाहाबाद में न होने देने के लिए हर सम्भव रुकावट डाली। शासन के काँग्रेस विरोधी दृष्टिकोण के कारण दरभंगा नरेश ने 'लौदर कौंसिल हाउस' खरीदकर काँग्रेस को अधिवेशन के लिए दे दिया। कॉलविन के एक आदेश पत्र द्वारा सरकारी कर्मचारियों को काँग्रेस के अधिवेशन में भाग लेने से रोक दिया गया। बाद में तो प्रान्तीय सरकारों द्वारा सरकारी कर्मचारियों के काँग्रेस अधिवेशन में दर्शक रूप में उपस्थित होने का भी निषेध कर दिया गया। सन् 1890 में बंगाल सरकार द्वारा अपने सचिवों और विभागाध्यक्षों को जारी की गयी आज्ञा में कहा गया था, ''भारत सरकार के आदेशों के अधीन, काँग्रेस की बैठकों में, दर्शक के रूप में भी सरकारी अधिकारियों की उपस्थिति वांछनीय नहीं है और इस प्रकार की बैठक में उनके भाग लेने को निषेध किया जाता है।''[6]

क्रमशः समाचार-पत्रों पर भी प्रतिबन्ध लगा दिये गये तथा सरकार ने काँग्रेस के विरोध में मुसलमानों को संगठित होने की प्रेरणा दी। सन् 1888 के काँग्रेस अधिवेशन में शेख रजा हुसैन खाँ ने कहा था—ये मुसलमान नहीं वरन् उनके सरकारी आका हैं, जो काँग्रेस का विरोध करते हैं।''[7] सन् 1897 में 'इण्डियन पीनल कोड' में भी राजद्रोहात्मक भाषणों तथा कार्यों पर नियन्त्रण रखने के लिये संशोधन किये गये। ब्रिटिश शासन के उत्तर-पश्चिमी सीमा प्रान्त के मुसलमानों को काँग्रेस से अलग रहने के लिए बाध्य किया गया और शिक्षित हिन्दुओं में भी मतभेद उत्पन्न करने के प्रयत्न किये गये। भारत मन्त्री लॉर्ड हेमिल्टन के निर्देशन में लॉर्ड कर्जन की सरकार ने धनी और कुलीन व्यक्तियों पर काँग्रेस से अलग रहने के लिए दबाव डाला। इस प्रकार काँग्रेस के प्रति ब्रिटिश सरकार का दृष्टिकोण रैम्जे मैक डानल्ड के शब्दों में, ''प्रारम्भ में यह मित्रतापूर्ण था, लेकिन बाद में इसने कटु विरोध का रूप ग्रहण कर लिया।'' ब्रिटिश सरकार का यह शत्रुतापूर्ण दृष्टिकोण अपने वांछित लक्ष्य की प्राप्ति नहीं कर सका। इसके विपरीत शासन की शत्रुता ने काँग्रेस की लोकप्रियता में वृद्धि ही की।

---

4. A.C. Mazumdar, *Indian National Evolution*, p. 79.
5. *Ibid*, p. 82.
6. " Under the orders of the Government of India, the presence of Government officials, even as visitors, at such meeting is not advisable, and that their taking part in the proceedings in any such meeting is also prohibited."

   Bengal Govt. Order 1890 (Quoted from D.C. Gupta), *Indian National Movement*. p. 421.
7. रामगोपाल, *भारतीय राजनीति*, पृ० 114.

उदार या नरम राष्ट्रीयता का काल (1885-1905)

बीस वर्षों में उदारवादी प्रस्ताव

उदारवादी क्रमशः सुधार की नीति में विश्वास करते थे। अस्तु, व्यावहारिक दृष्टिकोण अपनाते हुए उन्होंने बहुत ऊँची माँगें नहीं की। उदारवादी राष्ट्रीयता के 20 वर्षों में काँग्रेस के द्वारा अपने मंच से प्रमुख रूप से निम्नलिखित प्रस्ताव पारित किये गये :

(1) भारतीय शासन की जाँच करने के लिए सरकार द्वारा एक 'रॉयल कमीशन' नियुक्त किया जाये।

(2) भारत मन्त्री तथा भारत परिषद् के पद का अन्त किया जाये।

(3) केन्द्रीय तथा प्रान्तीय परिषदों का विस्तार तथा सुधार किया जाये। उसमें प्रश्न पूछने, बजट पास करने तथा बहुमत के आधार पर निर्णय करने की प्रथा जारी की जाये।

(4) नागरिक सेवा प्रतियोगिता परीक्षा भारत तथा इंगलैण्ड दोनों देशों में एक साथ हो तथा परीक्षार्थियों की आयु बढ़ा दी जाये।

(5) भारत के सैनिक व्यय में कमी की जाय और ब्रिटिश सेना की संख्या कम की जाये।

(6) इंगलैण्ड से आने वाले कपड़े पर आयात कर, जो लिटन के शासन काल में हटा दिया गया था, पुनः लगाया जाये।

(7) स्थानीय संस्थाओं को अधिक शक्तियाँ दी जायें और उन पर सरकारी नियन्त्रण कम किया जाये।

(8) पुराने उद्योगों को पुनर्जीवित किया जाये तथा कुछ नये उद्योग स्थापित किये जायें, ताकि कृषि पर दबाव कम हो और बेरोजगारी दूर हो।

(9) नमक पर कर कम किया जाये।

(10) ऐसे कानून बनाये जायें कि जमींदार किसानों का शोषण न कर सकें।

(11) विदेशों में रहने वाले भारतीयों के हितों की रक्षा की जाये।

(12) न्यायपालिका को कार्यपालिका से अलग कर दिया जाये।

(13) प्रेस पर नियन्त्रण हटा दिये जायें और समाचार-पत्रों को अधिक स्वतन्त्रता दी जाये।

(14) न्यायालय में 'जूरी प्रथा' अपनायी जाये तथा उनके निर्णयों को मान्यता दी जाये।

(15) कृषि बैंक खोले जाएँ जहाँ से किसानों को कम ब्याज पर ऋण मिल सकें।

(16) तीसरे दर्जे के रेल यात्रियों को अधिकाधिक सुविधाएँ प्रदान की जायें।

(17) भारत की निर्धनता के कारणों का पता लगाकर उन्हें दूर किया जाये।

(18) देश में उद्योग सम्बन्धी और टैक्नीकल स्कूल तथा कॉलेज खोले जायें।

(19) भारत में सैनिक शिक्षा देने के लिए कॉलेज खोले जायें।

इंगलैण्ड में प्रचार कार्य

उदार राष्ट्रीयता के काल में काँग्रेस को ब्रिटिश शासन की न्यायप्रियता में पूरा विश्वास था। काँग्रेस के नेतागण सोचते थे कि यदि वे ब्रिटिश शासन को अपना दृष्टिकोण समझा दें तो ब्रिटिश सरकार तदनुसार कार्य करना स्वीकार कर लेगी। काँग्रेस के नेतागण भारतीय नौकरशाही को अपने मार्ग की सबसे बड़ी बाधा समझते थे। उन्होंने सोचा कि इंगलैण्ड में भी कुछ ऐसे व्यक्तियों को अपनी विचारधारा से प्रभावित किया जाये जिनका भारत से सम्पर्क रहा हो और जो भारतीय गतिविधियों में रुचि रखते हों। सन् 1885 ई. में काँग्रेस की स्थापना से पूर्व भी ह्यूम साहब ने इंगलैण्ड के प्रमुख व्यक्तियों को अपनी विचारधारा से अवगत कराया था। काँग्रेस की स्थापना के बाद सन् 1890 ई. में काँग्रेस की ओर से एक प्रतिनिधि मण्डल भेजा गया, जिसका उद्देश्य इंगलैण्ड जाकर वहाँ के निवासियों में काँग्रेस सम्बन्धी कार्यों का प्रचार करना और उनको विधायी परिषदों के सुधार की योजना के सम्बन्ध में अपने विचार तथा कार्यक्रम से अवगत कराना था। इसके अतिरिक्त इस उद्देश्य से एक समिति का भी निर्माण किया गया, जिसके सदस्य जॉर्ज यूल, ए. ओ. ह्यूम, जे. एडम, अर्डले नार्टन तथा जे. ई. हावर्ड थे। इनके खर्च के लिए 45 हजार रुपये प्रदान किये गये। इंगलैण्ड पहुँचकर इन लोगों ने भारतीय प्रश्नों पर पारस्परिक विचार विनियम के उद्देश्य, से 'हाउस ऑफ कॉमन्स' के सदस्यों की एक समिति का निर्माण किया। जिस में 145 सदस्यों ने भाग लिया और इसे पर्याप्त सफलता प्राप्त हुई। ब्रिटिश जनमत को प्रभावित करने के लिए उन्होंने 'इण्डिया' नामक एक समाचार-पत्र का प्रकाशन प्रारम्भ किया। यह समाचार-पत्र बाद में साप्ताहिक पत्र के रूप में परिणत हो गया। इसके अतिरिक्त उन्होंने इंगलैण्ड के विभिन्न नगरों में भाषण दिये, पुस्तिकाओं तथा पत्रिकाओं का वितरण किया तथा अंग्रेजों से सम्बन्ध रखने प्रारम्भ किये। काँग्रेस के द्वारा इंगलैण्ड में जो प्रचार कार्य किया गया उसके परिणामस्वरूप इंगलैण्ड में भारतीय हितों से सहानुभूति रखने वाले एक प्रभावशाली वर्ग का निर्माण हुआ।

उदार राष्ट्रवादियों की विचारधारा

(1) **ब्रिटिश सम्राट के प्रति राजभक्ति**—प्रारम्भिक वर्षों में काँग्रेस का संचालन करने वाले उदार राष्ट्रवादी उच्च कोटि के देशभक्त थे किन्तु उनकी सामाजिक पृष्ठभूमि को देखते हुए उनकी देशभक्ति की कुछ सीमाएँ थीं। ये राष्ट्रीय नेता ब्रिटिश शासन के बड़े प्रशंसक थे। ब्रिटिश राज के उपकारों के प्रति उनके हृदय में कृतज्ञता का भाव था। वे अपने देश के प्रति भक्ति के साथ-साथ ब्रिटिश सम्राट के प्रति राजभक्ति भी रखते थे। काँग्रेस की इस राजभक्ति को व्यक्त करते हुए ही प्रथम अधिवेशन के सभापति श्री वोमेशचन्द्र बनर्जी ने कहा था—"मैं सब उपस्थित सज्जनों के मत को व्यक्त कर रहा हूँ, जब मैं कहता हूँ कि अंग्रेजी सरकार को मेरे और यहाँ बैठे हुए मेरे मित्रों की अपेक्षा; अधिक गहरे और पक्के राजभक्त व्यक्ति मिलना असम्भव है।"

दूसरे अधिवेशन में दादाभाई नौरोजी ने यह घोषणा की कि—"आओ, हम पुरुषों की तरह बोलें और घोषणा कर दें कि हम आचूड़ राजभक्त हैं।" इन उदारवादी नेताओं के सम्बन्ध में श्रीमती एनी बेसेण्ट ने कहा था—"इस काल के नेता अपने को प्रजा मानने में गौरव का अनुभव करते थे।"

शासन के प्रति उदारवादियों की भक्ति-भावना से सरकार भी भली-भाँति परिचित थी। समय-समय पर उसने उदारवादियों को विभिन्न पदवियों और पदों से सुशोभित किया। ब्रिटिश शासन द्वारा किया गया यह कार्य उदार राष्ट्रवादियों को किसी प्रकार का प्रलोभन नहीं वरन् उनकी योग्यता और प्रतिभाओं का उचित मूल्यांकन ही समझा जाना चाहिए।[8]

(2) अंग्रेजों की न्यायप्रियता में विश्वास—उदार राष्ट्रवादियों को अंग्रेजों की न्यायप्रियता में अटूट विश्वास था। इस विश्वास ने ही उनमें राजभक्ति की भावना को जन्म दिया था। डॉ. पट्टाभि सीतारमैया के अनुसार उदारवादी नेता इस बात पर विश्वास करते थे कि अंग्रेज स्वभाव से न्यायप्रिय होते हैं तथा यदि उन्हें भारतीय दृष्टिकोण का सही ज्ञान करा दिया गया, तो वे भारतीय दृष्टिकोण को स्वीकार कर लेंगे। सुरेन्द्रनाथ बनर्जी का कहना था—"अंग्रेजों के न्याय, बुद्धि तथा दया भावना में हमारा विश्वास है। संसार की महानतम प्रतिनिधि सभा, संसदों की जननी, ब्रिटिश कॉमन्स सभा के प्रति हमारे हृदय में श्रद्धा है। अंग्रेजों ने सर्वत्र प्रतिनिध्यात्मक आदर्श पर ही शासन की रचना की है।" 1896 के काँग्रेस अधिवेशन में सभापति पद से रहीमतुल्ला सयानी ने घोषित किया था कि—"अग्रेजों से बढ़कर सच्चरित्र तथा सच्ची जाति इस सूर्य के प्रकाश के नीचे नहीं बसती।"[9] फिरोजशाह मेहता, सर टी. माधवराव और दयाल सिंह मजीठिया आदि अनेक उदारवादी भी अपने इस विश्वास को अनेक बार व्यक्त कर चुके थे। अंग्रेजों की न्यायप्रियता में विश्वास व्यक्त करते हुए दादाभाई नौरोजी अपनी विशेष शैली में कहते थे कि- "यद्यपि जॉनबुल (ब्रिटिश राष्ट्र) तनिक मन्द बुद्धि है परन्तु यदि उसे एक बार कोई बात सुझा दी जाय कि वह अच्छी और उचित है, तो आज उसे कार्य रूप में परिणत किये जाने के प्रति विश्वस्त हो सकते हैं।"[10] वह कहा करते थे कि-"मैं आशा करता हूँ कि वह दिन भी दूर नहीं जब अंग्रेज स्वेच्छा से भारत से चले जायेंगे।"[11]

(3) ब्रिटेन के साथ सम्बन्ध भारत के हित में—अधिकांश प्रारम्भिक काँग्रेसी नेता पाश्चात्य सभ्यता के परिणाम थे और पाश्चात्य सभ्यता से प्रभावित थे। वे सोचते थे कि ब्रिटेन ने भारतीयों को एक प्रगतिशील सभ्यता प्रदान की है। अंग्रेजी साहित्य, शिक्षा पद्धति, यातायात और संवादवाहन की व्यवस्था, न्याय व्यवस्था और स्थानीय स्वायत्त शासन ब्रिटिश राज के वरदान समझे जाते थे। वे सोचते थे कि शासन की रक्षा व्यवस्था बनाये रखने और भारत को प्रगति की ओर उन्मुख करने में अंग्रेज ही समर्थ हैं। उपर्युक्त भावना को व्यक्त करते हुए श्री गोपालकृष्ण गोखले ने कहा था-"हमें यह मानना पड़ेगा कि ब्रिटिश शासन विदेशी शासन होने के कारण अपनी कमियों के होते हुए भी देशवासियों की प्रगति में एक बड़ा साधन रहा है, इसके जारी रहने

---

8. डॉ॰ पट्टाभि सीतारमैया, *काँग्रेस का इतिहास*, पृ॰ 102.
9. "A more honest or sturdy nation does not exist under the sun than this English nation." —Rahim Tulla Sayani (Quoted from Annie Beasant), *How India Wrought for Freedom,* p. 232.
10. "Although John Bull is a Little thick-headed, yet once we can penetrate a thought into his brain that a certain thing is right and proper, you may be quite sure that it will be done." —*Dadabhai Nauroji.*
11. Annie Beasant , *How India Wrought for Freedom,* p. 165.

का अर्थ उस शान्ति और व्यवस्था के जारी रहने से है, जिन्हें केवल यही कायम रख सकता है और जिनके साथ हमारे श्रेष्ठ हित बँधे हैं।" काँग्रेस के छठे अधिवेशन में अध्यक्ष पद से भाषण देते हुए फिरोजशाह मेहता ने कहा था कि, "इंगलैण्ड और भारत का सम्बन्ध इन दोनों देशों और समस्त विश्व की आने वाली पीढ़ियों के लिए वरदान होगा।"

(4) क्रमिक सुधार में विश्वास—राजनीतिक क्षेत्र में उदारवादी क्रमबद्ध विकास की धारणा में विश्वास करते थे। वे जानते थे कि प्रतिनिध्यात्मक शासन के लक्ष्य को एकदम ही प्राप्त नहीं किया जा सकता। तात्कालिक रूप में वे प्रशासन में आवश्यक सुधारों, विधायी परिषदों, सेवाओं, स्थानीय स्वायत्त संस्थाओं और रक्षा सेवाओं में सुधार से ही सन्तुष्ट थे। सुरेन्द्रनाथ बनर्जी के शब्दों में "भारतीयों की तात्कालिक रूप में केवल यह आकांक्षा है कि सरकार के आधार को अधिक विस्तृत किया जाय और जनता का उसमें समुचित भाग हो।" सन् 1906 के काँग्रेस अधिवेशन में दादाभाई नौराजी के द्वारा स्वशासन अथवा स्वराज्य की माँग की गयी थी। यह स्वशासन ब्रिटिश साम्राज्य की छत्रछाया में ही प्राप्त किया जाना था। यह भी स्वीकार किया गया कि इस लक्ष्य की प्राप्ति के लिए लम्बी अवधि तक भारतीयों को प्रशिक्षण की आवश्यकता है। इस प्रकार उदारवादी नेता क्रमिक वैधानिक और प्रशासनिक सुधार चाहते थे और क्रान्तिकारी परिवर्तन के विरुद्ध थे। इस सम्बन्ध में श्री प्रधान लिखते हैं कि—"यदि हम काँग्रेस की प्रारम्भिक कार्यवाहियों को देखें, तो पाते हैं कि उनकी माँगे अत्यधिक नरम थीं। काँग्रेस के प्रारम्भिक संगठन और समर्थक आदर्शवादी नहीं वरन् व्यावहारिक सुधारवादी थे और वे क्रमबद्ध सुधार के मार्ग में विश्वास करते थे।"[12]

(5) उदारवाद का लक्ष्य—राजनीतिक स्वशासन की प्राप्ति—उदारवादी नेताओं के अनुसार क्रमिक वैधानिक सुधारों का अन्तिम लक्ष्य भारतीयों के लिए स्वशासन की प्राप्ति था। वे ब्रिटिश शासन के अन्तर्गत स्वशासन की स्थापना चाहते थे। उनके विचार थे कि ब्रिटिश शासन के अन्तर्गत भारतीयों को स्वशासन का पर्याप्त प्रशिक्षण प्राप्त हो चुका था और अब भारत स्वशासन के लिए पूर्णतया तैयार था। काँग्रेस के दूसरे अधिवेशन में श्री सुरेन्द्रनाथ बनर्जी ने कहा था कि—"स्वशासन एक प्राकृतिक देन है, ईश्वरीय शक्ति की कामना है। प्रत्येक राष्ट्र को स्वयं ही अपने भाग्य का निर्णय करना चाहिए। यही प्रकृति का नियम है।"[13] उनका विश्वास था कि—"स्वशासन भारतीयों के लिए कोई नयी व्यवस्था नहीं तथा स्वतन्त्र संस्थाएँ देश के बौद्धिक तथा नैतिक संयम की सबसे अच्छी पाठशालाएँ होती हैं। इनके बिना, स्वस्थ राष्ट्रीय जीवन सम्भव नहीं।"[14] 1906 के काँग्रेस अधिवेशन में दादाभाई नौरोजी की अध्यक्षता में काँग्रेस ने स्वशासन के इस लक्ष्य को स्पष्ट रूप से अपनाया।

उदारवादियों की कार्यपद्धति

उदारवादी संवैधानिक साधनों की प्रभावदायकता में विश्वास रखते थे। वे हिंसा के उग्र विरोधी थे और किसी भी रूप से सरकार के साथ किसी संघर्ष में नहीं पड़ना चाहते थे। अपनी

12. G. R. Pradhan, *India's Struggle for Swaraj*, p. 24.
13. Annie Beasant, *How India Wrought for Freedom*, p. 26.
14. *Ibid.*, p. 41.

माँगों का औचित्य सिद्ध करने के लिए उन्होंने 'प्रार्थना-पत्रों, स्मृति-पत्रों और प्रतिनिधि मण्डलो, (Prayer, Petition and Deputation)' का मार्ग अपनाया था, जिसे आलोचकों के द्वारा 'राजनीतिक भिक्षावृत्ति' (Political mendicacy) का नाम दिया गया था। वे क्रान्तिकारी पद्धति को अपने उद्देश्य की प्राप्ति में अनुपयोगी समझते थे। वे स्वयं में क्रान्तिकारी पद्धति को अपनाने के लिए आवश्यक क्षमता का अभाव भी अनुभव करते थे। उन्हें अपनी निवेदन की पद्धति पर अत्यधिक विश्वास था। काँग्रेस के तृतीय अधिवेशन में पं. मदनमोहन मालवीय ने कहा था–"हमें सरकार से बार-बार निवेदन करना चाहिए कि वह हमारी माँगों पर शीघ्रता से विचार करे तथा फिर हम अपनी इस सुधार सम्बन्धी माँगों को स्वीकार करने पर जोर दें।"[15] राजनीतिक सुधारों के लिए वे याचना करने में किसी प्रकार की लज्जा का अनुभव नहीं करते थे। सन् 1906 में काँग्रेस अध्यक्ष पद से बोलते हुए दादाभाई नौरोजी ने कहा था कि–"शान्तिप्रिय विधि ही इंगलैण्ड की राजनीतिक, सामाजिक और औद्योगिक इतिहास की जीवन और आत्मा है। इसलिए हमें भी उस सभ्य, शान्तिमय, नैतिक शक्ति रूपी अस्त्र को प्रयोग में लाना चाहिए।"

उदारवादियों का मूल्यांकन

1. देशभक्ति और राजभक्ति का अनुचित समन्वय उदारवादियों की दुर्बलताएँ–सन् 1885 से लेकर 1905 तक जिन उदार राष्ट्रवादियों के हाथ में काँग्रेस का नेतृत्व रहा, न तो उनकी राजनीतिक मनोवृत्ति सही थी और न ही उनके द्वारा अपनाये गये साधन प्रभावशाली थे। उदार राष्ट्रवादिता को देशभक्ति और ब्रिटिश राजभक्ति का एक अपूर्ण समन्वय कहा जा सकता था, परन्तु वास्तव में जब भारत पर साम्राज्यवादी ब्रिटेन के द्वारा शासन किया जा रहा हो, तो एक व्यक्ति राजभक्ति या देशभक्ति में से किसी एक मार्ग को ही अपना सकता था। उदारवादियों की देशभक्ति का राजभक्ति से मेल हो जाने के कारण देशभक्ति आंशिक होकर रह गयी थी। उनका यह सोचना गलत था कि ब्रिटिश राज स्वयं भारत के हित में है। अपने स्वयं के स्वार्थों के कारण किन्ही सीमित क्षेत्रों में ब्रिटेन के द्वारा भारत को भले ही भौतिक प्रगति प्रदान की गयी हो, सामूहिक रूप में तो ब्रिटिश राज भारत के चतुर्मुखी विनाश का ही कारण था। उदारवादियों का अंग्रेजों की न्यायप्रियता में विश्वास निर्मूल था। जैसा कि बाद की घटनाओं ने सिद्ध किया, साम्राज्यवादी अंग्रेज सत्य और न्याय के स्थान पर शक्ति और दबाव की भाषा ही समझते थे।

2. प्रभावहीन वैधानिक पद्धति–उदार राष्ट्रवादियों द्वारा अपनायी गयी वैधानिक पद्धति प्रभावशाली नहीं थी। सन् 1918 तक उनकी अनेक प्रार्थनाओं और याचनाओं के बावजूद भी अंग्रेज शासन ने उनकी नितान्त उचित एवं वैध माँगों के प्रति कोई रुचि नहीं दिखाई थी। उन्होंने जिन साधनों का प्रयोग किया, वे अत्यन्त साधारण कोटि के थे। ब्रिटिश शासन पर उनका कोई प्रभाव नहीं पड़ सका था। बाद के उग्रवादियों के द्वारा उदारवादियों के साधनों को 'राजनीतिक भिक्षावृत्ति' का अपमानजनक नाम दिया गया था।

3. जन नेतृत्व का अभाव–उदार राष्ट्रवादिता की धारा का नेतृत्व करने वाले व्यक्ति जन नेता नहीं थे। उनका साधारण जनता से कोई सम्पर्क नहीं था और जैसा कि गुरुमुख निहालसिंह

---

15. Annie Beasant, *How India Wrought for Freedom*, p. 45.

लिखते हैं—"सम्भवत: गोखले को छोड़कर काँग्रेस के नरम नेताओं में स्वतन्त्रता के लिए व्यक्तिगत बलिदान करने और आपत्तियाँ सहने को कोई तैयार नहीं था।"[16] स्वतन्त्रता के लक्ष्य को प्राप्त करने के लिए आवश्यक त्याग भावना का उनमें अभाव था।

भारतीय राजनीति में उदारवादियों का स्थान

इस बात से इंकार नहीं किया जा सकता कि उन परिस्थितियों में उदार राष्ट्रवादियों द्वारा अपनाया गया मार्ग नितान्त औचित्यपूर्ण और व्यावहारिक था। उनके द्वारा अपनाया गया मार्ग नितान्त स्वाभाविक और विवेकपूर्ण था और वे समय की गति के अनुसार आगे बढ़ने में पीछे नहीं रहे। उदार राष्ट्रवादियों के कार्यों का महत्व निम्नलिखित है :

(1) **ब्रिटिश शासन के दोष स्पष्ट करना**—अपनी स्थापना के समय से ही काँग्रेस ने ब्रिटिश शासन की बुराइयाँ बतलाने और उसे जनहितकारी रूप प्रदान करने के प्रयत्न प्रारम्भ कर दिये थे। नौकरशाही की बुराइयाँ बतलाने के क्रम में उन्होंने विदेशी शासन के दोष स्पष्ट किये और उग्रवादी तत्व को विदेशी शासन के विरुद्ध लड़ने के लिए शक्तिशाली शस्त्र प्रदान किया। इस प्रकार शुरू के दिनों में भी काँग्रेस "सरकार का एक प्रतिपक्ष बन गयी, किन्तु वह कोई मित्रतापूर्ण परामर्शदाता प्रतिपक्ष न बनी, अपितु वह एक ऐसा प्रतिपक्ष बनी, जिसने सरकार की हैसियत और अधिकार को चुनौती दी।"[17]

(2) **भारतीय राष्ट्रीयता के जनक**—तात्कालिक रूप में अधिक महत्वपूर्ण न होते हुए भी उदारवादियों के कार्य ऐसे थे। जिनके सुदूरव्यापी और अत्यन्त महत्वपूर्ण परिणाम हुए। ये उदार राष्ट्रवादी ही भारत में राष्ट्रीयता के जनक थे। उन्होंने देशवासियों को साम्प्रदायिक और प्रान्तीय धरातलों से ऊपर उठकर सामान्य राष्ट्रीयता की भावना को विकसित करके शिक्षा दी। श्री गुरुमुख निहालसिंह के शब्दों में—"प्रारम्भिक काँग्रेस ने राजभक्ति की प्रतिज्ञाओं, नरम नीति, आवेदन ही नहीं अपितु भिक्षावृत्ति के बावजूद भी उन दिनों राष्ट्रीय जागरण, राजनीतिक शिक्षा, भारतीयों को एकता के सूत्र में आबद्ध करने तथा उनमें सामान्य राष्ट्रीयता की भावना का निर्माण करने में कठिन परिश्रम किया था।"[18]

(3) **भारतीयों की राजनीति शिक्षा**—उदारवादियों ने भारतीय जनता को राजनीतिक शिक्षा प्रदान की और उनमें प्रजातन्त्र तथा स्वतन्त्रता के आदर्शों को प्रसारित किया। उन्होंने सभी महत्वपूर्ण प्रश्नों पर विचार-विमर्श के लिए एक मंच प्रदान किया और इस प्रकार शासन से सम्बद्ध प्रमुख प्रश्नों पर प्रबल जनमत का निर्माण किया। उन्होंने भारतीय जनता को व्यक्तिगत स्वाधीनता, प्रतिनिध्यात्मक संस्थाओं की स्थापना, आर्थिक और सामाजिक सुधार और अन्त में स्वशासन की माँग करने के लिए प्रेरित किया। जनमत को प्रभावित करने और भारतीयों को राष्ट्रीय जीवन की ओर आकर्षित करने की दिशा में उनके कार्य महत्वपूर्ण थे उन्हें भारतीय प्रश्नों

16. जी ० एन० सिंह, *भारत का वैधानिक एवं राष्ट्रीय विकास*, पृ० 121.
17. McDonald, *Govt. of India.*
18. जी ० एन० सिंह, *भारत का वैधानिक एवं राष्ट्रीय विकास*, पृ० 121.

के सम्बन्ध में इंगलैण्ड के जनमत को प्रभावित करने में भी पर्याप्त सफलता प्राप्त हुई। डॉ॰ ईश्वरी प्रसाद के अनुसार, "उदारवादियों की कार्यपद्धति का उपहास उड़ाये जाने के बावजूद इस बात से इंकार नहीं किया जा सकता कि उन्होंने राष्ट्रीय जीवन के उत्थान के लिए आवश्यक मानवीय शक्ति और अन्य साधनों की व्यवस्था की।"[19] डॉ॰ रासबिहारी घोष के अनुसार "हमारे द्वारा उनके महती कार्यों और कर्त्तव्य भावना की प्रशंसा की जानी चाहिए।"[20]

(4) भारतीय स्वतन्त्रता संग्राम का आधार तैयार करना—यद्यपि उदारवादियों ने स्वयं स्वतन्त्रता की गम्भीरतापूर्वक माँग या इस हेतु कोई आन्दोलन नहीं किया, परन्तु उन्होंने एक पृष्ठभूमि तैयार की, जिसके आधार पर ही भविष्य में स्वतन्त्रता हेतु विभिन्न आन्दोलन किये जा सके। श्री के॰ एम॰ मुन्शी लिखते हैं कि—"यदि पिछले 30 वर्षों में काँग्रेस के रूप में एक अखिल भारतीय संस्था देश के राजनीतिक क्षेत्र में कार्यरत न होती, तो ऐसी अवस्था में गांधी जी का कोई महान् आन्दोलन सफल न होता"[21] डॉ. पट्टाभि सीतारमैया के शब्दों में "जिस समय भारत के राजनीतिक क्षेत्र में उन्होंने पदार्पण किया, उस समय वे अकेले थे। उन्होंने जो नीतियाँ अपनायीं, उनके लिए हम उन्हें कोई दोष नहीं दे सकते। किसी भी आधुनिक इमारत की नींव में 6 फुट नीचे जो ईट, चूना और पत्थर गढ़े हैं, क्या उन पर कोई दोष लगाया जा सकता है? क्योंकि वही तो आधार है जिसके ऊपर सारी इमारत खड़ी हो सकी है। सर्वप्रथम औपनिवेशिक स्वशासन, फिर साम्राज्य के अन्तर्गत होमरूल, उसके बाद स्वराज्य तथा सबके शीर्ष पर पूर्ण स्वाधीनता की मंजिलें एक के बाद एक ही बन सकी हैं।"[22]

(5) भारतीय परिषद् अधिनियम, 1892—सन् 1892 का भारतीय परिषद् अधिनियम उदारवादी राष्ट्रीयता की तात्कालिक सफलता था। यद्यपि वह भारतीयों को सन्तुष्ट न कर सका, परन्तु फिर भी देश के वैधानिक विकास की दिशा में यह एक निश्चित प्रगतिशील चरण था।

उदार राष्ट्रीयतावादी युग के नेता एलन आक्टेवियन ह्यूम (ALLAN OCTAVIAN HUME)

ए॰ ओ॰ ह्यूम भारतीय राष्ट्रीय काँग्रेस के संस्थापकों में प्रमुख थे। सन् 1885 में उन्होंने अपने तथा सुरेन्द्रनाथ बनर्जी के संयुक्त हस्ताक्षरों से भारत के प्रमुख सार्वजनिक व्यक्तियों का

19. Dr. I, Prasad, *History of Modern India,* p. 315.

20 "We should have some kindly thoughts for those who too, in their days, strove to do their duty, however imperfectly, through good report and through evil report, with it may be a somewhat chastened fervour, but a fervour as genuine as that which stirs and aspires younger hearts."

—Dr. Rash Bihari Ghosh (Quoted from Annie Beasant), *How India Wrought for Freedom,* p. 475.

21. "If there had not been an all India organisation functioning for more than 30 years, none of the great movements led by Gandhiji would have had any chance of success."

—K.M. Munshi, *Advent of Independence,* p. 8.

22. डॉ॰ पट्टाभि सीतारमैया, *काँग्रेस का इतिहास, खण्ड प्रथम,* पृ॰ 97.

एक सम्मेलन बुलाया, जो भारतीय राष्ट्रीय काँग्रेस का प्रथम अधिवेशन था। वे काँग्रेस के प्रथम महा मन्त्री थे। 1907 तक लगातार वे इस पद पर बने रहे। काँग्रेस के प्रति उनकी इन सेवाओं के कारण ही ह्यूम को 'भारतीय राष्ट्रीय काँग्रेस के पिता' के नाम से पुकारा जाता है। काँग्रेस की स्थापना के पूर्व उन्होंने कलकत्ता विश्वविद्यालय के स्नातकों को सार्वजनिक सेवा हेतु आमन्त्रित करते हुए एक प्रसिद्ध पत्र लिखा था–जिसकी कुछ प्रेरक पंक्तियाँ थीं–"आपके कन्धों पर रखा हुआ जुआ तब तक विद्यमान रहेगा, जब तक आप इस ध्रुव सत्य को समझकर उसके अनुसार कार्य करने को उद्यत न होंगे कि आत्मबलिदान और निःस्वार्थ कर्म ही स्थायी सुख और स्वतन्त्रता के अचूक मार्गदर्शन हैं।"[23]

राजनैतिक विचार

ह्यूम ब्रिटिश साम्राज्य के मित्र और शुभचिन्तक थे परन्तु वे भारत पर जिस ढंग से शासन किया जा रहा था उसके कटु आलोचक थे। वे सोचते थे कि भारत के साथ ब्रिटेन के सम्बन्ध स्वयं भारत के हित में हैं। उनका विचार था कि ब्रिटिश सरकार भारत और भारतीयों के प्रति अपने उत्तरदायित्व को ठीक रूप से निभा नहीं रही है, और भारतीयों के प्रति ब्रिटिश सरकार के दृष्टिकोण में परिवर्तन होना चाहिए। वे भारतीय प्रशासनिक सेवा के सदस्य थे और अपने कार्य-काल में प्रारम्भ से ही उन्होंने भारतीयों की सेवा करने की दृढ़ इच्छा के अनेक प्रमाण दिये थे। जिला अधिकारी के रूप में भी उन्होंने प्रशासनिक व्यवस्था में सुधार करने के अनेक प्रयत्न किये थे। "इस पद पर रहते हुए उन्होंने साधारण जनता में शिक्षा प्रसार, पुलिस, मदिरा निषेध, देशी भाषाओं के समाचार-पत्रों की उन्नति तथा बाल अपराधियों के सुधार हेतु अनेक कार्य किये।"[24] वे पुलिस अधिकारियों से न्यायिक शक्तियाँ छीन लेने के पक्ष में थे और आबकारी की आय को "पाप की कमाई" समझते थे। इस सम्बन्ध में उनका विचार था–'आबकारी से अगर एक रुपये की आमदनी होती है तो उससे उत्पन्न अपराधों के दमन में सरकार को दो रुपये खर्च करने पड़ते हैं।' सन् 1859 में उन्होंने 'लोकमित्र' समाचार-पत्र के प्रकाशन में सहायता दी। सन् 1879 में उन्होंने कृषि सुधार की एक योजना तैयार की। उनका विचार था कि देहाती क्षेत्रों में किसानों को महाजनों की गुलामी में जकड़ने की सीधी जिम्मेदारी दीवानी अदालतों पर है। उन्होंने कहा कि ग्रामवासियों के कर्ज के मुकदमें जल्दी निबटाने के लिए न्यायाधीशों को गाँव-गाँव जाकर स्थानीय बड़े-बूढ़ों की सहायता से इन मुकदमों को तय करना चाहिए। उन्होंने घोषित किया कि सरकार तलवार के जोर से अपनी सत्ता भले ही कायम कर ले किन्तु स्वतन्त्र और सभ्य सरकार का स्थायित्व इसी में है कि प्रजा के ज्ञान की वृद्धि की जाये और उसमें सरकार की अच्छाइयों का सम्मान करने की नैतिक और बौद्धिक योग्यता पैदा की जाये।

सन् 1870 से 1879 तक ह्यूम साहब भारत के मन्त्री रहे, किन्तु बाद में उनकी ईमानदार और स्वतन्त्र प्रकृति के कारण उन्हें वहाँ से निकाल दिया गया। लॉर्ड लिटन ने ह्यूम साहब को लेफ्टीनेण्ट गवर्नर बनाने का प्रस्ताव किया। ह्यूम साहब को यह स्वीकार न हुआ। दूसरा प्रस्ताव

---

23. इन्द्र विद्यावाचस्पति, *भारतीय स्वाधीनता संग्राम का इतिहास*, पृ॰ 59.

24. Dr. Pattabhi, Sita ramayya, *History of Indian National Congress*, Vol. I, p. 77.

उन्हें गृह सचिव बनाने का था। यह बात इंगलैण्ड के प्रधान मन्त्री लॉर्ड सेल्सबरी को पसन्द नहीं आयी। सन् 1882 में नौकरी से अवकाश लेकर वे भारत में सार्वजनिक सेवा कार्य में जुट गये।

यह कहा जाता है कि ह्यूम साहब के द्वारा काँग्रेस की स्थापना भारत हित की भावना से नहीं, वरन् ब्रिटिश साम्राज्य की रक्षा करने के लिए ही की गयी। इस टिप्पणी में अधिक सत्य नहीं है। यद्यपि काँग्रेस की स्थापना में ह्यूम का उद्देश्य ब्रिटेन और भारत के अच्छे सम्बन्धों को बनाये रखना था, परन्तु इसमें भारतीय हित की भावना भी प्रमुख रूप से निहित थी। अपनी पुस्तक 'यंग इण्डिया' में काँग्रेस की स्थापना के 'सेफ्टीवाल्व सिद्धान्त' (Safety valve theory) का प्रतिपादन करते हुए लाला लाजपतराय लिखते हैं कि "ह्यूम स्वतन्त्रता के पुजारी थे और उनका हृदय भारत की निर्धनता तथा दुर्दशा पर रोता था।"[25] ह्यूम साहब का उद्देश्य ब्रिटिश साम्राज्य का पक्ष पोषण नहीं, बल्कि ब्रिटिश शासन के विरुद्ध भारतीय जनता को वैधानिक रूप से संगठित करना था। सन् 1888 के काँग्रेस अधिवेशन में भारतीय जनता को 'एन्टकॉर्नलीग' की पद्धति पर ब्रिटिश शासन के विरुद्ध आन्दोलन करने के लिए आह्वान करते हुए उन्होंने कहा था कि, "हमारे शिक्षित भारतीयों ने पृथक्-पृथक् रूप से, हमारे अखबारों ने व्यापक रूप से तथा हमारी राष्ट्रीय महासभा के समस्त प्रतिनिधियों ने एक स्वर से सरकार को समझाने की चेष्टा की है किन्तु सरकार ने, जैसा कि-प्रत्येक स्वेच्छाचारी सरकार का रवैया होता है, समझने से इंकार कर दिया। अब हमारा काम यह है कि हम देश में अलख जगाएँ, ताकि हर भारतवासी जिसने भारत माता की छाती का दूध पीया है, हमारा साथी, सहयोगी तथा सहायक बन जाये और यदि आवश्यकता पड़े तो काब्डेन और उसके बहादुर साथियों की तरह आजादी, न्याय तथा अपने अधिकारों के लिए जो महासंग्राम हम छेड़ने जा रहे हैं, उसका वह सैनिक बन जाये।"[26]

ह्यूम के अतिरिक्त और कोई दूसरा व्यक्ति काँग्रेस की स्थापना के कार्य में सफल हो ही नहीं सकता था। 6 अगस्त, 1913 को लन्दन में ह्यूम स्मारक सभा में बोलते हुए श्री गोखले ने कहा था–

"कोई भारतीय राष्ट्रीय काँग्रेस की स्थापना नहीं कर सकता था। यह बात अगर छोड़ भी दी जाय कि इतने बड़े कार्य के लिए ह्यूम जैसे प्रभावशाली व्यक्तित्व की आवश्यकता थी, अगर किसी भारतीय का ऐसा व्यक्तित्व होता भी और वह यह आन्दोलन चलाने के लिये आगे आ जाता, तो शासक उसे ऐसी संस्था न बनाने देते। राजनीतिक आन्दोलन उन दिनों ऐसी संशय की निगाह से देखे जाते थे कि काँग्रेस का जन्मदाता इतना महान् अंग्रेज और प्रमुख गैर-सरकारी व्यक्ति न होता तो शासन इस आन्दोलन के दमन के लिए कोई न कोई तरीका अवश्य ही निकालता।"[27]

---

25. Lala Lajpat Rai, *Young India*, p. 133.
26. रामगोपाल, *भारतीय राजनीति*, पृ० 109.
27 वही, पृ० 98.

दादा भाई नौराजी
(Dada Bhai Naoroji)

भारतीय राष्ट्रीय आन्दोलन के प्रतिष्ठित नेताओं में से दादा भाई नौराजी 'भारत के वयोवृद्ध महापुरुष' (The grand oldman of India) थे। पट्टाभि सीतारमैया के शब्दों में, "कांग्रेस के बड़े-बूढ़ों की सूची में सबसे पहला नाम दादा भाई नौरोजी का आता है जो कांग्रेस के प्रारम्भिक काल से अपने जीवनपर्यन्त कांग्रेस की सेवा करते रहे और काँग्रेस को, सर्वसाधारण की शासन सम्बन्धी शिकायतें दूर कराने का प्रयत्न करने वाली जन-सभा से बढ़ाते-बढ़ाते स्वराज्य प्राप्ति के निश्चित उद्देश्य से काम करने वाली राष्ट्र परिषद् पर पहुँचा दिया।"

दादा भाई नौराजी का जीवन—इनका जन्म 4 सितम्बर, 1825 ई० में बम्बई के एक पारसी धार्मिक परिवार में हुआ था। जब ये 12 वर्ष के ही थे तभी इनके पिता का देहान्त हो गया। अतः इनकी शिक्षा का समस्त भार इनकी माता पर आ पड़ा। उन्होंने बड़े कष्टों से इनको उच्च से उच्च शिक्षा दिलाई। बम्बई के मुख्य न्यायाधीश सर एर्सकिन पेरी चाहते थे कि दादा भाई इंगलैण्ड में वकालत की शिक्षा प्राप्त करें, परन्तु इनके परिवार के लोग पुराने विचारों के थे। अतः ये इंगलैण्ड न जा सके। सन् 1850 में ये एलफिंस्टन विद्यालय के अध्यापक नियुक्त हुए तथा इस पद पर सन् 1856 तक रहे। इसके बाद ये एक पारसी कम्पनी 'केमाँ एण्ड सन्स' के व्यापार की देख-रेख करने के लिए इंगलैण्ड चले गये। इस कम्पनी के ये साझीदार भी थे। सन् 1876 में इन्होंने बड़ौदा राज्य की दीवानी स्वीकार कर ली, किन्तु इस पद पर भी ये अधिक दिन नहीं रह सके क्योंकि अंग्रेज रेजीडेण्ट कर्नल पेरी से इनका मतभेद रहता था। इसके पश्चात् अन्त समय तक राजनीति ही इनका मुख्य कार्य-क्षेत्र रहा। 30 जून, 1917 को बम्बई में इनका स्वर्गवास हुआ। इसके सम्बन्ध में सर सी० वाई० चिन्तामणि का कहना है, "भारत का सार्वजनिक जीवन बौद्धिक दिग्गजों और निःस्वार्थ देशभक्तों की आकाश गंगा से अलंकृत रहा है, परन्तु हमारे समय में दादा भाई नौराजी के समान कोई अन्य नहीं था। उनसे अधिक सज्जन पुरुष के मैंने कभी दर्शन नहीं किए। उनकी तो उपस्थिति मात्र ही श्रद्धा का संचार करती है।"[28]

राजनीतिक कार्य

दादा भाई का राजनीतिक जीवन का कार्य क्षेत्र अत्यन्त व्यापक था। अपने इस जीवन काल में इन्होंने लगभग तीस संस्थाओं और अनेक पत्रों को जन्म दिया। इन पत्रों तथा संख्याओं का मुख्य उद्देश्य भारतीयों का राजनीतिक तथा सामाजिक उत्थान करना था। सन् 1866 में इन्होंने इंगलैड में 'ईस्ट इण्डिया ऐसोसिएशन' (East India Association) की स्थापना की, जिसका उद्देश्य अंग्रेजी जनता को भारतीय समस्याओं से परिचित कराना था। कांग्रेस से तो इनका सम्बन्ध जन्म काल से ही रहा तथा ये तीन बार (1836,1886, 1906 में) कांग्रेस के अध्यक्ष निर्वाचित

28. "The public life of India had been adorned by a galaxy of brilliant intellects and selfless patriote, but there has been in our time none comparable with Dada Bhai Naoroji. A gentler soul I have never met. His very presence inspires reverence."
—C.Y. Chintamani

हुये। ये प्रथम भारतीय थे जो कि ब्रिटिश संसद के सदस्य निर्वाचित हुए। इन्होंने ही कांग्रेस को स्वदेशी तथा स्वराज्य के नारे दिये तथा उसे वैधानिक आन्दोलन के मार्ग पर अग्रसर किया। लार्ड कर्जन की बंग-भंग नीति पर ये अत्यन्त दुखी हुए और इस नीति के विरोध में स्वदेशी आन्दोलन को प्रोत्साहन दिया। अपनी पुस्तक ''Poverty and Un-British Rule in India'' में इन्होंने भारत की बढ़ती हुई गरीबी के कारणों पर प्रकाश डाला। लार्ड वेल्बी के सभापतित्व में रायल कमीशन के सम्मुख गवाही देते हुए इन्होंने भारत में ब्रिटिश शासन की तीव्र आलोचना की और बताया कि इंगलैंड भारत का कितना आर्थिक शोषण करता था। अपने जीवन के आखिरी समय में ये पूर्ण विश्वास करने लगे थे कि स्वशासन से ही भारतीय समस्याओं का समापन हो सकता था। कांग्रेस के मंच से भाषण देते हुए दादा जी ने कहा था, ''हम कोई रियासत नहीं चाहते। हम केवल न्याय चाहते हैं। ब्रिटिश नागरिक होने के नाते अपने अधिकारों के अन्य किसी वर्गीकरण अथवा विवरण में न जाते हुए, सारे मामले को केवल एक शब्द ''स्वराज्य' द्वारा अभिव्यक्त किया जा सकता है, जैसा कि ब्रिटेन तथा उपनिवेशों में है।''[29]

दादा जी की ब्रिटिश शासन के प्रति निष्ठा—विदेशी सरकार की आलोचना करने तथा राजनीतिक सुधारों के लिए आन्दोलन करने के साथ-साथ दादा भाई ब्रिटिश सरकार के प्रति बहुत अच्छे विचार रखते थे। भारत के लिए जिस स्वराज्य की वह कल्पना करते थे वह ब्रिटिश सत्ता के आधीन स्वराज्य था। वह ब्रिटिश शासन के भक्त इसलिए थे क्योंकि इस शासन से भारत को बहुत लाभ हुए। सन् 1886 में कलकत्ता में हुए दूसरे कांग्रेस अधिवेशन में अध्यक्ष पद से भाषण देते हुए उन्होंने कहा—''यह हमारा सौभाग्य है कि हम ऐसे शासन के आधीन हैं, जो कि हमारे लिए इस प्रकार से मिलना सम्भव बनाता है। इंगलैण्ड की महारानी तथा वहाँ के लोगों के सभ्य बनाने वाले शासन के अन्तर्गत ही हम बिना रोक-टोक के आपस में मिल सकते हैं और बिना किसी भय और संकोच के अपने विचार प्रकट कर सकते हैं ऐसा केवल ब्रिटिश शासन में ही सम्भव है।'' अंग्रेजी शासन के प्रति निष्ठा होने का दूसरा कारण, उनका यह अटूट विश्वास था कि ब्रिटिश लोग स्वतन्त्रता प्राप्त करने में भारत का सहयोग देंगे। इसलिए वे किसी प्रकार का ब्रिटिश सरकार से असहयोग करने के पक्ष में नहीं थे। अपने एक भाषण में उन्होंने भारतीयों से अपील की—''संगठित होकर उत्सुकता, सामंजस्य तथा संयम के साथ और अंग्रेजी शासन के प्रति निष्ठा तथा अपने देश के प्रति भक्ति की भावना से भरे हुए आगे बढ़ो और अपनी न्यायोचित माँगों के लिये हमारे प्रयत्न अवश्य ही सफल होंगे और वह दिन दूर नहीं है जबकि विश्व ब्रिटेन जैसे एक महान् राष्ट्र को इस महान् तथा प्राचीन देश के अपार मानव समूह के प्रति मित्रता तथा न्याय का हाथ बढ़ाने का एक सुन्दरतम दृश्य देखेगा, जिससे मानव जाति का बड़ा हित तथा कल्याण होगा।''

---

29. "We do not ask for any favours. We want only justice. Instead of going into any further divisions or details of our rights as British Citizens, the whole matter can be comprised in one word—"self government" of Swaraj, like that or United kingdom or the Colonies."

—Dada Bhai nauroji

दादा भाई नौरोजी का मूल्याकंन—सर नारायण चन्दा वर्कर ने दिवंगत आत्मा को श्रद्धांजलि अर्पित करते हुए निम्न भाव प्रकट किये- "यदि हम उनके जीवन पर दृष्टिपात करें, तो क्या मैं पूर्ण सत्य तथा न्याय के साथ यह नहीं कह सकता कि अपने सम्पूर्ण जीवन में, अपने सारे कृत्यों में, अपने सारे बलिदान में और अपनी सारी शिक्षाओं में, वह देवदूत जोरोस्टर के धर्म का मूर्त रूप थे, क्योंकि वह मन से, वचन से तथा कर्म से किसी भी अन्य मनुष्य की अपेक्षा अधिक पवित्र थे।.......... आज से तिरानवे वर्ष पूर्व जो सूर्य भारत पर उदय हुआ था, वह आज अस्त हो गया है परन्तु मैं कहता हूँ कि वह एक पुनरोदित भारत के रूप में फिर से उदय होने के लिए ही अस्त हुआ है। क्योंकि दादा भाई हमारे लिए एक ऐसी निष्ठा के साथ जिये और कर्मरत रहे जो कि हम सबके लिए एक प्रेरक उदाहरण रहेगी।" उपरोक्त भावों से ही दादा जी की महानता का परिचय मिल जाता है। गोखले के शब्दों में, "उनका जीवन देश भक्ति का सबसे अच्छा उदाहरण था।" वास्तव में वे एक ऐसे व्यक्ति थे जो किसी भी व्यक्तिगत अथवा सार्वजनिक उद्देश्य की पूर्ति अवैधानिक अथवा अन्य किसी प्रकार के हेय साधनों द्वारा करने की बात सोच भी नहीं सकते थे। उनमें महान् चरित्र बल था तथा उनकी योग्यता महान् थी और ज्ञान असाधारण था अंग्रेज अधिकारी वैडरबर्न का कहना है, "मेरी भेंट कभी किसी ऐसे व्यक्ति से नहीं हुई जो दादा जी से अधिक निःस्वार्थ हो और जो सार्वजनिक सेवा भी उनसे अधिक करता हो।"

सुरेन्द्रनाथ बनर्जी
(Surendranath Bannerjee)

सुरेन्द्रनाथ बनर्जी भारतीय राष्ट्रीय आन्दोलन का जीवन तथा आत्मा थे। वह उन महापुरुषों में से एक थे जिन्होंने अपने देश को उन्नति के लिए अपना सब कुछ न्यौछावर कर दिया। डॉ॰ पटाभि सीतारमैया के शब्दों में "भारत के स्वर्गीय राजनीतिज्ञों के दरबार में सुरेन्द्रनाथ बनर्जी की आत्मा का एक प्रमुख स्थान है। भाषा प्रभुत्व, रचना नैपुण्य, कल्पना, उच्चभावुकता, वीरोचित हुंकार, आदि इन गुणों में उनकी वक्तव्य कला को पराजित करना कठिन है—आज भी कोई उनकी समता तो अलग, उनके निकट भी नहीं पहुँच सकता।" वास्तव में उन्नीसवीं शताब्दी के अन्तिम चरण में भारत में उससे प्रसिद्ध अन्य कोई व्यक्ति न था। सर हैनरी काटन का कहना है, "शिक्षित वर्ग ही देश की वृद्धि तथा वाणी है। आप पेशावर से लेकर चिटगाँव तक जनता पर शासन करते हैं।...... और आजकल सुरेन्द्रनाथ बनर्जी का नाम मुल्तान और दक्षिण की जनता को समान रूप से उत्साहित करता है।" यदि किसी एक को राष्ट्रीय आन्दोलन का जन्मदाता कहा जा सकता है, तो केवल सुरेन्द्रनाथ बनर्जी को।

जीवन परिचय

बंगाल के शेर सुरेन्द्रनाथ बनर्जी का जन्म कलकत्ते के एक कुलीन ब्राह्मण परिवार में सन् 1848 में हुआ था। इनके पिता अपने समय के एक प्रतिष्ठित डाक्टर थे। बीस वर्ष की अल्प आयु में बी॰ ए॰ पास करने के बाद ये सन् 1868 में इंगलैण्ड में सिविल सर्विस की प्रतियोगिता में सफल हुए। सन् 1871 में सिलहट के सहायक जिलाधीश नियुक्त हुए, परन्तु इनका सरकारी नौकरी का जीवन अल्पकाल का ही रहा। क्योंकि अंग्रेज प्रशासकों की सहानुभूति उन्हें प्राप्त न

थी। इसी कारण इनको सरकारी नौकरी से अलग कर दिया गया तथा विलायत में वकालत पढ़ने को आज्ञा न दी गई। देश के लिए इनका सरकारी नौकरी से पृथक् किया जाना एक प्रकार से वरदान ही था। सी० वाई० चिन्तामणि का कहना है, ''शासन की हानि देश का लाभ बन गई।'' नौकरी से पृथक होने के बाद कुछ समय तक ये कलकत्ते के मेट्रोपॉलिटन विद्यालय के अध्यापक रहे, किन्तु शीघ्र ही इन्होंने एक नये विद्यालय की स्थापना की जो आज भी रिपन विद्यालय के रूप में मौजूद है। सन् 1875 के बाद इनका शिक्षा, पत्रकारिता तथा राजनीति से ही सम्पर्क रहा और अल्प समय में ही ये देश के बड़े नेता बन गये। इन्होंने 'बंगाली' पत्र द्वारा जनता को जागरूक किया। सन् 1883 में इन पर सरकार की मानहानि का मुकदमा चला और इन्हें दो मास का कारावास का दण्ड मिला, इससे जनता में इनका मान अधिक बढ़ गया। कई बार शिष्ट मण्डल के नेता होकर इंगलैण्ड गये और अपनी योग्यता से अंग्रेजों के हृदय में सम्मान पैदा कर लिया। सन् 1892 में ये केन्द्रीय कार्यकारिणी के सदस्य नियुक्त हुए और 1885 में पूना काँग्रेस के अध्यक्ष भी चुने गये। बंग-भंग विरोधी आन्दोलन के समय इनको पुलिस का लाठी चार्ज भी सहना पड़ा। अपने जीवन के अन्तिम समय में ये मन्त्रित्व के कार्यों में ही संलग्न रहे। 6 अगस्त सन् 1925 को इनका स्वर्गवास हो गया।

राष्ट्रीय काँग्रेस के सदस्य के रूप में

सुरेन्द्रनाथ बनर्जी कांग्रेस के एक प्रकाश स्तम्भ थे। विधान परिषदों के सुधार व उनके स्वरूप में परिवर्तन प्रस्ताव पेश करने का श्रेय उन्हीं को दिया जाता है। अहमदाबाद के भाषण में इन्होंने सरकार को सुधार कार्यों में अत्यधिक विलम्ब न करने की चेतावनी दी और कहा ''भारत में ब्रिटिश नीति के ऊपर 'अति विलम्ब हो गया' ये शब्द नहीं लिखे जाने चाहियें। यह एक गम्भीर रोग से पीड़ित व्यक्ति के सदृश है। एक पीड़ित देश के जीवनकाल में भी एक समय ऐसा आता है, जबकि उपचार करने में इतना अधिक विलम्ब हो जाता है कि अच्छी से अच्छी औषधि भी व्यर्थ हो जाती है। भौतिक संसार तथा मृत्युलोक में भी प्रकृति इन लोगों से अपना प्रतिशोध लेती है, जो कि अपना कार्य करने में विलम्ब करते हैं और अपने अवसरों की अवहेलना करते हैं अथवा उनकी स्पष्ट तथा अचूक सूचनाओं को नहीं समझ पाते।'' सन् 1918 तक बनर्जी ने बड़े उत्साह तथा लग्न के साथ कांग्रेस की सेवा की। कांग्रेस ने अपने विचारों तथा माँगों को अंग्रेज जाति के सम्मुख पेश करने के लिये जो शिष्ट-मण्डल इंगलैण्ड भेजा था, उसके एक सदस्य सुरेन्द्रनाथ बनर्जी थे।

अन्य उदारवादी नेताओं की तरह सुरेन्द्रनाथ बनर्जी भी ब्रिटिश शासन को भारत के लिये उपयोगी समझते थे और इंगलैण्ड से सम्बन्ध बनाये रखने के पक्ष में थे। सन् 1919 में ये भारतीय राष्ट्रीय कांग्रेस से पृथक हो गये क्योंकि ये माण्टमोर्ड सुधारों को स्वीकार करने के पक्ष में न थे। तत्पश्चात् इन्होंने 'लिबरल फैडरेशन' की स्थापना की और इस संघ के प्रथम अधिवेशन की अध्यक्षता भी बनर्जी ने ही की।

राजनीतिक विचार

सुरेन्द्रनाथ बनर्जी के राजनीतिक विचार उदारवादी थे। इनके विचार इटली के परम देश भक्त मैजनी के विचारों से प्रभावित थे। इनके विचार में ब्रिटिश लोगों ने भारत में तीन कार्य

किये—भारतीय समाज की कुरीतियों को दूर किया, भारतीयों का चारित्रिक विकास किया और भारत में स्वशासन को जन्म दिया। राजनीतिक माँगों की प्राप्ति के लिये ये केवल वैधानिक आन्दोलन में ही विश्वास रखते थे। प्रजातन्त्रात्मक संस्थाओं को ये पवित्र वस्तुयें समझते थे और ब्रिटिश शासन को इन संस्थाओं की जननी मानते थे। अपने आदर्शों के विषय में इन्होंने लिखा है कि मेरे जीवन के तीन आदर्श थे, जिन्होंने मुझे सदा प्रेरित किया है—(1) समाज के विभिन्न वर्गों को राजनीतिक हितों की प्रगति के लिये एक सूत्र में बाँधना। (2) हिन्दुओं और मुसलमानों के बीच एकता स्थापित करना। (3) जनसाधारण की उन्नति और उनको सार्वजनिक आन्दोलन में अपने साथ संगठित करना।

अंग्रेजी सभ्यता के प्रति विचार

सुरेन्द्रनाथ बनर्जी अंग्रेजी सभ्यता का हृदय से आदर करते थे। उन्होंने कहा था "अंग्रेजी सभ्यता संसार में सबसे उत्तम है। यह इंगलैण्ड और भारत की अखण्ड एकता का चिन्ह है। यह सभ्यता भारतवासियों के प्रति अपूर्व आशीर्वाद तथा प्रसादों से परिपूर्ण है और अंग्रेजों के उच्च नाम की ख्याति प्रदान करने वाली है।" यद्यपि अंग्रेजी सभ्यता के प्रति इन्हें बड़ा अनुराग था परन्तु इन्होंने सरकार के उन समस्त कार्यों का विरोध किया, जो भारत के लिये अहितकर हों, प्रोफेसर वर्मा ने अपनी पुस्तक में सुरेन्द्रनाथ बनर्जी को श्रद्धांजलि अर्पित करते हुये लिखा है—"जब सुरेन्द्रनाथ बनर्जी राजनीतिक के रूप में सक्रिय थे तब राष्ट्रीय आन्दोलन धीरे-धीरे प्रगति कर रहा था। वे स्वतन्त्रता एवं प्रगति के अधिवक्ता थे। परन्तु शनैः शनैः उनके विचारों में परिवर्तन उपस्थित हुआ अपने पूना कांग्रेस के अध्यक्षीय भाषण में उन्होंने रानाडे और फिरोजशाह मेहता के समान इस दर्शन पर बल दिया कि भारत में ब्रिटिश साम्राज्य इतिहास की दैवी घटना है।.......... वे क्रान्तिकारी नहीं संवैधानिक विधारक थे। उनकी दीर्घ सेवायें वक्ता के रूप में, पत्रकार के रूप में, लेखक के रूप में भारत में चिरस्मरणीय रहेंगी उनकी तुलना सिसरो, बर्क तथा ग्लैंडस्टन से की जा सकती है।"

संक्षेप में सुरेन्द्रनाथ बनर्जी ने 50 वर्ष तक जनता की सेवा की। इस अपूर्व सेवा के कारण इनकी गणना आधुनिक भारत के निर्माताओं में की जाती है।

फिरोजशाह मेहता
(Pherozshah Metha)

सर फिरोजशाह मेहता बम्बई के बेताज के सम्राट थे। उनका व्यक्तित्व गौरवशाली और आचरण राजसी प्रवृत्ति का था। एम॰ ए॰ की डिग्री प्राप्त करने वाले वे प्रथम पारसी थे। सन् 1872 में ये बम्बई कारपोरेशन के सदस्य चुने गये तथा 1886 में बम्बई विधान-परिषद (Bombay Legislative Council) के सदस्य नियुक्त किये गये। सन् 1892 में ये परिषद् में चुने गये। 15 वर्ष तक ये इस परिषद् के सदस्य रहे। दादा भाई नौरोजी के समान ये भी कांग्रेस के संस्थापकों में से थे। सन् 1890 में ये भारतीय राष्ट्रीय कांग्रेस के सभापति चुने गये और 1910 में फिर से कांग्रेस के सभापति चुन लिये गये, परन्तु कुछ कारणों से इन्हें सभापति के पद से त्याग-पत्र देना पड़ा। ब्रिटिश सरकार ने इन्हें सन् 1890 में सी॰ आई॰ ई॰ (C.I.E.) और 1904

में के० सी० आई० ई० (K.C.I.E.) की उपाधि दी थी। सन् 1913 में इन्होंने बाम्बे में क्रॉनिकिल की स्थापना की और 5 नवम्बर सन् 1910 को ये स्वर्ग सिधार गये।

कांग्रेस की सेवायें

कॉंग्रेस से फिरोजशाह मेहता का सम्बन्ध उनकी स्थापना के समय से ही स्थापित हो गया था और जीवन के अन्त तक बना रहा। कांग्रेस के प्रथम अधिवेशन में भारतीय शासन की जाँच करने के लिए एक समिति की नियुक्ति की माँग करने वाले प्रस्ताव का अनुमोदन करते हुए उन्होंने यह माँग की थी कि समिति के सब सदस्य अंग्रेज नहीं होने चाहिये। वरन् भारतीयों को भी इस समिति में पर्याप्त स्थान मिलना चाहिये। सन् 1889 में कॉंग्रेस के अधिवेशन में इन्होंने कांग्रेस पर लगाये जाने वाले राजद्रोह के आरोप का खण्डन किया और उसके राष्ट्रीय चरित्र को सिद्ध करने का प्रयास किया। कांग्रेस के छठे अधिवेशन में ये सभापति निर्वाचित हुये। डाक्टर पट्‌टाभि सीतारमैया ने फिरोज शाह मेहता के सम्बन्ध में लिखा है "सभापति पद से दिये गये अपने भाषण से इन्होंने लार्ड सेल्सबरी के इस विचार का खण्डन किया कि प्रतिनिधि शासन पूर्वी परम्पराओं अथवा पूर्व निवासियों की मन: स्थिति के अनुकूल नहीं है।" अपनी इस बात की पुष्टि में मि० चिसहांस ऐन्स्टे का यह उद्धरण पेश किया "म्यूनिसिपैल्टियों का जनक तो पूर्व ही है, उस रूप में वह आरम्भ से ही वहाँ मौजूद रहा है।" फिरोजशाह ने कहा, "नि:सन्देह कॉंग्रेस जनसाधारण की संस्था नहीं है लेकिन जनसाधारण के शिक्षित वर्ग का यह फर्ज है कि वह जनसाधारण की तकलीफों को सामने लाये और उन्हें दूर करने के उपाय सुझाये।" कई वर्ष तक फिरोजशाह मेहता कॉंग्रेस की वास्तविक शक्ति के रूप में कार्य करते रहे।

राजनीतिक विचार

(1) एक उत्तरवादी नेता होने के नाते फिरोजशाह मेहता स्वतन्त्रता के समान उपासक थे और उन्होंने अपने देशवासियों को अपने अधिकारों के प्रति जागरूक बनाने तथा उनको लड़ने के लिये तत्पर करने का पूरा प्रयास किया। बम्बई कारपोरेशन में, विशेष रूप से स्थानीय निकायों में सामान्य रूप से निर्वाचन सिद्धान्त को अपनाने पर बहुत जोर दिया। उनका यह विश्वास था कि कार्यपालिका को विधान सभा के प्रति उत्तरदायी होना चाहिए और विधान सभा को जनमत का सच्चा प्रतिनिधि होना चाहिए। ये संसदीय शासन पद्धति को अच्छा समझते थे।

(2) सर फिरोजशाह स्वायत्त शासन संस्थाओं की स्वतंन्त्रता में विश्वास रखते थे। इन्होंने बाम्बे म्यूनिसिपिल सुधार नामक एक निबन्ध भी लिखा था।

(3) अन्य उदारवादी नेताओं की तरह फिरोजशाह भी भारत में अंग्रेजी शासन के कल्याणकारी रूप में विश्वास करते थे और ब्रिटिश लोगों के साथ राजनीतिक सम्पर्क बनाये रखने के पक्ष में थे। उनका विश्वास था कि ब्रिटिश शासन एक वस्तु नहीं थी कि जिसे कि केवल सहन नहीं किया जा सकता था, इसे तो दैवी इच्छा समझ कर स्वीकार किया जाना था। इन्होंने अपने इस विश्वास को इल्बर्ट बिल के सम्बन्ध में दिये गये भाषण में अभिव्यक्त किया। उनके विधायक रूप को व्यक्त करते हुए उनके जीवन कथाकार श्री नटीसन लिखते हैं—

"एक विधायक के रूप में उनके कार्यों का सरकार तथा जनता दोनों के द्वारा ही बहुत अधिक सम्मान किया जाता था। स्थानीय परिषद् में वार्षिक बजट के ऊपर उनके भाषणों की बड़ी उत्सुकता के साथ प्रतीक्षा की जाती थी क्योंकि उनकी आलोचना सदैव व्यावहारिक, सुझावपूर्ण तथा तर्क सम्मत हुआ करती थी।.........सरकार को जन-मानस का उनसे अधिक अच्छा तथा योग्य व्याख्याता तथा अपनी नीति का उनसे अधिक निर्भीक आलोचक नहीं मिल सकता था। सर फिरोजशाह का उनके साथ गम्भीर संघर्ष हुए बिना नहीं रह सकता था और यद्यपि बहुमत उनके पक्ष में नहीं रहता था, हम जानते हैं कि तर्क सम्मत किसका पक्ष होता था। कई विषयों के ऊपर उनका सरकार के साथ गम्भीर संघर्ष हुआ। एक ऐसा ही सबसे अधिक स्मणीय विषय था "बम्बई भूमि राजस्व अधिनियम," सर फिरोजशाह ने अपनी सम्पूर्ण वाक्-शक्ति के साथ उसका विरोध किया, परन्तु नौकरशाही संकल्प कर चुकी थी और वह परास्त हो गये?"

(4) फिरोजशाह मेहता सार्वजनिक शिक्षा के प्रसार के पक्षपाती थे। वे नैतिक शिक्षा पर बल देते थे।

संक्षेप में फिरोजशाह मेहता शिक्षित वर्ग के नेता थे। इनके जीवनी लेखक श्री एच॰ पी॰ मोदी ने इनको एक प्रकाश स्तम्भ (Beacon Light) कहकर पुकारा है। श्री सी॰ एल॰ पारीख के अनुसार, "इन नक्षत्रों के समूह में, जो कि गत वर्षों से पश्चिमी भारत के राजनीतिक तथा बौद्धिक क्षितिज को दैदीप्यमान कर रहे हैं, किसी भी नक्षत्र में कदाचित उतनी स्थिर क्रान्ति नहीं है जितनी की फिरोजशाह मेहता में है।" पूज्य महात्मा गांधी ने इनकी तुलना हिमालय पर्वत से की थी, जिस पर कोई साधारण व्यक्ति नहीं चढ़ सकता। सन् 1907 में इंगलैण्ड की संसद के लिबरल दल ने उनके सम्बन्ध में कहा फिरोजशाह मेहता का जन्म यदि इंगलैण्ड में होता तो वह वहाँ का प्रधान मन्त्री अवश्य होता।

गोपाल कृष्ण गोखले
(Gopal Krishan Gokhale)

गोपाल कृष्ण गोखले उदारवादी दल के प्रतिभाशाली नेता थे। इनका जन्म 7 मई, सन् 1866 में महाराष्ट्र के एक निर्धन ब्राह्मण परिवार में हुआ था। 15 वर्ष की अवस्था में इनके पिता का देहान्त हो गया। अतः इन्होंने बड़ी कठिनाई और संघर्ष में शिक्षा प्राप्त की। शिक्षा समाप्त करने के पश्चात् ये 18 वर्ष की अवस्था में एक स्कूल के अध्यापक हो गये। आगे चल कर यह स्कूल फर्गूसन कालेज (Ferguson College) के रूप में विख्यात हुआ और ये इसके प्रिंसिपल नियुक्त हुए तथा सन् 1902 में ये प्रिंसिपल पद से रिटायर हुए। इस शिक्षा संस्था में कार्य करते हुए गोखले का रानाडे से सम्पर्क स्थापित हुआ। रानाडे गोखले की बुद्धिमत्ता और कर्त्तव्यपरायणता से बहुत प्रभावित हुए और उन्होंने उनको सार्वजनिक सभा मंत्री बनवा दिया। यह सभा बम्बई की प्रमुख राजनीतिक संस्था थी। देश की राजनीतिक परिस्थितियों को देखकर इन्होंने सन् 1889 में भारतीय राष्ट्रीय कांग्रेस में प्रवेश किया और अपनी देशभक्ति तथा आत्म-त्याग के बल पर शीघ्र ही कांग्रेस के महान् नेता बन गये।

सन् 1899 में वे बम्बई व्यवस्थापिका सभा के लिये प्रतिनिधि चुने गए। यहाँ इन्होंने सरकार के Land Alienation Act का डटकर विरोध किया। सन् 1902 में ये केन्द्रीय व्यवस्थापिका के सदस्य चुने गये और इस समय इन्होंने नमक कर हटाने, अनिवार्य प्रारम्भिक शिक्षा शुरू करने तथा सरकारी नौकरियों में भारतीयों के साथ समान व्यवहार करने के पक्ष में सराहनीय प्रयत्न किये। लार्ड कर्जन जैसे व्यक्ति ने इनकी योग्यता की प्रशंसा में लिखा था "ईश्वर ने आपको असाधारण योग्यता दी है और आपने इसको बिना किसी शर्त के देश सेवा के लिये लगा दिया है।" सन् 1905 में ये कांग्रेस के सभापति निर्वाचित हुए। सन् 1905-1907 में इन्होंने सरकार के प्रतिक्रियावादी कार्यों का बड़ा विरोध किया। सन् 1905 में इन्होंने 'सर्वेंट्स ऑफ इण्डिया सोसायटी' की स्थापना की। इस संस्था का उद्देश्य ऐसे सार्वजनिक कार्यकर्त्ताओं को शिक्षित करना था, जो देश की उन्नति के लिए वैधानिक रूप से कार्य करें। अपने जीवन के अंतिम वर्ष इन्होंने अफ्रीका में बसे भारतीयों के हितों की रक्षा में बिताये। 19 फरवरी, 1915 को इनका स्वर्गवास हुआ। बाल गंगाधर तिलक ने इनको "भारत का हीरा, महाराष्ट्र का रत्न तथा कार्यकर्त्ताओं का राजा" स्वीकार किया था।

एक विधायक के रूप में गोखले के कार्य

गोखले ने अपना राजनीतिक जीवन बम्बई विधान परिषद के सदस्य के रूप में आरम्भ किया। उनके विधायक रूप की प्रशंसा करते हुए लार्ड कर्जन ने लिखा, "मैंने आज तक किसी जाति में गोखले जैसा संसदीय परम्पराओं का सम्मान तथा पालन करने वाला योग्य वक्ता नहीं देखा। वे संसार की किसी भी संसद में, चाहे इंगलैंड का 'हाऊस ऑफ कॉमन्स' क्यों न हो अपनी योग्यता के बल पर एक उच्च स्थान प्राप्त करने की क्षमता रखते हैं। यद्यपि मेरे विचार उनसे भिन्न थे तथापि मैं सदैव उनकी योग्यता तथा उच्च चरित्र से प्रभावित हुए बिना नहीं रह सका।" गोखले की सदस्यता काल में बम्बई विधान परिषद में प्रस्तुत किए जाने वाला महत्वपूर्ण विधेयक जिला नगरपालिका विधेयक था। इस विधेयक का ध्येय नगरपालिका राजनीति में वर्गीय प्रतिनिधित्व के सिद्धान्त को लाना था। गोखले ने इस प्रयास का घोर विरोध किया और कहा कि इससे स्थानीय स्वशासन की उपयोगिता बहुत कम हो जायेगी। सन् 1902 में ये केन्द्रीय विधान परिषद के लिये निर्वाचित हो गये। इस पद पर रहकर इन्होंने सरकार के गलत कार्यों की पूरी ताकत से आलोचना की। एक विधायक के रूप में इनकी सफलता का रहस्य यह था कि उनका तथ्यों तथा आँकड़ों पर अधिकार रहता था तथा प्रशासन सम्बन्धी समस्याओं का इनको पूरा ज्ञान था।

स्वशासन पर गोखले के विचार

(1) गोखले के अनुसार सभी इंगलैण्ड में होने वाली परीक्षायें भारत में होनी चाहियें और सभी ऊँची-ऊँची नियुक्तियाँ जो भारत में की जाती हैं वे प्रतियोगितात्मक परीक्षाओं के आधार पर होनी चाहियें। (2) प्रान्तीय विधान परिषद का विस्तार और उनमें जनता का वास्तविक ढंग से प्रतिनिधित्व होना चाहिये। (3) स्थानीय स्वशासन पर सरकार का कम से कम हस्तक्षेप होना चाहिये। (4) प्रान्तों की परिषदों में भारतीयों का पर्याप्त प्रतिनिधित्व होना चाहिये।

ब्रिटिश साम्राज्य के प्रति विचार

गोखले का ब्रिटिश साम्राज्य की न्यायपरता में अटूट विश्वास था। इसलिए इनका लक्ष्य ब्रिटिश साम्राज्य के एक अभिन्न अंग के रूप में भारत के लिए स्वशासन प्राप्त करना था। इन्होंने एक क्षण के लिए भी ब्रिटेन से सम्बन्ध विच्छेद करने की बात नहीं सोची। भारत के साथ ब्रिटिश सम्पर्क को ये एक दैविक व्यवस्था के रूप में स्वीकार करते थे, क्योंकि इनका विश्वास था कि ब्रिटिश शासन के अन्तर्गत ही हम अपनी प्रगति के लिए आवश्यक स्थितियाँ प्राप्त कर सकते हैं। संक्षेप में गोखले ब्रिटिश साम्राज्य के अनन्य भक्त थे और उसको भारत के लिये वरदान समझते थे।

वैधानिक आन्दोलन में विश्वास

गोखले का वैधानिक आन्दोलन में अटूट विश्वास था। इनके अनुसार वैधानिक आंदोलन का अभिप्राय यह था कि देश में एक जोरदार जनमत उत्पन्न करके उन समस्त उपलब्ध वैधानिक उपायों—स्वतन्त्र भाषण, स्वतंत्र संगठन, स्वतंत्र प्रेस, सभाओं के द्वारा अभिव्यक्त करके संवैधानिक सत्ता के ऊपर दबाव डाला जाये अर्थात् सरकार के साथ सहयोग करते हुए अपनी माँगों की ओर सरकार का ध्यान आकर्षित किया जाये। ये सरकार के साथ असहयोग करने के पक्ष में नहीं थे। हिंसात्मक कार्यों को ये सदैव घृणा की दृष्टि से देखते थे।

उच्च कोटि के वक्ता

गोपाल कृष्ण गोखले उच्च कोटि के वक्ता भी थे। उनकी भाषा सरल तथा प्रभावशाली होती थी। मि० वाच्छा लिखते हैं, ''गोखले का भाषण सुनकर आनन्द आ जाता था। वे कठोर से कठोर बात को भी नम्र शब्दों में कहने का ढंग जानते थे। यद्यपि वे आलोचना करते समय कठोर नहीं होते थे तथापि वे किसी बात को कहने से नहीं डरते थे।'' अपने एक भाषण में ब्रिटिश शासन की मधुर आलोचना करते हुए कहा था ''मैं जानता हूँ कि इंगलैण्ड से भारत को कई दिशाओं में लाभ पहुँचा है। अपनी प्राचीन ढंग की पद्धति के स्थान पर पाश्चात्य ढंग की प्रशासन पद्धति लागू हुई है। देश में अब शान्ति और व्यवस्था स्थापित हुई है। भारतीयों के लिये उचित प्रशासन उपलब्ध है, यद्यपि यह खर्चीला है और भारतीय तथा अंग्रेजों के बीच न्याय प्रशासन की कहानी भिन्न है। अंग्रेजों ने पाश्चात्य शिक्षा भी जारी की है, जिसके साथ भाषण व लेखन की स्वतंत्रता भी आयी है। इन सबके लिए शासकों को श्रेय है, परन्तु इनके साथ बड़ी बुराइयाँ भी हैं। एक बुराई यह है कि भारतीयों को सत्ता से वंचित किए जाने के परिणामस्वरूप विकास रुक गया है। हमारी प्राकृतिक योग्यतायें प्रयोग में न आने के कारण कम होती जा रही हैं। दूसरी बुराई आर्थिक है और मेरा पक्का विश्वास है कि इस क्षेत्र में ब्रिटिश शासन के अति हानिकारक परिणाम निकले हैं। जब ब्रिटिश नौकरशाही वर्तमान परिस्थितियों को स्थायी रूप देने का प्रयत्न करती है तो सम्भव स्थिति उत्पन्न हो जाती है। इसका केवल एकमात्र हल यही है कि भारत में क्रमिक रूप से स्वशासन जारी किया जाये।''

गोखले के बारे में गांधी जी का विचार

स्वयं उनके शब्दों में–''सन् 1896 की भेंट के बाद गोखले जी का राजनीतिक जीवन मेरे लिए आदर्श बन गया तभी से मैंने उनको अपने राजनीतिक गुरु की तरह अपने हृदय मन्दिर में प्रतिष्ठित कर लिया।........उन्होंने वेल्बी कमीशन के सामने गवाही देकर देश को अपनी सच्ची सत्ता प्रमाणित कर दी। उन्होंने लार्ड कर्जन को इतना प्रभावित किया था कि किसी से भी न डरने वाला यह वायसराय महात्मा गोखले से तो डरता ही था। उन्होंने सर्वोच्च धारा-सभा में महान् कार्य करके भारत का नाम उज्जवल किया।.........दक्षिणी अफ्रीका के सत्याग्रह आन्दोलन ने उनके मन पर ऐसी छाप डाली कि स्वास्थ्य ठीक न होने पर भी उन्होंने वहाँ की यात्रा का निश्चय कर डाला। सन् 1912 में दक्षिणी अफ्रीका पहुँच गये। वहाँ के प्रवासी भारतीयों ने उनका शाही स्वागत किया।........उन की लगन का मैं क्या बयान करूँ। ऐसी मेहनत तथा परिश्रम का एक ही परिणाम हो सकता था। दक्षिणी अफ्रीका में मन्त्रिमण्डल ने महात्मा गोखले को यह आश्वासन दिया कि पार्लियामेन्ट की आगामी बैठक में सत्याग्रहियों की मॉग स्वीकार करने वाला एक विधेयक प्रस्तावित किया जायेगा और गिरमिट मजदूरों पर से तीन पौंड का वार्षिक कर हटा दिया जायेगा।........कर्त्तव्य को उन्होंने धर्म माना। कर्त्तव्य पालन करते समय जनता पर उसका क्या असर होगा? इस पर उन्होंने कभी स्वार्थ-दृष्टि से विचार नहीं किया। यदि हमें इस महान् देशभक्त के जीवन से कुछ शिक्षा लेनी है तो वह यह है कि हमें उनकी धार्मिक कृषि का अनुकरण करना चाहिये।.....
.....जो लोग इस प्रकार की भावना से प्रेरित होकर आचरण करेंगे उनका मार्ग स्पष्ट रहेगा और वे महात्मा गोखले की विरासत में हिस्सेदार होंगे।''

कमजोर दिल नरम नेता

गोखले के सम्बन्ध में यह कहा जाता है कि ये कमजोर दिल वाले नम्र नेता थे; किन्तु यह कथन वास्तविकता से बहुत दूर है। क्योंकि गोखले अपने विश्वास के अनुसार जो ठीक समझते थे कहते और करते थे। परिषद् के अन्दर सरकार की निर्भीक आलोचना करने में वे किसी भी नेता से पीछे नहीं रहे। अत: गोखले को कमजोर राजनीतिज्ञ कहना उचित नहीं हैं। साथ ही 'छुपा हुआ राजद्रोही' कहना भी न्याय संगत नहीं है क्योंकि राजद्रोह में इनका विश्वास नहीं था। सरकार के दोषों की आलोचना करना और उनको अपने ढंग से दूर करने का प्रयत्न करना ही इनकी राजनीति का सिद्धान्त था।

गोखले का मूल्यांकन

उपरोक्त विवरण से स्पष्ट है कि गोखले ने अपना सम्पूर्ण जीवन देश की सेवा में लगाया। उनकी मृत्यु पर मिर्जा अब्बास वेग (Mirza Abbas Ail Beg) ने यह शब्द कहे, ''उनके उच्च उद्देश्य तथा आदर्श साम्प्रदायिक भेदभाव से मुक्त थे। निष्कपा, आत्मत्याग, सादगी, मनोहर, स्वभाव, उनके उच्च चरित्र की कुछ उल्लेखनीय विशेषतायें थीं। लेकिन इन सबसे बढ़कर उनका देश प्रेम था, जिससे प्रेरित होकर वे अपनी मातृभूमि तथा देशवासियों की जीवन भर सेवायें करते रहे।'' मृत्यु-शैय्या के निकट उपस्थित 'भारत सेवक संघ' के सदस्यों को गोखले ने यह शब्द कहे ''एक जीवन कथा के लिखने अथवा एक प्रतिमा के स्थापित करने में अपने समय का अपव्यय

न करना, बल्कि अपनी सम्पूर्ण आत्मा को भारत की सेवा में लगा देना तथा आपकी गणना उसके सच्चे तथा निष्ठावान सेवकों में होगी।'' उनके इस कथन से पता चलता है कि समय को वे कितना मूल्यवान समझते थे। काँग्रेस के इतिहास में पट्टाभि सीतारमैया ने उनके विषय में लिखा है ''संसदीय नेता के रूप में गोखले को सभी प्रकार की सफलता मिली, किन्तु उनमें लोकप्रिय नेता बनने के गुणों का अभाव था। उनके कार्यों का क्षेत्र विधानपरिषद् का भवन था, गांव की चौपाल नहीं। उन्हें कठोर से कठोर बात नरम से नरम भाषा में कहने का कौशल प्राप्त था।'' उनकी मृत्यु पर महात्मा गांधी ने जो शब्द कहे, वे उल्लेखनीय हैं ''सर फिरोजशाह मेहता मुझे हिमालय की तरह दिखाई देते थे, जिन्हें मापना कठिन था; लोकमान्य तिलक महासागर की तरह थे, जिसमें कोई आसानी से नहीं उतर सकता था, परन्तु गोखले गंगा के समान थे जो सबको अपने पास बुलाती है।''

अभ्यास के लिये प्रश्न

1. संक्षेप में बताइये कि दादा भाई नौरोजी ने राजनीतिक आन्दोलन के विकास में क्या भाग लिया और इस कथन की विवेचना कीजिये कि उन्होंने काँग्रेस को जनता के प्रशासनीय कष्टों के निवारण करने वाले निम्नतर साधनों से उठाकर एक राष्ट्रीय सभा का रूप प्रदान किया जिसका मुख्य उद्देश्य स्वराज्य प्राप्त करना था।
2. दादा भाई नौरोजी पर टिप्पणी लिखिये।
3. दादा भाई नौरोजी के आर्थिक तथा सामाजिक विचारों का उल्लेख कीजिये।
4. सुरेन्द्रनाथ बनर्जी पर एक टिप्पणी लिखो।
5. भारत के राष्ट्रीय आन्दोलन के प्रति सुरेन्द्रनाथ बनर्जी की देन का मूल्यांकन कीजिये।
6. सुरेन्द्रनाथ बनर्जी के कार्यों और राजनीतिक विचारों का वर्णन कीजिये। क्या उन्हें राष्ट्रीय आन्दोलन का जनक कहा जा सकता है?
7. सर फिरोजशाह मेहता ने राष्ट्रीय आन्दोलन में जो योग दिया उस पर एक संक्षिप्त टिप्पणी लिखिये।
8. 'एक कमजोर दिल नरम नेता'' 'छुपा हुआ राजद्रोही'। आप इन विचारों से गोपालकृष्ण गोखले के विषय में कहाँ तक सहमत हैं? गोखले ने राष्ट्रीय आन्दोलन में जो योगदान दिया उसका वर्णन कीजिये।
9. गोपाल कृष्ण गोखले के राजनीतिक तथा सामाजिक विचारों की व्याख्या कीजिये।

7

राष्ट्रीय आन्दोलन की उग्रवादी धारा (Extremists Stream of Indian National Movement 1906-1919)

1885 ई. से 1905 ई. के बीच भारत और विदेशों में कुछ ऐसी घटनाएँ घटित हुईं और कुछ ऐसी शक्तियाँ क्रियाशील हुईं जिन्होंने भारतीय राष्ट्र के युवा वर्ग को पूर्ण स्वतन्त्रता की माँग के लिए प्रेरित किया और संवैधानिक साधनों के प्रति अविश्वास की भावना को जन्म दिया। लोकमान्य तिलक ने कहा, "विरोधपत्रों और प्रार्थनापत्रों के दिन लद चुके हैं। केवल विरोधपत्रों से जिनके पीछे आत्मविश्वास का बल न हो, जनता का भला नहीं हो सकता। यह आशा करना निरर्थक है कि हमारी प्रार्थनाओं पर विचार किया जायेगा, जब तक कि प्रार्थनाओं के पीछे दृढ़ संकल्प का बल न हो। अब तो जनता के द्वारा यह बता दिया जाना चाहिए कि वह अधिकार प्राप्ति के योग्य है। सफलता की कुन्जी यही है आयरलैंड, जापान और रूस के उदाहरण की ओर देखो और उनके तरीके अपनाओ।" पूर्ण स्वतन्त्रता की माँग और उसकी प्राप्ति हेतु जन-आन्दोलन के मार्ग को अपनाने वाली इस धारा को ही 'उग्र राष्ट्रीयता' के नाम से जाना जाता है।

उग्र राष्ट्रीयता के उदय के कारण

उग्र राष्ट्रीयता के उदय के कारण निम्नलिखित थे :

(1) सन् 1892 के भारतीय परिषद अधिनियम की अपर्याप्तता—संवैधानिक सुधार की दिशा में राष्ट्रीय काँग्रेस के 7 वर्षों के प्रयत्नों का परिणाम '1892 का भारतीय परिषद् अधिनियम' के रूप में प्राप्त हुआ परन्तु अन्तर्निहित कमियों और त्रुटियों के कारण यह अधिनियम राष्ट्रीय काँग्रेस तथा सामान्य भारतीयों को सन्तुष्ट नहीं कर सका। अधिनियम के अन्तर्गत निर्वाचन व्यवस्था को घुमाफिरा कर रखा गया था, गैर-सरकारी सदस्यों की संख्या बहुत कम थी और परिषदों के कार्य एवं अधिकार अत्यन्त सीमित थे। निर्वाचन के लिये नियम बनाये गये थे, वे नितान्त अनुचित थे। कुछ वर्गों और प्रान्तों को प्रतिनिधि भेजने के अधिकार से वंचित कर दिया गया था और कुछ वर्गों को अत्यधिक प्रतिनिधित्व दिया गया था। अधिनियम की क्रियान्वित में इस बात का ध्यान रखा गया था कि जनता के प्रतिनिधि कहे जाने वाले सदस्य स्वतन्त्र व्यक्ति न हों वरन् ऐसे हों कि उनको आसानी से प्रभावित किया जा सके।

अधिनियम की उपर्युक्त त्रुटियों के कारण परिषदों के माध्यम सें राष्ट्रीय उत्थान का कार्य करने की आशा धूमिल हो गयी। सन् 1893 के अधिवेशन में राष्ट्रीय काँग्रेस ने इस अधिनियम के प्रति असन्तोष व्यक्त किया। काँग्रेस में अब एक ऐसे वर्ग का जन्म हुआ जो आधारभूत परिवर्तन की दिशा में सोचने लगा।

(2) उदारवादियों की पद्धति से असन्तोष—उदार राष्ट्रवादियों द्वारा प्रार्थनाओं, स्मृति-पत्रों और प्रतिनिधिमण्डलों की जिस पद्धति को पिछले 20 वर्षों में अपनाया गया था, उसके परिणाम निराशाजनक थे। लाला लाजपतराय के शब्दों में :''शिकायतें दूर करने और रियायतें प्राप्त करने के बीस वर्षों के कम-अधिक प्रयत्नों के परिणामस्वरूप उन्हें रोटी के स्थान पर पत्थर ही प्राप्त हुऐ थे।'' अस्तु, काँग्रेस के युवा वर्ग में संवैधानिक पद्धति के प्रति असन्तोष उत्पन्न हुआ। वे समझ गये कि विरोध प्रस्ताव पास करने, लन्दन प्रतिनिधिमण्डल भेजने और आवश्यकताओं व शिकायतों की वार्षिक घोषणाओं-मात्र से ही नौकरशाही उनकी बात नहीं सुनेगी। उन्होंने ''राजनीतिक भिक्षावृत्ति'' के उपुर्यक्त मार्ग को अपनाने के स्थान पर ऐसे जन-आंदोलन करने का निश्चय किया जिनसे नौकरशाही उनकी बात मानने के लिए बाध्य हो जाय।

(3) धार्मिक पुनरुत्थानवाद और सांस्कृति नवजागरण—प्रारम्भिक काँग्रेस के नेता पाश्चात्य सभ्यता से अत्यधिक प्रभावित थे। वे पाश्चात्य धर्म, साहित्य, राजनीतिक संस्थाओं, भाषा, सभ्यता और संस्कृति को भारतीयता की तुलना में श्रेष्ठ समझते थे। वे सोचते थे कि ब्रिटिश शासन भारत के हित में है और उसके साथ सहयोग किया जाना चाहिए। कालान्तर में धार्मिक पुनरुत्थापन के परिणामस्वरूप काँग्रेस में ही एक ऐसे वर्ग का जन्म हुआ, जो भारतीय धर्म, सभ्यता और संस्कृति के गौरव से परिचित था और जिसका विचार था कि विदेशी शासन किसी भी रूप में भारत के हित में हो ही नहीं सकता।

सन् 1893 में स्वामी विवेकानन्द ने शिकागो के सर्व धर्म सम्मेलन में हिन्दू धर्म की महत्ता का प्रभावशाली रूप में प्रतिपादन किया। उनका लक्ष्य भारत का आध्यात्मिक उत्थान था। वे समझते थे कि देश की स्वतन्त्रता के बिना यह कार्य नहीं किया जा सकता। श्री अरविन्द घोष ने कहा था कि 'स्वाधीनता जीवन का लक्ष्य है और हिन्दुत्व ही हमारी यह आकांक्षा पूरी कर सकता है।'' हिन्दू पुनर्जागरण के लिये तिलक ने भारत की स्वाधीनता के लिए हिन्दू-उत्सवों और हिन्दू-संगठन पर बल दिया। वेलेन्टाइन शिरोल के अनुसार मैडम, व्लेवत्सकी, कर्नल अल्काट और श्रीमती बेसेण्ट के नेतृत्व में थियोसॉफिस्ट विचारधारा ने हिन्दू पुनर्जागरण को नवीन प्रेरणा दी। किसी हिन्दु ने इस आन्दोलन में इतना काम नहीं किया जितना कि श्रीमती बेसण्ट ने, जिन्होंने स्पष्ट रूप से घोषणा की कि 'हिन्दू प्रणाली पश्चिमी सभ्यता से बढ़कर है।' इस प्रकार उग्रवादी नेता धार्मिक और सांस्कृतिक नवजागरण के परिणाम थे और भारतीय स्वतन्त्रता को अपना परम पवित्र धार्मिक कर्तव्य समझते थे।

(4) प्राकृतिक प्रकोप और उनसे उत्पन्न समस्याओं के प्रति शासन की अविवेकपूर्ण नीति—19वीं सदी के उत्तरार्द्ध में भारत को अभूतपूर्व प्राकृतिक प्रकोपों का सामना करना पड़ा। सन् 1876 से 1900 तक 25 वर्षों में देश में 18 अकाल पड़े, जिनमें सबसे अधिक

भीषण 1896-97 का दुर्भिक्ष था—जिसका प्रभाव सात करोड़ की जनसंख्या और 70 हजार वर्ग मील क्षेत्र पर पड़ा। इस दुर्भिक्ष में शासन द्वारा किये जानने वाले सहायता कार्य अत्यधिक अपर्याप्त और बहुत अधिक धीमे थे। जब जनता अकाल की चपेट में पड़ी हुई थी तब भारत सरकार रानी विक्टोरिया का जयन्ती उत्सव मना रही थी। जनता की सहायता के लिए तो धन के अभाव की बात कही जाती थी और अनावश्यक उत्सवों पर धन लुटाया जा रहा था। शासन की इस हृदयहीनता ने जनता में यह विश्वास उत्पन्न किया कि संकट की घड़ी में विदेशी सरकार उनकी सहायता के लिए आगे नहीं आ सकती और आधिपत्य का अन्त कर राष्ट्रीय सरकार की स्थापना की जानी चाहिये। अभी दुर्भिक्ष की यातना से तो मुक्ति नहीं मिल पाई थी कि बम्बई प्रान्त के दक्षिणी भाग में भयंकर प्लेग फैल गया। दुर्भिक्ष का सामना करने में शासन ने जितनी निष्क्रियता का परिचय दिया था, प्लेग का सामना करने में शासन ने उतनी ही अधिक निर्दयी और अविवेकपूर्ण सक्रियता दिखलाई। रामगोपाल के शब्दों में—'प्लेग कमिश्नर रैण्ड के पीछे-पीछे सेना और पुलिस चलती थी और वे बीमारी वाले मकानों को जबर्दस्ती गिरा देते थे और मकानों के निवासियों को जबरदस्ती कैम्पों में भेज दिया जाता था। अनेक स्थानों पर प्लेग के कीटाणुओं को नष्ट करने के लिए बिस्तर और कपड़े जला दिये गये लेकिन उन्हें कीटाणु रहित वस्त्र नहीं दिये गये। रैण्ड और उनके सैनिक मकान के हर हिस्से में, यहाँ तक रसोई घर, घर के अन्दर और स्त्रियों के कमरों में भी घुस जाते थे और मनमाना व्यवहार किया जाता था। सारा काम इस ढंग का था जैसे दुश्मन द्वारा जीते गये किसी शहर को फूँका जा रहा हो।'' इन कामों से इतना अधिक रोष फैल गया कि एक नवयुवक ने रेण्ड और उनके एक साथी अयर्स्ट को गोली से उड़ा दिया। शासन ने 'केसरी' के सम्पादक तिलक पर नवयुवकों को इस प्रकार के अपराधों के लिए उत्तेजित करने का अभियोग लगाया और उन्हें 18 माह का कठोर कारावास दे दिया गया। उन्हें प्रिवी कौंसिल में अपील की अनुमति भी नहीं दी गयी। इस समय तक तिलक भारतीय जनता के आराध्य बन चुके थे। उनके प्रति किये गये व्यवहार से भारतीय जनता अत्यधिक रुष्ट हो गयी।

(5) प्रजातीय कटुता और अंग्रेजों का अहंकारयुक्त व्यवहार—उग्र राष्ट्रीयता के जन्म का एक कारण अंग्रेजों का भारतीयों के प्रति अहंकारयुक्त व्यवहार और आंग्ल-भारतीय-पत्रों का भारत विरोधी दृष्टिकोण और प्रचार था। प्रतिदिन के जीवन में भारतीयों के साथ अपमानजनक व्यवहार किया जाता था। अनेक बार ब्रिटिश सैनिकों और अन्य व्यक्तियों ने भारतीयों के साथ घातक मारपीट की और कई बार आहत व्यक्ति मर भी गये, परन्तु अंग्रेज अपराधी दण्ड से बच गये अथवा उन्हें बिल्कुल साधारण-सा दण्ड दिया गया। लॉर्ड रोनाल्डशे ने इस प्रकार की दो घटनाओं के उदाहरण दिये हैं। एक मामले में ब्रिटिश सैनिकों ने एक देशी स्त्री को बलात्कार से मार डाला परन्तु उन सैनिकों को कोई दण्ड नहीं दिया गया। दूसरे अभियोग में सन् 1902 में स्यालकोट में स्थित घुड़सवार दल के सैनिकों ने एक भारतीय रसोइये को इतना पीटा कि वह मर गया। उस रसोइये का अपराध यह था कि उसने उनके लिये एक देशी स्त्री का प्रबन्ध करने से इंकार कर दिया था। दुर्भाग्यपूर्ण बात यह थी कि आंग्ल-भारतीय समाचार-पत्रों द्वारा इस प्रकार के व्यवहार को प्रोत्साहित किया जाता था। लाहौर से प्रकाशित आंग्ल-भारतीय-दैनिक सिविल एण्ड मिलिटरी गजट' तो भारतीयों को जी खोलकर गालियाँ देता था और पढ़े-लिखे भारतीय के

लिए 'बलबलाते बी. ए.', 'वर्णशंकर बी. ए.' 'गुलाम', 'घुड़सवार भिखारी', 'दास जाति', और 'कलंकी जाति' जैसे अपमानजनक शब्दों का प्रयोग करता था।

(6) **आर्थिक असन्तोष**—लॉर्ड बेकन ने कहा है की 'अधिक दरिद्रता और आर्थिक असन्तोष क्रान्ति को जन्म देता है।' भारत में सरकार निरन्तर भारत विरोधी आर्थिक नीति अपना रही थी। पहले कपास का आयात कर 5 प्रतिशत था जो सरकार ने घटाकर 3 प्रतिशत कर दिया। सरकार ने भारतीय मिलों पर 3 प्रतिशत उत्पादन कर लगा दिया जिससे देशी सामान मँहगा हो गया और विदेशी सामान सस्ते दामों में बिकने लगा। सरकार की इस नीति के कारण 'स्वदेशी आन्दोलन' चला। दादा भाई नौरोजी, रमेशचन्द्र दत्त और विलियम डिग्वि की कुछ ऐसी पुस्तकें प्रकाशित हुईं, जिनमें विद्वत्तापूर्ण किन्तु सामान्य व्यक्ति की समझ में आने वाले ढंग से यह स्पष्ट किया गया कि भारत की निर्धनता का मूल कारण विदेशी शासन है। इन प्रकाशनों के सम्बन्ध में पं. नेहरू लिखते हैं कि "उदारवादी विचारों के होते हुए भी उन्होंने हमारे राजनीतिक और आर्थिक राष्ट्रीय विचारों को ठोस आधार प्रदान किया।"

(7) **शिक्षित बेकारी**—श्री ए॰ आर॰ देसाई॰ के अनुसार—"भारत में उग्रवाद के उदय का एक प्रमुख कारण शिक्षित भारतीयों में बेकारी से उत्पन्न राजनीतिक असन्तोष था।" शिक्षण संस्थाओं की संख्या में वृद्धि के साथ-साथ शिक्षित भारतीयों की संख्या में तेजी से वृद्धि हो रही थी, परन्तु ब्रिटिश सरकार द्वारा इन शिक्षित भारतीयों को उनकी योग्यता के अनुसार पद प्रदान नहीं किये जा रहे थे। ब्रिटिश सरकार द्वारा आई॰सी॰ एस॰ (I.C.S.) की परीक्षा इंगलैण्ड और भारत में साथ-साथ आयोजित करने का प्रस्ताव पास कर दिये जाने पर भी भारतीय शासन ने इसे लागू नहीं किया था। इस तथ्य ने राष्ट्रीय आन्दोलन को बहुत अधिक प्रभावित किया।

(8) **उपनिवेशों में भारतीयों के साथ दुर्व्यवहार**—ब्रिटिश उपनिवेशों में भारतीयों के साथ दुर्व्यवहार किया जाता था। दक्षिणी अफ्रीका में उन्हें नीच प्रजाति का मनुष्य समझा जाता था। उनके कार्यों पर अपमानजनक बन्धन लगा दिये गये थे। उन्हें पगडण्डी पर चलने की अनुमति नहीं थी और न ही उन्हें प्रथम श्रेणी के डिब्बों में या अनुमति-पत्र के बिना यात्रा करने की अनुमति थी। रात्रि 9 बजे के बाद वे घर से बाहर भी नहीं निकल सकते थे। सन् 1907 में ट्रांसवाल में 'एशियाटिक रजिस्ट्रेशन एक्ट' बना, जिसके अनुसार अपराधी जाति के लोगों की तरह भारतीयों को अंगुलियों की छाप देकर अपना पंजीयन कराना आवश्यक था। सन् 1903 में दक्षिण अफ्रीका से लौटकर डॉ॰ वी॰ एस॰ मुंजे ने कहा था—'हमारे शासक इस बात पर विश्वास नहीं करते कि हम भी मनुष्य हैं।' भारतीयों ने यह सोचा कि उनके साथ दुर्व्यवहार भारत की पराधीनता के कारण किया जा रहा है और इन अत्याचारों को समाप्त करने का एकमात्र उपाय भारत को स्वतन्त्र करवाना है।

(9) **अन्तर्राष्ट्रीय घटनाओं का प्रभाव**—इस काल में विदेशों में कुछ ऐसी घटनाएँ घटित हुईं, जिनके परिणामस्वरूप भारतीयों में दीनता और निराशा की भावनाओं के स्थान पर राष्ट्रीय उत्साह और साहस की भावना का संचार हुआ। प्रथम घटना सन् 1893 में अफ्रीका के एक छोटे से राष्ट्र अबीसीनिया द्वारा इटली को पराजित किया जाना था। गैरट के शब्दों में—"इटली की हार ने सन् 1897 में तिलक के आन्दोलन को बड़ा बल प्रदान किया।" इसी प्रकार 1905

में जापान द्वारा रूस को पराजित किये जाने की घटना से भारतीयों में यह भावना उत्पन्न हुई कि अनन्य देशभक्ति, बलिदान तथा राष्ट्रीयता की भावना को जीवन में उतार कर भारतीय स्वतन्त्रता के लक्ष्य को प्राप्त किया जा सकता है। इसी काल में मिस्त्र, फारस तथा टर्की में स्वाधीनता संग्राम चल रहे थे। रूस में जार के तानाशाही शासन के विरुद्ध क्रान्तिकारी आन्दोलन को आंशिक सफलता प्राप्त हो गयी थी। आयरलैण्ड के द्वारा स्वशासन के लिए संघर्ष किया जा रहा था। अन्तर्राष्ट्रीय क्षेत्र में घटित इन घटनाओं का भारत के राष्ट्रीय आन्दोलन पर भारी प्रभाव पड़ा। इसी प्रकार मैजिनी, गैरीबाल्दी और कैवूर के प्रयत्नों से इटली का एकीकरण हुआ और भारतीयों पर इसका विशेष रूप से प्रभाव पड़ा। गुरुमुख निहालसिंह के शब्दों में–''मैजिनी के जीवन और उसकी कृतियों पर भारतीय भाषाओं में पुस्तकें लिखी गयीं, अनुवाद किये गये और भारत के राष्ट्रीय नेताओं ने अपने देशवासियों में स्वदेश प्रेम जागृत करने के लिए इटली के उदाहरण से काम लिया।''

(10) बाल-लाल-पाल का नेतृत्व–भारत में उग्र राष्ट्रवाद के उदय का एक महत्वपूर्ण कारण बाल गंगाधर तिलक, लाला लाजपत राय और विपिन चन्द्र पाल का नेतृत्व था। तिलक विदेशी नौकरशाही के कट्टर शत्रु थे वे कहा करते थे कि 'अच्छी विदेशी सरकार से अपेक्षाकृत हीन स्वदेशी सरकार श्रेष्ठ है एवं स्वराज्य मेरा जन्मसिद्ध अधिकार है और मैं इसे प्राप्त करके रहूँगा।' उनका विश्वास था कि राजनीतिक भिक्षावृत्ति के मार्ग से वांछित लक्ष्य की प्राप्ति नहीं हो सकती और इसके स्थान पर जनजागृति तथा जनआन्दोलन के मार्ग को अपनाया जाना चाहिए, चाहे यह कितना ही कष्टकर क्यों न हो। तिलक के सशक्त भाषणों, लोकप्रिय नारों, निर्भीकता, साहस, असामान्य कष्ट और आत्म-त्याग ने युवा भारतीयों को विदेशी सत्ता के विरोध का दर्शन प्रदान किया और उन्हें ब्रिटिश साम्राज्य का प्रबल विरोधी बना दिया। डॉ० ईश्वरी प्रसाद के अनुसार–''उनके उपदेश, संगठन पद्धति, विदेश विरोधी प्रचार और व्यायामशालाओं ने विद्रोह के ऐसे बीज बोये, जिसके अत्यधिक व्यापक परिणाम हुए।''

तिलक के योग्य सहयोगियों के रूप में लाला लाजपतराय, विपिनचन्द्र पाल और श्री अरविन्द घोष ने काँग्रेस की पुरानी भिक्षा नीति अपनाने का विरोध किया। इसके स्थान पर आत्मनिर्भरता की नीति का उपदेश दिया। लाला लाजपतराय ने कहा, ''अंग्रेज भिखारी से सबसे अधिक घृणा करते हैं, और मैं सोचता हूँ कि भिखारी घृणा का पात्र है भी। अत: हमारा कर्तव्य है कि हम यह सिद्ध कर दें कि हम भिखारी नहीं हैं।'' विपिनचन्द्र पाल ने बंगाल की जनता में जागृति उत्पन्न करने की दिशा में अपूर्व कार्य किया। उन्हें 'बंगाल में तिलक का सेनापति कहा जाता है, इन नेताओं ने भारतीय राजनीति में एक नवीन धारा को जन्म दिया और राष्ट्रीय आन्दोलन को जन आन्दोलन के रूप में परिवर्तित कर दिया।

(11) लैंसडाउन और एल्गिन द्वितीय की अदूरदर्शिता–राष्ट्रवाद के उदय में राजनीतिक कारणों का महत्व सबसे अधिक है। सन् 1892 से 1904 तक इंगलैण्ड की राजनीति तथा शासन पर उग्र साम्राज्यवादी अनुदार दल का अधिकार था। कर्जन के पूर्वगामी लॉर्ड लैंसडाउन तथा लॉर्ड एल्गिन द्वितीय ने अत्यधिक अदूरदर्शी नीति अपनायी थी। लॉर्ड लैंसडाउन की नीति का विरोध करते हुए गोखले जैसे उदारवादी नेता को भी कहना पड़ा था ''सरकार शिक्षा, स्थानीय

स्व शासन तथा राजकीय सेवाओं में जिस प्रतिगामी नीति का अनुसरण कर रही है उसके परिणाम सरकार के लिए भयानक सिद्ध हो सकते हैं।''

लॉर्ड एल्गिन द्वितीय के शासन काल के अन्तर्गत सन् 1897 में तिलक पर राजद्रोह का अपराध लगाकर 18 महीने का कठोर दण्ड दिया गया और चाफेकर बन्धुओं को प्राण-दण्ड दिया गया। इसी प्रकार दक्षिण के मालदार तथा प्रभावशाली जमींदार 'नाटू बन्धुओं' को देश निकाला दे दिया गया और उनकी सम्पत्ति को जब्त कर लिया गया, क्योंकि उन पर यह सन्देह किया गया था कि उनका सम्बन्ध प्रान्त की क्रान्तिकारी संस्थाओं से है। रिटायर होते समय शिमला के यूनाइटेड सर्विसेज क्लब में भाषण देते हुए लॉर्ड एल्गिन ने मूर्खतापूर्ण बात कही कि 'हिन्दुस्तान तलवार के जोर से जीता गया था और तलवार के जोर से उसकी रक्षा की जायेगी।' इन घटनाओं के परिणामस्वरूप भारतीयों का अंग्रेजों की न्यायप्रियता में विश्वास समाप्त हो गया। रमेशचन्द्र दत्त के अनुसार—अंग्रेजों की न्यायभावना में जनता का विश्वास ऐसा हिल गया था जैसा कि पहले कभी नहीं।''

(12) लॉर्ड कर्जन का प्रतिगामी शासन (1898-1905)—लॉर्ड इलगिन के बाद लॉर्ड कर्जन ने कार्यक्षमता के नाम पर अपनी भारत-विरोधी नीति को चरमोत्कर्ष पर पहुँचा दिया। गोखले के शब्दों मे उन्होंने ''ब्रिटिश साम्राज्य के लिए वही कार्य किया, जो मुगल साम्राज्य के लिए औरंगजेब ने किया था।'' लॉर्ड कर्जन के प्रमुख भारत-विरोधी कार्य निम्नलिखित थे :

(i) केन्द्रीकरण की नीति—प्रारम्भ से ही लॉर्ड कर्जन ने केन्द्रीकरण की नीति अपनायी और अपनी इस नीति के आधार पर सबसे पहला प्रहार स्थानीय स्वशासन संस्थाओं पर किया। उन्होंने 1899 में कलकत्ता कारपोरेशन अधिनियम पास कर कलकत्ता कारपोरेशन के सदस्यों की संख्या 75 से घटाकर 50 कर दी। सदस्य संख्या में यह कमी कर देने वाली जनता के प्रतिनिधियों में की गयी। इसका उद्देश्य यह था कि कारपोरेशन तथा उसकी समितियों में निर्वाचित भारतीय अल्पसंख्यक रह जायें तथा सरकारी सदस्यों का बहुमत हो जाये। सरकार के इस कार्य से जनता में तीव्र असन्तोष फैला तथा 28 भारतीय सदस्यों ने त्याग-पत्र भी दे दिया, किन्तु सरकार पर इसका कोई प्रभाव नहीं पड़ा।

(ii) विश्वविद्यालय का सरकारीकरण—लॉर्ड कर्जन ने सन् 1904 में 'भारतीय विश्वविद्यालय अधिनियम' पास करके विश्वविद्यालयों के सिण्डीकेट तथा सीनेट के सदस्यों की संख्या में कमी कर दी। विश्वविद्यालयों की आन्तरिक स्वायत्तता समाप्त हो गई और उन पर सरकारी अधिकारियों का नियन्त्रण स्थापित हो गया। 'इस अधिनियम से दक्षिण भारतीयों में बड़ा असन्तोष फैला उन्होंने यह अनुभव किया कि शासन विश्वविद्यालय प्रणाली पर प्रहार करना चाहता है।

(iii) सैनिक व्यय—भारतीयों ने कर्जन की सीमा नीति, तिब्बत, फारस की खाड़ी तथा चीन में सेनाएँ भेजना आदि कार्यों का विरोध किया। अपनी इस योजनाओं के आधार पर अंग्रेजी साम्राज्य की वृद्धि पर कर्जन के द्वारा बेतहाशा खर्चा किया जा रहा था, जबकि भारतीय जनता भूखों मर रही थी।

(iv) शान-शौकत—लॉर्ड कर्जन शान-शौकत में विश्वास करता था। जनवरी 1903 में उसने एक विराट दरबार करके सप्तम एडवर्ड के भारत का सम्राट होने की घोषणा की। इस दरबार पर टिप्पणी करते हुए सन् 1903 में मद्रास में कांग्रेस अधिवेशन के अध्यक्ष लाल मोहन घोष ने कहा था—"जहाँ तक जनता का सम्बन्ध है, इससे ज्यादा निर्दय और कठोर क्या हो सकता है कि एक श्रेष्ठ कही जाने वाली सरकार संसार के सबसे गरीब लोगों पर सबसे ज्यादा कर लगाये और इस तरह से एकत्रित दान को व्यर्थ के नाच-तमाशों और आतिशबाजी में फूँक दे जबकि जनता भूखों मर रही हो।"

(v) प्रशासकीय गुप्त अधिनियम, 1904—लॉर्ड कर्जन ने समाचार-पत्रों की स्वतन्त्रता को सीमित कर दिया। सन् 1898 तथा 1899 के अधिनियमों के अनुसार सेना के भेद देना अवैध घोषित किया गया था। सन् 1904 के अधिनियम द्वारा नागरिक अधिकारियों के सम्बन्ध में भी कोई बात कहना अवैध घोषित कर दिया गया। अब समाचार-पत्रों में सरकार की कोई आलोचना नहीं की जा सकती थी। इस अधिनियम से भारतीय जनता ब्रिटेन विरोधी हो गई।

(vi) भारत के प्रति अविश्वास और अहंकारयुक्त दृष्टिकोण—उपुर्यक्त दमनकारी कार्यों के अतिरिक्त लॉर्ड कर्जन का भारतीयों के प्रति व्यवहार नितान्त अविश्वासपूर्ण और अपमानजनक था। भारतीयों के प्रति अपने अविश्वास को अत्यन्त उद्धृत भाषा में व्यक्त करते हुए उसने घोषणा की कि शासन का उत्तरदायित्व सँभालने में भारतीय सर्वथा अनुपयुक्त हैं। सन् 1905 में कर्जन ने शासन के द्वारा सरकारी पद भारतीयों को न देने की नीति अपनायी 24 मई, 1904 को एक प्रस्ताव पास करके गुण के स्थान पर प्रजाति को योग्यता का आधार बनाया गया। सन् 1905 में कलकत्ता विश्वविद्यालय के कुलपति पद से दिये गये दीक्षान्त भाषण में उन्होंने कहा कि "भारतवासियों में सत्य के प्रति आस्था नहीं है और वस्तुतः भारतवर्ष में सत्य को कभी आदर्श माना ही नहीं गया है। पाश्चात्य देशों के नैतिक आचरण में सत्य को महत्वपूर्ण स्थान दिया गया है किन्तु पूर्व के नैतिक आचरण में सत्य के स्थान पर मक्कारी तथा कूटनीतिज्ञता का प्राबल्य है और भारतीय साहित्य में भी इस आचरण की ही प्रतिष्ठा है।" कर्जन के इस भाषण के विरोध में समस्त देश में सार्वजनिक सभाएँ की गयीं। इन्द्र विद्यावाचस्पति के मतानुसार—"उपयोगितावाद तथा नास्तिकता के प्रवाह में बहते हुए यूरोप के निवासी से 'सत्यमेव जयते' की परम्परा में पले हुए भारतीयों ने जब यह मर्मभेदी आरोप सुना तो सम्पूर्ण देश में क्षोभ की एक लहर सी दौड़ गयी।" भारतीयों के आत्म-सम्मान पर तीव्र आघात करते हुए उसने कहा कि 'भारत नाम की कोई वस्तु नहीं है।' काँग्रेस के सम्बन्ध में अपने विचार व्यक्त करते हुए उसने कहा कि 'उसकी शीघ्र ही मृत्यु हो जायेगी।' लॉर्ड कर्जन का यह अविश्वास और असम्मानपूर्ण व्यवहार, भारतीयों में राष्ट्रीयता की भावना जागृत करने में बहुत अधिक सहायक रहा। ऐनी बेसेण्ट के शब्दों में इनका विरोध करने के लिए समस्त भारत राष्ट्र एक व्यक्ति के रूप में उठ खड़ा हुआ।

13. बंगाल का विभाजन, 1905—लॉर्ड कर्जन के शासन का सबसे बड़ा मूर्खतापूर्ण कार्य सन् 1905 ई. में किया गया बंगाल का विभाजन था। यद्यपि बंगाल के विभाजन में कर्जन का उद्देश्य बंगाल में बढ़ती हुई राष्ट्रीयता की भावना को कुचल देना था, परन्तु व्यवहार में इस कार्य के परिणामस्वरूप न केवल बंगाल, वरन् सम्पूर्ण भारत में राष्ट्रीयता की अभूतपूर्व भावना

को जन्म मिला। जनमत पर बंगाल के विभाजन की प्रतिक्रिया को व्यक्त करते हुए सुरेन्द्रनाथ बनर्जी ने लिखा है–''बंगाल के विभाजन की घोषणा आश्चर्यचकित जनता पर एक बम के रूप में पड़ी। हमने अनुभव किया कि हमें अपमानित किया गया है, हमारा उपहास उड़ाया गया है और हमसे छल किया गया है। हमने यह भी अनुभव किया कि हमारा समस्त भविष्य संकट में है और यह कार्य बंगला भाषी जनता की बढ़ती हुई एकता और चेतना पर एकता भीषण प्रहार है।''

सरकार का कथन था कि बंगाल जैसे बड़े प्रान्त पर एक ही केन्द्र से शासन नहीं किया जा सकता और सुशासन के हित में उसका विभाजन आवश्यक है परन्तु जैसा कि जकरिया लिखते हैं–''उद्देश्य और प्रभाव की दृष्टि से बंगाल के विभाजन का कार्य नितान्त धूर्ततापूर्ण था।'' उस समय बंगाल में बिहार तथा उड़ीसा भी सम्मिलित थे। यदि प्रान्त के विभाजन की पृष्ठभूमि में केवल सुशासन का ही विचार होता, तो बंगला भाषी क्षेत्र के विभाजन के स्थान पर बिहार तथा उड़ीसा को बंगाल से पृथक् किया जा सकता था परन्तु शासन ने पूरा चटगाँव डिवीजन, ढाका के दो जिले और मैमन सिंह को बंगाल से अलग कर आसाम में मिला दिया। सरकार का वास्तविक उद्देश्य राष्ट्रीयता कर गला घोंटना और हिन्दू-मुसलमानों में फूट डालने के लिए मुस्लिम बहुल प्रान्त का निर्माण करना था। ए॰ सी॰ मजूमदार के अनुसार लॉर्ड कर्जन हर जगह प्रमुख मुसलमानों से मिले और चटगाँव और ढाका में मुसलमानों की बड़ी सभाएँ कर उन्हें समझाया कि–''बंगाल विभाजन में मेरा उद्देश्य प्रशासकीय सुविधा भर देखना नहीं है, मैं एक मुस्लिम प्रान्त बनाना चाहता हूँ, जहाँ इस्लाम के अनुयायियों का बोलबाला होगा। विभाजन से पूर्वी बंगाल के मुसलमानों को वह एकता प्राप्त होगी जो मुसलमान बादशाहों और सूबेदारों के राज के बाद उन्हें कभी नसीब नहीं हुई थी।'' पूर्वी बंगाल के लिए नियुक्त गवर्नर सर बैम्फाइल्ड ने कहा कि ''उसकी दो स्त्रियाँ हैं एक हिन्दू और दूसरी मुसलमान, किन्तु वह दूसरी को अधिक चाहता है।''

बंगाल के विभाजन का विरोध करने के लिए जो तीव्र आन्दोलन हुआ वह शीघ्र ही सम्पूर्ण भारत में फैल गया। अकेले बंगाल में ही विभाजन का विरोध करने के लिए 1,000 सभाएँ की गयीं। देश के प्रत्येक कोने से ब्रिटिश सरकार के पास इस आशय के स्मृति-पत्र भेजे गये कि विभाजन योजना को लागू न किया जाय। 70 हजार व्यक्तियों के हस्ताक्षरों से युक्त एक प्रार्थना-पत्र ब्रिटिश संसद के पास भेजा गया। परन्तु इन सब कार्यों का कोई परिणाम न निकला। इस आन्दोलन को बनावटी तथा कुछ स्वार्थी लोगों के दिमाग की उपज बतला कर लॉर्ड कर्जन ने 16 अक्टूबर, सन् 1905 को विभाजन की योजना को क्रियान्वित कर दिया। यह दिन राष्ट्रीय शोक दिवस के रूप में मनाया गया और बंगाल के एकीकरण के लिए बराबर प्रयत्न करने का प्रण किया गया। विदेशी माल के बहिष्कार के रूप में बंगाल के विभाजन का विरोध करने के लिए एक प्रभावशाली साधन अपनाया गया। यह आन्दोलन दिन ब दिन जोर पकड़ता गया। सभाएँ, प्रदर्शन और हड़तालें सामाजिक जीवन का सामान्य अंग बन गयीं। कर्जन की मूर्खता ने भारतीय राष्ट्रवाद को एक ऐसे बिन्दु तक पहुँचा दिया, जहां तक पहुंचने में उसे अनेक वर्ष लग सकते थे। बंग-भंग के परिणामों के सम्बन्ध में गोखले ने कहा था 'हमारी राष्ट्रीय प्रगति के इतिहास में बंगाल के विभाजन के परिणामस्वरूप पैदा हुआ जन रोष और भावना का महान् उद्रेक चिर-स्मरणीय रहेगा।

उपर्युक्त कारणों से राष्ट्रीय काँग्रेस में उग्रवादी राष्ट्रीय वर्ग का जन्म हुआ जिसे संवैधानिक विकास की धीमी प्रक्रिया और संवैधानिक साधनों में विश्वास नहीं था। वह नवीन वर्ग अतिवादी या उग्र राष्ट्रवादी वर्ग (Extremists) कहा जाता है।

काँग्रेस में फूट का आरम्भ–उदारवादी और उग्रवादी

1905 का बनारस अधिवेशन–सन् 1905 के बनारस अधिवेशन में बाल गंगाधर तिलक के नेतृत्व में राष्ट्रवादियों के एक वर्ग ने उदारवादियों की 'राजनीतिक भिक्षावृत्ति' (Political Mendicancy) की नीति की निन्दा की और इस बात का प्रतिपादन किया कि संगठित निष्क्रिय प्रतिरोध के मार्ग को अपना कर ही भारत के राष्ट्रीय जीवन पर विदेशी नौकरशाही के प्रभुत्व का अन्त किया जा सकता है। उन्होंने कहा कि ब्रिटिश माल और सरकारी शिक्षण संस्थाओं का संगठित और निरन्तर बहिष्कार किया जाना चाहिए। इस अधिवेशन में काँग्रेस के दोनों वर्गों द्वारा 'स्वराज्य' की भिन्न-भिन्न ढंग से व्याख्या की गयी। उदारवादियों के अनुसार इसका तात्पर्य 'औपनिवेशिक आधार पर स्वाशासन' था, जबकि उग्रवादी इसका आशय पूर्ण और निर्बाध स्वतन्त्रता मानते थे। इस विरोध के कारण विषय समिति में अति कटु विवाद हुए। काँग्रेस के अधिवेशन की समाप्ति के बाद लोकमान्य तिलक के नेतृत्व में प्रगतिशील वर्ग ने एक पृथक् सम्मेलन कर 'उग्रवादी दल' की स्थापना की इस दल ने काँग्रेस के अन्दर रहकर ही अपने एक पृथक् निश्चित कार्यक्रम के आधार पर कार्य करने का निश्चय किया।

काँग्रेस का कलकत्ता अधिवेशन 1906–बंग-भंग के कारण उग्रवादियों तथा उदारवादियों का परस्पर विरोध बढ़ता ही जा रहा था। उग्रवादी तिलक को कलकत्ता काँग्रेस का अध्यक्ष बनाकर उग्रवादी दल को कार्यक्रम के राष्ट्रीय काँग्रेस के कार्यक्रम के रूप में स्वीकार करवाने के लिए प्रयत्नशील थे। उदारवादी इस स्थिति को स्वीकार करने के लिए तैयार नहीं थे। इस स्थिति का विश्लेषण करते हुए सी० वाई० चिन्तामणि लिखते हैं–"दोनों दलों (उदार तथा उग्र) में भी मतभेद था, उसमें निरन्तर वृद्धि होती गयी तथा सन् 1906 के शीतकाल तक वह ऐसा उग्र हो गया कि 81 वर्ष के वयोवृद्ध दादा भाई को इंगलैण्ड से भारत बुलाकर अध्यक्ष बनाने के अतिरिक्त काँग्रेस का अधिवेशन करना असम्भव प्रतीत हो रहा था। दादा भाई की प्रभावपूर्ण अध्यक्षता में काँग्रेस का जो अधिवेशन हुआ, वह महान् था। परन्तु विषय निर्वाचिनी समिति के सम्बन्ध में कहा जा सकता है कि मैंने जितने अधिवेशन देखे हैं वह उनमें सबसे अधिक कोलाहल तथा विद्रोह से पूर्ण था। असहिष्णुता का बाजार गर्म था और वृद्ध नेताओं के प्रति अभद्रता भी दिखायी गयी। अन्त में, भीष्म पितामह दादा भाई के प्रभाव तथा प्रयत्नों से समझौता हुआ। उस समय तो समझौता हो जाने के कारण काँग्रेस का अधिवेशन टूटने से बच गया, परन्तु परिणाम अच्छा नहीं हुआ क्योंकि दोनों पक्ष उस समझौते की अपने अनुकूल व्याख्या करते रहे।"

समय की गति को पहचानकर अधिवेशन की अध्यक्षता करते हुए दादा भाई ने दूरदर्शिता से काम लिया। उन्होंने अपने भाषण का प्रारम्भ सर हैनरी बैरनमैन के इस वाक्य से किया कि 'सुराज्य किसी दशा में स्वराज्य का स्थानापन्न नहीं हो सकता।' उन्होंने काँग्रेस के मंच से 'स्वराज्य' शब्द का प्रयोग करके इसे भारत का अन्तिम राजनीतिक लक्ष्य घोषित किया। 'काँग्रेस अधिवेशन में इस प्रकार का प्रस्ताव पारित होना वस्तुत: उग्र दल की विजय ही थी।'

सूरत-विच्छेद, 1907

काँग्रेस का उदारवादी पक्ष स्वराज्य प्राप्ति के लिए किसी भी प्रकार का आन्दोलन करने को तैयार नहीं था। उदारवादी नेता 'स्वराज्य' की व्याख्या भी ऐसे ढंग से कर रहे थे जिसमें स्वराज्य की आत्मा का ही अभाव था। उग्रवादी इस बात के लिये प्रयत्नशील थे कि काँग्रेस 1906 की घोषणाओं से पीछे न हटे और स्वराज्य प्राप्ति के लिये सक्रिय आन्दोलन करे। वे विदेशी वस्तुओं के अतिरिक्त सरकारी नौकरियों और संस्थाओं का भी बहिष्कार करना चाहते थे। इसी बीच लॉर्ड मिण्टो ने प्रशासनिक सुधारों के सम्बन्ध में घोषणा करके काँग्रेस के दोनों पक्षों के विभेद को तीव्र कर दिया और सूरत अधिवेशन के संकट को जन्म दिया। उग्रवादी लोकमान्य तिलक को सूरत काँग्रेस का सभापति बनाना चाहते थे, परन्तु उदारवादी इसके पक्ष में नहीं थे। तिलक ने हाल ही में मांडले जेल की यातना से लौटे लाला लाजपतराय का नाम सभापति के लिए प्रस्तावित किया। लालाजी ने भी झगड़े में न पड़ना चाहा और नाम वापिस ले लिया। फलतः उदार दल के एक डॉक्टर रासबिहारी घोष इस अधिवेशन के सभापति नियुक्त हुए। इसका विरोध करते हुए तिलक ने कहा कि निर्वाचन गलत हुआ है। पारस्परिक विरोध की इस स्थिति में काँग्रेस का सम्मेलन शोरगुल का निन्दनीय नाटक बन गया और थोड़े ही समय में स्थिति नियन्त्रण के बाहर हो गयी। जूतों और छड़ियों द्वारा परस्पर प्रहार किये गये और अन्त में पुलिस द्वारा बलपूर्वक भवन खाली कराने पर ही शान्ति स्थापित हो सकी। ऐनी बेसेण्ट ने कहा कि –'सूरत घटना काँग्रेस की कहानी की सबसे दुःखद घटना थी।'

अगले दिन काँग्रेस के 1,600 प्रतिनिधियों में से 900 उदारवादी प्रतिनिधियों की एक सभा हुई जिसमें यह निश्चय किया गया कि 100 व्यक्तियों की एक समिति काँग्रेस का संविधान तैयार करे। इन व्यक्तियों ने काँग्रेस का जो संविधान तैयार किया, उसकी पहली धारा में कहा गया कि –''भारत की राष्ट्रीय काँग्रेस का उद्देश्य है कि भारत की जनता को उसी प्रकार की शासन व्यवस्था प्राप्त हो, जिस प्रकार की शासन व्यवस्था ब्रिटिश साम्राज्य के अन्य उपनिवेशों में प्रचलित है और उनके समान ही भारतवासी भी साम्राज्य के अधिकारों तथा उत्तरदायित्वों के भागी बनें। इन उद्देश्यों की प्राप्ति वर्तमान शासन व्यवस्था में क्रमशः सुधार कर, राष्ट्रीय एकता तथा जनोत्साह को बढ़ावा देकर और देश के मानसिक, नैतिक, आर्थिक एवं औद्योगिक साधनों को सुसंगठित कर वैधानिक रीति से की जाय।'' उग्रवादी इन शर्तों को नहीं मान सकते थे। अतः वे काँग्रेस से अलग हो गये। सन् 1916 तक काँग्रेस पर उदारवादियों का प्रभुत्व बना रहा। सन् 1916 में इन दोनों पक्षों में समझौता हुआ और उसके परिणामस्वरूप ये दोनों दल सम्मिलित रूप से कार्य करने लगे।

उग्रवादियों का दमन

बीसवीं सदी के प्रारम्भ में उग्र राष्ट्रवादिता की जो लहर उठी थी, सरकार उसे सहन न कर सकी इन उग्रवादियों का दमन करने के लिए विभिन्न कानूनों की व्यवस्था की गयी। 'इण्डियन पीनल कोड' में धारा 124 ए और 153 ए जोड़ी गयी। एक विशेष अधिनियम द्वारा अधिकारियों को यह शक्ति दी गयी कि वे जिन राजनीतिक संगठनों को राजद्रोहात्मक समझें, उन पर प्रतिबन्ध

लगा दें। राजनीतिक अपराधियों के मामलों की संक्षिप्त सुनवाई की भी व्यवस्था की गयी। सन् 1911 में सार्वजनिक सभाओं के नियमन सम्बन्धी अध्यादेश जारी करके सार्वजनिक सभाओं पर रोक लगा दी गयी। सन् 1910 में सरकार ने 'प्रेस एक्ट' लागू करके प्रेस की स्वतन्त्रता पर प्रतिबन्ध लगा दिये।

उपर्युक्त अधिनियमों द्वारा सरकार ने उग्रवादियों का दमन करना प्रारम्भ कर दिया। इस दमन कार्य के अन्तर्गत रूसी सरकार की पद्धति पर प्रमुख उग्रवादियों को निर्वासित कर दिया गया। मई 1907 में पंजाब के लाला लाजपतराय और सरदार अजीतसिंह को बिना मुकदमा चलाये माण्डले जेल भेज दिया गया। 'केसरी' में लिखे गये कुछ लेखों के आधार पर सन् 1908 में लोकमान्य तिलक को कठोर कारावास दिया गया। आतंककारी कार्यों के लिए बंगाल में अनेक व्यक्तियों पर मुकदमे चलाकर उन्हें दण्डित किया गया। अनेक सम्पादकों और प्रकाशकों को भी इसी प्रकार के दण्ड प्रदान किये गये। परन्तु उग्रवादियों का उत्साह कम न हुआ। सरकार भी यह समझने लगी कि केवल दम से काम नहीं चलेगा। उग्रवादियों को रोकने के लिए सरकार ने कुछ सुधारों का आश्वासन देकर उदारवादियों तथा मुसलमानों को अपने पक्ष में कर लिया।

उग्र राष्ट्रवादियों की राजनीतिक विचारधारा

1. भारत और ब्रिटेन के आर्थिक हितों में अन्तर—उग्र राष्ट्रवादियों की राजनीतिक विचारधारा उदारवादियों से नितान्त भिन्न और बहुत कुछ विपरीत थी। उदारवादी ब्रिटेन और भारत के अन्तिम हितों को समान समझते थे। परन्तु उग्रवादियों के अनुसार ब्रिटेन और भारत के हित परस्पर नितान्त विरोधी थे। विपिनचन्द्र पाल का मत था कि ब्रिटेन के आर्थिक हितों की दृष्टि से यह नितान्त आवश्यक था कि भारत पर उसका राजनीतिक नियन्त्रण बना रहे अतः युद्ध के बिना भारत की स्वतन्त्रता प्राप्त होना नितान्त असम्भव है। उदारवादियों की तरह उग्र राष्ट्रवादियों को ब्रिटिश राष्ट्र की न्यायप्रियता में कतई विश्वास नहीं था। दादा भाई नौरोजी और दूसरे उदारवादियों का विचार था कि ब्रिटिश राष्ट्र जैसे ही महसूस करेगा कि हमारी बात उचित है उसे स्वीकार कर लिया जायेगा। इसके विपरीत लाला लाजपतराय और अन्य उग्रवादियों का विचार था कि 'व्यापारियों का यह राष्ट्र (ब्रिटेन) केवल दबाव की भाषा ही समझता है।'

2. राजनीतिक लक्ष्य का अन्तर—उदारवादियों और उग्रवादियों में राजनीतिक लक्ष्य का अन्तर था। उदारवादियों का विचार था कि ब्रिटिश शासन में सुधार किया जा सकता है एवं क्रमिक सुधार ही भारत के हित में है। इसी कारण उनके द्वारा विधायी परिषदों के सुधार और उनकी शक्ति में वृद्धि भारतीयों के लिए उच्च सरकारी पद और स्थानीय स्वशासन संस्थाओं की स्थापना आदि की माँगें की जाती थीं। उग्रवादियों का विचार था कि ब्रिटिश शासन में सुधार नहीं किया जा सकता, उसका तो अन्त किया जाना चाहिए।

3. व्यक्तित्व और विचारधारा में अन्तर—उदारवादी विचारक पाश्चात्य शिक्षा के तो उग्रवादी भारतीय धार्मिक और सांस्कृतिक नवजागरण के परिणाम थे। इसी कारण जहाँ उदारवादियों ने भारतीयों को पाश्चात्य शिक्षा का विरोध कर राष्ट्रीय शिक्षा प्रणाली का समर्थन किया था। लोकमान्य ने इसी उद्देश्य से 'दक्षिण शिक्षा समाज' (Deccan Education Society) की स्थापना की थी।

उग्रवादियों के साधन

राजनैतिक लक्ष्य को प्राप्त करने के लिए उग्र राष्ट्रवादियों के साधन—बहिष्कार, स्वदेशी और राष्ट्रीय शिक्षा थे, जिनमें बहिष्कार को सबसे अधिक प्रमुख कहा जा सकता है। उग्रवादियों के बहिष्कार आन्दोलन की मुख्य प्रवृत्ति विदेशी वस्तुओं के ही विरुद्ध थी, यद्यपि इसकी व्यापक व्याख्या में इसमें सरकार के साथ असहयोग, सरकारी नौकारियों, प्रतिष्ठाओं तथा उपाधियों का बहिष्कार भी शमिल था। उग्रवादियों की मान्यता थी कि बहिष्कार विदेशी शासन की प्रतिष्ठा और हितों के ऊपर एक सीधा आघात होगा। बहिष्कार आन्दोलन में निहित विचारधारा को स्पष्ट करते हुए लाला लाजपतराय लिखते हैं—''हम अपने मुख सरकारी भवनों से हटाकर साधारण जनों की कुटियों की तरफ ले जाना चाहते हैं। बहिष्कार आन्दोलन का यही मनोविज्ञान और यही आध्यात्मिक महत्व है।'' उग्रवादी नेता स्वदेशी में विश्वास करते थे और जनसाधारण में इसका प्रचार करने के लिए उन्होंने देशव्यापी आन्दोलन का संगठन किया था। उग्रवादी स्वदेशी को स्वदेश की मुक्ति का मार्ग समझते थे। ''बहिष्कार आन्दोलन ने भारतीय उद्योगों विशेषत: वस्त्र उद्योग को बल प्रदान किया और कपड़ा बुनकर उद्योग को सहायता देने के लिए एक राष्ट्रीय कोष जमा किया गया, जिनमें सुरेन्द्रनाथ बनर्जी को एक ही सार्वजनिक सभा में 70 हजार रुपये एकत्रित करने में सफलता मिली।

बहिष्कार और स्वदेशी आन्दोलनों की अभूतपूर्व सफलता के विषय में कलकत्ते के ऐंग्लों इण्डियन समाचार-पत्र 'दि इंगलिशमैन' ने लिखा था—''यह बिल्कुल सत्य है कि कलकत्ते के गोदामों में कपड़ा इतना भरा हुआ है कि वह बेचा नहीं जा सकता। अनेक मारवाड़ी फर्में नष्ट हो गयीं हैं और कई बड़ी से बड़ी योरोपीय निर्यात दूकानों को या तो बन्द करना पड़ा है या उनका व्यापार बहुत ही मन्द गति पर आ गया है। बहिष्कार के रूप में राज के शत्रुओं ने देश में ब्रिटिश हितों पर कुठाराघात करने का एक अत्यन्त प्रभावशाली शस्त्र पा लिया है।'' भारत के कुछ क्षेत्रों में तो बहिष्कार आन्दोलन कितना अधिक प्रबल और लोकप्रिय था इसका अनुमान इस घटना से लगाया जा सकता है कि ''परीक्षार्थियों ने विदेशी कागज की कापियाँ छूने से इंकार कर दिया, बच्चों ने विदेशी जूते पहिनने या ज्वर में विदेशी दवा लेने से इंकार कर दिया और विवाह में मिली ऐसी विदेशी भेंटें भी अस्वीकार की जाने लगीं जो भारत में भी बन सकती थीं।''

उदारवादियों से साधन सम्बन्धी अन्तर

उग्रवादी विचारधारा स्पष्ट करते हुए विपिनचन्द्र पाल ने मद्रास के अपने एक भाषण में कहा था—''हमें देखना यह चाहिए कि 50, 100, 200, या 300 भारतीय अधिकारी क्या इस सरकार को भारतीय बना देंगे? सभी अफसर भारतीय हो जायें तो वे भी नीति निर्धारित नहीं कर सकते, शासन नहीं चला सकते, वे तो सिर्फ हुक्म बजाते हैं—अफसर गोरा हो या काला उसे परम्पराएँ निभानी होती हैं, कानून और नीति का पालन करना पड़ता है और जब तक वे परम्पराएँ न तोड़ी जायें, सिद्धान्त न बदले जायें, नीति न बदली जाये, गोरे अधिकारियों की जगह काले अधिकारियों को नियुक्त कर देने से स्वराज्य नहीं आयेगा।'' सर हैनरी कॉटन के अनुसार, उग्रवादी भारत में सब प्रकार से मुक्त और स्वतन्त्र राष्ट्रीय शासन प्रणाली की स्थापना करना चाहते थे।

नेविन्सन ने तिलक को यह कहते हुए उद्धृत किया है कि–"अपने उद्देश्य के कारण नहीं, वरन् उसे प्राप्त करने के उपायों के कारण हमें उग्रवादियों की उपाधि मिली है।" उदारवादी ब्रिटिश जनता की लोकतन्त्रात्मक प्रवृत्तियों में विश्वास करते थे। उनका विचार था कि विशुद्ध संवैधानिक साधनों के आधार पर भारत को स्वतन्त्र किया जा सकता है। उग्रवादी इन बातों को आत्मप्रवंचना मात्र समझते थे। उनका तर्क था कि इंगलैण्ड जैसे स्वतन्त्र और लोकतन्त्रात्मक देश में वैधानिक आन्दोलन के आधार पर स्वतन्त्रता प्राप्त करने का स्वप्न देखना स्वयं को ही धोखा देना है। उग्र राष्ट्रवादी प्रार्थनाओं, स्मृति-पत्रों और प्रतिनिधिमण्डल की नीति में लेशमात्र भी विश्वास नहीं करते थे। इस पद्धति के प्रति घृणा प्रकट करते हुए वे इसे 'राजनीतिक भिक्षावृत्ति' के नाम से पुकारते थे। विपिनचन्द्र पाल कहा करते थे कि "हमें अपनी राष्ट्रीय शक्तियों को इस प्रकार संगठित करना चाहिए कि कोई भी शक्ति जो हमारे विरुद्ध हो, हमारे सम्मुख झुकने को बाध्य हो जाये।" "यदि सरकार मेरे पास आकर कहे कि स्वराज्य ले लो तो मैं उपहार के लिए धन्यवाद देते हुए उससे कहूँगा कि मैं उस वस्तु को स्वीकार नहीं करता, जिसको प्राप्त करने की सामर्थ्य नहीं है।" उग्रवादी दृष्टिकोण को स्पष्ट करते हुए लोकमान्य तिलक कहते थे, "हमारा आदर्श दया याचना नहीं, आत्मनिर्भरता है।"

निष्क्रिय प्रतिरोध

शासकों के प्रति भक्ति और सहयोग की नीति अपनाने के स्थान पर उग्रवादी 'निष्क्रिय प्रतिरोध' (Passive resistance) के कार्यक्रम को अपनाने के पक्ष में थे। 'निष्क्रिय प्रतिरोध' के सम्बन्ध में विपिनचन्द्र पाल ने कहा था कि "सरकार के कार्य को कई प्रकार से ठप्प किया जा सकता है। ऐसा सम्भव नहीं है कि प्रत्येक मजिस्ट्रेट कार्य करने से इंकार कर दे तथा एक व्यक्ति के त्यागपत्र देने पर उसके स्थान पर कोई दूसरा व्यक्ति न मिले। परन्तु यदि देश में यह भावना जाग्रत हो जाय तो समस्त सरकारी कार्यालयों में हड़ताल की जा सकती है–हम उस भारतीय की स्थिति, जो सरकारी कर्मचारी है, ऐसी कर सकते हैं कि जैसे वह भारतीय नागरिक के सम्मान से नीचे गिर गया हो।"

राष्ट्रीय शिक्षा

19वीं सदी तक राष्ट्रीयता उच्च शिक्षा प्राप्त और सम्पन्न वर्ग की ही सम्पत्ति थी। उग्रवादियों द्वारा अपनाये गये साधनों ने राष्ट्रीय आन्दोलन के कार्य क्षेत्र को व्यापक बनाया और राष्ट्रीय आन्दोलन को मध्यम वर्गों तथा जनसाधारण तक पहुँचने में सहायता प्रदान की। उग्रवादियों का लक्ष्य राजनीतिक स्वतन्त्रता ही नहीं वरन् भारतीय नवयुवकों के लिए सांस्कृतिक स्वतन्त्रता भी प्राप्त करना था। उन्होंने एक ऐसी राष्ट्रीय शिक्षा प्रणाली की योजना बनायी जो राष्ट्र द्वारा नियन्त्रित होने के साथ ही देश के हितों के अनुकूल हो तथा नवयुवकों में राष्ट्रीयता की भावना का संचार करे। उग्रवादियों का यह कार्य अत्यन्त दूरदर्शितापूर्ण था। ब्रिटिश सरकार ने राष्ट्रीय आन्दोलन की बागडोर उग्रवादियों के हाथ में जाने से रोकने के लिए ही 1909 में मार्ले-मिण्टो सुधार पारित किये।

किसी भी पराधीन देश द्वारा अपने राजनीतिक लक्ष्यों की प्राप्ति उसी समय की जा सकती है जबकि राष्ट्रीय आन्दोलन का नेतृत्व करने वाला वर्ग स्वयं त्याग करने का इच्छुक हो। उग्रवादी नेता प्रत्येक त्याग और कष्ट के लिए तत्पर थे। बाल गंगाधर तिलक, लाला लाजपतराय और विपिनचन्द्र पाल लोकनायक थे। सन् 1908 में तिलक को गिरफ्तार करने और उनके साथ किये गये अन्याय से जनता को इतना 'विक्षुब्ध' कर दिया कि कई जगह दंगे हो गये। सरकार के इस कार्य के विरोध में बम्बई की मिलों के मजदूरों ने एक व्यापक हड़ताल की जिसको लेनिन ने भारत के श्रमिक वर्ग की 'पहली राजनीतिक कार्यवाही' बतलाया था।

बाल गंगाधर तिलक
(B. G. Tilak)

बाल गंगाधर तिलक, जिन्हें आदरपूर्वक 'लोकमान्य' भी कहते थे उग्रवादी दल के एक प्रतिभाशाली नेता थे। भारत के राष्ट्रीय आन्दोलन में उग्र विचारधारा का सूत्रपात प्रधानतया तिलक के प्रयत्नों द्वारा हुआ था। वे अपने समय के उन प्रतिष्ठित देशभक्तों में से एक थे, जिन्होंने अपने उच्च चरित्र तथा आत्म-त्याग द्वारा भारतीयों में ऐसा उत्साह भर दिया कि वे अंग्रेजों को बलपूर्वक निकालने पर उद्यत हो उठे। तिलक के भारतीय राजनीति के मंच पर आने से पूर्व कांग्रेस पर उदारवादियों का प्रभुत्व छाया हुआ था, जिनका सरकार की न्यायप्रियता में अटूट विश्वास था, किन्तु उनके आगमन से कांग्रेस की उदारवादी नीति में परिवर्तन होना आरम्भ हुआ और जनता अपने अधिकारों की प्राप्ति के लिये सजग हुई। उनके बलिदान, उत्साह, निडरता और इन सबसे बढ़कर मातृभूमि के प्रति अनन्य प्रेम ने उन्हें पहले महाराष्ट्र का और तत्पश्चात् सम्पूर्ण भारत का छत्र रहित सम्राट बना दिया था।

जीवन परिचय

बाल गंगाधर तिलक का जन्म 23 जुलाई 1856 में महाराष्ट्रीय ब्राह्मण कुल में हुआ था। उनके पिता सरकारी शिक्षा-विभाग में इन्सपैक्टर थे। अपनी शिक्षा समाप्त करके वे 'दक्षिण शिक्षा समिति' द्वारा स्थापित पूना के न्यू इंगलिश स्कूल में बीजगणित के अध्यापक नियुक्त हुए। इस स्कूल की स्थापना में उन्होंने स्वयं सहयोग दिया। अपने देश में राजनीतिक चेतना फैलाने के उद्देश्य से दो समाचार-पत्र 'केसरी' तथा 'मराठा' प्रकाशित करने आरम्भ किये, जिससे वे कुछ ही वर्षों में बड़े लोकप्रिय हो गये। अपने इन समाचार-पत्रों द्वारा ये ब्रिटिश शासकों की शासन नीति की निर्भीक रूप से आलोचना करते रहे। सन् 1890 में आप सरकार के Age of Consent Bill का विरोध करके हिन्दू जनता के स्नेह पात्र बन गये। इस अधिनियम द्वारा सरकार बाल-विवाह पर रोक लगाना चाहती थी। इस अधिनियम के विरोध में इनका कहना था कि विदेशी सरकार का जनता की धार्मिक और सामाजिक रीतियों से कोई सम्बन्ध नहीं। उन्होंने महाराष्ट्र में गणपति और शिवाजी के उत्सवों को प्रचलित किया। सन् 1896 के अकाल में उन्होंने अपनी देशभक्ति और सेवा का ऐसा अच्छा प्रमाण दिया कि वे दक्षिण के प्रसिद्ध नेता बन गये।

सन् 1897 के अकाल में तिलक ने फिर से अपने देश प्रेम का प्रमाण दिया। उन्होंने प्लेग ग्रस्त लोगों की सेवा के लिये आवश्यक कमेटियों, अस्पतालों तथा समितियों की व्यवस्था की

और अपने समाचार-पत्र केसरी में प्लेग कमिश्नर तथा उसके सहायक अधिकारियों के दुर्व्यवहार की निन्दा की। सरकार के प्लेग कमिश्नर मि० रैन्ड की हत्या के पश्चात् उनको 18 मास का कारावास का दण्ड दिया गया, परन्तु वे 6 मास पश्चात् ही कारावास से छोड़ दिये गये। सन् 1907 के सूरत विच्छेद के साथ सरकार ने उन्हें 6 वर्ष के लिये बर्मा के कारावास में भेज दिया और सन् 1914 में उन्हें छोड़ दिया गया। कारागार से आने के बाद उन्होंने फिर मातृभूमि की सेवा का कार्य आरम्भ कर दिया। उन्होंने पूना में 'होमरूल लीग' की स्थापना की और इसके द्वारा स्वराज्य का सन्देश देश के कोने-कोने में पहुँचा दिया। उनके इस नये आन्दोलन से भारतीय राष्ट्रीय कांग्रेस को विशेष बल प्राप्त हुआ तथा सरकार के लिये भारतीयों की स्वराज्य की माँग के प्रति उदासीन रहना कठिन हो गया। सन् 1918 में उन्हें इंगलैण्ड जाने का अवसर प्राप्त हुआ, तो उन्होंने इस समय भी अपनी देशभक्ति का प्रमाण दिया। इंगलैण्ड से लौटने के बाद उनका स्वास्थ्य बहुत बिगड़ चुका था, परन्तु फिर भी वे कांग्रेस के अधिवेशन में भाग लेने के लिए अमृतसर पहुँचे। पूना लौटने पर वे अधिक बीमार हो गये और पहली अगस्त सन् 1920 को उन्होंने प्राण त्याग दिए।

तिलक एक विधायक के रूप में

सन् 1895 में तिलक बम्बई विधान परिषद् के सदस्य चुने गये परन्तु जब उनके ऊपर राजद्रोह का आरोप लगाया तो उन्होंने परिषद् की सदस्यता त्याग दी। साथ में वे विधान परिषद् में किये गये कार्यों को अधिक महत्व नहीं देते थे। उनका सिद्धान्त यह था कि संवैधानिक साधनों से अधिक से अधिक राजनीतिक सत्ता प्राप्त की जाये और उसका प्रयोग और भी अधिक राजनीतिक सत्ता प्राप्त करने के लिये किया जाये और ऐसा तब तक किया जाये जब तक की पूर्ण स्वराज्य प्राप्त न हो जाये। वह यह भी जानते थे कि परिषदों का उपयोग राजनीतिक प्रगति के लिये केवल तभी किया जा सकता था, जबकि जनता के निर्वाचित प्रतिनिधियों के पीछे जनता का बल हो और उनमें सरकार का विरोध करने की पूरी शक्ति हो।

होम रूल लीग की स्थापना

तिलक ने स्वराज्य की माँग को लोकप्रिय बनाने के लिये आयरिश नमूने की 'होम रूल लीग' की स्थापना पूना में की। होम रूल लीग के सम्बन्ध में 1 मई 1916 को बेलग्राम में पहला भाषण दिया। इसमें उन्होंने कहा स्वराज्य का अर्थ यह है कि शासन के मामलों पर किसका नियन्त्रण है। स्वराज्य का आन्दोलन इसलिये है कि जनता के हाथों में सत्ता हस्तान्तरित कर दी जाये। उनके होम रूल लीग से प्रभावित होकर श्रीमती बीसेन्ट ने भी मद्रास में होम रूल लीग की स्थापना कर दी। दोनों ने मिलकर बड़े उत्साह से कार्य किया और गृह शासन के विचार का जोरदार प्रचार किया।

स्वराज्य की अवधारणा

''स्वराज्य मेरा जन्म सिद्ध अधिकार है।'' "Freedom is my birth right" यद्यपि भारतीय राष्ट्रीय कांग्रेस ने कलकत्ता अधिवेशन में अपना लक्ष्य स्वराज्य घोषित कर दिया था, परन्तु तिलक ने स्वराज्य की माँग को होम रूल लीग के द्वारा लोकप्रिय बनाया। तिलक ने स्वराज्य की माँग

को एक ऊँचे नैतिक आधार पर रख दिया। उनके लिये स्वराज्य एक राजनीतिक आवश्यकता ही नहीं थी अपितु एक नैतिक परमावश्यकता थी। दूसरा स्वराज्य समस्त राष्ट्रीय प्रगति का मूल है। उनके अनुसार स्वराज्य के अभाव में कोई राजनीतिक प्रगति नहीं हो सकती। इसलिये उनकी यह धारणा कि हमारा सार्वजनिक प्रथम ध्येय राजनीतिक सत्ता की प्राप्ति होनी चाहिये, उसके बाद सामाजिक सुधार तो स्वाभाविक रूप से आयेगा ही। स्वराज्य के सम्बध में एक महत्वपूर्ण बात यह है तिलक लोकतन्त्री स्वराज्य के समर्थक थे। वह सम्पूर्ण शासक प्रणाली को बदल देना चाहते थे। वे कहा करते थे स्वराज्य का उद्देश्य कुछ थोड़े से व्यक्तियों के लिये भारी वेतन वाले पद प्राप्त करना नहीं अपितु स्वराज्य का अर्थ यह है कि कार्यपालिका जनता के चुने हुए प्रतिनिधियों के प्रति उत्तरदायी हो और अन्तिम सत्ता जनता के हाथ में हो।

स्वराज्य प्राप्ति के साधन

तिलक का स्वराज्य और उसकी प्राप्ति के साधन उदारवादियों से भिन्न थे। तिलक ने उदारवादियों के प्रार्थना, याचना तथा विरोध प्रदर्शन की पद्धति को निष्फल बतलाकर अधिक क्रियाशील पद्धति को अपनाये जाने का अनुरोध किया। उन्होंने अपने समाचार-पत्र 'केसरी' में कई लेख लिखे, जिनमें बताया कि संवैधानिक पद्धति भारत की तत्कालीन परिस्थितियों के लिये सर्वथा अनुपयुक्त थी। फिर तिलक ने स्वराज्य प्राप्ति के साधन का रूप इस तथ्य पर निर्धारित किया कि स्वतन्त्रता दी नहीं जाती बल्कि ली जाती है। तिलक ने तत्कालीन उदारवादियों की कांग्रेस की सबसे बड़ी कमजोरी यह बतलायी कि कांग्रेस ने अपनी माँगों के पक्ष में लोकमत तैयार करने की सदा अवहेलना की इसलिए भारत की विदेशी सरकार भी उदारवादियों को अधिक परवाह नहीं करती थी क्योंकि वह जानती थी कि उदारवादी केवल भौंक सकते हैं, काटने के लिये उनके पास दाँत नहीं हैं। तिलक इस मनोवृत्ति को बल देना चाहते थे। कांग्रेस को एक जन-आन्दोलन बनाना तथा उसकी माँगों के पीछे शक्ति उत्पन्न कर देना चाहते थे।

हिंसा प्रयोग में विश्वास

यद्यपि तिलक को गांधी जी की तरह अहिंसा में अटूट विश्वास न था परन्तु यह कहना भी सर्वथा गलत है कि तिलक हिंसा के प्रयोग में विश्वास करते थे। उन्होंने सन् 1914 में कारागार से मुक्त होने पर अपने भाषण में इस विषय पर विचार स्पष्ट करते हुए कहा था, ''मैं देखता हूँ कि मेरी 6 वर्ष की अनुपस्थिति के दौरान में भारत व इंगलैण्ड के अंग्रेजी समाचार-पत्रों में, जैसा कि शिरॉल की पुस्तक में वर्णन किया गया है, मेरे कार्यों और लेखों का निर्वाचन इस प्रकार किया गया है कि वे प्रत्यक्ष अथवा अप्रत्यक्ष रूप से हिंसक कार्यों को प्रोत्साहन देते हैं। मुझे खेद है कि यह प्रयत्न ऐसे समय में किया गया कि जबकि मैं स्वतन्त्र नागरिक न था, परन्तु मैं समझता हूँ कि मैं ऐसे आरोपों का खुलकर खण्डन करूँ।..........हम भारत में प्रयत्न कर रहे हैं, जैसे गृह शासन के लिये आयरलैण्ड में आन्दोलनकारियों ने किया है, कि भारतीय प्रशासन में सुधार हो, न कि सरकार को उखाड़ फैंका जाये, और मैं बिना संकोच कहता हूँ कि भारत से विभिन्न भागों में किये गये हिंसक कार्यों को मैं घृणित नहीं समझता।'' एक व्यवहारिक राजनीतिज्ञ होने के नाते तिलक यह महसूस करते थे कि स्वतन्त्रता प्राप्त करने के लिये किसी एक साधन (अहिंसा) तक सीमित रहना बुद्धिमत्ता नहीं है।

स्वदेशी तथा बहिष्कार

यद्यपि स्वदेशी का विचार पुराना था, परन्तु तिलक के हाथों में आकर यह और अधिक विकसित हुआ। तिलक के प्रयत्नों द्वारा आर्थिक क्षेत्र में आत्म-निर्भरता से बढ़कर यह समस्त वस्तुओं में आत्म-निर्भरता एवं स्वावलम्बन का सूचक बन गया। स्वदेशी का उद्देश्य धीरे-धीरे विदेशी विचारों को लुप्त कर देना था। तिलक हमारे मत तथा बुद्धि को भी स्वदेशी बना देना चाहते थे। उनका स्वदेशी आन्दोलन धीरे-धीरे देश प्रेम का प्रतीक बन गया।

स्वदेशी की भाँति बहिष्कार का भी मुख्य उद्देश्य ब्रिटिश सरकार को झुकने के लिये विवश करना था। बहिष्कार का महत्व बतलाते हुए तिलक ने ये शब्द कहे तुम्हारे पास शस्त्र नहीं है और इसकी कोई आवश्यकता भी नहीं है। बहिष्कार के रूप में हमारे पास एक अधिक शक्तिशाली शस्त्र है।..........यदि तुम्हारे पास सक्रिय प्रतिरोध की शक्ति नहीं है तो क्या तुम में आत्म-त्याग और आत्म-संयम की भी शक्ति नहीं है कि तुम अपने ही ऊपर शासन करने में विदेशी सरकार की सहायता न करो? यही बहिष्कार है और यही हमारे कहने का अर्थ है कि बहिष्कार एक राजनीतिक शस्त्र है।

राष्ट्रीय शिक्षा

तिलक का विश्वास था कि मानव सभ्यता के सभी उपकरणों में शिक्षा सबसे अधिक शक्तिशाली है। वे ये भी जानते थे कि शिक्षा के वास्तविक ध्येय की पूर्ति तभी हो सकती है, जबकि उस पर जनता का नियन्त्रण होगा और शिक्षिकों का हृदय देश के प्रति प्रेम से भरा हुआ होगा। सन् 1908 में दिये गये एक व्याख्यान में उन्होंने धार्मिक शिक्षा को भी महत्व दिया। उनके विचार में चरित्र-निर्माण के लिये धार्मिक शिक्षा भी अति अनिवार्य है। तिलक जन शिक्षा के महत्व को भी भली प्रकार समझते थे इसलिये उन्होंने अपने न्यू इंगलिश स्कूल में शिक्षा को अधिक सस्ता रखना चाहा। शिक्षा प्राप्त विद्यार्थियों से वे ये कामना करते थे कि वे जनता से सम्पर्क स्थापित करें और उनको अपने अधिकारों और योग्यताओं का ज्ञान करायें। वह यह भी चाहते थे कि शिक्षा भारतीयों द्वारा ही दी जाये और भारतीयों के लिये हो।

क्या तिलक भारतीय अशान्ति के जनक थे?

सर वेलेंटाइन शिरॉल (Sir Valentine Chirol) ने अपनी पुस्तक 'भारतीय अशान्ति' में तिलक को 'भारतीय अशान्ति का जन्मदाता' की संज्ञा प्रदान की। उनके अनुसार तिलक सरकार के प्रति द्वेष फैलाने वाले सबसे खतरनाक अग्रदूतों में से एक थे। उनका उद्देश्य बंगाल की तरह सारे भारत को उग्र बनाया था। ब्रिटिश लोगों की दृष्टि में उपरोक्त कथन सत्य हो सकता है, किन्तु कोई भी भारतीय शिरॉल के इस कथन से सहमत नहीं हो सकता। भारतीयों की दृष्टि में तो वह देशभक्तों में सबसे महान् थे। उनके आदर्श, त्याग, बलिदान तथा बुद्धिमतता ने ही उनको भारतीयों द्वारा लोकमान्य की पदवी पर सुशोभित करवाया। अंग्रेजों का तो हमेशा से यह स्वभाव रहा कि जिस किसी ने भी उनके साम्राज्य के विरुद्ध आवाज उठाई उसको इसी दृष्टि से देखा। वास्तव में तिलक महान् देशभक्त थे, जिनका हृदय भारतीयों की बुरी एवं शोचनीय दशा को देखकर रोता

था। उन्होंने ही सर्वप्रथम 'स्वराज्य' का नारा यह कह कर बुलन्द किया कि 'स्वराज मेरा जन्म सिद्ध अधिकार है और उसे मैं लेकर रहूँगा' (Swaraj is my birth right and I will have it.)।

तिलक का योगदान

तिलक आधुनिक भारत के महानतम निर्माता थे। विट्ठलभाई पटेल के शब्दों में, ''लोकमान्य तिलक का व्यक्तित्व महान् था। राजनीति को आराम कुर्सी वाले राजनीतिज्ञों के कमरों से जनता तक ले जाने का श्रेय लोकमान्य तिलक को ही है। उनकी उँगली राष्ट्र की नाड़ी पर थी। वह जानते थे कि स्वतन्त्रता संग्राम में त्याग और कष्ट झेलने की क्षमता उनमें कितनी है, इसलिए उन्होंने राष्ट्रीय आन्दोलन को आगे बढ़ाया, अपने हाथ में रखा और आवश्यकतानुसार कम ज्यादा किया, वह सही अर्थों में भारत के निर्माता थे।'' वास्तव में तिलक उन व्यक्तियों में से प्रथम थे जिन्होंने कांग्रेस को एक जनआन्दोलन बनाने की आवश्यकता अनुभव की थी। उनका विश्वास था कि भारत संसार का गुरु बन सकता है। संसार में स्वतन्त्र भारत की क्या भूमिका होगी, इस सम्बन्ध में भी तिलक का दृष्टिकोण उनके अपने शब्दों में सर्वोत्तम रूप से उपस्थित किया जा सकता है। सन् 1919 में उन्होंने राष्ट्रपति वुडरो विलसन (President Woodrow Wilson) तथा वर्साई में उपस्थित संसार के अन्य नेताओं को लिखा था ''एशिया और संसार की शान्ति के दृष्टिकोण से यह बात नितान्त आवश्यक है कि भारत को आत्म शासन प्रदान करके पूर्व स्वतन्त्रता का गढ़ बना दिया जाये।''

बाल गंगाधर तिलक की मृत्यु पर गांधी जी ने अपनी श्रद्धांजलि अर्पित करते हुए कहा, ''लोकमान्य तिलक मातृभूमि के अनन्य भक्त थे। वे देश प्रेम के अतिरिक्त और किसी धर्म को नहीं जानते थे। जन्म से ही लोकतन्त्रवादी थे। उन्होंने अपने मनोबल से देश की सेवा की। उनका जीवन बिल्कुल निष्कपट और निष्कलंक था। किसी अन्य व्यक्ति ने उनकी इसी असाधारण दृढ़ता से स्वराज्य का प्रचार नहीं किया उनके देशवासी उनमें पूर्ण विश्वास रखते थे। तिलक सदैव आशावादी रहे और कभी हतोत्साहित न हुए। वे अपने जीवन में भारत को स्वतन्त्र देखने की आशा रखते थे। यदि वे अपने उद्देश्य की पूर्ति में सफल न हुए तो इसमें उनका कोई दोष नहीं था। उन्होंने निश्चय ही स्वराज्य को निकट लाने में महत्वपूर्ण कार्य किया।''

तिलक और गोखले की तुलना

डा० पट्टाभि सीतारमैया ने गोखले तथा तिलक की तुलना बहुत रोचक शब्दों में की है। उनके अनुसार गोखले और तिलक दोनों उच्च कोटि के देश भक्त थे। दोनों ने अपने जीवन में महान् त्याग किया लेकिन दोनों का स्वभाव एक दूसरे से नितान्त भिन्न था। गोखले उदारवादी थे और तिलक उग्रवादी। गोखले का उद्देश्य प्रचलित संविधान में सुधार करना था परन्तु तिलक इसका पुनर्निर्माण करना चाहते थे। गोखले का नौकरशाही के साथ मिलकर काम करना आवश्यक था, जबकि तिलक की उससे मुठभेड़ होनी जरूरी थी। गोखले का यह मत था जहाँ सम्भव हो (सरकार को) सहयोग दो और जहाँ आवश्यक हो (उसका) विरोध करो। तिलक सरकार के कार्य में रोड़ा अटकाने की नीति के समर्थक थे। गोखले शासन प्रबन्ध तथा उसमें सुधार करवाना अपना प्रथम उद्देश्य मानते थे। तिलक राष्ट्र निर्माण के कार्य को अपना प्रथम कर्त्तव्य समझते थे।

गोखले का आदर्श था–प्रेम और बलिदान। तिलक का आदर्श था–सेवा और कष्ट झेलना। गोखले की कार्यप्रणाली का उद्देश्य विदेशियों के हृदय को जीतना था। तिलक उन्हें देश से बाहर निकालना चाहते थे। गोखले दूसरों की सहायता में विश्वास रखते थे, तिलक स्वावलम्बन पर.. ......गोखले अपने समय के साथ थे, तिलक अपने समय से बहुत आगे थे। महात्मा गांधी ने स्वयं इन दोनों की तुलना करते हुए कहा था ''तिलक जहाँ हिमालय के समान उच्च तथा अगम्य थे, वहाँ गोखले गंगा की निर्मलधारा के समान थे, जिसमें आसानी से गोता लगाया जा सकता था।''

लाला लाजपतराय
(Lala Lajpat Rai)

जीवन परिचय

लाला लाजपतराय भारतवर्ष के महान् नेता थे, जिन्हें नौकरशाही के विरुद्ध अपने साहस के प्रदर्शन के कारण 'पंजाब केसरी' कहकर पुकारा जाता था। वे अपने समय के पंजाब के सार्वजनिक जीवन की महान आत्मा और देश के अति प्रतिभाशाली व्यक्तियों में से थे। डा॰ वी॰ पी॰ वर्मा के शब्दों में, ''वे निश्चित रूप से महाराजा रणजीतसिंह के बाद पंजाब के सबसे महान पुरुष थे। भारतीय स्वतन्त्रता संग्राम के सेनानायकों में उन्हें बहुत उच्च स्थान प्राप्त है।'' उनका जन्म 28 जनवरी, 1865 को पंजाब के फिरोजपुर जिले में हुआ था। उनके पिता यद्यपि सम्पन्न नहीं थे तथापि लाला जी ने गवर्नमेंट कालेज लाहौर से बी॰ ए॰ पास किया। इसके बाद उन्होंने वकालत की डिग्री प्राप्त की और हिसार में वकालत करने लगे। कुछ समय बाद वे लाहौर चले गये जो कि उस समय महत्वाकाँक्षी युवकों के लिए उन्नति का एक बड़ा केन्द्र समझा जाता था। वहाँ जाकर उन्होंने वकालत आरम्भ की और बहुत सा धन कमाया। धीरे-धीरे लाहौर आर्य समाज से उनके सम्बन्ध स्थापित हो गये और वे शीघ्र ही उसके प्रमुख सदस्य बने गये। उन्होंने डी॰ ए॰ वी॰ कालेज लाहौर की स्थापना में भी प्रमुख भाग लिया और पचास हजार रुपये इसके निर्माण के लिये दिये।

सन् 1888 में लाला जी कांग्रेस में सम्मिलित हुए। धीरे-धीरे उन्होंने कांग्रेस के प्रसिद्ध नेताओं में अपना स्थान बना लिया और सन् 1906 में वह गोखले के साथ इंगलैण्ड गये। वहाँ जाकर उन्होंने अपने भाषण के माध्यम से इङ्गलैण्ड की जनता को बहुत प्रभावित किया। सन् 1907 में जब भारतीय राष्ट्रीय कांग्रेस के दो दल बन गये तो लाला जी ने उग्रवादी दल का समर्थन किया। उन्होंने पंजाब के लोगों में वीरता, निडरता तथा साहस से कार्य करने का प्रचार किया। पंजाब की सरकार ने उनको पंजाब असन्तोष का जन्मदाता समझकर सरदार अजीतसिंह के साथ 6 माह के लिए बर्मा में देश निकाला दे दिया। अपनी मुक्ति के बाद उन्होंने दो पत्रों के विरुद्ध मानहानि का मुकदमा चलाया और दोनों में उनकी विजय हुई। सूरत विच्छेद के पश्चात् वे उदारवादी नेताओं के सम्पर्क में रहे, परन्तु फिर भी उनके ऊपर अराजकता का आरोप लगाया गया। अत: सरकार के क्रोध के कारण वे प्रथम महायुद्ध के अन्त तक देश के बाहर अमेरिका में रहे।

युद्ध समाप्त होने पर जब लाला जी स्वदेश लौटे तो देशवासियों ने उनका हार्दिक स्वागत किया। सन् 1920 में वे कांग्रेस के सभापति बनाये गये और सन् 1923 में वे केन्द्रीय व्यस्थापिका

सभा के सदस्य बन गये तथा कुछ समय तक 'स्वराज्य दल' के उपनेता के रूप में कार्य किया। 20 अक्टूबर, 1928 को जब 'साईमन कमीशन' लाहौर पहुँचा तो उनके नेतृत्व में एक जलूस द्वारा इस कमीशन का विरोध किया गया। जलूस का नेतृत्व करते हुए उन पर पुलिस की लाठियाँ पड़ीं, और उनके मुँह से ये शब्द निकले "मेरे शरीर पर किया गया लाठी का एक-एक प्रहार ब्रिटिश साम्राज्य के कफन की कील बनाकर रहेगा।" लाठी प्रकार के सत्रह दिन बाद में वे स्वर्ग सिधार गये।

राजनीतिक विचार

1. राष्ट्रवाद—लाला लाजपतराय के राजनीतिक विचारों का केन्द्र बिन्दु राष्ट्रवाद की धारणा थी। अपने एक भाषण में उन्होंने कहा था "अपने देश के प्रति सच्ची तथा नि:स्वार्थ भक्ति हमारा धर्म होना चाहिये, वह हममें से प्रत्येक के जीवन का उदात्त लक्ष्य होना चाहिये और अपने देश की सेवा के लिये हमें अपना धन तथा जीवन सब कुछ बलिदान करने के लिये तैयार रहना चाहिये।" उन्होंने भारत के इस अधिकार पर बल दिया कि "उसे स्वतन्त्र राजनीतिक जीवन-यापन का अधिकार है।" लाला जी अपने देश के लिये स्वराज की माँग करते थे। स्वराज्य से उनका अर्थ था कि जन-गण को अपनी इच्छा के अनुसार शासन चलाने का अधिकार हो। वे ब्रिटेन से सारे सम्बन्धों को तोड़ने वाला पूर्ण स्वराज भारत के लिये लाभदायक नहीं समझते थे। वे गृह शासन अथवा औपनिवेशिक स्वराज्य को स्वीकार करने के पक्ष में थे। स्वराज प्राप्त करने के लिये वे अपने देशवासियों के पुरुषार्थ पर निर्भर करते थे, अंग्रेजों की न्याय भावना के ऊपर नहीं। अपने एक भाषण में उन्होंने कहा था, "अपने अतिरिक्त किसी अन्य व्यक्ति पर विश्वास न करो। तुम केवल स्वयं अपने प्रयासों से ही ऊँचा उठ सकते हो। याद रक्खो राष्ट्रों का निर्माण स्वयं अपने द्वारा ही होता है।"

2. सम्पूर्ण क्रान्ति—प्रार्थना, याचना और विरोध प्रदर्शन की जिस नीति का उदारवादी अनुकरण कर रहे थे, उसकी लाला जी कटु आलोचना करते थे और उसको भिक्षावृत्ति की नीति कहकर पुकारते थे। वह देश में क्रान्ति तो चाहते थे, परन्तु भौतिक शक्ति अथवा हिंसा द्वारा नहीं। वह मन तथा हृदय की क्रान्ति चाहते थे। उन्हीं के शब्दों में, "हमें आवश्यकता हिंसा की नहीं दृढ़ता की है, अस्थिरता की नहीं दृढ़ संकल्प की है, अवसरवादिता की नहीं सिद्धान्तवादिता की है।" उपरोक्त समस्त धारणाओं का सार यह था कि लाला लाजपतराय आत्म-निर्भरता तथा आत्म-बलिदान की पद्धति को अपनाने का अनुरोध करते थे। वे जनता की मानसिक स्थिति को बदलना चाहते थे, जिसे अंग्रेज साम्राज्यवादियों ने अपने हितों के अनुकूल बनाने का प्रयास किया।

3. स्वदेशी—लाला लाजपतराय के अनुसार स्वदेशी ही भारत की दुख व दरिद्रता को दूर कर सकता है। वे लिखते हैं, "मैं इसे अपने देश के लिये उद्धार समझता हूँ। स्वदेशी आन्दोलन को हमें आत्मसम्मानी, स्वावलम्बी, स्वार्थत्यागी बनाना चाहिये। स्वदेशी आन्दोलन को यह सिखाना चाहिये कि हम किस प्रकार अपनी पूँजी, अपने साधनों, श्रम, शक्ति और प्रतिभा का उपभोग करें, धार्मिक और जातियों के बन्धनों से यह हमें विमुक्ति दिला सकता है। मेरी दृष्टि से स्वदेशी भारत का सामान्य धर्म होना चाहिये।"

4. राष्ट्रीय शिक्षा—लाला जी सह-शिक्षा (Co-education) के पक्ष में थे। उनकी यह धारणा थी कि सह-शिक्षा लड़के तथा लड़कियों में आत्म-विश्वास तथा स्पष्टवादिता उत्पन्न करती है। उनका यह भी विश्वास था कि लड़कों तथा लड़कियों को साथी समझा जाना चाहिये। साथ ही वह इस बात पर जोर देते थे कि हमारी शिक्षा प्रणाली का उद्देश्य हमारे नवयुवकों तथा नवयुवतियों को जीवन संग्राम के लिय तैयार करना और उनको भारत के कुशल, बुद्धिमानी तथा दूरदर्शी नागरिक बनाना होना चाहिये। उपरोक्त शिक्षा के उद्देश्य की प्राप्ति केवल तभी हो सकती है जबकि राज्य शिक्षा का उत्तरदायित्व अपने ऊपर ले ले। दूसरे शब्दों में लाला जी शिक्षा के राष्ट्रीयकरण के पक्ष में थे। वे चाहते थे कि शिक्षा में बौद्धिक ज्ञान के साथ-साथ शारीरिक एवं भावात्मक विकास भी सम्मिलित होना चाहिये। उन्हीं के शब्दों में, ''देश की सबसे बड़ी आवश्यकता जनसाधारण का आर्थिक उत्थान तथा सार्वजनिक सहशिक्षा है।

5. सम्प्रदायवाद—वास्तविक अर्थों में लाला लाजपतराय राष्ट्रवादी थे, परन्तु कुछ आलोचकगण हिन्दू सम्प्रदायवादी कहकर उनकी आलोचना करते हैं और इस तथ्य की ओर संकेत करते हैं कि वह आर्य समाज के प्रमुख नेता तथा हिन्दू महासभा के समर्थक थे और सन् 1925 में उन्होंने हिन्दू महासभा की अध्यक्षता की थी। परन्तु एक निष्पक्ष अवलोकन करने पर हम इस परिणाम पर पहुँचते हैं कि यह कथन एक झूठा आरोप है। यद्यपि लाला जी एक पक्के हिन्दू थे और हिन्दू समाज के दोषों को दूर करके उसे संगठित एवं शक्तिशाली बनाना चाहते थे फिर भी यह सत्य है कि जब हिन्दू-मुस्लिम दंगे हुए और उनमें हिन्दुओं को अधिक क्षति उठानी पड़ी तो उन्होंने हिन्दुओं को आत्म रक्षा के लिए संगठित होने को प्रेरित किया, परन्तु एक व्यक्ति जिस जाति में जन्म लेता है, उसके कल्याण तथा रक्षा के लिये कार्य करने से ही वह सम्प्रदायवादी नहीं बन जाता। एक सम्प्रदायवादी व्यक्ति सही अर्थों में वह होता है, जो हमेशा अपनी जाति के हितों की बात सोचता है और उनको राष्ट्र के हर व्यापक हितों पर बलिदान करने के लिए तैयार रहता है। लाला जी में दोष लेषमात्र भी न था। वह भारत की स्वतन्त्रता के लिए जिए और उसी के लिए मरे। उनके जीवन का लक्ष्य राष्ट्र प्रेम था, हिन्दुत्व प्रेम नहीं। अत: सही अर्थों में लाला जी सम्प्रदायवादी नहीं थे।

लाला लाजपतराय का योगदान

उपरोक्त विवरण से स्पष्ट होता है कि लाला जी एक शिक्षा शास्त्री, समाज सुधारक, पत्रकार, एक राजनीतिक योद्धा, एक सुयोग्य लेखक तथा एक महान् सार्वजनिक कार्यकर्त्ता भी थे। अपने प्रभावशाली भाषणों तथा साहसपूर्ण कार्यों के बल पर वह 'शेर-ए-पंजाब' कहलाते थे। चिन्तामणि के अनुसार, ''सार्वजनिक वक्ता के रूप में लायड जार्ज और लाला लाजपतराय मुझे इकट्ठे दिखाई देते हैं, उनमें जनता में जोश पैदा करने की एक समान ताकत थी। लाजपतराय के उर्दू भाषणों के मुकाबले में मैंने भाषण नहीं सुने। उनके भाषणों से जनता के मन में जो स्फूर्ति पैदा होती थी, उसकी दृष्टि से उनके उर्दू भाषणों की तुलना लायड जार्ज के भाषणों से की जा सकती है।'' उनकी मृत्यु पर सर्वोत्तम श्रद्धांजलि देते हुए गांधी ने दर्द भरे स्वर में कहा था, ''लाला जी जैसे लोग तब तक नहीं मर सकते, जब तक आसमान में सूरज चमकता है।''

श्रीमती एनी बीसेन्ट
(Mrs. Annie Beasant)

जीवन परिचय

श्रीमती एनी बीसेन्ट एक आयरिश महिला थीं। इनका जन्म सन् 1847 में इंगलैड में हुआ था। सन् 1893 में वे थियोसोफिकल सोसाइटी की सदस्य होकर भारत आईं और सन् 1914 तक वे इस सोयाइटी की प्रमुख कार्यकर्त्ता रहीं। इस संस्था द्वारा उन्होंने भारतीयों को पाश्चात्य सभ्यता के रोग से बचाने का सराहनीय कार्य किया। उन्होंने भारतीयों को एक नया नारा दिया 'पीछे की ओर लौटो और अपनी संस्कृति का निरीक्षण करो।' हिन्दू धर्म एवं संस्कृति को वे पश्चिम के धर्म से श्रेष्ठ समझती थीं। वे भारतवर्ष में बीस वर्ष तक रहीं। इस काल में उन्होंने भारतीयों की सामाजिक तथा शिक्षा सम्बन्धी उन्नति के लिये घोर परिश्रम किया। उन्होंने भगवद्गीता का अनुवाद अंग्रेजी भाषा में किया और बनारस में सेंट्रल हिन्दू हाई स्कूल की स्थापना की। बाद में वह कालिज फिर बनारस हिन्दू विश्वविद्यालय के रूप में हमारे सामने आया। श्रीमती एनी बीसेंट ने सामाजिक कुरीतियों को दूर करने का प्रयत्न किया और यह भी अनुभव किया कि भारत की सामाजिक दशा में सुधार अति आवश्यक है, इसलिये उन्होंने भारतीय राष्ट्रीय कांग्रेस में प्रवेश किया।

राजनैतिक विचार

श्रीमती बीसेन्ट ने 'कॉमन वील' (The Commonweal) नाम का एक साप्ताहिक समाचार-पत्र जारी किया और इस पत्र द्वारा धार्मिक स्वतंत्रता, राष्ट्रीय शिक्षा और सामाजिक तथा राजनीतिक सुधारों के पक्ष में प्रचार किया। सन् 1914 में वे इंगलैण्ड गई और उन्होंने संसद में एक भारतीय दल बनाने का प्रयास किया परन्तु उनका यह प्रयत्न सफल नहीं हुआ। इंगलैण्ड से लौटने पर उन्होंने 'न्यू इण्डिया' (New India) नामक एक समाचार-पत्र प्रकाशित किया। सन् 1916 में श्रीमती बीसेंट ने अपने प्रयत्नों द्वारा कांग्रेस के उदार तथा उग्र दलों में मिलाप करने का महत्वपूर्ण कार्य किया गया। वास्तव में यह भारत के लिए उनकी महान सेवा थी।

श्रीमती बीसेंट ने सन् 1916 में मद्रास में 'होम रूल लीग' की स्थापना की और स्वराज्य के पक्ष में प्रचार किया। इस कार्य से उन्हें अपने समाचार-पत्रों तथा 'थियोसोफिकल सोसाइटी' की ओर से बहुमूल्य सहयोग प्राप्त हुआ। फलस्वरूप उनका यह आन्दोलन बड़े वेग से फैल गया और वह भी बहुत लोकप्रिय हो गईं। उनकी इस सफलता को देखकर उदार दल वालों ने भी इसे स्वीकार किया कि श्रीमती बीसेन्ट ने अपने लेखों तथा भाषणों द्वारा जो तहलका मचाया वह अद्वितीय है। सन् 1917 में जब उन्हें नजरबन्द किया गया, तो इससे राष्ट्रीय आन्दोलन और अधिक सशक्त हो गया। पं० मोतीलाल नेहरू जैसे उदार दल के नेता भी होमरूल आन्दोलन में सम्मिलित हो गये। उनकी महान सेवाओं के आधार पर सन् 1917 में उन्हें कांग्रेस का अध्यक्ष चुना गया। तीन वर्ष के बाद वे कांग्रेस से पृथक हो गईं, परन्तु उन्होंने देश सेवा का परित्याग न किया। अपनी एक पुस्तक में श्रीमती बीसेंट ने बड़े रोचक ढंग से बताया कि भारत स्वशासन क्यों चाहता था–

(1) ब्रिटिश शासन पद्धति ने भारत की ग्राम सभाओं को नष्ट कर दिया और उनके स्थान पर बोर्डों व कौंसिलों को स्थापित किया है, जिसमें अधिकारीगण जनता की इच्छाओं के विरुद्ध कार्य करते हैं।

(2) 80 वर्ष के लम्बे शासन के पश्चात् भी ब्रिटिश शासक केवल 3 या 4 प्रतिशत जनता को शिक्षा दे पाये हैं, जबकि जापान ने 40 वर्ष की अवधि में सारी जनता को शिक्षित बना लिया है।

(3) ब्रिटिश शासन ने भारत की श्रेष्ठ कलाओं व उद्योगों को नष्ट कर दिया है।

(4) ब्रिटिश शासन ने सिंचाई की ओर ध्यान नहीं दिया।

(5) ब्रिटिश शासन अत्यन्त खर्चीला है।

उपरोक्त वर्णन से स्पष्ट है कि श्रीमती एनी बीसेंट एक दृढ़ निश्चयी, निडर तथा परिश्रमी महिला थीं। उनमें एक उच्च कोटि के वक्ता के गुण भी विद्यमान थे। डा॰ आर॰ सी॰ मजूमदार के मतानुसार उन्हें अपनी भाषण देने की योग्यता के बल पर ही राजनीतिक क्षेत्र में एक उच्च स्थान प्राप्त हुआ। यद्यपि वे सन् 1933 तक जीवित रहीं, परन्तु फिर उन्होंने राजनीति में कोई स्थान नहीं लिया।

विपिनचन्द्र पाल
(Vipinchandra Pal)

जीवन परिचय

भारत में उग्र राष्ट्रवाद के बंगाली नेता विपिनचन्द्र पाल थे। वे एक जन्मजात वक्ता थे। डा॰ आर॰ सी॰ मजूमदार के अनुसार, "उनकी वाणी में इतना जादू था कि उनके भाषण शिक्षित तथा अशिक्षित सभी व्यक्तियों को एक समान रूप से प्रभावित करते थे।" वे स्वदेशी आन्दोलन, बहिष्कार, राष्ट्रीय शिक्षा तथा सत्याग्रह के महान् समर्थक थे। उनकी सबसे बड़ी विशेषता यह थी कि उनका दृष्टिकोण अन्तर्राष्ट्रीय था। भारत का शेष संसार से अलग-थलग पड़े रहने का विचार उन्हें बिल्कुल पसन्द न था। वे पूर्ण समानता के स्तर पर ब्रिटेन के साथ सहकारी साझेदारी के हामी थे। वे भारतवर्ष के लिये अधिराज्य नहीं माँगते थे, अपितु उसे पूर्ण स्वतन्त्रता दिलवाने के पक्ष में थे। बंग-भंग के समय उनको विशेष ख्याति प्राप्त हुई क्योंकि उन्होंने सरकार के राष्ट्र विरोधी पग का बड़ी सफलता से विरोध किया। सन् 1907 के सूरत अधिवेशन में उन्होंने तिलक को अध्यक्ष बनाने का समर्थन किया। सन् 1905 से 1910 तक बंगाल की राजनीति पर उनका विशेष प्रभाव रहा और बंगाल के उदारवादी नेता इनको सरकार का वास्तविक विरोधी समझते थे, परन्तु सन् 1920 की मांटफोर्ड योजना के चालू होने के बाद वे कांग्रेस से पृथक् हो गये क्योंकि वे गाँधी जी की असहयोग आन्दोलन नीति से सहमत नहीं थे। सन् 1928 के लखनऊ सर्वदल सम्मेलन में उन्होंने भाग लिया और यह उनका अन्तिम राजनीतिक कार्य था। सन् 1932 में वे परलोक सिधार गये।

संक्षेप में विपिनचन्द्र पाल नवीन राष्ट्रीय आन्दोलन के एक महानतम नेता थे। उनका कहना था कि, 'स्वराज जनता के प्रयत्न द्वारा प्राप्त करना चाहिये, सरकार के उपहार तथा पुरस्कार स्वरूप नहीं। उन्होंने कहा था ''यदि सरकार आज आकर मुझसे कहे, लो स्वराज्य ले लो, मैं उत्तर दूंगा, उपहार के लिये धन्यवाद, परन्तु मुझे ऐसा कुछ स्वीकार नहीं है, जो मैंने अपने बाहुबल से न लिया हो।'' उपरोक्त कथन से ज्ञात होता है कि वह आत्मबल को महत्व देते थे।

श्री अरविन्द
(Sri Aurovindo)

श्री अरविन्द ने बंग भंग आन्दोलन के समय राजनीति में प्रवेश किया और शीघ्र ही वे उग्रवादी दल के प्रतिष्ठित नेता बन गये। काँग्रेस की उदारवादी नीति का विरोध करते हुए उन्होंने लिखा—''हमारा वास्तविक शत्रु कोई बाहरी नहीं, वरन् हमारी अपनी शिथिलता और कायरता है। राजनीति की आरामकुर्सी पर बैठकर विदेशी सत्ता नहीं हिलायी जा सकती। एक पराधीन राष्ट्र बलिदान के मार्ग को अपनाकर ही स्वतन्त्रता प्राप्त कर सकता है।'' एक अन्य स्थान पर उन्होंने लिखा कि—''राष्ट्रीयता एक धर्म है जो ईश्वर से प्राप्त होता है।'' वास्तव में, राष्ट्रीयता उनके लिए एक आध्यात्मिक मिशन और धार्मिक कर्तव्य था।

उन्होंने अपने लेखों द्वारा बंगाल को संघर्ष के मार्ग पर आगे बढ़ाया। उन्होंने अपने देश को अपनी पवित्र माँ के समान समझा और उसकी सेवा करना ही अपना कर्त्तव्य माना। श्री अरविन्द के लेखों से प्रेरणा पाकर विपिनचन्द्र पाल द्वारा स्थापित 'वन्देमातरम्' पत्र धार्मिक राष्ट्रीयता का प्रतीक बन गया। मिन्टो-मार्ले सुधार योजना को अरविन्द एक हास्यजनक नाटक समझते थे। और अरविन्द के सन्देश और लेख बहुत प्रेरणाप्रद थे। वेलेण्टाइन शिरॉल ने उनके सम्बन्ध में लिखा था—''वे भारतीय असन्तोष के परिणामस्वरूप उत्पन्न एक अत्यधिक महत्वपूर्ण व्यक्तित्व थे। धार्मिक पुनर्जागरण के उच्च पुजारी थे, जिन्होंने बंगाल के भावुक नवयुवकों पर बहुत अधिक प्रभाव प्राप्त कर लिया।'' सन् 1908 में सरकार ने उनको बंगाली षड्यन्त्रों के सम्बन्ध में गिरफ्तार किया, परन्तु न्यायाधीश मि. बीक्रोफ्ट ने, जो केम्ब्रिज में उनके सहपाठी थी, उन्हें राष्ट्रीयता को निर्दोष पुजारी स्वीकार कर मुक्त कर दिया।

सन् 1910 में अरविन्द ने अपनी आत्मा की पुकार सुनी और एक योगी के रूप में पाण्डिचेरी में रहने लगे। सन् 1950 में उनकी मृत्यु से सम्पूर्ण शिक्षित जगत को शोक हुआ। श्री जी. एन. सिंह के शब्दों में—''वे राजनीति के आकाश में एक चमकते उल्का के समान प्रकट हुए और लुप्त हो गये।''

अभ्यास के लिये प्रश्न

1. भारत में उग्रवादी आन्दोलन के उदय के लिए उत्तरदायी कारणों की विवेचना कीजिए।
2. भारतीय राजनीति में प्रारम्भ के उदारवादियों तथा उग्रवादियों के प्रयोजनों एवं साधनों का तुलनात्मक मूल्यांकन कीजिए।
3. गोखले और तिलक की राजनीतिक विचारधाराओं एवं कार्य-प्रणालियों की तुलनात्मक विवेचना कीजिए। भारतीय राष्ट्रीय आन्दोलन के विकास को उनकी क्या देन है?
4. उन कारणों की विवचेना कीजिए जिनके फलस्वरूप भारत में उग्रवाद का उत्थान हुआ। लाला लाजपतराय की भारतीय स्वतन्त्रता आन्दोलन को देन का मूल्यांकन कीजिए।
5. गोखले तथा तिलक की तुलना तथा असमानता राजनीतिक दार्शनिक के रूप में कीजिए। उनका राष्ट्रीय आन्दोलन पर क्या प्रभाव पड़ा?
6. लाला लाजपतराय के जीवन पर प्रकाश डालिए तथा यह बताइये कि उन्होंने राष्ट्रीय आन्दोलन में क्या योग दिया?
7. देश के राष्ट्रीय आन्दोलन में श्रीमती एनी बीसेन्ट और विपिन चन्द्र पाल ने क्या भाग लिया? उसकी विवेचना कीजिये।

8

क्रान्तिकारी विचारधारा और आन्दोलन (Revolutionary Ideology and Movement)

क्रान्तिकारी विचारधारा

ब्रिटिश शासन की दमनात्मक नीति के परिणामस्वरूप बीसवीं सदी के प्रारम्भ में भारत में राष्ट्रीय जागृति की जो लहर आयी, वह दो धाराओं में बँट गयी। उग्रवादी राष्ट्रवाद की धारा का नेतृत्व बाल-लाल-पाल की त्रिमूर्ति ने किया उग्रवादी 'निष्क्रिय प्रतिरोध' (Passive Resistance) के सिद्धान्त के आधार पर ब्रिटिश सरकार के विरुद्ध शान्तिपूर्ण संघर्ष करना चाहते थे। किन्तु नवयुवकों का एक ऐसा भी वर्ग था, जिन्हें उग्रवादियों के शान्तिपूर्ण संघर्ष में विश्वास नहीं था। ह्यूम के शब्दों में वे 'ऐसा कुछ करना चाहते थे, जिसका अर्थ हिंसा होता' वे हिंसा तथा आतंक द्वारा शासकों को भयभीत कर विदेशी शासन को समूल नष्ट करना चाहते थे। जैसे-जैसे सरकार दमनात्मक नीति अपनाती, इन क्रान्तिकारियों की हिंसा में आस्था दृढ़ होती जाती थी। इन क्रान्तिकारियों ने यूरोप विशेषतया सोवियत रूस और इटली के क्रान्तिकारियों की पद्धति का अध्ययन किया और विविध रूपों में क्रान्तिकारी क्रियाकलाप किये।

क्रान्तिकारियों का लक्ष्य

भारत के राष्ट्रीय आन्दोलन के इतिहास में क्रान्तिकारी धारा के सम्बन्ध में बहुधा यह सोचा जाता है कि सन् 1906 से सन् 1914 तक के काल में भारत और विदेशों में, सन् 1928 से सन् 1932 तक के काल में सरदार भगतसिंह, बटुकेश्वर दत्त, चन्द्रशेखर आजाद और अन्य लोगों तथा सन् 1941 से सन् 1945 तक नेताजी सुभाषचन्द्र बोस के नेतृत्व में जो कुछ कार्य किये गये, वे अंग्रेज सरकार के प्रति मात्र बदले की भावना से किये गये थे, अथवा ये देशभक्ति की भावना से प्रेरित किन्तु मानसिक रूप से असन्तुलित भारतीय नवयुवकों के भावनात्मक हिंसक कार्य थे—जिनका कोई निश्चित लक्ष्य, कोई विचारधारा या दर्शन नहीं था। तथ्य यह है कि इन भारतीय क्रान्तिकारियों के कार्यों की पृष्ठभूमि में एक निश्चित दर्शन था और उनका एक सामान्य लक्ष्य था। इन के द्वारा सरकारी खजाने लूटने, सशस्त्र डकैती, हत्या और बमबाजी के जो भी कार्य

किये जाते थे—वे सभी भारत के लिए स्वतन्त्रता प्राप्त करने की निश्चित और व्यापक योजना के अंग थे—इनका उद्देश्य भारत में ब्रिटिश शासन को समाप्त कर स्वतन्त्रता प्राप्त करना और निम्न वर्ग के प्रति अन्याय पर आधारित व्यवस्था का अन्त कर एक न्यायपूर्ण व्यवस्था की स्थापना करना था।

4 जून, 1929 को सेशन जज के सम्मुख सरदार भगतसिंह और बटुकेश्वर दत्त ने कहा था, ''क्रान्ति के विरोधियों द्वारा भ्रान्तिवश इस विचार को अपना लिया गया है कि क्रान्ति का तात्पर्य शस्त्रों, हथियारों या अन्य साधनों से हत्या या हिंसक कार्य करना है। लेकिन क्रान्ति का अभिप्राय बम और पिस्तौल मात्र नहीं है क्रान्ति से हमारा अभिप्राय यह है कि आज की वस्तुस्थिति और समाज व्यवस्था जो स्पष्ट रूप से अन्याय पर टिकी हुई है—को बदला जाय। क्रान्ति व्यक्ति द्वारा व्यक्ति के शोषण को समाप्त करने और हमारे राष्ट्र के लिए पूर्ण आत्मनिर्णय का अधिकार प्राप्त करने के लिए है। क्रान्ति के हमारे विचार का अन्तिम लक्ष्य यही है। स्वतन्त्रता व्यक्ति का जन्म-सिद्ध अधिकार है और हम इस उच्च आदर्श की प्राप्ति हेतु सभी प्रकार के त्याग करने और कष्ट सहन करने के लिए तत्पर हैं। क्रान्ति जिन्दाबाद।''[1]

अंग्रेजों ने इन क्रान्तिकारियों को हत्यारे डाकू और आतकंवादी कहा है क्योंकि क्रान्तिकारियों का उद्देश्य भारत में विदेशी शासन का अन्त करना था परन्तु इन्हें क्रान्तिकारी ही कहा जाना चाहिए, क्योंकि उनका उद्देश्य हत्या या लूटमार नहीं, वरन् एक वास्तविक क्रान्ति को जन्म देना था। उनका मूल उद्देश्य भारत में विदेशी शासन का अन्त कर एक सच्चा लोकतन्त्र स्थापित करना था जिसमें कृषकों और मजदूरों का हित साधन हो। उन्हें आतंकवादी कहना अनुचित है, क्योंकि उनका उद्देश्य समाज में आतंक का राज्य स्थापित करना नहीं था, बल्कि अत्याचारी शासकों के मन में अत्याचारों के विरुद्ध आतंक या भय उत्पन्न करना था। व्यक्तिगत रूप में अंग्रेजों के विरुद्ध नहीं थे वरन् भारत में अंग्रेजी शासन के विरुद्ध थे। उन्होनें उन्हीं अंग्रेज अधिकारियों की हत्या की—जिन्होंने मानवता से गिरकर भारतीयों पर बहुत अधिक अत्याचार किये। उदारणार्थ, जब पंजाब के गवर्नर ओडवायर के आदेश से जनरल डायर ने अमृतसर के जलियाँवाला बाग में निर्दोष भारतीयों के खून से होली खेली, तो सरदार ऊधमसिंह ने इंगलैण्ड जाकर ओडवायर पर गोली चलायी। जब 1928 में पुलिस कप्तान साण्डर्स के द्वारा लाला लाजपतराय पर पूरी प्राण घातक लाठी वर्षा की गयी तो सरदार भगत सिंह और उनके साथियों ने साण्डर्स को मारकर ही

---

1. "Revolution is not confined to Bomb and Pistol. It may be that these are used as instruments, but it should not be forgotten that behind them is a strength of people, the will and aspiration of the people to demand and get a change, a revolution in the current economic and political structure. It is to end the present regime of exploitation of man by man and to secure for our nation absolute right of self-determination. That is the ultimate objective of our idea of revolution. Freedom is the birth right of man. We welcome any amount of suffering and sacrifice that might fall to our lot for this idealism and devotion to it. Long live the revolution"

–*Joint Statement of Bhagat Singh and Dutt* on June 4, 1929 before the Session Judge.
Adapted from Balshastri Hardas, *Armed Struggle for Freedom.* p. 343.

चैन लिया। हत्या की ये घटनाएँ व्यक्तिगत नहीं वरन् राष्ट्रीय प्रतिशोध के रूप में की गयी थी। इन घटनाओं ने राष्ट्रीय अपमान का बदला लिया, राष्ट्रीय आत्मसम्मान को जीवित रखा और अंग्रेज शासकों को चेतावनी दी कि यदि उनके द्वारा भारतीयों के प्रति अमानवीय व्यवहार किया गया, तो उन्हें अपने प्राणों से हाथ धोने पड़ सकते हैं।

क्रान्तिकारी क्रियाकलाप

सन् 1857 में तो भारतीय जनता के द्वारा अंग्रेजी शासन के विरुद्ध क्रान्ति के पश्चात् सन् 1872 में नामधारी सिक्खों या कूका का स्वतन्त्रता आन्दोलन हुआ। 22 जून, 1897 ई. को दामोदर चाफेकर के द्वारा पूना के प्लेग कमिश्नर रैण्ड तथा लेफ्टीनेण्ट अयर्स्ट की गोली मारकर हत्या कर दी गयी। इसके बाद सन् 1905 में जब लॉर्ड कर्जन ने बंगाल का विभाजन किया, तो इसके परिणामस्वरूप उग्र राष्ट्रवाद का उदय हुआ, जिसकी एक धारा क्रान्तिकारी आन्दोलन थी।

1906-1914 में क्रान्तिकारी कार्य

प्रमुख क्रान्तिकारी

इस काल के प्रमुख क्रान्तिकारियों में वारीन्द्रकुमार घोष, भूपेन्द्रनाथ दत्त, श्यामजी कृष्ण वर्मा, सावरकर बन्धु (विनायक दामोदर सावरकर तथा गणेश सावरकर), लाला हरदयाल, मैडम कामा और मदनलाल ढींगड़ा आदि का नाम प्रमुख रूप से लिया जा सकता है।

बंगाल में क्रान्तिकारी आन्दोलन—इस काल में क्रान्तिकारी आन्दोलन का सबसे प्रबल रूप बंगाल में देखा जा सकता है। बंगाल में सरकार की दमनात्मक नीति से क्रान्तिकारियों ने पाश्चात्य देशों के आधार पर अपने देश में गुप्त संगठन बनाने प्रारम्भ कर दिये। वारीन्द्रकुमार घोष तथा भूपेन्द्रनाथ दत्त इन क्रान्तिकारियों के नेता थे। 'युगान्तर' तथा 'संध्या' नामक समाचार पत्रों के माध्यम से सरकार की कटु आलोचना करते हुए उन्होंने नवयुवकों को क्रान्तिकारी कार्यों के लिए प्रेरित करना प्रारम्भ कर दिया। 'युगान्तर' के एक लेख में उन्होंने लिखा था—"क्या शक्ति के उपासक बंगवासी रक्त बहाने से घबरा जायेंगे? इस देश में अंग्रेजों की संख्या डेढ़ लाख से अधिक नहीं तथा एक जिले में उनकी संख्या तो बहुत ही न्यून है। यदि तुम्हारा संकल्प दृढ़ हो तो अंग्रेजी राज एक दिन में समाप्त हो सकता है। देश की स्वतन्त्रता के लिए अपना जीवन अर्पण कर दो परन्तु उसके पूर्व कम से कम एक अंग्रेज का जीवन समाप्त कर दो।"[2] वारीन्द्र घोष तथा उसके अनुयायियों ने 'अनुशीलन संस्था' बनायी। कुछ समय बाद कलकत्ता तथा पूर्वी बंगाल की राजधानी ढाका में भी इसी प्रकार की एक संस्था बनायी गयी। अकेली ढाका संस्था की ही 500 शाखाएँ स्थापित हो गयीं।

बंगाल में 6 दिसम्बर, 1907 को मिदनापुर के निकट उप-गवर्नर की रेलगाड़ी को बम से उड़ा देने का प्रयत्न किया गया। इसी वर्ष 23 दिसम्बर को ढाका जिला मजिस्ट्रेट की गोली से उड़ा देने का प्रयत्न किया गया। मुजफ्फरपुर के जज किंग्सफोर्ड को मारने का प्रयत्न किया गया। 30

2. *Seditious Committee Report*, pp. 21-22.

अप्रैल, 1908 ई. को किंग्सफोर्ड के बंगले की ओर से आती हुई एक गाड़ी में किंग्सफोर्ड को समझ कर क्रान्तिकारियों ने उस पर बम फेंका, परन्तु उस गाड़ी में दो अंग्रेज महिलाएँ थीं जिनकी घटना-स्थल पर ही मृत्यु हो गयी। इस सम्बन्ध में खुदीराम बोस को पकड़कर फाँसी पर चढ़ा दिया गया। बी. शिरॉल इस सम्बन्ध में लिखते हैं "इस प्रकार वह (खुदीराम) बंगाल के क्रान्तिकारियों के लिए राष्ट्रीय वीर तथा शहीद बन गया। विद्यार्थियों तथा अन्य व्यक्तियों ने उसके लिए शोक के वस्त्र ग्रहण किये। दो-तीन दिन के लिए स्कूल बन्द कर दिये गये और उसकी स्मृति में श्रद्धांजलियाँ अर्पित की गयीं। बहुत से लोगों ने ऐसी धोतियाँ पहनीं, जिनके किनारे पर खुदीराम बोस का नाम अंकित था तथा उनके चित्र भी बाँटे गये।" इसके बाद 'अलीपुर केस' में 39 क्रान्तिकारी पकड़े गये जिनमें अरविन्द घोष भी थे। 12 फरवरी, 1910 को केस के निर्णय में अरविन्द घोष तथा उनके कुछ साथी छोड़ दिये गये किन्तु शेष को कठोर दण्ड दिया गया।

महाराष्ट्र में क्रान्तिकारी आन्दोलन

महाराष्ट्र में क्रान्तिकारी आन्दोलन बंगाल से भी पहले सन् 1899 में रैण्ड तथा आयर्स्ट की हत्या के साथ प्रारम्भ हो गया था। महाराष्ट्र में क्रान्तिकारी आन्दोलन के नेता श्यामजी कृष्ण वर्मा, सावरकर बन्धु (विनायक दामोदर सावरकर तथा गणेश सावरकर) और चाफेकर बन्धु थे। उनका कथन था कि 'प्राण देने के पूर्ण प्राण ले लो।' कहा जाता है कि रैण्ड की हत्या में श्यामजी कृष्ण वर्मा का हाथ था। वे इस हत्या के पश्चात् लन्दन चले गये। सावरकर बन्धुओं ने 'अभिनव भारत समिति' नामक क्रान्तिकारी संस्था की स्थापना की। सन् 1906 में विनायक दामोदर सावरकर लन्दन चले गये तथा श्यामजी कृष्ण वर्मा का हाथ बँटने लगे। ये दोनों गणेश सावरकर को लन्दन से अपने सन्देश तथा साहित्य भेजा करते थे। सन् 1909 में उन्होंने गणेश सावरकर को पिस्तौलों का एक पार्सल भेजा, परन्तु इसके पूर्व ही 2 मार्च, 1909 को गणेश सावरकर को सम्राट् के विरुद्ध युद्ध छेड़ने के अपराध में गिरफ्तार कर लिया गया। बम्बई उच्च न्यायालय ने इस अभियोग का निर्णय करते हुए 9 जून को उन्हें आजीवन देश निर्वासन का दण्ड दिया। प्रतिशोध के रूप में एक नवयुवक ने गणेश सावरकर पर अभियोग की आज्ञा देने वाले जेक्सन को, 21 दिसम्बर, 1909 को पिस्तौल से मार दिया। इस कार्य के लिए 7 व्यक्तियों पर मुकदमा चलाया गया तथा तीन को प्राण दण्ड मिला।

गुजरात से क्रान्तिकारी कार्य

गुजरात भी क्रान्तिकारियों के प्रभाव से बचा हुआ नहीं था। नवम्बर 1909 में अहमदाबाद में लॉर्ड तथा लेडी मिण्टो जिस गाड़ी से घूम रहे थे उसे बम से उड़ाने का प्रयत्न किया गया किन्तु इसमें सफलता नहीं मिली।

मद्रास में क्रान्तिकारी कार्य

सन् 1907 में श्री विपिनचन्द्र पाल ने मद्रास का दौरा किया। सरकार ने इसी वर्ष उन पर अभियोग चलाकर उन्हें 6 मास का कारावास दण्ड दिया, इससे मद्रास के नवयुवकों में बड़ी उत्तेजना फैली। उनके जेल से मुक्त होने पर स्वागत करने हेतु एक सभा का आयोजन किया गया,

परन्तु सरकार ने उस सभा का आयोजन करने वालों को बन्दी बना लिया, जिसका परिणाम टिनेवली के उपद्रव के रूप में हुआ। दमन चक्र चलाते हुए सरकार ने आन्दोलन करने वाले नेताओं तथा पत्र सम्पादकों को बन्दी बना लिया। सन् 1911 ई. में क्रान्तिकारियों ने टिनेवली के मजिस्ट्रेट की गोली मारकर हत्या कर दी।

पंजाब में क्रान्तिकारी कार्य

पंजाब में बंगाल, मद्रास तथा महाराष्ट्र की तरह की गुप्त समितियों का अभाव सा था, पंजाब में सन् 1907 में सरदार अजीतसिंह, भाई परमानन्द तथा लाला हरदयाल ने क्रान्तिकारियों को संगठित किया और सरकार की भूमि सम्बन्धी नीति के कारण लाहौर तथा रावलपिण्डी में कुछ उपद्रव हुए। परन्तु सन् 1909 में सरकार द्वारा अपनी भूमि सम्बन्धी नीति में जनता की इच्छानुसार परिवर्तन कर दिये जाने पर शान्ति छा गयी और क्रान्तिकारी कार्य एक प्रकार से बन्द हो गये।

विदेशों में क्रान्तिकारी कार्य

भारतीय क्रान्तिकारी कार्य विदेश में भी सक्रिय रहे। विदेशों में इनकी मुख्य शाखाएँ लन्दन, पेरिस तथा अमरीका के सेनफ्रांसिस्को और न्यूयार्क नगर में थीं। विदेशों में क्रान्तिकारी कार्य करने वाले भारतीयों में श्यामजी कृष्ण वर्मा, विनायक दामोदर सावरकर, मैडम कामा, लाला हरदयाल और मदनलाल ढ़ींगड़ा का नाम प्रमुख रूप से लिया जाता है।

श्यामजी कृष्ण वर्मा ने लन्दन में 'इण्डियन इंगलैण्ड होमरूल सोसायटी' की स्थापना की इन्होंने 'इण्डियन सोशियोलोजिस्ट' नामक समाचार-पत्र का प्रकाशन किया। पेरिस में बसे हुए भारतीय व्यापारी एम॰ ए॰ राना के सहयोग से श्यामजी कृष्ण वर्मा ने 6 अध्यापकवृत्तियों तथा 3 छात्रवृत्तियों की व्यवस्था की, जिसका उद्देश्य भारतीय नवयुवकों को क्रान्तिकारी कार्य के लिए तैयार करना था। यूरोप के अन्य भागों में भी श्यामजी कृष्ण वर्मा के नेतृत्व में क्रान्तिकारी सक्रिय थे। पेरिस में मैडम कामा ने उन्हें बहुत सहयोग दिया। वे वहाँ 'वन्दे मातरम्' का सम्पादन करती थीं। अमरीका में लाला हरदयाल ने क्रान्तिकारियों का संगठन किया और 1913 में सेनफ्रांसिस्को से 'गदर' नामक समाचार-पत्र प्रकाशित किया। विनायक दामोदर सावरकर ने लंदन पहुँचने पर उनका हाथ बँटाया। 'इण्डियन हाउस' इनका प्रधान कार्यालय था। होमरूल सोसाइटी के एक सदस्य मदन लाल ढ़ींगड़ा ने ब्रिटिश शासन द्वारा भारतीय नवयुवकों पर किये जा रहे अत्याचारों का बदला लेने का निश्चय किया और 1 जुलाई, 1919 को भारत मन्त्री कार्यालय के ए.डी.सी. सर फ्रैंसिस कर्जन को लन्दन के इम्पीरियल इंस्टीट्यूट में गोली मार दी। ढ़ींगड़ा को प्राणदण्ड दिया गया और इण्डियन होमरूल सोसायटी को छिन्न-भिन्न कर दिया गया। सन् 1909 में जब गणेश सावरकर को आजीवन कारावास दिये जाने का समाचार लन्दन में उनके भाई विनायक दामोदर को मिला, तो उन्होंने अंग्रेजों से बदला लेने का निश्चय किया। वीर सावरकर द्वारा लन्दन में कुछ मारपीट किये जाने पर लन्दन पुलिस द्वारा उन्हें गिरफ्तार करके बम्बई भेजा गया। जिस जहाज से उन्हें भारत भेजा जा रहा था, उससे निकलकर दामोदर समुद्र में कूद पड़े तथा तैरते-तैरते एक फ्रांसीसी बन्दरगाह मर्सेलीज पहुँचे। वहाँ उन्होंने अन्तर्राष्ट्रीय कानून के आधार पर सुरक्षा की

माँग की परन्तु फ्रांसीसी मल्लाहों ने उन्हें अंग्रेजों के सुपुर्द कर दिया। यहाँ लाकर उन्हें भी आजीवन कारावास का दण्ड दिया गया।

1915-32 में क्रान्तिकारी कार्य

1. लाहौर षड़यन्त्र काण्ड

प्रथम युद्ध के समय रासबिहारी घोष, शचीन्द्र सान्याल, गणेश पिंगले तथा बागी करतार सिंह के द्वारा भारत में एक साथ विद्रोह कर स्वतन्त्रता प्राप्त करने की योजना बनायी गयी। लेकिन देशद्रोही कृपालसिंह ने यह योजना पुलिस को बता दी। स्वतन्त्रता की यह योजना 'लाहौर षड्यन्त्र काण्ड' के नाम से जानी जाती है। ब्रिटिश सरकार ने 61 व्यक्तियों पर मुकदमा चलाया जिनमें 14 को फाँसी और अनेक को काले पानी की सजा दी गयी। कनाडा और अमरीका में 'गदर पार्टी' ने भारतीय स्वतन्त्रता के लिये प्रयत्न किये गये परन्तु इनका विशेष प्रभाव नहीं पड़ा। सन् 1919 में जब गांधीजी के असहयोग आन्दोलन को अपने लक्ष्य में सफलता प्राप्त नहीं हुई, तो क्रान्तिकारियों ने अपने कार्य और भी तेज कर दिये।

2. काकोरी षड्यन्त्र काण्ड

फरवरी 1920 में जेल से रिहा होने के बाद शचीन्द्र सान्याल ने भारतवर्ष के क्रान्तिकारी दलों को संगठित करके 'हिन्दुस्तान प्रजातान्त्रिक संघ' की स्थापना की। इस क्रान्तिकारी दल ने देश में सशस्त्र क्रान्ति करने के लिए बड़ी मात्रा में शस्त्र खरीदे और शस्त्रों की कीमत चुकाने के लिए यह सोचा कि जब गाड़ी लखनऊ के निकट काकोरी पहुँचे, तो सरकारी खजाने को लूट लिया जाए। 9 अगस्त, 1925 को काकोरी के निकट गाड़ी रोक कर क्रान्तिकारियों के द्वारा खजाना लूट लिया गया। पुलिस और गुप्तचर विभाग ने दिन-रात एक करके 40 व्यक्तियों को गिरफ्तार कर लिया। इन पर मुकदमा चलाया गया। इसे 'काकोरी षड्यन्त्र काण्ड' कहा जाता है। इस काण्ड में पण्डित रामप्रसाद बिस्मिल, राजेन्द्र लाहिड़ी, रोशन सिंह और अशफाक उल्लाह को फाँसी; शचीन्द्र नाथ सान्याल व शीचन्द्र बख्शी को आजन्म कारावास, मन्मथनाथ गुप्त को 14 वर्ष की कैद व अन्य को कई वर्ष की सजाएँ दी गयीं।

3. साण्डर्स की हत्या

इसके बाद सरदार भगतसिंह, बटुकेश्वर दत्त, चन्द्रशेखर व राजगुरु आदि ने क्रान्तिकारी दल का नाम 'हिन्दुस्तान रिपब्लिकन एसोसियेशन' के स्थान पर 'हिन्दुस्तान सोशलिस्ट रिपब्लिकन आर्मी' या 'हिन्दुस्तान समाजवादी प्रजातान्त्रिक सेना' रख दिया। 10 अक्टूबर, 1928 को लाहौर में साइमन कमीशन का विरोध करते हुए जो जुलूस निकाला गया उसका नेतृत्व वयोवृद्ध लाला लाजपतराय कर रहे थे। अंग्रेज पुलिस कप्तान साण्डर्स ने लाला जी पर ऐसी भीषण लाठी वर्षा की कि लालाजी की मृत्यु हो गयी। लालाजी की यह मृत्यु भारत के लिए एक राष्ट्रीय अपमान था। इसका बदला लेने के लिये 17 दिसम्बर, 1928 को क्रान्तिकारियों ने गोली मारकर सांण्डर्स की हत्या कर दी।

8 अप्रैल, 1929 को केन्द्रीय असेम्बली में 'पब्लिक सेफ्टी बिल, पर बहस चल रही थी।

जनता इस विधेयक के बहुत अधिक विरुद्ध थी, किन्तु सरकार इसे बलपूर्वक पास करवाना चाहती थी। इसके पहले सरकार ने जनता की इच्छा के विरुद्ध बलपूर्वक 'ट्रेड डिस्प्यूट्स बिल' (Trade Disputes Bill) पास कर दिया था। 'हिन्दुस्तान सोशालिस्ट रिपब्लिकन आर्मी, की केन्द्रीय समिति ने निर्णय किया कि इस बिल को रुकवाने और सरकार को जनता की आवाज का मूल्य समझाने के लिए असेम्बली में बम फेंका जाये। इस कार्य के लिए भगतसिंह और बटुकेश्वर दत्त को चुना गया। यह भी निश्चय किया गया कि ये व्यक्ति बम फेंकने के बाद भागें नहीं वरन् अपने आपको गिरफ्तार करवा दें तथा कोर्ट में बयान देकर 'हिन्दुस्तान रिपब्लिकन आर्मी' के उद्देश्य और कार्यक्रम पर प्रकाश डालें। जब 'पब्लिक सेफ्टी बिल' पर मत पड़ने वाले थे, तो सरदार भगतसिंह ने दिल्ली की केन्द्रीय असेम्बली में बम फेंका। इसके साथ फेंके गये पर्चे में लिखा था—'बहरों को सुनाने के लिए बमों की आवश्यकता है।' बम फेंकने का उद्देश्य किसी की हत्या करना नहीं बल्कि देश में जागृति उत्पन्न करना था। भगतसिंह और दत्त ने अपने आपको गिरफ्तार करवा दिया। पुलिस ने इन पर मुकदमा चलाया। अदालत में एक लम्बा बयान देकर इन क्रान्तिकारियों ने 'हिन्दुस्तान रिपब्लिकन पार्टी' के उद्देश्यों और कार्यक्रम पर प्रकाश डाला। पुलिस ने सरदार भगतसिंह के अतिरिक्त उनके कई साथियों को भी फँसा लिया। 23 मार्च, 1931 को सरदार भगतसिंह, शिवराम, राजगुरू और सुखदेव को फाँसी की सजा दे दी गयी। और उनकी लाशों को चुपके से रात्रि के समय फिरोजपुर में जला दिया गया। डॉ० पट्टाभि सीतारमैया लिखते हैं कि—'1931 में कराची में काँग्रेस अधिवेशन के समय सरदार भगतसिंह का नाम भारत में उतना ही सर्वप्रिय हो चुका था, जितना कि गांधी जी का, शहीदों के बलिदान पर समस्त देश में शोक मनाया गया।

सरदार भगतसिंह की गिरफ्तारी के बाद क्रान्तिकारी दल का नेतृत्व चन्द्रशेखर आजाद, यशपाल और भगवतीचरण बोहरा के हाथ में आया। 27 फरवरी, 1931 को चन्द्रशेखर और एक अन्य क्रान्तिकारी सुखदेवराज इलाहाबाद के अल्फ्रेड पार्क में मन्त्रणा कर रहे थे कि वहाँ पुलिस आ पहुँची। पुलिस ने गोलियाँ चलायी और आजाद की मृत्यु से क्रान्तिकारी दल को जो हानि हुई, वह कभी पूरी न हो सकी। जनवरी 1932 में जब यशपाल भी गिरफ्तार कर लिये गये तब क्रान्तिकारी दल प्रभावशाली रूप से कार्य करने की स्थिति में न रहा।

इसके बाद द्वितीय महायुद्ध के काल में सुभाषचन्द्र बोस और उनकी आजाद हिन्द सेना ने कार्य किया सन् 1946 में जल सेना और वायु सेना ने विद्रोह किया। इनमें से किसी भी प्रयत्न को तत्काल ही अपने लक्ष्य में सफलता प्राप्त नहीं हुई। किन्तु इन क्रान्तिकारी कार्यों के परिणामस्वरूप भारत में अभूतपूर्व जागृति उत्पन्न हुई।

क्रान्तिकारी आन्दोलन की असफलता के कारण

(1) केन्द्रीय संगठन का अभाव—क्रान्तिकारी आन्दोलन की असफलता का एक बड़ा कारण केन्द्रीय संगठन का अभाव था। इससे विभिन्न प्रान्तों के क्रान्तिकारी नेताओं में पारस्परिक सहयोग और सम्बन्धों का अभाव रहा और वे संगठित रूप में कार्य न कर सके। छुटपुट क्रान्तिकारी घटनाओं से ब्रिटिश शासन का अन्त सम्भव नहीं था।

(2) आन्दोलन का नवयुवकों तक सीमित होना—क्रान्तिकारी आन्दोलन की असफलता का एक कारण इसका मध्यम वर्ग के शिक्षित नवयुवकों तक ही सीमित होना था। इस आन्दोलन में कार्य करने वाले नवयुवकों का जनता पर विशेष प्रभाव नहीं था। अस्तु वे साधारण जनता से सहयोग तथा समर्थन प्राप्त नहीं कर सके।

(3) उच्च मध्यम वर्ग की सहानुभूति का अभाव—उच्च मध्यम वर्ग के व्यक्तियों और राष्ट्रीय आन्दोलन के अन्य संचालकों से क्रान्तिकारी आन्दोलन को सहानुभूति प्राप्त नहीं थी। उच्च वर्ग के ये नेता क्रान्तिकारी कार्यों को घृणा की दृष्टि से देखते थे और स्वराज्य प्राप्त करने के लिए वैधानिक उपायों में विश्वास करते थे। सुरेन्द्रनाथ बनर्जी तथा आशुतोष मुकर्जी जैसे नेताओं ने सरकार से क्रान्तिकारी आन्दोलन दमन करने के लिए कठोर साधनों तथा उपायों से काम लेने का अनुरोध किया था।

(4) ब्रिटिश सरकार की कठोर दमन नीति—ब्रिटिश सरकार ने क्रान्तिकारियों के प्रति अत्यन्त कठोर नीति अपनाई। सन् 1907 में सभाएँ करने पर प्रतिबन्ध लगा दिया गया। सन् 1908 में 'विद्रोही सभा अधिनियम' (Seditious Meeting Act) पास किया गया जिसका उल्लंघन करने वालों को कठोर दण्ड दिया जाता था। सन् 1908 में फौजदारी कानून को और कड़ा बनाकर अधिकारियों को उसे सख्ती से प्रयोग करने की आज्ञा दी गयी। सन् 1908 तथा 1910 में प्रेस अधिनियम पास करके उग्रवादियों के समाचार-पत्रों के प्रकाशन पर प्रतिबन्ध लगा दिया गया। सन् 1911 में एक अधिनियम पास कर अधिकारियों को अधिकार दिया गया कि वे सभाओं पर नियन्त्रण रखने के लिए अस्त्र-शस्त्रों का प्रयोग कर सकते हैं। क्रान्तिकारियों पर अभियोग चलाते हुए ऐसी जूरी की व्यवस्था की जाती जिसमें यूरोपियन बहुमत में होते और मामूली से अपराधों के लिए भारतीयों को मृत्यु दण्ड, काला पानी, देश निर्वासन या लम्बी कठोर कैद की सजाएँ दी जाती थीं। तनिक भी शंका होने पर लोगों को बन्दी बनाकर उन्हें सजा दे दी जाती। इस प्रकार सरकार ने जनता में ऐसा आतंक पैदा कर दिया कि लोग भयभीत होकर क्रान्तिकारियों से दूर भागने लगे।

(5) अस्त्र-शस्त्रों की प्राप्ति में कठिनाई—क्रान्तिकारी आन्दोलन के नेताओं और कार्यकर्ताओं में अपूर्व उत्साह और साहस था और वे हँसते-हँसते अपने प्राणों का बलिदान करने को तैयार थे परन्तु उनके पास साधनों का नितान्त अभाव था। उन्हें अस्त्र-शस्त्रों की प्राप्ति में बहुत अधिक कठिनाई उठानी पड़ती थी। उनको गुप्त रूप से कार्य करना पड़ता था। सरकार उनके प्रति सदैव सचेत रहती थी। वे अधिक समय तक सरकार की आँखों में धूल झोंकने में सफल नहीं हो सकते थे।

(6) क्रान्तिकारियों के प्रति काँग्रेस की उदासीनता—सन् 1885 से ही भारत की सबसे प्रभावशाली राजनीतिक संस्था राष्ट्रीय काँग्रेस की उदासीनता के कारण क्रान्तिकारियों को इस संस्था से आलोचना और विरोध ही प्राप्त हुआ। क्रान्तिकारियों के प्रति काँग्रेस के इस दृष्टिकोण के कारण एक ओर तो क्रान्तिकारियों को जन-समर्थन प्राप्त नहीं हुआ, और दूसरी तरफ ब्रिटिश शासन द्वारा कठोर दमनात्मक नीति अपनायी गई।

(7) महात्मा गांधी का सत्याग्रह आन्दोलन—महात्मा गांधी ने भारतीय राजनीति में प्रवेश कर सत्याग्रह के रूप में जनता के सम्मुख क्रान्तिकारी आन्दोलन का विकल्प प्रस्तुत किया, जो भारतीय जनता में अधिकाधिक लोकप्रिय होता गया। यह अहिंसात्मक क्रान्ति क्रान्तिकारी आन्दोलन के लिए घातक सिद्ध हुई और अन्ततः वह समाप्त हो गया।

इन सभी कारणों से क्रान्तिकारी आन्दोलन की असफलता के कारणों के सम्बन्ध में सुरेन्द्रनाथ बनर्जी लिखते हैं कि "क्रान्तिकारी आन्दोलन की विफलता का मुख्य कारण ब्रिटिश सरकार की दमन नीति थी। इसके साथ ही यह इस कारण भी असफल रहा कि हिंसा का विचार हिन्दुओं की प्रवृत्ति के अनुकूल नहीं है। हिन्दू लोग, क्रान्ति—यहाँ तक की उसकी छाया से भी घृणा करते हैं।"[3]

राष्ट्रीय आन्दोलन में योगदान

1. क्रान्तिकारी आन्दोलन ने राष्ट्रीय स्वतन्त्रता में अपूर्व योगदान दिया। क्रान्तिकारियों ने भारतीय जनता में राष्ट्रीयता और देशभक्ति की अपूर्व भावना का संचार किया। सन् 1942 की क्रान्ति आंशिक रूप से इस क्रान्तिकारी आन्दोलन का ही अंग थी। सुभाषचन्द्र बोस द्वारा आजाद हिन्द सेना संगठित कर भारतीय स्वतन्त्रता की चेष्टा करना भी इस क्रान्तिकारी आन्दोलन का ही अंग कहा जा सकता है। राष्ट्रीय आन्दोलन के इतिहास में काँग्रेस के वैधानिक आन्दोलन और क्रान्तिकारी आन्दोलन ने एक-दूसरे के पूरक का कार्य किया। जहाँ गांधी जी और काँग्रेस ने अपने ढंग से स्वतन्त्रता संघर्ष और जनता में जागृति फैलाने का कार्य किया, वहाँ क्रान्तिकारियों ने अपने ढंग से जनता में जागृति लाने और उसे क्रान्ति के लिए तैयार करने का कार्य किया।

2. ब्रिटिश सत्ता क्रान्तिकारियों से बहुत घबराती थी और यह नहीं चाहती थी कि अधिक लोग इसमें जायें। यह तभी सम्भव था जबकि भारतीय जनता को कुछ न कुछ राजनीतिक अधिकार दिये जाते रहें, ताकि लोगों का काँग्रेस और वैधानिक आन्दोलन से विश्वास न उठ जाय। इस प्रकार क्रान्तिकारी आन्दोलन के कारण ब्रिटिश सरकार के लिए भारतीयों की कुछ राजनीतिक माँगें मानना आवश्यक हो गया।

3. अहिंसात्मक आन्दोलनकारियों की तुलना में क्रान्तिकारियों का मार्ग बहुत कठिन था और उनके द्वारा जिन कठिन परिस्थितियों में और जिस देशभक्ति तथा साहस की भावना के साथ कार्य किया गया—उसके उदाहरण संसार के इतिहास में बहुत कम मिलते हैं। अस्तु, आजादी के इन दीवानों की गाथा स्वर्णक्षरों में लिखने योग्य मानी जाती है।

अभ्यास के प्रश्न

1. भारत में क्रान्तिकारी आन्दोलन के उदय और विकास पर एक निबन्ध लिखिए।
2. क्रान्तिकारी आन्दोलन की असफलता के कारण बताइए।

---

3. "The movement has failed because of the regressive methods of the Government and also because the appeal to violence is uncongenial to Hindu mind. The Hindus abhor revolutions, even the semblance of it."

—S.N. Banerjee, Quoted by Underwood in *Contemporary Thought of India.*

9

राष्ट्रीय आन्दोलन और सैन्यवादी (National Movement and the Militant)

सैन्यवादियों की स्पष्ट मान्यता थी कि स्वतन्त्रता संग्राम के लिए अंहिसात्मक साधन ही सब कुछ नहीं थे। भारत के स्वतन्त्रता संग्राम में सुभाष चन्द्र बोस और आजाद हिन्द फौज की भूमिका सैन्यवादी (Militant) थी। सुभाष सैन्यवादी विचारधारा के समर्थक थे। वह निरन्तर भारत की स्वतन्त्रता का स्वप्न देखा करते थे। एक समूचे सैनिक की तरह उन्होंने अपना जीवन देश को अर्पण कर दिया। उन्होंने आजाद हिन्द फौज को संगठित किया। आजाद हिन्द फौज ने सिद्ध कर दिया कि भारतीय सैनिक केवल रोटी के लिए ही नहीं लड़ते, वह स्वयंसेवक थे और अपनी मातृभूमि के देशभक्त पुत्रों की भाँति, अपने जीवन को बलिदान करने के लिए तैयार थे। आजाद हिन्द फौज ने भारत के विदेशी शासकों को चेतावनी दी कि वे भारत के वेतन-भोगी सैनिकों की स्वामिभक्ति पर भारत को अपने अधीन बनाये रखने के लिए भरोसा नहीं कर सकते।

सुभाष चन्द्र बोस

सुभाष चन्द्र बोस, को उनके अनुयायी आदरपूर्वक 'नेताजी' के नाम से पुकारते थे, वे राष्ट्रीय आन्दोलन के सर्वप्रमुख नायकों में से एक थे। आर० सी० मजूमदार के अनुसार, "गांधीजी के बाद भारतीय स्वतन्त्रता संघर्ष में सबसे प्रमुख व्यक्ति निस्सन्देह, सुभाषचन्द्र बोस ही थे।"[1] सुभाष ने साहसपूर्वक भारतीय स्वतन्त्रता के लिए संघर्ष किया। भारतीय स्वतन्त्रता के इतिहास में उनके त्याग का दूसरा कोई उदाहरण नहीं मिलता है।

जीवन परिचय

21 वर्ष की आयु में सुभाषचन्द्र बोस 'भारतीय नागरिक सेवा' (I.C.S.) के सदस्य चुने गये। असहयोग आन्दोलन में भाग लेने के लिए उन्होंने उससे त्यागपत्र दे दिया। शीघ्र ही वे देशबन्धु चित्तरंजन दास के विश्वस्त सहायक बन गये और देशबन्धु द्वारा चलाये जा रहे 'नेशनल कॉलेज' के प्रिंसिपल के रूप में कार्य किया। उन्होंने स्वराज्य दल के कौंसिल प्रवेश के कार्यक्रम

1. R.C. Mazumdar, *History of Freedom Movement in India,* Vol. III, p. 298.

का समर्थन किया, जिससे ब्रिटिश सरकार के साथ विधान मण्डलों के माध्यम से भी संघर्ष जारी रखा जा सके। जब चित्तरंजन दास कलकत्ता के मेयर बने, तब सुभाष को कारपोरेशन का 'मुख्य कार्यपालिका अधिकारी' नियुक्त किया गया। ब्रिटिश सरकार ने शीघ्र ही उन्हें गिरफ्तार करके माण्डले जेल भेज दिया। उनके माण्डले जेल में होने पर भी उनकी देशभक्ति और सेवा को स्वीकार करते हुए जनता ने उनको बंगाल विधान परिषद् का सदस्य चुन लिया।

राजनीतिक विचार

भारतीय राजनीति में सुभाषचन्द्र बोस उग्र विचारों के प्रतिनिधि थे। उनका विचार था कि भारत के राष्ट्रीय आन्दोलन का लक्ष्य 'अधिराज्य स्थिति' नहीं वरन् पूर्ण स्वतन्त्रता होना चाहिए। काँग्रेस के युवा वर्ग में वे अधिक लोकप्रिय थे। वे 'ऑल इण्डिया यूनियन काँग्रेस' और 'यूथ काँग्रेस' के सभापति थे। महात्मा गांधी और दूसरे नेताओं के साथ उनके मौलिक मतभेद थे। जबकि महात्मा गांधी अपने लक्ष्य की प्राप्ति के लिए केवल श्रेष्ठ साधनों का ही प्रयोग करने के पक्ष में थे सुभाष बाबू 'भारतीय स्वतन्त्रता' की प्राप्ति के लिए सभी प्रकार के साधनों का प्रयोग करने के पक्ष में थे। गांधीजी का विरोध करते हुए अपनी आत्मकथा में लिखते हैं ''महात्मा जी का तर्क ऐसा नहीं है जो अंग्रेजों को प्रभावित कर सके। वे असफल सिद्ध हुए हैं क्योंकि उन्होंने अपने ताश के पत्ते अपनी मेज पर लगा रखे हैं और यह नीति कुछ काम न करेगी। हमें राजनीतिक संघर्ष में सीजर की नीति अपनानी चाहिए और कूटनीति की कला का बहिष्कार नहीं करना चाहिए। महात्माजी इसलिए असफल हुए हैं कि उन्होंने अन्तर्राष्ट्रीय अस्त्र का प्रयोग नहीं किया है। यदि अपना स्वतन्त्रता संग्राम जीतना चाहते हैं तो अहिंसा के साथ ही कूटनीतिज्ञता तथा अन्तर्राष्ट्रीय प्रचार को अनिवार्य रूप से अपनाना चाहिए।''[2]

सन् 1938 में सुभाषचन्द्र बोस को काँग्रेस का अध्यक्ष चुना गया । सन् 1939 में महात्मा गांधी और अन्य अनेक नेताओं के विरोध के बावजूद वे डॉ॰ पट्टाभि सीतारमैया को पराजित कर के दुबारा काँग्रेस के अध्यक्ष चुने गये। यद्यपि वे जीत गये थे। परन्तु जब काँग्रेस के चोटी के नेता उनका विरोध कर रहे थे, तो उनके लिए काँग्रेस का कार्य संचालन सम्भव नहीं था, इसलिए उन्होंने कुछ समय बाद ही काँग्रेस के अध्यक्ष पद से त्यागपत्र दे दिया। इसके बाद उन्होंने अपने ढंग से देश में राजनैतिक प्रचार करने के लिए 'फारवर्ड ब्लाक' की स्थापना की।

सन् 1939 में सुभाषचन्द्र बोस ने हासबेल स्टैच्यू को हटाने के लिए शान्त आन्दोलन किया, किन्तु ब्रिटिश सरकार ने उन्हें नजरबन्द कर दिया। इस समय उन्होंने सरकार को पत्र लिखा, ''मुझे मुक्त कर दीजिए, अन्यथा मैं जीवित रहने से इंकार कर दूँगा। इस बात का निश्चय करना मेरे वश में है कि मैं जीवित रहूँ या मर जाऊँ। शहीदों का खून धर्म का बीज होता है। मुझे आज अवश्य मर जाना चाहिए, जिससे भारत स्वतन्त्र और प्रतापी हो। अपने देशवासियों से मुझे यही कहना है—भूलना नहीं कि दासता मनुष्य के लिए सबसे बड़ा पाप है।'' इस पत्र का सरकार पर प्रभाव पड़ा और उसने उनको मुक्त कर दिया।

---

2. S.C. Bose, *The Indian Struggle*, pp. 408-409.

आजाद हिन्द फौज
(Indian National Army)

द्वितीय विश्वयुद्ध के प्रारम्भ के साथ ही सुभाष बाबू के जीवन का लोमहर्षक अध्याय प्रारम्भ हुआ। महायुद्ध के दिनों में सरकार ने उन्हें कलकत्ता में, उनके मकान में ही नजरबन्द कर दिया। शीघ्र ही वे छिपकर निकल गये और सरकार पूरी कोशिश करने पर भी उनका पता नहीं लगा सकी। वे भारत से अफगानिस्तान पहुँचे और वहाँ से इटली तथा जर्मनी और अन्त में जापान गये। धुरी राष्ट्रों में जाकर उन्होंने ब्रिटिश सरकार के विरुद्ध प्रचार किया।

जापान में लीग व सेना की स्थापना

इन दिनों भारत के पुराने और प्रसिद्ध क्रान्तिकारी रास बिहारी बोस ने युद्ध को भारतीय स्वतन्त्रता का अच्छा अवसर समझकर जापान में 'भारतीय स्वतन्त्रता लीग' (Indian Independence League) और 'आजाद हिन्द सेना' गठित करने की घोषणा की। जून 1942 में रास बिहारी बोस की अध्यक्षता में बैंगकॉक में एक और सम्मेलन हुआ, जिसमें जापान से बर्मा तक के क्षेत्र में रहने वाले असंख्य भारतीय सम्मिलित हुए। इस सम्मेलन में इस आशय का प्रस्ताव पास किया गया कि आजाद हिन्द सेना भारतीय स्वतन्त्रता के अतिरिक्त अन्य किसी उद्देश्य के लिए प्रयोग में न लायी जाये और जापान इस सेना को भारत की स्वतन्त्र सेना के रूप में मान्यता दे। सम्मेलन में यह भी निर्णय किया गया कि सुभाषचन्द्र बोस को टोकियो आने का निमन्त्रण दिया जाए। निमन्त्रण प्राप्त होते ही सुभाषचन्द्र बोस अनेक बाधाओं को पार करते हुए 20 जून, 1943 को टोकियो पहुँचे। इस समय तक आजाद हिन्द सेना में 50 हजार भारतीय सम्मिलित हो चुके थे। टोकियो पहुँचकर सुभाषचन्द्र बोस ने घोषणा की, "इस महायुद्ध द्वारा हमें स्वतन्त्रता प्राप्ति का ऐसा अवसर दिया गया है जैसा कि शायद भविष्य में सौ वर्षों में भी न आये। इसलिए हमारा यह दृढ़ निश्चय है कि इस अवसर का पूरा लाभ उठाया जाये। हमारा यह कर्त्तव्य है कि स्वतन्त्रता का मूल्य चुकाने के लिए अपना खून दें।"

2 जुलाई, 1943 को सुभाष सिंगापुर पहुँचे, जहाँ लाखों लोगों ने उनका हार्दिक स्वागत किया। यहाँ पर उन्होंने अपने प्रेरणादायक सन्देश में कहा, "हमारी लड़ाई प्रत्येक प्रकार के साम्राज्यवाद के विरुद्ध है, चाहें अंग्रेजी साम्राज्यवाद हो या जापानी, हमें देशद्रोहियों से बचना चाहिए। साथियों, हमारा नारा होना चाहिए 'दिल्ली चलो'। मैं विश्वास दिलाता हूँ कि आपकी समस्त खुशियों और कष्टों, समस्त कठिनाइयों और विजयों में मैं आपके साथ रहूँगा। लेकिन आज मैं आपको भूख, प्यास, कठिनाइयाँ, यात्रा और यहाँ तक कि मृत्यु के अतिरिक्त और कुछ नहीं दे सकता। हममें से कौन जीवित रहता है और किसकी मृत्यु हो जाती है, यह अधिक महत्वपूर्ण नहीं है। हमें अपना सर्वस्व बलिदान कर देना चाहिए, जिससे भारत स्वतन्त्र हो क्योंकि उसमें सभी कुछ प्राप्त हो जाता है।"[3]

---

3. Balshastri Hardas, *Armed Struggle for Freedom,* p. 431.

अस्थायी सरकार की स्थापना

5 जुलाई, 1943 को रासबिहारी बोस 'भारतीय स्वतन्त्रता लीग' का प्रधान पद सुभाष को सौंपकर स्वयं केवल परामर्शदाता बन गए। 21 अक्टूबर, 1943 को सुभाष बोस ने आजाद हिन्द सेना के सर्वोच्च सेनापति के रूप में स्वतन्त्र भारत की 'अस्थायी सरकार' (Provisional Government) बनायी। इस अवसर पर उन्होंने यह शपथ ग्रहण की कि 'परमात्मा के नाम पर मैं यह पवित्र शपथ ग्रहण करता हूँ कि मैं भारत और उसके 38 करोड़ लोगों को स्वतन्त्र कराऊँगा और मैं इस पवित्र युद्ध को जीवन की अन्तिम सांस तक जारी रखूँगा। मैं सदा भारत का सेवक रहूँगा और अपने 38 करोड़ भाईयों तथा बहिनों की देखभाल करना मेरा परम कर्त्तव्य होगा। स्वतन्त्रता प्राप्त करने के बाद भी स्वतन्त्रता को कायम रखने के लिए मैं अपने रक्त की अन्तिम बूँद भी बहाने के लिए सदा तैयार रहूँगा।''[4] धुरी राष्ट्रों ने सुभाषचन्द्र बोस की इस अस्थायी सरकार को मान्यता दे दी। 8 नवम्बर, 1943 ई. को जापान ने नेताजी की इस अस्थायी सरकार को अण्डमान और निकोबार द्वीप दे दिये। नेताजी ने इन द्वीपों का नाम क्रमश: 'शहीद द्वीप' और 'स्वराज्य द्वीप' रखा और 30 दिसम्बर, 1943 को उन्होंने स्वयं इन द्वीपों पर स्वतन्त्र भारत का झण्डा फहराया।

आजाद हिन्द फौज का अभियान

नेताजी के नेतृत्व में आजाद हिन्द सेना मार्च 1944 में इम्फाल तक पहुँच गयी। इसके बाद सभी ओर से परिस्थितियों के विपरीत हो जाने के कारण आजाद हिन्द सेना को पीछे हटना पड़ा और आजाद हिन्द सेना अपने लक्ष्य को प्राप्त नहीं कर सकी। ऐसी स्थिति में नेताजी हवाई जहाज द्वारा जापान के लिए रवाना हुए। ऐसा विश्वास किया जाता है कि उनका जहाज दुर्घटनाग्रस्त हो गया और 1945 में उनकी मृत्यु हो गयी। आजाद हिन्द सेना भारत की स्वातन्त्र्य सेना थी। यद्यपि यह सेना अपने अन्तिम लक्ष्य को प्राप्त नहीं कर सकी, परन्तु उसके कार्यों और नेताजी के 'दिल्ली चलो' के नारे ने भारतीय जनता को अपूर्व जागृति प्रदान की।

बर्मा पर विजय के बाद नवम्बर, 1945 को ब्रिटिश सरकार ने आजाद हिन्द सेना के अधिकारियों—शाहनवाज, ढिल्लन और सहगल पर मुकदमा चलाया। स्वातन्त्र्य सैनिकों पर चलाये जा रहे इस अभियोग ने सम्पूर्ण देश के वातावरण को उत्तेजनापूर्ण बना दिया। इनकी रिहाई के लिए अभूतपूर्व प्रदर्शन किये गये। इन की देशभक्ति और वीरता की गाथाएँ देश भर में फैल चुकी थीं और युवक-युवतियों के लिए अदम्य उत्साह और प्रेरणा की स्रोत बन चुकी थीं। आजाद हिन्द फौज के अफसरों पर मुकदमा चलाये जाने के समाचार से सारे देश में क्रोध की भावना उबल पड़ी। शहनवाज, ढिल्लन और सहगल भारत की आजादी की लड़ाई के प्रतीक बन गये, देश भर में उनके प्रति प्रबल सहानुभूति थी। कांग्रेस ने उनके बचाव का बीड़ा उठाया। आम जनता ने और स्वयं जवाहर लाल नेहरू ने 'जयहिन्द' के अभिवादन को अपना लिया। भूलाभाई देसाई, तेजबहादुर सप्रू जैसे देश के चोटी के बैरिस्टरों ने नि:शुल्क पैरवी करने का निश्चय किया। उनकी पैरवी करने के लिए जवाहर लाल नेहरू ने वर्षों बाद अपना बैरिस्टरी का चोगा पहना। ज्यों-ज्यों इन

---

4. *Ibid.*, p. 432.

वीर सेनानियों पर मुकदमा चला। देश में राष्ट्रीय चेतना, राजनीतिक जागृति और विद्रोह की भावना बढ़ती गयी। जोरदार पैरवी के बीच जो तर्क अदालत के सामने रखे गये, उनसे भी राष्ट्रीयता की भावना को बल मिला। भूला भाई देसाई ने अदालत के सामने प्रभावशाली शब्दों में कहा कि किसी भी गुलाम देश का यह जन्म-सिद्ध अधिकार है कि वह विदेशी आक्रान्ताओं के विरुद्ध हथियार उठाकर लड़े। बचाव के अच्छे से अच्छे तर्क के बावजूद जजों ने ढिल्लन, सहगल और शाहनवाज को दोषी ठहराया और मृत्यु-दण्ड की सजा दी। किन्तु सरकार को इतना साहस न हुआ कि वह मृत्युदण्ड की सजा को कार्यरूप दे सके। अन्त में तीनों जनरलों को रिहा कर दिया गया। बाद में आजाद हिन्द फौज के और भी सब लोग या तो अदालत द्वारा या वायसराय द्वारा रिहा कर दिये गये। प्रधान सेनापति ओचिनलेक ने इस विषय पर भारतीय सेना में सैनिक अधिकारियों की राय पूछी, तो अधिकांश सैनिक अधिकारियों ने इनकी रिहाई के पक्ष में राय दी। इस प्रकार आजाद हिन्द सेना ने भारतीय सेना को राजनीतिक चेतना प्रदान की। फरवरी 1946 में जल सेना का विद्रोह वास्तव में आजाद हिन्द सेना की प्रेरणा का ही परिणाम था। विद्रोही सैनिक अपने सीने पर आजाद हिन्द सेना के बैज लगाये हुए थे और उनका प्रमुख नारा था—'जयहिन्द'। युद्ध के अन्तिम वर्षों में सुभाष चन्द्र बोस और आजाद हिन्द फौज ने भारत में राष्ट्रवादियों की हताश भावना को ढाढस बँधाया। उन्होंने सेना के जवानों और भारतीय जनता के हर वर्ग के सामने साहस और देशभक्ति की ऐसी मिसाल रखी जो प्रेरणा देने वाली भो थी।

बोस के योगदान का मूल्यांकन

सुभाष बोस के कुछ आलोचकों ने उन्हें 'क्विजलिंग' और 'फासिस्ट' कहा है, परन्तु वे अपने देश से असीम प्रेम करते थे और उसकी स्वतन्त्रता के लिए किसी भी प्रकार का त्याग करने को तत्पर थे। वे एक कुशल राजनीतिज्ञ, एक सुयोग्य प्रशासक, एक प्रभावशाली वक्ता, एक कुशल सेना नायक तथा एक अत्यन्त उच्चकोटि के देशभक्त थे। डॉ॰ सीतारमैया पट्टाभि के शब्दों में, ''सुभाष अपने आप में एक महान् इतिहास थे, उनमें महान् आकर्षण, विभिन्न महान् चीजों का मिश्रण निहित था। बचपन से ही उनका जीवन तूफानी था, उनमें रहस्यवाद और वास्तविकता का मिश्रण था; गहरी धार्मिक भावना तथा व्यावहारिक कठोर बुद्धि। गहरी तथा प्रभावी देशभक्ति थी तथा दम्भ का अभाव था।'' आजाद हिन्द फौज का यह अभियान भारत के राष्ट्रीय मुक्ति आन्दोलन का शानदार अध्याय है।

नौ सेना का विद्रोह

आजाद हिन्द फौज के आदर्शों और कारनामों से भारतीय सेना के सैनिकों में भी एक नयी भावना जागी। ब्रिटिश सरकार अब तक जिस भारतीय सेना पर आँख मूँदकर विश्वास कर सकती थी, उस सेना का सैनिक भी अब अपने देश के लिए आजादी चाहता था और केवल उसी के लिए लड़ना चाहता था। अब ब्रिटिश सरकार को यह आशा न रही कि देश का मामला आने पर भी भारतीय सैनिक सैनिक अनुशासन के नाम पर ब्रिटिश सरकार की आज्ञाओं का पालन करेगा।

18 फरवरी, 1944 को बम्बई में नौ सेना के एक भाग ने अंग्रेज अफसरों के विरुद्ध विद्रोह कर दिया। लगभग 300 नाविकों ने वेतन, भोजन, प्रजातीय भेदभाव तथा उनके चरित्र के विषय में सेनापति के अपमानजनक शब्दों के प्रयोग जैसे प्रश्नों को लेकर विशाल प्रदर्शन किये और भूख हड़ताल कर दी। नौ सैनिकों की टुकड़ियां ट्रकों और लारियों में बैठकर शहर में घूमने लगीं। शीघ्र ही यह विद्रोह मद्रास, कराची और कलकत्ता में फैल गया। काँग्रेस, लीग और कम्युनिस्ट पार्टियों के झण्डे जगह-जगह नौसेना के ट्रकों और लारियों पर दिखाई देने लगे। नौसैनिकों ने अंग्रेज अफसरों पर हमले किये और उनकी गोलियों का उत्तर हथगोलों से दिया। चार दिन में विद्रोहियों ने 20 जहाजों पर अपना कब्जा कर लिया। उन पर गोलीबारी शुरू करने के लिए तोपें लगी हुई थीं। अन्त में सरदार पटेल ने बीच में पड़कर नौ सैनिकों से समर्पण करा दिया। नौ सेना के इस विद्रोह ने अंग्रेजों की आँखें खोल दीं और उनके पाँव उखड़ गये। उन्हें यह स्पष्ट हो गया कि अब वे सरकारी सेवाओं और सेना की राजनीति पर निर्भर नहीं रह सकते।

नौसेना के विद्रोह, विद्रोहियों के साथ जनसमर्थन और भारतीय सेना की सहानुभूति से सेना के तीनो अंगों के भारतीय सैनिकों की भावनाओं और दृष्टिकोण में जो मूल परिवर्तन आया उसका वर्णन करते हुए मौलाना अबुल कलाम आजाद ने लिखा है–"सशस्त्र सेना के तीनों अंग देशभक्ति की एक नयी भावना से प्रेरित थे। वस्तुत: उनमें इतना उत्साह था कि जब वे किसी काँग्रेस नेता को देखते तो अपनी भावनाओं को छिपा नहीं पाते थे। इन दिनों मैं जहाँ कहीं भी गया सेनाओं के नौजवानों ने बाहर आकर मेरा स्वागत किया तथा अपनी सहानुभूति और श्रद्धा प्रदर्शित की। उन्होंने इस बात की चिन्ता नहीं की कि उनके यूरोपीय अफसरों की प्रतिक्रिया क्या होगी। जब मैं कराची गया तो नौसेना के अफसरों का एक दल मुझसे मिलने आया उन्होंने मुझे विश्वास दिलाया कि यदि काँग्रेस आवश्यक आज्ञा जारी करे तो वे काँग्रेस के साथ आजायेंगे, यदि काँग्रेस और सरकार के बीच संघर्ष हुआ तो वे काँग्रेस का साथ देंगे, सरकार का नहीं। बम्बई में भी सैकड़ों अफसरों ने ऐसी ही भावनाएँ अभिव्यक्त कीं। यह भावनाएँ केवल अफसरों में ही नहीं अपितु सैनिकों में भी व्यापक रूप से फैली हुई थीं।"[5]

आजाद हिन्द फौज की वीरता और 1946 में सैनिक विद्रोह से यह स्पष्ट हो गया कि ब्रिटिश सरकार भारतीय सेना की भक्ति पर भरोसा नहीं कर सकती। युद्ध के कारण ब्रिटिश सेना की शक्ति में बहुत कमी हो गयी थी। जन-आन्दोलन के दमन के लिए अब भारतीय सेना पर भरोसा नहीं किया जा सकता था। इसलिए ब्रिटिश सरकार ने समय रहते भारत छोड़ देने में ही अपना हित समझा। 1857 के उपरान्त यह पहला अवसर था जब भारतीय सेना ने ब्रिटिश शासन के विरुद्ध खुलकर अपने असन्तोष को व्यक्त किया था। इस सम्बन्ध में मौलाना आजाद लिखते हैं–"बम्बई में जल सेना के अधिकारियों का विद्रोह तत्कालीन परिस्थितियों के सन्दर्भ में बहुत महत्वपूर्ण था। 1857 के बाद यह पहला अवसर था जबकि रक्षा शक्ति के एक अंग ने राजनीतिक प्रश्न पर ब्रिटिश सरकार के विरुद्ध स्पष्ट विद्रोह किया था। यह विद्रोह कोई पृथक् घटना नहीं थी क्योंकि इससे पूर्व सुभाषचन्द्र बोस के नेतृत्व में युद्ध बन्दियों में से आजाद हिन्द सेना का निर्माण हो चुका था। इन घटनाओं ने ब्रिटेन को समझा दिया कि भारत की राजनीतिक समस्या को

5- Maulana Azad: *India Wins Freedom,* Calcutta, 1959, pp. 125-26

सन्तोषजनक रूप से सुलझाये बिना अब वे अधिक समय तक रक्षा शक्ति पर विश्वास नहीं कर सकते।"[6] वी.पी. मेनन के शब्दों में, "इन घटनाओं ने अंग्रेजों की आँखें खोल दीं और उन्होंने समझ लिया कि भारतीय राष्ट्रवाद को अब सेना में घुसने से नहीं रोका जा सकता है। भारतीय सेना अब राष्ट्रवाद की ओर झुकने लगी थी और भारत में इतनी ब्रिटिश सेनाएँ नहीं थीं कि वे सब जगह भेजी जा सकतीं।"[7]

अभ्यास के लिये प्रश्न

1. भारत के स्वाधीनता संघर्ष में सैन्यवादियों की भूमिका की विवेचना कीजिए।
2. भारतीय राष्ट्रीय आन्दोलन में सुभाष चन्द्र बोस की भूमिका का वर्णन कीजिए।

---

6. Maulana Azad, *India Wins Freedom,* pp. 131-32.
7. V.P. Menon, *Transfer of Power in India,* p. 436.

10

राष्ट्रीय आन्दोलन और पुनरुत्थानवादी
(National Movement and the Revivalist)

भारत में 19वीं तथा 20वीं शताब्दियों में हिन्दू पुनरुत्थानवाद दो रूपों में व्यक्त हुआ। इसकी पहली अभिव्यक्ति में देश में अनेक महान् नेताओं, संस्थाओं, संगठनों और दलों का प्रादुर्भाव हुआ। स्वामी श्रद्धानन्द, मदन मोहन मालवीय, परमानन्द सावरकर, मुंजे, हैडगेवार तथा श्यामा प्रसाद मुकर्जी ने हिन्दू समाज के राजनीतिक तथा सामाजिक हितों का खुलकर समर्थन किया है। आर्य समाज, रामकृष्ण मिशन, हिन्दू महासभा, अखिल भारतीय शुद्धि सभा तथा राष्ट्रीय स्वयंसेवक संघ ने हिन्दुत्व के आदर्शों तथा आधारों को सुदृढ़ करने का प्रयत्न किया है। हिन्दुओं को शारीरिक दृष्टि से सबल बनाने के लिए अनेक अखाड़ा दल खोले गये। इन नेताओं तथा संगठनों के कार्यकलापों में मुख्य तत्व यह था कि उसने हिन्दुओं में शक्ति, गतिशीलता, सामाजिक एकता तथा राष्ट्रीय उत्साह की भावना फूँकने का प्रयत्न किया।

हिन्दू पुनरुत्थानवाद की अभिव्यक्ति का दूसरा रूप देश में अनेक श्रद्धालु विद्वानों और आचार्यों का प्रादुर्भाव था जिन्होंने बहुत से शोधग्रन्थों के द्वारा प्राचीन हिन्दुओं की उपलब्धियों को उजागर किया। इस दृष्टि से आर० जी० भण्डारकर, हरप्रसाद शास्त्री, पण्डित गुरुदत्त, ब्रजेन्द्र नाथ सील आदि के नाम उल्लेखनीय हैं।

पुनरुत्थानवादियों के आधारभूत राजनीतिक विचार
(BASIC POLITICAL IDEAS OF REVIVALISTS)

हिन्दू पुनरुत्थानवाद के आधारभूत राजनीतिक विचार निम्नलिखित हैं :

(1) परम्परा का समर्थन– हिन्दू पुनरुत्थानवादी परम्परागत, संगठनात्मक तथा साहचर्य-मूलक दृष्टिकोण में विश्वास करते हैं। वे प्राचीन धर्मग्रन्थों को पुनर्जीवित करना चाहते हैं और कभी-कभी उनकी शिक्षाओं की वैज्ञानिक व्याख्या भी प्रस्तुत करते हैं।

(2) हिन्दू राष्ट्रवाद–हिन्दू पुनरुत्थानवादियों का यह विश्वास है कि देश की राजनीतिक तथा आर्थिक नीति हिन्दू दर्शन के अनुकूल होनी चाहिए। उनकी दृष्टि में राष्ट्रवाद हिन्दुत्व की

सांस्कृतिक प्रमुखता को साकार बनाने का एक साधन है। इसीलिए वे कभी-कभी अपने राजनीतिक दर्शन को रामराज्य और धर्मराज्य की संज्ञा देते हैं।

(3) मुक्त अर्थनीति— पुनरुत्थानवादी राष्ट्रवाद का आर्थिक निहितार्थ अहस्तक्षेप का सिद्धान्त है। वे आर्थिक क्षेत्र में राज्य के हस्तक्षेप की धारणा का समर्थन नहीं करते।

(4) शुद्धीकृत जीवन मूल्य—समाजशास्त्र के क्षेत्र में हिन्दू पुनरुत्थानवादी हिन्दू धर्मशास्त्रों पर आधरित शुद्धीकृत जीवन मूल्यों का समर्थन करते हैं।

(5) हिन्दू आध्यात्मवाद—पुनरुत्थानवादी विचारक हिन्दू आध्यात्मवाद तथा नीतिशास्त्र के आधारभूत सिद्धान्तों के व्याख्याता हैं। उदाहरण के लिए, उन सबको गीता में प्रतिपादित कर्मयोग के सिद्धान्त में विश्वास है।

राष्ट्रीय आन्दोलन में पुनरुत्थानवादियों की भूमिका (ROLE OF REVIVALISTS IN THE NATIONAL MOVEMENT)

1. स्वामी श्रद्धानन्द—स्वामी श्रद्धानन्द ने आर्यसमाज में अपना सार्वजनिक जीवन प्रारम्भ किया। सन् 1902 में उन्होंने हरिद्वार के निकट कांगड़ी में गुरुकुल नामक एक शिक्षा संस्था की स्थापना की जिसका उद्देश्य वैदिक ब्रहमाचर्याश्रम की शिक्षा देना था। वे काँग्रेस के सम्मेलनों में सम्मिलित हुआ करते थे। 1907 की सूरत की फूट से उनको गहरा दुख हुआ। उन्होंने शुद्धि तथा संगठन के लिए शक्तिशाली आन्दोलन आरम्भ किया। वे निर्जीव हिन्दू समाज में संगठन के द्वारा नैतिक तथा आध्यात्मिक उत्साह फूँक देना चाहते थे। वे मुसलमानों की साम्प्रदायिक राजनीति का मुकाबला करने के लिए हिन्दुओं को भी साम्प्रदायिक नीति का सहारा लेने के पक्ष में नहीं थे। हिन्दू संगठन के काम को बढ़ावा देने, हिन्दू समाज के दलित वर्गों का उद्धार करने तथा स्वराज्य के लिए एक नैतिक दर्शन प्रदान करने के उद्देश्य से उन्होंने 1 अप्रैल, 1926 को 'लिबरेटर' नामक अंग्रेजी साप्ताहिक की भी स्थापना की।

श्रद्धानन्द को सत्याग्रह की कार्यप्रणाली में विश्वास था। वे रोलट विधेयक के विरुद्ध सत्याग्रह में सम्मिलित हुए थे क्योंकि वे उस विधेयक को मानव स्वतंत्रता का अतिक्रमण मानते थे। उन्होंने स्वराज्य की प्राप्ति के लिए चार-सूत्री कार्यक्रम निर्धारित किया :

(1) हिन्दुओं, मुसलमानों, सिक्खों तथा ईसाइयों आदि को एक ही मंच पर एकत्र करके और एक संयुक्त पंचायत द्वारा पारस्परिक मतभेद को निबटाकर भारत की एकता की स्थापना करना।

(2) देश में बनी हुई वस्तुओं को लोकप्रिय बनाना।

(3) हिन्दुस्तानी का राष्ट्रभाषा के रूप में प्रयोग आरम्भ करना।

(4) राष्ट्रीय शिक्षा प्रणाली का विकास करना।

श्रद्धानन्द यह नहीं चाहते थे कि हिन्दुओं के उचित हितों को जोखिम में डाला जाये। वे निर्मल राष्ट्रवादी थे, और वे सबके लिए न्याय चाहते थे किन्तु वे मुसलमानों को अनुचित रूप से

सन्तुष्ट करने के पक्ष में नहीं थे। राष्ट्र के लिए उनकी सबसे बड़ी विरासत शिक्षा के वैदिक आदर्शों को पुनर्जीवित करना और हिन्दुओं की एकता के लिये प्रयत्न करना था।

2. पण्डित मदनमोहन मालवीय—पं. मालवीय का जन्म सन् 1861 ई॰ में हुआ। सन् 1886 में वकालत की परीक्षा पास करने के बाद वे काँग्रेस में शामिल हुए और जीवन के अन्तिम दिनों तक इसके सदस्य बने रहे। समय-समय पर उन्होंने काँग्रेस की नीति और कार्यक्रम का विरोध किया, परन्तु इससे उनकी देशभक्ति में कोई अन्तर नहीं आया। इस सम्बन्ध में डॉ॰ पट्टाभि सीतारमैया ने लिखा है– ''उदारवादियों ने अपने काल में काँग्रेस को सशक्त बनाया और फिर उसे छोड़ दिया। श्रीमती एनी बेसेण्ट ने कुछ समय के लिए इसका परित्याग कर दिया, लेकिन पण्डित मदनमोहन मालवीय बड़ी दृढ़ता से अपने जीवन के अन्तिम क्षणों तक इसके सदस्य बने रहे।''

1902 ई. में मालवीय जी संयुक्त प्रान्त की विधान परिषद् के सदस्य चुने गये। उन्होंने वहाँ वार्षिक बजट, उत्पादन कर विधेयक तथा कई अन्य विषयों पर महत्वपूर्ण भाषण दिये। सन् 1901 ई. में मालवीय जी केन्द्रीय विधान सभा के सदस्य चुने गये और 1920 तक वे इसके सदस्य रहे। सन् 1931 में मालवीय जी दूसरे गोलमेज सम्मेलन में भाग लेने के लिए लन्दन गये। सन् 1932 ई. में उन्होंने एकता, सम्मेलन की अध्यक्षता की। सन् 1934 ई. में एम॰ एस॰ अणे के साथ मिलकर रैम्जे मैकडानल्ड के साम्प्रदायिक पंचाट का विरोध किया। अपने उच्च चरित्र और देशप्रेम के कारण वे सब वर्गों में प्रिय थे। वे दो बार काँग्रेस के और तीन बार हिन्दू महासभा के अध्यक्ष चुने गये। वे स्वतन्त्र विचारों के व्यक्ति थे। और जिस बात को उचित समझते थे, उस पर डटे रहते थे। सन् 1939 में उन्होंने काँग्रेस के सदस्यों के साथ केन्द्रीय व्यवस्थापिका सभा से त्याग-पत्र नहीं दिया, क्योंकि वे काँग्रेस के प्रतिनिधि के रूप में परिषद् में नहीं गये थे।

मालवीयजी भारत के लिए स्वतन्त्रता और आत्म-निर्णय के अधिकार के समर्थक थे किन्तु उनका विचार था कि इन्हें प्राप्त करने के लिए संवैधानिक साधनों का ही प्रयोग किया जाना चाहिए। उन्होंने स्वदेशी आन्दोलन का समर्थन किया। वे हिन्दी के प्रबल समर्थक थे। उनके प्रयत्नों से देश में हिन्दी को उच्च स्थान प्राप्त हुआ।

मालवीय जी कट्टर राष्ट्रवादी थे। साम्प्रदायिकता में उनका बिल्कुल विश्वास नहीं था। किन्तु वे मुसलमानों को प्रसन्न करने के लिए हिन्दुओं के हितों को समर्पित करने के पक्ष में नहीं थे। जब उन्होंने स्वराज्य दल को मुसलमानों के सामने अनुचित रूप से झुकते हुए देखा, तो उन्होंने लाला लाजपतराय के साथ मिलकर हिन्दुओं के हितों की रक्षा के लिये 'राष्ट्रवादी दल' संगठित किया। तिलक, विवेकानन्द तथा अरविन्द घोष की तरह वे हिन्दू धर्म की श्रेष्ठता में विश्वास करते थे। साम्प्रदायिक मामलों में वे बहुत उदार थे, और मौलाना मोहम्मद अली तथा शौकत अली जैसे मुसलमान नेता उनकी धार्मिक उदारता से प्रभावित थे। वे समाज सुधारक थे और उन्होंने हरिजनों को गले लगाया।

मालवीयजी सार्वजनिक कार्यों के लिए धन एकत्रित करने में बहुत कुशल थे। अपने परिश्रम से धन एकत्रित कर 4 जनवरी, 1918 ई. को उन्होंने बनारस हिन्दू विश्वविद्यालय की

स्थापना की जो उन की कीर्ति का चिर स्तम्भ है। उन्होंने 1942 के भारत छोड़ो आन्दोलन में भाग नहीं लिया, किन्तु, जेल से बाहर रहकर 'कस्तूरबा निधि' के लिए एक करोड़ से अधिक रुपया एकत्रित किया। सन् 1946 में उनका देहान्त हो गया। राष्ट्रीय जीवन में उनका योगदान बहुमुखी रहा है। वे 'हिन्दुस्तान', 'इण्डियन यूनियन', 'अभ्युदय' आदि के सम्पादक रहे और उन्होंने 'लीडर' नामक समाचार-पत्र निकलवाने में भी हाथ बँटाया। पी॰ सी॰ रे ने कहा था कि ''महात्मा गांधी के बाद किसी ऐसे अन्य व्यक्ति को पाना कठिन है जिसने मालवीय जी के समान त्याग किया हो और विभिन्न प्रकार के कार्य करने का उन जैसा सबूत दिया हो।''

3. भाई परमानन्द—भाई परमानन्द ने लाहौर के डी॰ ए॰ वी॰ कॉलेज में अध्यापन कार्य किया। उन पर श्यामजी कृष्णा वर्मा का गहरा प्रभाव पड़ा। सन् 1915 में उन्हें निर्वासित करके अण्डमान भेज दिया गया। बाद में वे हिन्दू महासभा में सम्मिलित हो गये। वे अपने भाषणों में सदैव हिन्दू संस्कृति की श्रेष्ठता की चर्चा किया करते थे। उन्होंने लिखा था—''हिन्दू भूमण्डल का सबसे पुराना राष्ट्र है। उनके धर्मग्रन्थ विश्व के प्राचीनतम ग्रन्थ हैं।'' परमानन्द हिन्दू राष्ट्रवाद के समर्थक थे। वे हिन्दुओं की एकता के कार्य को संकीर्ण साम्प्रदायिकता मानने के लिये तैयार नहीं थे।

4. विनायक दामोदर सावरकर—विनायक दामोदर सावरकार उग्र राष्ट्रवादी तथा वीर क्रान्तिकारी थे। बीसवीं शताब्दी के प्रारम्भिक दशक में उन्होंने साहसिक राजनीतिक कार्यों के द्वारा अमर ख्याति प्राप्त की 1906 से 1910 तक उन्होंने इंगलैण्ड में अध्ययन दिया और साथ ही साथ क्रान्तिकारी कार्यकलाप में भी संलग्न रहे। जब श्यामजी कृष्ण वर्मा पेरिस चले गये तो उन्होंने 'इण्डिया हाउस' का भार सँभाला। उन्होंने ऐसे पर्चे जारी किये जिनमें रूसी क्रान्तिकारियों के तरीकों की वकालत की गई थी। उन्होंने सन् 1857 का विद्रोह दिवस संगठित किया और हत्या तथा बम के प्रयोग की नीति का प्रतिपादन न किया। सन् 1909 में मदनलाल ढ़ींगरा ने राजनैतिक ए॰ डी॰ कार्जन वाइली को इण्डिया आफिस में गोली मार दी। इसके कुछ ही समय बाद सावरकर को गिरफ्तार करके मुकदमे के लिए भारत भेजा गया। उन्हें काले पानी की सजा दी गयी और अण्डमान में रखा गया। सन् 1921 में उन्हें भारत ले जाकर अलीपुर जेल में रखा गया। बाद में उन्हें इस शर्त पर रत्नगिरि जाने दिया गया कि वह राजनीति में हिस्सा नहीं लेंगे। यह प्रतिबन्ध सन् 1937 में हटाया गया। बाद में सावरकर ने हिन्दू महासभा की सदस्यता अंगीकार कर ली।

सावरकर ने सबसे पहले इस मत का प्रतिपादन किया था कि 1857 का तथाकथित सिपाही विद्रोह वास्तव में भारतीय स्वतन्त्रता का प्रथम संग्राम था। सावरकर की रचनाओं में 'हिन्दुत्व' तथा 'हिन्दू पद-पादशाही' प्रमुख है। उन्होंने हिन्दू समाज के नैतिक तथा सामाजिक पुनरुत्थान पर बल दिया। 'हिन्दू' की परिभाषा करते हुए उन्होंने लिखा, ''हिन्दू वह है जो सिन्धु नदी से समुद्र तक सम्पूर्ण भारतवर्ष को अपनी पितृभूमि और पुण्यभूमि मानता है।'' सावरकर के अनुसार हिन्दुत्व के तीन लक्षण हैं : राष्ट्र अथवा प्रादेशिक एकता, पहला तत्व है। हिन्दू वह है जिसके मन में सिन्धु से ब्रहमपुत्र तक और हिमालय से कन्याकुमारी तक के समस्त भौगोलिक प्रदेश के प्रति अनुराग है। हिन्दुत्व का दूसरा तत्व है—रक्त और तीसरा तत्व है संस्कृति। सावरकार को हिन्दू

एकता में पूर्ण विश्वास था। वे हिन्दुओं की सभी जातियों और उप-जातियों में पारस्परिक विवाह सम्बन्ध चाहते थे। वे जैनियों, सिक्खों, आर्यसमाजियों तथा ब्रह्मसमाजियों को भी हिन्दू समाज का अंग मानते थे।

5. केशव बलिराम हैडगेवार—हिन्दू समाज का विनाशकारी विघटन देखकर हैडगेवार बहुत दुखी हुआ करते थे। हिन्दू समाज विभिन्न जातियों, पन्थों और सम्प्रदायों में विभक्त हो गया था। भाषा, धर्म और जाति आदि के भेदों ने विघटनकारी तत्वों को पराकाष्ठा पर पहुँचा दिया था। इसने हिन्दुओं को राजनीतिक दृष्टि से बहुत दुर्बल बना दिया था। डॉ॰ हैडगेवार ने 1925 में राष्ट्रीय स्वयंसेवक संघ की स्थापना की। जिसका मुख्य उद्देश्य हिन्दुओं में सैनिक अनुशासन की भावना जागृत करना और उनकी सांस्कृतिक चेतना को बल प्रदान करना था। हैडगेवार को शक्ति में विश्वास था और वे हिन्दू जनता में शारीरिक तथा सांस्कृतिक स्फूर्ति उत्पन्न करना चाहते थे।

हैडगेवार ने राजनीति की प्रचलित विचारधाराओं और कार्यप्रणालियों को अंगीकार नहीं किया। उन्होंने संस्कृति पर अधिक बल दिया। उनके अनुसार संस्कृति में जीवन के सभी पहलू समाविष्ट हैं। धर्म, राजनीति तथा अर्थतन्त्र भी संस्कृति के अंग हैं। अतः राष्ट्र के बहुमुखी विकास के लिए जिस गतिशील उत्साह की आवश्यकता है, उसको तभी उत्पन्न किया जा सकता है जब सांस्कृतिक एकता के लिए सभी सम्भव उपाय किये जायें। हैडगेवार का विश्वास था कि भारत की समस्या का मूल सांस्कृतिक पुनर्जागरण और नवीन स्फूर्ति है। डॉ॰ वी॰ पी॰ वर्मा के शब्दों में, ''हैडगेवार की विचारधारा गम्भीर पुनरुत्थानवादी प्रवृत्तियों से अनुप्राणित है।[1]

पुनरुत्थानवादी का राष्ट्रवाद हिन्दू धर्म से इस तरह रंगा था कि मुसलमानों को राष्ट्रीय आन्दोलन से दूर रखता था। पुनरुत्थानवादी विचारधारा देश-प्रेम और राष्ट्रभक्ति की ज्वाला प्रज्जवलित करने का साधन सिद्ध हुई पुनरुत्थानवादी ब्रिटिश राज के सुधार की नहीं, समाप्ति की बात करते थे।

पुनरुत्थानवादी उच्च आदर्शवाद से प्रेरित थे। देश की स्वतन्त्रता के लिये वे अपने प्राण और अपना सर्वस्व न्यौछावर करने के लिये तत्पर रहते थे। उनमें असाधारण साहस था, उनमें से कुछ में अद्भुत संगठन क्षमता वाक् चातुर्य तथा सूझबूझ का आश्चर्यजनक मेल था। उनके कट्टर से कट्टर शत्रु भी मानते रहे हैं कि वे देशभक्त और निःस्वार्थ बलिदान की भावना से प्रेरित थे।

अभ्यास के लिए प्रश्न

1. राष्ट्रीय आन्दोलन में पुनरुत्थानवादियों की विचारधारा और योगदान की विवेचना कीजिए।
2. राष्ट्रीय आन्दोलन में निम्नलिखित के योगदान पर टिप्पणी लिखो :
   (1) स्वामी श्रद्धानन्द (2) पं॰ मदनमोहन मालवीय (3) भाई परमानन्द (4) विनायक दामोदर सावरकार (5) केशव बलिराम हेडगेवार।

---

1. डॉ॰ वी॰ पी॰ वर्मा, *आधुनिक भारतीय राजनीतिक चिन्तन*, पृ॰ 343.

11

गांधीवादी आन्दोलन
(Gandhian Movement)

महात्मा गांधी का जन्म सन् 1869 में काठियावाड़ के पोरबन्दर नामक स्थान पर एक वैश्य परिवार में हुआ। सन् 1887 में वे इंगलैण्ड गये और उन्होंने बैरिस्टरी की शिक्षा प्राप्त की। 1891 में वे भारत लौटे और उन्होंने वकालत प्रारम्भ कर दी। 1893 में वे एक मुकदमे की पैरवी करने के लिए दक्षिण अफ्रीका गये और वही उनका सार्वजनिक और राजनीतिक जीवन प्रारम्भ हुआ। दक्षिण अफ्रीका की सरकार उस समय प्रजाति-भेद की नीति अपना रही थी। गांधीजी ने दक्षिणी अफ्रीका में रहकर अपने देशवासियों के विरुद्ध प्रयोग की जाने वाली इस नीति का विरोध किया और सत्याग्रह के माध्यम से इस कार्य में पर्याप्त सफलता प्राप्त की। गांधीजी के अनवरत कष्टों और त्याग के परिणामस्वरूप दक्षिण अफ्रीका में भारतीयों की स्थिति में पर्याप्त सुधार हुआ। गोखले के शब्दों में–''बिना किसी प्रकार के स्वार्थ या लांछन के उन्होंने दक्षिण अफ्रीका में भारतीयों के लिए महान् संघर्ष किया और इसके लिए भारत सदैव ही उनका ऋणी रहेगा।''[1]

मोहनदास करमचन्द गांधी, केवल एक राजनीतिज्ञ ही नहीं, वरन् एक सन्त, विचारक और सामाजिक कार्यकर्ता थे। श्री के० एम० मुंशी के शब्दों में, उन्होंने अराजकता पायी और उसे व्यवस्था में परिवर्तित कर दिया, कायरता पायी और उसे साहस में बदल दिया, अनेक वर्गों में विभाजित जनसमूह को राष्ट्र में बदल दिया, निराशा को सौभाग्य में बदल दिया और बिना किसी प्रकार की हिंसा या सैनिक शक्ति का प्रयोग किये एक साम्राज्यवादी शक्ति के बन्धनों का अन्त कर विश्व शक्ति को जन्म दिया। इससे अधिक न तो कोई व्यक्ति कुछ कर सका है और न ही कर सकता है।'[2]

सत्याग्रह के सफल प्रयोग

सन् 1914 में गाँधीजी भारत आए। भारत आगमन के उद्देश्य के सम्बन्ध में वे लिखते हैं ''मैं भारत को उस पद्धति से परिचित कराना चाहता था, जो मैंने दक्षिण अफ्रीका में अपनायी थी और मैं इस बात का भी परीक्षण करना चाहता था कि भारत में यह पद्धति किस सीमा तक

---

1. Dr. Zacharia's *Renascent India,* pp 90-71.
2. K. M. Munshi, *The Master,* p. 27.

अपनायी जा सकती है।'' 1915 और 1919 के बीच गांधीजी ने चार बार इस पद्धति का सफलतापूर्वक प्रयोग किया।

1. 1915 में वीराग्राम में चुंगी सरंक्षक सेना केवल इस धमकी पर हटा ली गयी कि जनता इसके विरुद्ध सत्याग्रह करने को तत्पर है।

2. गांधीजी को चम्पारन में कृषक वर्ग के असन्तोष की जाँच करने दी गयी, जबकि गांधीजी ने इसे बन्द कर दिये जाने पर सत्याग्रह की बात कही।

3. 1919 में अहमदाबाद में उन्होंने मिल मालिकों से श्रमिकों के लिए न्याय प्राप्त करने में सफलता प्राप्त की।

4. गुजरात में खेड़ा क्षेत्र में फसल नष्ट हो जाने पर उन्होंने लगान की वापसी के लिए सत्याग्रह किया, तो सरकार ने लगान वापस कर दिया। भारत का दौरा करने के बाद गाँधीजी अहमदाबाद के निकट एक छोटे से ग्राम में 'साबरमती आश्रम' की स्थापना की।

सन् 1919 में जब शासन द्वारा घृणित रौलट विधेयक पारित किया गया तो गांधीजी ने वायसराय से इस निन्दनीय विधेयक को अस्वीकार करने की प्रार्थना की। जब उनकी इस प्रार्थना का कोई परिणाम न निकला, तो इस विधेयक के विरुद्ध सत्याग्रह करने के लिए उन्होंने 'सत्याग्रह समाज' की स्थापना की। 6 अप्रैल, 1919 को उन्होंने इस विधेयक के विरोध में देशव्यापी हड़ताल का आयोजन किया। सन् 1920 में काँग्रेस के नागपुर अधिवेशन में उन्हें काँग्रेस के सर्वमान्य नेता के रूप में मान्यता प्राप्त हुई, और उनका असहयोग आन्दोलन सम्बन्धी प्रस्ताव 1888 के विरुद्ध 1866 मतों से पारित हो गया।

भारतीय राजनीति का संचालन

सन् 1920 में गांधीजी ब्रिटिश सरकार के विरुद्ध पहला असहयोग आन्दोलन चलाया। कूपलैण्ड के शब्दों में, 'महात्माजी के इस आन्दोलन ने राष्ट्रीय आन्दोलन को जनआन्दोलन का रूप दे दिया।' चूंकि महात्मा गांधी उच्च आदर्श की प्राप्ति के लिए केवल उचित साधनों के प्रयोग में विश्वास करते थे, इसलिए सन् 1922 में इस आन्दोलन के कुछ हिंसात्मक रूप लेने पर उन्होंने आन्दोलन स्थगित कर दिया।

सन् 1930 में गांधीजी ने ब्रिटिश शासन के विरुद्ध सविनय अवज्ञा आन्दोलन का संचालन किया गया। 12 मार्च, 1930 को साबरमती आश्रम से दाण्डी समुद्र तट की ओर उनकी पद यात्रा राष्ट्रीय आन्दोलन की गाथा में ऐतिहासिक महत्व रखती है। सुभाषचन्द्र बोस के अनुसार ''महात्माजी के दाण्डी मार्च की तुलना इल्वा से लौटने पर नैपोलियन के पेरिस मार्च और राजनीतिक सत्ता प्राप्त करने के लिए मुसोलिनी के रोम मार्च से की जा सकती है।'' ब्रिटिश शासन के प्रतिनिधि के रूप में वायसराय लॉर्ड इर्विन ने समझौते का प्रस्ताव किया। मार्च 1931 में गांधी-इर्विन समझौता सम्पन्न हुआ। इसके बाद कांग्रेस के एकमात्र प्रतिनिधि के रूप में महात्माजी ने द्वितीय गोलमेल सम्मेलन में भाग लिया। फ्रैंक मोरेश ने लिखा है–'अधनंगे फकीर के ब्रिटिश प्रधानमंत्री से वार्ता हेतु सेण्ट जेम्स पैलेस की सीढ़ियाँ चढ़ने का दृश्य अपने आप में अनोखा और दिव्य प्रभाव उत्पन्न करने वाला था।' गोलमेज सम्मेलन में उन्होंने कहा कि

''काँग्रेस भारत की सबसे बड़ी राष्ट्रीय संस्था है और भारत में साम्प्रदायिकता की समस्या ब्रिटिश शासन की समकालीन है।''

सन् 1942 में गाँधीजी ने राष्ट्र को 'भारत छोड़ो' का नारा और 'करो या मरो' (Do or Die) का नवीनप्रद सन्देश दिया। ब्रिटिश शासन के विरुद्ध महात्माजी का यह अन्तिम आन्दोलन था। इस आन्दोलन ने भारतीय जनता में ऐसी जागृति उत्पन्न की कि ब्रिटिश शासन के लिए भारत में और अधिक समय तक बने रहना असम्भव हो गया।

गांधीजी का राष्ट्रीय आन्दोलन में योगदान

भारतीय स्वतन्त्रता में महात्मा गांधी के योगदान का वर्णन करते हुए श्री के॰ एम॰ पन्निकर लिखते हैं कि-''भारतीय स्वतन्त्रता में महात्मा गांधी के योगदान को सभी पक्षों द्वारा स्वीकार किया जाता है। ये महात्मा गांधी ही थे, जिन्होंने भारतीय राष्ट्रवाद को, जो बौद्धिक वर्ग तक ही सीमित एक आन्दोलन था, एक क्रान्तिकारी जन-आन्दोलन का रूप प्रदान किया। उन्होंने ही इस आन्दोलन के संगठन और अनुशासन का विकास किया और आन्दोलन को प्रभावदायक कार्य पद्धति प्रदान की। इन सबके अतिरिक्त उसके द्वारा ही इस आन्दोलन में सामाजिक न्याय की भावना, समानता की इच्छा और दलित वर्गों की मुक्ति की चाह उत्पन्न की गयी।''[3] महात्माजी के नेतृत्व में भारतीय स्वतन्त्रता किसी भी दूसरे देश की तुलना में शान्तिपूर्ण तरीके से और कम समय में प्राप्त की गयी। राष्ट्रीय आन्दोलन का नेतृत्व करते हुए उन्होंने साम्प्रदायिक एकता और दलित वर्गों के उद्धार पर जोर दिया।

सन् 1919 ई. में काँग्रेस और राष्ट्रीय आन्दोलन का नेतृत्व सँभाला और उसके बाद वे जीवन-पर्यन्त राष्ट्रीय आन्दोलन को निर्देशित करते रहे। गांधीजी के राष्ट्रीय आन्दोलन में प्रवेश किये जाने के बाद से राष्ट्रीय आन्दोलन के काल को 'गांधी युग' कहा जाता है। असहयोग आन्दोलन, सविनय अवज्ञा आन्दोलन और भारत छोड़ो आन्दोलन—एक के बाद एक आन्दोलन का संचालन करते हुए उन्होंने भारत को स्वतन्त्रता की ओर अग्रसर किया। भारतीय जनता ने उन्हें 'राष्ट्रपिता' के नाम से सम्बोधित किया। राष्ट्रीय आन्दोलन में उनका योगदान निम्नलिखित है:

(1) जन आन्दोलन—गांधी जी के आगमन के पूर्व भारतीय राजनीति में उदारवादियों के प्रार्थना-पत्रों, स्मृति-पत्रों और प्रतिनिधि मण्डलों की नीति से भारतीय जनता के लिए कुछ सुविधाएँ प्राप्त करने का प्रयत्न किया जाता था। बाल, लाल और पाल की त्रिमूर्ति ने इसे नई दिशा देने का प्रयत्न किया, परन्तु उनके समय तक भारतीय राजनीति बुद्धिजीवी मध्यम वर्ग तक ही सीमित रही। महात्मा गांधी ने पहली बार जन-जन को राष्ट्रीय आन्दोलन से संयुक्त करने का कार्य किया। अंग्रेज लेखक कूपलैण्ड ने लिखा है कि —''उन्होंने वह काम किया, जो तिलक भी नहीं कर सके थे। उन्होंने राष्ट्रीय आन्दोलन को क्रान्तिकारी आन्दोलन के रूप में परिवर्तित कर दिया .... उन्होंने राष्ट्रीय आन्दोलन को क्रान्तिकारी ही नहीं, जनप्रिय भी बनाया। अभी वह नगरों के बुद्धिजीवी वर्ग तक ही सीमित था, अब वह ग्रामों की जनता तक पहुँच गया।''

---

3. K. M. Panikkar, *The Foundations of New India,* pp. 178-180.

(2) राजनैतिक आन्दोलन का नया रूप—1919 के पूर्व राष्ट्रीय आन्दोलन की दो प्रमुख धाराएँ थी। उदारवादियों ने 'राजनीतिक भिक्षावृत्ति' का मार्ग अपनाया हुआ था और क्रान्तिकारी सशस्त्र क्रान्ति के बल पर भारत में ब्रिटिश साम्राज्य की समाप्ति के लिए प्रयत्नशील थे। इन दोनों ही मार्गों की अपूर्णताओं को समझकर और आदर्शों एवं परिस्थितियों को दृष्टि में रखते हुए गांधीजी ने 'अहिंसात्मक क्रान्ति' का मार्ग अपनाया। उन के नेतृत्व में विश्व के महानतम साम्राज्यवादी राज्य के विरुद्ध अहिंसात्मक आन्दोलन किया गया और राष्ट्रीय स्वतन्त्रता का लक्ष्य प्राप्त किया गया।

(3) नवीन कार्यक्रम—गांधीजी ने भारत के राष्ट्रीय आन्दोलन को एक नवीन कार्यक्रम प्रदान किया। सहयोग और सविनय अवज्ञा आन्दोलन के अन्तर्गत उन्होंने कहा कि भारतीय जनता को स्वयं ब्रिटिश शासन की शिक्षण संस्थाओं, नौकरियों, अदालतों, उत्सवों और दरबारों से अलग कर लेना चाहिए, विदेशी माल का बहिष्कार करना चाहिए और ब्रिटिश सरकार को कर नहीं देना चाहिए। उन्होंने भारतीय जनता को कहा कि यदि जनता ब्रिटिश शासन को सहयोग देना बन्द कर दे, तो भारत में ब्रिटिश शासन ठप्प हो सकता है।

(4) रचनात्मक कार्यक्रम—गांधीजी के राष्ट्रीय आन्दोलन का उद्देश्य केवल राजनीतिक स्वतन्त्रता प्राप्ति करना नहीं, बल्कि सभी दिशाओं में भारत का अभ्युदय था। भारतीय जनता की गिरी हुई सामाजिक, धार्मिक और आर्थिक स्थिति का अध्ययन करके उन्होंने इन क्षेत्रों में उसे उन्नत करने का प्रयास किया। उन्होंने कई रचनात्मक कार्यक्रम चलाये—जैसे नारियों का उत्थान, गृह उद्योग का प्रचार, नये चर्खे चलाना और मद्य निषेध, आदि। अपने इस रचनात्मक कार्यक्रम के आधार पर वे एक 'सर्वोदयी समाज' की स्थापना करना चाहते थे।

(5) साम्प्रदायिकता और अस्पृश्यता का विरोध—गांधीजी ने राष्ट्रीय आन्दोलन की सबसे दो बड़ी बाधाएँ—साम्प्रदायिकता और अस्पृश्यता का विरोध किया। वे अस्पृश्यता को हिन्दू समाज का कलंक मानते थे और इस बात के विरुद्ध थे कि दलित वर्गों को समाज के अन्य वर्गों से पृथक् रखते हुए उन्हें हीन समझा जाए। वे साम्प्रदायिकता को भारतीय जीवन का विष मानते थे। उन्होंने हिन्दू–मुस्लिम एकता पर बल दिया। साम्प्रदायिकता के विष को समाप्त करने के प्रयत्नों में ही 30 जनवरी, 1948 को उन्होंने अपने जीवन की आहुति दी।

(6) राजनीति का आध्यात्मीकरण—राजनीति को महात्मा गांधी की सबसे अधिक स्थायी और महत्वपूर्ण देन राजनीति का आध्यात्मीकरण है। वास्तव में वे एक आध्यात्मिक सन्त थे, जिन्होंने तत्कालीन भारतीय जीवन की विशेष परिस्थितियों के कारण राजनीति में प्रवेश किया। राजनीति के सम्बन्ध में वे कहते थे "जो यह कहते हैं कि धर्म का राजनीति से कोई सम्बन्ध नहीं है, वे यह नहीं समझते कि धर्म का अर्थ क्या है?.......... धर्म से पृथक् कोई राजनीति नहीं हो सकती। धर्म से पृथक् राजनीति तो मृत्यु जाल है क्योंकि यह आत्मा का हनन करती है।" भारत का राष्ट्रीय आन्दोलन बहुत कुछ गांधी जी के कार्यों का ही लेखा–जोखा है। सन् 1919 से काँग्रेस और राष्ट्रीय आन्दोलन की बागडोर गांधीजी के हाथों में आयी और 1947 तक वे एकछत्र नेता रहे। राष्ट्रीय आन्दोलन के इस युग को 'गांधी युग' कहा जाता है। इस युग में तीन बड़े आन्दोलन प्रारम्भ किये गये: (1) असहयोग आन्दोलन, 1920 (2) सविनय अवज्ञा आन्दोलन, 1930,

(3) भारत छोड़ो आन्दोलन, 1942। 30 जनवरी, 1948 को उनकी मृत्यु पर डॉ० स्टेन्ले जोन्स ने लिखा है–"हत्यारे ने गोलियाँ महात्मा गाँधी और उनके विचारों का अन्त करने के लिए चलायी थीं, परन्तु उनका प्रतिफल यह हुआ है कि ये विचार स्वच्छंद हो गये और मानव जाति की थाती बन गये। मृत्यु में वे अपने जीवन की अपेक्षा अधिक बलशाली हो गये।"

गांधी युग का प्रारम्भ

सन् 1919 में भारत में अनेक ऐसी घटनायें हुई जो असहयोग आन्दोलन की पृष्ठभूमि बनाने में महत्वपूर्ण थीं। इसी काल में देश के सार्वजनिक जीवन में मोहन दास कर्मचन्द गांधी ने प्रवेश किया। शीघ्र ही वे देश के सर्वोच्च नेता मान लिये गये और उन्हें बापू के नाम से पुकारा जाने लगा। भारतीय स्वतन्त्रता आन्दोलन के इतिहास में 1929 से 1947 तक का काल गांधी युग कहा जा सकता है। गांधी जी समझा बुझाकर तथा शान्तिपूर्ण उपायों से अंग्रेजों का हृदयपरिवर्तन करना चाहते थे। उन्होंने प्रथम विश्वयुद्ध में देश में सब कहीं अंग्रेजों की सहायता के लिये अपील की। उन्होंने कहा, "साम्राज्य रक्षा के कार्य में सहयोग देना स्वराज्य प्राप्त करने का सरल और सीधा मार्ग है। मुसीबत में शत्रु की भी सहायता करनी पड़ती है।" गाँधीजी की इस अपील के कई कारण थे। एक तो लार्ड हार्डिंग ने भारतीयों के साथ प्रेम और सहानुभूति का व्यवहार किया। दूसरे, ब्रिटेन के प्रधान मन्त्री एसक्विथ और बाद में लायड जार्ज ने भारतवासियों की मांगों पर सहानुभूतिपूर्वक विचार करने का वादा किया। तीसरे, कांग्रेस और मुस्लिम लीग में अंग्रेजों की सहायता करने का समझौता किया। चौथे, युद्ध समाप्त होने पर भारतीयों को स्वशासन देने का वायदा किया गया।

रौलट एक्ट

गांधीजी की अपील के परिणामस्वरूप भारतीय नरेशों ने लगभग 10 करोड़ रुपये अंग्रेजों की सहायता के लिये दिये। केन्द्रीय सरकार के कोष से युद्ध के लिये एक करोड़ छयासी हजार रुपया दिया गया। भारत से बाहर भेजी गयी सेनाओं पर खर्चा हुआ डेढ़ अरब पौण्ड का व्यय भी भारतवासियों ने ही सहन किया। युद्ध के लिये भारत से 9,53, 374 सैनिक भेजे गये। किन्तु जब नवम्बर 1918 में युद्ध समाप्त हुआ तो अंग्रेज अपना वायदा भूल गये। उन्होंने मान्टेग्यू सुधार योजना प्रस्तुत की जिससे जनता को कुछ भी सन्तोष नहीं हुआ। युद्ध ने और उसके बाद की महामारी और अकाल ने जनता की कमर तोड़ दी थी। युद्ध में मरे सैनिकों के अतिरिक्त एक करोड़ लोग अकाल में मरे। रौलट एक्ट पास करके दमन चक्र को मजबूत बनाया गया। इस एक्ट का एक मात्र उद्देश्य भारतीय राष्ट्रीय भावनाओं को कुचलना था। इसके अनुसार सरकार किसी भी व्यक्ति को उस पर मुकदमा चलाये बिना और उसे अपने बचाव का अवसर दिये बिना अनिश्चित काल के लिये जेल में बन्द कर सकती थी। इस प्रकार इस एक्ट के द्वारा भारत में नागरिक स्वतन्त्रता को पूरी तरह समाप्त कर दिया गया। गांधीजी ने धमकी दी कि, "यदि रौलट कमीशन की सिफारिशों को असली रूप दिया गया तो मैं सत्याग्रह छेड़ दूंगा।" गांधीजी की धमकी की कोई परवाह न करके सरकार ने 17 मार्च, 1919 को रौलट एक्ट पास कर दिया। गांधीजी ने सारे देश का दौरा करके इस अधिनियम का विरोध किया। सरकार ने उनके देहली और पंजाब में प्रवेश करने पर प्रतिबन्ध लगा दिया और इस प्रतिबन्ध की अवहेलना करने पर उनको गिरफ्तार

कर लिया गया। गांधी जी ने 6 अप्रैल, 1919 को सम्पूर्ण देश में रौलट एक्ट के विरुद्ध हड़ताल करने का आदेश दिया।

सत्याग्रह आन्दोलन

इस प्रकार सत्याग्रह आन्दोलन आरम्भ हुआ। 30 मार्च, 1919 को दिल्ली में स्वामी श्रद्धानन्द के नेतृत्व में निकाले गये एक जलूस पर सरकार ने गोली चलायी। इससे सारे देश में भयंकर प्रतिक्रिया हुई। बम्बई, अहमदाबाद, कलकत्ता, लाहौर और अमृतसर में भयंकर दंगे हुये। इस हिंसा को देखकर गांधी जी ने 18 अप्रैल को अपना आन्दोलन स्थगित कर दिया क्योंकि वे हिंसा के विरुद्ध थे।

हिंसात्मक कार्यवाहियां और जलियाँवाला बाग हत्याकाण्ड

10 अप्रैल को अंग्रेजों ने पंजाब के प्रसिद्ध नेता डा॰ सत्यपाल और डा॰ किचलू को गिरफ्तार करके अज्ञात स्थान पर भेज दिया। उनका पता पूछने के लिये जनता जिला मजिस्ट्रेट की कोठी पर जा पहुँची, जहां भीड़ पर गोली चलाये जाने से 10 व्यक्ति मारे गये। इसकी प्रतिक्रिया स्वरूप भीड़ ने नेशनल बैंक में आग लगा दी और मैनेजर को मिलाकर 5 अंग्रेजों को मार डाला गया। 11 अप्रैल को सारे अमृतसर नगर में हड़ताल हुई। 13 अप्रैल को जलियाँवाला बाग में 10 हजार व्यक्तियों की एक सभा हुई। पंजाब के लेफ्टिनेन्ट गवर्नर सर माईकेल ओ डायर ने सभा भंग करने का आदेश दिया। उसका आदेश आमान्य होने पर उसने गोली चलाने का हुक्म दिया। 303 नम्बर की 1650 गोलियां चली। इससे जो कुछ हुआ उससे भारत की आत्मा पर बहुत गहरा आघात पहुँचाया। सरकारी बयान के अनुसार 379 व्यक्ति मरे और 1137 घायल हुये जिनको घटना स्थल पर ही छोड़ दिया गया। कांग्रेस द्वारा स्थापित जांच समिति की रिपोर्ट के अनुसार इस हत्याकांड में एक हजार व्यक्ति मरे और घायलों की संख्या 1500 से ऊपर थी। हत्याकांड की जांच के लिये नियुक्त किये गये हंटर कमीशन के सामने अनेक प्रमुख यूरोपियन लोगों ने जो आंखों देखा हाल सुनाया उसके सामने ब्लैक हौल जैसी घटनायें भी मात हो गयीं। हत्याकाण्ड के बाद शहर में मार्शल ला लगा दिया गया। सैकड़ों लोगों को नजरबन्द कर दिया गया। दंड देने के ऐसे-ऐसे तरीके निकाले गये जिनका मानव इतिहास में उदाहरण नहीं मिलता। इन सब घटनाओं के लिये प्रमाणों का अभाव न होने पर भी हंटर समिति ने डायर के कुकर्म की कोई आलोचना नहीं की। उसने उसे निरपराध घोषित किया। इंगलैण्ड के समाचार-पत्रों ने उसे ब्रिटिश साम्राज्य का रक्षक बतलाया और सरकार ने उसे सोने की मूठ वाली सम्मान की तलवार और 10 हजार पौंड की थैली भेंट की। इंगलैंड के मानिंग पोस्ट नामक अखबार ने डायर को भेंट करने के लिये 50 हजार पौण्ड धन एकत्रित किया। इन सब घटनाओं का कांग्रेस के नेताओं पर भारी प्रभाव पड़ा। इस हत्याकांड की जांच करने के लिये कांग्रेस द्वारा स्थापित जांच समिति ने रौलट एक्ट को समाप्त करने, डायर को हटाये जाने और वायसराय को लन्दन वापिस बुलाये जाने और लोगों से वसूल किये जुर्माने वापिस किये जाने की मांग की, किन्तु सरकार ने इन मांगों की ओर कोई ध्यान नहीं दिया। इससे भारतवासियों में बदला लेने की भावना तीव्र हुई और वे गांधीजी के नेतृत्व में

असहयोग आन्दोलन के लिये तैयार हो गये। गांधीजी का अंग्रेजों की न्यायप्रियता पर से विश्वास उठ गया जिससे कांग्रेस की नीति में परिवर्तन हुआ। अंग्रेजों के भयंकर अत्याचार से राष्ट्रीय एकता को बल मिला और असहयोग आन्दोलन की पृष्ठभूमि तैयार हुई।

असहयोग आन्दोलन

सितम्बर 1920 में कलकत्ते में कांग्रेस के एक विशेष अधिवेशन में गांधीजी ने अंग्रेजों के विरुद्ध असहयोग आन्दोलन को प्रस्तुत किया। अनेक नेताओं के विरोध के बावजूद उनका प्रस्ताव 11 मतों के बहुमत से पास हो गया। इस प्रस्ताव के अनुसार, ''चूंकि ब्रिटिश सरकार ने न तो खिलाफत के सम्बन्ध में दिये वचनों को पूरा किया है और न ही पंजाब में हुये अत्याचारों से सम्बन्धित शिकायतों को दूर किया है इसलिये कांग्रेस के पास अहिंसात्मक असहयोग की नीति को अपनाने के सिवाय और कोई चारा नहीं है।'' प्रस्ताव के शब्दों से स्पष्ट है कि यह प्रस्ताव एक ओर खिलाफत आन्दोलन की असफलता और दूसरी ओर जलियाँवाला बाग के हत्याकाँड का परिणाम था। इन दोनों कारणों के मिल जाने से गांधीजी के असहयोग आन्दोलन को हिन्दू और मुस्लिम दोनों का सहयोग प्राप्त हो गया। सन् 1920 के नागपुर में हुये कांग्रेस के वार्षिक अधिवेशन में असहयोग आन्दोलन के प्रस्ताव को स्वीकार कर लिया गया।

रचनात्मक पहलू

गांधीजी के सत्याग्रह आन्दोलन के दो पहलू थे—रचनात्मक और निषेधात्मक। रचनात्मक पहलू में मुख्य कार्य निम्नलिखित थे—

(1) शिक्षा के लिये राष्ट्रीय विद्यालयों और कालिजों की स्थापना।

(2) न्याय के लिये राष्ट्रीय न्यायालयों की स्थापना।

(3) सरकारी कौंसिलों के स्थान पर कांग्रेस की संस्थाओं की स्थापना।

(4) स्वदेशी वस्त्रों का प्रचार।

(5) हिन्दुओं और मुसलमानों में एकता व अहिंसा पर बल देना।

(6) छूआछूत को दूर करना।

(7) चर्खे का प्रचार करना।

निषेधात्मक पहलू

उपरोक्त रचनात्मक पहलू से भी अधिक महत्वपूर्ण असहयोग आन्दोलन का निषेधात्मक पक्ष था। इसमें मुख्य कार्यक्रम निम्नलिखित थे—

(1) विदेशी माल का बहिष्कार और स्वदेशी माल का प्रयोग

(2) उपाधियों और अवैतनिक पदों का त्याग।

(3) सरकारी दरबारों का बहिष्कार।

(4) सरकारी विद्यालयों से विद्यार्थियों को हटाना।

(5) सरकारी कचहरियों और वकीलों का बहिष्कार।

(6) नये विधान मंडलों में खड़े हुये उम्मीदवारों को बैठाना और ऐसे चुनावों में मतदान करने से मतदाताओं को रोकना।

(7) मैसोपोटामिया के युद्ध में भरती होने का बहिष्कार।

असहयोग आन्दोलन के इस कार्यक्रम का सारे देश में प्रचार किया गया। इस कार्यक्रम का लक्ष्य स्वराज्य था। गांधीजी ने कहा था, ''यदि लोग कांग्रेस के इस कार्यक्रम को पूरा कर दें तो स्वराज्य एक वर्ष के अन्दर ही प्राप्त हो जायेगा।''

असहयोग आन्दोलन की प्रगति

असहयोग आन्दोलन के कार्यक्रम की घोषणा होने के बाद सब दिशाओं में उसकी प्रगति प्रारम्भ हुई। अनेक प्रसिद्ध बैरिस्टर वकालत छोड़कर राष्ट्रीय आन्दोलन में कूद पड़े। सी॰ आर॰ दास, मोतीलाल नेहरू, जवाहरलाल नेहरू, लाजपत राय, विट्ठल भाई पटेल, बल्लभ भाई पटेल और राजेन्द्र प्रसाद के नाम उल्लेखनीय हैं। इनके अतिरिक्त मौलाना मोहम्मद अली और शौकत अली, अबुल कलाम आजाद और डा॰ अंसारी जैसे अनेक मुस्लिम नेता भी राष्ट्रीय आन्दोलन में सम्मिलित हो गये। स्थान-स्थान पर राष्ट्रीय विद्यालयों की स्थापना की गयी जिनमें गुजरात विद्यापीठ, बिहार विद्यापीठ, बनारस विद्यापीठ, तिलक महाराष्ट्र विद्यापीठ, काशी विद्यापीठ, बंगाल का राष्ट्रीय विद्यालय, अलीगढ़ राष्ट्रीय मुस्लिम विश्वविद्यालय, जामिया मिलिया देहली और लाहौर का राष्ट्रीय कालिज उल्लेखनीय हैं। सेठ जमनादास बजाज ने असहयोग आन्दोलन में भाग लेने वाले वकीलों के भरण पोषण के लिये एक लाख रुपया दान किया। स्वदेशी वस्तुओं को प्रोत्साहित किया गया और विदेशी वस्तुओं का बहिष्कार किया गया। विदेशी कपड़े और शराब की दुकानों आदि पर पिकेटिंग करने के लिए कांग्रेस में लगभग 40 हजार स्वयं सेवक भरती किये गये। स्वदेशी वस्त्र उद्योग को प्रोत्साहित करने के लिये 20 हजार चर्खे तैयार किये गये। हजारों विद्यार्थियों ने सरकारी विद्यालय छोड़ दिये। नई कौंसिलों से कांग्रेस ने अपने उम्मीदवार हटा दिये और मतदाताओं के एक बड़े भाग ने मतदान नहीं किया। अनेक स्थानों पर तो मतदान पेटियां खाली ही पड़ीं रहीं। खिलाफत कमेटी ने अंग्रेज सरकार की नौकरी करने को हराम घोषित किया और मुसलमानों को सेना और पुलिस की नौकरी छोड़ देने का आदेश दिया। यद्यपि इस सब आन्दोलन के बावजूद सरकारी कालिज और दफ्तर पहले की तरह चलते रहे किन्तु आन्दोलन का इतना अधिक प्रभाव हुआ कि चेम्सफोर्ड को कहना पड़ा कि, ''इस आन्दोलन से मैं घबरा गया हूँ और चक्कर में पड़ गया हूँ।''

आन्दोलन की समाप्ति

27 नवम्बर, 1921 को जब इंग्लैण्ड का प्रिंस आफ वेल्स भारत आया तो सब कहीं हड़ताल और शोक प्रदर्शन किये गये। सरकार ने दमन चक्र तेज किया। कांग्रेस के सभी नेता जेलों में ठूंस दिये गये। इनके साथ-साथ 50 हजार स्वयं सेवक भी जेलों में भर दिये गये। काँग्रेस और खिलाफत कमेटियों को गैर-कानूनी घोषित कर दिया गया। 20 अगस्त, 1921 को अली भाइयों के भाषणों से मालाबार में भयंकर दंगे हुये। सरकार ने अली भाइयों को गिरफ्तार कर लिया। 5 फरवरी, 1922 को चौरी-चौरा में एक काँग्रेसी जलूस निकाले जाने पर जनता की

पुलिस से मुठभेड़ हुई जिसमें जनता ने 29 सिपाहियों और एक थानेदार को पुलिस चौकी में बन्द करके जिन्दा आग में जला दिया। इस घटना से दुखी होकर गांधीजी ने असहयोग बन्द करने का आदेश दिया। उनके इस आदेश की सब कहीं भारी आलोचना की गयी और उनकी लोकप्रियता भी घट गयी। 10 मार्च, 1922 को सरकार ने गांधीजी को गिरफ्तार करके 6 वर्ष के कठोर कारावास का दण्ड दिया किन्तु बाद में उन्हें मुक्त कर दिया। इस प्रकार असहयोग आन्दोलन असफल हुआ।

असहयोग आन्दोलन की असफलता के कारण

(1) इस आन्दोलन में गाँधीजी को अत्याधिक शक्ति दे दी गयी थी जिसके कारण उन्होंने चौरी-चौरा काण्ड के बाद आन्दोलन समाप्त करने का आदेश दे दिया।

(2) इस आन्दोलन में जो गांधीजी ने एक वर्ष के अन्दर स्वराज्य दिलाने का वायदा किया था, वह अविवेकपूर्ण ही नहीं बल्कि बालवत् था।

(3) इस आन्दोलन में काँग्रेस और खिलाफत का जो गठबन्धन हुआ उससे कांग्रेस के गौरव को चोट पहुँची और साम्प्रदायिकता बढ़ी।

(4) इस आन्दोलन के समाप्त होने के साथ-साथ कांग्रेस और मुस्लिम लीग का गठबन्धन समाप्त हो गया।

(5) गांधीजी के जेल जाने के बाद जो हिंसात्मक घटनायें हुई उनसे भी इस आन्दोलन को आघात पहुँचा।

असहयोग आन्दोलन का महत्व

असहयोग आन्दोलन की असफलता के उपरोक्त कारणों से यह नहीं समझा जाना चाहिये कि उसका कोई महत्व ही नहीं था। देश और विदेश में सब कहीं इसकी प्रशंसा की गयी। इस आन्दोलन से देश में गांधीजी का इतना अधिक प्रभाव पड़ा जैसा आज तक किसी भी नेता के विषय में दिखलायी नहीं पड़ा था। तत्कालीन भारत सचिव ने इसके विषय में लिखा था, "आन्दोलन इतना जोरदार है कि सरकार को अभूतपूर्व भयंकर स्थिति का सामना करना पड़ रहा है। इस बात को छिपाया नहीं जा सकता कि सम्भावनायें बड़ी खतरनाक है।" संक्षेप में असहयोग आन्दोलन के निम्नलिखित प्रभावों से उसका महत्व मालूम पड़ता है:–

(1) इस आन्दोलन से सम्पूर्ण देश में राष्ट्रीयता की भावना को प्रोत्साहन मिला और राजनैतिक जागृति फैली।

(2) इससे देश की जनता में आत्म निर्भरता की भावना जागृत हुई।

(3) इससे कांग्रेस के कार्यकर्ताओं में निर्भयता और साहस की प्रवृत्तियां उत्पन्न हुईं और उन्होंने सरकार के दमन का डटकर मुकाबला किया।

(4) इस आन्दोलन से जेलों का भय जाता रहा। इतने अधिक लोग जेल गये कि जेल तीर्थ स्थान बन गये।

(5) खादी और ग्रामोद्योग को अत्यधिक प्रोत्साहन मिला। अधिकतर कांग्रेसी खादी की

(6) इससे सारे देश में नशाबन्दी आन्दोलन को प्रोत्साहन मिला।

(7) अंग्रेजी भाषा का महत्व जाता रहा और हिन्दी को राष्ट्र भाषा मान लिया गया।

(8) इससे कांग्रेस को राजनीति के क्षेत्र में अपनी शक्ति का पता लगा।

(9) इससे स्वदेशी आन्दोलन को प्रोत्साहन मिला।

उपरोक्त विवेचन से यह स्पष्ट होता है कि चेम्सफोर्ड का यह कहना ठीक नहीं था कि असहयोग आन्दोलन मूर्खता का कार्य था।

खिलाफत आन्दोलन

प्रथम विश्व महायुद्ध में टर्की मित्र राष्ट्रों के विरुद्ध था। भारत में मुसलमानों की स्थिति अच्छी नहीं थी। धार्मिक दृष्टि से भारतीय मुसलमान टर्की के सुल्तान को अपना धार्मिक नेता मानते थे। युद्ध समाप्त हो जाने के बाद जब उन्हें ज्ञात हुआ कि मित्र राष्ट्र टर्की का साम्राज्य समाप्त करना चाहते हैं तो उन्होंने उसे बचाने के लिये खिलाफत आन्दोलन आरम्भ किया। आन्दोलनकारियों का कहना था कि टर्की के विरुद्ध कोई बड़ी कार्यवाही न की जाये और सुल्तान की धार्मिक अध्यक्षता बनी रहे। इस मांग को लेकर 24 नवम्बर, 1919 को दिल्ली में गांधीजी की अध्यक्षता में अखिल भारतीय खिलाफत सम्मेलन हुआ।

खिलाफत आन्दोलन से हानियां

इस अवसर को हिन्दू-मुस्लिम एकता के लिये उपयुक्त समझकर गांधीजी ने हिन्दुओं और मुसलमानों दोनों को मिलकर खिलाफत आन्दोलन चलाने की सलाह दी किन्तु गांधीजी का अनुमान गलत था। इसलिये यह कहा गया है कि, ''भारतीय राजनीति में खिलाफत आन्दोलन का मिश्रण एक दुर्भाग्य था।'' कांग्रेस के असहयोग आन्दोलन को खिलाफत आन्दोलन के साथ जोड़ देने से लाभ के स्थान पर हानि अधिक हुई। संक्षेप में, इस हानि का विवरण निम्नलिखित है–

(1) खिलाफत आन्दोलन को साथ मिलाने से कॉंग्रेस का असहयोग आन्दोलन अहिंसात्मक न रहा। 20 अगस्त, 1921 को अली भाईयों के जोशीले भाषण से मालाबार में मोपला मुसलमानों ने अंग्रेजी शासन व्यवस्था को नष्ट करके उसे खिलाफत गणतन्त्र घोषित किया। इसके परिणामस्वरूप सरकार ने तीव्रता से दमन चक्र चलाया जिससे कांग्रेस को हानि हुई।

(2) मालाबार की इस घटना से ही 5 फरवरी, 1922 को चौरी-चौरा कांड हुआ जिसके फलस्वरूप गांधीजी ने आन्दोलन रद्द कर दिया।

(3) खिलाफत आन्दोलन संकुचित धार्मिक आन्दोलन था इसलिये इसे राष्ट्रीय आन्दोलन के साथ जोड़ने से कांग्रेस का सम्मान कम हुआ।

(4) खिलाफत आन्दोलन सर्वथा अनुचित था यहां तक कि स्वयं टर्की के नागरिक उसके विरुद्ध थे। सन् 1922 में मुस्तफा कमाल पाशा ने टर्की के विलासी सुल्तान खलीफा को देश से निकालकर धर्मनिरपेक्ष राज्य की स्थापना की। स्पष्ट है कि ऐसे आन्दोलन का समर्थन नहीं किया जाना चाहिये था।

(5) जब कि गांधीजी ने जान बूझकर असहयोग आन्दोलन को खिलाफत आन्दोलन के साथ जोड़ दिया, मुसलमानों ने इस आन्दोलन की विफलता की जिम्मेदारी कांग्रेस के सिर मढ़ दी।

(6) जब कि आन्दोलन का समर्थन करने में गाँधीजी का उद्देश्य हिन्दुओं और मुसलमानों में मेल-जोल बढ़ाना था, आन्दोलन के विफल होने से उनमें मतभेद और भी बढ़ गया और अंग्रेजों ने उसका पूरा फायदा उठाया।

उपरोक्त विवेचन से स्पष्ट है कि कांग्रेस का खिलाफत आन्दोलन का समर्थन एक भारी भूल थी और उससे लाभ के स्थान पर हानि ही अधिक हुई।

स्वराज्य दल
(Swarajya Party)

1 जनवरी, 1923 को सी॰ आर॰ दास और मोतीलाल नेहरू ने अन्य नेताओं के साथ मिलकर स्वराज्य दल की नींव डाली। राष्ट्रीय आन्दोलन में इस दल ने केवल चार वर्ष ही महत्वपूर्ण कार्य किया। सन् 1925 में सी॰ आर॰ दास की मृत्यु के बाद इस दल का कोई विशेष महत्व नहीं रहा।

स्वराज्य दल के निर्माण के कारण

स्वराज्य दल के निर्माण के मुख्य कारण निम्नलिखित हैं :—

1. असहयोग आन्दोलन की असफलता—इस आन्दोलन के विषय में कहा गया है, "स्वराज्यवादियों का सम्प्रदाय नागरिक असहयोग में विश्वास और गाँधीजी के संघर्ष दर्शन के नैतिक सिद्धान्तों से प्रेरित था।" असहयोग आन्दोलन के असफल होने के बाद देश के सामने दो विकल्प थे, कांग्रेस की नीति में परिवर्तन अथवा असहयोग नीति का समर्थन। राजगोपालाचार्य, डा॰ अंसारी तथा कुछ अन्य नेता अब भी गांधीजी की असहयोग नीति के अनुसार कौंसिलों में प्रवेश करने के विरुद्ध थे। दूसरी ओर कुछ लोगों का विचार था कि कांग्रेसियों को कौंसिलों के चुनावों में भाग लेना चाहिये। इस दूसरी विचारधारा के नेताओं सी॰ आर॰ दास और मोती लाल नेहरू ने ही स्वराज्य दल की नींव डाली।

2. कौंसिल प्रवेश का महत्व—स्वराज्य दल के निर्माण का प्रमुख कारण यह था कि कुछ लोग यह समझने लगे थे कि कौंसिल में प्रवेश करना लाभदायक है। उनका विचार यह था कि इससे देश के सामने फिर नया कार्यक्रम रखने का अवसर मिलेगा। यदि कौंसिल में प्रवेश न किया गया तो सरकार अपने पिट्ठुओं की सहायता से मनमानी करेगी। कौंसिलों में प्रवेश करने से असहयोग का कार्यक्रम वहाँ भी पहुँच जायेगा। इससे सरकार पर रोक लगायी जा सकेगी और उसके कामों की आलोचना की जा सकेगी। कौंसिल के सदस्यों के प्रयास से 1919 के सुधारों में परिवर्तन करने की चेष्टा की जायेगी और देश हित के कानून बनवाकर स्वराज्य की माँग को जीवित रखा जायेगा।

3. काँग्रेस द्वारा कौंसिल प्रवेश का विरोध—सन् 1922 में काँग्रेस के गया अधिवेशन के अध्यक्ष पद से भाषण देते हुये सी॰ आर॰ दास ने कौंसिल प्रवेश की नीति का समर्थन करते हुये

कहा था, ''कौंसिल की कुर्सियों पर कब्जा करके सरकार के गढ़ को तोड़ना अत्यन्त आवश्यक है तथा व्यवस्थापिका सभाओं में घुसकर विरोध द्वारा सरकार से असहयोग करना असहयोग आन्दोलन का ही एक अंग है।'' सी॰ आर॰ दास की इस अपील का उदारवादी नेताओं ने तीव्र विरोध किया। इन विरोधियों में राजगोपालचार्य और सरदार पटेल भी थे। मतदान करवाने पर प्रस्ताव के विपक्ष में 1780 और पक्ष में केवल 890 मत प्राप्त हुये। प्रस्ताव के रद्द होने पर सी॰ आर॰ दास और मोतीलाल नेहरू ने काँग्रेस से त्याग पत्र दे दिया और 1 जनवरी, 1923 को स्वराज्य दल की स्थापना की। उन्होंने सारे देश का दौरा किया और जनता को अपनी विचारधारा से परिचित कराया।

4. सरकारी दमन की रोकथाम की आवश्यकता—उन दिनों सरकार का दमन चक्र बड़ी तेजी से घूम रहा था। स्वराज्यवादियों का यह विचार था कि कौंसिलों की सदस्यता प्राप्त करने से इस दमन नीति को रोका जा सकता है। देशी रियासतों को अपनी ओर मिलाकर सरकार राष्ट्रीय विचारधारा को कुचलने का प्रयास कर रही थी। इसका विरोध करने के लिये भी कौंसिल प्रवेश आवश्यक था।

5. गांधीजी के प्रति असन्तोष—राष्ट्रीय आन्दोलन को खिलाफत आन्दोलन के साथ मिला देने और फिर मनमाने ढंग से असहयोग आन्दोलन को बन्द करने का आदेश देकर गांधीजी ने बहुत से लोगों को अपने विरुद्ध कर लिया और वे नया मार्ग निकालना चाहने लगे।

कांग्रेस से त्याग पत्र देते हुये सी॰ आर॰ दास ने कहा था कि यद्यपि कांग्रेस का बहुमत इस समय उनके साथ नहीं हैं किन्तु शीघ्र ही उसे उनके कार्यक्रम को अपनाना पड़ेगा। सी॰ आर॰ दास की यह भविष्यवाणी सही सिद्ध हुई। सितम्बर 1923 में दिल्ली में मौलाना अबुल कलाम आजाद की अध्यक्षता में हुये कांग्रेस के एक विशेष अधिवेशन में कौंसिल प्रवेश का प्रस्ताव पास हो गया। सन् 1924 में गांधीजी जेल से छूटे। वे स्वराज्यवादियों की योजना से सहमत नहीं हुये। सन् 1925 में कांग्रेस में परिवर्तनवादियों और परिवर्तन के विरोधियों में यह समझौता हुआ कि सदस्यों को यह अधिकार दिया जाये कि चाहें तो वे गांधीजी के रचनात्मक कार्यक्रम को अपनायें और चाहे कौंसिलों में प्रवेश करें।

स्वराज्य दल के उद्देश्य और कार्यक्रम

स्वराज्य दल के उद्देश्य को बतलाते हुए सी॰ आर॰ दास॰ ने कहा था, ''हम ऐसी राजनैतिक व्यवस्था को समाप्त कर देना चाहते हैं जिसमें न तो कोई भलाई की गयी है और न कोई भलाई हो सकेगी।'' इस प्रकार स्वराज्यवादी स्वराज्य प्राप्त करना चाहते थे। रचनात्मक कार्यकर्ताओं के विरुद्ध वे नागरिक अवज्ञा में विश्वास नहीं करते थे। उनका कहना था कि स्वराज्य प्राप्त करने का एक मात्र तरीका कौंसिलों में प्रवेश करना है। उनका मुख्य उद्देश्य 1919 के मौंटफोर्ड सुधारों को संशोधित अथवा रद्द करवाना था। कौंसिलों में प्रवेश करके वे सरकारी बजटों को रद्द करने, जनता के हितों के लिये नये बिलों को प्रस्तुत करने, भारत के आर्थिक शोषण की नीति का विरोध करने और उन सब कानूनी प्रस्तावों को अस्वीकार करने के लिये प्रस्तुत थे जिनसे सरकार के हाथ मजबूत होते हों। कौंसिल के बाहर वे गांधीजी के रचनात्मक कार्यों से सब प्रकार से सहयोग करना चाहते थे।

स्वराज्यवादियों की सफलतायें

अस्तु, स्वराज्यवादियों ने कौंसिलों के लिये चुनाव लड़े। मध्य प्रदेश में उन्हें बहुमत प्राप्त हुआ। केन्द्रीय धारा सभा में उन्हें 114 स्थानों में 45 स्थान प्राप्त हुये। उत्तर प्रदेश और बम्बई तथा बंगाल की व्यवस्थापिका सभाओं में भी उनका दल महत्वपूर्ण स्थान रखता था। इन सब स्थानों पर उन्होंने सरकार के कामों पर रोक लगाने में सफलता प्राप्त की। सन् 1924 में मोतीलाल नेहरू के प्रयास से केन्द्रीय एसेम्बली में एक महत्वपूर्ण प्रस्ताव पास हुआ जिसके द्वारा सरकार से 1919 के अधिनियम का पुनर्निरक्षण करने, भारत के नवीन संविधान के लिये गोलमेज परिषद का अयोजन करने और नये संविधान को व्यस्थापिका सभा के द्वारा पास किये जाने के बाद ब्रिटिश संसद के सामने कानून बनाने के लिये प्रस्तुत किये जाने का आग्रह किया गया। स्वराज्यवादियों के प्रयास से सरकार से 1919 के अधिनियम की जांच के लिये मुद्दीमैन समिति निर्माण का आग्रह किया गया। सन् 1924-25 में स्वराज्यवादियों के प्रयास से केन्द्रीय व्यवस्थापिका में बजट को अस्वीकार कर दिया गया। उनके प्रयास से अनेक नेताओं की रिहाई के लिये प्रस्ताव पास किये गये और अनेक दमनकारी कानूनों के विरुद्ध प्रस्ताव किये गये। उनके प्रयासों से बहुत से लोग सरकारी उत्सवों का बहिष्कार करते रहे। उन्हीं के प्रयत्नों का यह परिणाम था कि बंगाल के गवर्नर लिटन ने द्वैध प्रणाली को असफल घोषित करके व्यवस्थापिका सभा को भंग कर दिया।

स्वराज्य दल की आलोचनायें

उपरोक्त सफलताओं के बावजूद अनेक नेताओं ने स्वराज्यवादियों की कटु अलोचना की। इनमें विपिनचन्द्र पाल, सुरेन्द्रनाथ बैनर्जी इत्यादि प्रमुख थे किन्तु यह आलोचना अनुचित थी। यह सही नहीं है कि स्वराज्यवादियों ने कुछ भी महत्वपूर्ण कार्य नहीं किया। वे असहयोग आन्दोलन को विधान सभाओं में ले गये और उन्होंने सरकार के कामों की लगातार आलोचना करके यह सिद्ध कर दिया कि भारत की जनता अंग्रेज सरकार के कितनी विरुद्ध है। उन्होंने 1919 के अधिनियम का विरोध करके यह स्पष्ट कर दिया कि जनता इन सुधारों से संतुष्ट नहीं है। उन्होंने ही सबसे पहले ब्रिटिश सरकार के पास गोलमेज सम्मेलन और भारत के लिये नये संविधान का प्रस्ताव भेजा। उन्हीं के प्रयासों से अंग्रेज सरकार ने सन् 1930 में गोलमेज सम्मेलन बुलाया। उन्हीं की आलोचनाओं के फलस्वरूप अंग्रेज सरकार के प्रान्तों में दोहरे शासन को समाप्त करके उन्हें आन्तरिक मामलों में पूर्ण स्वतन्त्रता दे दी।

साईमन कमीशन
(Simon Commission)

सन् 1919 के सुधारों में संशोधन की लगातार माँग के परिणामस्वरूप 8 नवम्बर सन् 1927 को ब्रिटिश पार्लियामेण्ट के एक घोषणा पत्र के द्वारा साईमन की अध्यक्षता में ब्रिटिश संसद के सात गोरे सदस्यों के एक कमीशन की नियुक्ति की गयी। इस कमीशन का नाम साइमन कमीशन था। समय से पूर्व इस कमीशन की नियुक्ति का सरकार ने यह कारण बतलाया कि वे भारतीयों की माँग पूरी करने के लिये ऐसा कर रहे हैं किन्तु इसका कारण मुख्य यह था कि

भारतीयों की माँग पूरी करने के लिये ऐसा कर रहे हैं किन्तु इसका कारण मुख्य यह था कि 1929 में इंगलैंड में चुनाव होने वाले थे और यह सम्भव था कि यदि उन चुनावों में श्रमिक दल की जीत हो जाये तो भारतवासियों को कुछ विशेष अधिकार मिल जायें। ऐसा होने से पहले ही अनुदार दल की सरकार ने साइमन कमीशन भारत भेज दिया।

साइमन कमीशन का विरोध

इस कमीशन का एक भी सदस्य भारतीय नहीं था। अस्तु देश में इसका विरोध होना स्वाभाविक था। कमीशन के सदस्यों के बम्बई पहुँचने पर नगर में आम हड़ताल हुई। स्थान-स्थान पर प्रदर्शन हुये, 'साइमन गो बैक' के नारे लगाये गये और काले झण्डे दिखाये गये। इन प्रदर्शनों का दमन करने के लिए पुलिस ने देश में अनेक स्थानों पर जनता पर लाठियां बरसायीं। लाहौर में लाठियों की चोट से ही बाद में लाला लाजपत राय की मृत्यु हुई।

साइमन कमीशन की सिफारिशें

दो बार भारत का दौरा करके साईमन कमीशन ने सन् 1930 में अपनी रिपोर्ट उपस्थित की। इस कमीशन की मुख्य सिफारिशें निम्नलिखित थीं:—

1. दोहरे शासन को समाप्त करके प्रान्तीय स्वशासन की स्थापना—कमीशन ने सिफारिश की कि प्रान्तीय शासन विधान मंडल के प्रति उत्तरदायी मंत्रियों को सौंप दिया जाये किन्तु गवर्नर को विशेष परिस्थितियों में मंत्रियों के परामर्श के विरुद्ध भी कार्य करने का अधिकार था। आन्तरिक मामलों में केन्द्र का हस्तक्षेप कम करने की सिफारिश की गयी किन्तु बाहरी मामलों में गवर्नर जनरल को व्यापक अधिकार दिये गये। इस प्रकार कमीशन ने प्रान्तीय स्वशासन की स्थापना का सुझाव दिया।

2. गवर्नर जनरल और गवर्नर के विशेषाधिकार—अल्पमतों के हितों की रक्षा करने के नाम पर कमीशन ने गवर्नरों और गवर्नर जनरल को विशेषाधिकार दिये जाने की सिफारिश की। उन्हें मंत्रिमडल में एक या अधिक सरकारी अधिकारी को नामजद करने का भी अधिकार दिया गया।

3. मताधिकार का विस्तार—कमीशन ने चुनाव की साम्प्रदायिक पद्धति को बनाये रखते हुये कम से कम 10 या 15 प्रतिशत जनसंख्या को मताधिकार दिये जाने की सिफारिश की।

4. केन्द्र में अनुत्तरदायी शासन—कमीशन ने केन्द्र में अनुत्तरदायी शक्तिशाली शासन की स्थापना की सिफारिश की और विधान मण्डल को सरकार पर नियंत्रण करने की शक्ति न देने का सुझाव दिया।

5. प्रान्तीय विधान मंडलों का विस्तार—कमीशन ने महत्वपूर्ण प्रान्तों में 200 से लेकर 150 सदस्य तक विधान मंडलों का विस्तार करने की सिफारिश की। मुस्लिम अल्पमत प्रान्तों में मुसलमानों को विधान मंण्डलों में विशेष प्रतिनिधित्व दिये जाने की सिफारिश की गयी।

6. वृहत्तर भारत परिषद की स्थापना—भावी विकास की सम्भावनाओं को ध्यान में रखते हुये कमीशन ने ब्रिटिश प्रान्तों और देशी रियासतों के प्रतिनिधियों को मिलाकर एक वृहत्तर भारत परिषद की स्थापना का सुझाव दिया।

7. केन्द्रीय विधान मंडल का पुनर्गठन—कमीशन ने संघीय आधार पर केन्द्रीय विधान मंडल के पुनर्गठन की सिफारिश की और उसमें प्रान्तों और देशी रियासतों के प्रतिनिधियों को शामिल करने का सुझाव दिया।

8. प्रान्तों का पृथक्करण—कमीशन ने बर्मा को भारत से और सिन्ध को बम्बई से अलग करने का सुझाव दिया।

9. सेना का भारतीयकरण—सेना के भारतीयकरण की आवश्यकता को स्वीकार करते हुये भी कमीशन ने भारत के आत्मनिर्भर होने पर उसकी रक्षा के लिये देश में अंग्रेजी सेनाओं को रखना आवश्यक माना।

10. भारत परिषद् की स्थापना—भारत सचिव को परामर्श देने के लिये कमीशन ने भारत परिषद को कायम रखने की सिफारिश की किन्तु उसकी शक्ति में कमी करने का सुझाव दिया।

11. विकासमान संविधान—कमीशन ने प्रत्येक 10 वर्ष के बाद भारत की प्रगति की जांच पड़ताल की पद्धति को छोड़ देने को सिफारिश की और यह सुझाव दिया कि देश में एक ऐसा नमनीय संविधान बनाया जाये जो कालान्तर में स्वयं ही विकसित होता रहे।

कमीशन की रिपोर्ट के दोष

कमीशन की रिपोर्ट से भारतवासियों को कुछ भी सन्तोष नहीं हुआ। उसमें देश को औपनिवेशिक पद (Dominion status) देने का कोई जिक्र नहीं किया गया था। गवर्नरों और गवर्नर-जनरल को इतने अधिक विशेषाधिकार दिये गये थे कि प्रान्तीय स्वशासन का कोई अर्थ ही नहीं रह गया था। देश की प्रतिरक्षा का कार्य अंग्रेजों के ही हाथों में छोड़ दिया गया था। अस्तु, साइमन कमीशन की रिपोर्ट की सब कहीं आलोचना की गयी। इस रिपोर्ट में देश में हुये राजनैतिक परिवर्तन की ओर कोई ध्यान नहीं दिया गया था। केवल भारतीयों ने ही नहीं बल्कि ब्रिटिश श्रमिक दल ने भी इस रिपोर्ट को महत्वहीन ठहराया किन्तु इसके आधार पर सन् 1935 में प्रान्तों में स्वशासन की स्थापना की गयी। भारत के राजनैतिक इतिहास में इस कमीशन द्वारा प्रस्तावित सुधारों का इतना अधिक महत्व नहीं है जितना कि इसके विरुद्ध दिखलाये गये जनता के आक्रोश का महत्व है।

नेहरू रिपोर्ट
(Nehru Report)

साईमन कमीशन का भारत में जोरदार विरोध होने पर ब्रिटेन के अनुदार दल के भारत मंत्री लार्ड बर्किन हैड ने भारतीय नेताओं को एक ऐसा संविधान बनाने की चुनौती दी जो भारत के सभी राजनैतिक दलों को स्वीकार हो। इस चुनौती को स्वीकार करके 18 फरवरी, 1928 को दिल्ली में 29 संस्थाओं के प्रतिनिधियों का एक सर्वदल सम्मेलन हुआ। 19 मई को सब प्रतिनिधि बम्बई में एकत्रित हुये जहां पर पंडित मोती लाल नेहरू की अध्यक्षता में देश के लिये संविधान बनाने के लिये एक उपसमिति बनायी गयी। इस उपसमिति ने 19 बैठकों के बाद जो संविधान

तैयार किया वह लखनऊ के सर्वदल सम्मेलन में स्वीकार कर लिया गया। संविधान का यह मसविदा नेहरू रिपोर्ट के नाम से प्रसिद्ध है।

नेहरू रिपोर्ट की मुख्य धारायें

इस संविधान की मुख्य धारायें निम्नलिखित हैं–

(1) भारत को तुरन्त औपनिवेशिक पद दिया जाये।

(2) केन्द्र और प्रान्तों में उत्तरदायी शासन की स्थापना की जाये। कैबिनेट का उत्तरदायित्व सामूहिक हो। सदन की अवधि 5 वर्ष हो।

(3) भारत में पूर्ण रूप से संघात्मक शासन स्थापित किया जाये जिसमें केन्द्र और प्रान्तों में शक्तियों का बंटवारा कनाडा में संघ के आधार पर हो।

(4) प्रधान मंत्री, रक्षा मंत्री, विदेश मंत्री, सेना के विभिन्न दलों के प्रधान तथा दो अन्य अनुभवी सदस्यों को मिलाकर एक प्रतिरक्षा समिति बनायी जाये जो कि सैनिक मामलों में सरकार को परामर्श दे।

(5) संविधान में जनता के मौलिक अधिकारों को महत्वपूर्ण स्थान दिया जाये। अल्प वयस्कों, नीची जातियों, स्त्रियों, पूंजीपतियों और श्रमजीवियों के अधिकारों की रक्षा की जाये।

(6) प्रथम निर्वाचन प्रणाली के स्थान पर संयुक्त मतदान प्रणाली की स्थापना की जाये। व्यवस्थापिका सभाओं में मुसलमानों के लिये कुछ स्थान सुरक्षित हों। कुल मिलाकर 4 ऐसे प्रान्तों की स्थापना की गई जिनमें मुस्लिम बहुमत हो।

(7) अन्तिम अपील के लिये भारत में ही सर्वोच्च न्यायालय की स्थापना की जाये।

(8) सभी देशी रियासतों में शीघ्र ही उत्तरदायी शासन की स्थापना की जाये।

नेहरू रिपोर्ट की विभिन्न धाराओं के उपरोक्त विवरण से स्पष्ट है कि इसे भारत के वर्तमान संविधान का पूर्व रूप कहा जा सकता है। चूंकि इसमें अल्पसंख्यकों विशेषकर मुसलमानों को संतुष्ट करने का पूरा ध्यान रखा गया था इस लिये सभी दलों ने इसे स्वीकार कर लिया। इस घटना से प्रभावित होकर अंग्रेजों ने भारत में अपनी फूट डालने की नीति को और भी तीव्र किया जिसके परिणामस्वरूप उनके उकसाने से मोहम्मद अली और मिस्टर जिन्ना ने नेहरू रिपोर्ट का विरोध किया। फलस्वरूप सरकार ने इसको सर्वदल सम्मत मानने से इंकार कर दिया।

नेहरू रिपोर्ट को अंग्रेज सरकार द्वारा अस्वीकृत कर दिये जाने पर 31 दिसम्बर सन् 1929 को सरकार को यह चेतावनी दी गयी कि वह या तो उसे मान ले अन्यथा काँग्रेस अहिंसात्मक असहयोग आन्दोलन आरम्भ करेगी। इस चेतावनी के दो माह पूर्व अर्थात् सन् 1929 को लार्ड इरविन ने इंगलैंड से भारत लौटकर यह घोषणा की कि, "मुझे सम्राट की सरकार से यह घोषित करने का अधिकार मिला है कि मैं यह स्पष्ट शब्दों में बतला दूं कि ब्रिटेन की सरकार की राय में दिसम्बर 1917 की घोषणा में ही यह निहित है कि भारत को स्वशासन का अधिकार दे दिया जायेगा।" इंगलैण्ड में अनुदार दल ने इस घोषणा का विरोध किया, दूसरी ओर भारत में इससे कुछ भी सन्तोष नहीं मिला।

सविनय अवज्ञा आन्दोलन

सन् 1929 में कांग्रेस के लाहौर अधिवेशन में जवाहरलाल नेहरू की अध्यक्षता में नेहरू रिपोर्ट को रद्द करने की घोषणा की गयी और चूंकि औपनिवेशिक स्वशासन प्राप्त करने की अवधि समाप्त हो चुकी थी इसलिए काँग्रेस ने पूर्ण स्वतन्त्रता को स्वराज्य का अर्थ घोषित किया। कांग्रेस की नई कार्य समिति ने 2 जनवरी, 1930 को यह घोषणा की कि 26 जनवरी सन् 1930 को सारे देश में पूर्ण स्वराज्य दिवस बड़ी धूमधाम से मनाया जायेगा। 14 से 16 फरवरी तक साबरमती में कांग्रेस की कार्यकारिणी समिति की बैठक में गाँधीजी को सविनय अवज्ञा आन्दोलन (Civil Disobedience Movement) प्रारम्भ करने का अधिकार दिया गया। आन्दोलन प्रारम्भ करने के पूर्व अपने पत्र यंग इण्डिया में गांधीजी ने अंग्रेजों के सामने 11 शर्तें उपस्थित कीं। जब सरकार ने इन माँगों का कोई उत्तर नहीं दिया तो कांग्रेस ने सत्याग्रह करने का निश्चय किया। संघर्ष को बचाने के लिये गांधीजी ने अपने मित्र रेजीनल रेनाल्ड्स की मार्फत वाइसराय को एक पत्र भेजकर उससे बातचीत करने का समय माँगा। वाइसराय ने समय नहीं दिया। गांधीजी ने उससे फिर से अपील की किन्तु इस अपील का कोई उत्तर नहीं मिला।

डाण्डी यात्रा और नमक कानून तोड़ना

इस प्रकार जब गांधीजी को यह निश्चय हो गया कि सरकार किसी भी तरह उनकी बात सुनने को तैयार नही हैं तो 12 मार्च, 1930 को वे 79 कार्यकर्ताओं के साथ साबरमती आश्रम से समुद्र तट की ओर अपनी प्रसिद्ध डाँडी यात्रा पर चल दिये। 200 मील की यह लम्बी यात्रा पैदल चलने से 24 दिनों में तय हुई। 6 अप्रैल, 1930 को प्रात:काल की प्रार्थना के बाद गांधीजी ने समुद्र तट पर नमक बनाकर सरकार का नमक कानून तोड़ा। उन्होंने आदेश दिया कि गांव-गांव में नमक का कानून तोड़ा जाये और नमक बनाया जाये। इस प्रकार सविनय अवज्ञा आन्दोलन आरम्भ हुआ। नमक कानून तोड़ने के अलावा इस आन्दोलन में विदेशी वस्त्रों को जलाने, स्वदेशी वस्तुओं के प्रचार, नशे की दुकानों पर पिकेटिंग, विदेशी दुकानें पर धरना, सरकारी विद्यालयों और दफ्तरों का बायकाट और सरकार को कर न देने का कार्यक्रम शामिल था। गांधीजी के आदेश से सत्याग्रह आन्दोलन सारे देश में फैल गया। दुकानों पर धरना देने का काम तो विशेष तौर से स्त्रियों के ही सुपुर्द था। अकेले दिल्ली नगर में धरना देने के कारण 1600 स्त्रियों को कारावास भेजा गया। बम्बई, अहमदाबाद, मद्रास और मध्य भारत में नमक कानून तोड़ा गया। अन्य स्थानों पर वन सम्बन्धी कानून तथा अन्य कानून तोड़े गये, विदेशी वस्त्रों की होलियाँ जलाईं गयीं और स्वदेशी का प्रचार किया गया। दूसरी ओर सरकार ने आन्दोलन के सविनय होने के बावजूद उसका दमन करने में कोई कसर न उठा रखी। अंग्रेज समाचार-पत्रों ने नमक आन्दोलन की हंसी उड़ाई किन्तु जब आन्दोलन तेजी से बढ़ने लगा तो गाँधीजी तथा अन्य प्रमुख नेताओं को गिरफ्तार कर लिया गया। स्थान-स्थान पर हजारों सत्याग्रही गिरफ्तार किये गये। अनेक नगरों में गोलियां और लाठियाँ बरसायी गयीं जिससे सैकड़ों मरे और हजारों घायल हुये। बहुत से सत्याग्रहियों पर भारी जुर्माने किये गये और उनकी सम्पत्ति जब्त कर ली गयी। इस दमन के परिणामस्वरूप लगभग एक लाख सत्याग्रही जेलों में भर दिये गये। सरकार ने कांग्रेस को अवैध संस्था घोषित कर दिया। इस आन्दोलन में खान अब्दुल गफ्फार खां के नेतृत्व में लाल कुर्ती वाले मुसलमानों ने भी डटकर भाग लिया।

प्रथम गोलमेज सम्मेलन

जब सरकार दमन चक्र से आन्दोलन को दबाने में असफल हुई तो 12 नवम्बर ,1930 को ब्रिटिश सम्राट ने रेम्ले मैक्डोनल्ड की अध्यक्षता में एक गोलमेल सम्मेलन बुलाया जिसमें अंग्रेजी भारत के 57, देशी रियासतों के 16 और ब्रिटेन की पार्लियामेन्ट के 16, इस प्रकार कुल मिलाकर 89 सदस्य थे। भारत के प्रतिनिधि वाइसराय द्वारा मनोनीत किये गये थे। अस्तु, स्वाभाविक था कि गोलमेज सम्मेलन सफल न होता। मुसलमानों के प्रतिनिधि जिन्हा अपनी 14 शर्तों पर अड़े हुये थे। इस प्रकार सम्मेलन सफल न हो सका।

गांधी-इरविन समझौता

सरकार ने यह अनुभव किया कि कांग्रेस से समझौता किये बिना कोई भी सम्मेलन सफल नहीं हो सकता। इसलिये 5 मार्च, 1931 को गांधीजी और लार्ड इरविन के मध्य समझौता हुआ जो गांधी-इरविन समझौता कहलाता है। इस समझौते में लार्ड इरविन ने निम्नलिखित कदम उठाना स्वीकार किया-

(1) सभी अध्यादेशों और न्यायालयों में चलने वाले मुकदमों को वापस लिया जायेगा।

(2) हिंसात्मक कार्यों के अपराधियों को छोड़कर बाकी सबको मुक्त कर दिया जायेगा।

(3) सत्याग्रह आन्दोलन करने वालों की जो सम्पत्ति जब्त कर ली गयी थी उसे वापिस कर दिया जायेगा।

(4) शराब, अफीम और विदेशी वस्त्रों की दुकानों पर शान्तिपूर्ण धरना दिया जा सकेगा।

(5) समुद्र के किनारे से एक निश्चित दूरी के अन्दर रहने वाले लोगों को कर दिये बिना नमक बनाने की अनुमति दी जायेगी।

दूसरी ओर गांधीजी ने कांग्रेस की ओर से इन बातों को स्वीकृति दी–

(1) कांग्रेस पुलिस के अनुचित कामों की जाँच के लिये जोर नहीं देगी।

(2) सत्याग्रह आन्दोलन बन्द कर दिया जायेगा।

(3) गोलमेज सम्मेलन में इस शर्त पर भाग लिया जायेगा कि उसमें भारत के हित की बातें ली जायें।

गांधी-इरविन समझौते को न तो इंगलैंड के अनुदार दल ने पसन्द किया और न देश के नौजवानों ने उसका स्वागत किया। वास्तव में यह समझौता कांग्रेस की कोई मांग पूरी नहीं करता था और इस प्रकार से ब्रिटिश कूट नीति की विजय थी। यह ठीक है कि इससे कांग्रेस की प्रतिष्ठा कुछ बढ़ी और गांधीजी द्वितीय गोलमेज सम्मेलन में भाग लेने लन्दन गये परन्तु देश में भारी असन्तोष फैला क्योंकि इस समझौते में हिंसात्मक अपराधियों को छोड़े जाने की शर्त नहीं थीं। इसका दुखात्मक परिणाम करॉंची में कांग्रेस अधिवेशन से कुछ पहले ही भगत सिंह और उसके साथियों को फांसी के तख्ते पर लटकाये जाने के रूप में दिखलायी पड़ा और नौजवानों ने कांग्रेस अधिवेशन में गांधी मुरदाबाद के नारे लगाये।

द्वितीय गोलमेज सम्मेलन

इसी बीच इंगलैंड में कई महत्वपूर्ण परिवर्तन हुये। लेबर सरकार के स्थान पर राष्ट्रीय सरकार का बहुमत बना। बेजउड बेन के स्थान पर सर सेमुअल होर को भारत मंत्री बनाया गया। भारत में लार्ड इरविन के स्थान पर विलिंगटन को गवर्नर-जनरल नियुक्त किया गया। अब द्वितीय गोलमेज सम्मेलन हुआ। कांग्रेस के एक मात्र प्रतिनिधि के रूप में गांधीजी ने इस सम्मेलन में भाग लिया किन्तु वहां कोई समझौता नहीं हुआ और वे खाली हाथ देश वापिस लौटे। उनके वापिस लौटते ही उन्हें और कांग्रेस नेताओं को गिरफ्तार कर लिया गया। कांग्रेस को फिर से अवैध घोषित कर दिया गया और सरकार का दमन चक्र पूरे जोरों से घूमने लगा। सत्याग्रह आन्दोलन को कुचलने के इरादे से नये वाइसराय ने जेलों को सत्याग्रहियों से भर दिया।

कम्यूनल अवार्ड (Communal Award)

16 अगस्त, 1932 को इंगलैड के प्रधान मंत्री मैकडोनल्ड ने भारत के लिये साम्प्रदायिक एवार्ड की घोषणा की जिसमें विभिन्न वर्गों और समुदायों को प्रान्तीय विधान सभाओं में अलग-अलग स्थान देने का निश्चय किया गया। मुसलमानों, ईसाइयों और सिक्खों के अलावा ऐंग्लो-इंडियनों, स्त्रियों, मजदूरों और उद्योगपतियों, व्यापारियों और जमींदारों तथा विश्वविद्यालयों के लिये अलग-अलग निर्वाचन क्षेत्र और निश्चित स्थान घोषित किये गये। अनुसूचित जातियों के बहुमत वाले क्षेत्रों में उनके प्रतिनिधियों के स्थान सुरक्षित घोषित किये गये। ये पृथक निर्वाचन क्षेत्र 20 वर्ष के लिये घोषित किये गये थे। कम्यूनल एवार्ड की सब कहीं आलोचना की गयी। यह विशेषतया हिन्दुओं के प्रति बहुत अन्यायपूर्ण था। इसमें पदों के विभाजन में कोई सिद्धान्त नहीं था और देश के विभिन्न वर्गों में फूट डलवाने की चाल थी। उन अनेक वर्गों को भी अलग घोषित किया गया था जो अलग नहीं होना चाहते थे। यह प्रणाली न तो ऐतिहासिक थी और न जनतंत्रीय बल्कि राष्ट्रीयता के लिये घातक थी। इसका एक मात्र उद्देश्य भारतवासियों में फूट डालकर अंग्रेजी शासन को जमाये रखना था।

पूना समझौता (Poona Pact)

गाँधीजी को कम्यूनल अवार्ड से बहुत दु:ख हुआ। उन्होंने इसके विरोध में आमरण अनशन शुरू किया। इससे बाध्य होकर अंग्रेजों ने भारतीय दलों के साथ पूना समझौता किया जिसके अनुसार अनुसूचित जातियों को हिन्दुओं में ही शामिल माना गया यद्यपि विभिन्न विधान सभाओं और धारा सभा में उनके लिये स्थान सुरक्षित कर दिये गये।

तृतीय गोलमेज सम्मेलन—17 नवम्बर से 24 नवम्बर तक इंगलैंड में तीसरा गोलमेज सम्मेलन हुआ जिसमें केवल 36 भारतीय सदस्यों को बुलाया गया किन्तु इस सम्मेलन से कोई लाभ नहीं हुआ।

सत्याग्रह आन्दोलन की समाप्ति—गांधीजी ने 21 दिन का व्रत किया। जून, 1933 में उनकी सलाह पर सार्वजनिक सत्याग्रह आन्दोलन बन्द कर दिया गया। अप्रैल 1934 में व्यक्तिगत सत्याग्रह आन्दोलन भी बन्द कर दिया गया। इस प्रकार सविनय अवज्ञा आन्दोलन कोई विशेष

लाभ प्राप्त किये बिना ही समाप्त हो गया। किन्तु इससे संघर्ष का एक नया मार्ग स्पष्ट हुआ और सारे देश में अंग्रेजी शासन के विरुद्ध असन्तोष की आग भड़क उठी। आन्दोलन के प्रारम्भ से अन्त तक की घटनाओं से देश में उदारवादियों तक को यह स्पष्ट हो गया कि अंग्रेज किसी भी तरह से भारत के हित में कुछ भी करना नहीं चाहते। इससे पूर्ण स्वतन्त्रता के लिये आन्दोलन करने के विचार को बल मिला।

भारत छोड़ो आन्दोलन
(Quit India Movement)

गांधी-इरविन समझौते की असफलता के बाद लगातार अनेक घटनाऐं ऐसी हुईं जिनके परिणामस्वरूप सन् 1942 में भारत छोड़ो आन्दोलन चला। रौलट एक्ट और जलियाँवाला बाग के हत्याकांड से देश में सब कहीं विदेशियों के प्रति घृणा उत्पन्न हो चुकी थी। पहले और दूसरे सत्याग्रह आन्दोलनों के बाद सभी भारतीय दलों ने 1935 के भारतीय अधिनियम का विरोध किया। तत्कालीन गवर्नर-जनरल लार्ड लिनलिथगो ने जब यह विश्वास दिलाया कि अंग्रेज सरकार क्रमश: भारत को स्वायत्त शासन देना चाहती है तो सात प्रान्तों में कांग्रेस ने मंत्रिमण्डल बनाया। 1937 से 1939 तक कांग्रेस में वाम पंथियों का प्रभाव गांधीवादियों से अधिक था। उनके कार्यक्रम और आदर्श भी अंग्रेजों से समझौता करने के पक्ष में नहीं थे। उनके प्रसिद्ध नेता सुभाषचन्द्र बोस सन् 1935 के संघ विधान को किसी भी प्रकार से स्वीकार किये जाने के विरुद्ध थे। वे गांधीजी की नीति को कायरता की नीति समझते थे। सितम्बर सन् 1939 में यूरोप में द्वितीय महायुद्ध छिड़ा। इस युद्ध में इटली और जर्मन के विरुद्ध इंगलैंड, फ्राँस तथा अमरीका लड़ रहे थे। भारतीय नेता अंग्रेजी साम्राज्यवाद को सहायता देने के विरुद्ध थे। इंगलैंड की सरकार ने यह घोषणा की कि यह युद्ध प्रत्येक राष्ट्र की स्वतन्त्रता के लिये लड़ा जा रहा है। लार्ड लिनलिथगो ने भारतीय केन्द्रीय व्यवस्थापिका की सहमति लिये बिना ही भारत को युद्ध में शमिल कर लिया। 14 सितम्बर के एक प्रस्ताव में कांग्रेस ने इंगलैंड से युद्ध के उद्देश्यों की घोषणा की माँग की। इसका कोई सन्तोषजनक उत्तर न मिलने पर प्रान्तों में काँग्रेस मन्त्रिमंडलों ने त्याग पत्र देने का निश्चय किया। किन्तु इससे पहले ही नवम्बर, 1939 में इन प्रान्तों में विधान मंडलों को रद्द कर गर्वनरों का शासन स्थापित करके समस्त अधिकार गवर्नरों के हाथ में दे दिये गये। जिन प्रान्तों में काँग्रेस मंत्रिमंडल नहीं थे वहाँ भी मन्त्रियों को हटा कर गवर्नरों के शासन की स्थापना की गयी। इस प्रकार सन् 1937 से 1939 तक प्रान्तीय स्वशासन का ढोंग समाप्त हो गया। काँग्रेस मंत्रिमण्डल के त्यागपत्र देने पर मुस्लिम लीग ने खुशियाँ मनाईं और 22 दिसम्बर को निर्वाण दिवस मनाया।

अंग्रेजों की अगस्त घोषणा

8 अगस्त, 1940 को गवर्नर-जनरल ने अगस्त घोषणा की जिसके द्वारा सरकार ने देश की विभिन्न संस्थाओं के आपसी मतभेदों का बहाना लेकर भारत को असहयोग के मार्ग पर आगे बढ़ाया। 1940 में युद्ध में साथी देश हार रहे थे और ब्रिटेन को खतरा उत्पन्न हो गया था। 1 जून, 1940 को महात्मा गाँधी ने यह घोषित किया कि यद्यपि काँग्रेस के सिद्धान्त युद्ध के विरुद्ध हैं

किन्तु वह इन शर्तों पर सरकार को सहायता दे सकती है कि (1) युद्ध के पश्चात् भारत को अपना शासन स्वयं चलाने का अवसर दिया जाये। (2) समस्त राजनैतिक दलों के सदस्यों की एक स्थायी सरकार तुरन्त बनायी जाये जो कि भारत की धारा सभा के निर्वाचित सदस्यों के प्रति उत्तरदायी हो। इस समय इंगलैंड में चैम्बरलेन के स्थान पर चर्चिल प्रधान मन्त्री और जेटलैंड के स्थान पर एमरी भारत मन्त्री नियुक्त हुये। चर्चिल ने भारत के प्रस्ताव पर कहा कि, "वह अंग्रेजी साम्राज्य के छिन्न-भिन्न होने की अध्यक्षता करने के लिये सम्राट के 'प्रथम मंत्री नहीं बने हैं।'"[4] अगस्त 1940 की गवर्नर-जनरल की घोषणा में तीन बातें कहीं गयीं—

(1) डोमिनियम स्टेटस को फिर से भारत का लक्ष्य माना गया है। युद्ध समाप्त होने के बाद संविधान सभा बनायी जायेगी। (2) भारत के कुछ प्रतिनिधि गवर्नर जनरल की कार्यकारिणी समिति में सम्मिलित किये जायेंगे जो कि युद्ध के कार्यों में सरकार को परामर्श देगी। (3) भारत की शान्ति और सुरक्षा का उत्तरदायित्व किसी भी ऐसी शासन प्रणाली पर नहीं सौंपा जायेगा जिसका देश में तीव्र विरोध हो। इस अगस्त घोषणा को काँग्रेस ने अस्वीकार कर दिया क्योंकि इसके द्वारा सरकार मुस्लिम लीग को अपने स्वार्थ का साधन बनाना चाहती थी।

सविनय अवज्ञा आन्दोलन

सन् 1940 में नवम्बर माह में कांग्रेस ने व्यक्तिगत सविनय अवज्ञा आन्दोलन आरम्भ किया। लगभग 22,226 व्यक्ति गिरफ्तार हुये और लाखों रुपये जुर्माने में वसूल किये गये। व्यक्तिगत सत्याग्रह में प्रत्येक सत्याग्रही अपने जिले के कलक्टर को एक निश्चित स्थान पर युद्ध के विरुद्ध भाषण देने की सूचना देता था और उसके भाषण देने पर सरकार उसे गिरफ्तार कर लेती थी। यह आन्दोलन विनोबा भावे ने आरम्भ किया। उनके गिरफ्तार होने के बाद अनेक बड़े नेता गिरफ्तार हुये।

अन्तर्राष्ट्रीय परिवर्तन

अक्टूबर 1941 के अन्त में वाइसराय की कार्य समिति ने सदस्यों की संख्या बढ़ाकर युद्ध के लिये परामर्श समिति बनाई किन्तु इसमें कांग्रेस को कोई स्थान नहीं दिया गया। समिति बनाये जाने के एक माह के अन्दर सरकार ने भारतीय जनता को प्रभावित करने के लिये तथा अपनी परेशानी दूर करने के लिये समस्त सत्याग्रहियों को जेल से छोड़ दिया। इस समय जर्मनी ने सोवियत संघ के विरुद्ध युद्ध छेड़ दिया जिससे सारा नक्शा ही बदल गया। सन् 1941 के जून माह में भारत में रूस और चीन की सहानुभूति में अनेक प्रदर्शन हुये। 7 दिसम्बर, 1941 को जापान युद्ध में कूद पड़ा और शीघ्र ही बर्मा तक जा पहुँचा इससे भारत को जापान से खतरा उत्पन्न हो गया।

क्रिप्स मिशन की असफलता

सन् 1942 के आरम्भ में क्रिप्स मिशन भारत आया। उसका सब कहीं विरोध किया गया। कांग्रेस ने उसके प्रस्ताव अस्वीकार कर दिये। इंगलैंड वापस लौटकर 11 अप्रैल को क्रिप्स

4. " He had not become His Majesty's first Minister to preside the liquidation of the British Empire." —Churchill.

ने अपने एक रेडियो भाषण में कहा, ''यदि काँग्रेस की माँगें स्वीकार कर ली जायें तो उसका अर्थ मुस्लिम जनता और अछूतों पर हिन्दु प्रभुत्व की स्थापना करना होगा'' क्रिप्स के इस कथन से उसकी योजना के नापाक इरादे स्पष्ट पता चलते हैं। उसके इस भाषण की देश में सब कहीं तीव्र प्रतिक्रिया हुई।

भारत छोड़ो प्रस्ताव

जुलाई 1942 में कांग्रेस की कार्यकारिणी समिति ने यह प्रस्ताव पास किया कि अंग्रेज भारत छोड़ दें। यहां पर अंग्रेजों से तात्पर्य अंग्रेज शासकों से था। 5 अगस्त, 1942 को बम्बई में अखिल भारतीय काँग्रेस अधिवेशन में 'भारत छोड़ो' प्रस्ताव पास किया गया और 'करो या मरो' की नीति अपनायी गयी। कांग्रेस ने अंग्रेजों को सलाह दी कि वे देश से अपना साम्राज्य हटा लें। कमेटी की प्रार्थना पर गांधीजी ने आन्दोलन का संचालन हाथ में लिया और कहा, ''यह हमारा निर्णय है कि या तो हम सफल होंगे अथवा मर जायेंगे। भारत की स्वतन्त्रता प्राप्त करने के लिये यह मेरा अन्तिम प्रयास है।''

भारत छोड़ो प्रस्ताव के कारण

'भारत छोड़ो' प्रस्ताव की पृष्ठभूमि में अंग्रेजों की प्रजाति भेद नीति भी थी। यह भी स्पष्ट हो गया था कि अंग्रेज भारत की रक्षा नहीं कर सकेंगे। दूसरी ओर युद्ध के लिये सरकार लोगों से जबरदस्ती चन्दा वसूल कर रही थी। कहीं रिश्वतखोरी और चोर बाजारी का बोलबाला था। सब कहीं निराशा छायी हुई थी। 'भारत छोड़ो' प्रस्ताव के द्वारा काँग्रेस ने देशवासियों को फिर से आशा दिलाने का प्रयास किया। दूसरी ओर अंग्रेज सरकार कांग्रेस की प्रत्येक चाल पर नजर रखे हुये थी। खुफिया विभाग सब प्रकार की बातों का पता लगा रहा था। 7 अगस्त, 1942 को गांधीजी समेत कांग्रेस कार्यकारिणी के सभी सदस्य गिरफ्तार कर लिये गये। कांग्रेस को अवैध संस्था घोषित कर दिया गया। सारे देश में पुलिस ने कांग्रेस के दफ्तरों पर छापा मारा और सब धन लूट लिया।

हिंसात्मक घटनायें

इस सब दमन चक्र से सारे देश में उत्तेजना फैल गयी, स्थान-स्थान पर हड़तालें की गयीं, सभायें की गयीं और जुलूस निकाले गये। सरकार ने भी सख्ती करने में कोई कसर उठा न रखी। नेताओं के जेल में बन्द होने से जनता का मार्ग दर्शन करने वाला कोई नहीं था। अस्तु, आन्दोलन हिंसापूर्ण बन गया। जनता ने लगभग 250 रेलवे स्टेशनों, 500 डाकखानों और 150 थानों पर आक्रमण किया। पुलिस को 538 बार गोली चलानी पड़ी जिससे 950 व्यक्ति मारे गये और 1630 घायल हुये। कुल मिलाकर 26 हजार व्यक्ति गिरफ्तार हुये। स्थान-स्थान पर टेलीफोन और टेलीग्राफ के तार काट दिये गये तथा रेलवे लाइनों को उखाड़ दिया गया। इस आन्दोलन में समाजवादी नेताओं ने महत्वपूर्ण योगदान दिया। जय प्रकाश नारायण हजारीबाग जेल से फरार हो गये और बहुत दिनों बाद उनको लाहौर के पास गिरफ्तार किया गया। उनके साथ-साथ राम मनोहर लोहिया और अरुणा आसफ अली ने छिपे रूप से अंग्रेजी शासन को समाप्त करने का आन्दोलन किया। सरकार ने इन तमाम हिंसापूर्ण घटनाओं का दोष गाँधीजी और काँग्रेस के सिर

मढ़ दिया। सरकार गांधीजी को तब तक छोड़ना नहीं चाहती थी जब तक की भारत छोड़ो आन्दोलन वापस न ले लिया जाये। इस पर गांधीजी ने जेल में 21 दिन का अनशन आरम्भ किया और उसे सफलतापूर्वक पूरा किया। इसके बाद वे बीमार पड़े तो सरकार ने उनको मुक्त कर दिया। आन्दोलन को पूरी तरह दबाने के लिये सरकार ने जनता पर भयंकर अत्याचार किये और आंतक फैला दिया।

आजाद हिन्द फौज का विघटन

इस समय पूर्व में सुभाष चन्द्र बोस के नेतृत्व में आजाद हिन्द फौज बर्मा को जीत कर आसाम की सीमा में मनीपुर में इम्फाल के मोर्चे पर युद्ध कर रही थी। इस समय अमरीका ने जापान में हीरोशिमा और नागासाकी पर अणुबम डाले जिससे जापान ने हथियार डाल दिये। इससे आजाद हिन्द फौज की प्रगति को धक्का लगा। हथियार और रसद न मिलने के कारण आजाद हिन्द फौज को पीछे हटना पड़ा। इसी समय नेता जी एक विमान दुर्घटना के शिकार हो गये जिससे आजाद हिन्द फौज क्रमशः विघटित हो गयी।

शासन द्वारा भारतीय नेताओं को कारागार में डाल दिये जाने से जनता अवाक्-सी रह गयी। मार्ग निर्देशन के अभाव में जनता के इस विरोध ने व्यापक जन-विद्रोह का रूप धारण कर लिया। जनता ने सरकार की नीति का विरोध करने के अभिप्राय में जलूस निकाले, सभाएँ की तथा हड़तालों का आयोजन किया। सरकार ने प्रदर्शनकताओं के साथ कठोर व्यवहार किया और गोलियों का प्रयोग भी किया गया। सरकार के दमन चक्र के कारण शान्तिपूर्ण ढंग से विरोध व्यक्त करने के सभी साधन बन्द हो गये। जनता ने बाध्य होकर हिंसात्मक कार्य करने प्रारम्भ किये। जमशेदपुर, बम्बई व अहमदाबाद के मजदूरों ने हड़तालें की और लगभग एक सप्ताह के लिए बम्बई, अहमदाबाद, दिल्ली, मद्रास, बंगलौर व अमृतसर में सार्वजनिक जीवन बिलकुल ठप्प हो गया। कई स्थानों पर ब्रिटिश शासन का अन्त हो गया और वहाँ समानान्तर सरकारें स्थपित हो गयीं। संयुक्त प्रान्त तथा बस्ती जिले में, बम्बई में सतारा में, बंगाल के मिदनापुर जिले में और बिहार के अन्य भागों में ऐसा ही हुआ। उस समय की स्थिति को देखकर ऐसा प्रतीत होता था कि ब्रिटिश शासन का भारत से शीघ्र अन्त हो जायेगा। "1942 के भारत छोड़ो आन्दोलन ने कितना अधिक उग्र रूप धारण कर लिया था, इसका अनुमान उन आँकड़ों के द्वारा लगाया जा सकता है जो फरवरी 1943 में भारत सरकार के युद्ध सदस्य सर रैजीनाल्ड मैक्सवेल ने केन्द्रीय विधान सभा में प्रस्तुत किये थे। इन आँकडों के अनुसार 1942 के आन्दोलन में पुलिस और सेना द्वारा 538 बार गोलियाँ चलायीं गयीं, जिसके परिणामस्वरूप 950 व्यक्ति मारे गये और 1,360 व्यक्ति घायल हुए। 60,229 व्यक्तियों को गिरफ्तार किया गया। 200 के लगभग रेलवे स्टेशन नष्ट कर दिये गये, 550 के लगभग डाकखानों पर हमला हुआ जिनमें से 50 बिलकुल जला डाले गये और 200 को भारी नुकसान पहुँचा। 3,500 स्थानों पर तार और टेलीफोन की लाइनों को काटा गया। 70 थाने और 85 अन्य सरकारी भवनों को जलाकर धाराशायी कर दिया गया।"

शासन द्वारा सर्वत्र आन्दोलन के कठोरतापूर्वक दमन के विषय में माइकेल ब्रेचर लिखते है, "संक्षेप में, सर्वत्र सरकारी दमन बहुत अधिक कठोर था और 1857 के विद्रोह के बाद भारत

में ब्रिटिश राज्य के विरुद्ध सबसे बड़े विद्रोह का सामना करने के लिए पुलिस राज्य स्थापित किया गया।'' चर्चिल ने हाउस ऑफ कॉमन्स में गर्वपूर्वक कहा कि ''उपद्रवों को शासन की समस्त शक्ति से कुचल दिया गया।'' दमन कार्य के सम्बन्ध में पं. नेहरू लिखते हैं ''सभी परम्पराएँ और छल-कपट जो साधारणतया शासन के कार्यों को ढँके रहते हैं, दूर कर दिये गये है और केवल नग्न शक्ति सत्ता की प्रतीक बन गयी।'' इस प्रकार के अमानवीय दमन ने खुले विद्रोह को दबाने में सफलता प्राप्त की, लेकिन आन्दोलन भूमिगत हो गया और जयप्रकाश नारायण, डॉ. राम मनोहर लोहिया, अरुणा आसफ अली और अच्युत पटवर्धन जैसे समाजवादी नेताओं द्वारा इसका संचालन किया जाने लगा।

विभिन्न दलों की प्रतिक्रिया

इस आन्दोलन का समर्थन भारत के सभी राजनीतिक दलों ने नहीं किया। साम्यवादियों की घातक नीति ने यह सिद्ध कर दिया कि उनकी भक्ति अपनी मातृभूमि के स्थान पर तथाकथित सर्वहारावर्ग की भूमि के प्रति ही है। 1939 में जबकि युद्ध प्रारम्भ हुआ, भारतीय साम्यवादियों ने इसे 'साम्राज्यवादी युद्ध' की संज्ञा दी परन्तु 1941 में जैसे ही सोवियत रूस मित्र राष्ट्रों की ओर से सम्मिलित हुआ, भारतीय साम्यवादियों के लिए कल तक का साम्राज्यवादी युद्ध लोकयुद्ध (Peoples'sWar) में परिणित हो गया। साम्यवादी दल ने लीग के साथ गठबन्धन कर उनकी पाकिस्तान सम्बन्धी योजना के पक्ष में विचार प्रकट किये तथा काँग्रेस को आन्दोलन स्थगित करने की सलाह दी।

मुस्लिम लीग इस आन्दोलन से अलग रही, क्योंकि उसका कहना था कि आन्दोलन का लक्ष्य भारतीय स्वतन्त्रता नहीं वरन् भारत में हिन्दू साम्राज्य की स्थापना करना है। मि. जिन्ना ने कहा कि काँग्रेस के साथ उसी समय सहयोग किया जा सकता है जबकि काँग्रेस पाकिस्तान निर्माण की बात स्वीकार कर ले। मि. जिन्ना ने केन्द्रीय व्यवस्थापिका में गैर-काँग्रेसी तत्वों के साथ मिलकर अस्थायी सरकार की स्थापना का प्रयत्न भी किया, अस्तु इसमें उन्हें सफलता नहीं मिली।

भारत के अन्य कुछ दलों ने भी भारत छोड़ो आंदोलन का विरोध किया। उदारवादी नेता तेजबहादुर सप्रू ने वर्धा प्रस्ताव को और 'अविचारित असामायिक (Ill-considered and Ill-opportune) बताया 'दलित वर्गों, के नेता डॉ० अम्बेडकर ने गांधीजी द्वारा संचालित आन्दोलन को अनुत्तरदायित्वपूर्ण और पागलपन भरा कार्य बतलाया। हिन्दू महासभा के नेता सावरकर ने गांधीजी की नजरबन्दी के दिन ही हिन्दुओं से अपील की कि काँग्रेस के आन्दोलन में सहयोग न दिया जाये। ब्रिटेन के प्रति परम्परागत रूप से भक्त सिख भी इस आन्दोलन से अलग रहे।

आन्दोलन का परिणाम

भारत छोड़ो आन्दोलन महात्मा गांधी द्वारा अब तक किये गये आन्दोलनों में सबसे भीषण और भारतीय स्वतन्त्रता के लिए किया गया महानतम प्रयास था। इस का उद्देश्य भारत के लिए स्वतन्त्रता प्राप्त करना था। आन्दोलन तत्काल ही अपने लक्ष्य भारतीय स्वतन्त्रता की प्राप्ति नहीं कर सका। जिसे आन्दोलन की असफलता कहा जाता है। इस के कारण अग्रलिखित थे :

(1) आन्दोलन के संगठन में कमियाँ—भारत छोड़ो आन्दोलन एक जन-आन्दोलन था। इस प्रकार के आन्दोलन को सफल बनाने के लिए एक व्यापक तैयारियाँ की जानी चाहिए थीं। आन्दोलन के नेताओं को अपनी रणनीति निश्चित कर लेनी चाहिए थी तथा अज्ञातवास में चला जाना चाहिए था। इसके पूर्व कि शासन उनको गिरफ्तार करे, इस प्रकार की कोई तैयारी नहीं की गयी थी। आन्दोलन के सूत्रधार महात्मा गांधी सोचते थे कि सन् 1930 के आन्दोलन की तरह सरकार आन्दोलन के प्रारम्भ में ही उन्हें गिरफ्तार नहीं करेगी। ऐसी स्थिति में जब शासन द्वारा दमन कार्य में पहल की गयी, तो आन्दोलनकारी हतप्रभ रह गये। प्रमुख नेताओं की गिरफ्तारी के कारण आन्दोलन नेतृत्व विहीन हो गया।

(2) सरकारी सेवाओं और उच्च वर्गों की वफादारी—देशी रियासतों के नरेश, सेना, पुलिस, उच्च सरकारी अधिकारी तथा कर्मचारी आन्दोलन काल में सरकार के प्रति पूर्ण वफादार बने रहे और इससे शासन का कार्य बेरोकटोक चलता रहा।

(3) आन्दोलनकारी की तुलना में शासन की कई गुणा शक्ति—आन्दोलनकारियों की तुलना में शासन की शक्ति कई गुणा अधिक थी। आन्दोलनकारियों की न तो कोई गुप्तचर व्यवस्था थी और न ही एक स्थान से दूसरे स्थान को सन्देश भेजने के साधन थे। उनकी आर्थिक शक्ति भी ब्रिटिश शासन की तुलना में बहुत कम थी।

(4) लीग के प्रभाव में अत्यधिक वृद्धि—भारत छोड़ो आन्दोलन का एक अवांछनीय परिणाम यह भी हुआ कि मुस्लिम लीग की शक्ति में अत्यधिक वृद्धि हुई। तत्कालीन भारतीय राजनीति में तीन शक्तियाँ थीं: भारतीय राष्ट्रीय काँग्रेस, ब्रिटिश सरकार और मुस्लिम लीग। जब राष्ट्रीय काँग्रेस द्वारा शासन के विरुद्ध आन्दोलन किया गया, तो लीग और ब्रिटिश सरकार एक-दूसरे के बहुत अधिक समीप आने लगे। लीग के नेता मि॰ जिन्ना ने भारतीय मुसलमानों को आन्दोलन से दूर रखते हुए ब्रिटिश सरकार को पूरी सहायता देने की घोषणा की। तत्कालीन परिस्थितियों में जापान ने बर्मा पर विजय प्राप्त कर ली थी और वह भारत के द्वार पर आक्रमण के लिए खड़ा था, अत: ब्रिटिश सरकार मि॰ जिन्ना के सहयोग को बहुत मूल्यवान समझती थी। अस्तु शासन ने काँग्रेस के मूल्य पर लीग के प्रभाव और शक्ति में वृद्धि के सभी सम्भव प्रयत्न किये। वस्तुत: इस सहयोग के बदले ब्रिटिश सरकार ने लीग को पाकिस्तान की प्राप्ति में पूर्ण सहयोग का वचन दिया। सन् 1947 में जब भारत को स्वतन्त्रता देनी पड़ी, तो ब्रिटिश सरकार ने पाकिस्तान की स्थापना कराकर लीग को दिये गये उस वचन का पालन किया।

आन्दोलन का महत्व

1. जनजागृति—यद्यपि भारत छोड़ो आन्दोलन भारत से ब्रिटिश शासन की समाप्ति के अपने मूल लक्ष्य को तात्कालिक रूप से प्राप्त नहीं कर सका, परन्तु इस आन्दोलन ने भारत की जनता में एक ऐसी अपूर्व जागृति उत्पन्न कर दी, जिसके कारण ब्रिटेन के लिए भारत पर और लम्बे समय तक शासन कर सकना सम्भव नहीं रहा। ए॰ सी॰ बनर्जी के शब्दों में, "इस विद्रोह के परिणामस्वरूप अधिराज्य की पुरानी माँग सर्वथा समाप्त हो गयी और उसका स्थान पूर्ण स्वतन्त्रता की माँग ने ले लिया।" डॉ॰ ईश्वरी प्रसाद लिखते हैं, 'अगस्त क्रान्ति अत्याचार और दमन के

विरुद्ध भारतीय जनता का विद्रोह था और इसकी तुलना फ्रांस के इतिहास में बेस्टिले के पतन या सोवियत रूस की अक्टूबर क्रान्ति से की जा सकती है। यह क्रान्ति जनता में उत्पन्न नवीन उत्साह तथा गरिमा की सूचक थी।''

2. जल सेना विद्रोह—इस आन्दोलन से उत्पन्न चेतना के परिणामस्वरूप ही 1946 ई. में जलसेना का विद्रोह हुआ, जिसने भारत में ब्रिटिश शासन पर एक और भयंकर चोट की।

3. भारत के पक्ष में विदेशी जनमत—भारत छोडो आन्दोलन ने विदेशों में भारत पक्षीय जनमत को प्रबल बनाया। चीन और अमरीका पर तो इस आन्दोलन का बहुत ही अधिक प्रभाव पड़ा। चीन के प्रधान च्यांग काई शेक ने 25 जुलाई, 1942 को अमरीकी राष्ट्रपति रूजवेल्ट को लिखा,''अंग्रेजों के लिए सबसे श्रेष्ठ नीति यही है कि वे भारत को पूर्ण स्वतन्त्रता दे दें।'' रूजवेल्ट ने यही बात मि॰ चर्चिल से कही। इस आंदोलन के परिणामस्वरूप युद्ध के बाद अमरीका और इंगलैण्ड में लोकमत इतना अधिक भारत के पक्ष में हो गया कि इंगलैण्ड को विवश होकर भारत छोड़ना पड़ा। इस प्रकार भारत छोडो आन्दोलन ने भारतीय स्वतन्त्रता के लिए पृष्ठभूमि तैयार की।

काँग्रेस पर दोषारोपण

भारतीय नेताओं की नजरबन्दी के तुरन्त बाद ही भारत सरकार ने एक प्रस्ताव पारित किया, जिसमें काँग्रेस दल की गैर-कानूनी और हिंसक तैयारियों की चर्चा की गयी थी। 10 सितम्बर, 1942 को मि॰ चर्चिल ने 'हाऊस ऑफ कॉमन्स' में कहा कि 'काँग्रेस ने गांधीजी की अहिंसा का त्याग कर दिया है और क्रान्तिकारी पद्धति अपना ली है।' 13 फरवरी, 1943 को भारत सरकार ने एक पुस्तिका भी प्रकाशित की, जिसका शीर्षक था -'1942-43 के उपद्रवों के लिए महान् नेता का उत्तरदायित्व।' पुस्तिका में व्यापक उपद्रवों का सम्पूर्ण दोष गांधीजी और काँगेस पर डाला गया।

15 जुलाई, 1943 को अतिरिक्त सचिव, गृह विभाग, भारत सरकार को लिखे गये पत्र में गाँधीजी, इन आरोपों को अस्वीकार किया और सरकार पर प्रत्यारोप लगाये। उन्होंने इस सम्बन्ध में निष्पक्ष न्यायालय से जाँच कराने की माँग की। किन्तु ब्रिटिश सरकार द्वारा इस आरोप तथा माँग को अस्वीकार कर दिया गया।

वास्तव में काँग्रेस नेताओं की गिरफ्तारी के बाद बड़े पैमाने पर जो हिंसा हुई उसके लिए सरकार ही प्रमुख रूप से दोषी थी। प्रारम्भ में ब्रिटिश सरकार के अमानवीय दमन ने हिंसात्मक प्रतिक्रिया की ऐसी श्रृंखला को जन्म दिया, जिसके लिए शासन और काँग्रेस दोनों ही आंशिक रूप से उत्तरदायी थे। वायसराय ने आरोप लगाया कि गांधीजी 8 अगस्त, 1942 को अपने 'करो या मरो' के वक्तव्य के कारण हिंसात्मक कार्यों के लिए आंशिक रूप से उत्तरदायी हैं। इस आरोप को अस्वीकार करते हुए गांधीजी ने कहा कि 'मेरा यह वक्तव्य अंहिसा की सीमा में था।' अनुयायियों को गांधीजी के निर्देश नितान्त स्पष्ट थे—''स्वतन्त्रता संग्राम के प्रत्येक अहिंसात्मक सिपाही को कागज या कपड़े के एक टुकड़े पर 'करो या मरो' का नारा लिखकर अपने कपड़ों पर चिपका लेना चाहिए, जिससे यदि सत्याग्रह करते हुए उनकी मृत्यु हो जाये तो, उसे इस चिन्ह के आधार पर दूसरे ऐसे तत्वों से अलग किया जा सके जिनका अहिंसा में विश्वास नहीं है।''

महात्माजी का उपवास (13 फरवरी, 1944)

जब शासन ने महात्मागांधी की इस बात पर ध्यान नहीं दिया कि भारत छोड़ो आन्दोलन के दौरान हुई हिंसात्मक कार्यवाहियों की जाँच करवायी जानी चाहिए, तो गांधीजी ने 10 फरवरी, 1944 से 21 दिन का उपवास शुरू किया। 13 दिन के बाद उनकी स्थिति बिगड़ने लगी और तब चिकित्सकों ने उनके जिन्दा बने रहने की आशा छोड़ दी। इस स्थिति में भी सरकार का दृष्टिकोण अत्यधिक उदासीनता और निराशा का था। सरकार ने आगा खां महल में उनके दाह संस्कार और उनकी अस्थियाँ उनके पुत्रों को देने की सम्पूर्ण व्यवस्था कर ली थी। सरकार के इस बर्बरतापूर्ण रुख के कारण वायसराय की कार्यकारिणी परिषद् के तीन सदस्यों मोदी, सरकार और अणे ने त्यागपत्र दे दिया। अमरीका में भी उपवास के साथ गहरी सहानुभूति प्रकट की गयी। 'न्यूयार्क टाइम्स' तथा 'डेली न्यूज' ने कहा कि उपवास के कारण भारत की राजनीतिक स्थिति और बिगड़ेगी, इसलिए अमरीका में उपवास रोकने का प्रयत्न करना चाहिए। इंगलैण्ड में भी गैर-सरकारी क्षेत्रों में गांधीजी के उपवास पर चिन्ता व्यक्त की गयी। परन्तु गांधीजी ने सरकार और अपने चिकित्सकों के सभी अनुमानों को गलत सिद्ध कर दिया। उनकी असाधारण सहन-शक्ति ने इस अवसर पर चमत्कार ही कर दिखाया 21 दिन के बाद ही उन्होंने अपना उपवास तोड़ा। उनका स्वास्थ्य बहुत खराब हो गया था और उनकी जाँच के बाद सरकारी चिकित्सक ने अपनी रिपोर्ट में कहा कि वे अधिक समय तक जीवित नहीं रह सकेंगे। चूँकि युद्ध संकट लगभग समाप्त हो चुका था और विजय समीप थी इसलिए 9 मई,1944 को गांधीजी को मुक्त कर दिया गया।

गांधीजी के स्वास्थ्य में कुछ सुधार होने पर उन्होंने लीग के साथ समझौते के प्रयत्न प्रारम्भ कर दिये। सितम्बर 1944 में 'राजगोपालचारी योजना' के आधार पर गांधीजी मि० जिन्ना से मिले। इस समय तक ब्रिटिश सरकार से निरन्तर प्रोत्साहन पाने व विशेष परिस्थितियों के कारण मि० जिन्ना का रुख बहुत हठधर्मीपूर्ण हो गया था और वे पाकिस्तान के अतिरिक्त अन्य किसी प्रस्ताव पर विचार करने के लिए तैयार नहीं थे। उन्होंने 'राजगोपालचारी योजना' को 'सड़े, अंगकटे और दीमक लगे पाकिस्तान की योजना' कह कर अस्वीकार कर दिया। इस सम्बन्ध में मौलाना आजाद लिखते हैं ''इस अवसर पर गांधीजी का जिन्ना के पास जाना एक भारी राजनीतिक भूल थी। इससे जिन्ना का महत्व और बढ़ गया, जिसका उसने अपनी स्थिति सुदृढ़ करने के लिए पूरा फायदा उठाया। भारतीय राष्ट्रीय काँग्रेस को छोड़ने के बाद जिन्ना का महत्व काफी कम हो गया था, लेकिन गांधीजी के कुछ गलत कार्यों ने उसे राजनीतिक क्षेत्र में पुनः महत्वपूर्ण व्यक्ति बना दिया। गांधीजी की जिन्ना के पीछे दौड़ने की नीति से उन मुसलमानों के हृदय में भी जिन्ना के लिए एक विशेष सम्मान उत्पन्न हो गया, जो इससे पूर्व उसके और उसकी नीति के प्रति सन्देहशील थे। इसके अतिरिक्त गांधीजी ने पहली बार जिन्ना को 'कायदे आजम' (महान् नेता) के नाम से सम्बोधित करके भारतीय मुसलमानों की दृष्टि में उसकी स्थिति को सुदृढ़ किया।''

राष्ट्रीय आन्दोलन में योगदान

भारतीय राष्ट्रीय आन्दोलन में मोहनदास करमचन्द गांधी का स्थान सबसे ऊपर है। इसलिये वे राष्ट्रपिता कहलाते हैं। सन् 1920 से लेकर 1947 तक राष्ट्रीय आन्दोलन का काल गांधी युग

कहलाता है। इस युग में जो कुछ हुआ उनका नेतृत्व गांधीजी ने किया। इस युग की उल्लेखनीय घटनाओं में प्रमुख हैं (1) 1920-21 का असहयोग आन्दोलन, (2) 1930 का नमक सत्याग्रह, (3) 1931 का इरविन समझौता, (4) 1931 का द्वितीय गोलमेज सम्मेलन, (5) 1932 में अंग्रेजी सरकार का साम्प्रदायिक निर्णय और गांधी जी का आमरण अनशन, (6) हरिजनोद्धार और खादी ग्रामोद्योग के रचनात्मक कार्य, (7) द्वितीय महायुद्ध में भारत का सहयोग और क्रिप्स योजना की असफलता, (8) 1942 का भारत छोड़ो आन्दोलन और गांधीजी की जेल यात्रा, (9) पूना जेल में 1942 में गांधीजी का 21 दिन का उपवास, (10) 1944 में शिमला सम्मेलन की असफलता, (11) 1945 में युद्ध की समाप्ति पर मजदूर दल द्वारा कैबिनेट मिशन भेजना, (12) माउन्टबेटन योजना और भारत का विभाजन, (13) 15, अगस्त 1947 का भारतीय स्वतंत्रता अधिनियम।

राष्ट्रीय आन्दोलन में प्रवेश करके गांधीजी ने उसे जन-आन्दोलन में बदल दिया। उनके आने से पहले राष्ट्रीय आन्दोलन मध्यम वर्ग तक का सीमित था। गांधीजी ने अपने राजनैतिक कार्यक्रम में सत्य और अहिंसा के साधन अपनाये। उनका कहना था कि अन्याय पाप है, किंतु उसको सहन करना उससे भी अधिक पाप है। इस प्रकार उन्होंने राजनीति में नैतिकता और आध्यात्मवाद को शामिल किया। देश में आर्थिक स्वावलम्बन लाने के लिये उन्होंने कुटीर उद्योग धन्धों का समर्थन किया। वे सभी क्षेत्रों में विकेन्द्रीकरण चाहते थे। सामाजिक क्षेत्र में वे ऊंच- नीच, छुआ-छूत, स्त्री-पुरुष में भेद, बाल विवाह, जाति-प्रथा, मद्य पान आदि के घोर विरोधी थे। उन्होंने विधवा पुनर्विवाह का समर्थन किया और स्त्रियों की सामाजिक स्थिति में सुधार करने का प्रयत्न किया। वे पाश्चात्य सभ्यता के विरुद्ध थे और भारतीय संस्कृति के पक्षपाती थे। वे सब धर्मों को समान मानते थे और विश्व बन्धुत्व के समर्थक थे। वे जीवन के सभी क्षेत्रों में सब प्रकार के शोषण के विरुद्ध थे और विश्व शान्ति में विश्वास रखते थे। वे सब कहीं अहिंसात्मक शासन में विश्वास रखते थे। उनका कहना था कि अहिंसा वीरों का शस्त्र है। वे सत्याग्रह को सदैव अहिंसक रखना चाहते थे। उन्होंने अहिंसा की अत्यन्त व्यापक परिभाषा की है। आर्थिक क्षेत्र में वे हिंसात्मक क्रान्ति के स्थान पर ट्रस्टीशिप की धारणा के अनुसार धनिकों का हृदय परिवर्तन करना चाहते थे।

गांधीजी की आलोचनायें

जहां गांधीजी के विचारों का भारत में सभी क्षेत्रों में व्यापक प्रभाव पड़ा है वहां उनकी आलोचना भी कम नहीं हुई है। उनकी कुछ मुख्य आलोचनायें निम्नलिखित हैं—

1. राजनैतिक क्षेत्र में उनकी नीति सदैव मुस्लिम परस्ती की नीति रही है। अनेक बार मुसलमानों को अपने साथ मिलाने के लिये उन्होंने अत्यधिक झुक कर काम निकालने की कोशिश की है। खिलाफत आन्दोलन का समर्थन इसी प्रकार की एक भूल थी।

2. जहाँ गांधीजी ने सन् 1920 के बाद से राष्ट्रीय आंदोलन का सब कहीं नेतृत्व किया वहां वे कभी-कभी अकेले ही बड़े-बड़े निर्णय ले लिया करते थे जो कि जनंतत्रीय प्रणाली नहीं है। उन्होंने असहयोग आन्दोलन आरम्भ करके उसे एक दम समाप्त कर दिया जिसकी बड़ी आलोचना की गयी।

3. राजनीति के क्षेत्र में गांधीजी प्रत्येक प्रश्न पर अपने व्यक्तिगत अनुभव से विचार करते थे और यह भूल जाते थे कि सब लोग उनकी तरह नहीं हैं। इसी सहज विश्वास के कारण उन्होंने कभी-कभी भंयकर भूलें की जिनसे जनता को भारी कष्ट हुआ।

अभ्यास के लिए प्रश्न

1. "1919 की घटनाओं ने भारत की आत्मा को बहुत गहरा आघात पहुंचाया और भावनाशील भारतीयों के लिये उन सब बड़ी से बड़ी बुराईयों का जो अंग्रेजी शासन में थीं वे एक प्रतीक बन गईं।"

   1919 में पंजाब में लगाए हुए मार्शल लॉ और जलियांवाला बाग की दुर्घटना को ध्यान में रखते हुए ऊपर के वक्तव्य की आलोचना कीजिये।
2. राष्ट्रीय आन्दोलन में असहयोग आन्दोलन के भाग की विवेचना कीजिये। आप लार्ड चेम्सफोर्ड के इस मत से कहाँ तक सहमत हैं कि वह सबसे अधिक मूर्खतापूर्ण योजना थी।
3. 1920 में कांग्रेस ने जो असहयोग आन्दोलन आरम्भ किया, उसके उद्देश्य तथा योजनाओं का विर्णन करो। यह सफल क्यों नहीं हुआ?
4. 1920 से लेकर 1932 तक के सत्याग्रह आन्दोलन के इतिहास का संक्षिप्त वर्णन करो। उस समय वह निष्फल क्यों हो गया?
5. उन परिस्थितियों का आलोचनात्मक विवेचन कीजिए जिन्होंने असहयोग आन्दोलन को जन्म दिया। यह आन्दोलन क्यों वापिस ले लिया गया? इसके महत्व का मूल्यांकन कीजिये।
6. कांग्रेस द्वारा 1920 ई० के प्रारम्भ में किये हुए असहयोग आन्दोलन की विचारधारा तथा कार्यक्रम का संक्षिप्त वर्णन कीजिए। यह आन्दोलन वापिस क्यों लिया गया? इसके महत्व का मूल्यांकन कीजिए।
7. "भारतीय राजनीति में खिलाफत के प्रश्न का लाया जाना अत्यन्त अनुचित था।" संक्षेप में इस कथन की विवेचना कीजिये।
8. "भारतीय राजनीति में खिलाफत आन्दोलन का मिश्रण एक दुर्भाग्य था।" इस कथन की विवेचना कीजिए।
9. भारत में खिलाफत आन्दोलन का वृतान्त दीजिये। गांधीजी ने इसका समर्थन क्यों किया और उसके क्या परिणाम हुये?
10. "स्वराजिस्टों का सिद्धान्त महात्मा गांधी के सत्याग्रह व असहयोग आन्दोलन सम्बन्धी आदर्शों के प्रति अविश्वास से प्रेरित था।" इस कथन की विवेचना भारत में स्वराज्य दल के उदय और सफलताओं के प्रकाश में कीजिये।
11. उन परिस्थितियों का उल्लेख कीजिये जिनके परिणामस्वरूप 1923 में स्वराज्य दल का निर्माण हुआ। कौंसिलों में प्रवेश करने के पक्ष में उनके नेताओं के द्वारा क्या-क्या तर्क प्रस्तुत हुये? स्वराज्य दल को अपने उद्देश्यों में कहां तक सफलता प्राप्त हुई?

12. उन घटनाओं का जिनके कारण काँग्रेस में 'स्वराजिस्ट दल' का संगठन हुआ संक्षिप्त वर्णन कीजिये। इस दल के विधान मण्डलों के भीतर और बाहर क्या नीति और कार्यक्रम थे?
13. 1927 के साईमन कमीशन की सिफारिशों का वर्णन करो। साईमन कमीशन की भारतीयों पर क्या प्रतिक्रिया हुई और उसकी सिफारिशों ने भारतीय राष्ट्रवादियों की मांगों को कहां तक पूरा किया?
14. 1928 की नेहरू रिपोर्ट साम्प्रदायिकता की भावनाओं को मिटाने का उग्र तथा स्पष्ट प्रयत्न था। इस कथन की व्याख्या कीजिये।
15. नेहरू रिपोर्ट की मुख्य विशेषतायें क्या थीं? साइमन कमीशन रिपोर्ट नेहरू रिपोर्ट से किन बातों में भिन्न थीं?
16. महात्मा गांधी ने जो सविनय अवज्ञा आन्दोलन चलाया था उसके स्वभाव तथा क्षेत्र क्या थे। यह किस प्रकार असहयोग आन्दोलन से भिन्न था?
17. किन कारणवश अंग्रेजों को भारत छोड़ना पड़ा? जून 1947 के माउन्टबेटन निर्णय के मुख्य प्रयोजन क्या थे?
18. वे क्या परिस्थितियाँ थीं जिनके कारण 1942 का भारत छोड़ो आन्दोलन चला? इस आन्दोलन ने भारतीय स्वतन्त्रता की प्रगति और देश के विभाजन में क्या योग दिया?
19. भारत के राष्ट्रीय आन्दोलन में महात्मा गांधी के योगदान का मूल्यांकन कीजिए।
20. असहयोग आन्दोलन के कारणों का संक्षिप्त स्पष्टीकरण कीजिए एवं आन्दोलन के कार्यक्रम का मूल्यांकन कीजिए।
21. 1930 के सविनय अवज्ञा आन्दोलन के कारणों एवं महत्व का परीक्षण कीजिए।
22. सन् 1942 से महात्मा गांधी द्वारा चलाये गये 'भारत छोड़ो आन्दोलन' का संक्षेप में विवरण दीजिए। इसे कितनी सफलता प्राप्त हुई थी।?
23. महात्मा गांधी के राजनैतिक, आर्थिक तथा सामाजिक विचारों का संक्षेप में वर्णन करो। उनकी विश्व के प्रति क्या देन है यह भी बताओ।
24. महात्मा गांधी के राजनीतिक, सामाजिक, धार्मिक तथा आर्थिक विचारों का वर्णन कीजिये और बताइये कि वे आधुनिक युग की परिस्थितियों के ऊपर कहां तक प्रयोक्तव्य हैं। भारतीय राष्ट्रीय आन्दोलन को गांधीजी की क्या देन है?
25. भारत की सामाजिक एवं आर्थिक उन्नति में गांधीजी का क्या योग रहा? समझाइये। भारतीय स्वतन्त्रता प्राप्ति के लिये उन्होंने किस प्रकार संघर्ष किया उसका भी उल्लेख कीजिये।

12

भारतीय राष्ट्रीय आन्दोलन (1943–1947)

(Indian National Movement—1943-1947)

लार्ड वेवेल का शासनकाल

अक्टूबर 1943 में लार्ड लिनलिथगो के स्थान पर लार्ड वेवेल (Lord Wavell) भारत के वायसराय नियुक्त हुये। वह यहां प्रधान सेनापति के पद पर कार्य कर चुके थे। उन्होंने घोषित किया कि ''मैं अपने थैले में बहुत सी चीजें ला रहा हूँ।'' इससे भारतीयों को संवैधानिक गतिरोध के दूर होने की कुछ आशा हुई, परन्तु उनसे राजनीति क्षेत्र में सुधार की कोई विशेष आशा नहीं की जा सकती थी। उनके भारत आने के पश्चात् बंगाल में अकाल पड़ा जिससे देश की स्थिति और खराब हो गयी। गांधीजी के उपवास के कारण भी राजनीतिक क्षेत्र में उत्तेजना फैली। उन्होंने गांधी जी को बिना किसी शर्त के मुक्त कर दिया, क्योंकि गांधीजी का स्वास्थ्य काफी बिगड़ चुका था। गांधीजी की रिहाई का एकमात्र कारण यह था युद्ध की परिस्थिति को देखते हुये सरकार इस बात के लिये उत्सुक थी कि युद्ध प्रयत्न में भारतीय जनता का सहयोग प्राप्त किया जाये।

जेल से रिहा होने के बाद महात्मा गांधी ने लार्ड वेवेल से कहा कि उन्हें कांग्रेस कार्यकारिणी समिति के सदस्यों से बातचीत करने की अनुमति दी जाये। उन्होंने एक पत्र वायसराय के नाम लिखा जिसमें निम्न बातों पर जोर दिया गया–

(1) वे कांग्रेस समिति के परामर्श के अभाव में कुछ नहीं कर सकते।

(2) यदि उनकी वायसराय से मुलाकात होगी तो वे उनसे कहेंगे कि इस मुलाकात का उद्देश्य मित्र-राष्ट्रों के युद्ध प्रयत्न में बाधा पहुँचाना न होकर उसमें उन्हें सहायता पहुँचाना होगा।

(3) उनका सत्याग्रह करने का इरादा बिल्कुल भी नहीं है।

(4) वह परिस्थितियों को देखते हुए गैर-सैनिक शासन पर नियन्त्रण रखने वाली राष्ट्रीय सरकार से सन्तुष्ट हो जायेंगे।

(5) यदि राष्ट्रीय सरकार की स्थापना हुई तो गांधीजी उसमें भाग लेने के लिये कांग्रेस को परामर्श देंगे।

(6) स्वाधीनता प्राप्त होने के उपरान्त वह कांग्रेस को परामर्श देना बन्द कर देंगे।

पत्र के उत्तर में भारत के वायसराय लार्ड वेवेल ने स्पष्ट कह दिया कि यदि गांधीजी या कांग्रेस कोई समझौता करना चाहते हैं तो पहले उन्हें भारत छोड़ो प्रस्ताव वापिस लेकर आन्दोलन को बन्द कर देना होगा।

श्री राजगोपालाचारी की योजना
(Rajgopalachari's Plan)

श्री राजगोपालाचारी इस कोशिश में लगे थे कि हिन्दु-मुस्लिम साम्प्रदायिक समस्या पर कांग्रेस और लीग में समझौता हो जाये। इस लक्ष्य को पूरा करने के लिए उन्होंने अप्रैल 1942 में एक योजना तैयार की जिसे कांग्रेस ने अस्वीकार कर दिया। इससे क्षुब्ध होकर उन्होंने भारत छोड़ो आन्दोलन से पूर्व ही कार्य समिति से त्याग-पत्र दे दिया। वह आन्दोलन से भी पृथक रहे। सन् 1944 में महात्मा गांधी के जेल से छूटने के बाद उन्होंने लीग व कांग्रेस समझौते का आधार बनाने के लिए एक योजना बनाई जो सी॰ आर॰ फार्मूला (राजगोपालाचारी योजना) के नाम से विख्यात है। इस योजना की मुख्य बातें निम्नलिखित थीं—

(1) मुस्लिम लीग भारत की स्वतन्त्रता की माँग का समर्थन करे और संक्रान्ति काल के लिये अस्थायी अन्तरिम सरकार की स्थापना में कांग्रेस के साथ सहयोग करे।

(2) युद्ध के पश्चात् एक कमीशन की नियुक्ति होगी, जो उत्तर पश्चिमी तथा पूर्वी भारत में उन जिलों की सीमा निर्धारित करेगा, जहाँ मुस्लिम बहुमत है। इसके पश्चात् वयस्क मताधिकार प्रणाली के अनुसार इन क्षेत्रों के निवासियों की मत गणना करके भारत से उनके सम्बन्ध विच्छेद के प्रश्न का निर्णय किया जाये। यदि ये क्षेत्र भारत से पृथक होना चाहें, तो उन्हें पृथक कर दिया जाये। परन्तु सीमावर्ती उप-क्षेत्रों को अपनी इच्छानुसार एक अथवा दूसरे राज्य में रहने का अधिकार हो।

(3) जनमत संग्रह से पूर्व प्रत्येक दल को अपने पक्ष में प्रचार करने की पूर्ण स्वतन्त्रता होगी।

(4) विभाजन होने पर सुरक्षा, व्यापार तथा संचार साधनों के लिये परस्पर समझौता किया जायेगा।

(5) जनसंख्या का हस्तान्तरण जनता की इच्छा के आधार पर होगा।

(6) उपरोक्त सभी शर्तें केवल उसी दशा में मान्य होगी, जब इंगलैंड भारतीयों को शासन का समस्त उत्तरदायित्व देना स्वीकार कर ले।

उपरोक्त योजना के आधार पर गांधीजी और जिन्ना के बीच बहुत दिनों तक बातचीत चलती रही, परन्तु इसका केवल यह परिणाम निकला कि मुस्लिम लीग पहले से अधिक सशक्त

हो गई। जिन्ना का महत्व और अधिक बढ़ गया जिसका उसने अपनी स्थिति मजबूत करने के लिए पूरा लाभ उठाया। मौलाना आजाद लिखते हैं, "इस अवसर पर गांधीजी का जिन्ना के पास जाना एक भारी राजनीतिक भूल थी। जिन्ना साहब ने अन्त में यह कह दिया कि महात्मा गांधी को कांग्रेस की ओर से कुछ कहने या करने का अधिकार ही नहीं है और वार्तालाप का यहीं पर अन्त हो गया।"

वेवेल योजना
(Wevell Plan)

योजना को प्रस्तावित करने के कारण

(1) यूरोप में युद्ध का अन्त और मित्र राष्ट्रों की विजय—मई 1945 में यूरोप में युद्ध समाप्त हो गया, परन्तु दक्षिणी-पूर्व एशिया में अभी युद्ध जारी था और जापान को पराजित करना शेष था। इसलिए ब्रिटिश सरकार ने यह सोचा कि जापान का मुकाबला करने के लिए भारत का सहयोग प्राप्त करना अतिआवश्यक है।

(2) इंगलैंड के मित्र राष्ट्रों का चर्चिल पर प्रभाव—अमेरिका तथा अन्य देशों के राजनीतिज्ञों ने फिर से इंगलैंड पर भारतीय गतिरोध को हल करने के लिए दबाव डालना शुरू कर दिया।

(3) भारत में अकाल—सन् 1943-44 में भारत के अनेक भागों में भयंकर अकाल पड़ा। सरकारी आँकड़ों के अनुसार 15 लाख व्यक्ति इस अकाल के शिकार हुये और 45 लाख को असाधारण कठिनाइयों का सामना करना पड़ा। इस आर्थिक संकट से जनता में असाधारण असन्तोष फैल गया। इस असन्तोष को दूर करना सरकार के लिये अतिआवश्यक था।

(4) कांग्रेस नेताओं की गिरफ्तारी से जनता में क्षोभ—भारत छोड़ो आन्दोलन के कारण कांग्रेसी नेताओं को गिरफ्तार किये जाने से जनता में उत्तेजना की भावना दिन-प्रतिदिन बढ़ रही थी। भारतीय नेताओं को जेल में गये करीब तीन वर्ष हो चुके थे। यह असाधारण परिस्थिति सरकार देर तक नहीं रख सकती थी।

(5) इंगलैंड के आगामी सार्वजनिक चुनाव—इंगलैंड में सार्वजनिक चुनाव निकट आ गये थे। मजदूर दल चर्चिल की भारत सम्बन्धी नीति की आलोचना कर रहा था। चर्चिल तथा उनके साथियों ने सोचा कि इसके पूर्व कि मजदूर दल सत्तारूढ़ हो तथा भारत को स्वतन्त्रता प्रदान कर दे, उन्हें कोई भी ऐसा हल निकालना चाहिये कि भारत सन्तुष्ट भी हो जाये तथा उसके अधीन भी बना रहे।

उपरोक्त परिस्थितियों को ध्यान में रखकर लार्ड वेवेल 21 मार्च, 1945 को लन्दन गये और 4 जून को भारत लौटे। इंगलैंड की सरकार आगामी साधारण चुनाव को दृष्टि में रखकर नीति परिवर्तन करना चाहती थी। 14 जून को भारत मन्त्री मि० एमरी ने ब्रिटिश लोक सभा में, तथा लार्ड वेवेल ने भारत की जनता के सम्मुख नई योजना रखी।

वेवेल योजना के लक्ष्य

(1) राजनीतिक गतिरोध को दूर करना—राजनीतिक गतिरोध को दूर करके ब्रिटिश सरकार भारत के स्वशासन के लक्ष्य की ओर आगे बढ़ना चाहती थी।

(2) कार्यकारिणी परिषद् की नई रचना—जनमत की प्रतिनिधि एक नई कार्यकारणी परिषद का निर्माण कियां जाये, जिसमें गवर्नर-जनरल और प्रधान सेनापति को छोड़कर शेष सभी सदस्य भारतीय हों।

(3) हिन्दू और मुसलमानों को समान स्थान—नई कार्यकारिणी परिषद में मुसलमानों और सुवर्ण हिन्दुओं की संख्या बराबर अनुपात में होगी।

(4) वैदेशिक मामलों पर भारतीय नियन्त्रण—विदेशी मामलों का विभाग गवर्नर-जनरल से लेकर उसकी परिषद के एक भारतीय सदस्य को सौंपा जायेगा।

(5) गवर्नर की शक्तियों में कमी— सन् 1935 के अधिनियम द्वारा गवर्नर-जनरल को शासन के सम्बन्ध में जो विशेषाधिकार दिये गये हैं, उनका प्रयोग अकारण नहीं किया जायेगा।

(6) ब्रिटिश हाई कमिश्नर की नियुक्ति—भारत में गवर्नर-जनरल जहाँ भारत सरकार का प्रधान है, वहाँ साथ ही ब्रिटिश हितों की भारत में रक्षा करना भी उसी का कार्य है। इस दोहरी स्थिति को दूर करने के लिए भारत में एक ब्रिटिश हाई कमिश्नर की नियुक्ति की जायेगी ताकि गवर्नर-जनरल भविष्य में केवल भारत सरकार का प्रधान ही रहे।

(7) संविधान निर्माण की स्वतन्त्रता—युद्ध के पश्चात् भारतीय अपने देश के लिए स्वयं संविधान का निर्माण करेंगे।

(8) शिमला सम्मेलन—शिमला में शीघ्र ही भारत के विभिन्न राजनीतिक दलों के नेताओं का एक सम्मेलन किया जायेगा।

16 जून, 1945 को कांग्रेस कार्य-समिति के सदस्यों को जेल से रिहा कर दिया गया। कुछ समय के पश्चात् उन समस्त बन्दियों को मुक्त कर दिया गया, जिनके विरुद्ध हिंसात्मक कार्य करने का कोई अपराध न था।

शिमला सम्मेलन

25 जून, 1945 को शिमला सम्मेलन आरम्भ हुआ तथा इसमें जो 22 भारतीय प्रतिनिधि आमन्त्रित किये गये, जिनमें गांधीजी, मि० जिन्ना, कांग्रेस तथा लीग के अध्यक्षों के अलावा सभी प्रान्तों के मुख्य मन्त्री तथा भूतपूर्व मन्त्री, श्री भूलाभाई देसाई, श्री लियाकात अली खां तथा मास्टर तारासिंह शामिल थे। लार्ड वेवेल ने सब दलों के नेताओं से नई कार्यकारिणी परिषद् के लिए सदस्यों की सूची माँगी। कांग्रेस की ओर से मौलाना आजाद ने एक सूची उपस्थित की जिसमें सभी दलों के प्रतिनिधि सम्मिलित थे। उन्होंने कहा कि कांग्रेस के दृष्टिकोण से कार्यकारिणी में राष्ट्रीय मुसलमानों का होना सिद्धान्त का प्रश्न है, अन्यथा कांग्रेस के राष्ट्रीय स्वरूप पर कलंक लगेगा। परन्तु जिन्ना साहब ने अपने नाम देने से पहले यह आश्वासन माँगा कि कार्यकारिणी के सब मुसलमान सदस्य लीग के होंगे।

शिमला सम्मेलन की असफलता

सम्मेलन में साम्प्रदायिक समस्या का समाधान न होने के कारण 14 जुलाई, 1945 को लार्ड वेवेल ने घोषणा की कि कार्यकारिणी निर्माण के विषय पर विभिन्न राजनीतिक दलों में मतभेद होने के कारण सम्मेलन भंग कर दिया गया है। मौलाना आजाद ने कहा कि प्रारम्भ में ही वायसराय ने कहा था कि किसी एक दल को सम्मेलन भंग करने का अवसर न दिया जायेगा, परन्तु जो हुआ वह इसके विपरीत था। वास्तव में ब्रिटिश सरकार किसी भी प्रकार के समझौते के लिए तैयार न थी। इसी कारण उसने मुस्लिम लीग की माँग को अनुचित समझते हुए भी न ठुकराया। लार्ड वेवेल मुस्लिम लीग की मांगों को अनुचित समझते थे, पर यह कहकर सक्रिय कदम नहीं उठाया कि वह अपना निर्णय किसी दल पर थोपना नहीं चाहते थे। लीग की आड़ में वे अपनी शक्ति बनाये रखना चाहते थे। शक्ति का वास्तविक हस्तान्तरण होने पर कांग्रेस तो शासन में भाग लेने के लिये प्रस्तुत थी, परन्तु ब्रिटिश सरकार भारतीय समस्या के हल का केवल दिखावा मात्र कर रही थी। इस सम्मेलन के असफल होने के लिये स्वयं जिम्मेदार मि० जिन्ना ने भी अंग्रेजों की निन्दा करते हुए कहा कि वेवेल योजना स्वीकार कर लेने से पाकिस्तान की स्थापना की माँग पर प्रतिकूल प्रभाव पड़ता।

इंगलैंड में सार्वजनिक चुनाव

जुलाई 1945 में इंगलैंड में सार्वजनिक चुनाव हुए। इसमें मजदूर दल (Labour Party) को सफलता प्राप्त हुई। मि० चर्चिल के स्थान पर मि० एटली प्रधान मन्त्री पद पर नियुक्त हुये। भारत मन्त्री का पद लार्ड पैथिक लारेन्स ने ग्रहण किया। नई लोक सभा के सत्र का उद्‌घाटन करते हुए सम्राट ने घोषणा की "भारतीय जनता के प्रति दिये वचनों के अनुसार मेरी सरकार भारतीय लोकमत के नेताओं से मिलकर भारत में शीघ्र ही स्वायत्त शासन शुरू करने की दिशा में यथाशक्ति प्रयत्न करेगी।" मौलाना आजाद द्वारा भेजे गये बधाई के तार के उत्तर में प्रधान मंत्री एटली ने कहा कि मजदूर सरकार शीघ्र ही भारतीय समस्या का उचित समाधान करेगी। कुछ समय पश्चात् लार्ड वेवेल को परामर्श करने के लिये इंगलैंड बुलाया गया। 18 दिसम्बर को उन्होंने इंगलैण्ड से लौटकर एक वक्तव्य दिया जिस की मुख्य बातें निम्नलिखित थीं।

(1) केन्द्रीय तथा प्रान्तीय व्यवस्थापिका सभाओं के निर्वाचन जो अब तक युद्ध के कारण स्थगित थे आगामी शीत ऋतु में होंगे।

(2) सम्राट की सरकार की इच्छा थी कि युद्ध के पश्चात् यथाशीघ्र एक संविधान निर्मात्री सभा का निर्माण किया जाये।

(3) चुनाव के पश्चात् ही भारतीय राजनीतिज्ञ क्रिप्स योजना अथवा उसके स्थान पर किसी अन्य संभावित योजना पर विचार करेंगे।

(4) देशी राज्यों के साथ भी इस बात पर कि वह विधानसभा में किस रूप में भाग लेंगे, सलाह की जायेगी।

(5) ब्रिटिश सरकार भारत तथा ग्रेट ब्रिटेन के मध्य होने वाली संधि के उपबन्धों पर विचार करने को तैयार हैं इसी दिन इंगलैंड के प्रधान मन्त्री एटली ने लन्दन में उपरोक्त आशय की

घोषणा की। इससे पहले अगस्त के महीने में लार्ड वेवेल प्रान्तीय गवर्नरों का सम्मेलन बुला चुके थे, जिसमें यह निश्चिय किया गया था कि युद्ध समाप्त हो जाने के कारण अब यह आवश्यक न था कि प्रान्तों में भी सन् 1935 के अधिनियम की धारा 63 के अनुसार शासन चलता रहे तथा भारत में सार्वजनिक चुनाव कराने का निर्णय लिया जा चुका था।

भारत में चुनाव और कांग्रेस की चुनाव घोषणा

यद्यपि कांग्रेस ने वेवेल योजना को अपूर्ण एवं अस्पष्ट कहा, फिर भी उसने चुनावों में पूर्ण रूप से भाग लिया। कांग्रेस की कार्यकारिणी समिति ने कांग्रेस की ओर से चुनाव घोषणा (Election Manifesto) की। इस घोषणा के कुछ अंश निम्नलिखित थे :

''पिछले आठ वर्षों से कांग्रेस भारत की स्वतन्त्रता के लिये प्रयत्नशील है......... उसने भारत के कोने–कोने में स्वतन्त्रता के सन्देश को पहुँचाया। वह एक बहुत छोटे रूप में आरम्भ हुई किन्तु शनैः शनैः उसका विकास होता चला गया और आज वह समस्त देश की संस्था बन गई है। यह देश की स्वतन्त्र भावना का जीवित प्रतीक है। अपने बलिदान तथा त्याग के आधार पर उसने भारतीयों के हृदय पर अधिकार कर लिया है। उसने भारत में शक्तिशाली आन्दोलन का संचालन किया तथा अपमानजनक तथा अनुचित माँगों को सदा ठुकराया।''

''कांग्रेस ने अपने समस्त इतिहास में जनता की भलाई तथा भारत की स्वतन्त्रता प्राप्ति के लिये अकथनीय प्रयत्न किया। जिनता भी सरकार की ओर से उसका दमन किया गया वह उतनी ही शक्तिशाली तथा प्रभावशाली बनती चली गई। उसने हर समय भारतीयों की सेवा की और उस समय विशेष रूप से जब भारत में घोर निराशा छाई हुई थी।''

''कांग्रेस नागरिकों के समान अधिकार में विश्वास करती है। यह प्रत्येक व्यक्ति को ऐसी सुविधायें तथा अवसर प्रदान करने के पक्ष में है कि वे अपने व्यक्तित्व का विकास करने में सफल हों। वह राष्ट्रों के अन्दर प्रत्येक इकाई तथा प्रादेशिक क्षेत्र के लिए स्वतन्त्रता चाहती है तथा अन्याय का अन्त करना चाहती है।''

''कांग्रेस भारत में एक लोकतन्त्रात्मक राज्य की स्थापना की पक्षपाती है, जिसमें समस्त नागरिकों के आधारभूत अधिकारों तथा स्वतन्त्रता की रक्षा हो सके। भारत का विधान संघात्मक हो, जिसमें सम्मिलित इकाइयों को स्वायत्त शासन प्राप्त हो तथा विधानसभाओं का आधार वयस्क मताधिकार के सिद्धान्त पर हो।''

''कांग्रेस, सामाजिक और आर्थिक स्वतन्त्रता की स्थापना के लिये प्रयत्न करेगी और उसका इस सिद्धान्त पर पूर्ण विश्वास है। वह देश में किसी प्रकार की असमानता को आश्रय प्रदान नहीं करेगी। वह पिछड़े तथा दलित वर्गों की उन्नति के लिए घोर प्रयत्न करेगी और कबायली प्रदेशों के विकास के लिए कदम उठायेगी। वह दरिद्रता का अन्त करेगी। उनका और राज्य का सीधा सम्बन्ध होगा। वह लोगों की शिक्षा की ओर ध्यान देगी ताकि उनका मानसिक, सांस्कृतिक तथा नैतिक उत्थान सम्भव हो। वह औद्योगिक श्रम को उन्नत करेगी और उन समस्त शक्तियों का अन्त करेगी जो उसका शोषण करती हैं। उनका जीवन उन्नत किया जायेगा तथा उनको विशेष सुविधायें प्रदान की जायेंगी।''

"अन्तर्राष्ट्रीय विषय के सम्बन्ध में कांग्रेस विश्वव्यापी संघ के निर्माण की पक्षपाती है। यह विश्व के समस्त राष्ट्रों और विशेषतया पड़ोसी राज्यों से मैत्रीपूर्ण सम्बन्ध की स्थापना करेगी। वह सदा हिंसा तथा युद्ध का विरोध करेगी तथा शान्ति और सहयोग का साथ देगी।"

नये चुनाव तथा उसके परिणाम

1945–46 के शीतकाल में वेवेल योजना के अनुसार व्यवस्थापिका सभाओं के लिए चुनाव हुए। सभी प्रान्तों में लगभग शत–प्रतिशत गैर–मुस्लिम स्थान कांग्रेस को मिले। उत्तर–पश्चिमी सीमा प्रान्त से अधिकतर तथा संयुक्त प्रान्त, मध्य प्रान्त, बिहार और आसाम में कुछ मुस्लिम स्थान भी काँग्रेस ने प्राप्त किए। मुस्लिम लीग ने 495 मुस्लिम स्थानों में से 446 स्थान जीते। पंजाब में इसने यूनियनिस्ट दल को हरा दिया जो कई वर्षों से सत्ता में था। कांग्रेस ने 11 में से 7 प्रान्तों में अपने मन्त्रिमण्डल बनाये। मुस्लिम लीग केवल बंगाल तथा सिंध में ही मन्त्रिमण्डल बना सकी। पंजाब में मौलाना आजाद के प्रयत्नों से काँग्रेस, अकाली तथा यूनियनिस्ट दल ने संयुक्त मन्त्रिमण्डल बनाया। उत्तर–पश्चिमी सीमा प्रान्त में खुदाई खिदमतगारों ने अपना मन्त्रिमण्डल बनाया जिनकी सहानुभूति कांग्रेस के साथ थी।

देश के राजनीतिक वातावरण में उत्तेजना

शिमला सम्मेलन की असफलता के बाद भारतीय राजनीतिक क्षेत्र में दो घटनाओं ने देश के राजनीतिक वातावरण में फिर से उत्तेजना भर दी। इन में पहली घटना आजाद हिन्द फौज सम्बन्धी मुकदमे थे। सन् 1945 के अगस्त मास में महायुद्ध समाप्त हो गया था और जापान ने मित्र राष्ट्रों के सम्मुख आत्म–समर्पण कर दिया था। सिंगापुर से टोकियो वापिस जाते हुए नेता जी सुभाषचन्द्र बोस का फार्मूसा में हवाई दुर्घटना से स्वर्गवास हो गया। भारतीय सेना के जिन सैनिक अफसरों ने नेताजी की प्रेरणा से आजाद हिन्द सेना में सम्मिलित होकर मित्र राष्ट्रों के विरुद्ध युद्ध की घोषणा कर थी, उन्हें सरकार ने बन्दी बना लिया तथा उन पर राजद्रोह का आरोप लगाकर मुकदमें चलाने का निर्णय लिया। जनरल शाहनवाज, कर्नल ढिल्लों तथा मेजर सहगल के विरुद्ध कार्यवाही प्रारम्भ की। इस घटना ने सारे देश में इनके प्रति आदर व सम्मान के भाव जागृत कर दिये। स्थान–स्थान पर प्रदर्शन किये गये, जिनमें सरकार से उन्हें मुक्त करने का आग्रह किया गया। कलकत्ते में पुलिस ने प्रदर्शनकारियों पर गोलियाँ चलाईं, जिसके कारण 40 व्यक्ति मारे गये और 300 घायल हुए। बम्बई में भी गोली चली, जिसमें 23 व्यक्ति मारे गये और 200 घायल हुए। जिन तीन नेताओं पर मुकदमा चलाया गया था, उनकी सफाई में सर तेजबहादुर सप्रू, श्री भूलाभाई देसाई, डा० केलाशनाथ काटजू, पं० जवाहरलाल नेहरू आदि ने वकालत करना स्वीकार किया। यह मुकदमा 9 नवम्बर, 1945 को शुरू हुआ तथा 3 जनवरी 1946 को इसका फैसला प्रकाशित हुआ। फौजी अदालत ने इन तीनों अभियुक्तों को आजन्म कारावास का दण्ड दिया। इस फैसले के परिणामस्वरूप देश में चारों ओर यह आवाज उठने लगी– "लाल किले को तोड़ दो आजाद हिन्द फौज को छोड़ दो।" क्रमश: जनता की आवाज का दबाव इतना बढ़ गया कि सरकार को उसके सम्मुख झुकना पड़ा और अभियुक्तों को दण्ड से मुक्त कर दिया गया। माईकल ब्रेचर (Michael Brecher) लिखते हैं "इस ऐतिहासिक घटना से अंग्रेज पदाधिकारियों की प्रतिष्ठा

कम हो गई, सेना का उत्साह शिथिल हो गया और भारतीय सैनिकों की राजभक्ति से ब्रिटिश सरकार का विश्वास उठ गया।''

नौ सेना विद्रोह

फरवरी 1946 के तीसरे सप्ताह में आजाद हिन्द सेना के अधिकारियों से सहानुभूति प्रदर्शित करते हुए भारतीय नौ सेना ने विद्रोह कर दिया। इस स्थिति का सामना करने के लिए अंग्रेजी सेना बुलाई गई। इसने बम्बई में गोली चलाई, जिसके फलस्वरूप 200 व्यक्ति मारे गये। कराँची में जब नौ सेना ने गोली चलाई तो अंग्रेजी सेना ने भी प्रत्युत्तर में खूब गोलियाँ चलाईं। नौ सेना के विद्रोह ने स्पष्ट कर दिया कि अंग्रेजों के लिये भारत को अधिक समय तक अपने अधिकार में रखना कठिन है। उपरोक्त दोनों घटनाओं ने अंग्रेजों की आखें खोल दीं। उन्होंने समझ लिया कि भारतीय राष्ट्रवाद को अब सेना में घुसने से नहीं रोका जा सकता क्योंकि भारतीय सेना अब राष्ट्रवाद की तरफ झुकने लगी थी।

प्रधान मन्त्री एटली की घोषणायें

18 फरवरी, 1946 को नौ सेना का विद्रोह शुरू हुआ और अगले ही दिन 19 फरवरी को ब्रिटिश प्रधान मन्त्री एटली ने घोषणा की कि ''मन्त्री-मण्डल के तीन सदस्य (भारत मन्त्री लार्ड पैथिक लारेन्स, व्यापार बोर्ड के सभापति सर स्टेफर्ड क्रिप्स तथा श्री ए॰ वी॰ ऐलक्जेन्डर) इस उद्देश्य से भारत भेजे जायेंगे कि वे भारतीय नेताओं से मिलकर स्वतन्त्रता के सम्बन्ध में योजना बनायें।'' 16 मार्च को उन्होंने लोक सभा में फिर घोषणा की जिसमें भारतीयों के आत्म निर्णय के अधिकार को मान लिया गया। भारतीयों को ब्रिटिश राष्ट्र-मण्डल (British Common-wealth) में इच्छा अनुसार रहने तथा छोड़ने की भी छूट दी गई। यह भी कहा गया कि यद्यपि ब्रिटिश सरकार अल्पसंख्यक वर्गों के हितों के बारे में बहुत चिन्तित है परन्तु हम किसी भी अल्पसंख्यक वर्ग को बहुमत की प्रगति रोकने के लिए निषेधाधिकार (Veto) नहीं दे सकते। अल्पसंख्यक भारत की उन्नति में सदा के लिये रोड़ा नहीं अटका सकते।

मन्त्रिमण्डल मिशन का भारत आगमन

सरकारी घोषणा के अनुसार मन्त्रिमण्डल मिशन के तीनों सदस्य पैथिक लारेन्स, स्टेफर्ड क्रिप्स तथा ए॰ वी॰ एलेक्जेण्डर 23 मार्च, 1946 को भारत आये। 24 मार्च को यह मिशन देहली पहुँचा। 25 मार्च को इस मिशन ने पत्रकारों के बीच एक वक्तव्य में बताया कि वह खुला मस्तिष्क लेकर भारत आया है तथा किसी भी दृष्टिकोण से बँधा नहीं है। मार्च के अन्तिम सप्ताह में मिशन ने लार्ड वेवेल तथा प्रान्तीय गवर्नरों से परामर्श किया। 1 अप्रैल से 17 अप्रैल तक मिशन ने विभिन्न भारतीय दलों एवं वर्गों के नेताओं से परामर्श किया। इसी बीच में दिल्ली में काँग्रेस और लीग के बीच भी समझौते की बातचीत हुई। अन्त में दोनों दलों से कहा गया कि वे अपने चार-चार प्रतिनिधि मई के आरम्भ में मन्त्रिमण्डल मिशन के साथ संयुक्त वार्तालाप के लिये शिमला भेजें। इस शिमला सम्मेलन में कांग्रेस की ओर से मौलाना आजाद, पं॰ जवाहरलाल नेहरू, सरदार पटेल, तथा खान अब्दुल गफ्फार खाँ ने तथा मुस्लिम लीग की ओर से जिन्ना, नवाब इस्माईल खाँ, नवाबजादा लियाकत अली खाँ और सरदार अब्दुलरब निश्तर ने भाग लिया।

परन्तु समझौता न हो सका और 16 मई को यह सम्मेलन समाप्त हो गया। अप्रैल 1946 के अधिवेशन में लीग ने कहा कि, ''लीग किसी भी ऐसे संविधान को स्वीकार नहीं करेगी जिसमें अखण्ड भारत स्वीकार किया जायेगा, साथ ही इसी उद्देश्य के लिये वह किसी भी संविधान सभा में सहयोग नहीं करेगी।''

मन्त्रिमण्डल मिशन योजना
(Cabinet Mission Plan)

16 मई, 1946 को मन्त्रिमण्डल मिशन ने भारतीय समस्या के समाधान के लिये अपनी योजना प्रकाशित की जिस की मुख्य बातें निम्नलिखित थीं–

(1) संघ की स्थापना–भारत में एक संघ राज्य स्थापित किया जायेगा, जिसमें ब्रिटिश भारत के प्रान्त तथा देशी रियासतें सम्मलित होंगी। यह संघ वैदेशिक सम्बन्ध, रक्षा तथा यातायात विभागों की व्यवस्था करेगा तथा इसे उक्त व्यवस्था के लिए आवश्यक अर्थ संग्रह करने का अधिकार होगा।

(2) संघ की कार्यपालिका और व्यवस्थापिका–संघ की कार्यपालिका तथा व्यवस्थापिका में ब्रिटिश भारत तथा देशी रियासतों दोनों के प्रतिनिधि होंगे। संघीय व्यवस्थापिका में कोई प्रस्ताव बिना उस प्रस्ताव के सम्बन्धित सम्प्रदाय के प्रतिनिधियों के बहुमत की स्वीकृति के पास न होगा।

(3) अवशिष्ट शक्तियाँ–संघ की सूची के अतिरिक्त अन्य सब विषयों तथा समस्त अवशिष्ट (Residuary Powers) पर प्रान्तों का अधिकार होगा।

(4) देशी रियासतों के अधिकार –देशी रियासतों को वे सारे अधिकार होंगे, जो उन्होंने संघ शासन को नहीं दिये।

(5) प्रान्तों के ग्रुप अथवा वर्ग–प्रान्तों को पृथक-पृथक अपने प्रशासन सम्बन्धी वर्ग बनाने का अधिकार होगा। इन वर्गों की अपनी-अपनी कार्यपालिकायें तथा व्यस्थापिकायें होंगी और प्रत्येक वर्ग यह निश्चय करेगा कि प्रान्तीय सूची में किन विषयों की संयुक्त व्यवस्था होगी। इस प्रकार सब मिलकर कुल तीन वर्ग बनेगें। वर्ग (अ) में मद्रास, बम्बई, संयुक्त प्रान्त, मध्य प्रान्त, बिहार तथा उड़ीसा सम्मिलित होंगे। वर्ग (ब) में उत्तर-पश्चिमी सीमा प्रान्त, पंजाब तथा सिन्ध और वर्ग (स) में बंगाल तथा आसाम होंगे।

(6) संविधान सभा की रचना–भारतीय संघ का संविधान बनाने के लिये एक विधान निर्माण सभा की स्थापना की जायेगी 'जिसमें ब्रिटिश भारत के 296 (साधारण 210, मुसलमान 78, सिक्ख 4 तथा चीफ कमिश्नरों द्वारा शक्ति प्रदेशों से 4) और देशी राज्यों के अधिक से अधिक 93 प्रतिनिधि होंगे। ब्रिटिश भारत के प्रतिनिधि प्रान्तीय व्यवस्थापिकाओं के निम्न सदन (Lower Houses) द्वारा अनुपाती प्रतिनिधित्व (Proportional Representation) प्रणाली द्वारा निर्वाचित किये जायेंगे। देशी राज्यों के प्रतिनिधियों की नियुक्ति मंत्रणा द्वारा निश्चित होगी। प्रारम्भिक अवस्था में देशी राज्यों का प्रतिनिधित्व एक विशेष मंत्रणा समिति करेगी। इस प्रकार जब संविधान

सभा के प्रतिनिधि नियुक्त हो जायेंगे तो उन्हें तीन वर्गों में विभक्त कर दिया जायेगा। (1) 'अ' वर्ग में मद्रास, बम्बई, संयुक्त प्रान्त, बिहार, मध्य प्रान्त और उड़ीसा के 186 प्रतिनिधि रहेंगे। (2) 'ब' वर्ग में पंजाब, उत्तर पश्चिमी सीमा प्रान्त और सिंध के 36 सदस्य रहेंगे। (3) 'स' वर्ग में बंगाल और आसाम के 70 प्रतिनिधि रहेंगे।

ब्रिटिश भारत के प्रतिनिधियों का विभिन्न प्रान्तों तथा वर्गों में विभाजन निम्नलिखित रूप से करने का प्रस्ताव था—

वर्ग (अ)

प्रान्त	साधारण	मुस्लिम	योग
मद्रास	45	4	49
बम्बई	19	2	21
उत्तर प्रदेश	47	8	55
बिहार	31	5	36
मध्य प्रान्त	16	1	17
उड़ीसा	9	0	9
योग	167	20	187

इन प्रान्तों के प्रतिनिधियों के अतिरिक्त इस वर्ग में दिल्ली, अजमेर, मारवाड़ और कुर्ग (जो चीफ कमिश्नरों द्वारा शासित क्षेत्र थे) के भी एक-एक प्रतिनिधि लिये जाने थे, जो गैर-मुस्लिम होने थे। इस प्रकार इस वर्ग में केवल 190 प्रतिनिधियों का योग हुआ।

वर्ग (ब)

प्रान्त	साधारण	मुस्लिम	सिक्ख	योग
पंजाब	8	16	4	28
पश्चिमोत्तर सीमा प्रान्त	0	3	0	3
सिन्ध	1	3	0	4
योग	9	22	4	35

वर्ग 'ब' में बिलोचिस्तान के चीफ कमिश्नर के प्रान्त से 1 प्रतिनिधि को मिलाकर कुल 36 योग हुआ।

वर्ग (स)

प्रान्त	साधारण	मुस्लिम	योग
बंगाल	27	33	60
आसाम	7	3	10
योग	34	36	60

ब्रिटिश भारत के प्रतिनिधियों की कुल संख्या 296

(7) अन्तरिम सरकार—प्रमुख राजनीतिक दलों के प्रतिनिधियों के सहयोग से एक अन्तरिम सरकार स्थापित की जायेगी जो वासराय की अध्यक्षता में कार्य करती रहेगी।

(8) सन्धि—संविधान सभा इंग्लैंड की सरकार के साथ एक सन्धि करेगी जिसके द्वारा उपरोक्त प्रस्तावों की पुष्टि करेगी। सत्ता सौंपने के बाद ब्रिटिश सरकार के लिये भारतीय रियासतों पर सर्वोच्चता (Paramountcy) कायम रखना सम्भव न होगा। यह सर्वोच्चता भारत की नई सरकार को नहीं दी जा सकती। यह आशा की जाती है कि भारत ब्रिटिश राष्ट्रमण्डल का सदस्य रहेगा। परन्तु यदि भारत ब्रिटिश राष्ट्रमण्डल को छोड़ना चाहेगा, तो उसे ऐसा करने की छूट होगी।

योजना का मूल्यांकन

मुस्लिम लीग की पाकिस्तान की माँग को संतुष्ट करने के लिय इस योजना में विशेष रूप से वर्गीकरण प्रणाली का समावेश किया गया था। रक्षा, वैदेशिक सम्बन्ध तथा यातायात के अतिरिक्त अन्य सब क्षेत्रों में एक प्रकार से पाकिस्तान का सिद्धान्त स्वीकार कर लिया गया था। कांग्रेस को संतुष्ट करने के उद्देश्य से मिशन ने तत्काल एक पृथक मुस्लिम राज्य की स्थापना नहीं की थी और विभाजन को थोड़े समय के लिये स्थागित कर दिया था। लार्ड वेवेल ने इस योजना के गुणों की ओर संकेत करते हुए कहा, "यह एक ऐसी योजना है, जिसके द्वारा भारत की मौलिक अखण्डता को सुरक्षित रखने की व्यवस्था की गई। देशी रियासतों, मुस्लिम लीग, हिन्दू महासभा, सिक्खों आदि सभी की माँगों को यथा-सम्भव पूरा करने तथा अल्पसंख्यक जातियों के हितों की रक्षा करने का प्रयास किया गया है। इसके अतिरिक्त इस योजना को स्वीकार करके भारत राजनीति गुट बन्दियों के झगड़ों से रहित शान्तिपूर्ण भविष्य की आशा कर सकता है।" मुस्लिम लीग के सर्वेसर्वा मि॰ जिन्ना ने भी यह स्वीकार किया कि अल्पसंख्यक जातियों की समस्या को सुलझाने के लिये इससे और अधिक न्यायसंगत योजना नहीं हो सकती थी। इस योजना में पहली बार देशी रियासतों को अपने राजनीतिक भाग्य के निर्णय करने का अधिकार प्रदान किया गया। गांधीजी के अनुसार, यह उन परिस्थितियों में ब्रिटिश सरकार द्वारा प्रस्तुत की जा सकने वाली सर्वश्रेष्ठ योजना है।

योजना पर भारत के राजनीतिक दलों की प्रतिक्रिया

(अ) योजना पर कांग्रेस की प्रतिक्रिया

(1) निर्बल संघ—इस योजना में संघ को अत्यन्त दुर्बल रखा गया। संघ का अधिकार केवल रक्षा, विदेशी मामले तथा यातायात तक सीमित था। करेन्सी, बैंकिग, कस्टम्स, माप एवं भारदण्ड, योजना तथा विकास, मुद्रा, विनिमय आदि महत्वपूर्ण विषयों पर उसका कोई अधिकार नहीं रखा गया था।

(2) प्रान्तों को वर्गों में विभक्त करना—प्रान्तों को पृथक-पृथक तीन वर्गों में विभाजित करने का परिणाम यह होगा कि भारत तीन भागों में विभाजित हो जायेगा। यह विभाजन देश की राष्ट्रीय एकता के लिय घातक सिद्ध होगा।

(3) **प्रान्तों का अवैज्ञानिक विभाजन**—इस योजना में प्रान्तों का विभाजन किसी सिद्धान्त के आधार पर नहीं किया गया था और न उसके लिए प्रान्तों की कोई राय लेने की व्यवस्था थी। असम में हिन्दुओं का बहुमत था, उसे बंगाल के साथ रखना गलत था। उत्तर पश्चिमी सीमा प्रान्त में मुसलमानों का बहुमत होते हुए भी, वहाँ के मुसलमान लीग के साथ न होकर कांग्रेस के पक्ष में थे। इसलिये वहाँ कांग्रेस मन्त्रिमण्डल की सत्ता थी। उत्तर-पश्चिमी सीमा प्रान्त की जनता को उसकी इच्छा के विपरीत पंजाब और सिंध में मिला देना भी अनुचित था।

(4) **प्रान्तों को अपना पृथक संविधान बनाने की अनुमति**— प्रान्तों को अपना पृथक संविधान बनाने का अधिकार देना भी कांग्रेस की दृष्टि से अन्यायपूर्ण था। पहले प्रान्तों को अपना तथा अपने वर्ग का संविधान बनाना था और बाद में संघ का अस्तु सारे भारत में एक ही प्रकार की शासन पद्धति की स्थापना नहीं हो सकती थी।

(5) **अस्थाई सरकार**—अस्थाई सरकार में लीग तथा कांग्रेस के समानुपात के प्रस्ताव कांग्रेस को साम्प्रदायिक संस्था के निम्न स्तर पर गिरा दिया। कॉंग्रेस का यह कहना न्यायसंगत था कि वह भारत की 75 प्रतिशत जनसंख्या का प्रतिनिधित्व करती है और लीग केवल 25 प्रतिशत का। अत: लीग के साथ उनकी समानता का प्रश्न ही नहीं उठता।

(ब) लीग की प्रतिक्रिया—लीग का कहना था कि इस योजना में पाकिस्तान की माँग के साथ पूरा-पूरा न्याय नहीं किया गया था। मुसलमान राष्ट्र अब भी भारत भूमि में स्थित पूर्ण स्वतन्त्र पाकिस्तान की माँग पर अटल था।

(स) सिक्खों की प्रतिक्रिया—सिक्खों का कहना था कि इस योजना में केवल हिन्दुओं तथा मुस्लिमों के हितों का ध्यान रक्खा गया था और सिक्खों का भविष्य 36 सदस्यों की एक ऐसी संस्था को सौंप दिया गया था, जिसमें 23 मुसलमान, 9 हिन्दू तथा 8 सिक्ख होंगे। ऐसी संयुक्त संस्था से न्याय अथवा निष्पक्षता की आशा किस प्रकार की जा सकती थी?

(द) हिन्दू महासभा की प्रतिक्रिया—हिन्दू महासभा की अखिल भारतीय समिति ने योजना पर यह आक्षेप लगाया कि भारत की एकता तथा उसके संगठन को योजना में केवल सिद्धान्त रूप में स्थान दिया गया था, महासभा का कहना था कि योजना का प्रमुख दोष अन्य अल्पसंख्यक वर्गों का ध्यान न रखते हुए केवल मुस्लिम लीग को प्रसन्न करना था। महासभा का ध्येय अखण्ड भारत था, इसलिये उसने प्रान्तों को वर्गों में विभाजित करने के सिद्धान्त का भी विरोध किया। प्रसिद्ध साम्यवादी लेखक रजनी पामदत्त ने इस योजना की आलोचना इस प्रकार की—''सन् 1946 की संवैधानिक योजना में भारतीय राजनीतिक जीवन के विभिन्न तत्वों के संतुलन की पुरानी प्रणाली का ही प्रयोग किया गया था। इस प्रणाली का मुख्य उद्देश्य था प्रतिक्रियावादी देशी नरेशों की धुरी पर कांग्रेस तथा मुस्लिम लीग का इस ढंग से संतुलन करना कि कार्यरूप में तथा कथित स्वतन्त्रता का नाम भी न रह जाये और अन्तिम तथा वास्तविक शासन अधिकार अंग्रेजों के हाथों में ही बना रहे।''

योजना की स्वीकृति—उपरोक्त आलोचनाओं के बावजूद प्रत्येक दल इसे अपने उद्देश्य की प्राप्ति का साधन बनाना चाहता था। अतएव 6 जून को मुस्लिम लीग ने और 14 जून को कांग्रेस ने इसे स्वीकार कर लिया। सिक्खों ने आरम्भ में तो संविधान सभा में अपने प्रतिनिधि भेजना स्वीकार नहीं किया परन्तु बाद में उन्होंने अपनी नीति बदल दी और योजना को स्वीकार करने के लिए तत्पर हो गये।

संविधान सभा का निर्माण

मन्त्रिमण्डल मिशन योजना के अनुसार जुलाई 1946 में संविधान सभा के लिए निर्वाचन हुए। इससे कांग्रेस ने 210 साधारण स्थानों में से 199 स्थान जीते। इसके अतिरिक्त चीफ कमीशनरों द्वारा शासित प्रदेशों में 4 में से 3 स्थान कांग्रेस को मिले और एक सिक्ख तथा तीन मुसलमान स्थान भी कांग्रेस ने प्राप्त किये। इस प्रकार कुल मिलाकर 296 सदस्यों की संविधान सभा में 211 सदस्य कांग्रेस के पक्ष में विजयी हुए और मुस्लिम लीग को केवल 73 स्थान प्राप्त हुए। मि० जिन्ना को घोर निराशा हुई तथा मुस्लिम लीग ने इस योजना को अस्वीकार कर दिया। कांग्रेस लीग का सहयोग प्राप्त करने के पक्ष में थी, इसलिए उसने प्रान्तीय वर्गों के सम्बन्ध में 6 जून को प्रसारित सरकारी घोषणा भी स्वीकार कर ली, जिसमें घोषित किया गया था कि प्रान्तों का वर्गीकरण इस योजना का एक अनिवार्य तत्व था यदि किसी कारण से कोई समझौता न हो सका, तो इसका निर्णय उसके प्रतिनिधित्यों के बहुमत द्वारा होना चाहिए। संविधान सभा की प्रथम बैठक 9 दिसम्बर को हुई, जिसमें मुसिलम लीग के प्रतिनिधियों ने भाग नहीं लिया। मि० जिन्ना पाकिस्तान के लिए पृथक संविधान सभा की माँग करने लगे।

अन्तरिम सरकार का निर्माण

मन्त्रिमण्डल मिशन योजना को कार्यान्वित करने के लिए लार्ड वेवेल अन्तरिम सरकार का निर्माण करने में प्रयत्नशील थे। जिस समय अन्तरिम सरकार के गठन की बातचीत होने लगी, इस प्रश्न पर कोई समझौता न हो सका कि उसमें कौन-कौन सम्मिलित हो, 13 जून, 1946 को लार्ड वेवेल ने एक घोषणा की, जिसमें 14 सदस्यों की अन्तरिम सरकार बनाने की योजना प्रकाशित की गई। इसमें देश के विभिन्न दलों को निम्न प्रकार से प्रतिनिधित्व दिया गया था—6 कांग्रेस (5 सर्वण हिन्दू और 1 हरिजन), 5 लीग, 1 सिक्ख, 1 पारसी, 1 ईसाई। 16 जून की घोषणा में यह भी बतलाया गया कि अन्तरिम सरकार में देश के दोनों प्रमुख दलों, लीग तथा कांग्रेस का रहना आवश्यक है। कांगेस ने माँग की उसे अपने प्रतिनिधियों में एक राष्ट्रीय मुसलमान को रखने का अधिकार मिले। मुस्लिम लीग ने कांग्रेस की इस माँग का विरोध किया। बाद में कांग्रेस ने सरकार में सम्मिलित्त होने से मना कर दिया। 29 जून को वायसराय ने एक काम चलाऊ सरकार की स्थापना की घोषणा कर दी। 22 जुलाई को वायसराय ने लीग तथा कांग्रेस के अध्यक्षों के पास एक नई योजना भेजी। इस योजना के अनुसार अन्तरिम सरकार में 6 कांग्रेसी प्रतिनिधि, 5 लीग के प्रतिनिधि तथा तीन अल्पंसख्यक वर्ग के प्रतिनिधि होने थे। कांग्रेस अपने प्रतिनिधियों में से एक राष्ट्रवादी मुसलमान चुन सकती थी। परन्तु लीग ने कांग्रेस द्वारा राष्ट्रीय मुसलमान सदस्य

की नियुक्ति का विरोध किया। अब वायसराय ने बिना लीग के सरकार बनाने का निश्चिय किया। इसी बीच में लीग ने पाकिस्तान के निर्माण के लिये 'प्रत्यक्ष संघर्ष' (Direct Action) शुरू करने की योजना बनाई। लीग का कहना था कि सरकार द्वारा जो मुसलमानों के साथ विश्वासघात किया जा सकता था, उस समस्या का हल करने के लिए लीग ने वैधानिक उपायों से काम लिया, परन्तु उसकी समस्या हल नहीं हुई और अब वह प्रत्यक्ष संघर्ष की तैयारी कर रही है। यह कार्यवाही सरकार के विरुद्ध न होकर गैर-मुसलमानों के प्रति होगी। लीग ने 16 अगस्त को यह कार्यवाही करने का निश्चय किया। इस कार्यवाही के परिणामस्वरूप पंजाब, कलकत्ता तथा पूर्वी बंगाल में भारी दंगा मच गया। नगरों तथा गाँवों में असहाय हिन्दुओं और सिक्खों पर मुसलमानों ने संगठित आक्रमण किये, घर लूट कर जला दिये गये, बच्चे और बूढ़े भी नहीं छोड़े गये और कहीं-कहीं पर तो समस्त परिवारों को जिन्दा भून डाला गया।

24 अगस्त, 1946 को वायसराय ने अन्तरिम सरकार की घोषणा की। इसमें सदस्यों के नाम थे—पं॰ जवाहरलाल नेहरू, सरदार पटेल, डा॰ राजेन्द्र प्रसाद, श्री आसफ अली, श्री राजगोपालचार्य, श्री शरदचन्द्र बोस, डा॰ जॉन मैथाई, सरदार बलदेव सिह, सर शफात अहमद खाँ, श्री जगजीवन राम, सैयद अली जहीर और श्री सी॰ एच॰ भाभा। वायसराय ने यह भी घोषित किया कि दो मुसलमान और भी नियुक्त किये जायेंगे। यह सरकार 2 सितम्बर को अपना कार्य भार सम्भालेगी। इसी बीच में वायसराय ने लीग को मनाने का प्रयत्न किया परन्तु उसने सरकार में शामिल होने से साफ मना कर दिया। अतः 2 सितम्बर के दिन सरकार ने अपना पद ग्रहण किया। इसके सदस्यों में 5 कांग्रेसी हिन्दू, 1 काँग्रेसी-मुसलमान, 2 गैर-काँग्रेसी मुसलमान, 1 अकाली सिक्ख, 1 गैर-कांग्रेसी ईसाई, 1 गैर-कांग्रेसी पारसी और 1 कांग्रेसी हरिजन थे।

लीग का सरकार में प्रवेश

लीग ने देखा कि अन्तरिम सरकार सफलतापूर्वक कार्य कर रही है और संवैधानिक गतिरोध का हल भी निकल आया है तथा उसके हाथ में कुछ भी अधिकार न रह गये तो 26 अक्टूबर को लीग ने अन्तरिम सरकार में शामिल होना स्वीकार किया। इसके पाँच सदस्य नवाबजादा लियाकत अली खाँ, चुन्द्रीगर, श्री अब्दुलंरब निशतर, श्री गजनफर अली खाँ और जोगेन्द्रनाथ मण्डल सरकार में शामिल हुए। तीन सरकारी सदस्यों श्री शरतचन्द्र बोस, श्री अली जहीर तथा सर शफात अहमद खाँ को त्याग पत्र देना पड़ा। इस प्रकार से भारत सरकार में शामिल होने में लीग का मुख्य उद्देश्य अपनी स्थिति को मजबूत करना, पाकिस्तान की माँग को मनवाना और सरकारी कार्यों में रोड़ा अटकाना था। लीग के सरकार में प्रवेश के कारण से 'टीम स्प्रिट' (Team Spirt) समाप्त हो गई और कांग्रेसी सदस्यों का मिलजुल कर कार्य करना कठिन हो गया। शीघ्र ही लीग व कांग्रेस में अन्तरिम सरकार की नीतियों के सम्बन्ध में मतभेद उत्पन्न हो गया। सरकारी पत्रों में कांग्रेस के लिए मन्त्रि-परिषद् शब्द का प्रयोग होने लगा, परन्तु लीग ने अभी भी यह प्रयत्न नहीं किया कि सबसे सहयोग के साथ शासन चलाया जाये तथा ऐसी नीति प्रस्तावित की जाये जो सभी सदस्यों को मान्य हो। भारत में लीग की प्रत्यक्ष कार्यवाही के कारण

साम्प्रदायिक दंगे भी आरम्भ हो गये थे। लीग की असहयोग नीति के कारण सरकार इन्हें दबाने में असमर्थ हो रही थी। लीग ने संविधान सभा का तो बहिष्कार करे रखा परन्तु वह अन्तरिम सरकार में भाग ले रही थी। उसके प्रतिनिधि 14 अगस्त, 1947 तक इस सरकार में रहे, जिसके पश्चात् उसने पाकिस्तान में अपनी अलग सरकार बनाई।

अंग्रेजों के भारत छोड़ने की घोषणा

कांग्रेस तथा लीग के आपसी मतभेदों के कारण भारत में साम्प्रदायिक समस्या से जो गृह-युद्ध आरम्भ हुआ, उसे देखते हुए अंग्रेजों ने यह विचार किया कि परिस्थिति काबू से बाहर निकलती जा रही है और यदि शीघ्र ही कोई निर्णय न किया जाये तो भारत की स्थिति और खराब हो जायेगी। अस्तु ब्रिटिश प्रधान मन्त्री मि॰ एटली ने 20 फरवरी, 1947 के दिन ब्रिटिश लोक सभा में एक घोषणा की "कि सम्राट की सरकार अपने इस निश्चय को स्पष्टतया सूचित कर देना चाहती है कि वह जून 1948 तक जिम्मेदार भारतीयों के हाथ में शासन की शक्ति सौंप देगी। .....सम्राट की सरकार ऐसी भारतीय सरकार को अपना दायित्व सौंपने को उत्सुक है, जो जनता के सहयोग की दृढ़ नींव पर खड़ी होकर भारत में न्याय तथा शान्ति से शासन कर सके। इसलिये आवश्यक है कि भारत के सब दलों को अपने मतभेद भुला कर अगले वर्ष उन पर डाले जाने वाले भारी उत्तरदायित्व को सम्भालने के लिये तैयार हो जायें।........ किन्तु यदि निश्चित की गई तारीख तक संविधान सभा द्वारा कोई संविधान न बनाया जा सका, तो सम्राट की सरकार को यह सोचना पड़ेगा कि ब्रिटिश भारत की केन्द्रीय सरकार का दायित्व पूरा का पूरा भारत की किसी एक केन्द्रीय सरकार को अथवा किसी ऐसे ढंग से जो सर्वोचित तथा भारतीयों के लिये सर्वाधिक लाभपूर्ण हो, सौंपा जाये।"

इस घोषणा द्वारा सत्ता हस्तान्तरित करने की तिथि निश्चित कर दी गई और यह भी निश्चित किया गया कि ब्रिटिश सरकार को वह ब्रिटिश संविधान मान्य न होगा जो कांग्रेस तथा लीग दोनों के द्वारा स्वीकार न किया गया हो, इस घोषणा से मुस्लिम लीग को पाकिस्तान के निर्माण के लिये प्रोत्साहन मिला। यदि मि॰ एटली इस बात पर जोर देते कि संविधान सभा द्वारा निर्मित संविधान के अनुसार स्थापित सरकार को ही शासन सौंपा जायेगा तो शायद लीग कांग्रेस के साथ समझौते का कोई प्रयत्न करती। परन्तु जब उसे इस बात का इशारा मिल गया कि देश का शासन प्रान्तीय सरकारी या अन्य सत्ताओं को सौंपा जा सकता है, तो उसका पाकिस्तान निर्माण के सम्बन्ध में निश्चय और अधिक मजबूत हो गया।

माउन्टबेटेन-योजना 3 जून, 1947 (Mountbatten-Plan)— इस घोषणा के साथ ही मि॰ एटली ने भारत के वायसराय लार्ड वेवेल के काल को समाप्त कर दिया और लार्ड माउन्टबेटेन (Lord Mountbatten) को उसका उत्तराधिकारी नियुक्त किया। 23 मार्च को माउन्टबेटन ने भारत आकर अपना पद सम्भाल लिया। भारत आते ही उन्होंने सबसे पहले गांधीजी से उसके पश्चात् अन्य नेताओं से विचार-विमर्श किया और इस निष्कर्ष पर पहुँचे कि इस असाध्य अवस्था में तेज उपचार के बिना काम नहीं चलेगा। लीग के प्रतिनिधियों से विचार-विमर्श करके इस निष्कर्ष

पर पहुँचे कि लीग स्वतन्त्र और संयुक्त भारत के संविधान के निर्माण के लिए आयोजित संविधान सभा में भाग लेने के लिए किसी प्रकार भी तैयार नहीं है। अत: भारत की समस्या के समाधान के केवल दो रास्ते हैं—या तो भारतवर्ष का विभाजन किया जाये या उसे अव्यवस्था में छोड़ दिया जाये। भारत को अव्यवस्था में छोड़ना गृह-युद्ध को प्रोत्साहन देना था। इसलिये उन्होंने विभाजन करना ही उचित समझा। कांग्रेस भी यह अनुभव करने लगी की कि भारत को निरन्तर हानिकारक गृह युद्ध में धकेलने की अपेक्षा पाकिस्तान की माँग को पूरा करना ही उचित है। गांधी जी ने भी इस विभाजन को मान लिया। काँग्रेसी नेताओं की इस प्रकार की पाकिस्तान विभाजन की माँग को स्वीकार कराने में श्रीमती माउन्टबेटेने का भी हाथ था।

कांग्रेसी नेताओं की स्वीकृति प्राप्त करने के पश्चात् लार्ड माउन्टबेटेन ने भारत विभाजन सम्बन्धी योजना तैयार की और उसे ब्रिटिश सरकार से अनुमोदित कराने के लिए इंगलैण्ड पहुँचे। 3 जून को भारत लौटकर उन्होंने ब्रिटिश सरकार की नई योजना की घोषणा की। इस योजना की मुख्य बातें निम्नलिखित हैं।

ब्रिटिश सरकार की नई योजना

(1) वर्तमान परिस्थितियों में भारत की समस्या का एकमात्र समाधान भारत का विभाजन है। अत: भारत दो अधिराज्यों (Dominions) में बाँट दिया जायेगा—भारत तथा पाकिस्तान।

(2) ब्रिटिश सरकार की यह इच्छा है कि भारत का शासन शीघ्र ही ऐसी सरकार को सौंप दिया जाये जो जनता की इच्छा के अनुसार निर्मित हुई हो।

(3) सरकार यह नहीं जानती कि संविधान सभा के कार्य में किसी प्रकार की बाधा पड़े।

(4) परन्तु साथ में यह स्पष्ट कर दिया गया कि वर्तमान संविधान सभा द्वारा निर्मित संविधान देश के उन भागों में कार्यान्वित न किया जायेगा जो उसे स्वीकार नहीं करते।

(5) यह जानने के लिये कि देश के वे भाग जो इस संविधान सभा के संविधान को स्वीकार नहीं करते, या किसी नई संविधान सभा का निर्माण करना चाहते हैं या नहीं, इस प्रक्रिया का अनुसरण किया जायेगा—पंजाब और बंगाल की विधान सभाओं के अधिवेशन दो भागों में किये जायेंगे, एक भाग उन क्षेत्रों के प्रतिनिधियों का होगा, जिसमें मुसलमानों का बहुमत है और दूसरा भाग उन क्षेत्रों के प्रतिनिधियों का होगा, जिसमें मुसलमानों का बहुमत नहीं है। इनके सम्मुख यह प्रश्न प्रस्तुत किया जायेगा कि वे अपने प्रान्तों का विभाजन करना चाहते हैं अथवा नहीं। यदि मत विभाजन के पक्ष में आये तो निर्णय होगा कि वे वर्तमान संविधान सभा में सम्मिलित होना चाहते हैं या एक पृथक व नई संविधान सभा बनाना चाहते हैं।

(6) सिन्ध की संविधान सभा को भी इस बात का निणर्य करने का अवसर प्रदान किया जायेगा।

(7) उत्तर-पश्चिमी सीमा प्रान्त के विषय में इस बात का निर्णय वहाँ की संविधान सभा द्वारा नहीं किया जायेगा अपितु इसका निर्णय जनमत संग्रह (Plebiscite) द्वारा किया जायेगा।

(8) आसाम के सिलहट जिले में मुसलमानों की बहुसंख्या है, जबकि अन्य भागों में हिन्दुओं का बहुमत है। सिलहट जिले में इस बात का निर्णय भी जनमत संग्रह द्वारा किया जायेगा कि वहाँ की जनता आसाम के अन्तर्गत रहना चाहती है या वे पूर्वी बंगाल में शामिल होना चाहते हैं।

(9) देशी रियासतों के सम्बन्ध में वही व्यवस्था रहेगी, जिसका निर्धारण मन्त्रिमण्डल मिशन योजना में किया गया था।

(10) यदि उपरोक्त योजना के अनुसार मुस्लिम क्षेत्र विभाजन का समर्थन करते हैं तो भारत और पाकिस्तान की सीमा निर्धारित करने के लिये एक कमीशन की नियुक्ति की जायेगी।

(11) योजना में इसको स्पष्ट कर दिया कि ब्रिटिश सरकार सन् 1948 तक सत्ता हस्तान्तरित करने की प्रतीक्षा नहीं करेगी, वरन् यह सन् 1947 में ही इस कार्य को समाप्त कर देना चाहती है।

योजना की आलोचना

माउन्टबेटेन योजना से भारत में अधिकाशं राजनीतिक दलों को प्रसन्नता नहीं हुई। कांग्रेस की ओर से पं० नेहरू ने कहा ''मैं इन प्रस्तावों को आपके सम्मुख मानने के लिये जब रखता हूँ तो मेरे हृदय में कोई प्रसन्नता नहीं होती।'' सरदार बलदेव सिंह ने कहा ''यह कथन सत्य नहीं होगा कि हम सब प्रसन्न हैं। यह योजना हर एक को प्रसन्न नहीं कर सकती कम से कम सिक्ख जाति को तो नहीं।'' इस योजना की तीव्र आलोचना करते हुए प्रसिद्ध साम्यवादी रजनी पामदत्त ने लिखा है ''इस योजना के आधार पर देश का जो विभाजन हुआ, उसमें अनेक बुराईयां थीं। प्रथम यह कि राज्यों की सीमायें, भाषा, संस्कृति या राष्ट्रीयता के आधार पर निश्चित नहीं कि गयीं थीं, अपितु इस विभाजन का आधार साम्प्रदायिकता था। इससे अल्प-संख्यकों की दोनों देशों में सुरक्षा जाती रही। द्वितीय, दो राज्नों की सत्ता हस्तान्तरित करने के कारण देशी राज्यों की स्थिति और भी जटिल हो गई। दोनों राज्य उन्हें अपने संघों में सम्मिलित करने का प्रयास करने लगे, जिसके फलस्वरूप दोनों राज्यों में मतभेद तथा संघर्ष होने लगे। तृतीय, विभाजन का दोनों देशों की आर्थिक और राजनीतिक स्थिति पर गहरा तथा हानिकारक प्रभाव पड़ा। मुस्लिम लीग इस योजना से इसलिए प्रसन्न नहीं थी क्योंकि उसको उसकी इच्छानुसार जैसा वह चाहती थी वैसा पाकिस्तान नहीं मिला इस योजना के अनुसार जिन्ना को जो पाकिस्तान मिला वह सी० आर० फार्मूले में दिये जा रहे पाकिस्तान से श्रेष्ठ नहीं था, जिसे मि० जिन्ना ने लूला, लंगड़ा और दीमक लगा पाकिस्तान कहकर ठुकरा दिया था।''

माउन्टबेटेन योजना की आलोचना के बावजूद लगभग सभी राजनीतिक दलों ने इसे स्वीकार कर लिया और क्रियात्मक रूप देने के लिये तुरन्त पग उठाये गये। पश्चिमी पंजाब और पूर्वी बंगाल ने पाकिस्तान में रहने का निर्णय किया। उत्तर-पश्चिमी सीमा प्रान्त, सिन्ध, बिलोचिस्तान सिलहट ने भी यही निर्णय किया।

भारतीय स्वतन्त्रता अधिनियम, 1947
(Indian Independence Act, 1947)

4 जुलाई, 1947 को भारतीय स्वतन्त्रता विधेयक ब्रिटिश लोक सभा में पेश किया गया। 16 जुलाई तक विधेयक को संसद के दोनों सदनों ने पास कर दिया। 18 जुलाई को ब्रिटिश सम्राट ने इसे स्वीकृति दे दी। ब्रिटिश संसद के इतिहास में शायद ही कोई इतना महत्वपूर्ण विधेयक इतने कम समय और इतने कम वाद-विवाद से पास हुआ हो। इस विधेयक के महत्व पर प्रकाश डालते हुए भारत मन्त्री ने कहा, ''हमारे देश के विधान निर्माण के इतिहास में यह बिल अद्वितीय है। इससे पूर्व कभी भी संसार की आबादी के इतने बड़े भाग ने केवल एक विधान द्वारा पूर्ण स्वतन्त्रता प्राप्त नहीं की।'' इस अधिनियम की मुख्य विशेषतायें निम्नलिखित हैं–

(1) दो स्वतन्त्र राज्यों की स्थापना–15 अगस्त, 1947 को दो स्वतन्त्र उपनिवेशों भारत तथा पाकिस्तान का जन्म होगा। इसी दिन ब्रिटिश सरकार दोनों उपनिवेशों की संविधान सभाओं को सत्ता हस्तान्तरित कर देगी।

(2) पृथक-पृथक गवर्नर-जनरल–भारत और पाकिस्तान दोनों उपनिवेशों में एक-एक पृथक-पृथक गवर्नर-जनरल होगा, जिसकी नियुक्ति उनके मन्त्रिमण्डल की सलाह से की जायेगी। गवर्नर-जनरल शासन कार्य को स्वेच्छाचारी रूप से न करके मन्त्रि-मण्डलों के परामर्श के अनुसार करेगा।

(3) संविधान सभा का विधान मण्डल के रूप में कार्य–जब तक संविधान सभायें संविधान का निर्माण नहीं कर लेतीं, तब तक स्वयं संविधान सभायें उनके विधानमण्डल के रूप में कार्य करती रहेंगी तथा इनकी वैधानिक शक्तियों पर कोई प्रतिबन्ध न होगा। 15 अगस्त, 1947 के पश्चात् ब्रिटिश संसद द्वारा पारित कोई अधिनियम उपनिवेशों पर बिना उनके विधानमण्डल की स्वीकृति के लागू न होगा।

(4) भारत मन्त्री के पद का अन्त–भारत मन्त्री का पद समाप्त कर दिया जायेगा। जब तक उपनिवेशों में नवीन संविधान नहीं बन जाता, शासन सन् 1935 के अधिनियम के अनुसार होगा, जिसमें परिवर्तित परिस्थितियों के कारण कुछ आवश्यक परिवर्तन कर दिये गये हैं। इसमें से वे धारायें निकाल दी गईं, जिनका सम्बन्ध गवर्नरों के विशेष उत्तरदायित्व से, भारतमन्त्री के शासन सम्बन्धी नियन्त्रण से, केन्द्रीय सरकार में कतिपय विषयों को सुरक्षित रखने से, विधानसभाओं द्वारा स्वीकृत कानूनों का सम्राट द्वारा अस्वीकृत कर सकने के अधिकार से था। 1947 के अधिनियम द्वारा 1935 के अधिनियम को इस ढंग से संशोधित कर दिया था कि अन्तरिम काल में इन दोनों राज्यों का शासन प्रजातन्त्र के अनुसार किया जाना सम्भव हो सका।

(5) देशी रियासतों को स्वतन्त्रता–शासन को सत्ता हस्तान्तरित होने पर भारतीय रियासतों से भी इंगलैंड के सम्राट की सर्वोच्चता समाप्त हो जायेगी और उन्हें अपने आपको स्वतन्त्र घोषित करके, पाकिस्तान में शामिल होने या भारत में शामिल होने की पूर्ण स्वतन्त्रता होगी।

(6) 1935 के अधिनियम द्वारा शासन—जब तक संविधान सभा द्वारा नया संविधान बन कर तैयार नहीं हो जाता तब तक दोनों राज्यों का शासन 1935 के अधिनियम द्वारा होगा। प्रत्येक राज्य को भारतीय स्वतन्त्रता अधिनियम, 1894 के अनुसार 1935 के अधिनियम में संशोधन करने के अधिकार दे दिये गये।

15 अगस्त, 1947 के अधिनियम के अनुसार भारत और पाकिस्तान दो स्वतन्त्र औपनिवेशिक राज्य बन गये और इसमें ब्रिटिश शासन का अन्त हो गया। अधिनियम के अनुसार पाकिस्तान के प्रथम गवर्नर मि० जिन्ना और भारत के लार्ड माउन्टबेटेन बने। कांग्रेस की इच्छा थी कि इस संक्रान्ति काल में माउन्टबेटेन जैसे कुशल राजनीतिज्ञ व शासक की सेवा से भारत लाभ उठा सके।

अंग्रजों ने भारत क्यों छोड़ा— डा० पट्टाभि सीतारमैया ने कहा है अंग्रेजों ने भारत अपनी इच्छा या आदर्शवादिता के कारण नहीं छोड़ा बल्कि ऐसी परिस्थितियाँ उत्पन्न हो गयीं थीं कि उनका भारत में रहना सम्भव न रह गया था जब अंग्रेजों ने यह सोचा कि अब भारतवासी अपने देश, राष्ट्र के लिए बलिदान दे रहे हैं तो अंग्रेज भारत से चले गये। ब्रिटिश सरकार के भारत छोड़ने के कारण निम्नलिखित थे—

(1) राष्ट्रीयता का वेग—द्वितीय महायुद्ध के उपरान्त भारत में राष्ट्रीय भावना इतनी विकसित हो चुकी थी कि अंग्रेजों ने यह जान लिया था कि अब भारत को दबाये रखना असम्भव होगा। इस युद्ध के समय कांग्रेस को छोड़कर अन्य सभी दलों ने भी राजनीतिक स्वतन्त्रता को लक्ष्य बना लिया और हिन्दुओं, मुसलमानों, सिक्खों तथा मराठों ने एक साथ स्वतन्त्रता की माँग की। प्रधान मन्त्री एटली ने स्वयं स्वीकार किया कि भारत में उन दिनों राष्ट्रीयता की भावना का संचार इतना तीव्र हो रहा था कि वह उन सैनिकों के भी रोम-रोम में समा गई थी, जिन्होंने हाल ही में ब्रिटिश सरकार को अपनी सेवाओं से आभूषित किया था। मौलाना आजाद लिखते हैं, ''स्वतन्त्रता की ऊँची ऊँची तरंगे अब किसी से छुपी नहीं थी। सैनिकों तथा अधिकारियों ने एक समान रूप से यह कहना शुरू कर दिया था कि हमने रक्त इस आश्वासन पर बहाया था कि भारत को युद्ध के पश्चात् स्वतन्त्रता दी जायेगी। अब यह आश्वासन पूरा होना चाहिये।''

(2) आजाद हिन्द फौज—आजाद हिन्द फौज का संगठन अंग्रेजों के लिये एक ऐसी घटना थी, जिससे उन को यह महसूस हो रहा था कि वह एक सुलगते हुए ज्वालामुखी पर बैठे थे, जिसका कभी भी विस्फोट हो सकता था। इस सेना के अदम्य उत्साह और साहस के कार्यों ने जनता में उत्तेजना तथा जोश का संचार किया। आजाद हिन्द फौज का भारत से अंग्रेजी शासन को उखाड़ फैंकने में निश्चित रूप से बड़ा महत्वपूर्ण हाथ था।

(3) इंगलैंड की कमजोर स्थिति— द्वितीय महायुद्ध के पश्चात् अंग्रेजों की शक्ति बिल्कुल क्षीण हो चुकी थी। आर्थिक दृष्टि से वह दिवालिया हो चुका था। ऐसे नाजुक समय में उसमें इतनी शक्ति न थी कि वह साथ ही साथ भारत में भी अपनी सत्ता कायम रख सके। माईकेल ब्रेचर (Michael Brecher) लिखते है कि ''सन् 1945 में ब्रिटेन की स्थिति इतनी क्षीण हो चुकी थी कि यदि मजदूर दल के स्थान पर अनुदार दल की सरकार होती तो उसे भी भारत को स्वराज्य देना पड़ता।''

(4) ब्रिटेन में श्रम दल के हाथ में सत्ता—महायुद्ध के पश्चात् ब्रिटेन में मजदूर दल की सरकार के सत्तारूढ़ होने से भी स्वतन्त्रता की गति तेज हुई मजदूर दल को भारतीयों की राजनीतिक आकांक्षाओं से विशेष सहानुभूति थी। जब इस दल को सरकार बनाने का सुअवसर प्राप्त हुआ, तो कांग्रेस के प्रधान मौलाना आजाद ने इसके नेता मि॰ एटली को बधाई सन्देश भेजा। मि॰ एटली ने आजाद को धन्यवाद देते हुए आश्वासन दिलाया कि "दिये हुए वचन पूरे किये जायेंगे।" मौलाना आजाद के अनुसार, "भारत की स्थिति इस प्रकार की थी कि भारतीयों के विरोध करने पर भी अंग्रेज आगामी दस वर्ष तक उस पर राज्य कर सकते थे परन्तु मि॰ एटली का संकल्प नितान्त शुद्ध था। उनके मन में भारत को स्वतन्त्रता देने का निश्चय पक्का था। वह इंगलैंड के हितों के लिए भारत की शोचनीय स्थिति का लाभ नहीं उठाना चाहते थे। वह ऐसी नीति के विरुद्ध थे जिससे उसके देश की मान-मर्यादा पर कलंक लगे।

(5) भारतीय नौ सेना में विद्रोह की भावना—युद्ध के पश्चात् देश के अन्य लोगों की तरह भारतीय सैनिकों के हृदय में भी राष्ट्रीयता की भावना का संचार हुआ और उन्होंने अंग्रेजों के विरुद्ध विद्रोह किया। इस विद्रोह से ब्रिटिश राज्याधिकारियों का भारतीय सेनाओं पर से भी विश्वास उठ गया और उन्होंने उन परिस्थितियों में भारत को शीघ्र स्वतन्त्र करना उचित समझा।

कांग्रेस ने विभाजन क्यों स्वीकार किया?

यद्यपि कांग्रेस ने पहले भारत की एकता को अपना लक्ष्य बनाया था परन्तु परिस्थितियों से विवश होकर उसे विभाजन स्वीकार करना पड़ा। गांधीजी भी विभाजन को कई बार अस्वीकार कर चुके थे, परन्तु उनके समाने दो विकल्प थे या तो पाकिस्तान की अनुमति लेकर हिन्दू-मुस्लिम संघर्ष को हमेशा के लिए खत्म कर दें या उसका विरोध करके गृह-युद्ध की सम्भावना उत्पन्न करें। देश में कुशल शासन तथा शान्ति के लिये कांग्रेस के सम्मुख कोई दूसरा हल न था। 15 जून को कांग्रेस महासमिति ने 29 के विरुद्ध 153 मत से विभाजन की योजना स्वीकार कर ली। पं॰ नेहरू का कहना था कि अराजकता और अशान्ति को रोकने के लिए विभाजन स्वीकार करना अनिवार्य था।

अभ्यास के लिये प्रश्न

1. सन् 1942 से 1947 के बीच भारत के राष्ट्रीय आन्दोलन की प्रमुख घटनाओं का वर्णन करो।
2. उन विशेष परिस्थितियों की विवेचना कीजिये जिनके कारण 1947 का भारतीय स्वशासन अधिनियम पारित हुआ।
3. 1947 में भारत के विभाजन के क्या कारण थे? क्या विभाजन अनिवार्य था? तर्क सहित लिखिये।
4. सी॰ आर॰ फार्मूला तथा वेवल योजना का वर्णन कीजिये। ये असफल क्यों हुई।
5. वे कौन से कारण थे जिनके फलस्वरूप देश के बंटवारे के आंदोलन को प्रोत्साहन मिला?
6. भारतीय स्वतन्त्रता अधिनियम, 1947 की प्रमुख धाराओं का उल्लेख कीजिये।

13

भारत में साम्प्रदायिकता
(Communalism in India)

पं० जवाहरलाल के अनुसार "सम्प्रदायवाद उस धार्मिक एकता पर आधारित वर्ग भावना को कहते हैं, जिसका वास्तविक उद्देश्य उस वर्ग विशेष के लिए राजनीतिक शक्ति तथा अधिकारों की प्राप्ति होता है।"

भारतीय राजनीति में साम्प्रदायिकता का जन्म ब्रिटिश साम्राज्यवादी नीतियों की देन थी। भारत में कांग्रेस की स्थापना एक सेफ्टी वाल्व के रूप में की गई थी, परन्तु कांग्रेस ने ही सरकार की आलोचना करनी शुरू कर दी। अंग्रेजों को अब यह आवश्यक प्रतीत होने लगा कि किसी चाल द्वारा राष्ट्रीयता की वेगवती भावना को रोक दिया जाये। इसलिये उन्होंने "फूट डालो और राज्य करो "Divide and rule" की नीति का आश्रय लिया। उन्होंने हिन्दू और मुसलमानों दोनों के बीच ऐसी समस्यायें उत्पन्न कर दीं, जिनके फलस्वरूप भारत का विभाजन हुआ। धार्मिक भेदभाव की यह समस्या असाध्य नहीं थी और इसके रहते हुए भी भारतवासी राष्ट्रीय एकता प्राप्त कर सकते थे, परन्तु ब्रिटिश राजनीति एकता के मार्ग में अगम्य पर्वत की भाँति खड़ी थी। परन्तु अंग्रेजों के आगमन से पूर्व भी भारत में धार्मिक संघर्ष हुआ करते थे। पं. जवाहरलाल नेहरू ने भी स्वीकार किया है कि हिन्दू-मुस्लिम समस्या अंग्रेजों की सृष्टि नहीं थी। फिर भी इसमें निस्सन्देह इस खाई को चौड़ा करने में अंग्रेजों ने अपनी पूरी शक्ति का प्रयोग किया। महात्मा गांधी के नेतृत्व में कांग्रेस सदा यह कहती रही कि हिन्दू-मुस्लिम एकता हमारी राष्ट्रीय जीवन का साँस है और उसको प्राप्त करने के लिए गाँधीजी ने अपने प्राणों तक का दाँव लगा दिया।

ब्रिटिश सरकार की विभेद नीति

सन् 1857 में हिन्दू-मुसलमान दोनों परस्पर सहयोग से अंग्रेजों के विरुद्ध लड़े थे। चूँकि यह एकता अंग्रेजों के लिए बड़ी खतरनाक थी इसलिये अंग्रेजों ने इसको तोड़ने का उपाय खोज निकाला। उन्होंने भारतीय सेना के पुनर्गठन में विभाजन नीति का प्रयोग शुरू किया। सन् 1857 से पूर्व भारतीय सेना में सभी प्रान्तों तथा जातियों के संयुक्त दस्ते (regiments) होते थे, परन्तु इस एकता की भावना का नाश करने के लक्ष्य से अब वर्ग आधार पर उसका पुनर्गठन किया।

ब्रिटिश सरकार यह भली प्रकार जानती थी कि सन् 1857 के विद्रोह के पीछे हिन्दुओं की अपेक्षा मुसलमानों का अधिक हाथ था। मुसलमान अंग्रेजी शिक्षा के प्रति उदासीनता दिखा रहे थे जब कि हिन्दू उससे पूरा-पूरा लाभ उठा रहे थे। विद्रोह के पश्चात् ब्रिटिश सरकार ने निम्न रूपों में विभेद नीति को अपनाया।

(1) बंगाल में हिन्दुओं को सरकार ने जमींदार बनाया जबकि पहले वहाँ मुसलमान जमींदार थे।

(2) सेना के द्वार मुसलमानों के लिये बन्द कर दिये गए जबकि वह व्यवसाय मुसलमानों के लिए मनोवांछित था।

(3) सरकारी सेवाओं में हिन्दुओं को प्राथमिकता दी गई।

(4) भारतीय उद्योगों और शिल्प-कला के सम्बन्ध में ब्रिटिश सरकार ने जिस नीति का प्रयोग किया, उससे मुसलमानों को बहुत नुकसान पहुँचा क्योंकि इन पर उनका ही विशेषधिकार था।

(5) शिक्षा के क्षेत्र में अंग्रेजों ने स्कूलों में फारसी तथा अरबी को कोई स्थान नहीं दिया। इससे मुसलमानों में अंग्रेजों के प्रति विद्रोहात्मक भाव उत्पन्न हुए।

मुस्लिम साम्प्रदायिकता का विकास

वहाबी आन्दोलन

अठारहवीं शताब्दी में मुसलमानों के पुनरुत्थान के लिए अरब में एक आन्दोलन आरम्भ हुआ, जिसे वहाबी आन्दोलन कहते हैं। इस आन्दोलन ने भारतीय मुसलमानों को अत्यधिक प्रभावित किया। भारतवर्ष में इस आन्दोलन के नेता सईद अहमद बरेलवी थे। उन्होंने मुस्लिम समाज की कुरीतियों के विरुद्ध घोर आन्दोलन किया और मुसलमानों में धार्मिक कट्टरता की लहर उत्पन्न की। बंगाल में इस आन्दोलन के फलस्वरूप बहुत बड़ी संख्या में लोगों ने इस्लाम धर्म को स्वीकार कर दिया। पंजाब में वहाबियों ने सिक्खों के विरुद्ध युद्ध किया। जब पंजाब को अंग्रेजों ने जीत लिया तो इन्होंने अंग्रेजों के विरुद्ध भी विद्रोह खड़ा किया। परन्तु अंग्रेजी सरकार ने इस आन्दोलन को पूरी तरह दबा दिया। इस आन्दोलन से अंग्रेजों की यह धारणा और भी पक्की हो गई कि मुसलमानों में स्वामिभक्ति की कमी है। अतएव 19वीं शताब्दी के अन्तिम वर्षों तक ब्रिटिश सरकार मुसलमानों के प्रति पक्षपात की नीति का पालन करती रही।

अलीगढ़ आन्दोलन

अलीगढ़ आन्दोलन ने मुस्लिम, साम्प्रदायिक राजनीतिक चेतना के विकास में सहयोग दिया। इस आन्दोलन के संस्थापक सर सैय्यद अहमद खाँ थे। उन्होंने सरकार तथा मुसलमानों के बीच की दूरी को कम करने का प्रयत्न किया। सर सैय्यद अहमद खाँ न्याय विभाग में उच्च सरकारी पद पर थे। उन्होंने अंग्रेजों की सहानुभूति पाने के लिए मुसलमानों को राजभक्ति का प्रदर्शन एकमात्र साधन बताया। उन्होंने अलीगढ़ में ऐंग्लो ओरियन्टल कालिज की स्थापना की।

उन्होंने यह अनुभव किया कि मुसलमानों के हित में यह अनिवार्य है कि वह अंग्रेजों के साथ मिल-जुलकर कार्य करें। सन् 1857 के विद्रोह के समय उन्हें राजभक्ति-प्रदर्शन करने का अवसर मिला। उन्होंने विद्रोह के समय अनेक अंग्रेजों के प्राणों की रक्षा की। इसमें अंग्रेज उनसे बहुत प्रसन्न हुए। उनका मुस्लिम शिक्षित वर्ग पर काफी अच्छा प्रभाव था, इसलिए वे मुसलमानों को कांग्रेस से पृथक रखने में सफल हो सके। उन्होंने 'मुस्लिम शिक्षा सम्मेलन' (Muslim Education Conference) की स्थापना की। बनारस के राजा शिवप्रसाद के सहयोग से उन्होंने 'एक देशभक्त एसोसियेशन' की भी स्थापना की थी। यह संस्था प्रतिक्रियावादी थी और काँग्रेस का विरोध करती थी। इन लोगों ने कांग्रेस का इतना विरोध किया कि शीघ्र ही वह हिन्दू संगठन कही जाने लगी। आरम्भ से ही सर सैय्यद अहमद खाँ के विचार ऐसे न थे अपितु बाद में एंग्लों ओरियन्टल कॉलिज के प्रथम प्रिसिंपल मि० बैंक के प्रभाव में आने से उनके विचारों में बहुत परिवर्तन आ गया।

अंग्रेजों की नीति में परिवर्तन

प्रारम्भ में अंग्रेजों ने हिन्दूओं को शासन में प्रधानता दी थी परन्तु धीरे-धीरे उन के इस दृष्टिकोण में परिवर्तन हुआ। शिक्षित हिन्दू वर्ग अपने अधिकारों के प्रति जागरूक हो रहे थे। उनके राजनीतिक असंतोष ने बढ़ कर ही कांग्रेस को जन्म दिया। कांग्रेस ने आरम्भ से ही राष्ट्रीय एकता को अपना मुख्य उद्देश्य बनाया। उसका उद्देश्य सामाजिक तथा राजनीतिक जीवन से साम्प्रदायिक भेदभाव को मिटा देना था। इससे ब्रिटिश सरकार को भय हुआ और उसने बड़ी चतुराई से दोनों सम्प्रदायों को आपस में लड़ा कर राष्ट्रीय एकता को सदा के लिए एक कठिन कार्य बना दिया। उन्होंने अपनी साम्राज्यवादी नीति में परिवर्तन किया। अब सरकार मुसलमानों का अधिक पक्ष लेने लगी। अंग्रेजों की नीति में इस परिवर्तन में सर सैय्यद अहमद खाँ का बहुत हाथ था। परन्तु इस समय तक मुसलमानों की कोई ऐसी अलग संस्था नहीं थी, जिसका ब्रिटिश सरकार काँग्रेस के विरुद्ध प्रयोग करती। सन् 1893 में ब्रिटिश सरकार ने ऐंग्लो-ओरियन्टल डिफेन्स ऐसोसिएशन' (Anglo-Oriental Defence Association) नामक संस्था के निर्माण में मुसलमानों की काफी सहायता की। इससे कुछ समय पश्चात् कांग्रेस का विरोध करने के उद्देश्य से 'ऐंग्लो-मुस्लिम डिफेन्स ऐसोसिऐशन' नाम की दूसरी संस्था की स्थापना की गई थी। वायसरायों तथा गर्वनरों को मान-पत्र देते समय ये मुस्लिम संस्थायें यह ध्यान दिलाती थीं कि मुसलमान बहुत पिछड़े हुए हैं तथा सरकारी पदों पर इनकी भी नियुक्ति की जाये। इन संस्थाओं के द्वारा मुसलमानों ने सरकार की सहानुभूति प्राप्त कर ली। सन् 1905 में लार्ड कर्जन का बंगाल का विभाजन भी एक मुसलम्मनी प्रान्त की स्थापना की ओर प्रयत्न था, जिसके पीछे लक्ष्य बंगाल में बढ़ती हुई राष्ट्रीयता की भावना को रोकना था।

मुस्लिम प्रतिनिधि मण्डल

सन् 1905 में बंगाल विभाजन के पश्चात सरकार ने मुसलमानों को प्रेरित किया कि वे अपना प्रतिनिधि मण्डल वायसराय के पास भेजें, जो उनके लिये पृथक अधिकारों की माँग करे। इसके पीछे लार्ड मिन्टो के निजी सचिव कर्नल स्मिथ का हाथ था। उसने अलीगढ़ कालेज के

प्रिंसीपल को लिखा था कि यदि मुसलमानों का एक शिष्ट मण्डल वायसराय से मिले तो उसे प्रसन्नता होगी। अक्टूबर 1906 को मुसलमानों की ओर से एक प्रतिनिधि मण्डल शिमला में वायसराय से मिला और यह माँग की कि यदि भविष्य में होने वाले संवैधानिक सुधारों में निर्वाचन सिद्धान्त को स्वीकार कर लिया जाता है, तो उन्हें भी अपने प्रतिनिधि निर्वाचित करने का अधिकार प्रदान किया जाये। यह मुसलमानों की साम्प्रदायिक प्रतिनिधित्व की माँग थी। लार्ड मिन्टो ने इस प्रतिनिधि मण्डल की बातों को ध्यानपूर्वक सुना और उसे आश्वासन दिया कि ''किसी भी प्रकार के प्रतिनिधित्व में चाहे वह नगरपालिका या जिला बोर्ड व्यवस्थापिका सभा किसी का भी हो, जिसमें निर्वाचन के सिद्धान्त को लागू किया जायेगा, उसमें मुसलमानों को पृथक प्रतिनिधित्व दिया जायेगा।'' उसने यह भी कहा कि तुम्हारी स्थिति को संस्था के अनुरूप नहीं बल्कि तुम्हारी जाति के राजनीतिक महत्व एवं उसके द्वारा की गई साम्राज्य की सेवाओं के आधार पर आँकना चाहिये। वायसराय ने शिमला में अपने भवन में प्रतिनिधि मण्डल को पार्टी भी दी। डा॰ राजेन्द्र प्रसाद के शब्दों में,'' पाकिस्तान का वास्तविक जन्मदाता जिन्ना या रहमतुल्ला नहीं बल्कि लार्ड मिण्टो था।''

इस अवसर के सम्बन्ध में लार्ड मिन्टो ने लिखा है ''यह अत्यन्त महत्वपूर्ण दिवस है जैसा कि मुझ से किसी ने कहा था कि यह भारतीय इतिहास में एक महान् घटना है।'' इस सम्बन्ध में एक अंग्रेज अफसर ने वायसराय को लिखा था ''आज एक बहुत बड़ी घटना हो गई है–एक ऐसी घटना जो भारत के इतिहास को वर्षों तक प्रभावित करेगी। आज 6 करोड़ और 20 लाख भारतीयों को विद्रोही सेना में भरती होने से रोक लिया गया है।''

भारत में मुस्लिम लीग

मुस्लिम लीग की स्थापना

मौलाना मौहम्मद अली के शब्दों में ''मुसलमानों का शिमला प्रतिनिधि मण्डल अंग्रेजों के द्वारा बजाई हुई बाँसुरी थी।'' इस प्रतिनिधि मण्डल की सफलता ने उसमें भाग लेने वाले मुसलमानों को अपनी अलग संस्था बनाने का प्रोत्साहन दिया। ढाका के नवाब सलीमुल्ला खाँ ने इस प्रकार के संगठन की एक अल्पकालीन योजना बनाई, जिसके फलस्वरूप अखिल भारतीय मुस्लिम लीग की स्थापना हुई। लीग का पहला अधिवेशन 30 दिसम्बर 1906 को ढाका में हुआ। इसके उद्देश्य निम्नलिखित थे–

(1) भारतीय मुसलमानों में अंग्रेजी सरकार के प्रति भक्तिभाव का संचार करना तथा उन सभी विचारों का निराकरण करना, जो सरकार के निर्णयों अथवा कानून से पैदा हुये थे।

(2) भारतीय मुसलमानों के राजनीतिक तथा अन्य अधिकारों की रक्षा करना और उनकी आवश्यकतायें तथा आकाँक्षायें सरकार के सम्मुख संयत भाषा में उपस्थित करना।

(3) उपरोक्त उद्देश्यों का खण्डन किये बिना मुसलमानों तथा भारत की अन्य जातियों के मध्य मैत्रीपूर्ण भावनाओं का प्रसार करना।

मुस्लिम लीग की राजनीति (1906-1915)

मुस्लिम लीग के सन् 1908 के अमृतसर अधिवेशन में जातीय प्रतिनिधित्व की वृद्धि तथा प्रिवी कौंसिल में एक हिन्दू तथा एक मुसलमान को शामिल करने की माँग की गई। मुसलमानों ने सरकारी नौकरियों में पर्याप्त स्थान दिए जाने की भी माँग की। यह माँग सन् 1909 तथा 1910 के अधिवेशन में भी दोहराई गई। सन् 1909 के मिन्टो-मोर्ले सुधार द्वारा हिन्दुओं तथा काँग्रेस के प्रभाव को कम करने के लिए विधान मण्डल में मुसलमानों को उनकी संख्या के अनुपात से अधिक स्थान दिया गया। सन् 1912 तक मुस्लिम लीग सरकार के प्रति राजभक्ति में विश्वास करती रही परन्तु सन् 1913 से वह भारत के लिये औपनिवेशिक स्वराज्य का प्रयत्न करने लगी। यूरोप की कुछ घटनाओं से उसकी इस प्रवृत्ति को प्रोत्साहन मिला। बीसवीं शताब्दी के प्रारम्भिक वर्षों में तुर्की साम्राज्य के यूरोप में स्थित बल्कान प्रान्तों ने स्वतन्त्रता प्राप्ति का प्रयत्न किया और इस प्रयत्न में अंग्रेजों ने उन्हें सहयोग दिया। तुर्किस्तान में सामन्तकाल में तुर्की साम्राज्य को एक शक्तिशाली आधुनिक राज्य बना देने के उद्देश्य से एक नवयुवक तुर्क आन्दोलन हुआ। इस आन्दोलन से अंग्रेजों को यह आशंका हुई कि शक्तिशाली तुर्किस्तान उसके एशिया स्थित साम्राज्य के लिये भय का कारण बन सकता था। इसलिये आन्दोलन का दमन करने में उन्होंने तुर्की सुल्तान की पूरी सहायता की। इस सहायता से स्वयं भारत में मुसलमानों को नीचा देखना पड़ा। 12 दिसम्बर, 1911 को मुसलमानी विभाजन का अन्त कर दिया गया। इन घटनाओं के परिणामस्वरूप लीग काँग्रेस के अधिक निकट आती गई। सन् 1913 में उसने अपना उद्देश्य बदल कर "ब्रिटिश शासन सत्ता के आधीन भारत के लिये उचित स्व-शासन की प्राप्ति" कर दिया। सन् 1914 के प्रथम महायुद्ध में अंग्रजों के तुर्की से लड़ने के कारण भारतीय मुसलमान अंग्रेजों के विरोध में हो गए। इसी वर्ष के लीग अधिवेशन में डा० अन्सारी और मौलाना अबुलकलाम आजाद के प्रयत्नों के परिणामस्वरूप लीग और कांग्रेस में सहयोग की भावना और भी मजबूत हो गई।

कांग्रेस-लीग समझौता (1916)

मि० जिन्ना के प्रयत्न से कांग्रेस तथा लीग के बीच का तनाव कम होता गया। सन् 1916 के लखनऊ समझौते से दोनों दलों में सहयोग की भावना विकसित हुई। इस समझौते की मुख्य शर्तें निम्नलिखित थीं-

(1) मुसलमानों का पृथक् प्रतिनिधित्व पूर्ववत् बना रहेगा।

(2) साधारण क्षेत्रों में मुसलमानों का मताधिकार नहीं रह जायेगा।

(3) कोई प्रस्तावित कानून-व्यवस्था, उसका कोई अंश अथवा किसी सम्प्रदाय विशेष से सम्बन्ध रखने वाला कोई प्रस्ताव, उस सम्प्रदाय के तीन चौथाई सदस्यों के विरोध किये जाने पर आगे नहीं बढ़ाया जायेगा।

(4) केन्द्रीय व्यवस्थापिका में निर्वाचित सदस्यों के 1/3 सदस्य मुसलमान रखे जायेंगे तथा प्रान्तों में मुस्लिम स्थानों की संख्या एक पूर्व निश्चित अनुपात में रहेगी।

अग्रलिखित तालिका से लखनऊ समझौते तथा मान्टेग्यू चेम्सफोर्ड के आधीन मुसलमानों की तुलनात्मक स्थिति पर प्रकाश पड़ता है-

व्यवस्थापिका	जनसंख्या का मुस्लिम प्रतिशत	लखनऊ समझौते के अनुसार निर्धारित मुस्लिम सदस्यों का प्रतिशत	1919 के सुधारों के आधीन निर्धारित मुस्लिम सदस्यों का प्रतिशत
1. पंजाब	55.2	50	48.5
2. संयुक्त प्रान्त	14.33	30	30
3. बंगाल	54.6	40	40.5
4. बिहार उड़ीसा	10.9	25	25
5. मध्य प्रान्त	4.4	15	1
6. मद्रास	6.7	15	14
7. बम्बई	19.8	33.3	35
8. आसाम	32.3	कोई व्यवस्था नहीं	65.5
9. केन्द्रीय	24.0	33.3	34

कांग्रेस-लीग समझौते से दो बड़ी राजनीतिक संस्थाओं में मिलाप हो गया। दोनों ने अपने उद्देश्य पूर्ति के लिए एक समान कार्यक्रम निशिचत किया। कूपलैंड के अनुसार "लखनऊ पैक्ट को भारतीय राष्ट्रवाद की बहुत बड़ी विजय कहा गया है।" परन्तु बास्तव में यह समझौता प्रशंसा के योग्य नहीं है। कांग्रेस ने मुसलमानों की पृथक् निर्वाचन सम्बन्धी माँग यह समझकर स्वीकार कर ली थी कि थोड़े दिनों में मुसलमानों का संदेह दूर हो जाने पर यह व्यवस्था समाप्त हो जायेगी परन्तु यह कांग्रेस की भारी भूल थी। साम्प्रदायिक निर्वाचन क्षेत्रों के फलस्वरूप हिन्दू-मुसलमानों के बीच वैमनस्य बढ़ गया। साईमन कमीशन तक ने स्वीकार किया कि इस प्रकार के निर्वाचन क्षेत्र समान नागरिकता की भावना के विकास में रोड़े हैं। आगे चलकर साम्प्रदायिक प्रश्न स्वराज्य के मार्ग में सबसे बड़ा रोड़ा सिद्ध हुआ।

खिलाफत आन्दोलन

प्रथम महायुद्ध के समय भारतीयों ने तन-मन-धन से इंगलैंड की सहायता की। इंगलैंड ने भारतीयों को आश्वासन दिया कि युद्ध समाप्त होने पर भारत को अपने भविष्य के विषय में स्वयं निर्णय करने का अधिकार दे दिया जायेगा। अतएव जब सन् 1918 में युद्ध समाप्त हुआ तो हिन्दुओं तथा मुसलमानों को बड़ी-बड़ी आशायें थी। युद्ध समाप्त होने के कुछ समय पश्चात् अंग्रेजों और टर्की में सन्धि हो गई। अंग्रेजों ने मुसलमानों के खलीफा टर्की के सुल्तान को गद्दी से उतार दिया क्योंकि वह अंग्रेजों के विरुद्ध युद्ध में लड़ा था। अंग्रेजों ने टर्की के साम्राज्य के टुकड़े करके काफी भाग पर स्वयं अधिकार कर लिया। इससे भारत के मुसलमानों में भारी रोष उत्पन्न हुआ और उन्होंने अंग्रेजों के विरुद्ध आन्दोलन चलाने का निश्चय किया। इस आन्दोलन का मुख्य कारण, मुसलमानों का यह धार्मिक विश्वास था कि भौतिक एवं आध्यात्मिक संस्था के रूप में खिलाफत का अस्तित्व इस्लाम का आधार है और तुर्की सम्राट ही अकेला शासक है, जो

इस्लाम के धर्म स्थानों की रक्षा करने का उत्तरदायित्वपूर्ण कर्त्तव्य उचित रीति से सम्पादित कर सकता है। जनवरी 1920 में डा० अन्सारी के नेतृत्व में मुसलमानों के एक प्रतिनिधि मण्डल ने वायसराय से मिलकर उन्हें टर्की साम्राज्य तथा सुल्तान को खलीफा बनाये रखने की आवश्यकता समझाने का प्रयत्न किया। इसी वर्ष महात्मा गांधी के नेतृत्व में क्रांग्रेस ने खिलाफत आन्दोलन का समर्थन किया तथा असहयोग का प्रस्ताव भी स्वीकार किया। वास्तव में असहयोग और खिलाफत आन्दोलन साथ-साथ चलते रहे क्योंकि दोनों आन्दोलनों के नेताओं को एक दूसरे से काफी सहानुभूति थी। हिन्दू-मुस्लिम एकता को मजबूत बनाने के लिए कांग्रेस ने खिलाफत आन्दोलन की सहायता करने का निश्चय किया। इसी प्रकार खिलाफत आन्दोलन के मुस्लिम नेताओं ने असहयोग आन्दोलन में पूर्ण रूप से कांग्रेस का साथ दिया। उसमें सक्रिय रूप से भाग लेने के अपराध में मुहम्मद अली और शौकत अली के अतिरिक्त अन्य मुसलमान भी जेल गये।

मोपला विद्रोह

मालाबार में खिलाफत आन्दोलन बडी तेजी पर था। यहाँ पर मुसलमानों की संख्या बहुत अधिक थी। यहाँ के मुसलमान कट्टर धार्मिक और पिछड़े हुए वर्ग के थे। ये मोपला (Mopla) कहलाते थे। सरकार चाहती थी असहयोग कि आन्दोलन की आग इन लोगों तक न पहुँचे। इसलिए प्रान्त में जहां मोपला लोगों की संख्या अधिक थी, वहां सरकार ने धारा 144 लगा दी। मोपला लोगों के धार्मिक नेताओं का अपमान किया, अतः उन्होंने विद्रोह कर दिया। यह विद्रोह आरम्भ में राजनीतिक था, परन्तु बाद में इसने साम्प्रदायिक और हिंसात्मक रूप धारण कर लिया। सैकड़ों निर्दोष हिन्दू मौत के घाट उतार दिये गये। अगले वर्ष के मध्य तक साम्प्रदायिक एकता समाप्त हो गई। दूसरी तरफ असहयोग आन्दोलन प्रायः समाप्त हो चुका था। टर्की के खलीफा को पदच्युत कर स्वयं अपनी शासन व्यवस्था सम्भालने का निर्णय कर लेने के साथ खिलाफत आन्दोलन भी निराधार हो गया था। इन स्थितियों में अनेक मुसलमान कांग्रेस छोड़कर 'तंजीम' तथा 'तबलीग' आन्दोलन में शामिल हो गये। दूसरी ओर हिन्दुओं ने भी 'संगठन' तथा शुद्धि' के आन्दोलनों को प्रोत्साहित करना आरम्भ किया। इन विरोधी आन्दोलनों से साम्प्रदायिक वैमनस्य की आग धधक और उठी। सन् 1923 से 1931 तक देश के अनेक भागों में भयानक साम्प्रदायिक दंगे हुए।

लीग में फूट

खिलाफत आन्दोलन के समय मुस्लिम लीग का प्रभाव बहुत कम हो गया था और जमीयत-उल-उलेमा तथा खिलाफत समिति आदि संस्थाओं का महत्व बहुत बढ़ गया था। लीग के सन् 1923 के लखनऊ के अधिवेशन में इतने कम व्यक्तियों ने भाग लिया कि गणपूरक संख्या न होने के कारण खुला अधिवेशन न हो पाया। परन्तु अगले वर्ष मि० जिन्ना ने लीग को पुनर्जीवित करने का प्रयत्न किया। साम्प्रदायिक निर्वाचन व्यवस्था ने दोनों सम्प्रदायों के बीच वैमनस्य की खिड़की को और चौड़ा कर दिया था। मार्च 1927 में जिन्ना साहब ने दिल्ली में मुसलमान नेताओं का एक सम्मेलन किया। इस सम्मेलन में उनके प्रयत्नों से दोनों सम्प्रदायों के संयुक्त निर्वाचन पर आधारित एक समझौता सर्वसम्मति से स्वीकार कर लिया गया। यद्यपि जिन्ना साहब स्वयं लीग में एकता बनाये रखने में सफल नहीं हो सके। संयुक्त निर्वाचन के प्रश्न पर

मुसलमानों में मतभेद उत्पन्न हो गया। सर मोहम्मद शफी के नेतृत्व में पंजाब की मुस्लिम लीग ने इस प्रस्ताव का कड़ा विरोध किया। साईमन कमीशन के भारत आगमन ने इस मतभेद को और तीव्र कर दिया। जिन्ना साहब और उनके लीग समर्थकों ने कमीशन के बहिष्कार का निश्चय किया, परन्तु सर मौहम्मद शफी उसका स्वागत करने के पक्ष में थे। इस प्रकार सन् 1927 में मुस्लिम लीग के दो विरोधी अधिवेशन एक सर मौहम्मद शफी के नेतृत्व में लाहौर में तथा दूसरा जिन्ना साहब के नेतृत्व में कलकत्ता में हुए। कलकत्ता अधिवेशन में लार्ड बर्केनहेड की यह चेतावनी स्वीकार कर ली गई कि भारतीय स्वयं कोई ऐसा संविधान नहीं बना सकते, जो सभी दलों को स्वीकार हो। सम्मेलन ने कांग्रेस तथा अन्य राजनीतिक दलों के साथ मिलकर ऐसा संविधान तैयार करने के लिये एक उपसमिति नियुक्त की। उधर राष्ट्रवादी मुसलमानों ने लीग से पृथक् होना आरम्भ कर दिया था। इससे लीग पूर्णतया नरम दल के हाथों में आ गई।

जिन्ना का मत परिवर्तन

31 दिसम्बर, 1928 को सर्वदलीय मुस्लिम सम्मेलन (All Parties Muslim Conference) दिल्ली में आरम्भ हुआ जिसका सभापतित्व हिज हाइनेस आगा खां ने किया। जिन्ना ने लीग के दोनों दलों में समझौता करवाने का प्रयत्न किया। सन् 1929 में दिल्ली में लीग का एक विशेष अधिवेशन हुआ जिसमें जिन्ना ने 14 शर्तों वाला निम्नलिखित कार्यक्रम प्रस्तुत किया।

(1) भावी संविधान का रूप संघीय हो तथा अवशिष्ट शक्तियों पर प्रान्तों का अधिकार हो।

(2) संघ के समस्त प्रान्तों को समान रूप से स्वायत्त शासन प्राप्त हो।

(3) सभी व्यवस्थापिका सभाओं में अल्प मतों को यथेष्ट प्रतिनिधित्व प्राप्त हो, परन्तु इसका ध्यान रखा जाये कि किसी प्रान्त विशेष में किसी वर्ग का बहुमत अल्पसंख्या अथवा समसंख्या में परिणत न हो।

(4) साम्प्रदायिक वर्गों का प्रतिनिधित्व पूर्ववत् निर्वाचन प्रणाली के अनुसार बना रहे।

(5) ऐसा कोई प्रादेशिक पुनर्वितरण न किया जाये जिसमें पंजाब, बंगाल अथवा उत्तर-पश्चिमी सीमा प्रान्त प्रदेश के मुस्लिम बहुमत पर प्रभाव पड़ने की सम्भावना हो।

(6) सभी सम्प्रदायों को पूर्ण धार्मिक स्वतन्त्रता का आश्वासन दिया जाये।

(7) किसी विधानसभा में किसी सम्प्रदाय विशेष के तीन चौथाई प्रतिनिधि किसी प्रस्तावित कानून को अपने सम्प्रदाय के लिए अहितकर कह कर उसका विरोध करें, तो यह कानून किसी दशा में भी स्वीकार न किया जाये।

(8) सिन्ध को बम्बई प्रान्त से पृथक कर दिया जाये।

(9) अन्य प्रान्तों की भाँति उत्तर-पश्चिमी सीमा प्रान्त और बिलोचिस्तान में भी सुधार की व्यवस्था की जाये।

(10) मुसलमानों को भी सरकारी नौकरियों तथा स्व-शासित संस्थाओं में यथेष्ट प्रतिनिधित्व दिलाने की व्यवस्था संविधान में की जाये।

(11) संविधान में मुस्लिम संस्कृति, शिक्षा, भाषा, धर्म इत्यादि की रक्षा तथा उन्नति के लिये उचित अभिरक्षणों (Safeguards) की व्यवस्था की जाये।

(12) प्रत्येक केन्द्रीय अथवा प्रान्तीय मन्त्रिमण्ल में मुसलमान सदस्यों का अनुपात पूर्ण संख्या के एक तिहाई से किसी दशा में कम न हो।

(13) भारतीय संघ के प्रान्तों की सम्मति लिये बिना केन्द्रीय व्यवस्थापिका संविधान में कोई संशोधन न करे।

पाकिस्तान का बीज

सन् 1930 में कांग्रेस ने सविनय अवज्ञा आन्दोलन शुरू किया परन्तु लीग इस आन्दोलन से पृथक रही। इसी वर्ष लीग के इलाहाबाद अधिवेशन का सभापतित्व करते हुये डा॰ इकबाल ने कहा ''मै चाहता हूँ कि पंजाब, सीमान्त प्रदेश, सिन्ध और बिलोचिस्तान को मिलाकर एक राज्य बना दिया जाय।'' उन्होंने कहा कि मुसलमानों का हित एक उत्तर-पश्चिमी संयुक्त मुस्लिम राज्य के निर्माण में ही है। इसी समय रहमत अली तथा कैम्ब्रिज विश्वविद्यालय के कुछ अन्य मुसलमान विद्यार्थियों ने इंगलैंड में एक पुस्तिका प्रकाशित की, जिसमें कहा गया था कि मुसलमानों को अपना संघ 'पाकिस्तान' (Pakistan) बनाने का अधिकार मिलना चाहिये। उनके पाकिस्तान का अभिप्राय—पंजाब, उत्तर-पश्चिमी सीमा प्रान्त, काश्मीर, सिन्ध तथा बिलोचिस्तान का संघ राज्य था। परन्तु पाकिस्तान की विचारधारा के जन्मदाता रहमत अली ने केवल उत्तर-पश्चिम के प्रान्तों में रहने वाले मुसलमानों के पृथक संघ राज्य बनाने की माँग की थी। उनकी इस योजना पर किसी ने गम्भीरता पूर्वक विचार नहीं किया। कुछ मुसलमानों ने इसकी कटु आलोचना की और इसको विद्यार्थियों के मस्तिष्क की योजना कहा।

साम्प्रदायिक निर्णय

लन्दन के पहले दो गोलमेज सम्मेलनों में साम्प्रदायिक प्रश्न पर कोई समाधान न हो पाया। इस दिशा में स्वयं महात्मा गांधी ने भी प्रयत्न किया परन्तु वह सफल न हो सके। अन्त में अगस्त 1932 में प्रधान मन्त्री रैम्जे मैकडोनल्ड ने अपने **साम्प्रदायिक निर्णय** (Communal Award) की घोषणा की। इस में मुसलमानों और सिक्खों के अलावा भारतीय ईसाई ऐंग्लो-इण्डियन यथा योरोपियन सम्प्रदायों के लिये भी पृथक निर्वाचन की व्यवस्था की गई। इसमें स्त्रियों, श्रमिकों, व्यापार-हितों, जमींदारों तथा विश्वविद्यालयों इत्यादि को विशेष प्रतिनिधित्व दिया गया। मेहता और पटवर्धन के अनुसार, ''सन् 1909 में निर्वाचन क्षेत्रों के दस भाग किये गये थे, अब (सन् 1932 में) उनके 17 असमान भाग कर दिये गये। स्त्रियों तथा भारतीय ईसाइयों पर उनकी इच्छाओं के प्रतिकूल पृथक प्रतिनिधित्व लादा गया और हरिजनों को साम्प्रदायिक निर्वाचन का अधिकार देकर हिन्दू समाज को और अधिक अशक्त बना दिया गया। यह विभाजन धर्म एवं व्यवसाय के आधार पर किया गया था तथा संघर्षपूर्ण विभाजन की कोई भी सम्भावना बचा कर नहीं रक्खी गई थी।''[1]

---

1. "The electorate in 1909 was broken up into 10 parts now (in 1932) it is fragmented into 17 unequal bits. Separate electorates were thrust against their wishes on women and Indian Christians The Hindu community was further weakened by giving separate representation to the scheduled classes. Divisions on the basis of religion, occupation and service were made. Every possible cross division was introduced."

—Mehta and Patwardhan

साम्प्रदायिक निर्णय पर भाषण समाप्त करते हुए रेमजे मेकडोनेल्ड ने कहा कि "सरकार ने किसी का पक्ष नहीं लिया है। इसमें सबके हितों का ध्यान रखा गया है और वह आशा करती है कि समस्त वर्ग इस निर्णय को स्वीकार करेंगे......भारत मन्त्री ने उनको यह आश्वासन दे दिया कि नव भारत सरकार अधिनियम के पारित होने के पूर्व भारत के विभिन्न सम्प्रदाय पारस्परिक समझौते द्वारा जो निर्णय कर लेगें, वह उनको स्वीकार होगा।" इस निर्णय के अनुसार कुछ वर्गों का अत्यधिक पक्ष लिया गया और कुछ की पूर्ण रूप से उपेक्षा की गई। यह निर्णय यूरोपियनों, ऐंग्लो-इण्डियन तथा मुसलमानों के प्रति उदार था, किन्तु हिन्दुओं के प्रति अधिक अन्याय हुआ। श्री एटली ने कहा था कि "साम्प्रदायिक निर्णय का आधार कामचलाऊ ही नहीं होना चाहिए। इस निर्णय ने मुसलमानों के साथ पक्षपात और हिन्दुओं के साथ अन्याय किया है। साम्प्रदायिक निर्णय तो केवल इसलिए होना चाहिए कि विभिन्न अल्पमतों वालों को उचित संरक्षण मिल सके। लेकिन साम्प्रदायिक पृथक निर्वाचन से घोर साम्प्रदायिकता बढ़ेगी। संयुक्त निर्वाचन से ही साम्प्रदायिकता का विष बढ़ने और फैलने से रोका जा सकता है।" श्री सी॰ वाई॰ चिन्तामणी ने कहा "किसी भी दृष्टि से मैं इस निर्णय को सही, बुद्धिमता पूर्ण और न्यायपूर्ण नहीं मानता.....मैं इस भयानक साम्प्रदायिक निर्णय का परिणाम अभी से देख रहा हूँ इससे साम्प्रदायिक मनमुटाव बढ़ेगा। आई॰ सी॰ एस॰ (I. C. S.) के अफसरों के हाथ मजबूत होंगे......... ये अफसर सदैव की भाँति अपने को सर्वशक्तिमान समझते रहेंगे।"

मुस्लिम लीग ने साम्प्रदायिक निर्णय को तुरन्त स्वीकार कर लिया। परन्तु गांधीजी ने इसका विरोध करते हुए 20 सितम्बर, 1932 को अनशन आरम्भ कर दिया। शीघ्र ही पं॰ मदनमोहन मालवीय, श्री वल्लभ भाई पटेल, श्री जयकर आदि के प्रयत्नों से पूना समझौता (Poona Pact) सम्पन्न हो गया। इस समझौते के अनुसार हरिजनों के लिए बनाई गई आरक्षण प्रणाली में संशोधन किया गया।यह निश्चित हुआ कि केन्द्रीय तथा प्रान्तीय व्यवस्थापिका में कुछ स्थान हरिजनों के लिये सुरक्षित रक्खे जायें। इसके साथ ही उन्हें सरकारी नौकरियों में उचित स्थान दिया जाय। सरकार ने इस समझौते को मान लिया। इसके बाद गांधीजी ने उपवास तोड़ दिया।

सन् 1935 के अधिनियम के अधीन नव निर्वाचन

सभी राजनीतिक दलों ने सन् 1935 के अधिनियम की लगभग तीव्र आलोचना की। अप्रैल 1936 के बम्बई अधिवेशन में मुस्लिम लीग ने इसकी आलोचना करते हुए प्रान्तीय सुधारों की व्यवस्था को स्वीकार किया, परन्तु केन्द्रीय सुधारों की व्यवस्था को अस्वीकार कर दिया। उध र कांग्रेस ने पूरी योजना को अस्वीकार करते हुये निश्चिय किया कि उसके प्रतिनिधि भारतीय जनता के हित के लिए निर्वाचन लड़कर व्यवस्थापिका सभा में जायें किन्तु उसका उद्देश्य संविधान को निष्क्रिय बनाकर उसका अन्त कर देना था। सन् 1936-37 के शीत काल में नये संविधान के आधीन निर्वाचन हुए। निर्वाचन में लीग ने मुसलमानों की समस्त सीटों पर या तो उम्मीदवार नहीं खड़े किए, या वह परास्त हुई। कांग्रेस को 6 प्रान्तों में पूर्ण बहुमत प्राप्त हुआ। मुस्लिम लीग को उन प्रान्तों में भी अर्थात बंगाल, पंजाब, सिन्ध तथा उत्तर-पश्चिमी सीमा प्रान्त में बहुमत प्राप्त नहीं हुआ, जिनमें मुसलमान बहुसंख्या में थे। लीग किसी भी प्रान्त में किसी मुस्लिम या गैर- मुस्लिम दल के अपना मन्त्रिमण्डल नहीं बना सकती थी। इस प्रकार सन् 1937 के बाद 11

में से 7 प्रान्तों में कांग्रेस के मन्त्रिमण्डल बन गये। परन्तु मुस्लिम लीग मन्त्रिमण्डल किसी भी प्रान्त में न बन सका। अत: जब उत्तर प्रदेश में कांग्रेस ने मुस्लिम लीग के साथ मिलकर मन्त्रिमण्डल बनाने से इन्कार कर दिया तो लीग के सदस्यों में बहुत ईर्ष्या उत्पन्न हुई। और उसके नेताओं ने एक रिपोर्ट तैयार की जिसे परिपुर रिपोर्ट कहते हैं। इस रिपोर्ट में कांग्रेस मन्त्रिमण्डलों पर हिन्दुओं के पक्षपात के झूठे आरोप लगाये गये थे। सन् 1939 में कांग्रेस मन्त्रिमण्डलों ने त्याग-पत्र दे दिया। जिन्ना साहब ने कांग्रेस की कटु आलोचना की। प्रान्तों में कांग्रेसी शासन का अन्त होने के उपलक्ष में उन्होंने मुसलमानों को 'मुक्ति दिवस' मनाने का आदेश दिया। मुक्ति दिवस के आयोजन ने इस विश्वास कों और भी पक्का बना दिया कि लीग कांग्रेस से किसी भी प्रकार का समझौता करने को इच्छुक नहीं है।

पाकिस्तान की मांग

सन् 1935 में ही लीग ने एक पृथक राज्य की स्थापना का लक्ष्य बना लिया था। इसके तीन वर्ष के पश्चात् सन् 1938 में उसने देश के विभाजन की माँग उठाई। इसके पश्चात् सन् 1940 में लाहौर अधिवेशन में उसने यह माँग की कि उन प्रदेशों को भारत से पृथक कर दिया जाये जिनमें मुसलमान बहुसंख्या में रहते हैं। सन् 1941 के मद्रास अधिवेशन में लीग के सभापति मि० जिन्ना ने स्पष्ट शब्दों में कहा कि ''मुस्लिम लीग का उद्देश्य उत्तर-पश्चिमी तथा पूर्वी प्रदेशों में स्वतन्त्र राज्य की स्थापना है। हम किसी भी दशा में ऐसा संविधान स्वीकार करने के लिए तैयार नहीं हैं, जो समस्त भारत के लिए एक केन्द्रीय सरकार की स्थापना करता है।'' इस प्रकार श्री जिन्ना ने पाकिस्तान की प्राप्ति को मुस्लिम लीग का उद्देश्य घोषित किया।

सरकार तथा कांग्रेस की प्रतिक्रिया

सन् 1941 में मुस्लिम लीग ने पाकिस्तान की माँग प्रत्यक्ष रूप में सरकार के सम्मुख रखी। इसी वर्ष कांग्रेस ने भी अपनी पूर्ण स्वाधीनता की माँग सरकार के सम्मुख रखी। द्वितीय महायुद्ध के कारण ब्रिटिश सरकार इस समय संकटपूर्ण स्थिति में थी। भारतीय साम्प्रादायिक गतिरोध को दूर करना चाहती थी। सरकार ने सन् 1943 में सर स्टेफर्ड क्रिप्स को योजना सहित भारत भेजा। उन्होंने अपनी योजना में स्पष्ट रूप से घोषणा की कि युद्ध के पश्चात् भारत को औपनिवेशिक स्वराज्य प्रदान किया जायेगा। भारत में एक संघ का निर्माण होगा तथा प्रत्येक प्रान्त को उसमें शमिल होने अथवा न होने की स्वतन्त्रता होगी। इससे स्पष्ट है कि सरकार ने पाकिस्तान की स्थापना की ओर इशारा किया। कांग्रेस ने इस योजना को स्वीकार नहीं किया। लीग को इस योजना के सम्बन्ध में यह आपत्ति थी कि इस योजना के अन्तर्गत पाकिस्तान की निश्चित व्यवस्था नहीं थी। क्रिप्स योजना के असफल हो जाने पर कांग्रेस ने अपना प्रसिद्ध प्रस्ताव ''भारत छोड़ो' पास किया। जिन्ना ने कहा कि इस प्रस्ताव के परिणामस्वरूप होने वाला आन्दोलन मुख्य रूप से मुसलमानों के विरुद्ध था, ब्रिटिश सरकार के विरुद्ध नहीं। परन्तु भारत छोड़ो आन्दोलन से मुसलमानों का कोई अहित न हुआ।

साम्प्रदायिक समस्या का निर्णय करने के लिए सी॰ आर॰ फार्मूला

सन् 1944 में श्री राजगोपालाचार्य ने साम्प्रदायिक समस्या के समाधान के लिए एक योजना प्रस्तुत की, जो सी॰ आर॰ फार्मूला के नाम से विख्यात है। इसकी शर्तें निम्नलिखित थीं :

(1) मुस्लिम लीग पूर्ण स्वतन्त्रता का समर्थन करेगी और अन्तरिम काल के लिए सरकार बनाने में कांग्रेस के साथ सहयोग करेगी।

(2) युद्ध समाप्त होने के बाद मुस्लिम बहुमत वाले क्षेत्रों में मत गणना की जायेगी कि वे एक पृथक राज्य की स्थापना चाहते हैं अथवा नहीं।

(3) विभाजन के पश्चात् सुरक्षा, यातायात और दूसरे आवश्यक विषयों पर पारस्परिक समझौते होंगे।

अभ्यास के लिए प्रश्न

1. भारतीय राजनीति में मुस्लिम साम्प्रदायवाद पर एक निबन्ध लिखिये।
2. ब्रिटिश काल में भारत में साम्प्रदायिकता के विकास पर एक आलोचनात्मक लेख लिखिये।
3. 1906 से 1947 तक भारत में मुस्लिम साम्प्रदायिकता के विकास का उल्लेख कीजिये।
4. ब्रिटिश शासन के अन्तर्गत भारत में साम्प्रदायिक दंगों के सामान्य कारण क्या थे?
5. भारत में साम्प्रदायिकता का विकास किन कारणों से हुआ? क्या आप इस कथन से सहमत हैं कि लार्ड मिन्टो वास्तव में सम्प्रदाय निर्वाचन प्रणाली के जन्मदाता हैं?
6. 1916 के कांग्रेस-लीग सन्धि के मुख्य प्रयोजन क्या थे? उसकी क्या त्रुटियाँ थी?
7. भारत में मुस्लिम साम्प्रदायिकता तथा मुस्लिम लीग के विकास के कारणों पर प्रकाश डालिये। ब्रिटिश नीति 'विभाजन करो और शासन करो' ने कहां तक इसमें सहयोग दिया।
8. भारतीय राष्ट्रीय आन्दोलन में मुस्लिम साम्प्रदायवाद के उदय तथा विकास की विवेचना कीजिये।
9. भारत में मुस्लिम साम्प्रदायिकता के विकास की परिस्थितियों का वर्णन करिए। इसके लिये आप किस सीमा तक ब्रिटिश नीतियों को उत्तरदायी मानते हैं? अपना उत्तर कारणों सहित दीजिये।

14

संवैधानिक सुधार
(Constitutional Reforms)

ऐतिहासिक पृष्ठभूमि

जब ईस्ट इंडिया कम्पनी ने भारत की राजनीतिक सत्ता पर अधिकार स्थापित कर लिया, तब कम्पनी के कार्य में ब्रिटिश संसद दिलचस्पी लेने लगी। ब्रिटिश संसद और सरकार ने यह अनुभव किया कि कम्पनी की सत्ता पर संसदीय नियन्त्रण स्थापित करना आवश्यक है। सन् 1773 ई० के 'रेग्यूलेटिंग एक्ट' के माध्यम से ब्रिटिश सरकार ने इस दिशा में पहला कदम उठाया। 1784 ई० में 'पिट् का भारतीय अधिनियम' पारित किया गया।

भारतीय शासन पर अपने नियंत्रण बढ़ाने के लिये प्रति 20 वर्ष के बाद ब्रिटिश सरकार कम्पनी को जो नवीन अधिकार-पत्र प्रदान करती थी, उसमें कम्पनी के विशेषाधिकारों में कमी कर दी जाती थी। सन् 1793 से 1853 तक प्रति बीस वर्ष के बाद इस प्रकार के निम्नलिखित 4 चार्टर अधिनियम पारित किये गये :

1793 का चार्टर अधिनियम, 1813 का चार्टर अधिनियम, 1833 का चार्टर अधिनियम और 1853 का चार्टर अधिनियम।

कम्पनी के शासन का अंत

कम्पनी के अत्याचारी शासन के विरुद्ध भारतीय जनता ने 1857 ई० में स्वतंत्रता संग्राम किया परन्तु यह असफल रहा। फिर भी इस असफल क्रान्ति ने ब्रिटिश सरकार की आँखें खोल दीं और ब्रिटिश सरकार ने भारत में ईस्ट इण्डिया कम्पनी की सत्ता समाप्त करने का निर्णय किया। सन् 1858 को सत्ता हस्तान्तरण और भारत के श्रेष्ठतर शासन हेतु कानून (Transfer of Power and Act for the better Government of India, 1858) के आधार पर ब्रिटिश सरकार ने भारत का शासन प्रत्यक्ष रूप से अपने हाथ में ले लिया।

1 नवम्बर, 1858 को ब्रिटिश साम्राज्ञी ने भारत के लिए एक घोषणा की जिस में इस देश के निवासियों के लिए 'शान्ति और समृद्धि, उनके धर्म की सुरक्षा, साम्राज्ञी की दूसरी प्रजा के

साथ व्यवहार की समानता और इन सबके अतिरिक्त उच्च सेवाओं में भारतीयों की भागीदारी का वचन दिया गया था।[1] परन्तु इस से भारतीय शासन में कोई ठोस परिवर्तन नहीं हुआ, साम्राज्ञी की घोषणा में जो बातें कही गईं थीं, उनके कार्य रूप में परिणत करने के लिए कोई प्रयत्न नहीं किये गये। इससे भारत का बहुमत असन्तुष्ट हो गया। भारतीय जनता में राजनीतिक चेतना उत्पन्न हो गई थी और अब उन्हें गौरवमयी भाषा में घोषित सत्ता हस्तान्तरण से भुलावे में नहीं डाला जा सकता था।'[2] जनता के एक बहुत बड़े वर्ग ने वैधानिक सुधारों की माँग की। इस माँग के परिणामस्वरूप केवल तीन वर्ष बाद ही सन् 1861 का भारतीय परिषद अधिनियम पारित किया गया।

भारतीय परिषद अधिनियम, 1861

सन् 1861 के अधिनियम द्वारा भारतीयों को विधायी कार्यों के लिए केन्द्रीय और प्रांतीय कार्यकारिणी परिषदों की सदस्यता प्रदान की गई। विधायी विकेन्द्रीकरण की नीति अपनाते हुए बम्बई और मद्रास प्रांतों को विधायी शक्ति दी गई। कालान्तर में बंगाल, उत्तर-पश्चिमी सीमा प्रांत और पंजाब में भी ऐसी व्यवस्था की गई। कार्यकारिणी परिषदों में विधायी कार्य के लिए गैर-सरकारी सदस्यों की नियुक्ति और गवर्नर-जनरल को अध्यादेश जारी करने का अधिकार इस अधिनियम की प्रमुख विशेषताएँ थीं। इस अधिनियम ने भारतीय प्रशासन में 'विभागीय पद्धति' (Portfolio System) को प्रारम्भ किया। प्रो॰ पायली के शब्दों में "यह अधिनियम बीसवीं सदी की भारतीय व्यवस्थापिकाओं का प्रारम्भिक राजपत्र था।"[3]

1861 के अधिनियम के दोष

1861 के अधिनियम में कुछ दोषों के कारण भारतीय जनता की आशाएं और आकांक्षाएं पूरी न हो सकीं। ये दोष निम्नलिखित हैं–

(1) अधिनियम के अन्तर्गत परिषदों में गैर-सरकारी सदस्यों की व्यवस्था की गई थी, परन्तु ये मनोनीत होते थे। अधिकतर देशी नरेश, अति धनवान व्यक्ति या अवकाश प्राप्त सरकारी अधिकारी होते थे, जो सरकार की नीति का विरोध नहीं कर सकते थे।

(2) इस अधिनियम द्वारा स्थापित विधायी परिषदें अपने संगठन या कार्यों की दृष्टि से व्यवस्थापिकाएँ न होकर कानून निर्माण की समितियाँ मात्र थीं जिनकी स्थिति देशी नरेशों के परम्परागत दरबारों जैसी थी।

(3) विधायी परिषदों की स्थापना और उनमें गैर-सरकारी सदस्यों की नियुक्ति का समस्त कार्य दिखावे के रूप में ही किया गया था।

(4) अधिनियम का उद्देश्य भारत में उत्तरदायी शासन की स्थापना करना नहीं था। अस्तु, वह भारतीय जनता की आकांक्षाओं को सन्तुष्ट न कर सका।

---

1. Dr. I Prasad, *History of Modern India*, p. 282.
2. सुन्दरलाल, *भारत में अंग्रेजी राज;* द्वितीय खण्ड, पृ॰ 979.
3. " It was the primary charter of the Indian Legislatures of the twentieth century."
—M.V. Pylee, *The Constitutional Government in India,* p. 64.

भारतीय परिषद अधिनियम, 1892

इस अधिनियम से केन्द्रीय और प्रांतीय विधायी परिषदों का विस्तार किया गया और उनके कार्यों तथा शक्तियों में वृद्धि की गई। परिषद के सदस्यों को बजट पर वाद-विवाद करने का अधिकार दिया गया। उन्हें कार्यकारिणी से प्रश्न पूछने का अधिकार भी दिया गया, यद्यपि इन अधिकारों पर अनेक प्रतिबन्ध थे। केन्द्रीय और प्रांतीय विधायी परिषदों में सरकारी और गैर-सरकारी नामजद सदस्यों के साथ निर्वाचित गैर-सरकारी सदस्यों की व्यवस्था की गई। अप्रत्यक्ष निर्वाचन व्यवस्था होने पर भी इसे प्रतिनिध्यात्मक शासन की स्थापना की दिशा में एक महत्वपूर्ण कदम कहा जा सकता है।

यह अधिनियम अपने पूर्ववर्ती अधिनियमों की तुलना में निश्चित रूप में एक प्रगतिशील कदम था।

अधिनियम 1892 के दोष

1. अपनी अन्तर्निहित कमियों और अपूर्णताओं के कारण यह अधिनियम भारतीय जनता की उचित और वैध आकांक्षाओं को सन्तुष्ट न कर सका। इससे भारतीय जनता के वास्तविक प्रतिनिधियों को विधायी परिषदों में कोई स्थान प्राप्त नहीं हुआ था।

2. विधायी परिषदों का विस्तार असन्तोषजनक था और उनकी शक्तियाँ अत्यधिक सीमित थीं। जनता की राजनीतिक शिक्षा के लिए कोई व्यवस्था नहीं की गई थी।

3. बीसवीं सदी में ब्रिटिश शासन के अन्तर्गत संवैधानिक विकास की दशा में उठाये गये महत्वपूर्ण कदम ये अधिनियम थे:

मार्ले-मिण्टो सुधार अधिनियम, 1909; द्वितीय माण्टेग्यू-चैम्सफोर्ड अधिनियम, 1919; और भारतीय शासन अधिनियम, 1935।

मार्ले-मिण्टो सुधार, 1909
(MORLEY-MINTO REFORMS, 1909)

ऐतिहासिक पृष्ठभूमि

सन् 1892 में इंगलैंड में अनुदारदलीय शासन की स्थापना के बाद से लार्ड लैंसडाउन, लार्ड एल्गिन द्वितीय और लार्ड कर्जन ने भारत के गवर्नर-जनरल के रूप में कुछ ऐसे भारत विरोधी और अविवेकपूर्ण कार्य किये थे, जिनसे भारतीय जनता ब्रिटिश शासन से बहुत असन्तुष्ट हो गयी थी। 1905 में बंगाल के विभाजन ने इस असन्तोष को बहुत अधिक बढ़ा दिया था। भारत की धार्मिक, आर्थिक और सामाजिक परिस्थितियों और अन्तर्राष्ट्रीय घटना-चक्र ने भी भारतीयों के असन्तोष को बढ़ाया और उन्हें ब्रिटिश सरकार के विरुद्ध संघर्ष करने को प्रोत्साहित किया। बीसवीं सदी के प्रारम्भ में राष्ट्रीयता की एक ऐसी लहर आयी, जो दो धाराओं में बँट गयी। इसकी प्रथम धारा उग्रवादी भारत में राष्ट्रवाद थी जो निष्क्रिय प्रतिरोध की पद्धति पर शान्तिपूर्ण ढंग से आन्दोलन कर ब्रिटिश शासन का अन्त करने के लिये थी। दूसरी धारा थी क्रान्तिकारी

राष्ट्रवाद, जिसका उद्देश्य बमों और पिस्तौलों से ब्रिटिश शासन का अन्त करना था। सर्वव्यापक असन्तोष के कारण क्रान्तिकारी आन्दोलन भी जोर पकड़ने लगा था। ब्रिटिश शासन ने प्रत्येक सम्भव तरीके से इस नवीन राष्ट्रवाद को कुचलने की चेष्टा की परन्तु इसमें उन्हें आंशिक सफलता ही मिली। शासन ने यह अनुभव किया कि यदि समय रहते वैधानिक सुधारों की कोई नवीन व्यवस्था नहीं की गयी तो काँग्रेस का उदारवादी पक्ष भी उग्र राष्ट्रवाद के मार्ग को अपना सकता है। सन् 1907 में उदारवादी नेता गोपालकृष्ण गोखले स्वयं भारत-मन्त्री लार्ड मार्ले से मिले और भारत में नवीन सुधारों की तत्काल आवश्यकता पर बल दिया था। 'राजनीतिज्ञ के मस्तिष्क और उत्तदायित्व की भावना' रखने वाले इस भारतीय व्यक्ति से भारत मन्त्री बहुत प्रभावित हुए थे।

इसी समय ब्रिटिश शासन की शक्ति अनुदार दल के हाथ से निकलकर उदार दल के हाथ में आ गयी थी। उदार दल अनुशासन और कार्यक्षमता की अपेक्षा स्वतन्त्रता और स्वायत्तता में विश्वास करता था। अतः भारतमन्त्री लार्ड मार्ले और गवर्नर जनरल लार्ड मिण्टो ने भारतीय प्रशासन में सुधार करने का निश्चय किया। लार्ड मिण्टो ने सर अरुण्डेल की अध्यक्षता में एक समिति नियुक्त की जिसने अक्टूबर 1906 में अपनी रिपोर्ट दी। इन प्रस्तावों पर विचार करने के बाद गवर्नर-जनरल ने इन्हें भारतमन्त्री के पास भेजा। इन प्रस्तावों पर विचार करने के बाद भारतमन्त्री ने स्थानीय सरकारों की प्रतिक्रिया जानने के लिए इन्हें फिर से भारत भेजा। इस सम्पूर्ण प्रक्रिया में लगभग दो वर्ष लग गये। अब भारतमन्त्री ने इन प्रस्तावों को अन्तिम रूप दिया, जिसे ब्रिटिश कैबिनेट ने स्वीकार कर लिया। फरवरी 1909 में इन प्रस्तावों के आधार पर एक विधेयक तैयार कर के ब्रिटिश पार्लियामेण्ट में प्रस्तुत किया गया। यह विधेयक 'भारतीय परिषद अधिनियम, 1909' या 'मिण्टो-मॉर्ले सुधार कानून' कहलाया।

मिण्टो-मॉर्ले सुधार कानून के प्रमुख लक्षण

(1) केन्द्रीय व प्रान्तीय विधायी परिषदों का विस्तार—सुधार कानून ने केन्द्रीय विधायी परिषद के आकार में वृद्धि की। गवर्नर-जनरल की विधान परिषद के अतिरिक्त सदस्यों की संख्या 16 से बढ़ाकर 60 कर दी गयी। इस प्रकार केन्द्रीय विधायी परिषद के कुल सदस्यों की संख्या 25 के स्थान पर 69 हो गयी। मद्रास, बंगाल और बम्बई के सदस्यों की संख्या 20 से 50 कर दी गयी। संयुक्त प्रान्त की विधान परिषदों के सदस्यों की संख्या 15 से 60 कर दी गयी और पंजाब, आसाम तथा बर्मा की विधान परिषदों की अधिकतम संख्या 30 निश्चित की गयी। सन् 1912 में प्रान्तों की सीमाओं में भी कुछ परिवर्तन होने पर अन्य प्रान्तों की विधान परिषदों की सदस्य संख्या में भी कुछ परिवर्तन किये गये। नये विनियमों में भी इस कानून द्वारा निश्चित की गयी संख्या में कुछ परिवर्तन किया।

(2) विधायी परिषदों के अधिकारों में वृद्धि— इस कानून ने केन्द्रीय और प्रान्तीय विधायी परिषदों के अधिकारों में भी पर्याप्त वृद्धि की। अभी तक सदस्यों को पूरक प्रश्न पूछने का अधिकार नहीं था, इस कानून ने सदस्यों को पूरक प्रश्न पूछने का अधिकार दे दिया यद्यपि साथ ही यह प्रतिबन्ध लगा दिया कि पूरक प्रश्न वही सदस्य पूछ सकता था जिसने मुख्य प्रश्न पूछा हो। विधान परिषद् के सदस्यों को बजट पर बहस करने और प्रस्ताव पेश करने का भी

अधिकार दिया गया। सदस्य स्थानीय सरकारों को दिये जाने वाले ऋणों या अतिरिक्त अनुदानों तथा करों में भी परिवर्तन के प्रस्ताव रख सकते थे। विधान परिषदों को सार्वजनिक महत्व के विषयों पर प्रस्ताव पास करने, उन पर बहस करने और मतदान करने का अधिकार दिया गया। परन्तु कानून ने ही उपर्युक्त अधिकारों को सीमित भी कर दिया। अब उन अधिकारों का प्रयोग कुछ विशेष नियमों के अनुसार ही किया जा सकता था। सार्वजनिक हित के आधार पर विधान परिषद का प्रधान किसी भी प्रस्ताव को पेश करने की मनाही कर सकता था। शासन के लिए इन प्रस्तावों को मानना आवश्यक नहीं था। बजट का काफी भाग ऐसा रखा जाता था, जिस पर सदस्य बहस तो कर सकते थे परन्तु मतदान नहीं कर सकते थे। उपरोक्त बाधाओं के कारण सदस्यों की सरकार को प्रभावित करने की शक्ति बहुत सीमित हो गयी थी।

(3) केन्द्रीय विधान परिषद में सरकार का बहुमत—केन्द्रीय विधान परिषद में 4 प्रकार के सदस्य होते थे। पदेन सदस्य, नामजद सरकारी सदस्य, नामजद गैर-सरकारी सदस्य और निर्वाचित सदस्य।

(1) पदेन सदस्य—गवर्नर-जनरल तथा उनकी कार्यकारिणी परिषद के सदस्य विधान परिषद के पदेन सदस्य होते थे।

(2) नामजद सदस्य—जिन सरकारी अधिकारियों को भारत सरकार विधान परिषद का सदस्य नामजद कर देती थी, वे नामजद सरकारी सदस्य कहलाते थे।

(3) नामजद गैर-सरकारी सदस्य— सरकार जनता के जिन प्रभावशाली व्यक्तियों को नामजद कर देती थी, वे गैर-सरकारी नामजद सदस्य कहलाते थे।

(4) निर्वाचित सदस्य—जो सदस्य चुने जाते थे, उन्हें निर्वाचित सदस्य कहा जाता था। ये निर्वाचित सदस्य प्रायः चैम्बर ऑफ कॉमर्स, जिला बोर्ड नगरपालिकाओं और बड़े-बड़े जमींदारों द्वारा चुने जाते थे।

केन्द्रीय विधान परिषद में सरकारी बहुमत रखा गया था। उस समय केन्द्रीय विधान परिषद के 69 सदस्यों में से 37 सरकारी थे, 5 नामजद गैर-सरकारी और 27 निर्वाचित। 27 निर्वाचित सदस्यों में से 5 मुसलमानों द्वारा, 6 हिन्दू जमीदारों द्वारा, 1 मुस्लिम जमींदारों द्वारा, 1 बंगाल चैम्बर ऑफ कॉमर्स 1 बम्बई चैम्बर ऑफ कॉमर्स द्वारा और शेष 13 सदस्य प्रान्तीय विधान परिषदों द्वारा चुने जाते थे। सदस्यों की कार्य अवधि तीन वर्ष थी।

(4) प्रान्तीय विधान परिषद में गैर-सरकारी बहुमत—1909 के कानून ने प्रान्तीय विधान परिषदों में गैर-सरकारी बहुमत की व्यवस्था की परन्तु "गैर-सरकारी बहुमत का तात्पर्य निर्वाचित बहुमत से नही था।"[4] सरकारी सदस्य और सरकार द्वारा नामजद गैर-सरकारी सदस्य दोनों मिलकर निर्वाचित सदस्यों से अधिक हो जाते थे। प्रान्तीय सरकारों को प्रान्तीय विधान परिषदों से अपनी इच्छानुसार कानून बनवाने में कठिनाई नहीं होती थी क्योंकि सरकार द्वारा नामजद गैर-सरकारी सदस्य सरकार का पक्ष लेते थे और विभिन्न हितों के प्रतिनिधि होने के कारण चुने हुए सदस्य आपस में नहीं मिल सकते थे।

---

4. K. V. Punniah, *The Constitution of India*, p. 129.

(5) कार्यकारिणी परिषदों में भारतीयों की नियुक्ति—इस कानून ने गवर्नर-जनरल की कार्यकारिणी परिषद और प्रांतीय गवर्नरों की कार्यकारिणी परिषदों में भारतीयों को नियुक्त करने की स्वीकृति दी। इस प्रावधान के आधार पर लॉर्ड सिन्हा को गवर्नर जनरल की कार्यकारिणी का प्रथम भारतीय विधि सदस्य नियुक्त किया गया। कीथ के शब्दों में, "1907 से भारतमन्त्री की कार्यकारिणी परिषद में दो भारतीयों को नियुक्त करने की अपेक्षा यह कदम निश्चित रूप से अधिक महत्वपूर्ण था।"[5] सन् 1907 में श्री के० जी० गुप्ता और सैयद हुसैन बिलग्रामी को भारत परिषद् का सदस्य नियुक्त किया गया था।

(6) कार्यकारिणी परिषदों का विस्तार—सपरिषद गवर्नर-जनरल को भारतमन्त्री की अनुमति से बंगाल के लिए अधिकतम चार सदस्यों की कार्यकारिणी परिषद के निर्माण का अधिकार दिया गया। कानून ने बम्बई और मद्रास की कार्यकारिणी परिषदों की सदस्य संख्या बढ़ाकर चार-चार कर दी और सपरिषद गवर्नर-जनरल को यह अधिकार दिया गया कि वह अन्य प्रान्तों के लिए भी ब्रिटिश संसद की स्वीकृति से कार्यकारिणी परिषदें बनां सके।

(7) साम्प्रदायिक निर्वाचन प्रणाली—इस कानून ने भारत में साम्प्रदायिक निर्वाचन प्रारम्भ किया जिसका भारत के इतिहास पर दूरगामी और दुर्भाग्यपूर्ण प्रभाव पड़ा। कानून ने मुसलमानों को पृथक साम्प्रदायिक प्रतिनिधित्व प्रदान किया। साम्राज्य के प्रति उनकी विशेष सेवाओं को दृष्टि में रखते हुए मुसलमानों को उनकी संख्या के अनुपात से अधिक प्रतिनिधित्व प्रदान किया गया।

(8) सीमित तथा भेदभाव पर आधारित मताधिकार—1909 के कानून द्वारा प्राप्त मताधिकार अत्यन्त सीमित था। वह अनेक प्रकार के भेदभावों पर आधारित था और प्रत्येक प्रान्त में भिन्न-भिन्न था। केन्द्रीय विधान परिषद के चुनाव के लिए जमींदारों के चुनाव क्षेत्रों में केवल उन जमींदारों को मत देने का अधिकार था जिनकी आमदनी बहुत अधिक थी। मद्रास में यह अधिकार उनको दिया गया जिनकी आमदनी 15 हजार रुपये वार्षिक थी या जो 10 हजार रुपया वार्षिक भूमि कर देते थे। बंगाल मे यह अधिकार उनको दिया गया जिनके पास राजा या नवाब की उपाधि थी। मध्य प्रान्त में यह अधिकार उनको दिया गया जो अवैतनिक मजिस्ट्रेट थे। मुसलमानों में भी मताधिकार की योग्यताएँ प्रत्येक प्रान्त में भिन्न-भिन्न थीं। मुस्लिम और गैर-मुस्लिम व्यक्तियों के मताधिकार की योग्यताएँ भी बहुत भिन्न थीं।

(9) उम्मीदवारों के लिए अनावश्यक रूप से कठोर और भेदपूर्ण योग्यताएँ—विनियमों ने केन्द्रीय और प्रान्तीय विधायी परिषदों के उम्मीदवारों की सामान्य योग्यताएँ भी निश्चित कीं। बंगाल, बम्बई और मद्रास प्रान्तों में प्रान्तीय विधायी परिषदों की सदस्यता प्राप्त करने के लिए नगरपालिका या जिला बोर्ड का सदस्य होना आवश्यक था। संयुक्त प्रान्त की विधान परिषदों की सदस्यता के लिए इस प्रकार की योग्यता सम्बन्धी प्रतिबन्ध नहीं था। प्रान्तीय परिषदों का सदस्य बनने के लिए सम्पत्ति-योग्यता भी निश्चित की गयी थी। वे व्यक्ति उम्मीदवार नहीं हो सकते थे, जो ब्रिटिश प्रजाजन नहीं हो या सरकारी कर्मचारी, महिला, पागल, 25 वर्ष से कम उम्र के, सरकारी सेवा से पदच्युत किये गये या अप्रमाणित दिवालिये हों। वर्गीय चुनाव क्षेत्रों

5. Keith A.B, *Constitutional History of India,* p. 228.

से चुनाव लड़ने के लिए कुछ अतिरिक्त योग्यताएँ आवश्यक थीं। विनियमों द्वारा शासन को किसी भी व्यक्ति को उम्मीदवार बनने से रोकने का अधिकार था। इस व्यवस्था के आधार पर सरकार राष्ट्रीय नेताओं को चुनाव लड़ने के अयोग्य ठहरा सकती थी।

(10) भारत के कुछ भागों को प्रतिनिधित्व से वंचित रखना–उत्तर-पश्चिम सीमा प्रान्त, कुर्ग, अजमेर-मेरवाड़ा आदि ब्रिटिश भारत के कुछ क्षेत्र सीधे गवर्नर-जनरल के आधिपत्य में थे। इनका एक भी गैर-सरकारी सदस्य केन्द्रीय विधान परिषद में सम्मिलित नहीं किया गया था और न ही इन प्रदेशों को चुनाव क्षेत्र बनाया गया था। दूसरी ओर ब्रिटिश भारत के कुछ भागों से उनके अधिकार से अधिक सदस्य परिषदों में सम्मिलित किये गये थे।

मिन्टो-मार्ले सुधार की आलोचना

मिण्टो-मार्ले सुधार का उद्देश्य काँग्रेस के उदारवादी पक्ष को सन्तुष्ट करना था ताकि उन्हें ब्रिटिश सरकार के साथ लिया जा सके और उग्रवादियों तथा क्रान्तिकारियों को कठोरतापूर्वक दबाया जा सके। शुरू में श्री गोखले इन सुधारों से बहुत सन्तुष्ट थे और उन्होंने कहा था कि "इन सुधारों ने नौकरशाही के स्वरूप को बिलकुल बदल दिया है और चुने हुए सदस्यों को कार्यकारिणी परिषद पर प्रभाव डालने का भी अवसर दिया है।" इस कानून के अन्तर्गत जिन नियमों तथा उपनियमों की रचना की गयी, वे सुधारों के आधारभूत सिद्धातों के बिलकुल विरुद्ध थे और इनसे सुधारों का क्रियान्वयन असम्भव था। सन् 1910 में श्री॰ गोखले ने कहा था कि "सुधारों में जो भी अच्छी बाते थीं। वे सब सरकारी नियमों और उपनियमों द्वारा नष्ट कर दी गयी हैं।" श्री सुरेन्द्रनाथ बनर्जी ने पूछा था कि "क्या नौकरशाही हमसे उन प्रयत्नों का बदला ले रही है जो हमने सुधार प्राप्त करने के लिए किये।[6]

निम्नलिखित आधारों पर इस सुधार कानून की आलोचना की जाती है :

(1) उत्तरदायी शासन की स्थापना–भारतीय देश में उत्तरदायी शासन की स्थापना की माँग की कर रहे थे। परन्तु कानून से उत्तरदायी शासन की स्थापना नहीं हुई। दिसम्बर 1908 में हाउस आफ लार्डस में भाषण देते हुए लार्ड मार्ले ने कहा था। "यदि यह समझा जाये कि मैं भारत में उतरदायी सरकार की स्थापना करना चाहता हूँ अथवा मेरे इन सुधारों का लक्ष्य प्रत्यक्ष रूप से या अवश्य ही भारत को उत्तरदायी शासन की ओर ले जाना है तो यह भूल होगी ऐसा कोई लक्ष्य नहीं है......... यदि मेरा कार्यकाल या आयु बीस गुना भी बढ़ जाय, तो भी मैं भारत में उत्तरदायी शासन की स्थापना की एक क्षण के लिए भी कामना नहीं करूँगा।"[7] 13मई, 1909

6. "Is the bureaucracy having its revenge upon us for the part we played in securing these concessions' ?

—Quoted by Annie Beasant, How India Wrought for Freedom, p. 49

7. "It were attempting to set up a parliamentary system in India, or if it could be said that this chapter of reforms led directly or necessarily upto the establishment of a parliamentary system in India, I for one, would have nothing at all to do with it ... If my existence officially or corporeally were prolonged twenty times longer than either of time is likely to be, a Parliamentary system in India is not at all the goal, to which I would for one moment aspire."

—Lord Morley in House of Lord on Dec. 17, 19 Quoted from A.C. Banerjee, *Indian Constitutional Documents,* Vol. II, p. 229.

को लार्ड मार्ले ने एक बार फिर कहा ''हमारे जीवनकाल में और आगामी कई पीढ़ियों तक भारतवर्ष के लिए स्वराज्य प्राप्ति असम्भव है।''[8]

कानून की इस अपूर्णता के कारण भारतीयों को बहुत अधिक निराशा हुई। डा० जकारिया ने इन्हें 'अर्थ शून्य'[9] कहा है। मि० मजूमदार के शब्दों में ये 'केवल चन्द्रमा की चमक की भांति' (mere moonshine) थे। कानून का उद्देश्य कुछ भारतीय प्रतिनिधियों को कानून निर्माण और प्रशासनिक कार्यों के साथ संयुक्त कर एक प्रकार के 'संवैधानिक एकतंत्र की स्थापना करना था। इसीलिये डा० रामानन्द अग्रवाल ने इस 'दयाशील तानशाही की पराकष्ठा' (Culmination of the Policy of Benevolent Depotism) कहा था कि इसमें भारतीयों को कोई उत्तरदायित्व सौंपे बिना कृपालता के नीति शिखर तक पहुँचा दी गयी थी।

(2) साम्प्रदायिक निर्वाचन प्रणाली—इस अधिनियम ने साम्प्रदायिक निर्वाचन का प्रारम्भ किया। इसके भारत के राजनीतिक क्षेत्र में अत्यन्त भयंकर परिणाम हुए। श्री जवाहरलाल नेहरू के शब्दों में ''यह भारत के भविष्य पर प्रभाव डालने वाली वस्तु थी। भविष्य में मुसलमान केवल पृथक निर्वाचन क्षेत्रों से खड़े हो सकते थे। इस प्रकार उनके चारों ओर एक राजनीतिक दीवार खड़ी कर दी गयी तथा उन्हें शेष भारत से पृथक कर दिया गया। यह दीवार प्रारम्भ में छोटी-सी थी, क्योंकि निर्वाचन क्षेत्र संकुचित थे, परन्तु जैसे-जैसे मताधिकार में वृद्धि होती गयी, दीवार बढ़ती गयी और उसका सार्वजनिक तथा सामाजिक जीवन के ढाँचे पर इस प्रकार प्रभाव पड़ा, मानों सारे ढाँचे में घुन लग गया हो। इससे हर प्रकार की पृथकतावादी प्रवृत्तियाँ उत्पन्न हुईं तथा अन्त में भारत के विभाजन की माँग की गयी।''[10] ब्रिटिश लेखक पी० ई० राबर्ट्स ने लिखा कि ''साम्प्रदायिक प्रतिनिधित्व ने विभिन्न समुदायों में भेद उत्पन्न कर दिया और उनके हितों का मेल असम्भव बना दिया।''[11]

अब भारतीयों में साम्प्रदायिक भावना प्रबल होने लगी। पंजाब में सिक्खों ने, मद्रास में गैर-ब्राह्मणों तथा ऐंग्लो-भारतीयों ने पृथक-पृथक चुनाव प्रणाली की माँग की और अपने हितों के लिए संघर्ष प्रारम्भ कर दिया। राष्ट्रीय एकता की भावना को तीव्र आघात पहुँचा। मि० कर्टिस के मतानुसार ऐसा प्रतीत होता था कि सारी व्यवस्था का उद्देश्य जातीय भावनाओं को कुपित करना और प्रजातीय भेदभावों को बढ़ाना था।''[12]

(3) अत्यधिक सीमित मताधिकार—सुधारों ने चुनावों की प्रणाली प्रारम्भ की, किन्तु मतदाताओं की संख्या बहुत कम थी। तुरन्त निर्वाचित व्यक्तियों को किसी भी प्रकार जनता का प्रतिनिधि नहीं कहा जा सकता था। राजनीतिक भ्रष्टाचार की भी आशंका रहती थी।

---

8. ''Swarajya is an impossibility in our times and for generations.'' *Ibid.*
9. ''The Reforms had given the people shadow rather than substance.''
—Dr. Zacharia.
10. Nehru, *Discovery of India,* pp. 295-296.
11. "The principle of class-representation....created a distinction between the different classes of the community and made the fusion of their interests impossible."
—P. E. Roberts, *History of British India,* p. 572.
12. Curtis, *Dyarchy*, p. 372.

(4) परोक्ष चुनाव—चुनाव की प्रणाली दुहरी अप्रत्यक्ष थी। साधारण जनता स्थानीय संस्थाओं के सदस्यों का चुनाव करती थी। स्थानीय संस्थाओं के सदस्य निर्वाचक मण्डलों का चुनाव करते थे और ये निर्वाचक मण्डल प्रान्तीय विधान सभा के सदस्यों का चुनाव करते थे। इस दुहरे परोक्ष निर्वाचन के कारण सदस्य जनता के प्रति कोई उत्तरदायित्व अनुभव नहीं करते थे। 1918 की रिपोर्ट के लेखकों के शब्दों में "सम्भावित मूल मतदाता तथा विधान परषिद में बैठने वाले उनके प्रतिनिधि के मध्य पूर्ण रूप से कोई सम्बन्ध नहीं था तथा सम्भावित मूल मतदाता विधान परिषद की कार्यवाहियों पर कोई प्रभाव नहीं रखता था। इन परिस्थितियों में उन लोगों का न कोई उत्तरदायित्व है तथा न कोई राजनैतिक शिक्षा ही, जो नाममात्र के लिए मत का प्रयोग करते हैं।" इस प्रकार परोक्ष निर्वाचन की पद्धति के कारण केन्द्रीय या प्रान्तीय व्यवस्थापिकाएँ राष्ट्र का प्रतिनिधि होने का दावा नहीं कर सकती थीं।

(5) मताधिकार में अनुचित भेदभाव—इस अधिनियम ने विभिन्न सम्प्रदाय के मतदाताओं में अत्यधिक और अनुचित भेदभाव किया। मुसलमानों में मध्यवर्गीय जमींदारों, व्यापारियों और स्नातकों को मताधिकार प्रदान किया गया था। परन्तु इस श्रेणी के गैर-मुस्लिमों को अधिकार से वंचित रखा गया था। उदाहरण के लिए पूर्वी बंगाल में उसी हिन्दू को मताधिकार प्राप्त था, जो 5,000 रु॰ वार्षिक राजस्व देता हो परन्तु 750 रु॰ वार्षिक राजस्व देने वाले मुसलमानों को भी मताधिकार प्राप्त था। प॰ मदनमोहन मालवीय के शब्दों में "30 वर्ष पहले के हिन्दू, पारसी और इसाई स्नातक गुरुदास बनर्जी डॉ॰ भंडारकर, सर सुब्रहमण्यम् ऐयर और डॉ॰ रासबिहारी घोष जैसे व्यक्तियों को मताधिकार नहीं दिया गया था, जबकि 5 वर्ष पहले के प्रत्येक मुस्लिम स्नातक को मताधिकार प्राप्त था।" इस प्रकार भारत के बहुसंख्यक सम्प्रदाय हिन्दुओं के साथ अन्याय किया गया। बहुमत वाले प्रान्तों में अल्पसंख्यकों के हितों की रक्षा के लिए मुसलमानों को भारात्मक प्रतिनिधित्व प्रदान किया गया परन्तु मुस्लिम बहुमत वाले प्रान्तों—पंजाब, पूर्वी बंगाल और आसाम में हिन्दुओं को इस प्रकार का प्रतिनिधित्व प्राप्त नहीं था।

(6) केन्द्रीय विधायी परिषद् में सरकारी बहुमत—इस अधिनियम से केन्द्रीय परिषद में सशक्त सरकारी बहुमत की व्यवस्था की गयी इस सशक्त सरकारी बहुमत के कारण गैर-सरकारी सदस्यों की स्थिति नितान्त असहाय थी। पुन्निय ने लिखा है, "गैर-सरकारी सदस्य अपनी बात की पुष्टि में चाहे कितने ही अच्छे तर्क क्यों न दे लेकिन जब विधेयक पर मतदान का समय होता है तो सरकारी पक्ष सामने आकर विधेयक अपने पक्ष में पास करवा लेता था।"[13] सन् 1910 में इन सुधारों के बारे में शिकायत करते हुए गोखले ने केन्द्रीय परिषद में कहा था, "जब सरकार किसी विशेष रुख को अपनाने का एक बार इरादा कर लेती है तो फिर गैर-सरकारी सदस्य चाहे जितना कहें, उससे सरकार के रुख में कोई परिवर्तन नहीं आता।"

(7) प्रान्तीय परिषदों में गैर-सरकारी बहुमत का उपयोग नहीं—कहने के लिए प्रान्तीय परिषदों में गैर-सरकारी बहुमत था परन्तु भारतीयों के लिए इसका कोई उपयोग नहीं था। गैर-सरकारी सदस्य दो प्रकार के होते थे—नामजद गैर सरकारी और निर्वाचित गैर-सरकारी। ये

13. K. V. Punna, *Constitutional History of India*, p. 305.

नामजद गैर-सरकारी सदैव सरकार के इशारे पर ही कार्य करते थे। निर्वाचित सदस्य कुछ नहीं कर सकते थे। जो सदस्य इतने विभिन्न हितों के प्रतिनिधि होते थे, उनके लिए सरकार के विरुद्ध आपस में मिलना कठिन था। प्रिंसिपल श्रीराम शर्मा लिखते हैं, ''यूरोपियन चुने हुए सदस्य सरकार के लिए इतने ही अच्छे थे, जितने की सरकारी अधिकारी। जमींदारों और मुसलमानों को ब्रिटिश साम्राज्य की सेना के कारण मताधिकार दिया गया था, इसलिए वे अधिक राजभक्ति दिखाकर अपने भविष्य को और उज्जवल बनाना चाहते थे।''[14] गैर-सरकारी बहुमत को महत्व इसलिए भी नहीं था कि गवर्नर को इन सब मामलों पर निषेधाधिकार की भी शक्तियाँ प्राप्त थीं।

(8) विधायी परिषदों की अत्यधिक सीमित शक्तियाँ–(i) विधायी परिषद के सदस्यों की संख्या बहुत सीमित थी। वे कार्यकारिणी परिषद के सदस्यों से प्रश्न पूछ सकते थे परन्तु कार्यकारिणी के सदस्यों के लिए प्रश्नों का उत्तर देना आवश्यक नहीं था। सदस्यों को सार्वजनिक मामलों का प्रस्ताव पास करने का अधिकार था परन्तु इन प्रस्तावों को मानना या न मानना सरकार की इच्छा पर निर्भर था। ''विधान परिषदों के सदस्य बजट पर बहस कर सकते थे लेकिन केन्द्रीय या प्रान्तीय सरकार के एक रुपये पर भी उनका प्रत्यक्ष नियन्त्रण नहीं था।''[15]

(ii) गवर्नर-जनरल तथा गवर्नरों ने विधान परिषद की कार्यवाहियों के नियम और उपनियम इस तरह बनाये कि सदस्यों के अधिकार और अधिक सीमित हो गये। इन उपनियमों द्वारा अनेक राष्ट्रीय नेताओं (उदाहरणार्थ, एन॰ सी॰ केलर) को आधारहीन कारणों पर चुनाव लड़ने के अयोग्य घोषित कर दिया गया। इन सुधारों के परिणामों पर प्रकाश डालते हुए सर बार्टर फ्रेयर ने कहा था कि ''भारतीय सरकार अब भी पूर्ण रूप से एक निरंकुश राजसी दरबारी सरकार के समान रही, जो राजा की भाँति अपने दरबारियों से परामर्श लेती थी, परन्तु उनके मत पर अनुसरण करने को विवश नहीं थी। इसके परिणामस्वरूप दरबारी असन्तुष्ट और बेचैन होने लगे और शासन संकोचपूर्ण तथा ढीला हो गया।[16]

(9) निहित स्वार्थों को अत्यधिक महत्व–जमींदारों और वाणिज्य मण्डल को विशेष प्रतिनिधित्व प्रदान कर अधिनियम ने निहित स्वार्थों को अत्यधिक महत्व दिया। ये निहित स्वार्थी तत्व राष्ट्रीय हितों के विरुद्ध थे और ब्रिटिश सरकार के नियन्त्रण में थे।

(10) भविष्य के लिए निश्चित लक्ष्य नहीं–अधिनियम ने भारत के भविष्य के लिए कोई लक्ष्य भी निश्चित नहीं किया। भारतीय चाहते थे कि ब्रिटिश सरकार भारत के राजनैतिक भविष्य के सम्बन्ध में स्पष्ट रूप से कुछ कहे, परन्तु अधिनियम ने इस प्रश्न का कोई उत्तर नहीं दिया था।

---

14. Sri Ram Sharma, *Constitutional History of India*, p.129.
15. Palande, *Indian Adminstration*, p. 34
16. *Montague Chemsford Report.*

संक्षेप में, डॉक्टर जकारिया ने लिखा है, ''इन सुधारों का सार इस बात को ग्रहण करने में था, जो एकदम सब अर्थों से रिक्त कर दिया गया था। इस प्रकार प्रजातन्त्र के निर्वाचन का सिद्धांत ग्रहण किया गया था तथापि उसी समय प्रजातन्त्र विरोधी साम्प्रदायिक प्रतिनिधित्व जोड़ दिया गया। सरकारी बहुमत समाप्त कर दिया गया, लेकिन निर्वाचित सदस्य अल्पमत में बने रहे,। सदस्यों की संख्या बहुत बढ़ा दी किन्तु तत्काल ही एक जोरदार चेतावनी प्रकाशित कर दी गयी कि परिषदों का किसी भी प्रकार यह अभिप्राय नहीं था कि संसदाय प्रणाली को आरम्भ किया जाये। भारतीय परिषद तथा वायसराय की कार्यकारिणी परिषद में केवल कुछ चुने हुए भारतीयों को प्रवेश मिल सका, किन्तु भारतीयों को सरकारी क्षेत्र में प्रविष्ट करने का उदर दृष्टिकोण इस तथ्य को न छिपा सका कि वास्तविक शक्ति ब्रिटिश हाथों में सुरक्षित है।''[17]

अधिनियम का महत्व

1. ''अधिनियम ने भारतीयों को वह मूल्यवान प्रशिक्षण प्रदान किया, जिसके बिना वे 1919 के अधिनियम के आधार पर स्थापित व्यवस्थापिकाओं का पूर्ण उपयोग करने में असमर्थ रहते। व्यापक दृष्टिकोण से सुधार स्वशासन की ओर बढ़ने के आवश्यक तथा उपयोगी चरण थे।''[18]

2. यद्यपि इन सुधारों ने संसदात्मक प्रणाली को स्वीकार नहीं किया, परन्तु वे संसदीय संस्थाओं को उस बिन्दु तक ले आये, जहाँ संसदीय दायित्व से इन्कार नहीं किया जा सकता था। 'ये सुधार उत्तरदायी शासन की दिशा में एक निश्चित कदम थे।''[19]

3. इस अधिनियम द्वारा गवर्नर-जनरल की कार्यकारिणी परिषद् में भी एक भारतीय को लिया गया और दो भारतीयों को 'मन्त्रि-परिषद्' में ले लिया गया। गवर्नर जनरल की विधान परिषद का भी विस्तार कर उसमें कुछ निर्वाचित सदस्य ले लिये गये। प्रान्तीय परिषदों का भी विस्तार किया गया, उनमें निर्वाचित सदस्यों को स्थान दिया गया और उनकी शक्तियों में वृद्धि की गयी।

4. अप्रत्यक्ष चुनाव के सिद्धान्त की स्वीकृति एक महत्वपूर्ण कदम था। जिला बोर्डों, नगर महापालिकाओं, प्रान्तीय परिषदों, विश्वविद्यालयों की सीनेटों और वाणिज्य संघों आदि को केन्द्रीय विधान परिषद के लिए सदस्यों के चुनाव का अधिकार दे दिया गया।

5. विधान परिषदों के सदस्यों को पूरक प्रश्न पूछने का जो अधिकार दिया गया, इसके आधार पर सरकार के कार्यों की परीक्षा की जा सकती थी।

---

17. Zacharia, *Renascent India,* p. 158.
18. Pradhan, *India's Struggle for Swarajya,* pp,110-111.
19. "They proved a decided step forward on a road leading at no distant period to a stage at which the question of responsible government was bound to present itself."
—Montford, *Report*, p. 40.

6. बजट के कुछ भागों पर मत देने का अधिकार और सभी प्रशासनिक विषयों पर प्रस्ताव पारित करने का अधिकार निश्चित रूप से महत्वपूर्ण थे।

7. अधिनियम ने भारतीयों को अपनी राजनीति योग्यता का परिचय देने का अवसर दिया। इन सुधारों के लागू होने पर अनेक भारतीय इन परिषदों में शामिल हुए और उन्होंने अपनी राजनीतिक योग्यता का प्रमाण दिया।

8. इस अधिनियम के द्वारा नौकरशाही में भी कुछ सीमा तक सुधार किया गया।

संक्षेप में, भारत मन्त्री लार्ड मार्ले का यह कथन कुछ सीमा तक ठीक था कि, ''ये सुधार ब्रिटेन और भारत के सम्बन्धों में एक नवीन अध्याय की शुरूआत है और भारत में ब्रिटिश उत्तरदायित्व को एक नवीन मोड़ प्रदान करते हैं।''

अभ्यास के लिये प्रश्न

1. 1909 के अधिनियम के प्रमुख उपबन्धों का वर्णन कीजिए।
2. मार्ले-मिण्टो के सुधार भारत की राजनैतिक समस्याओं का हल नहीं थे। इस कथन को स्पष्ट कीजिए।

15

भारतीय शासन अधिनियम, 1919 (Government of India Act, 1919)

संवैधानिक सुधार की योजनाएँ

भारत में वैधानिक सुधार की अनेक योजनाओं में सर्वप्रथम सन् 1916 में 'काँग्रेस-लीग सुधार योजना' तैयार की गयी। इसके बाद निम्नलिखित योजनाएँ प्रस्तावित की गयीं।

(1) लार्ड चैम्सफोर्ड की सुधार योजनाएँ—सन् 1917 में लार्ड चैम्सफोर्ड ने भारत के गवर्नर-जनरल का पद ग्रहण करने के तुरन्त बाद भारत मन्त्री को पत्र लिखकर भारतीयों के लिये रियायतों के सुझाव दिये। इस पत्र में स्वशासन के किसी विशेष रूप के बारे में वचनबद्धता तो नहीं थी। उन्होंने लिखा था कि भारत की विशेष परिस्थितियाँ सम्राज्य के दूसरे भागों की परिस्थितियों से इतनी भिन्न हैं कि ब्रिटिश अधिराज्यों के संविधान के नमूने पर भारतीय संविधान नहीं बनाया जा सकता। भारत के लोगों को अधिकाधिक नियन्त्रण देते हुए भारतीय इतिहास और परिस्थितियों के अनुरूप भारत में एक ऐसा स्वशासन स्थापित किया जा सकता है, जो सम्राज्य के दूसरे भागों के स्वशासन से अनेक दृष्टियों से भिन्न होगा।

भारत मन्त्री चैम्बरलेन ने इन सिफारिशों को स्वीकार नहीं किया। उनका विचार था कि एक छोटा सा आयोग नियुक्त कर दिया जाये, तो यह सोचे कि विधान मंडल को कौन सी जिम्मेदारियाँ कैसे सौपी जा सकती हैं।

(2) 19 व्यक्तियों का आवेदन—सितम्बर 1916 में शिमला में केन्द्रीय विधान मण्डल की बैठक में सदस्यों ने इस बात पर नाराजगी प्रकट की कि भारत सरकार ने उनसे सलाह लिये बिना ही भारत मन्त्री को प्रस्तावों का प्रारूप भेजा। अत: विधान मण्डल के 19 निर्वाचित सदस्यों ने, जिनमें श्री जिन्ना, सुरेन्द्रनाथ बनर्जी, श्रीनिवास शास्त्री, मदनमोहन मालवीय और सर तेज बहादुर सप्रू प्रमुख थे। अक्टूबर 1916 में लार्ड चैम्सफोर्ड को 'मैमोरेण्डम' प्रस्तुत किया, जिसमें कहा गया कि "भारत को केवल एक अच्छे शासन की ही आवश्यकता नहीं है, वरन् उस सरकार की भी आवश्यकता है जो जनता को मान्य हो तथा जिसका जनता के प्रति उत्तरदायित्व हो।" इस आवेदन में प्रस्ताव किया गया कि प्रान्तीय तथा केन्द्रीय कार्यकारिणी परिषदों में आधी सदस्य संख्या भारतीयों की होनी चाहिए। सभी व्यवस्थापिका सभाओं में निर्वाचित सदस्यों का बहुमत

होना चाहिए, जनता को व्यापक रूप में मताधिकार दिया जाना चाहिए । अल्पसंख्यकों को उचित प्रतिनिधित्व मिलना चाहिए। भारत मन्त्री की परिषद समाप्त कर देनी चाहिए। प्रान्तों को स्वायत्तता मिलनी चाहिए। भारत को सम्पूर्ण रूप से स्वशासन प्राप्त होना चाहिए।

इस मैमोरेण्डम के बारे में प्रधान लिखते हैं कि "यह बहुत योग्यता और तर्क से लिखा गया है और उस समय भारतीय जनता की जो माँगे थीं उनका एक महत्वपूर्ण विवरण है।"

3. गोखले का राजनैतिक टैस्टामैण्ट (Gokhale's Political Testament)—बम्बई के गवर्नर लार्ड विलिंगडन की प्रार्थना पर गोखले ने उन सुधारों की एक योजना तैयार की, जो युद्ध के बाद भारत को मिलने चाहिए थे। यह तथाकथित "गोखले का राजनैतिक टेस्टामेण्ट" अगस्त 1918 में प्रकाशित हुआ। गोखले की मुख्य सिफारिश थी कि प्रान्तीय स्वायत्तता दी जाये और प्रान्तीय क्षेत्र में भारत सरकार का नियन्त्रण कम हो जाये। गवर्नर की शासन परिषद या मन्त्रि मण्डल में 6 सदस्य हों, जिनमें से 3 भारतीय हों। विधान परिषद में 57 से 100 तक सदस्य होने चाहिएं, जिनमें से कम से कम 4/5 चुने हुए हों। विधायिका और कार्यपालिका में वही सम्बन्ध हों, जो जर्मनी में 1918 से पूर्व जर्मन संसद और कार्यपालिका में थे। प्रान्तीय सरकार प्रान्तीय विधान परिषद के नियन्त्रण में कार्य करे, पर अन्य दृष्टियों से इसे प्रान्त के भीतर प्रशासन का पूरा अधिकार हो। प्रान्तों को वित्तीय स्वायत्तता और अधिक हो तथा उन्हें केन्द्रीय राजस्व में से धन दिया जाये।

4. इंग्लिश राउण्ड टेबिल ग्रुप और ड्यूक आवेदन-पत्र (English Round Table Group and Duke's Memorandum)—उपरोक्त कोई भी योजना भविष्य के संवैधानिक सुधार का आधार नहीं बनी। इस दृष्टि से सर्वाधिक महत्वपूर्ण योजना 'इंग्लिश राउण्ड टेबिल ग्रुप' ने तैयार की थी। यह ग्रुप उन अंग्रेज सार्वजनिक कार्यकर्ताओं का एक समुदाय था, जो भारतीय समस्याओं में विशेष रुचि रखते थे। इस ग्रुप के नेता मि० कर्टिस ने समाचार पत्रों में कई लेख लिखे और उसमें उत्तरदायी शासन व प्रतिनिधि शासन के भेद को स्पष्ट किया। उनका कहना था कि भारत में प्रतिनिधिक शासन की तुरन्त स्थापना की जा सकती है, परन्तु उत्तरदायी शासन की स्थापना क्रमिक रूप में ही सम्भव है।

मि० कर्टिस के इस विचार के आधार पर उनके एक सहयोगी और सन् 1916 में भारत परिषद के एक सदस्य सर विलियम ड्यूक ने एक आवदेन पत्र तैयार किया जिसे 'ड्यूक आवेदन' कहा जाता है। इस आवेदन-पत्र में कहा गया कि अब भारतीयों को उत्तरदायी शासन की कला में सिद्धहस्त करने का समय आ गया है। इसके लिये जनकल्याण से सम्बन्धित शिक्षा, स्थानीय स्वशासन, स्वच्छता आदि कुछ विभागों को प्रान्तीय सरकार के आधीन कर दिया जाये। इन पर जनता के निर्वाचित प्रतिनिधियों का नियन्त्रण स्थापित किया जाये। सुरक्षा तथा निपुणता की दृष्टि से पुलिस जैसे अन्य महत्वपूर्ण विभागों को फिलहाल जनता के प्रतिनिधियों के हाथों में न दिया जाए। इस प्रकार ड्यूक आवेदन-पत्र में ही द्वैध शासन प्रणाली की स्थापना का सुझाव दिया गया था। द्वैध शासन के जनक मि० कर्टिस थे। राउण्ड टेबिल ग्रुप की सिफारिशों और ड्यूक आवेदन-पत्र का मि० माण्टेग्यू पर पभाव पड़ा और ये सिफारिशें ही माण्टेग्यू-चैम्सफोर्ड सुधार योजना की मूलमन्त्र बनीं।

रिपोर्ट में इस बात पर जोर दिया गया कि युद्ध प्रयत्नों में भारतीयों का पूर्ण सहयोग प्राप्त करने के लिए उनको स्वशासन देना आवश्यक है। मि० माण्टेग्यू ने संसद में चेतावनी भी दे दी कि ''यदि आपने परिवर्तन न किया, तो आप भारतीय भाग्य को नियन्त्रित करने का भी अधिकार खो देंगे।'' संसद में भारतीय शासन की आलोचना के कारण जुलाई 1917 में तत्कालीन भारत मन्त्री मि० चैम्बरलेन ने त्याग-पत्र दिया और मि० माण्टेग्यू भारत-मन्त्री नियुक्त किये गये।

5. माण्टेग्यू की घोषणा (Montague's Declaration)—महायुद्ध के समय से ही निरन्तर बदलती हुई परिस्थितियों ने ब्रिटिश सरकार को विवश किया कि उसके द्वारा भारतीय प्रशासनिक व्यवस्था में महत्वपूर्ण परिवर्तन करने की घोषणा की जाये। उपर्युक्त परिस्थितियों को दृष्टि में रखते हुए नये भारत मन्त्री मि० माण्टेग्यू ने 20 अगस्त, 1917 को निम्नलिखित घोषणा की :

(i) ब्रिटिश शासन का उद्देश्य भारत में उत्तरदायी शासन की स्थापना करना है।

(ii) उत्तरदायी शासन की स्थापना क्रमिक विकास द्वारा ही सम्भव है।

(iii) उत्तरदायी शासन की दिशा में प्रगति के प्रत्येक चरण का निर्णय ब्रिटिश सरकार ही कर सकती है, जिन पर भारतीय जनता की समृद्धि और भार का उत्तरदायित्व है।

(iv) ब्रिटिश सरकार इस दिशा में आगे बढ़ने का कार्य भारतीय जनता द्वारा इस सम्बन्ध में दिये गये सहयोग और उत्तरदायित्व के परिचय के आधार पर करेगी।

घोषणा-पत्र में कहा गया कि भारत में ब्रिटिश शासन का उद्देश्य उत्तरदायी शासन की स्थापना है परन्तु इसके साथ ही यह निराशाजनक बात भी जोड़ दी गयी कि उत्तरदायी शासन की स्थापना क्रमिक रूप में ही हो सकेगी और प्रत्येक नवीन चरण की प्रवृत्ति तथा समय का निर्णय ब्रिटिश सरकार द्वारा ही किया जाएगा। उसके अतिरिक्त, यह कहकर भारतीयों को असहयोग के विरुद्ध एक अस्पष्ट धमकी भी दे दी गई कि भविष्य का विकास भारतीयों के सहयोग और उनके द्वारा प्रदर्शित उत्तरदायित्व की भावना पर निर्भर करता है। फिर भी, सन् 1917 की घोषणा से भारतीय शासन में विकास के एक नवीन युग का प्रारम्भ हुआ। अगस्त 1917 के पूर्व ब्रिटिश शासन ने भारत के सम्बन्ध में कुछ उदार घोषणाएँ तो की थीं, किन्तु यह कभी भी नहीं बतलाया था कि ब्रिटिश नीति भारत को किस लक्ष्य की ओर लिये जा रही थी। यह कमी सन् 1919 की घोषणा ने पूरी कर दी।

भारतीय शासन अधिनियम, 1919
(GOVERNMENT OF INDIA ACT, 1919)

माण्टेग्यू घोषणा को क्रियान्वित करने की दिशा में 1919 का भारतीय शासन अधिनियम प्रथम चरण था। इसने बहुत महत्त्वपूर्ण परिवर्तन किये और भारत में प्रतिनिध्यात्मक संस्थाओं के विकास का एक नवीन युग प्रारम्भ किया। श्री एन० श्रीनिवासन के अनुसार, ''यह नौकरशाही शासन की पद्धति का प्रथम उल्लंघन और प्रतिनिध्यात्मक शासन का वास्तविक प्रारम्भ था।''[1]

1. N. Shrinivasan, *Democratic Govt. in India*, p. 41.

इन महत्वपूर्ण परिवर्तनों के सम्बन्ध में कूपलैण्ड ने लिखा था, "इसने विधायी और कार्यपालिका सत्ता के बीच की सीमा रेखा को समाप्त कर दिया। पूर्वकालीन सुधारों द्वारा भारतीयों को व्यवस्थापिकाओं पर नियन्त्रण की शक्ति दी गयी थी, शासन पर नहीं। यद्यपि कुछ भारतीय इन सरकारों के सदस्य थे, लेकिन उनकी नियुक्ति सरकारी रूप में की जाती थी और वे अपने सहयोगियों की तरह भारत मन्त्री और ब्रिटिश संसद के प्रति उत्तरदायी होते थे। लेकिन अब भारतीयों को अपनी ओर से शासन करना था। उन्हें व्यवस्थापिकाओं के निर्वाचित बहुमत के नेता के रूप में प्रान्तीय शासन के महत्वपूर्ण विभागों का कार्य सँभालना था और वे इन व्यवस्थापिकाओं के निर्वाचित बहुमत के प्रति ही उत्तरदायी थे।"[2]

अधिनियम की प्रस्तावना— सर तेजबहादुर सप्रू ने अधिनियम की प्रस्तावना का विश्लेषण इस प्रकार किया था :

(1) ब्रिटिश भारत ब्रिटिश साम्राज्य का अखण्ड भाग रहेगा।

(2) ब्रिटिश भारत में उत्तरदायी शासन संसद की घोषित नीति का लक्ष्य है।

(3) उत्तरदायी शासन धीरे-धीरे ही दिया जा सकता है।

(4) उत्तरदायी शासन की स्थापना के लिए आवश्यक है कि दो बातें की जायें, प्रशासन की हर शाखा से भारतीयों का अधिकाधिक सम्बन्ध और स्वशासी संस्थाओं का क्रमिक परिवर्तन।

अधिनियम की प्रस्तावना से स्पष्ट है कि इसमें साम्राज्य के बाहर स्वतन्त्र भारत की कल्पना नहीं की गयी ब्रिटिश पार्लियामेण्ट भारत को सदैव अपने प्रभुत्व में बनाये रखना चाहती थी और यह बात भारतीय राष्ट्रीय काँग्रेस तथा भारत के अन्य राजनीतिक दलों की आशाओं के अनुकूल नहीं थी। भारतीयों की राजनीतिक प्रगति के निर्माण का भार ब्रिटिश पार्लियामेण्ट को सौंपना भी अपमानजनक था। इस प्रकार 1919 के अधिनियम की प्रस्तावना भारतीयों में उत्साह उत्पन्न करने में असमर्थ रही।

भारतीय शासन अधिनियम, 1919 के प्रमुख लक्षण

(1) प्रान्तों में आंशिक रूप से उत्तरदायी शासन—1919 के अधिनियम ने प्रान्तों में आंशिक रूप से उत्तरदायी शासन व्यवस्था की स्थापना की। प्रान्तीय शासन दो भागों में विभाजित किया गया था। रक्षित विषय (Reserved Subjects) और हस्तान्तरित विषय (Transferred Subjects) (i) रक्षित विषय पहले की तरह ही गवर्नर के प्रति उत्तरदायी कार्यकारिणी परिषद के सदस्यों के अधीन थे और इन पर व्यवस्थापिका का कोई नियन्त्रण नहीं होना था। (ii) हस्तान्तरित विषय लोकप्रिय मन्त्रियों को सौंप दिये, जो व्यवस्थापिका के निर्वाचित बहुमत में से चुने जाते थे और उनके प्रति ही उत्तरदायी होते थे। प्रान्तीय शासन को दो भागों में बाँट देने की इस व्यवस्था को ही द्वैध शासन व्यवस्था कहा गया ।

(2) प्रान्तीय कार्यकारिणी परिषद में अधिक भारतीयों को सम्मिलित करना—इस अधिनियम ने रक्षित क्षेत्र का प्रशासन गवर्नर के अधीन रखा था। परन्तु प्रान्तों की कार्यकारिणी

---

2. Coupland, *India, A Restatement,* pp. 1, 13.

परिषदों में भी भारतीय सदस्यों की संख्या पहले से बढ़ा दी गयी, मद्रास, बम्बई और बंगाल की सरकारों के रक्षित भागों के 4 सदस्यों में से 2 भारतीय सदस्य लेने की व्यवस्था की गयी। शेष 6 प्रान्तों में जहाँ कार्यकारिणी परिषद के रक्षित भाग के लिए केवल दो सदस्य होने थे एक भारतीय रखा गया। इन सदस्यों की नियुक्ति भारत मन्त्री की सिफारिश पर ब्रिटिश सम्राट द्वारा की जाती थी।

(3) प्रान्तीय विधान परिषदों का पुनगर्ठन—इस अधिनियम द्वारा प्रान्तीय विधान परिषदों का पुनगर्ठन किया गया। उनकी संख्या में वृद्धि करते हुए बड़े प्रान्तों की परिषदों में अधिक से अधिक 140 और छोटे प्रान्तों में कम से कम 60 सदस्य रखने की व्यवस्था की गयी। इन सदस्यों में कम से कम 70 प्रतिशत सदस्य निर्वाचित होने जरूरी थे। सरकारी सदस्यों की संख्या 20 प्रतिशत से अधिक नहीं हो सकती थी। शेष 10 प्रतिशत गैर-सरकारी सदस्य होते थे, जिन्हें गवर्नर मनोनीत करता था। इस प्रकार विधान सभाओं का स्वरूप अधिक लोकतन्त्रात्मक बनाया गया। उनमें निर्वाचित सदस्यों का बहुमत रखा गया तथा उसके अधिकारों में वृद्धि की गयी।

(4) केन्द्र में अनुत्तरदायी शासन—अधिनियम ने केन्द्रीय शासन को पहले की तरह ही केन्द्रीय विधान मण्डल के प्रभाव से मुक्त अर्थात् अनुत्तरदायी रखा। व्यवस्थापिका सभा शासन को प्रभावित कर सके, इस उद्देश्य से व्यवस्थापिका सभा का विस्तार कर दिया गया और उसके अधिकारों में वृद्धि की गयी, परन्तु इसके साथ ही गवर्नर-जनरल को कुछ ऐसे विशेषाधिकार प्रदान किये गये, जिनका प्रयोग वह व्यवस्थापिका की सहमति के बिना कर सकता था।

(5) केन्द्रीय कार्यकारिणी परिषद् में अधिक भारतीयों की नियुक्ति—इस अधिनियम ने गवर्नर-जरनल को पहले की तरह निरंकुश स्वेच्छाचारी तथा शक्तिशाली बना रहने दिया परन्तु केन्द्रीय कार्यकारिणी परिषद में कुछ सुधार अवश्य किये। नवीन नियमों के अनुसार (i) कार्यकारिणी पर से पूर्व-निर्धारित संख्या सम्बन्धी प्रतिबन्ध हटा दिया गया। (ii) भारतीय उच्च न्यायालय के उन वकीलों को, जिन्हें उनमें कार्य करते हुए 10 वर्ष हो चुके हों, परिषद का लॉ मेम्बर (Law member) होने के योग्य ठहराया गया। श्री तेजबहादुर सप्रू पहले भारतीय लॉ सदस्य हुए। (iii) कार्यकारिणी परिषद में भारतीयों की संख्या एक से बढ़ाकर तीन कर दी गयी। परन्तु व्यवहार में जिन व्यक्तियों को कार्यकारिणी परिषद का सदस्य नियुक्त किया गया वे जनता के प्रतिनिधि न होकर सरकार के 'जी हुजूर (Yes men) थे। कार्यकारिणी परिषद के भारतीय सदस्यों को कम महत्वपूर्ण विभाग दिये जाते थे। इसलिए सुधार का कोई विशेष प्रभाव न पड़ा।

(6) द्विसदनात्मक केन्द्रीय विधान सभा का निर्णय—इस अधिनियम ने केन्द्रीय क्षेत्र मे एक-सदनात्मक व्यवस्थापिका के स्थान पर द्विसदनात्मक व्यवस्थापिका की स्थापना की। इन दोनों सदनों के नाम केन्द्रीय विधान सभा तथा राज्य परिषद रखे गये। केन्द्रीय विधान सभा में 142 सदस्य होते थे, जिनमें से 103 का चुनाव होता था व शेष मनोनीत होते थे। मनोनीत सदस्यों में 25 सरकारी तथा 15 गैर-सरकारी होतें थे। 103 निर्वाचित सदस्यों में से 51 सामान्य निर्वाचन क्षेत्रों से 32 साम्प्रदायिक चुनाव क्षेत्रों से (30 मुसलमानों तथा 2 सिखों के द्वारा) तथा 30 विशेष चुनाव क्षेत्रों (7 जमींदारों, यूरोपियनों तथा 4 व्यापार मण्डलों के द्वारा) से चुने जाते

थे। राज्य परिषद में 60 सदस्य होते थे, जिनमें से 33 का चुनाव होता था और 27 गवर्नर-जनरल द्वारा मनोनीत होते थे।

(7) भारतीय शासन पर गृह सरकार के नियन्त्रण में कमी—इस अधिनियम ने मोण्टफोर्ड रिपोर्ट में प्रान्तीय तथा केन्द्रीय शासन के परिवर्तनों को दृष्टि में रखते हुए भारतीय शासन पर गृह सरकार (Home Government) के नियन्त्रण में शिथिलता का जो सुझाव दिया था, उसे स्वीकार किया गया। गृह सरकार के नियन्त्रण में कमी करने के लिए भारत मन्त्री के अधिकारों में किसी प्रकार का औपचारिक परिवर्तन नहीं किया गया, परन्तु यह आशा व्यक्त की गयी कि समय के साथ-साथ यह नियन्त्रण कम हो जायगा। यह परम्परा विकसित करने का प्रयत्न किया गया कि यदि किसी विषय के सम्बन्ध में गवर्नर-जनरल तथा केन्द्रीय व्यवस्थापिका परस्पर सहमत हों, तो गृह सरकार उसमें हस्तक्षेप नहीं करेगी। यह आशा व्यक्त की गयी कि प्रान्तीय शासन के हस्तान्तरित क्षेत्र में गृह सरकार द्वारा हस्तक्षेप नहीं किया जाएगा।

(8) भारत परिषद में परिवर्तन—इस अधिनियम के अन्तर्गत भारत परिषद को समाप्त करने की भारतीय माँग स्वीकार नहीं की गयी परन्तु भारत परिषद के गठन में परिवर्तन किये गये। इसमें कम से कम 8 और अधिक से अधिक 12 सदस्य नियुक्त करने की व्यवस्था की गयी। इन सदस्यों में कम से कम आधे ऐसे सदस्य होने जरूरी थे, जो नियुक्ति के समय से पूर्व भारत में कम से कम 10 वर्ष रह चुके हों और इस देश को अपनी नियुक्ति की तिथि के 5 वर्ष से अधिक पूर्व न छोड़ा हो। इस परिषद का कार्यकाल 7 वर्ष से घटाकर 5 वर्ष कर दिया गया, लेकिन प्रत्येक सदस्य की आय बढ़ाकर 1,000 पौंड से 1,200 पौंड कर दी गयी और भारतीय सदस्य के लिए 600 पौंड के अतिरिक्त भत्ते की व्यवस्था की गयी। भारतीय परिषद के कार्य-संचालन के नियमों में भी परिवर्तन किये गये।

(9) विकेन्द्रीकरण—अधिनियम ने प्रान्तों में आंशिक रूप से उत्तरदायी शासन की स्थापना. करके भी विकेन्द्रकरण और प्रान्तीय स्वायत्तता की नीति को ही पूरा किया। केन्द्रीयकरण की उस नीति को समाप्त कर दिया, जो लार्ड कर्जन के समय में चरमोत्कर्ष पर पहुँच गयी थी। प्रशासन और राजस्व के कुछ विषयों का विकेन्द्रीकरण कर दिया गया अर्थात् उन्हें केन्द्रीय सरकार के नियन्त्रण से हटाकर प्रान्तीय सरकार में दे दिया गया। प्रान्तों को प्रथम बार ऋण लेने तथा कर लगाने का अधिकार प्रदान किया गया।

(10) शक्ति विभाजन—अधिनियम ने केन्द्रीय और प्रान्तीय सरकारों के बीच शक्ति विभाजन किया। वे विषय केन्द्र के अधीन रखें गये जो लगभग सम्पूर्ण भारत या अन्तर्प्रान्तीय हितों से सम्बन्धित थे जो विषय प्रान्तीय हितों से विशेष सम्बन्ध रखते थे। प्रान्तों के अन्तर्गत रखें गये। केन्द्र के अधिकार में वैदेशिक विषय, सेना, रेल, डाक व तार, आय-कर, मुद्रा टंकण, व्यापार, जहाजरानी, चुंगी तथा महसूल और दीवानी व फौजदारी कानून रखे गये। प्रान्तीय क्षेत्र के अन्तर्गत स्थानीय स्वशासन, सार्वजनिक कार्य, शिक्षा, जनस्वास्थ्य तथा चिकित्सा, सिंचाई, अकाल पीड़ित सहायता, राजस्व कर, कृषि, जंगल, जेल व पुलिस तथा न्याय-व्यवस्था का कुछ भाग रखा गया। इस प्रकार प्रान्तीय विषयों पर प्रशासन एवं व्यवस्थापन प्रान्तों को सौप दिया गया।

(11) **निर्वाचन तथा मताधिकार**—इस अधिनियम ने प्रत्यक्ष निर्वाचनों का सूत्रपात किया और मताधिकार को बढ़ा दिया। नवीन निर्वाचन नियमों के अनुसार भारत की लगभग 10 प्रतिशत जनता को मताधिकार प्रदान किया गया। यद्यपि मोण्टफोर्ड रिपोर्ट में साम्प्रदायिक निर्वाचनों की निन्दा की गयी थी, परन्तु अधिनियम में न केवल मुसलमानों के लिए इस पद्धति को बनाये रखा गया, वरन् इस पद्धति को पंजाब में सिखों के लिए, तीन प्रान्तों को छोड़कर शेष राज्यों में यूरोपियनों के लिए, दो प्रान्तों में आंग्ल-भारतीयों के लिए और एक प्रान्त में भारतीय ईसाइयों के लिए लागू कर दिया।

(12) **नरेश मण्डल की स्थापना**—देशी राजाओं के महत्व को ध्यान में रखते हुए मोण्टफोर्ड रिपोर्ट में एक 'नरेश मण्डल' के निर्माण का सुझाव दिया गया था। अतः 8 फरवरी, 1921 को दिल्ली में 'नरेश मण्डल' (Chamber of Princes) की स्थापना की गयी। इस मण्डल की कुल सदस्य संख्या 121 थी, जिसमें 109 तो अधिक महत्वपूर्ण देशी रियासतों के प्रतिनिधि थे और 12 सदस्य कम महत्वपूर्ण रियासतों के प्रतिनिधि थे। इस मण्डल का प्रधान वायसराय था और यह मण्डल वास्तव में, एक परामर्शदात्री सभा के समान था।

(13) **संक्रमणकालीन उपाय**—1919 का अधिनियम एक प्रयोगकालीन व संक्रमणकालीन उपाय था। यह केवल एक अल्पकालीन उपाय था। जैसा कि लार्ड मैस्टन ने कहा था "इसके अनुसार स्वेच्छाचारी शासन तथा लोकतन्त्र उस समय तक साथ-साथ हाथ मिलाकर चलने को बाध्य थे, जब तक लोकतन्त्र स्वयं चलना न सीख ले और अकेला चलने के विश्वास योग्य न हो जाय।" ब्रिटिश संसद में भाषण देते हुए स्वयं मि० माण्टेग्यू ने कहा था कि "यह तो अन्तरकालीन उपाय है। भारत पर ब्रिटिश संसद द्वारा शासन और भारतीय जनता के प्रतिनिधियों द्वारा शासन के बीच में यह एक प्रकार का पुल हैं।" अधिनियम ने 10 वर्ष बाद एक 'रॉयल कमीशन' की नियुक्ति का विधान किया था, जो माण्टफोर्ड सुधारों की योजना के अधीन की गयी उन्नति का अध्ययन कर पूर्ण उत्तरदायी शासन की दिशा में आगे बढ़ने के लिए उचित कदमों का निर्देश करे।

गृह सरकार
(HOME GOVERNMENT)

गृह सरकार का अभिप्राय

भारत के भूतकालीन विदेशी शासकों की तरह अंग्रेज स्थायी रूप से आकर भारत में नहीं बसे थे, उनमें से अधिकांश यहाँ पर शासन चलाने के लिए आते और वापस चले जाते थे। सन् 1857 से पूर्व तक भारत पर इंगलैण्ड में स्थापित ईस्ट इण्डिया कम्पनी के अधिकारियों द्वारा शासन किया जाता था। सन्1858 से बिटिश सम्राट की छत्रछाया में वहाँ की संसद ने भारतीय शासन का भार अपने ऊपर ले लिया। अंग्रेजों के शासन के इस सम्पूर्ण काल में भारत का शासन ब्रिटेन द्वारा वहीं से किया जाता था। इस सम्पूर्ण कार्य को संचालित करने के लिए एक भारत मन्त्री होता था। उसकी सहायता हेतु भारत परिषद की स्थापना की गयी थी। संसद की ओर से भारत पर शासन करने के हेतु भारत मन्त्री को अनेक अधिकार प्रदान किये गये थे। ब्रिटिश

सम्राट, ब्रिटिश मन्त्रिमण्डल, संसद, भारत मन्त्री और भारत परिषद इन पाँचों सत्ताओं को सामूहिक रूप से 'गृह शासन' (Home Government) कहा जाता था। भारत की सरकार के ये ऊँचे अधिकारी अपने देश में ही रहकर शासन कार्य करते थे, इसलिए इन सबको मिलाकर यह नाम दिया गया था।

संसद द्वारा नियन्त्रण

सन् 1858 से भारतीय शासन का पूर्ण उत्तरदायित्व ब्रिटिश संसद पर आ गया। भारत के शासन भार को सम्भालने के लिए ब्रिटिश मन्त्रि मण्डल में एक मन्त्री बढ़ाया गया और भारतीय शासन की पूरी जिम्मेदारी उस पर रही। यह मन्त्री अपनी नीति तथा सभी कार्यों के लिए संसद के प्रति उत्तरदायी होता था। चूंकि व्यवहार में संसद एक 'सोते हुए संरक्षक' (Sleepy Guardian) के समान थी, अतः भारत-मन्त्री ही संसद के सब अधिकारों और शक्तियों का केन्द्र-बिन्दु था।

भारत मन्त्री का पद

भारत मन्त्री के पद का उदय सन् 1858 में हुआ था, जबकि ईस्ट इण्डिया कम्पनी के हाथ से शासन की सत्ता निकलकर प्रत्यक्ष रूप से ब्रिटिश सम्राट के हाथ में आयी। सन् 1858 के पूर्व जो कार्य संचालक मण्डल और नियन्त्रण बोर्ड करते थे, वे सभी अब भारत मन्त्री को दे दिये गये।

भारत मन्त्री के अधिकार

1919 के अधिनियम ने वैधानिक दृष्टि से भारत मन्त्री के अधिकारों में कोई परिवर्तन नहीं किया। अब भी उसे भारतीय शासन के सम्बन्ध में अधीक्षण, निर्देशन और नियन्त्रण की व्यापक शक्तियाँ प्राप्त थीं। वह शासन और सेना के सम्बन्ध में भारत सरकार को आदेश दे सकता था। भारत सरकार उसके आदेश के बिना युद्ध तथा शान्ति की घोषणा का कार्य नहीं कर सकती थी। भारत के प्रमुख अधिकारियों की नियुक्ति सम्राट द्वारा भारत मन्त्री के परामर्श के आधार पर ही की गयी थी। जैसे गवर्नर-जनरल, उसकी कार्यकारिणी परिषद के सदस्यों, प्रान्तों के गवर्नरों तथा उनकी कार्यकारिणी के सदस्यों, उच्च न्यायालय के न्यायाधीशों तथा ऑडीटर जनरल। नागरिक सेवा की नियुक्तियों तथा सेवा की शर्तों पर भी उसका पूर्ण अधिकार था। भारत मन्त्री को भारत सरकार के राजस्व से सम्बन्धित सभी बातों, सम्राट की सम्पत्ति, शासन के ऋण, शाही नौकरियों के वेतन आदि पर निरीक्षण की शक्तियाँ प्राप्त थीं। भारत सरकार के प्रशासन से संबंधित सभी निर्णयों में उसकी स्वीकृति आवश्यक थी। सरकार के सभी महत्वपूर्ण प्रस्ताव और विधेयक उसके पास स्वीकृति के लिये भेजे जाते थे। केन्द्रीय व्यवस्थापिका की सभी कार्यवाहियों में भारत मन्त्री की स्वीकृति तथा पुष्टि आवश्यक थी। उसे व्यवस्थापिका की किसी भी कार्यवाही को रद्द करने का अधिकार था। भारतीय शासन का प्रधान स्वयं गवर्नर-जनरल भारत मन्त्री के अधीन था। इस प्रकार सम्पूर्ण भारतीय शासन भारत मन्त्री के अधीन था। गवर्नर जनरल अपने विशेषाधिकारों के अन्तर्गत जो कार्य करता था, उन पर भी भारत मन्त्री की स्वीकृति आवश्यक थी।

सन् 1919 के अधिनियम द्वारा भारत मन्त्री को यह अधिकार दिया गया कि वह अपनी शक्तियों के उपयोग के सम्बन्ध में नियम बनाये।, इन नियमों को ब्रिटिश संसद के दोनों सदनों द्वारा स्वीकार किया जाना आवश्यक था। सन् 1919 के पहले भारत मन्त्री का वेतन तथा उसके विभाग पर होनें वाले खर्च की व्यवस्था भारतीय कोष से होती थी। यह एक विरोधाभास था कि ब्रिटिश मन्त्रि मण्डल के सदस्य और उसके विभाग का खर्चा भारतीय कोष से दिया जाये। 1919 के अधिनियम ने यह व्यवस्था कर दी कि भारत मन्त्री तथा उसके विभाग का सम्पूर्ण व्यय ब्रिटिश राजकोष पर भारित होगा। अस्तु, ब्रिटिश संसद भारतीय मामलों में रुचि लेने लगी।

भारत मन्त्री के नियन्त्रण में कमी

क्योंकि सन् 1919 के अधिनियम द्वारा प्रान्तों में आंशिक उत्तरदायी सरकार की स्थापना की गयी थी और केन्द्रीय तथा प्रान्तीय धारा सभाओं का अधिकार क्षेत्र बढ़ाया गया था, इसलिए यह आवश्यक हो गया था कि भारत मन्त्री के अधिकार में भी कुछ कमी की जाये। उसे यह अधिकार दिया गया कि वह अपने अधीक्षण, निर्देशन और नियन्त्रण के अधिकारों के प्रयोग को नियम बनाकर सीमित कर ले। इस प्रकार जो नियम बनाये गये, उनके द्वारा उसको प्रान्तीय शासन के हस्तान्तरित क्षेत्र में केवल निम्नलिखित शक्तियों के प्रयोग का अधिकार रहा :

(1) केन्द्रीय विषयों के प्रशासन का अभिरक्षण (safeguard)।

(2) दो प्रान्तों के बीच में उत्पन्न हुए विवादग्रस्त प्रश्नों का निर्णय।

(3) साम्राज्य के हितों का अभिरक्षण, इत्यादि।

प्रान्तीय शासन के सुरक्षित विभागों तथा केन्द्रीय विषयों के सम्बन्ध में उसकी शक्ति में इस प्रकार की कोई कमी नहीं की गयी किन्तु इस क्षेत्र में भी वह अपने अधिकारों को अपने अधीन अधिकारियों को सौंप सकता था। अत: अब उसने सपरिषद गवर्नर-जनरल को पहले से अधिक अधिकार प्रदान कर दिये और अनेक बातों को पहले की तरह भारत मन्त्री के पास भेजना आवश्यक नहीं रहा। 1919 से पूर्व केन्द्रीय तथा प्रान्तीय विधान सभाओं में पेश किये जाने वाले सभी प्रस्तावों तथा विधेयकों पर भारत मन्त्री की पूर्व अनुमति लेनी पड़ती थी। अब केवल कुछ विशेष प्रकार के प्रस्तावों जैसे साम्राज्य, सैनिक या वैदेशिक मामले के सम्बन्ध में ही ऐसा करना आवश्यक रह गया।

भारत मन्त्री ने अपने अधिकारों के प्रयोग को कम करने हेतु कुछ परम्पराएँ भी डालीं। भारत की आर्थिक नीति के सम्बन्ध में यह वित्तीय परम्परा पड़ी थी कि जिन बातों के सम्बन्ध में गवर्नर-जनरल तथा केन्द्रीय व्यवस्थापिका सभा एक ही मत हो, उसमें भारत मन्त्री हस्तक्षेप नहीं करेगा। परन्तु अब भी भारतीय प्रशासन के सम्बन्ध में भारत मन्त्री के पास व्यापक और वास्तविक शक्तियाँ बनी रहीं। इस सम्बन्ध में सर तेजबहादुर सप्रू ने जो भारतीय कार्यकारिणी परिषद के सदस्य रह चुके थे, कहा था कि ''भारत मन्त्री के शेष नियन्त्रण के अधिकार भी इतने वृहत हैं कि भारत सरकार को बहुत कम स्वतन्त्रता मिल पाती है।''[3]

3. Sri T.B. Sapru, On the control of the Secy. of State over the Govt. of India, 28 January, 1923.

गृह सरकार और भारतीय शासन

वैधानिक दृष्टि से भारत मन्त्री भारतीय शासन के गवर्नर-जनरल का अधिपति होता था। तत्कालीन भारत मन्त्री ने लार्ड मेयो की सरकार को कहा था, "भारतीय मामलों के निर्देशन और नियन्त्रण की अन्तिम शक्ति गृह सरकार के पास है............ भारत स्थित अधिकारियों के पास नहीं............ गृह सरकार को अपने हाथ में गवर्नर-जनरल को विशेष प्रकार का विधेयक प्रस्तावित करने का आदेश देने और सरकार के सभी सदस्यों को उसके पक्ष में मत देने का आदेश देने की शक्ति होनी चाहिए।"[4] सन् 1870 में स्वेज नहर के बन जाने और भारत व इंग्लैण्ड के बीच सीधी तार लाइन स्थापित हो जाने के बाद इन दोनों देशों के बीच संवादवहन के साधन सरल हो गये थे और इससे भारतीय मामलों पर भारत मन्त्री के नियन्त्रण में वृद्धि हो गयी थी। लार्ड रिपन और लार्ड कर्जन ने इस बात की शिकायत भी की कि गृह सरकार उसके कार्यों में अत्यधिक हस्तक्षेप करती है। लार्ड मिण्टो ने भी इस प्रकार का असन्तोष व्यक्त किया था। भारत सरकार अनेक बार शिकायत करती थी कि उन्हें गृह सरकार का प्रतिनिधि मात्र ही समझा जाता है। भारत मन्त्री की नीति से असहमत गवर्नर-जनरल के सम्मुख त्यागपत्र के अतिरिक्त अन्य कोई विकल्प नहीं था। यह सत्य कहा जाता था कि "भारत पर दिल्ली के बजाय ह्वाइट हाल से शासन किया जाता था"

परन्तु गवर्नर-जनरल भारत में ही उपस्थित रहता था और भारत में शान्ति और व्यवस्था बनाये रखने का उत्तरदायित्व उसी का होता था। अत: उस के लिए यह सम्भव नहीं था कि वह भारतवर्ष से सात समुद्र की दूरी पर अवस्थित भारत मन्त्री के आदेशों का निरन्तर पालन करता रहे। भारत मन्त्री भी इस तथ्य से परिचित होता था कि इंगलैण्ड में रहने वाले अधिकारी भारतीय शासन पर पूर्ण नियन्त्रण नहीं रख सकते। अत: भारत मन्त्री को बाध्य होकर गवर्नर-जनरल को पर्याप्त स्वतन्त्रता देनी होती थी। भारतीय शासन और गृह सरकार के इन दोनों सर्वोच्च अधिकारियों का पारस्परिक सम्बन्ध बहुत कुछ सीमा तक वैयक्तिक तत्व पर ही निर्भर करता था। यदि भारत मन्त्री कोई दृढ़ स्वभाव का व्यक्ति होता और उसके पास कार्यन्वित करने के लिए कोई निश्चित नीति नहीं होती, तो वह गवर्नर-जनरल को अपने अभिकर्ता के रूप में प्रयुक्त कर सकता था। इसके विपरित, यदि भारत मन्त्री नम्र स्वभाव का और गवर्नर जनरल दबंग व प्रभावशाली व्यक्ति होता, तो भारत मन्त्री गवर्नर-जनरल के कार्यों में विशेष हस्तक्षेप न करता। उसे मनचाही नीति बरतने देता उसके अधिकांश निर्णयों पर अपनी स्वीकृति दे देता। इस प्रकार पालन्दे के शब्दों में यह कहा जा सकता है कि "वे एक ही ऊँचे मंच पर खड़े होने वाले साथी व सहयोगी थे, परन्तु उनके धरातलों में थोड़ा-सा अन्तर था।"[5]

---

4. *Montford Report*, p. 20.
5. Palande, *Indian Administration,* p. 56.

भारत परिषद्
(Indian Council)

संक्षिप्त इतिहास

सन् 1858 में भारतीय क्षेत्र पर ब्रिटिश सम्राट और संसद की प्रत्यक्ष सत्ता स्थापित होने के बाद भारतीय शासन पर सम्राट और संसद के प्रतिनिधि के रूप में भारत मन्त्री द्वारा नियन्त्रण रखा जाता था। भारत मन्त्री से इस बात की आशा नहीं की जा सकती थी कि उसे भारतीय प्रशासन से सम्बन्धित समस्त विषयों का पूर्ण ज्ञान होता होगा। अस्तु, सन् 1858 में भारत मन्त्री को अपने कार्यों के सम्पादन में सहयोग और सहायता देने के लिए विशेषज्ञों की एक समिति के रूप में भारत परिषद की स्थापना की गयी।

सन् 1858 के अधिनियम के उपबन्धों के अधीन भारत परिषद में 15 सदस्य होते थे, जिनमें से कम से कम 9 ऐसे होने चाहिए थे जिन्होंने 10 वर्ष तक भारत में काम या निवास किया हो और अपनी नियुक्ति की तिथि के 10 वर्षों से अधिक से पूर्व भारत को न छोड़ा हो। परिषद का कार्य भारतीय सरकार के साथ पत्र-व्यवहार, तथा इंगलैण्ड में भारतीय सरकार से सम्बन्धित जो पत्र-व्यवहार हो उसमें भारत मन्त्री के आदेशों के अनुसार प्रबन्ध करना था। कुछ विशेष विषयों को छोड़कर भारत मन्त्री परिषद के बहुमत के निर्णय का उल्लंघन कर सकता था। परन्तु उसे उन कारणों की व्याख्या करनी पड़ती थी जिनके फलस्वरूप उसने ऐसा किया हो। गोपनीय व आवश्यक प्रपत्रों को भारत मन्त्री बिना परिषद के समक्ष उपस्थित किये ही भेज या प्राप्त कर सकता था।

सन् 1889 में भारत परिषद के सदस्यों की संख्या को 15 से कम कर 10 कर देने का निश्चय किया गया। 1907 में इसमें पुनः परिवर्तन कर यह निर्धारित किया गया कि परिषद के सदस्यों की सँख्या 10 और 15 के बीच होनी चाहिए। नये अधिनियमों से सदस्यों का कार्यकाल 7 वर्ष निश्चित किया गया। मासिक वेतन 1,600 पौंण्ड से घटाकर 1,000 पौण्ड कर दिया गया। उसी वर्ष सर्वप्रथम दो भारतीयों को भारत परिषद का सदस्य नियुक्त किया गया।

मोण्टफोर्ड सुधारों द्वारा परिवर्तन

सन् 1919 के अधिनियम द्वारा भारत परिषद के विधान में निम्नलिखित परिवर्तन किये गये: (1) अब उसके सदस्यों की संख्या 8 और 12 के बीच निश्चित की गयी, जिसमें कम से कम आधे सदस्य ऐसे होने चाहिए थे, जिन्होंने कम से कम 10 वर्ष तक भारतवर्ष में कार्य या निवास किया हो और इस देश को अपनी नियुक्ति की तिथि के 5 वर्ष से अधिक पूर्व न छोड़ा हो। (2) इस पद का कार्यकाल 7 वर्ष से घटाकर 5 वर्ष कर दिया गया। (3) प्रत्येक सदस्य की वार्षिक आय पुनः बढ़ाकर 1,200 पौंड की गयी और भारतीय सदस्य के लिए 600 पौण्ड के अतिरिक्त भत्ते की व्यवस्था की गयी। (4) भारतीय सदस्यों की संख्या बढ़ाकर तीन कर दी गयी। (5) परिषद की बैठकें अब सप्ताह में एक बार नहीं, वरन् महीने में एक बार होने लगीं। (6) गणपूर्ति का प्रश्न पूर्णतया भारत मन्त्री की इच्छा पर छोड़ दिया गया। (7) भारत मन्त्री को

परिषद के कार्य संचालन के नियम बनाने का अधिकार दे दिया गया। (8) भारतीय आमदनी के अनुदान या व्यय और अखिल भारतीय सेवाओं के लिए कानून बनाने से सम्बन्धित विषयों का निर्णय करने के लिए बैठक में मतदाताओं के बहुमत का समागम आवश्यक था। इन विषयों को छोड़कर बाकी सबमें परिषद के ऊपर भारत मन्त्री का पूर्ण प्रभुत्व था। वस्तुतः परिषद केवल एक परामर्शदात्री समिति मात्र थी। उपर्युक्त विषयों को छोड़कर अन्य विषयों में परिषद की सलाह लेना या न लेना भारत मन्त्री की इच्छा पर निर्भर था।" ऐनी बेसेन्ट के शब्दों में, "यदि यह परिषद की सलाह लेता भी तो उसे मानना या न मानना उसके ही अधिकार की बात थी।"[6]

भारत परिषद के विरुद्ध भारतीय लोकमत – भारतीय लोकमत ने भारत परिषद के अस्तित्व का सदैव विरोध किया। अपने प्रथम अधिवेशन में ही कांग्रेस ने इसके उन्मूलन की माँग उपस्थित की और इस सम्बन्ध में एक प्रमुख प्रतिनिधि आनन्द चार्लू ने कहा था, "परिषद का अन्त दूसरे सभी सुधारों का प्राथमिक आधार है।" भारत परिषद के सदस्य सेवानिवृत्त नौकरशाही के सदस्य होते थे। उनकी प्रवृति अत्यधिक अनुदार होती थी। यदि संयोगवश भारत मन्त्री कभी प्रगतिशील विचारों का होता, तो भारत परिषद उसके मार्ग में रोड़े अटकाने का कार्य करती थी। सर तेजबहादुर सप्रू ने परिषद पर दोषारोपण किया था कि "यह भारत के लिए कलंक के तुल्य है।" भारत परिषद में भारतीयों की संख्या कम होने के कारण वे भारत परिषद की कार्यवाही को प्रभावित करने में असमर्थ रहते थे।

भारत का हाई कमिश्नर

सन् 1919 के पूर्व तक गृह सरकार में भारत मन्त्री एक ओर तो भारत सरकार के राजनैतिक अधिपति के रूप में कार्य करता था, और दूसरी ओर वह भारत सरकार के व्यावसायिक अभिकर्ता के रूप में भारत के नागरिक और सैनिक प्रशासन के लिए आवश्यक हजारों चीजें खरीदता था। उस पर यह आरोप लगाया जाता था कि इस प्रकार की खरीद में वह भारतीय हितों की अवहेलना करके ब्रिटिश व्यापारिक और औद्योगिक हितों का ही ध्यान रखता था। सन् 1919 के अधिनियम ने हाई कमिश्नर के पद की व्यवस्था कर इस अंसगति को दूर कर दिया। इससे भारत सरकार के अभिकर्ता सम्बन्धी कार्य भारत मन्त्री के हाथों से लेकर हाई कमिश्नर को प्रदान कर दिये गये। गवर्नर-जनरल हाई कमिश्नर की नियुक्ति करता था। उसे भारतीय कोष में से वेतन दिया जाता था। वह और उसका कार्यालय लन्दन में रहता था और उसकी नियुक्ति पाँच वर्ष के लिए होती थी। परन्तु वह भारत सरकार का सेवक था और भारत सरकार द्वारा उसके कार्यों पर निरीक्षण और नियन्त्रण रखा जाता था। उसके कार्य ठेके देना, स्टोर विभाग की देखभाल करना, भारतीय ट्रेड कमिश्नर के कार्यों का निरीक्षण करना, भारत सरकार की ओर से विदेशों में आवश्यक सामान की खरीदारी करना और भारतीय विद्यार्थियों की देखभाल करना आदि थे। परन्तु हाई कमिश्नर के पद की व्यवस्था से व्यावहारिक स्थिति में कोई परिवर्तन नहीं आया और भारतीय हितों की अब भी निरन्तर उपेक्षा ही की जाती रही।

---

6. Annie Beasant, *How India Wrought for Freedom.*

भारत सरकार
(GOVERNMENT OF INDIA)

केन्द्रीय कार्यपालिका (Central Executive)

केन्द्रीय कार्यपालिका में गवर्नर-जनरल और उसकी कार्यकारिणी परिषद आती थी। सर्वोच्च शासनाधिकारी सपरिषद गवर्नर-जनरल को भारत के नागरिकों तथा सैनिक प्रशासन पर अधीक्षण, निर्देशन और नियन्त्रण के सम्पूर्ण अधिकार प्राप्त थे। गवर्नर-जनरल भारत सरकार का उच्चतम पदाधिकारी था। कार्यकारिणी परिषद उसे अपने कार्य में परामर्श और सहायता देने के लिए थी।

1. गवर्नर-जनरल तथा वायसराय—सन् 1773 के रेग्युलेटिंग एक्ट द्वारा बंगाल, बम्बई और मद्रास के प्रदेशों में एकीकरण की दिशा में कदम उठाया गया। बंगाल के गवर्नर को 'गवर्नर-जनरल ऑफ बंगाल' का पद प्रदान किया गया और उसे बम्बई व मद्रास की प्रेसीडेन्सियों के प्रशासन पर निर्देशन व अधीक्षण के अधिकार दिये गये। सन् 1853 के चार्टर अधिनियम द्वारा उसे 'बंगाल के गवर्नर-जनरल' के स्थान पर 'भारत का गवर्नर-जनरल' कहा जाने लगा। सन् 1858 में भारतीय शासन के सीधे ब्रिटिश सम्राट और संसद के हाथ में आने पर गवर्नर-जनरल को सम्राट के प्रतिनिधि अर्थात् 'वायसराय' की अतिरिक्त उपाधि प्रदान की गयी। 'वायसराय' के रूप में गवर्नर-जनरल देशी नरेशों के ऊपर ब्रिटिश अधिसत्ता के अधिकारों का प्रयोग करता था।

नियुक्ति—ब्रिटिश मन्त्रि मण्डल के परामर्श पर गवर्नर-जनरल की नियुक्ति सम्राट करता था। साधारणतया इस पद पर अत्यन्त प्रख्यात ब्रिटिश राजनीतिज्ञ, विशेष रूप से ब्रिटेन के उच्च कुलीन व्यक्ति नियुक्त किये जाते थे। गवर्नर-जनरल की पदावधि 5 वर्ष की थी किन्तु इसमें आवश्यकतानुसार वृद्धि की जा सकती थी। निवास-स्थान आदि की अन्य अनेक सुविधाओं के अतिरिक्त उसे 2 लाख 56 हजार रुपये वार्षिक वेतन के रूप में मिलते थे।

गवर्नर-जनरल की शक्तियाँ व कृत्य—वास्तव में, गवर्नर-जनरल के "पद के गौरव का अनुमान इसी बात से लगाया जा सकता है कि विस्मार्क जैसे व्यक्ति भी इस पद के प्रति आकर्षण अनुभव करते थे।"[7] गवर्नर-जनरल की शक्तियों के सम्बन्ध में प्रेसीडेण्ट लावेल ने लिखा था, "रूस के जार और भारत के गवर्नर-जनरल अथवा वायसराय कभी-कभी विश्व के महान तानाशाह कहे गये हैं।"[8]

केन्द्रीय सरकार के सम्बन्ध में कहा गया था कि "केन्द्रीय सरकार ब्रिटिश संसद के प्रति ही उत्तरदायी बनी रहे तथा सभी विषयों के सम्बन्ध में उसके अधिकार सुरक्षित रहें, किन्तु व्यवस्थापिका का विस्तार कर उसे शासन पर प्रभाव डालने के अधिक अवसर प्रदान किये जाएँ।"[9] 1919 के अधिनियम द्वारा गवर्नर-जनरल की स्थिति में कोई परिवर्तन नहीं किया गया था और अब भी निर्विवाद रूप से वह भारतीय शासन का सर्वोच्च पदाधिकारी था। उसकी शक्तियों और कृत्यों को अग्रलिखित तीन श्रेणियों में रखा जा सकता है :

7. Quoted from Bertrand Russell, *Freedom and Organisation*, p. 416.
8. Quoted from Iqbal Narain, *Dyarchy to Self Govt.*
9. Ramsay MacDonald, *Government of India*, p. 57.

(i) सम्राट के प्रतिनिधि के रूप में।

(ii) गृह शासन के प्रतिनिधि के रूप में।

(iii) भारतीय शासन के अध्यक्ष के रूप में।

(i) सम्राट के प्रतिनिधि के रूप में—गवर्नर-जनरल ब्रिटिश सम्राट या प्रभुसत्ता का भारत स्थित सर्वोच्च अधिकारी था। इस रूप में उसे न्याय, दया, और अनुगृह की अनेक शक्तियाँ प्राप्त थीं। अन्य उपनिवेशों के अध्यक्षों के समान उसे क्षमा प्रदान करने का विशेषधिकार प्राप्त था। इस विषय में उसे अपनी परिषद से परामर्श लेना आवश्यक नहीं था। उसे उपाधियाँ देने की शक्ति प्राप्त थी। ये उपाधियाँ वंशानुगत अथवा वैयक्तिक प्रतिष्ठा की प्रतीक होती थी और भारत की सामन्तकालीन पृष्ठभूमि में इनका विशेष महत्व था। सम्राट के प्रतिनिधि के रूप में ही वह देशी रियासतों के नरेशों पर ब्रिटिश अधिसत्ता का प्रयोग करता था।

(ii) गृह सरकार के प्रतिनिधि के रूप में— गवर्नर-जनरल भारत-मन्त्री के अधीन होता था। गृह सरकार के प्रतिनिधि के रूप में उसे वे सभी शक्तियाँ प्राप्त थीं, जो ब्रिटिश मन्त्रि मण्डल की नीति को कार्यान्वित करने के लिए आवश्यक हों। उसे युद्ध की घोषणा करने की शक्ति प्राप्त न थी, परन्तु वह ऐसी परिस्थितियाँ उत्पन्न कर सकता था जिनमें युद्ध करना आवश्यक हो जाये।

(iii) भारतीय शासन के अध्यक्ष के रूप में—गवर्नर-जनरल के द्वारा सम्राट के प्रतिनिधि और गृह सरकार के प्रतिनिधि के रूप में भी कुछ शक्तियों का उपयोग किया जाता था। उसके पद का सर्वाधिक महत्वपूर्ण पक्ष भारतीय शासन के अध्यक्ष का था। इस रूप में वह जिन व्यापक शक्तियों का प्रयोग करता था उनका अध्ययन निम्नलिखित शीर्षकों के अन्तर्गत किया जा सकता है:

(क) कार्यकारिणी शक्तियाँ—गवर्नर-जनरल भारतीय प्रशासन का वास्तविक अध्यक्ष होता था। इस रूप में उसे अनेक शक्तियां प्राप्त थीं। उसे कार्यकारिणी परिषद के उपप्रधान, परिषद के सचिव, लेफ्टिनेण्ट गवर्नरों और राज्य परिषद के प्रधान आदि की नियुक्ति के अधिकार प्राप्त थे। कार्यपालिका प्रधान के रूप में वह दोनों सदनों के कुछ सदस्यों को भी नामजद करता था। सपरिषद गवर्नर-जनरल का भारत में शान्ति और व्यवस्था बनाये रखने का उत्तरदायित्व था और इसके लिए वह सभी प्रकार की उचित कार्यवाही कर सकता था। वह कार्यकारिणी परिषद की बैठकें जिस स्थान पर चाहता, बुला सकता था। वह उन मामलों में कार्यकारिणी परिषद के बहुमत निर्णय के विरुद्ध कार्य कर सकता था जिनका प्रभाव भारत की शान्ति व सुरक्षा तथा साम्राज्य के हितों पर पड़ता था। साधारणतया परराष्ट्र और राजनैतिक विभाग का प्रधान स्वयं ही रहता था।

(ख) विधायिनी शक्तियाँ—भारतीय शासन की कार्यकारिणी के प्रधान गवर्नर जनरल को विधायी क्षेत्र में भी महत्वपूर्ण और व्यापक शक्तियाँ प्राप्त थीं। व्यवस्थापिका सभाओं के अधिवेशन बुलाना, स्थगित करना अथवा उनको भंग करना उसके हाथों में ही था। वह उनके निर्वाचन समय को निश्चित करता और उनकी अवधि भी बढ़ा सकता था। वह दोनों सदनों की संयुक्त बैठक में अथवा पृथक रूप से भाषण दे सकता था और उन्हें सन्देश भेज सकता था।

(ग) विशेष शक्तियाँ—वह किसी भी समय में विचाराधीन विधेयक या प्रस्ताव पर हो रहे वाद-विवाद को आगे बढ़ाने से रोक सकता था, यदि वह समझता कि उससे भारत की शान्ति पर कुप्रभाव पड़ेगा। इसके अतिरिक्त, सार्वजनिक ऋण, सेना, वैदेशिक मामले और प्रान्तीय विषयों से सम्बन्धित विधेयकों पर उसकी पूर्व स्वीकृति लेना आवश्यक थी और वह विशिष्ट प्रकार के प्रश्नों के पूछे जाने तथा प्रस्तावों को पास होने से रोक सकता था।

(घ) निषेधाधिकार की शक्ति—निषेधाधिकार की शक्ति का तात्पर्य यह है कि वह स्वीकृति प्रदान करने से इन्कार कर के केन्द्रीय विधान मण्डल द्वारा पारित विधेयक को समाप्त कर सकता था। यदि वह उचित समझता तो किसी विधेयक को सम्राट की स्वीकृति के लिये रोक सकता था या विधानमण्डल को पुनर्विचार के लिए लौटा सकता था।

(ड) प्रमाणित (Certify) **करने की शक्ति**—उसे प्रमाणित करने की महत्वपूर्ण शक्ति प्राप्त थी। जब कभी केन्द्रीय कार्यपालिका प्रशासन के लिये किसी विधेयक को आवश्यक समझती, किन्तु केन्द्रीय विधान मण्डल के दोनों अथवा एक सदन उसे पेश करने की अनुमति न देते, उसे अस्वीकार कर देते या उसके किसी महत्वपूर्ण प्रावधान में कार्यपालिका की इच्छा के विरुद्ध संशोधन कर देते, तो गवर्नर-जनरल ऐसे विधेयक को प्रमाणित करके कानून का रूप दे सकता था। उसे अपने हस्ताक्षर के साथ यह प्रमाण-पत्र देना होता था कि उस विधेयक को पास किया जाना भारत की सुरक्षा, शान्ति और ब्रिटिश भारत के हितों के लिए आवश्यक है।

(च) आपातकालीन शक्ति—आपातकाल में गवर्नर-जनरल को ब्रिटिश भारत की शान्ति और सुशासन हेतु अध्यादेश जारी करने की शक्ति भी प्राप्त थी जिनका प्रभाव कानून के समान ही होता था और जो 6 माह तक कार्यशील रहते थे।

(छ) वित्तीय शक्तियाँ—गवर्नर-जनरल की वित्तीय शक्तियाँ बहुत व्यापक और प्रभावशाली थीं। केन्द्रीय बजट का निर्माण सपरिषद गवर्नर-जनरल द्वारा ही होता था। बजट उसकी अनुमति से ही राज्य परिषद और व्यवस्थापिका सभा में प्रस्तुत किया जाता था। बजट की मदें दो प्रकार की होती थीं—मत सापेक्ष (Votable) और मत निरपेक्ष (Non-Votable)। व्यय की निम्न मदें मत निरपेक्ष थीं अर्थात् सदन को उन पर मत देने का अधिकार न था—भारतीय ऋण का सूद, ऐसा खर्च जिसकी रकम कानून से निर्धारित की गईं हों, उन लोगों की पेंशनें या तनख्वाहें जो सम्राट या भारत मन्त्री द्वारा नियुक्त किये गये हों, चीफ कमिश्नरों या जुडीशियल कमिश्नरों का वेतन तथा वह व्यय जिन्हें सपरिषद गवर्नर-जनरल ने धार्मिक, सेना सम्बन्धी या राजनीतिक घोषित किया हो। इन मदों पर व्यवस्थापिका में विचार करने के लिए भी गवर्नर-जनरल की अनुमति आवश्यक थी। यह मदें बजट की लगभग 80 प्रतिशत थीं अर्थात् बजट की बहुत बड़ी राशि को गवर्नर-जनरल बिना व्यवस्थापिका के अनुमोदन के स्वेच्छानुसार खर्च कर सकता था। वह बजट के शेष भाग में व्यवस्थापिका द्वारा अस्वीकृत या कटौती की गयी अनुदान मांगों को प्रमाणित कर यथापूर्व कर सकता था। इसी प्रकार गवर्नर-जनरल लगभग पूरे भारतीय राजकोष का स्वामी था।

गवर्नर-जनरल एक स्वेच्छाचारी शासक

गवर्नर-जनरल को स्वयं ब्रिटेन के प्रधान मंत्री या अमरीकी राष्ट्रपति से भी व्यापक शक्तियाँ प्राप्त थीं। वह भारत में एक वैधानिक शासक की तरह नहीं, अपितु स्वेच्छाचारी शासक की तरह कार्य करता था। यद्यपि ब्रिटिश संसद भारत मन्त्री के द्वारा उस पर अपना नियन्त्रण रखती थी, परन्तु उस को पर्याप्त स्वतन्त्रता प्राप्त थी। ब्रिटिश सम्राट के सर्वोच्च प्रतिनिधि होने के नाते भारत में उसका राजनीतिक गौरव व दबदबा बहुत बढ़ा-चढ़ा था। वह अपने कार्यों के सम्बन्ध में पूर्ण कानूनी स्वतन्त्रता का उपभोग करता था। उसे सहयोग और परामर्श देने के लिए कार्यकारिणी उसके हाथों में खिलौना मात्र थी क्योंकि वह उसके निर्णयों को स्वतन्त्रतापूर्वक ठुकरा सकता था। वह व्यवस्थापिका में निर्वाचित प्रतिनिधियों के बहुमत को भी रद्द कर सकता था। विश्व के प्रमुख शासकों में उसकी स्थिति ईर्ष्यापूर्ण थी। उसके पद के विषय में श्री जी॰ एन॰ जोशी ने लिखा है ''ब्रिटेन का संवैधानिक राजा राज (Reign) करता है किन्तु शासन नहीं करता, संयुक्त राज्य अमेरिका का राष्ट्रपति शासन करता है, किन्तु राज नहीं करता, फ्रांस का राष्ट्रपति न शासन करता है और न राज ही करता है जबकि भारत का गवर्नर-जनरल राज और शासन दोनों ही करता है।''

साइमन कमीशन ने अपनी रिपोर्ट में गवर्नर-जनरल के बारे में कहा था कि ''वह अत्यन्त उत्तरदायी, ऐश्वर्यवान तथा उल्लेखनीय पद सुशोभित करता था तथा शासन का भार वहन करने में प्रत्यक्ष एवं वैयक्तिक रूप से उस पर ऐसा भार था, जैसा कि ब्रिटिश साम्राज्य में अन्य किसी प्रतिनिधि पर नहीं।''

2. **कार्यकारिणी परिषद की रचना** (Executive Council)—रेग्यूलेटिंग एक्ट के अन्तर्गत गवर्नर-जनरल की कार्यकारिणी परिषद की स्थापना गवर्नर-जनरल को अपने कार्यों में सहायता और सहयोग देने के लिए की गयी थी। प्रारम्भ में इसकी सदस्य संख्या 4 थी किन्तु सन् 1784 के पिट् अधिनियम ने इसकी संख्या 3 कर दी। सन् 1793 के चार्टर अधिनियम से मुख्य सेनापति को इसका असाधारण सदस्य बनाया गया। सन् 1833 के चार्टर अधिनियम ने विधि सदस्य के रूप में इसमें एक सदस्य और जोड़ा। 1861 के भारतीय परिषद अधिनियम ने वित्त सदस्य के रूप में इसमें एक सदस्य की वृद्धि की। सन् 1874 के अधिनियम द्वारा सार्वजनिक निर्माण विभाग के रूप में इसमें एक सदस्य और जोड़ा गया। इस प्रकार सन् 1919 के अधिनियम के पूर्व इसके 6 साधारण सदस्य थे और सेनापति इसका असाधारण सदस्य होता था। सन् 1909 से एक भारतीय इसका सदस्य चला आ रहा था। सर एस॰ पी॰ सिन्हा, सर अली इमाम और सर शंकरन नायर क्रम-क्रम से इसके सदस्य रह चुके थे।

सन् 1919 के सुधार अधिनियम द्वारा इसकी रचना में ये परिवर्तन हुए—

(i) इसकी सदस्य संख्या पर जो कानूनी सीमा थी, उसे हटा दिया गया। फलतः इसकी सदस्य संख्या में केवल सम्राट की स्वीकृति से ही वृद्धि की जा सकती थी।

(ii) व्यवहार में 1919 से 1941 तक परिषद के सदस्यों की संख्या 6 ही बनी रही थी। कानूनी सदस्यता के लिए भारतीय एडवोकेटों को भी सदस्य नियुक्त किया जा सकता था।

(iii) साधारण और असाधारण सदस्यों का अन्तर समाप्त हुआ और मुख्य सेनापति अब इसका साधारण सदस्य बना रहा।

(iv) सदस्यों की योग्यता के सम्बन्ध में केवल यह नियम था कि इसमें कम से कम तीन सदस्य ऐसे हों, जिन्होंने 10 वर्ष सम्राट की सेवा में भारत में व्यतीत किये हों। सभी सदस्यों के भारतीय होने पर भी प्रतिबन्ध न था इस सम्बन्ध में 'ज्वाइण्ट सिलेक्ट कमेटी' का मत था कि, "सरकारी अधिकारियों में से लिये गये कार्यकारिणी के सदस्य जैसे-जैसे समय व्यतीत होगा, यूरोपियनों की अपेक्षा अधिकतर भारतीय ही होने लगेंगे।" 8 सदस्यों की नियुक्ति भारत मन्त्री के परामर्श से सम्राट द्वारा की जाती थी। भारत मन्त्री इस सम्बन्ध में साधारणतया गवर्नर-जनरल की सिफारिशों को बहुत महत्व देता था। उनकी नियुक्ति 5 वर्ष के लिए की जाती थी और पुनर्नियुक्ति भी की जा सकती थी। उन्हें वेतन भारतीय राजस्व में से दिया जाता था जो मत निरपेक्ष था। मुख्य सेनापति के अतिरिक्त प्रत्येक कार्यकारिणी परिषद के सदस्य का वेतन 80 हजार रुपये प्रतिवर्ष था।

(i) **कार्यकारिणी परिषद की शक्तियाँ**—सपरिषद गवर्नर-जनरल का कार्य भारतवर्ष में शान्ति, सुव्यवस्था और सुशासन का संधारण करना था। कार्यकारिणी परिषद के सदस्यों में से प्रत्येक अलग-अलग विभागों का प्रमुख होता था। वैदेशिक व राजनीतिक विभाग गवर्नर-जनरल के अधीन थे और सुरक्षा व सेना विभाग मुख्य सेनापति की अधीनता में थे। अवशिष्ट विभागों में सर्वाधिक महत्वपूर्ण विभाग (गृह) अंग्रेज पार्षद के हाथ में रखा जाता था और भारतीय सदस्यों को शिक्षा, स्वास्थ्य तथा श्रम विभागों से ही सन्तोष करना पड़ता था।

(ii) **कार्यकारिणी परिषद की कार्यप्रणाली**—कार्यकारिणी परिषद् की कार्यप्रणाली के सम्बन्ध में 1861 में तत्कालीन गवर्नर-जनरल लार्ड केनिगं ने 'विभागीय पद्धति' (Portfolio System) को अपनाया था। इस पद्धति के अन्तर्गत अपने-अपने विभाग से सम्बन्धित सभी मामलों को प्रत्येक सदस्य स्वतन्त्रतापूर्वक निबटाता था। अधिक महत्व के या प्रान्तीय सरकार से सम्बन्धित विषयों को गवर्नर-जनरल की सलाह से निश्चित किया जाता था। वे सब विषय पूरी कार्यकारिणी परिषद के सम्मुख विचारार्थ प्रस्तुत किये जाते थे जो कि बहुत अधिक महत्व के होते थे और जिनका प्रभाव दो या दो से अधिक विभागों पर पड़ता था। साधारणतया कार्यकारिणी परिषद की बैठक सप्ताह में एक बार होती थी। बैठकें गवर्नर-जनरल द्वारा बुलायी जाती थीं। वही बैठक के लिए कार्यक्रम निश्चित करता था। बैठकों की अध्यक्षता गवर्नर-जनरल करता था और उसकी अनुपस्थिति में उसके द्वारा मनोनीत उपसभापति। परिषद के निर्णय बहुमत के आधार पर होते थे किन्तु देश की शान्ति व सुरक्षा के लिए आवश्यक समझने पर गवर्नर-जनरल परिषद के निर्णयों के प्रतिकूल भी, जो चाहता सो कर सकता था।

(iii) **कार्यकारिणी परिषद और गवर्नर-जरनल का पारस्परिक सम्बन्ध**—सन् 1773 के रेग्यूलेटिंग एक्ट द्वारा गवर्नर-जनरल के पद की स्थापना के साथ ही उसकी सहायता के लिए एक परिषद की व्यवस्था की गयी। इस एक्ट का उद्देश्य एक सामूहिक कार्यपालिका का निर्माण करना था। इसी कारण गवर्नर-जनरल को परिषद की अवहेलना की शक्ति प्रदान नहीं की

गयी थी। यह स्थिति व्यावहारिक सिद्ध नहीं हुई। इसलिए सन् 1786 में सर्वप्रथम लार्ड कार्नवालिस को परिषद के बहुमत के निर्णय की अवहेलना करने का अधिकार दिया गया और बाद में यह एक नियम ही बन गया। समय-समय पर ऐसे परिवर्तन किये गये, जिनका परिषद के सदस्यों की शक्ति और स्थिति पर विपरीत प्रभाव पड़ा। सन् 1919 तक गवर्नर-जनरल की शक्तियों की अपेक्षा परिषद के सदस्यों की शक्ति अत्यधिक क्षीण हो गयी। इस स्थिति के कई कारण थे–(अ) गवर्नर-जनरल अपने सरकारी पद और कानूनी शक्तियों में उनसे अत्यधिक ऊँचा था। (ब) सदस्यों की नियुक्ति में उसकी सम्मति का विशेष महत्व था और परिषद की सदस्यता के उपरान्त सदस्यगण आगे उन्नति के लिए उसी की ओर देखते थे। (स) अधिकतर पार्षद नागरिक सेवा के सदस्य होते थे, जो इन ऊँचे पदों तक अधिकारियों की आज्ञा पालन करने के वातावरण में रहकर पहुँचते थे, अतः वे स्वतन्त्रतापूर्वक कार्य करने का साहस नहीं करते थे।

(iv) कार्यकारिणी परिषद और मन्त्रि मण्डल–भारतीय गवर्नर-जनरल की कार्यकारिणी और ब्रिटिश मन्त्रि मण्ड़ल में अत्यधिक अन्तर था।

(अ) परिषद के सदस्य गवर्नर-जनरल के सहयोगी नहीं वरन् सेवक मात्र थे, जबकि ब्रिटिश मन्त्रिमण्डल के सदस्य प्रधान मन्त्री के सेवक नहीं, वरन् सहयोगी होते थे।

(ब) ब्रिटिश मन्त्रिमण्डल सामूहिक रूप से कामन्स सभा के प्रति उत्तरदायी होता था और उसके द्वारा पदच्युत किया जा सकता था। इसके विपरीत, भारतीय कार्यकारिणी परिषद के सदस्य व्यवस्थापिका के निर्वाचित सदस्यों में से नहीं चुने जाते थे और न ही उसके प्रति उत्तरदायी होते थे।

सन् 1919 के अधिनियम के अधीन कार्यकारिणी परिषद का गठन नितान्त असन्तोषजनक था। इसके सदस्य अपने अतिरिक्त अन्य किसी का प्रतिनिधित्व नहीं करते थे। वे व्यवस्थापिका के प्रति भी किसी प्रकार का उत्तरदायित्व अनुभव नहीं करते थे। परिषद में भारतीय सदस्यों की वृद्धि का भी कोई व्यावहारिक महत्व नहीं था। डा॰ ईश्वरीप्रसाद के शब्दों में, 'इसमें गवर्नर-जनरल को अपने कुछ ऐसे 'जी हुजूरों' (Yes-men) को कार्यकारिणी में सम्मिलित करने का अवसर मिला, जिनकी दृष्टि गवर्नर-जनरल की कृपा से अपने स्वार्थों की पूर्ति करने में ही लगी हुई थी।'' [10]

(3) केन्द्रीय व्यवस्थापिका (Central Legislature)–सन् 1919 के अधिनियम का उद्देश्य केन्द्रीय व्यवस्थापिका का विस्तार कर उसे अधिक प्रतिनिध्यात्मक बनाना और उसे शासन-प्रबन्ध पर प्रभाव डालने के अधिक अवसर प्रदान करना था। इस दृष्टि से सन् 1919 के अधिनियम द्वारा भारत की केन्द्रीय व्यवस्थापिका सभा के सम्बन्ध में अनेक महत्वपूर्ण परिवर्तन किये गये। एक-सदनात्मक व्यवस्थापिका के स्थान पर द्विसदनात्मक व्यवस्थापिका का स्थापना की गयी जिसके दो सदन राज्य परिषद और विधानसभा थे। व्यवस्थापिका को अधिक प्रतिनिध्यात्मक और प्रभावशाली भी बनाया गया।

---

10. Dr. Ishwari Prasad, *History of Modern India,* p. 392.

(i) राज्य परिषद—यह केन्द्रीय व्यवस्थापिका का उच्च सदन था। इसमें 60 सदस्य होते थे, जिनमें से 34 प्रत्यक्ष निर्वाचन द्वारा साम्प्रदायिक आधार पर चुने जाते थे। इन 34 सदस्यों में से 20 साधारण निर्वाचन क्षेत्र से, 10 मुस्लिम क्षेत्रों से, 1 सिख तथा 3 यूरोपियन क्षेत्रों से होते थे। शेष सदस्यों में से एक की नियुक्ति गवर्नर-जनरल सभापति के रूप में करता था तथा 19 मनोनीत सरकारी व 6 मनोनीत गैर-सरकारी सदस्य होते थे।

द्वितीय सदन की स्थापना का उद्देश्य एक ऐसा कुलीनतन्त्रीय सदन स्थापित करना था जिसका उपयोग प्रथम सदन के प्रतिभार के रूप में किया जा सके। राज्य परिषद का कार्यकाल 5 वर्ष रखा गया था। राज्य परिषद के लिए मताधिकार अत्यन्त संकुचित रखा गया था और वह सम्पत्ति सम्बन्धी योग्यताओं पर आधारित था। केवल वे ही व्यक्ति मतदान के अधिकारी थे जो 10 हजार से 20 हजार रुपये वार्षिक आय पर कर देते हों अथवा 750 से लेकर, 5,000 रुपये तक भूमि कर देते हों। इसके अतिरिक्त निम्न व्यक्तियों को भी मताधिकार दिया गया था।

(अ) वे व्यक्ति जो नगरपालिकाओं, जिला बोर्डों अथवा केन्द्रीय सहकारी बैंकों के अध्यक्ष या उपाध्यक्ष रह चुके हों।

(ब) भारत की किसी व्यवस्थापिका के सदस्य रह चुके हों।

(स) सरकार द्वारा महामहोपाध्याय अथवा शम्शुलउलेमा आदि पाण्डित्य सम्बन्धी उपाधियों से विभूषित किये गये हों।

स्त्रियों को राज्य परिषद के लिए मताधिकार से वंचित रखा गया था। इस प्रकार परिषद बुद्धिजीवी वर्ग के स्थान पर निहित स्वार्थों वाले वर्ग का ही प्रतिनिधि बनकर रह गयी थी। श्री निवास आयंकर ने ठीक ही लिखा है कि "राज्य परिषद की स्थापना विधान परिषद के प्रति भार के रूप में की गयी थी और यह सरकार के अजेय दुर्ग के समान थी।"

(ii) केन्द्रीय विधान सभा—विधान सभा केन्द्रीय व्यवस्थापिका का निम्न सदन थी। इसकी सदस्य संख्या 143 थी जिनमें से 103 सदस्य निर्वाचित व 40 मनोनीत होते थे। 40 मनोनीत सदस्यों में 25 सरकारी और 15 गैर-सरकारी होते थे। 103 निर्वाचित सदस्यों में से 51 सामान्य निर्वाचित क्षेत्रों से, 30 मुस्लिम क्षेत्रों से, 2 सिख क्षेत्रों से और 20 विशेष निर्वाचन क्षेत्रों (7 जमींदार, 9 यूरोपियन और 4 भारतीय व्यापार मण्डलों) से चुने जाते थे।

विभिन्न प्रान्तों में निर्वाचित सदस्यों की संख्या उनकी जनसंख्या के आधार पर नहीं, वरन् उनके महत्व के आधार पर निश्चित की गयी थीं। उदाहरण के लिए बम्बई को, व्यापारिक महत्व के कारण मद्रास के बराबर प्रतिनिधित्व (16 स्थान) प्रदान किया गया। इसी प्रकार पंजाब को, जिसकी जनसंख्या बिहार और उड़ीसा की दो-तिहाई ही थी, सैनिक महत्व के कारण उनके बराबर प्रतिनिधित्व (12 स्थान) प्रदान किया गया था। इस प्रकार अल्पसंख्यक सम्प्रदायों को ही नहीं वरन् छोटे प्रान्तों को भी भारात्मक प्रतिनिधित्व प्रदान किया गया था।

राज्य परिषद की तुलना में विधान सभा के लिए मताधिकार व्यापक था किन्तु इसमें भी मताधिकार सम्पत्ति सम्बन्धी अर्हता पर ही आधारित था। विधान सभा के लिए मताधिकार के लिए अग्रलिखित योग्यताओं में से किसी एक का होना आवश्यक था :

(अ) कम से कम 2 हज़ार रुपये से लेकर 5 हजार रुपये वार्षिक आय पर कर देना।

(ब) 50 से 150 रुपये तक वार्षिक भूमि-कर देना।

(स) कम से कम 15 रुपये से लेकर 20 रुपये तक वार्षिक म्यूनिसिपल कर देना।

(द) 150 रुपये से अधिक किराये के मूल्य वाले मकान का स्वामी होना या किरायेदार होना।

इस सम्पत्ति विषयक योग्यताओं के कारण विधान सभा के लिए कुल मतदाताओं की संख्या 10 लाख से अधिक नहीं थी।

विधान सभा का कार्यकाल तीन वर्ष निश्चित किया गया। विधान सभा का अध्यक्ष प्रथम चार वर्षों के लिए तो गवर्नर-जनरल मनोनीत होना निश्चित हुआ तथा उसके बाद वह विधान सभा द्वारा निर्वाचित होना था।

केन्द्रीय व्यवस्थापिका की शक्तियाँ

(i) विधायिनी शक्तियाँ—सन् 1919 के अधिनियम द्वारा केन्द्रीय व्यवस्थापिका की शक्तियों में वृद्धि की गयी थी। यह ब्रिटिश भारत के सभी व्यक्तियों और वस्तुओं, स्थानों और न्यायालयों के लिए और केन्द्रीय सूची में निहित सभी विषयों के लिए कानून बना सकती थी। परन्तु वास्तव में इसकी विधि निर्माण शक्ति पर कुछ प्रतिबन्ध लगे हुए थे। इसे ब्रिटिश संसद की किसी विधि को संशोधित अथवा रद्द करने का अधिकार न था जो भारत के ऊपर लागू होती थी। वह बिना भारत मन्त्री के अनुमोदन के ऐसा कोई कानून भी पारित नहीं कर सकती थी जो किसी उच्च न्यायालय का उन्मूलन करता हो। इसके अतिरिक्त, निम्नलिखित विषयों पर व्यवस्थापिका में प्रस्ताव उपस्थित करने के लिए गवर्नर-जनरल की पूर्व अनुमति आवश्यक थी :

(अ) सार्वजनिक ऋण, राजस्व कर अथवा भारत से राजस्व कर पर अतिरिक्त कर के सम्बन्ध में।

(ब) ब्रिटिश भारत की जनता की धार्मिक अथवा सामाजिक परम्पराओं के सम्बन्ध में।

(स) सम्राट की सेना के तीनों अंगों के अनुशासन के सम्बन्ध में।

(ह) विदेशी शासकों अथवा देशी राज्यों से सरकारी सम्बन्धों के विषय में।

इसके अतिरिक्त किसी प्रान्तीय विषय पर विचार करने, प्रान्तीय व्यवस्थापिका के किसी कानून को रद्द करने या संशोधित करने या गवर्नर-जनरल के किसी अधिनियम को संशोधित या रद्द करने से सम्बन्धित विषयों पर विचार करने के लिए गवर्नर-जनरल की पूर्व अनुमति आवश्यक होती थी।

(ii) वित्तीय शक्तियाँ—केन्द्रीय व्यवस्थापिका के वित्तीय अधिकारों पर भी अनेक प्रतिबन्ध थे। बजट के 80 प्रतिशत भाग पर व्यवस्थापिका को मतदान करने को कोई अधिकार नहीं था तथा इन गवर्नर-जनरल की आज्ञा ही अन्तिम शब्द होती थी। बजट की इन मदों पर विचार करने के लिए भी गवर्नर-जरनल की पूर्व अनुमति आवश्यक थी। बजट का जो 20 प्रतिशत मत सापेक्ष

भाग था, उसमें भी यदि व्यवस्थापिका खर्च में कटौती या उसे अस्वीकृत करती, तो गवर्नर-जनरल को अधिकार था कि वह उन्हें आवश्यक घोषित करके अपने विशेषाधिकारों से यथापूर्व कर दे। इस प्रकार केन्द्रीय व्यवस्थापिका को भारतीय राजकोष पर आंशिक स्वामित्व भी प्राप्त नहीं था।

(iii) कार्यकारिणी को प्रभावित करने का अधिकार—केन्द्रीय व्यवस्थापिका को कार्यकारिणी को प्रभावित करने का अधिकार था। वह कार्यकारिणी के सदस्यों से प्रश्न अथवा पूरक प्रश्न पूछ सकती थी, सरकार की नीतियों की आलोचना कर सकती थी और कार्य स्थगन प्रस्ताव भी रख सकती थी, सरकार की नीतियों में परिवर्तन हेतु सुझाव भी रख सकती थी लेकिन इतना होने पर भी व्यवस्थापिका को कार्यकारिणी के कार्य को प्रभावित करने या नियन्त्रित करने की प्रभावदायक शक्ति प्राप्त न थी, क्योंकि कार्यकारिणी आंशिक रूप से भी व्यवस्थापिका के प्रति उत्तरदायी न थी।

सन् 1919 के अधिनियम के अन्तर्गत गठित व्यवस्थापिका में सामान्य पद्धति के प्रतिकूल दोनों सदनों के अधिकार समान रखे गये थे। दोनों सदनों की शक्ति में अन्तर यह था कि वित्तीय विधेयक सर्वप्रथम निम्न सदन में ही प्रस्तुत किये जाते थे तथा मत सापेक्ष विषयों पर मतदान का अधिकार निम्न सदन को ही प्राप्त था। विधायी एवं कार्यकारिणी को प्रभावित करने के अधिकार के विषय में दोनों सदनों की शक्तियों में कोई अन्तर न था।

भारतीय व्यवस्थापिका की शक्तियों पर लगे हुए इन प्रतिबन्धों के आधार पर ही श्री गुरुमुख निहालसिंह ने कहा है, ''इस प्रकार भारतीय विधान मण्डल केवल एक प्रभुतारहित, विधायक निकाय ही नहीं था, वरन् वह कार्यकारिणी के समक्ष अशक्त भी था। प्रशासकीय, विधायी एवं वित्तीय सभी क्षेत्रों में सपरिषद गवर्नर-जनरल को पूरा अधिकार था। कार्यकारिणी विधान मण्डल से स्वतन्त्र ही नहीं थी, वरन् इसको लगभग सभी विषयों में उसका उल्लंघन करने का अधिकार था।''[11]

प्रान्तीय प्रशासन
(PROVINCIAL ADMINISTRATION)

1919 के अधिनियम में प्रशासन के विषयों और आय की मदों को केन्द्रीय और प्रान्तीय वर्गों में बाँटा गया। केन्द्रीय विषय थे—रक्षा (इसमें सेना के तीनों अंग सम्मिलित थे), विदेश सम्बन्ध, देशी राज्यों से सम्बन्ध, रेलें, सैन्य महत्व के संचार साधन, डाक, और तार, मुद्रा और टंकण, सार्वजनकि ऋण, सार्वजनिक राजस्व की मदें, दीवानी और फौजदारी कानून और पद्धति, चर्च आदि से सम्बन्धित धार्मिक व्यवस्था, अखिल भारतीय नौकरियाँ, वैज्ञानिक एवं औद्योगिक अनुसन्धान की केन्द्रीय संस्थाएँ और वे सब विषय जो स्पष्ट रूप से प्रान्तीय विषय घोषित न किये गये हों। प्रान्तीय विषय थे—स्थानीय स्वशासन, शिक्षा, चिकित्सा एवं सार्वजनिक स्वास्थ्य, सार्वजनिक निर्माण, कृषि, उद्योग-धन्धों का विकास, आबकारी, पशु चिकित्सा, अकाल सहायता,

11. श्री गुरुमुख निहालसिंह, *भारत का वैधानिक एवं राष्ट्रीय विकास*, पृ० 317.

मालगुजारी, प्रशासन, सिंचाई, वन, न्याय, पुलिस, जेल, श्रम और ऐसे कार्य जिन्हें अभिकर्ता के रूप में करना हो। अवशिष्ट शक्तियाँ सपरिषद गवर्नर-जनरल के हाथ में रखी गयी थीं।

सरकारी ज्वाइण्ट रिपोर्ट में कहा गया था कि 'प्रान्त ही वह क्षेत्र है जहाँ उत्तरदायी सरकार की प्राप्ति के लिए प्राथमिक प्रयोग किये जायेंगें।' इस सिफारिश के आधार पर 1919 के अधिनियम ने प्रान्तों में आंशिक उत्तरदायी शासन की स्थापना की। श्री गुरुमुख निहालसिंह के शब्दों में, ''इस प्रकार मोण्टफोर्ड सुधारों के केन्द्रीय प्रस्ताव ने प्रान्तीय स्वायत्तता के लिए दो महत्वपूर्ण बातें प्रारम्भ की– उच्च सत्ता के नियन्त्रण से स्वतन्त्रता और जनता के प्रति शक्ति का हस्तान्तरण।''[12]

द्वैध शासन प्रणाली

प्रान्तीय विषयों के प्रशासन के सम्बन्ध में द्वैध शासन व्यवस्था अपनायी गयी। मोण्टफोर्ड रिपोर्ट में कहा गया था कि भारतीय जनता के अशिक्षित और निर्वाचकों के अनुभवहीन होने के कारण निर्वाचित व्यवस्थापिका सभा सभी विषयों के विषय में अपना उत्तरदायित्व नहीं निभा सकेगी। अस्तु द्वैध शासन के रूप में प्रान्तीय जनता को कुछ विषयों के सम्बन्ध में उत्तरदायित्व प्रदान किया गया। प्रान्तीय विषयों का विभाजन रक्षित और हस्तान्तरित दो श्रेणियों में कर दिया गया। न्याय, पुलिस, जेल, भूमि तथा राजस्व कर, कृषि सम्बन्धी ऋण, अकाल पीड़ित सहायता, व्यावसायिक कारखाने, श्रमिक विवाद, जंगल, सिंचाई, नहर तथा जलविद्युत शक्ति रक्षित विषय थे। सार्वजनिक स्वास्थ्य, सफाई, स्थानीय स्वायत्त संस्थाएँ, (विश्वविद्यालय तथा कुछ अन्य शिक्षण संस्थाएँ छोड़कर) शिक्षा, सहकारी समिति, आबकारी, औद्योगिक विकास और चिकित्सा आदि हस्तान्तरित विषय थे। रक्षित विषयों का प्रशासन सम्राट द्वारा नियुक्त शासकीय सलाहकार सदस्यों के अधीन और हस्तान्तरित विषय लोकप्रिय मन्त्रियों के अधीन रखे गये।

1. गवर्नर (GOVERNOR)

(1) **नियुक्ति तथा पदावधि**–द्वैध शासन प्रणाली में गवर्नर का स्थान सबसे ऊपर था। कलकत्ता, बम्बई और मद्रास प्रेसीडेन्सियों के गवर्नरों की नियुक्ति भारत मन्त्री की सलाह के आधार पर सम्राट करते थे। दूसरे प्रान्तों के लिए गवर्नर-जनरल की सलाह के आधार पर सम्राट गवर्नर नियुक्त करते थे। प्रेसीडेन्सियों के गवर्नरों की कार्यकारिणी परिषदों में 4 और अन्य प्रान्तों की कार्यकारिणी परिषदों में 2 सदस्य होते थे। कार्यकारिणी में कम से कम एक ऐसा सदस्य होना आवश्यक था, जो कि भारतवर्ष में कम से कम 12 वर्षों से नागरिक सेवा के अन्तर्गत कार्य कर रहा हो। दूसरे सदस्य साधारणतया गैर-सरकारी भारतीयों में से लिये जाते थे। गवर्नर और कार्यकारिणी परिषद के इन सदस्यों का कार्यकाल 5 वर्ष होता था।

(2) **गवर्नर की शक्तियाँ**–सम्पूर्ण प्रान्तीय शासन की धुरी गवर्नर की शक्तियाँ अग्रलिखित थीं :

---

12. उपरोक्त, पृ० 291-292।

(i) कार्यपालिका शक्तियाँ—गवर्नर प्रान्तीय शासन का प्रधान था। वही मन्त्रियों की नियुक्ति और पदच्युति करता था। वह मन्त्रियों और कार्यकारिणी परिषद के सदस्यों में विभागों का विभाजन करता था। मन्त्रियों और पार्षदों के प्रशासकीय कार्य के नियम भी वही निर्धारित करता था। मन्त्रियों की नियुक्ति में वह कुछ निश्चित परम्पराओं से बंधा हुआ था परन्तु मन्त्रियों पर उस की वैधानिक सर्वोच्चता स्पष्ट थी। विधान परिषद के कुछ सदस्य अपने नियन्त्रण में होने, सेवाओं पर अपने प्रभाव और वित्त की शक्ति अन्तिम रूप से अपने हाथ में होने के आधार पर वह मन्त्रियों को प्रभावित कर सकता था। विशेष स्थिति में वह किसी हस्तान्तरित विषय के प्रशासन के सम्बन्ध में मंत्री की राय को जानने से इन्कार कर सकता था। कार्यकारिणी परिषद के सदस्य पूर्ण रूप से उसके नियन्त्रण में होते थे। संरक्षित विषयों का प्रशासन उस का ही उत्तरदायित्व था। यदि द्वैध शासन का सामान्य संचालन सम्भव नहीं होता तो वह हस्तान्तरित विषयों को भी अपने हाथ में ले सकता था। मध्य प्रान्त और बंगाल में मन्त्रियों के कार्य करने से इन्कार करने पर गवर्नर ने ऐसा ही किया। इस प्रकार मन्त्री और पार्षद दोनों ही इसके नियन्त्रण में थे। प्रान्त की उच्च सेवाओं पर भी पर्याप्त नियन्त्रण था।

(ii) विधायी शक्तियाँ—गवर्नर विधान परिषद का अधिवेशन बुलाता था, प्रथम चार वर्ष के लिए विधायी परिषद का अध्यक्ष नियुक्त करता था और इसके बाद भी परिषद द्वारा निर्वाचित अध्यक्ष का अनुमोदन करता था। वह विधान परिषद का कार्यकाल 1 वर्ष के लिए बढ़ा सकता था या उसको समय के पूर्व ही भंग कर सकता था। वह परिषद क अधिवेशन स्थगित कर था। प्रत्येक विधेयक पर उसकी स्वीकृति आवश्यक थी। वह विधेयक को पुनर्विचार के लिए लौटा सकता था या विधेयक को गवर्नर-जनरल के विचारार्थ रख सकता था। धार्मिक मामलों, विश्व विद्यालयों और भू-राजस्व से सम्बन्धित विधेयकों को गवर्नर-जनरल के विचारार्थ रखना आवश्यक था। वह परिषद में उपस्थित होकर भाषण दे सकता था और इसके लिए सदस्यों की उपस्थिति अनिवार्य कर सकता था। वह किसी प्रस्ताव या विधेयक पर विचार रोक सकता था।

यदि परिषद संरक्षित पक्ष से सम्बन्धित किसी विधेयक को गवर्नर द्वारा सुझाये गये ढंग से स्वीकार न करे तो वह उसे प्रभावित करके पारित कर सकता था। उसे यह प्रमाणित करना होता था कि उस विषय के सम्बन्ध में अपने उत्तरदायित्व को पूरा करने के लिए विधेयक का पारित होना आवश्यक है। इस शक्ति का दुरुप्रयोग होने से रोकने के लिए इस प्रकार के प्रत्येक विधेयक को गवर्नर-जनरल के पास भेजा जाना आवश्यक था। जब तक इस पर सम्राट की स्वीकृति न हो जाय तब तक वह कानून का रूप ग्रहण नहीं कर सकता था।

(iii) वित्तीय शक्तियाँ—गवर्नर को कुछ वास्तविक वित्तीय शक्तियाँ भी प्राप्त थीं। उसकी स्वीकृति से ही प्रान्तीय विधायी परिषद् में बजट रखा जा सकता था। मत निरपेक्ष और मत सापेक्ष मदों का अनुपात भी वही निश्चित करता था। साधारणतया प्रान्तीय व्यय का 70 प्रतिशत मत निरपेक्ष घोषित किया जाता था। संरक्षित और हस्तान्तरित क्षेत्रों में खर्च की जाने वाली धन की मात्रा गवर्नर की अध्यक्षता में परिषद के सदस्यों और मंत्रियों की एक संयुक्त बैठक में निश्चित की जाती थी। पारस्परिक मतभेद की स्थिति में गवर्नर का निर्णय अन्तिम होता था। यदि संरक्षित पक्ष से सम्बन्धित धन की किसी माँग को परिषद अस्वीकृत या कम कर देती तो गवर्नर इस

प्रमाण के साथ खर्च की स्वीकृति दे सकता था कि यह खर्च इस विषय में उत्तरदायित्वों को पूरा करने के लिए आवश्यक है। संरक्षित विषयों के प्रशासन का उत्तरदायित्व उस पर होने के कारण यह शक्ति आवश्यक समझी गयी थी। मध्य प्रदेश और बंगाल में स्वराज्यवादियों के शासन से सहयोग करने से इन्कार करने पर इन शक्तियों का खुलकर प्रयोग किया गया था।

(1) गवर्नरों के निर्देश पत्र (Instrument of Instruction to the Governors)–सन् 1919 के अधिनियम की क्रियान्विति के लिए ब्रिटिश शासन ने सभी गवर्नरों के लिए एक ही प्रकार के निर्देश पत्र जारी किये थे। हस्तान्तरित विषयों के प्रशासन में गवर्नर को मन्त्रियों की सहायता दी जाती थी। हस्तान्तरित विभागों के क्षेत्र में मन्त्रियों के निर्णय में हस्तक्षेप करते समय गवर्नर उनके प्रान्तीय विधान परिषद से सम्बन्धों और प्रान्त की जनता की इच्छा का उचित ध्यान रखेगा जिसे निर्वाचित प्रतिनिधि परिषद में व्यक्त करते थे। उसे मन्त्रियों और परिषद के सदस्यों में संयुक्त विचार को प्रोत्साहित करने के लिए कहा गया था।

(2) गवर्नर के विशेष उत्तरदायित्व–उपर्युक्त के अतिरिक्त आदेश पत्र के द्वारा गवर्नर-जनरल को निम्नलिखित विशेष उत्तरदायित्व सौंपे गये–

(1) यह देखना कि प्रान्त के सभी विभागों की सुरक्षा तथा शान्ति के लिए आवश्यक पग उठाये जायें,

(2) यह देखना कि भारत मन्त्री अथवा सपरिषद गवर्नर-जनरल द्वारा दिये गये सभी आदेशों का उचित पालन किया जाये,

(3) प्रान्त की सार्वजनिक सेवाओं के सभी सदस्यों का संरक्षण करना,

(4) इस बात का उचित ध्यान रखना कि किसी भी प्रकार के एकाधिकार तथा विशेषधिकार की स्थापना न हो और व्यापारिक तथा औद्योगिक हितों पर प्रभाव डालने वाले मामलों में किसी प्रकार का अनुचित भेदभाव न हो,

(5) अल्पसंख्यकों के हितों का संरक्षण इत्यादि।

इस प्रकार द्वैध शासन के ढाँचे में गवर्नर को वास्तविक और सारभूत शक्तियाँ प्रदान की गयी थीं। वह सम्पूर्ण प्रान्तीय प्रशासन का मध्य प्रस्तर था। अधिनियम के निर्माताओं की इच्छा थी कि उसे सामान्य तौर पर मन्त्रियों के कार्य में हस्तक्षेप नहीं करना चाहिए। परन्तु अधिकांश गवर्नरों नें परिषद के सदस्यों के समान ही मन्त्रियों पर भी नियन्त्रण स्थापित करने के प्रयत्न किये।

प्रान्तीय व्यवस्थापिका (The Provincial Legislature)—मोण्टफोर्ड रिपोर्ट के रचयिताओं ने लिखा था, "हम सुझाव देते है कि प्रान्त में एक विधान परिषद होगी, जिसकी संख्या पहले से अधिक होगी। इसकी रचना और संख्या प्रत्येक प्रान्त में आवश्यकतानुसार भिन्न-भिन्न होगी। इसमें चुने हुए सदयों का काफी बहुमत होगा। वे सदस्य प्रत्यक्ष चुनाव द्वारा विस्तृत मताधिकार के आधार पर चुने जायेंगे, परन्तु इसके साथ-साथ आवश्यकतानुसार कुछ साम्प्रदायिक व विशेष प्रतिनिधित्व भी रखा जाएगा।" इस सुझाव के आधार पर सन् 1919 के अधिनियम द्वारा प्रान्तीय विधान मण्डल के ढांचे में महत्वपूर्ण परिवर्तन किये गये। अधिनियम ने

केन्द्र में द्विसदनात्मक व्यवस्थापिका की रचना की थी, परन्तु प्रान्तों में एक सदनात्मक व्यवस्थपिका ही रखी गयी। अत: व्यवहार में प्रान्तीय विधान मण्डल से तात्पर्य विधान परिषद से ही है।

(1) विधान परिषद की रचना—प्रान्तीय विधान परिषदों में निर्वाचित सदस्यों का बहुमत स्थापित कर दिया गया। प्रत्येक विधान परिषद में कम से कम 70 प्रतिशत निर्वाचित सदस्य और 20 प्रतिशत से अधिक सरकारी अधिकारी नहीं होते थे। चुने हुए सदस्य और सरकारी सदस्यों के अतिरिक्त कुछ नामजद गैर-सरकारी सदस्य भी होते थे। हरिजनों को पर्याप्त प्रतिनिधित्व देने के लिए सदस्यों को नामजद करने की व्यवस्था की गयी। गवर्नर की कार्यकारिणी परिषद के सदस्य विधान परिषद के पदेन सदस्य थे।

सन् 1919 के अधिनियम ने विभिन्न प्रान्तीय परिषदों की रचना के विषय में निम्नलिखित प्रावधान किए :

प्रान्त	निर्वाचित सदस्य	पदेन तथा मनोनीत सरकारी	मनोनीत गैर-सरकारी	योग
मद्रास	98	11	23	132
बम्बई	86	19	9	114
बंगाल	114	16	10	140
संयुक्त प्रान्त	100	17	6	123
पंजाब	17	15	8	94
बिहार व उड़ीसा	76	15	12	103
मध्य प्रान्त	55	10	8	73
असम	39	7	7	53
उत्तर-पश्चिमी सीमा प्रान्त	39	7	7	53

(2) चुनाव क्षेत्र तथा मताधिकार—अब मताधिकार विस्तृत कर दिया गया किन्तु फिर भी लगभग 9 प्रतिशत जनसंख्या तक ही सीमित रहा। मताधिकार के लिए योग्यताएँ प्रत्येक प्रान्त में भिन्न-भिन्न थीं। साधारणतया ग्रामीण क्षेत्र में 10 रु० से लेकर 50 रु० तक प्रतिवर्ष भूमि-कर देने वालों को मताधिकार दिया गया। शहरी क्षेत्र में 2 हजार रुपये वार्षिक आमदनी पर आय कर देने वाले 36 रु० वार्षिक किराया देने वाले या प्राप्त करने वाले या नगरपालिका को 3 रु० वार्षिक कर देने वाले, व्यक्तियों को मताधिकार दिया गया।

चुनाव क्षेत्रों को सामान्य निर्वाचन क्षेत्रों तथा विशेष निर्वाचन क्षेत्रों में बाँट दिया गया। विशेष चुनाव क्षेत्र विश्वविद्यालयों, वाणिज्य, उद्योग और जमींदारों के लिए बनाये गये। जमींदार निर्वाचन क्षेत्रों में वे लोग मतदाता हो सकते थे जो एक निश्चित राशि प्रतिवर्ष भूमि-कर देते हों, पंजाब में यह राशि 500 रु० और संयुक्त प्रान्त में 5,000 रु० थी। विश्वविद्यालय निर्वाचन क्षेत्रों में 7 वर्षों के रजिस्टर्ड ग्रेजुएट या 5 वर्ष के पोस्ट-ग्रेजुएट तथा विश्वविद्यालय के 'फेलो' मतदाता

हो सकते थे। कहीं-कहीं सैनिक सेवा भी मतदाता होने के लिए एक योग्यता थी पंजाब और मध्य प्रान्त में गाँव के मुखिया तथा नम्बरदार भी मतदाता हो सकते थे।

(3) साम्प्रदायिक निर्वाचक मण्डल—साम्प्रदायिक चुनावों को अवांछनीय बतलाते हुए मोण्टफोर्ड रिपोर्ट में कहा गया था कि वे राष्ट्रविरोधी, खतरनाक, उत्तरदायी सरकार के विरुद्ध तथा सच्ची नागरिकता की भावना की उत्पत्ति में बाधक हैं। साम्प्रदायिक निर्वाचनों की इन आलोचनाओं के बावजूद मोण्टफोर्ड रिपोर्ट ने न केवल इस पद्धति को मुसलमानों के लिए कायम रखा वरन् सिखों, ईसाइयों, यूरोपियनों और आंग्ल-भारतीय समुदाय के लिए भी अपना लिया। बम्बई में मराठों तथा मद्रास में गैर-ब्राह्मण के लिए भी स्थान रक्षित कर दिये गये। अधिनियम में सीमित मताधिकार और साम्प्रदायिक प्रतिनिधित्व की पद्धति को अपनाने से यह स्पष्ट हो जाता है कि ब्रिटिश सरकार विधान परिषदों को जनता का सही प्रतिनिधित्व करने वाली नहीं बनाना चाहती थी।

(4) कार्यकाल—विधान परिषद की अवधि तीन वर्ष थी। अवधि से पूर्व भी गवर्नर उसको भंग कर सकता था। विशेष परिस्थिति में वह उसकी अवधि को एक वर्ष के लिए बढ़ा सकता था। यदि गवर्नर विधान परिषद को अवधि के पूर्व ही भंग कर देता तो उसे 6 महीने के अन्दर चुनाव कराने पड़ते थे। पहले चार वर्ष के लिए विधान परिषद का सभापति गवर्नर द्वारा नामजद किया जायेगा, परन्तु बाद में विधान परिषद द्वारा उसका चुनाव किया जायेगा। उप-सभापति विधान परिषद द्वारा चुना जाता था, परन्तु उसकी पुष्टि गवर्नर से करानी पड़ती थी।

(5) विधान परिषद की शक्तियाँ—विधान परिषद की शक्तियां निम्नलिखित थीं।

(i) विधायी शक्तियाँ—विधान परिषद को यह शक्ति दी गयी थी कि वह अपने प्रान्त की शान्ति तथा अच्छी सरकार के लिए कानून बनाये। सन् 1919 के अधिनियम के पूर्व प्रत्येक प्रान्तीय कानून के लिए गवर्नर-जनरल की पूर्व अनुमति लेना आवश्यक था, परन्तु इस अधिनियम से यह निश्चित किया गया कि केवल निम्नलिखित विशेष मामलों में ही गवर्नर-जनरल की पूर्व अनुमति की आवश्यकता पड़ेगी :

(अ) कोई ऐसा कर लगाना जिसकी शक्ति प्रान्तीय विधान परिषद को नहीं है।

(ब) सार्वजनिक ऋण।

(स) सरकार के देशी नरेशों तथा विदेशी राज्यों से सम्बन्ध।

(द) सेना के अनुशासन या इसके किसी भाग के संगठन को प्रभावित करना।

(इ) किसी केन्द्रीय विषय को प्रभावित करना।

विधान परिषद को ऐसे कानून बनाने की स्पष्ट मनाही थी जिसका प्रभाव ब्रिटिश सरकार द्वारा बनाये गये अधिनियम पर पड़ता हो। कानून का रूप ग्रहण करने के लिए प्रत्येक विधेयक को गवर्नर की स्वीकृति आवश्यक थी। गवर्नर के द्वारा किसी विधेयक को विधान परिषद के पास पुनर्विचार के लिए लौटाया जा सकता था या गवर्नर-जनरल के विचार के लिए भेजा जा सकता था। रक्षित खण्ड के विषयों से सम्बन्धित विधान निर्माण के सम्बन्ध में गवर्नर को 'प्रमाणक शक्ति' (Power of Certification) प्राप्त थी जिससे विधान परिषद की विधायी शक्तियाँ बहुत सीमित हो गईं थीं।

(ii) वित्तीय शक्तियाँ—विधान परिषद को अनेक वित्तीय शक्तियाँ भी दी गयी, परन्तु गवर्नर की विशेष शक्तियों ने उन्हें सीमित कर दिया ताकि यदि विधान परिषद गवर्नर की इच्छा के अनुसार किसी माँग को स्वीकार न करे, तो गवर्नर अपनी विशेष शक्ति द्वारा उसे पास कर सके। बजट के लगभग 70 प्रतिशत खर्चे पर विधान परिषद का कोई नियन्त्रण नहीं था। जिन खर्चों पर विधान परिषद का कोई नियन्त्रण नहीं था, वे निम्नलिखित थे :

(अ) प्रान्तीय सरकार द्वारा गवर्नर-जनरल की परिषद के लिए दिया हुआ धन।

(ब) भारत मन्त्री और विधान परिषद या ब्रिटिश सम्राट द्वारा अथवा उनकी स्वीकृति से नियुक्त किये गये व्यक्तियों के वेतन व पेंशन।

(स) महाधिवक्ता तथा प्रान्त के हाई कोर्ट के जजों के वेतन।

(द) ऋणों पर डूबते हुए धन का भारतीय व्यय तथा सूद।

यदि संरक्षित पक्ष से सम्बन्धित धन की कोई माँग परिषद द्वारा अस्वीकृत या कम कर दी जाती, तो गवर्नर उसे अपनी ओर से प्रमाणित करके व्यय की स्वीकृति दे सकता था। आपत्तिकाल में गवर्नर के द्वारा किसी भी प्रकार के व्यय की स्वीकृति दी जा सकती थी।

(iii) कार्यकारिणी शक्तियाँ—अधिनियम ने प्रान्तीय मन्त्रियों को विधान परिषद के प्रति उत्तरदायी बनाया था। विधान परिषद मन्त्रियों के प्रति अविश्वास का प्रस्ताव पास कर उनको पदच्युत कर सकती थी। परन्तु इसे गवर्नर की कार्यकारिणी परिषद के सदस्यों को हटाने का अधिकार न था। यह तो उनसे केवल प्रश्न तथा पूरक प्रश्न पूछ सकती या कामरोको प्रस्ताव पास कर सकती थी।

विधान परिषद की त्रुटियां

(i) परिषद में अनेक सम्प्रदायों, वर्गों और हितों को विशेष प्रतिनिधित्व दिया गया था, जिससे विधान परिषदों में छोटे-छोटे गुट बन गये थे और वह जनता की प्रतिनिधि नहीं रही थी।

(ii) गवर्नरों को विधायी और वित्तीय क्षेत्र में आवश्यकता से अधिक शक्तियाँ प्राप्त थीं। गवर्नर के ये अधिकार लोकतन्त्र के विरुद्ध थे और विधान परिषदें उसकी शक्तियों के सम्मुख असहाय थीं।

यद्यपि विधान परिषदों की शक्तियाँ बहुत अधिक सीमित थीं, फिर भी उन्होंने जनता के प्रतिनिधियों को उत्तरदायी शासन का आवश्यक प्रशिक्षण प्रदान किया।

अभ्यास के लिए प्रश्न

1. भारतीय शासन अधिनियम, 1919 की प्रमुख विशेषताओं का परीक्षण कीजिये।
2. भारतीय शासन अधिनियम, 1919 के अन्तर्गत गवर्नर-जनरल की शक्तियों और कार्यों का परीक्षण कीजिये।
3. 1919 के अधिनियम के अन्तर्गत व्यवस्थापिका के गठन और शक्तियों का वर्णन कीजिये।

16

द्वैध शासन प्रणाली
(DYARCHY)

प्रथम विश्वयुद्ध के बाद से ही भारतीय जनता ने उत्तरदायी शासन की स्थापना की माँग की और शीघ्र ही जनता की इस माँग ने इतना जोर पकड़ लिया कि ब्रिटिश सरकार के लिए अधिक समय तक उस की अवहेलना करना सम्भव नहीं रहा। अस्तु, 20 अगस्त, 1917 की घोषणा में भारतीयों को शनैः शनैः उत्तरदायित्व प्रदान करने की बात कही गयी। ज्वाइण्ट रिपोर्ट में इस बात का उल्लेख किया गया कि 'प्रान्त ही वह क्षेत्र है, जहाँ उत्तरदायी सरकार की प्राप्ति के लिए प्राथमिक प्रयोग किये जायेंगे, सन् 1919 का अधिनियम भारतीय जनता की उत्तरदायी शासन की माँग और ब्रिटिश शासन की सत्ता हस्तान्तरण की इच्छा के बीच समन्वय था।

उद्देश्य और व्याख्या—इस व्यवस्था का एकमात्र उद्देश्य कुछ विषयों में भारतीयों को प्रान्तीय क्षेत्र में उत्तरदायी सरकार प्रदान करना था। ज्वाइण्ट रिपोर्ट के शब्दों में "विपत्ति को आमन्त्रित किये बिना भारतीय जनता को पूर्ण उत्तरदायित्व नहीं सौंपा जा सकता और यदि हमारी योजना को महत्वपूर्ण बनाना है तो तुरन्त ही कुछ उत्तरदायित्व सौंपना भी आवश्यक है। हमें यह विश्वास है कि शासन की इन समस्याओं का इसके अतिरिक्त अन्य कोई हल नहीं है कि प्रान्तीय सरकार के कार्यों का विभाजन दो भागों में कर दिया जाये, एक तो लोकमत के नियन्त्रण में रहे और दूसरा अभी ब्रिटिश सरकार के नियन्त्रण में रहे।"[1] द्वैध शासन का आंग्ल पर्यायवाची शब्द 'डायर्की (Dyarchy) दो ग्रीक शब्दों में 'डाइ' (Di) और 'आर्की' (Archie)से बना है जिनका तात्पर्य क्रमशः 'दोहरे' और 'शासन' से है। इस प्रकार द्वैध शासन का अर्थ है 'दोहरा शासन'। सन् 1919 के अधिनियम की पृष्ठभूमि में द्वैध शासन का अर्थ था कि "प्रान्तीय शासन दो क्षेत्रों में विभाजित हो और इन दोनों क्षेत्रों का प्रशासन दो ऐसे पदाधिकारियों द्वारा किया जाये, जिनके

---

1. "The complete responsibility for the government cannot be given immediately without inviting breakdown and some responsibility must be given at once, if our scheme was to have any value. We do not believe that there is any way of satisfying these governing conditions, other than making a division of the function of provincial government between those which may be made over to popular control and those which must remain in official hands."

—*From the Joint Report*

स्वरूप और उत्तरदायित्व में विभिन्नता हो।'' इस प्रकार सन् 1919 के अधिनियम द्वारा प्रान्तीय क्षेत्र में द्वैध शासन की स्थापना की गयी। इसका निर्माण प्रान्तीय विषयों का रक्षित विषय और हस्तान्तरित विषयों में विभाजन करके किया गया। रक्षित विषयों का शासन सम्राट द्वारा नियुक्त और ब्रिटिश शासन के प्रति उत्तरदायी गवर्नर की कार्यकारिणी परिषद् के सदस्य करते थे। हस्तान्तरित विषयों के शासन की शक्ति लोकप्रिय मन्त्रियों को प्रदान की गयी थी जो प्रान्तीय विधान परिषदों के निर्वाचित सदस्य होते थे और प्रान्तीय विधान परिषद के प्रति ही उत्तरदायी होते थे। इस प्रकार जनता को उत्तरदायी शासन की आकांक्षा और ब्रिटिश सरकार के शनैः शनैः उत्तरदायी सरकार देने के निश्चय को द्वैध शासन प्रणाली द्वारा साकार रूप प्रदान किया गया।

द्वैध शासन का क्रियान्वयन

1 अप्रैल, 1921 से भारत के आठ प्रान्तों—बंगाल, बिहार, मद्रास, बम्बई, संयुक्त प्रान्त, मध्य प्रान्त और पंजाब में द्वैध शासन को लागू किया गया। सन् 1932 में इसे उत्तर-पश्चिमी सीमा प्रान्त में भी लागू किया और इस प्रकार 16 वर्ष तक यह प्रयोग किया गया। द्वैध शासन को प्रारम्भ से ही विरोध का सामना करना पड़ा और उसे वांछित सफलता प्राप्त नहीं हुई। मध्य प्रान्त और बंगाल में 'संवैधानिक अवरोध' की स्थिति उत्पन्न हो गयी। अन्य प्रान्तों में भी गवर्नरों और उत्तरदायी मन्त्रियों के बीच निरन्तर विवाद उत्पन्न होते रहे। 16 वर्षों के इस प्रयोग ने यह स्पष्ट कर दिया कि द्वैध शासन की योजना में कुछ ऐसे अन्तर्निहित दोष हैं कि वह सफलतापूर्वक कार्य नहीं कर सकती। अतः सन् 1935 के अधिनियम ने द्वैध शासन का अन्त कर प्रान्तों में पूर्ण उत्तरदायी शासन की व्यवस्था की।

द्वैध शासन की असफलता के कारण

द्वैध शासन की असफलता का उत्तरदायित्व काँग्रेस तथा उसके ही एक अंग स्वराज्य दल पर डालते हुए कूपलैण्ड जैसे ब्रिटिश लेखकों ने लिखा है कि स्वराज्य दल की अड़ंगा नीति ने निरन्तर गतिरोध उत्पन्न किया, जिससे ही यह प्रयोग असफल रहा। परन्तु वास्तव में, द्वैध शासन की योजना सैद्धान्तिक और व्यवहारिक दृष्टिकोण से ही दोषपूर्ण थी। प्रमुख रूप से योजना में अन्तर्निहित दोष ही इसकी असफलता के लिए उत्तरदायी थे। द्वैध शासन की असफलता के कारणों का उल्लेख निम्नलिखित रूपों में किया जा सकता है :

(अ) योजना में अन्तर्निहित दोष, (ब) अन्य परिस्थितियाँ।

(अ) **द्वैध शासन की योजना में अन्तर्निहित दोष**—द्वैध शासन योजना में अन्तर्निहित दोष निम्नलिखित थे :

(1) सिद्धान्ततः दोषपूर्ण—सैद्धान्तिक दृष्टिकोण से ही द्वैध शासन प्रणाली दोषयुक्त थी। एक ही प्रान्त की शासन-व्यवस्था को दो भिन्न और अलग-अलग शक्तियों के अधीन कर देने से शासन में गतिरोध उत्पन्न होना नितान्त स्वाभाविक था। शासन में एक आंगिक एकता होती है। और इसके विभिन्न अंग पारस्परिक निर्भरता और सहयोग के आधार पर ही अपना कार्य कर सकते हैं। द्वैध शासन की योजना राजनैतिक सिद्धान्त और व्यवहार के इस मूल विचार के विरुद्ध

थी। शासन के क्षेत्रों के बीच सहयोग का अभाव होने के कारण शासन में एकरूपता सम्भव नहीं थी। इस तथ्य को दृष्टि में रखते हुए रेजीनाल्ड क्राडक ने कहा कि, ''द्वैध शासन एक प्रकार की वर्ण संकर व्यवस्था है जो कभी सफल नहीं हो सकती, क्योंकि किसी देश अथवा प्रान्त के शासन का संचालन दो पृथक एवं स्वतन्त्र मन्त्रिमण्डलों द्वारा स्वतन्त्रतापूर्वक नहीं किया जा सकता।''[2]

(2) विषयों का अतार्किक और अव्यवहारिक विभाजन—सन् 1919 के अधिनियम ने दो सत्ताओं के बीच विषयों का जो विभाजन किया वह अतार्किक और अव्यावहारिक था अपने विभाग की अपंगता का वर्णन करते हुए मद्रास के भूतपूर्व मन्त्री सर. के. वी. रेड्डी ने कहा था, ''मैं वन के बिना वन विकासमन्त्री था। मैं सिंचाई के बिना कृषि मन्त्री था। कृषि मन्त्री के रूप में मेरा मद्रास के कृषकों के ऋण कानून या भूमि के विकास सम्बन्धी ऋण कानून से कोई सम्बन्ध नहीं था। अकाल पीड़ितों की सहायता से भी मेरा कोई सम्बन्ध नहीं था। सिंचाई, कृषि ऋणों, भू-सुधार ऋणों और अकाल सहायता विभाग पर बिना किसी प्रकार के नियन्त्रण के कृषि मन्त्री की कार्यक्षमता का सहज ही अनुमान लगाया जा सकता है। इसके पश्चात् उद्योग-धन्धों का मन्त्री हुआ, परन्तु कारखाने, बिजली, जल-शक्ति, खनिज पदार्थ और श्रम मेरे अधीन नहीं थे। ये सब रक्षित विषय थे।''

विषयों का विभाजन इस प्रकार किया गया कि हस्तान्तरित विषयों के लिए उत्तरदायी मन्त्रियों को किसी भी एक विभाग का पूर्ण नियन्त्रण नहीं दिया गया। उदाहरण के लिए, शिक्षा मन्त्री का यूरोपियन और आंग्ल-भारतीय शिक्षा, युवराजों के कालेजों व सैनिक और नागरिक सेवाओं के कल्याणार्थ शिक्षण संस्थाओं पर कोई नियन्त्रण नहीं था। विषयों का विभाजन इस प्रकार किया गया था कि उत्तरदायी मन्त्रियों के हाथ में कम से कम शक्ति रहे और वे रक्षित क्षेत्र के सहयोग पर निर्भर बने रहें। व्यवहार में परिषद के सदस्यों और मन्त्रियों में आवश्यक सहयोग का अभाव होने से द्वैध शासन की असफलता अवश्यम्भावी थी।

(3) गवर्नर की स्वेच्छाचारी शक्तियाँ—हस्तान्तरित क्षेत्र में उत्तरदायी शासन की सफलता के लिए आवश्यक था कि गर्वनर केवल वैधानिक प्रधान ही रहे। सन् 1919 के अधिनियम ने उसे मन्त्रियों को नियन्त्रित करने और मन्त्रियों के प्रस्तावों को अस्वीकार करने की शक्ति प्रदान की, व्यवहार में गर्वनरों ने विशेष परिस्थितियों के लिए प्रदान की गयी इन शक्तियों के आधार पर मन्त्रियों के कार्यों में अत्यधिक हस्तक्षेप प्रारम्भ कर दिया। मध्य प्रान्त के एक मन्त्री मि॰ केल्कर की शिकायत थी कि ''यद्यपि नीति सम्बन्धी मामलों में उसे कार्य करने की स्वतन्त्रता थी, लेकिन विस्तार की बातों में निरन्तर हस्तक्षेप किया जाता था।'' संयुक्त प्रान्त के मन्त्री मि॰ चिन्तामणि ने कहा था कि—'शक्ति गवर्नर के पास है मन्त्रियों के पास नहीं।' वे लिखते हैं कि गवर्नर सभी प्रकार की बातों में हस्तक्षेप करते थे और मन्त्रियों के द्वारा अपनी बात त्यागपत्र की धमकी के आधार पर ही मनवायी जा सकती थी। मद्रास के मन्त्री सी॰ आर॰ रेड्डी ने बताया कि मन्त्री लोग

---

2. "Dyarchy is a hybird system which can not continue as no country or province can be successfully governed by two independent cabinets."

—*Sir Reginald Crodock*

अपने पदों पर बने रहने के लिए गर्वनर और कार्यकारिणी परिषद के सदस्यों का समर्थन पाने के इच्छुक रहते थे जिससे कि नामजद तथा सरकारी प्रभाव में रहने वाले सदस्य उसका समर्थन करते रहें। मन्त्रियों की स्थिति गौरवमय सचिवों (Glorified Secretaries) जैसी ही थी। पानागल के राजा ने स्पष्ट कहा था, 'वे गर्वनर के अतिरिक्त अन्य किसी के प्रति उत्तरदायी नहीं हैं।'' केरल पुत्र ने ठीक ही कहा कि ''गर्वनर की स्वेच्छाचारिता के रहते हुए सीमित क्षेत्र में भी उत्तरदायित्व का हस्तान्तरण न हो सका।''[3]

(4) हस्तान्तरित क्षेत्र के लिए पृथक् वित्त व्यवस्था नहीं—प्रान्तीय शासन को रक्षित और हस्तान्तरित दो क्षेत्रों में विभाजित कर दिया गया था, परन्तु दोनों के लिए पृथक-पृथक वित्त की व्यवस्था नहीं की गयी थी। वित्त एक रक्षित विषय था और सम्पूर्ण वित्त कार्यकारिणी परिषद के एक सदस्य के ही हाथ में रहता था। ऐसी स्थिति में, जैसा कि मि० चिन्तामणि कहते हैं ''वित्त सदस्य निश्चित रूप से यह चाहता था कि हस्तान्तरित विभागों को अपनी जरूरत का धन प्राप्त होने के पहले उसके रक्षित भागों की सभी आवश्यकताएँ पूरी हो जाएँ।''

आर्थिक शक्ति के बिना मन्त्रियों की शोचनीय दशा के सम्बन्ध में सर मोहम्मद फखरुद्दीन ने कहा था, ''बिना धन के मुझे योजना तैयार करने वाले एक साधारण कर्मचारी के सामन ही समझिए और जब योजना तैयार हो जाती थी तो एक वित्त विभाग को अधिकार होता था कि वह धन के आधार पर उसे समाप्त कर दे। मन्त्री, जिन्हें राष्ट्र निर्माणकारी विभाग प्रदान किये गये थे। धन के अभाव में, अपने कार्य सम्पन्न न कर पाते थे।'' कीथ ने कहा था, ''जब मन्त्रियों को कोष के ऊपर नियन्त्रण रखने का कोई अधिकार ही नहीं था तो उत्तरदायी शासन की बात कहना निरर्थक था।''[4]

(5) मन्त्रियों का सेवाओं पर नियन्त्रण नहीं—उत्तरदायी शासन की सफलता के लिए यह आवश्यक था कि विभाग के स्थायी पदाधिकारी पूर्णतया सम्बन्धित मन्त्री के अधीन हों, परन्तु द्वैध शासन प्रणाली के अन्तर्गत यह स्थिति नहीं थी। मन्त्रियों के अधीनस्थ विभागों के स्थायी प्रमुखों से अधिकांश भारतीय नागरिक सेवा (I.C.S) के सदस्य होते थे। सन् 1919 के अधिनियम में इन सेवाओं के अधिकारों और प्राधिकारों की रक्षा करना गर्वनर का कर्तव्य ठहराया गया था। स्थायी पदाधिकारियों की नियुक्ति, स्थानान्तरण और पदोन्नति पर गर्वनर का न कि उस मन्त्री का नियन्त्रण होता था, जिसकी अधीनता में वे कार्य करते थे। यदि मन्त्रियों और नगारिक सेवा के सदस्यों में किसी प्रकार का मतभेद होता तो नागरिक सेवा के सदस्य मन्त्रियों की अवहेलना, करके उच्चतर अधिकारियों की सहायता से अपनी बात मनवा सकते थे। पुन्निया के शब्दों में, ''मन्त्री के लिए इससे दुखदायी और अपमानजनक बात और क्या हो सकती थी कि उसका अधीनस्थ उसके निर्णय के विरुद्ध गवर्नर से अपील कर उसे परिवर्तित करवा ले।''[5]

(6) सामूहिक उत्तरदायित्व का अभाव—सामूहिक उत्तरदायित्व के अभाव में कोई भी उत्तरदायी शासन सफलता प्राप्त नहीं कर सकता। गवर्नर मन्त्रियों की नियुक्ति किसी

3. Kerala Putra, *Dyarchy in India*, p. 39.
4. A.B. Keith, *Constitutional History of India*, p. 278.
5. K.V. Punniah.*The Constitution of India,* pp. 187-188.

दलीय आधार पर नहीं करता था, अतः मन्त्री एक दल के न होते थे। तथा उनमें संयुक्त उत्तरदायित्व का अभाव रहता था। मन्त्री अपने-अपने विभागों के अध्यक्ष होते थे वे उस तरह मन्त्रिमण्डल के सदस्य नहीं होते थे जिस प्रकार कि उत्तरदायी शासन में सब मन्त्री एक इकाई के रूप में कार्य करते हैं। कभी-कभी गवर्नर दो विरोधी दल के लोगों को मन्त्री बना देता था जिससे वे एक 'टीम' के रूप में कार्य न कर सकते थे और परस्पर विरोधी विचार व्यक्त करते थे। कलकत्ता म्यूनिसिपल विधेयक के सम्बन्ध में नवाब साहिब और सुरेन्द्रनाथ बनर्जी ने परस्पर विरोधी विचार व्यक्त किये थे। पंजाब में सर फिरोज खाँ नून ने मई 1928 के जालन्धर शिक्षा सम्मेलन में अपने हिन्दू सहयोगी के कार्यों की खुले आम आलोचना की थी। पुन्निया के शब्दों में, ''परस्पर मन्त्रियों में इस प्रकार विवाद जनता के सम्मुख उनका सम्मान कम करते थे, व्यवस्थापिका में उनकी स्थिति निर्बल कर देते थे उन्हें पूर्णतया गवर्नर और उनके नामजद गुट की दया पर छोड़ देते थे।''[6]

(7) विधान परिषदों का दोषपूर्ण संगठन—उत्तरदायी शासन की सफलता के लिए विधान परिषदों में संगठित दलों का होना आवश्यक है परन्तु सन् 1919 के अधिनियम के अधीन परिषदों में इन संगठित दलों की स्थापना की सम्भावना नहीं थी। प्रान्तों में जो विधान परिषदें बनायी गयीं उनमें लगभग 80 प्रतिशत सरकारी या सरकार द्वारा नामजद गैर-सरकारी सदस्य थे। जो सदस्य निर्वाचित थे, वे भी विशेष हितों के ही प्रतिनिधि थे उनमें से भी अनेक सरकार को प्रसन्न करने की चेष्टा में ही लगे रहते थे। विधान परिषदों की इस दोषपूर्ण रचना के कारण मन्त्रियों की अपेक्षा गवर्नर को ही विधान परिषदों में अधिक प्रभाव प्राप्त होता था। अपने अस्तित्व के लिए मन्त्री गवर्नर पर ही निर्भर हो जाते थे। एन० श्रीनिवासन के शब्दों में, ''ऐसी कोई स्वस्थ दलीय पद्धति नहीं थी जो ब्रिटिश ढंग से उत्तरदायी शासन व्यवस्था का संचालन कर सकती थी।''[7]

(ब) अन्य बाहरी परिस्थितियाँ—कुछ बाहरी परिस्थितियों ने भी द्वैध शासन की असफलता में योग दिया। केरल पुत्र लिखते हैं कि, ''आरम्भ से ही सुधारों को उचित राजनीतिक वातावरण प्राप्त नहीं हुआ। भारत सरकार द्वारा रौलट एक्ट पर जोर देने और अमृतसर दुर्घटना जैसी अविवेकपूर्ण कार्यवाहियों से भारतीय मस्तिष्क में दुर्भावना और कटुता उत्पन्न हो गयी थी और इस वातावरण में नवीन सुधार योजना ठीक प्रकार क्रियान्वित हो ही नहीं सकती थी।''[8]

(1) गलत शुरूआत—द्वैध शासन की शुरूआत ही गलत थी। देश का राजनैतिक वातावरण इसके लिए ठीक नहीं था। जलियाँवाला बाग दुर्घटना, खिलाफत आन्दोलन और कठोर दमनात्मक कानूनों के कारण भारतीयों के मस्तिष्क में ब्रिटेन के प्रति सन्देह, अविश्वास और कटुता उत्पन्न हो गयी थी। उसमें ब्रिटेन और उसके सुधारों के प्रति व्यापक उदासीनता का भाव था। यह बात स्पष्ट हो गयी थी कि ये सुधार केवल एक अन्तरकालीन प्रबन्ध (Transitional Measures) हैं। श्री जवाहरलाल नेहरू लिखते हैं कि, ''इन सुधारों और द्वैध शासन के प्रति

6. K.V. Punniah. *The Constitution of India*, p. 192.
7. N. Srinivasan, *Democratic Govt. in India*, p. 49.
8. Kerala Putra, *Dyarchy in India*, p. 41.

सरकार और स्वराजिस्टों दोनों की ही ओर से उत्तरदायित्व की भावना का अभाव रहा। दोनों ने उनके प्रति घृणायुक्त व्यवहार किया, जैसे कि वह केवल बालकों का बहकावा मात्र हो।''[9]

(2) आधुनिक दुर्दशा और मैस्टन पंचाट—तत्कालीन आर्थिक दुर्दशा और मैस्टन पंचाट ने भी इन सुधारों को असफल बनाया। सन् 1920 में समय पर वर्षा न होने के कारण फसलें ठीक न हुईं, भारतीय बाजारों में मन्दी आ गयी और भारतीयों के दुर्भाग्य में और भी वृद्धि हो गयी। मैस्टन पंचाट के अनुसार खराब स्थिति में भी प्रान्तों को केन्द्र को अनुदान देना था। इससे स्थिति और अधिक खराब हो गयी। धन के अभाव में प्रान्तीय सरकारें द्वैध शासन व्यवस्था को ठीक रूप में नहीं अपना सकीं।

(3) काँग्रेस और लीग का असहयोग—अप्पादोराय के अनुसार द्वैध शासन की असफलता काँग्रेस और लीग के असहयोगात्मक रुख के कारण हुई। द्वैध शासन के 16 वर्षों में काँग्रेस और लीग की दृष्टि स्वतन्त्रता और देश के विभिन्न वर्गों के पारस्परिक संघर्ष से अपनी स्थिति को सुदृढ़ करने में लगी हुई थी। स्वराज्यवादियों ने तो सुधार योजना के प्रति प्रत्यक्ष रूप से बाधक नीति अपनाई। कूपलैण्ड और अप्पादोराय का विचार है कि यदि काँग्रेस के द्वारा द्वैध शासन के प्रति सहयोगात्मक रुख अपनाया जाता तो परिणाम दूसरा ही हो सकता था।

(4) नौकरशाही का दृष्टिकोण—नौकरशाही का दृष्टिकोण भी द्वैध शासन की असफलता का कारण था। उन्होंने सुधारों के प्रति सही भावना से कार्य नहीं किया। परन्तु इसके निम्नलिखित लाभ इसे महत्वपूर्ण बना देते हैं: अपनी शक्ति को कम करके लोकप्रिय मन्त्रियों के अधीन वफादारीपूर्वक कार्य करना नहीं चाहते थे। चिन्तामणि लिखते हैं, ''उचित परिस्थितियों में (सुधार योजना) के अच्छे परिणाम प्राप्त किये जा सकते थे। ''लेकिन उच्च अनुदारवादी नौकरशाही और अत्यधिक प्रगतिवादी अर्धक्रान्तिकारी काँग्रेस की सामूहिक अबुद्धिमत्ता के कारण यह असफल रहा।''[10]

(5) ब्रिटिश सरकार का परिवर्तित दृष्टिकोण—जब तक माण्टेग्यू ब्रिटिश सरकार में भारत मन्त्री के पद पर रहे, सुधारों की ओर ब्रिटिश शासन का दृष्टिकोण ठीक था। इंगलैण्ड में अनुदार दल की सरकार बन जाने पर जब इस पर अनुदार दल के सदस्य आ गये, तो इन सुधारों की तरफ ब्रिटिश सरकार का दृष्टिकोण बदल गया। डॉ॰ जकारिया लिखते हैं कि ''लन्दन से निर्देश जारी कर दिये गये कि अब से सुधारों पर इस प्रकार अमल होना चाहिए कि उनसे अधिक से अधिक नहीं वरन् कम से कम स्वशासन ही भारत को मिले।''[11] अत: भारत सरकार ने विधान मण्डल की इच्छाओं की अवहेलना करनी शुरू कर दी। सर तेज बहादुर सप्रू, सी॰ वाई॰ चिंतामणि और पं॰ जगतनारायण ने मन्त्री पद से त्यागपत्र दे दिये।

---

9. J. L. Nehru, *Autobiography*, p. 102.
10. Chintamani and Masani, *India's Constitutional Work*, p. 7.
11. "Instructions were isssued from London, that henceforth reforms were to be worked with a view of not how much, but how little, self-government for India, they could be made to yield."

—Dr. Zacharia, *Renascent India*, p. 217.

द्वैध शासन का मूल्यांकन

प्रो॰ कूपलैण्ड ने भी स्वीकार किया है कि, 'द्वैध शासन अपने रचियताओं के प्राथमिक उद्देश्य को पूरा करने में असफल रहा। यह भारतीय जनता को उत्तरदायी शासन का वास्तविक प्रशिक्षण प्रदान नहीं कर सका।''[12] द्वैध शासन-व्यवस्था दोषपूर्ण थी और असफल रही। परन्तु इसके निम्नलिखित लाभ इसे महत्वपूर्ण बना देते हैं:—

1. संवैधानिक विकास के लिए सहायक रहा।

2. इसने प्रथम बार भारतीयों को बड़े पैमाने पर मताधिकार प्रदान किया था, जिससे भारतीयों में राजनैतिक जागरूकता उत्पन्न होना स्वाभाविक था।

3. नियमित रूप से होने वाले चुनावों ने भारतीयों में सार्वजनिक जीवन के प्रति रुचि उत्पन्न की।

4. लगभग सभी प्रान्तों में पुरुषों के साथ-साथ महिलाओं को भी मताधिकार प्रदान किया गया

5. पहली बार परिषदों में संसदीय वातावरण का जन्म हुआ।

6. अब भारतीय मंत्री ब्रिटिश नौकरशाही के उच्च पदासीन सदस्यों को आदेश देने लगे। जिसका मनोवैज्ञानिक प्रभाव भारतीयों में हीनता की भावना की समाप्ति था।

7. अब भारतीयों को सरकार के उन शासकीय रहस्यों के बारे में भी कुछ ज्ञान होने लगा। जो अब तक सरकार उनसे छिपा कर रखती थी।

8. द्वैध शासन के परिणामस्वरूप सार्वजनिक सेवाओं के भारतीयकरण को प्रोत्साहन मिला। जो अँग्रेज अधिकारी भारतीय मन्त्रियों के अधीन कार्य करने के लिये तैयार नहीं थे, वे भारत से चले गये। उनके स्थान पर भारतीयों को नियुक्त किया गया।

9. अनेक भारतीय राजनीतिज्ञों ने परिषदों में प्रवेश किया। इससे उन्हें सरकार की समस्याओं को समझने और बहुमूल्य शासकीय अनुभव प्राप्त करने का अवसर मिला।

10. प्रशासनिक क्षेत्र में भारतीयों ने जिस योग्यता का परिचय दिया उससे भारतीयों की शासन संचालन की क्षमता मानी गई।

11. द्वैध शासन की स्थापना से स्थानीय स्वशासन का सुधार तथा विकास भी हुआ।

12. प्रान्तीय क्षेत्र में कार्य करने वाले भारतीय मन्त्रियों ने विभिन्न क्षेत्रों में सुधार करने और सामाजिक कुरीतियाँ दूर करने की दिशा में सराहनीय कार्य किया। मद्रास की जस्टिस पार्टी ने दक्षिण भारत के मन्दिरों के सम्बन्ध में सुधार किये। पंजाब की यूनियनिस्ट पार्टी ने शिक्षा के विस्तार और कृषकों की स्थिति में सुधार की दिशा में महत्वपूर्ण कदम उठाये। मद्रास और बम्बई में अनिवार्य प्राथमिक शिक्षा और औद्योगीकरण की व्यवस्था की गयी।

---

12. "Dyarchy failed its primary purpose, which its authors, intended to serve. It did not provide a real training in responsible govt."

—Coupland, *The Constitutional Problem in India,* Part I, p. 73.

13. स्पीयर लिखते है कि ''अपने समस्त दोषों के बावजूद ये सुधार अन्तिम लक्ष्य पूर्ण स्वराज्य की ओर जाने वाले राजमार्ग पर पहला पड़ाव थे।''[14]

अभ्यास के लिये प्रश्न

1. भारतीय शासन अधिनियम, 1919 के द्वारा लागू की गई द्वैध शासन व्यवस्था की प्रमुख विशेषताओं की आलोचनात्मक परीक्षा कीजिये।
2. ''1919 के अधिनियम में निहित द्वैध शासन की व्यवस्था सिद्धान्ततः दोषपूर्ण और कार्य संचालन में अव्यवहारिक थी।'' व्याख्या कीजिये।
3. 'यह कहा गया कि 1919 के अधिनियम के अर्न्तगत द्वैध शासन व्यवस्था सिद्धान्त और नियोजन की दृष्टि से उचित थी, परन्तु वह इसलिए असफल रही है कि उसे प्रतिकूल परिस्थितियों में लागू किया गया।' क्या आप इससे सहमत हैं? अपनी स्थिति के पक्ष में तर्क दीजिए।

---

14. ''The Montford Reforms were attacked on all side... But the fact remains that the reforms proved to be a solid and substantial achievement. They were an essential milest one on the road to self-government.''

—Spear, *India,* pp. 355-356.

17

भारतीय शासन अधिनियम, 1935
(Government of India Act, 1935)

सन् 1930, 31 और 32 के गोलमेज सम्मेलनों में किये विचार के आधार पर मार्च 1933 में भावी सुधार योजना के सम्बन्ध में एक 'श्वेत पत्र' (White Paper) प्रकाशित किया गया। उसमें प्रान्तों में उत्तरदायी शासन व्यवस्था और केन्द्र में आंशिक उत्तरदायी शासन की स्थापना का सुझाव दिया गया था। इस 'श्वेत पत्र' के सुझावों को स्वीकार करते हुए ही ब्रिटिश संसद ने सन् 1935 के '**भारतीय शासन अधिनियम**' का निर्माण किया। ए० बी० कीथ के अनुसार ''सन् 1935 के अधिनियम से जहाँ एक ओर भारतीयों को यह समझाने का प्रयत्न किया गया कि सब कुछ दे दिया गया है, वहाँ अभिरक्षणों के माध्यम से ब्रिटिशवासियों को यह समझाने की उतनी ही गम्भीर चेष्टा की गयी कि कुछ भी नहीं खोया गया हैं।''[1]

भारत में बढ़ती हुई राष्ट्रीयता के कारण भारत के लोगों को सत्ता का पर्याप्त हस्तान्तरण आवश्यक हो गया था, और ब्रिटिश सरकार शक्ति हस्तान्तारण के साथ-साथ अपने हितों की रक्षा की पूरी व्यवस्था कर लेना चाहती थी। अस्तु, सन् 1935 का भारतीय शासन अधिनियम बहुत लम्बा और जटिल था।

1935 के भारतीय शासन अधिनियम की विशेषताएँ

(1) अखिल भारतीय संघ—1935 के अधिनियम से यह निर्णय किया गया कि ब्रिटिश प्रान्तों और देशी रियासतों को मिलाकर केन्द्र में एक संघ स्थापित किया जाये। जिसमें 11 ब्रिटिश प्रान्त 6 चीफ कमिश्नर के क्षेत्र और वे देशी रियासतों हों, जो स्वेच्छा से संघ में सम्मिलित हों। प्रान्तों के लिए संघ में शामिल होना अनिवार्य, परन्तु देशी रियासतों के लिए ऐच्छिक था। संघ में सम्मिलित होने की इच्छुक प्रत्येक देशी रियासतों को एक '**प्रवेश प्रपत्र**' (Instrument of Accession) पर हस्ताक्षर करने होते थे। जिस में उन शर्तों का उल्लेख था, जिन पर वह संघ

1. "In the Act of 1935, while an attempt was made to convince Indians that every thing had been given, there was equally serious endeavour through the safeguards to convince Britishers, that nothing has been lost."

—A.B. Keith

में शामिल होना चाहती थीं। अपने आन्तरिक मामलों में संघ की इकाइयों को स्वशासन प्राप्त था। संघ और प्रान्तों के विवादों का निर्णय करने के लिए 'संघीय न्यायालय' की स्थापना की गयी। केन्द्र में एक संघीय कार्यकारिणी तथा व्यवस्थापिका की स्थापना की गयी।

संघ की स्थापना की यह शर्त थी कि संघीय व्यवस्थापिका के उच्च सदन में देशी रियासतों के लिए निर्धारित 104 स्थानों में से कम से कम 52 की पूर्ति करने वाली समस्त देशी रियासतों की कुल जनसंख्या की आधी जनसंख्या वाली देशी रियासतें संघ में सम्मिलित होने की इच्छा प्रकट करें। इस शर्त के पूरा हो जाने पर सम्राट संघ की स्थापना की घोषणा करता। परन्तु देशी रियासतें संघ में सम्मिलित न हुईं और प्रस्तावित संघ की स्थापना सम्बन्धी घोषणा-पत्र जारी करने का अवसर ही नहीं आया।

(2) प्रान्तीय स्वायत्तता—सन् 1935 के अधिनियम की एकमात्र सन्तोषजनक व्यवस्था प्रान्तीय स्वशासन की स्थापना थी। इस अधिनियम से सन् 1919 के अधिनियम की 'प्रान्तों में द्वैध शासन व्यवस्था' का अन्त कर उन्हें स्वतन्त्र और स्वशासित संवैधानिक आधार प्रदान किया गया। सम्पूर्ण प्रान्तीय शासन लोकप्रिय मन्त्रियों के नियन्त्रण में कर दिया गया। गवर्नर से यह आशा की गयी कि वह मन्त्रियों की सलाह के आधार पर प्रशासन का संचालन करेगा। उसे यह भी निर्देश दिया गया कि उसे प्रान्तीय मन्त्रिमण्डल का निर्माण प्रान्तीय व्यवस्थापिका के बहुमत नेता की सहमति से करना चाहिए। मन्त्रियों को प्रान्तीय व्यवस्थापिका के प्रति उत्तरदायी बनाया गया। यह निश्चय किया गया कि वे सामूहिक उत्तरदायित्व के सिद्धान्त के आधार पर कार्य करेगें। इस प्रकार सन् 1935 का अधिनियम प्रान्तीय स्वायत्तता की दिशा में एक निश्चित सुधार था। फिर भी विशेष उत्तरदायित्वों के रूप में गवर्नरों के हाथ में कुछ महत्वपूर्ण शक्तियाँ बनी रहीं।

(3) केन्द्र में द्वैध शासन की स्थापना—सन् 1935 के अधिनियम द्वारा प्रान्तों में जिस द्वैध शासन का अन्त किया गया, उस की स्थापना केन्द्र में कर दी गयी। सुरक्षा, वैदेशिक सम्बन्ध, धार्मिक मामले तथा कबायली क्षेत्रों की व्यवस्था आदि संघीय विषयों को गवर्नर-जनरल के हाथ में रखा गया, ताकि वह अपने विवेक के अनुसार उनकी समुचित व्यवस्था कर सकें। इन विभागों के प्रबन्ध के लिए वह अधिक से अधिक तीन परामर्शदाताओं की नियुक्ति कर सकता था। अन्य संघीय विषयों की व्यवस्था के लिए गवर्नर-जनरल को सहायता तथा परामर्श देने हेतु एक मन्त्रिमण्डल की व्यवस्था की गयी थी, जिसमें मन्त्रियों की संख्या 10 से अधिक नहीं हो सकती थी। उक्त सुरक्षित विभागों के अतिरिक्त संघीय मन्त्रिमण्डल को अन्य सभी संघीय विभागों की व्यवस्था करनी होती थी। व्यवस्थापिका के प्रति उत्तरदायी रहते हुए मन्त्रिमण्डल को सामूहिक उत्तरदायित्व के सिद्धान्त के आधार पर कार्य करना था।

(4) संरक्षण और आरक्षण (Safeguards and Reservations)—ब्रिटिश शासन का विचार था कि भारतीय उत्तरदायी शासन का संचालन करने में गम्भीर त्रुटियाँ कर सकते हैं। अनेक अल्पमत वर्गों के हितों की रक्षा के लिए भी पहले से ही समुचित व्यवस्था कर लेना चाहते थे। अतः अधिनियम से गवर्नर-जनरल तथा गवर्नरों को विभिन्न परिस्थितियों में केन्द्र एवं प्रान्त

के उत्तरदायी शासन में हस्तक्षेप करने के व्यापक अधिकार प्रदान किये गये। गवर्नर-जनरल और गवर्नरों के व्यापक अधिकार ही अधिनियम के सरंक्षण एवं आरक्षण थे। कुन्ते तथा सैलेटोर के अनुसार, ये संरक्षण जनतन्त्रात्मक भावना के विरोधी थे इनकी व्यापकता के कारण वास्तविक स्वशासन की आशा नहीं की जा सकती थी।[2]

(5) विधान मण्डलों और मताधिकार का विस्तार—अधिनियम के द्वारा संघीय व्यवस्थापिका के दो सदनों संघीय विधान सभा और राज्य परिषद की व्यवस्था की गयी। केन्द्र में विधान सभा के सदस्यों की संख्या 375 और राज्य परिषद के सदस्यों की संख्या 260 निर्धारित की गयी। प्रान्तों में 11 में से 6 विधान मण्डलों को दो सदनों वाला बनाया गया। मताधिकार का विस्तार किया गया। प्रान्तों में 10 प्रतिशत से कुछ अधिक जनता को मताधिकार प्रदान किया गया। अन्य संघीय व्यवस्था वाले देशों के विपरीत निम्न सदन के निर्माण के लिये अप्रत्यक्ष और उच्च सदन के निर्माण के लिये प्रत्यक्ष निर्वाचन पद्धति को अपनाया गया।

(6) शक्ति विभाजन—यह घोषित किया गया था कि भारत में एक संघीय शासन की स्थापना की जानी है। इस दृष्टि से केन्द्रीय और प्रान्तीय सरकारों के क्षेत्रों को स्पष्ट किया गया। तीन विस्तृत सूचियों की व्यवस्था की गयी—संघीय सूची, प्रान्तीय सूची और समवर्ती सूर्ची।

(i) संघीय सूची—इसमें अखिल भारतीय महत्व के 59 विषय सम्मिलित थे, जिनमें मुख्य थे जल, स्थल तथा वायु सेना, वैदेशिक विभाग, डाक, तार, मुद्रा तथा टंकण, संघीय लोक सेवाएँ, संचार, बीमा तथा बैंक आदि।

(ii) प्रान्तीय सूची—इस में प्रान्तीय और स्थानीय महत्व के 54 विषय थे, जिनमें शान्ति, न्याय, न्यायालय, प्रान्तीय लोक सेवाएँ स्थानीय स्वशासन, अस्पताल तथा जनस्वाथ्य, नहरें, कृषि, जंगल, शिक्षा और सड़क आदि मुख्य थे।

(iii) समवर्ती सूची—इस में 36 विषय थे जिनमें दीवानी तथा फौजदारी विधि, विवाह, तलाक, उत्तराधिकार, दत्तक ग्रहण, ट्रस्ट, कारखाने तथा श्रम कल्याण आदि मुख्य थे।

संघीय सूची के विषयों पर संघीय व्यवस्थापिका और प्रान्तीय सूची के विषयों पर प्रान्तीय व्यवस्थापिकाओं को कानून बनाने की शक्ति थी। समवर्ती सूची के विषयों पर संघीय तथा प्रान्तीय दोनों ही व्यवस्थापिकाएँ कानून का निर्माण कर सकती थीं। पारस्परिक विरोध की स्थिति में संघीय व्यवस्थापिका का कानून ही मान्य होता। अवशेष शक्तियाँ संघीय या प्रान्तीय व्यवस्थापिकाओं को न देकर गवर्नर-जनरल को दी गयी थीं। वह किसी भी सूची में उल्लेख न किये गये विषय पर संघीय या प्रान्तीय किसी भी व्यवस्थापिका को कानून बनाने का अधिकार दे सकता था।

---

2. "Hedged around with innumerable conditions and reservations rich in countless safeguards for the vested interests of the alien exploiter of every shade and his local co-adjutor of every class breathing at every pore of unmitigated distrust of the leaders of Indian people—there could be no hope of any real government."

—Kunte and Selatore, *Constitutional History of India,* p. 78.

(7) संघीय न्यायालय—अधिनियम से एक संघीय न्यायालय की स्थापना की व्यवस्था की गयी जिसका अधिकार क्षेत्र प्रान्तों तथा रियासतों तक फैला हुआ था। न्यायालय में एक मुख्य न्यायाधीश तथा दो अन्य न्यायाधीशों की व्यवस्था थी। न्यायालय को मौलिक तथा अपील सम्बन्धी अधिकार दिये गये। संघीय न्यायालय का कर्तव्य था कि वह संविधान की व्याख्या करे तथा इस बात का ध्यान रखे कि प्रान्तीय तथा संघीय सरकारें एक-दूसरे के क्षेत्र का अतिक्रमण न करें। इस सम्बन्ध में अन्तिम शक्ति लन्दन स्थित प्रिवी कौंसिल को प्राप्त थी।

(8) ब्रिटिश संसद की सर्वोच्चता—अधिनियम ने भारतीय शासन के सम्बन्ध में ब्रिटिश संसद की सर्वोच्चता में कोई परिवर्तन नहीं किया। अधिनियम में किसी भी प्रकार के परिवर्तन करने का अधिकार प्रान्तीय विधान मण्डलों और संघीय व्यवस्थापिका को नहीं था। यह शक्ति ब्रिटिश संसद के पास ही बनी रही। कुछ विशेष सीमाओं में रहते हुए प्रान्तीय तथा केन्द्रीय व्यवस्थापिकाएँ अधिनियम में संशोधन की सिफारिश मात्र कर सकती थी। इस प्रकार भारत के भाग्य के निर्णय की अन्तिम सत्ता ब्रिटिश संसद के पास रही।

(9) प्रस्तावना का अभाव—इस अधिनियम में कोई प्रस्तावना नहीं थी जिससे कि अधिनियम के निर्दिष्ट ध्येय या उद्देश्य का ज्ञान हो सकता। ब्रिटिश संसद के कुछ सदस्यों ने इस आधार पर अधिनियम की आलोचना की। ब्रिटिश सरकार ने सन् 1919 के भारतीय शासन अधिनियम की प्रस्तावना को इससे भी जोड़ने का निश्चय किया। ताकि भारतीयों को यह पता रहे कि ब्रिटिश सरकार का अन्तिम लक्ष्य भारत में 'औपनिवेशिक स्वराज्य' की स्थापना करना है।

(10) भारत परिषद का अन्त—भारत विरोधी दृष्टिकोण के कारण भारतीय जनता भारत परिषद के अन्त की माँग कर रही थी। अत: सन् 1935 के अधिनियम से इस परिषद का अन्त कर दिया गया। भारत मन्त्री के लिए कुछ परामर्शदाता नियुक्त किये गये, जिनसे परामर्श लेना अथवा न लेना उसकी इच्छा पर निर्भर था। सेवाओं के सम्बन्ध में भारत मन्त्री के लिए इन परामर्शदाताओं का परामर्श मानना आवश्यक था। अधिनियम ने केन्द्रीय और प्रान्तीय सरकारों में जो परिवर्तन किये उनसे भारतीय शासन पर भारत मन्त्री की शाक्ति में कुछ कमी हो गयी।

(11) साम्प्रदायिक निर्वाचन पद्धति का विस्तार—भारतीयों में फूट डालने की अपनी नीति के अनुसार अंग्रेजों ने संघीय और प्रान्तीय व्यवस्थापिकाओं में विभिन्न सम्प्रदायों और विशेष हितों को प्रतिनिधित्व देने के लिए इस पद्धति को जारी रखा। आंग्ल-भारतीयों, भारतीय ईसाइयों, यूरोपियनों और हरिजनों के लिए भी इस पद्धति का विस्तार किया गया। संघीय व्यवस्थापिका के दोनों सदनों को एक-तिहाई स्थान प्रदान किये गये।

(12) बर्मा, बरार और अदन—इस अधिनियम ने बर्मा को भारत से पृथक कर दिया। अदन को भारत सरकार के नियन्त्रण से मुक्त करके 1 अपैल, 1937 को इंगलैण्ड को औपनिवेशिक कार्यालय के अधीन कर दिया गया। बरार के ऊपर निजाम हैदराबाद की नाममात्र की सत्ता स्वीकार कर ली गयी, परन्तु शासन की दृष्टि से उसका मध्य प्रान्त का अंग बना दिया गया।

अधिनियम का मूल्यांकन

प्रो० कूपलैण्ड के अनुसार 1935 का अधिनियम रचनात्मक राजनीतिक विचार की एक महान् सफलतां था।[3] उसने भारत के भाग्य का हस्तान्तरण अंग्रेजों के हाथों से भारतीयों के हाथों में कर दिया [4] किन्तु अधिनियम का अध्ययन करने पर मि० कूपलैण्ड के विचार को स्वीकार नहीं किया जा सकता। मदनमोहन मालवीय ने कहा, "नया अधिनियम हम पर थोपा गया है, बाहर से यह कुछ जनतन्त्रीय शासन-व्यवस्था से मिलता है, परन्तु भीतर से बिलकुल खोखला है।" राजगोपालार्य के अनुसार "नया संविधान द्वैध शासन से भी बुरा है।" मि० जिन्ना ने कहा "1935 की योजना पूर्णरूप से सड़ी हुई, मौलिक रूप से खराब तथा पूर्णरूप से अस्वीकृति के योग्य थी।" बंगाल के मुख्य मन्त्री फजुलहक ने कहा था कि, "1935 के अधिनियम के अन्तर्गत न हिन्दू राज्य स्थापित होता है और न मुस्लिम राज्य। इससे केवल अंग्रेजी राज्य स्थापित होता है।" श्री जवाहरलाल नेहरू ने इस अधिनियम के सम्बन्ध में कहा था कि, "यह अधिनियम तो दासता का घोषणा-पत्र है। इसमें प्रस्तावित भारतीय संघ की रूपरेखा ऐसी निर्मित की गयी है कि किसी प्रकार का वास्तविक विकास असम्भव हो जाये तथा भारतीय जनता के प्रतिनिधियों के लिए भी ब्रिटिश नियन्त्रित शासन प्रणाली में परिवर्तन कर सकने के लिए तनिक भी गुंजाइश नहीं छोड़ी गयी है—यह एक प्रतिक्रियावादी रूपेरखा थी, जिसमें बिना किसी प्रकार की क्रान्तिकारी क्रिया के स्वयं विकसित हो सकने की क्षमता का अभाव था, इस अधिनियम से ब्रिटिश सरकार की भारतीय नरेशों, जमीदारों तथा भारत के अन्य प्रतिक्रियावादी तत्वों से मित्रता और मजबूत हो गयी। इससे पृथक निर्वाचन पद्धति को बढ़ावा दिया गया तथा इस प्रकार पृथकतावादी प्रवृतियों को बढ़ावा मिला। इस अधिनियम ने ब्रिटिश व्यापार, उद्योग, बैकिंग तथा जहाजी व्यापार को जिनका पहले से आधिपत्य था, अब और अधिक सुदृढ़ किया। इस अधिनियम के अनुसार भारत सरकार के राजस्व, सेना तथा नीति सम्बन्धी सब मामलों में पूर्ण नियन्त्रण पूर्ववत ब्रिटिश हाथों में ही बना रहा और इसने वायसराय को पहले से भी अधिक शक्तियाँ सौंप दी।"[5] मौलाना आजाद ने लिखा था कि 'अधिनियम में अनेक दोष थे।'[6]

अधिनियम का विरोध करते हुए मि० एटली ने 'कामन्स सभा' में कहा था, "इस प्रस्ताव का मुख्य तथ्य है—अविश्वास। इसमें विश्वास का नाम तक नहीं है। भारतवर्ष को अपनी विदेश नीति तथा आय पर कोई नियन्त्रण प्रदान नहीं किया गया है। प्रान्तों के भारतीय निवासी उनके प्रति आतंक का व्यवहार करने योग्य नहीं हैं। प्रस्ताव में प्रत्येक स्थान पर जो बात प्रस्तावित की गयी है वह यह नहीं कि हम एक ऐसा विधान प्रस्तुत कर रहे हैं, जिसका शासन भारतीय करेंगे, बल्कि प्रत्येक स्थान पर सब प्रकार के प्रतिबन्ध उपस्थित हैं। वास्तव में, इस प्रस्ताव में एक बात छोड़ी गयी प्रतीत होती है और वह है भारतीय जन।"[7]

---

3. Coupland, *India, A Restatement,* p.154.
4. Coupland, *The Indian Problem,* 1833-1935 p. 147.
5. Jawahar Lal Nehru, *Discovery of India,* p. 310.
6. Maulana Azad, *India Wins Freedom,* p. 13.
7. "The key-note of this bill is mistrust. There is no trust at all. In fact the one thing which seems to be left out the bill is the Indian People,"

—Clement Attlee in the British House of Commons.

अधिनियम के दोष

(1) दोषपूर्ण संघ—इस अधिनियम में जिस अखिल भारतीय संघ का प्रस्ताव किया गया था उसमें संघ के सभी आधारभूत लक्षण—शक्तियों का विभाजन, लिखित और कठोर संविधान एवं निष्पक्ष न्यायिक सत्ता की स्थापना होते हुए भी कुछ ऐसे गम्भीर दोष थे जिनके कारण यह स्वीकार्य नहीं हो सकता था। आकार, जनसंख्या, महत्व और राजनैतिक लक्ष्यों की दृष्टि से संघ में नितान्त भिन्न प्रकार की इकाईयों के मेल का प्रयत्न किया गया था। एस० एन० परदासानी के शब्दों में, ''संघ तेजी से स्वशासन की ओर बढ़ने वाले व्यक्तियों और निरंकुश राजाओं के अधीन रहने वाली प्रजा के बीच एक विचित्र संवैधानिक अनमेल गठजोड़ था।''[8] इस प्रस्तावित संघ में न तो भारतीयों को सत्ता का हस्तान्तरण किया गया था और न ही इसमें आत्मनिर्णय, सामान्य नागरिकता या संघीय हस्तक्षेप में समानता का प्रबन्ध था। भारतीय व्यवस्थापिका को विधान में संशोधन का अधिकार नहीं था और अवशेष शक्तियाँ गवर्नर के पास थीं। श्री चिन्तामणि ने कहा था कि, ''हमें सभी अवांछित लक्ष्यों से पूर्ण एक लंगड़ा संघ प्रदान किया जा रहा है।''[9]

(2) प्रान्तीय स्वशासन एक भ्रम—यह अधिनियम प्रान्तीय शासन की दिशा में निश्चित सुधार था क्योंकि इसमें प्रान्तीय शासन की व्यवस्था थी। प्रान्तीय व्यवस्थापिका के सब सदस्य निर्वाचित होते थे और कार्यपालिका को व्यवस्थापिका के प्रति उत्तरदायी किया गया था। मताधिकार का भी विस्तार किया गया था। परन्तु वास्तव में यह सब एक भ्रम मात्र था क्योंकि अधिनियम में प्रान्तीय स्वशासन के दो आधारभूत तत्व बाहरी नियन्त्रण से स्वतन्त्रता और प्रान्त में उत्तरदायी शासन विद्यमान नहीं था। गवर्नर-जनरल और गवर्नरों के व्यापक विशेष उत्तरदायित्वों के कारण प्रान्तीय स्वशासन एक मजाक बनकर रह गया था। प्रान्तीय शासन की धुरी मुख्य मन्त्री नहीं वरन् सम्राट द्वारा नियुक्त और उसका प्रतिनिधि गवर्नर ही था। इस प्रकार 'प्रान्तीय स्वशासन' में मन्त्रियों की तुलना में गवर्नर को ही अधिक शक्तियाँ प्राप्त थीं। डॉ० राजेन्द्र प्रसाद ने सन् 1934 में काँग्रेस के अपने अध्यक्षीय भाषण में कहा था ''यह कहना कि यह विषय हस्तान्तरित है बिलकुल छल और धूर्तता है, जबकि उनके सम्बन्ध में उत्तरदायित्व अंग्रेजों के पास सुरक्षित है। गवर्नर, गवर्नर-जनरल, ब्रिटिश मुकुट तथा संसद को दी हुई विस्तृत शक्तियों ने प्रान्तीय स्वराज्य को नहीं के बराबर कर दिया है, जो कि भारतीयों के लिए सबसे बड़ा पुरस्कार था।''[10]

(3) संरक्षण और आरक्षण की व्यवस्था—इस अधिनियम में निहित संरक्षण और आरक्षण की व्यवस्था भारत में उत्तरदायी शासन को असफल करने की अनोखी योजना थी। ये

---

8. S. N. Pardasani, *How India is Governed,* p. 137.
9. Chintamani and Masani, *India's Constitutional Work,* p. 202.
10. "It will be mere camouflage and a fraud to declare that any such subject had been transferred when the responsibilities with regard to them were reserved with the British. The wide powers vested in the Governors, Governor-General and also in the Crown and the Parliament negatived the very essence of the provincial autonomy— the great prize awarded to the Indians."
—Dr Rajendra Prasad, *Presidential Address at Bombay,* 1934.

विदेशियों के हित में भारतीय अल्पमतों के भय का उपयोग करने के अनोखे उपाय और भारत सरकार की कार्यक्षमता पर बन्धन थे। ये संरक्षण ब्रिटिश साम्राज्यवाद और उसके साथियों के स्वार्थों की रक्षा करने के उपाय थे।

(4) साम्प्रदायिक चुनाव प्रणाली का विस्तार—साम्प्रदायिक चुनाव प्रणाली भारत के लिए अहितकर थी और सबने एक स्वर से इसकी निन्दा की थी, परन्तु अधिनियम में इसका विस्तार करके इसे आंग्ल-भारतीयों, यूरोपियनों, भारतीय ईसाईयों और हरिजनों पर भी लागू किया गया। इस से हरिजनों को हिन्दुओं से अलग करने की कोशिश की गयी और भारतीय राजनीतिक वातावरण को विषैला बना दिया गया, ताकि भारतीय एकता नष्ट हो जाये और भारत में ब्रिटिश साम्राज्य बना रहे।

(5) आत्मनिर्णय का अधिकार नहीं—अधिनियम में नवीन संविधान के स्वविकसित होने या भारतीयों के अपने भाग्य का निर्णय करने का कोई प्रबन्ध नहीं था। यह अधिनियम ब्रिटिश संसद ने बनाया था। भारत की आगे की प्रकृति की निर्णायक भी ब्रिटिश संसद ही थी। अधिनियम ने भारत पर ब्रिटिश संसद या भारत-मन्त्री के नियन्त्रण में भी कोई कमी नहीं की। मि० एटली ने कहा था कि ''अधिनियम में भारत के भविष्य की राजनीतिक प्रगति का कोई कार्य नहीं है।''

गृह सरकार
(HOME GOVERNMENT)

भारत मन्त्री

सन् 1858 के अधिनियम में गृह सरकार की जो व्यवस्था की गयी थी, उसका मुख्य पदाधिकारी भारत मन्त्री था। यह ब्रिटिश संसद तथा मन्त्रिमण्डल का सदस्य होता था। सन् 1919 के अधिनियम से भारत मन्त्री को भारत सरकार के कार्यों की देखभाल करने, संचालित करने तथा नियन्त्रण करने का अधिकार दिया गया था और गवर्नर-जनरल तथा गवर्नर उसके प्रति आज्ञाकारिता की भावना रखते थे।

सन् 1935 के अधिनियम से प्रान्तीय क्षेत्र में स्वशासन की स्थापना की गयी और केन्द्र में आंशिक उत्तरदायी शासन की स्थापना की गयी थी। भारतीय शासन में इन परिवर्तनों के कारण उस पर गृह सरकार का नियन्त्रण कम हो गया। 1935 के अधिनियम के अन्तर्गत भारत मन्त्री की 'निरीक्षण, निर्देशन तथा नियन्त्रण शक्ति' का कोई उल्लेख नहीं है तथा अब वह सम्राट में निहित कर दी गयी थी।

परन्तु भारत मन्त्री की स्थिति में किया गया उपर्युक्त परिवर्तन वास्तविक नहीं औपचारिक ही था, सम्राट की भारतीय शासन सम्बन्धी शक्तियों का प्रयोग भारत मन्त्री ही करता था। यद्यपि 1935 के अधिनियम द्वारा प्रान्तों में स्वशासन और केन्द्र में द्वैध शासन की स्थापना की गयी थी परन्तु अधिनियम में पग-पग पर संरक्षणों और आरक्षणों की व्यवस्था की गयी थी, जिनके कारण भारतीय जनता को सत्ता का हस्तान्तरण नहीं हुआ था। अधिनियम से गवर्नर-जनरल और गवर्नरों को विशेष उत्तरदायित्व और व्यक्तिगत निर्णय की शक्तियों के रूप में इतनी व्यापक शक्तियाँ दी

गईं थीं कि वे केन्द्रीय और प्रान्तीय सरकारों के प्रशासन में मनचाहा हस्तक्षेप कर सकते थे। गवर्नर-जनरल और गवर्नरों को दिये जाने वाले 'आदेश पत्र' (Instrument of Instruction) में यह स्पष्ट निर्देश था कि उपर्युक्त पदाधिकारी अपने विशेष उत्तरदायित्वों और व्यक्तिगत निर्णय की शक्तियों का प्रयोग भारत-मंत्री के निर्देश के अनुसार करेंगे। इस प्रकार गवर्नर-जनरल और गवर्नरों की इन व्यापक विवेकात्मक शक्तियों का प्रयोग वस्तुतः भारत मन्त्री की इच्छानुसार ही किया जाता था। इस सम्बन्ध में श्री के० टी० शाह लिखते है, "भारतीय विधान में भारत मन्त्री अब भी निस्सन्देह सर्वोच्च सत्ता के रूप में लक्षित होता है। गवर्नर-जनरल और गवर्नरों के अधिकारों के समान उसके अधिकार प्रत्यक्ष रूप से भले ही दृष्टिगोचर न हों, परन्तु ये सब अधिकारी उसी के अधीन हैं, ह्वाइट हॉल के इस देवराज की प्रत्येक आज्ञा का पालन करते हैं और चार्ल्स स्ट्रीट के इस मायावी के प्रत्येक संकेत के वश में हैं।"[11]

सेवाओं के सम्बन्ध में भारत मन्त्री के अधिकार अत्यन्त विस्तृत थे। वह भारतीय नागरिक सेवा, भारतीय पुलिस सेवा तथा सिचाई विभाग सेवा के अफसरों की नियुक्ति करता था और इनकी सेवाओं की शर्तें निश्चित करता था।

भारत-मन्त्री सम्राट का वैधानिक परामर्शदाता था। संघीय और प्रान्तीय प्रस्तावों पर सम्राट की स्वीकृति आवश्यक थी। सम्राट इन पर निषेधाधिकार का प्रयोग कर सकता था। ब्रिटेन की संसदात्मक व्यवस्था के अन्तर्गत सम्राट अपने मन्त्रियों के परामर्श के अनुसार ही कार्य करता है, अतः सम्राट की यह शक्ति भारत-मन्त्री के पास थी। इस अधिनियम में संशोधन करने की शक्ति ब्रिटिश संसद के पास थी। यह नितान्त स्वाभाविक था कि ब्रिटिश संसद द्वारा किये जाने वाले इस कार्य में उसके प्रति भारतीय शासन के लिए उत्तरदायी भारत-मन्त्री का सबसे अधिक प्रभाव रहता। भारत-मन्त्री की इन शक्तियों की व्याख्या करते हुए प्रो० के० टी० शाह लिखते है कि, "उनके अधिकार मौलिक नीति सम्बन्धी विषयों, ब्रिटिश हितों की रक्षा तथा ब्रिटेन के साम्राज्यवादी प्रभुत्व की सुरक्षा तक ही सीमित नहीं, अपितु उनका विस्तार दैनिक प्रशासन के विषयों, भारतीय व्यवस्थापिका सभा के आवश्यक कृत्यों, भारत सरकार अथवा भारतीय सेवाओं के लिए कुछ विशेष अफसरों की नियुक्ति, उनके वेतनों तथा वृद्धावस्था के कारण उनके कार्यों की अयोग्यता तक था। भारत में उसे भारत के प्रशासन के सभी अधिकार तथा शक्तियाँ प्राप्त हैं चाहे उत्तरदायित्वों में उसका भाग बहुत थोड़ा या तनिक भी न हो।"

भारत परिषद का अन्त

1935 के अधिनियम से भारत-मन्त्री को सहयोग और सहायता देने वाली भारत परिषद का अन्त कर दिया गया। उसके स्थान पर भारत-मन्त्री को 3 से लेकर 6 तक परामर्शदाता स्वयं

11. "The Secretary of State still stands out unmistakably as the most dominant authority in the Indian constitution. His powers may not be so imposing in appearance as those of the Governor General or the Provincial Governors. But these are merely his creatures, obedient to every nod from the Jupiter of the White Hall, amenable to every hint from this juggler of Charles Street"

—K.T. Shah, *Federal Structure,* p.36

नियुक्त करने का अधिकार मिल गया। उसके परामर्शदाताओं में कम से कम आधे व्यक्ति ऐसे होने आवश्यक थे, जो सम्राट के अधीन 10 वर्ष तक भारत में सेवा कार्य कर चुके हों तथा भारत छोड़े हुए उन्हें दो वर्ष से अधिक न हुआ हो। परामर्शदाताओं को ब्रिटिश संसद की बैठकों में भाग लेने अथवा मत देने का अधिकार न था। परामर्शदाताओं का परामर्श लेना अथवा न लेना और परामर्श के अनुसार कार्य करना अथवा न करना, भारत-मन्त्री की इच्छा पर निर्भर था। जो बातें परामर्शदाताओं की अनुमति पर छोड़ी गयीं थीं उनके लिए आवश्यक था कि उपस्थित सदस्यों का बहुमत भारत मंत्री के पक्ष में हो।

भारतीय लोकमत ने बहुत समय से भारत परिषद के अन्त की माँग की थी। सन् 1935 के अधिनियम द्वारा इसका अन्त कर दिया गया। किन्तु इस परिवर्तन से कोई सुधार नहीं हुआ क्योंकि अब भी नौकरशाही के सेवा निवृत्त सदस्य ही भारत मन्त्री के परामर्शदाता बने रहे, जिनकी प्रकृति साधारणतया अनुदार और संकुचित होती थी।

भारतीय हाई कमिश्नर—सन् 1919 के अधिनियम से भारतीय हाई कमिश्नर के पद की जो व्यवस्था की गयी, 1935 के अधिनियम से इस पदाधिकारी की नियुक्ति, स्थिति, शक्ति और गवर्नर-जनरल के साथ उनके सम्बन्धों में कोई परिवर्तन नहीं किया गया।

अखिल भारतीय संघ
(ALL INDIA FEDERATION)

भारतीय लोकतंत्र ने साधारणतया यह अनुभव किया है कि भारत जैसे एक विशाल उपमहाद्वीप में संघीय शासन प्रणाली स्वाभाविक है जहाँ भाषा, संस्कृति तथा धार्मिक परिस्थितियों की पर्याप्त विभिन्नताएँ विद्यमान हों। अखिल भारतीय संघ की स्थापना से भारत राष्ट्र की एकता को सृदृढ़ किया जा सकेगा। अत: सन् 1935 के पहले भारतीय जनता और अनेक राष्ट्रीय नेताओं ने संघ के विचार के प्रति उत्साह प्रकट किया गया था। ब्रिटिश शासन और उससे सम्बन्धित नौकरशाही अपने स्वार्थ की सिद्धि हेतु किसी भी विचार का प्रयोग करने में दक्ष थे। उन्होंने भारतीयों के संघ की स्थापना के विषय में भी ऐसा ही व्यवहार किया। अत: सन् 1935 के अधिनियम के अन्तर्गत संघ के निर्माण की एक ऐसी योजना रखी गई, जिसे भारतीय जनता का कोई भी पक्ष स्वीकार नहीं कर सकता था।

प्रस्तावित योजना

सन् 1935 के अधिनियम से यह व्यवस्था की गयी कि ब्रिटिश प्रान्तों और देशी रियासतों को मिलाकर एक संघ की स्थापना की जाये। यह संघ 11 ब्रिटिश प्रान्तो, 6 चीफ कमिश्नर के क्षेत्रों और उन देशी रियासतों से मिलकर बनना था, जो संघ में सम्मिलित होना स्वीकार करें। प्रान्तों के लिए संघ में सम्मिलित होना अनिवार्य था, परन्तु देशी रियासतों के लिए ऐच्छिक था। संघ में सम्मिलित होने की इच्छुक प्रत्येक देशी रियासत को एक 'प्रवेश प्रपत्र' (Instrument of Accession) पर हस्ताक्षर करने होते थे। जिसमें उन शक्तियों का उल्लेख किया जाता था, जिन्हें वह रियासत संघीय सरकार को हस्तान्तरित करने के लिए तैयार थी। सम्राट के द्वारा ऐसे प्रवेश पत्र को अस्वीकार किया जा सकता था जिसकी शर्तें संघ की योजना के अनुरूप न हों। संघ में

सम्मिलित होने वाली इकाइयों को अपने आन्तरिक क्षेत्र में स्वायतत्ता प्राप्त थी। केन्द्र और इकाइयों में शक्तियों का विभाजन कर दिया गया था। केन्द्र और इकाईयों के मध्य उत्पन्न होने या विभिन्न इकाईयों में परस्पर उत्पन्न होने वाले विवादों का निपटारा करने के लिए 'संघीय न्यायालय' की स्थापना की गयी थी।

इस संघ का निर्माण इस शर्त पर निर्भर था कि कम से कम समस्त देशी रियासतों की कुल जनंसख्या की आधी जनंसख्या वाली देशी रियासतों के शासक इस में सम्मिलित होना स्वीकार कर लें जिन्हें संघीय व्यवस्थापिका के उच्च सदन में देशी रियासतों के लिए निर्धारित 104 स्थानों में कम से कम 52 प्रतिनिधि भेजने का अधिकार हो। इन शर्तों के पूरा हो जाने तथा सम्राट द्वारा देशी रियासतों के 'प्रवेश प्रपत्र' स्वीकार कर लिये जाने पर ब्रिटिश संसद के दोनों सदनों को सम्राट के सम्मुख एक प्रस्ताव द्वारा भारतीय संघ की स्थापना सम्बन्धी घोषणा-पत्र जारी करने की प्रार्थना करनी थी। देशी रियासतों के संघ में सम्मिलित होने के लिए सहमत न होने के कारण प्रस्तावित संघ की स्थापना सम्बन्धी घोषणा-पत्र जारी करने का अवसर ही नहीं आया।

प्रस्तावित संघीय योजना की विचित्रताएँ या दोष

सन् 1935 के अधिनियम में जिस अखिल भारतीय संघ का प्रस्ताव किया गया था उसमें संघ के सभी आधारभूत लक्षण विद्यमान थे जैसे शक्तियों का विभाजन, लिखित और कठोर संविधान, संविधान की सर्वोच्चता एवं निष्पक्ष न्यायिक सत्ता की स्थापना फिर भी, इसमें कुछ ऐसी विचित्रताएँ थीं, जिसके कारण यह मजाक बनकर रह गया था। इसमें कुछ ऐसे गम्भीर दोष थे जिनके कारण भारतीय जनता के किसी भी पक्ष यहाँ तक कि देशी रियासतों के नरेशों ने भी इसे स्वीकार नहीं किया। सामान्य प्रतिक्रिया यह थी कि सन् 1935 का सम्पूर्ण अधिनियम ही बुरा है, संघीय योजना इस अधिनियम की सबसे बुरी व्यवस्था है। संघीय योजना की विचित्रताएँ अथवा दोष निम्नलिखित थे :

(1) थोपा गया अधिनियम—सन् 1935 के अधिनियम में प्रस्तावित संघीय योजना भारतीयों के स्वैच्छिक मिलन का परिणाम नहीं थी वरन् वह ऊपर से थोपी गयी थी। संघ में प्रवेश ब्रिटिश प्रान्तों के लिए अनिवार्य था परन्तु देशी रियासतों के लिए ऐच्छिक था। स्पष्ट है कि संघीय संविधान ऊपर से थोपा गया था। संघ का निर्माण करने वाली इकाइयों को अपने संविधान के निर्माण का कोई अधिकार नहीं दिया गया था और न ही उन्हें संविधान में संशोधन शक्ति प्रदान की गयी थी। प्रस्तावित संघ की योजना स्वयं भारतीयों के विचार का परिणाम नहीं था। श्री जी० एन० जोशी के अनुसार, "1935 के अधिनियम में अन्तर्निहित संघीय नीति भारत के राजनैतिक विकास का स्वाभाविक और अवश्यम्भावी परिणाम नहीं थी, वरन् ब्रिटिश संसद द्वारा अपने कुछ ऐसे लक्ष्यों को प्राप्त करने के लिए उठाया गया कदम था जिन्हें ऐसी राजनैतिक व्यवस्था द्वारा ही प्राप्त किया जा सकता था जिसमें अवरोध और सन्तुलन का पूरा-पूरा प्रबन्ध हो।"[12]

---

12. G.N. Joshi, *The Constitution of India,* p. 16.

(2) इकाइयों की असमान स्थिति—प्रस्तावित संघ का निर्माण जिन इकाइयों द्वारा होना था, वे राजनैतिक, सामाजिक और आर्थिक दृष्टि से असमान थीं। ब्रिटिश प्रान्त, जिनमें कि आंशिक लोकतन्त्रात्मक शासन प्रणाली प्रचलित थी, उनका मेल निरंकुश देशी रियासतों के साथ किया जाना था। इस प्रकार प्रस्तावित अखिल भारतीय संघ लोकतन्त्रात्मक प्रान्तों और स्वेच्छाचारी ढंग से शासित रियासतों का एक अस्वाभाविक गठबन्धन था। क्षेत्र और जनसंख्या की दृष्टि से भी विभिन्न इकाईयों में अत्यधिक असमानता थी। सन् 1871 के जर्मन गणतन्त्रात्मक संविधान के सम्बन्ध में प्रेसीडेण्ट लावेल ने लिखा था कि 'इसका निर्माण एक शेर, आधी दर्जन लोमड़ियों और अनेक चूहों के मिलन से हुआ है।' सन् 1935 के प्रस्तावित संघ के सम्बन्ध में कहा जा सकता है कि इसका निर्माण एक दर्जन पालतू साँडों, कई सौ जंगली भेड़ियों, लकड़बग्घों और सियारों से होने को था। प्रस्तावित संघ के सम्बन्ध में मि० कीथ ने कहा था कि "नितान्त भिन्न इकाइयों का यह संयोग संघ को एक विचित्र रूप प्रदान कर देता और अनेक असामान्य लक्षणों को जन्म देता।"[13]

(3) इकाइयों के सम्बन्ध में संघीय सरकार की स्थिति समान नहीं—ब्रिटिश भारत के प्रान्त प्रस्तावित संघ की इकाई थे, परन्तु भारतीय रियासतों का प्रवेश उनके शासकों के निर्णय पर छोड़ दिया गया था। वे इस बात का निश्चय करने को थे कि उनके राज्य क्षेत्रों में संघीय सरकार किन शक्तियों को प्रयोग करेगी। समस्त प्रान्तों के सम्बन्ध में संघीय शक्तियाँ एक-सी रखी गयीं परन्तु प्रत्येक रियासत के सम्बन्ध में वे उसके शासक द्वारा निर्मित प्रवेश पत्र पर निर्भर थीं। यह अभूतपूर्व असंगति संघीय योजना का क्रियान्वयन असम्भव कर देती। ली स्मिथ लिखते हैं, "भारतीय संघीय व्यवस्था अनोखे ही प्रकार की होने को थी। इसके अन्तर्गत प्रान्तों के सम्बन्ध में संघ की एक प्रकार की शक्तियाँ होती और देशी रियासतों के सम्बन्ध में दूसरे प्रकार की।"[14]

(4) देशी रियासतों को अनुपात से अधिक प्रतिनिधित्व—प्रस्तावित संघ में देशी रियासतों को संघीय व्यवस्थापिका में अत्यधिक प्रतिनिधित्व प्रदान किया गया था। जबकि इन रियासतों की जनसंख्या भारत की समस्त जनसंख्या की लगभग 1/4 थी, परन्तु इनको राज्य परिषद में 260 में से 104 और संघीय सभा में 375 में से 125 स्थान प्रदान किये गये थे। देशी रियासतों का यह भारात्मक प्रतिनिधित्व संघात्मक व्यवस्था के सच्चे सिद्धान्तों के अनुरूप नहीं था।

(5) रियासतों के प्रतिनिधियों की नरेशों द्वारा नियुक्ति —ब्रिटिश प्रान्तों के प्रतिनिधियों का तो जनता द्वारा चुनाव किया जाता था, जबकि रियासतों के प्रतिनिधियों को सम्बन्धित नरेश

---

13. A. B. Keith, *A Constitutional History of India*, p. 16.
14. "The Indian Federal System will be kind hitherto unknown for there will be one set of Federal Powers for the provinces and another for each of the native State. The Govt. of one part of the Federation will be based upon parliamentary principles that of the other upon oriental absolutism." —M.B. Lee Smith
(Quoted by Lahiri and Bannerjee, *The New Constitution of India*, p. 27.

नियुक्त करते प्रतिनिधि अपने उन स्वेच्छाचारी स्वामियों की इच्छा के अनुसार कार्य करने के लिए बाध्य थें, जो 'स्वयं वायसराय और ब्रिटिश सम्राट के अनुशासित दास थे।''[15] श्री एन॰ श्री निवासन के शब्दों में, ''रियासतों के प्रतिनिधियों के सम्बन्ध में की गयी यह व्यवस्था अनुदारवादिता की गारण्टी थी।''[16] क्योंकि अल्पसंख्यक वर्गों के प्रतिक्रियावादी तत्वों के प्रतिनिधियों और जमींदारों एवं उच्च व्यापारियों के प्रतिनिधियों के साथ मिलकर रियासतों का प्रतिनिधि दल संघीय शासन में राष्ट्रवादी तत्वों के विरुद्ध लोकतन्त्रीय व्यवस्था लागू किये जाने के प्रयत्नों को पराजित कर सकता था। ब्रिटिश संसद में सर सैम्यूअल होर ने कहा था कि 'नये अधिनियम के अन्तर्गत उग्रवादियों को सतारूढ़ होने से रोकने के लिए प्रत्येक प्रबन्ध कर लिया गया।' प्रो॰ कीथ के अनुसार ''इस आरोप के औचित्य को अस्वीकार करना कठिन है कि प्रस्तावित संघ ब्रिटिश भारत के केन्द्रीय शासन में उत्तरदायी व्यवस्था की स्थापना करने के प्रश्न से बचकर निकल जाने की इच्छा से निर्मित किया जा रहा था।''[17] उन्होंने निष्कर्ष निकाला कि ''राज्यों एवं ब्रिटिश भारत के प्रतिगामी तत्वों द्वारा जो असीम नियन्त्रण शक्ति गवर्नर-जनरल को प्रदान की गयी थी, जिनके कारण प्रस्तावित संघ के सफल होने में भी सन्देह ही था।''

(6) संघीय सभा के लिए परोक्ष निर्वाचन—प्रगतिवादी और राष्ट्रवादी तत्वों के प्रभाव को कम करने के लिए यह भी उपबन्धित किया गया कि संघीय व्यवस्थापिका के निम्न सदन संघीय सभा के लिए निर्वाचन परोक्ष रीति से होंगे। इससे भारतीयों को लोकप्रिय सदन के निर्माण से वंचित कर दिया गया ताकि भारत में राजनैतिक चेतना की गति निश्चित रूप से अवरुद्ध रहे।

(7) भारतीयों को सत्ता हस्तान्तरण नहीं—संघीय योजना के द्वारा भारतीयों को कोई वास्तविक सत्ता हस्तान्तरण नहीं किया जाना था। संघीय सरकार के महत्वपूर्ण कार्य एकमात्र गवर्नर-जनरल के नियन्त्रण में रखे गये। केन्द्रीय सरकार में लोकप्रिय मन्त्रियों को मुद्रा और विनिमय, वैदेशिक सम्बन्ध और प्रतिरक्षा जैसे महत्वपूर्ण विषयों से कुछ भी सरोकार नहीं था। संघीय व्यय का 80 प्रतिशत उनके नियन्त्रण के बाहर था। जो कुछ शक्ति बची थी, उस पर 'संरक्षण और आरक्षण' के माध्यम से अनेक प्रतिबन्ध लगा दिये गये थे। पं॰ नेहरू के अनुसार ये अवरोध और सीमाएँ इतनी व्यापक थीं कि भारत की राजनैतिक और आर्थिक शक्ति ब्रिटिश सरकार के हाथ में बनी रहती।

(8) द्वितीय सदन में इकाइयों को समान प्रतिनिधित्व नहीं—अमरीका की सीनेट में संघात्मक शासन व्यवस्था के अन्तर्गत संघ का निर्माण करने वाली इकाइयों की व्यवस्थापिका

---

15. H.N. Brasalford, *Subject India,* p. 50.
16. N. Shrinivasan, *Democratic Govt. In India,* p. 45.
17. "It is difficult to deny the justice of the contention in India, that federation was largely evoked by the desire to evade the issue of extending responsible govt. to the central government of British India."
—A.B. Keith, *A Constitutional History of India.* p. 474.

के द्वितीय सदन में समान प्रतिनिधित्व प्रदान किया जाता है। प्रस्तावित संघ की व्यवस्थापिका के उच्च सदन में सभी इकाइयों को समान प्रतिनिधित्व प्रदान नहीं किया गया था तथा सभी अंगीभूत इकाइयाँ समान स्तर पर नहीं रखती थीं।

(9) विधान में संशोधन की शक्ति भारतीयों के पास नहीं—संघात्मक व्यवस्था में देश का संविधान जनता की सर्वोच्च शक्ति का प्रतीक होता है तथा उसमें जनता ही संशोधन कर सकती है। सन् 1935 के अनुसार केवल ब्रिटिश पार्लियामेण्ट के द्वारा ही संशोधन किया जा सकता था। यह संघात्मक व्यवस्था के सिद्धान्तों के नितान्त विरुद्ध था। सर शफात अहमद खाँ के शब्दों में "विधान द्वारा भारतीय व्यवस्थापिका को संघीय प्रबन्धों में संशोधन-परिवर्तन की शक्ति न देना नितान्त अनुचित था।"

(10) अवशेष शक्तियों से सम्बन्धित प्रबन्ध—अधिनियम में प्रस्तावित संघ में, अवशेष शक्तियाँ केन्द्र या इकाइयों में निहित नहीं थीं, वरन् ये गवर्नर-जनरल में निहित थीं जो अपने विवेक के अनुसार संघीय या प्रान्तीय किसी भी व्यवस्थापिका को किसी भी सूची में उल्लेख न किये गये विषय पर कानून बनाने का अधिकार दे सकता था। देशी रियासतों के सम्बन्ध में अवशेष शक्तियाँ उनके शासकों के पास रखी थीं। जबकि संघात्मक व्यवस्थाओं के अन्तर्गत विशेष शक्तियाँ साधारणतया केन्द्र या प्रान्तों में ही निहित होती है। इस प्रकार प्रस्तावित संघ की व्यवस्था नितान्त दोषपूर्ण थी।

संघ के निर्माण की शर्त पूरी न होने के कारण अप्रैल 1937 को अधिनियम का प्रान्तीय अंश लागू होने पर संघीय योजना को भविष्य में लागू होने के लिए छोड़ दिया गया। सन् 1939 के युद्ध प्रारम्भ हो जाने पर गवर्नर जनरल ने अपने 11 सितम्बर, 1939 के भाषण में अधिनियम द्वारा प्रस्तावित संघीय योजना को समाप्त घोषित कर दिया।

संघीय कार्यकारिणी
(FEDERAL EXECUTIVE)

केन्द्र में द्वैध शासन की स्थापना

ब्रिटिश शासन ने भारत सरकार के केन्द्रीय क्षेत्र में आंशिक रूप से उत्तरदायी सरकार की स्थापना की। संघीय विषयों को रक्षित विषय और हस्तान्तरित विषय दो भागों में बाँट दिया गया। प्रतिरक्षा, वैदेशिक मामले, धार्मिक मामले और कबायली क्षेत्रों के प्रशासन को रक्षित विषय तथा अन्य सभी विषयों को हस्तान्तरित विषय की श्रेणी में रखा गया। इस द्वैध शासन के अन्तर्गत संघीय कार्यपालिका के निम्नलिखित तीन अंग थे :

(1) गवर्नर-जनरल।

(2) रक्षित विषयों के प्रशासन के लिए उत्तरदायी गवर्नर-जनरल की कार्यकारिणी के सदस्य।

(3) हस्तान्तरित विषयों के प्रशासन के लिए उत्तरदायी संघीय मन्त्रि परिषद।

2. गवर्नर-जनरल (GOVERNOR-GENERAL)

सन् 1935 के अधिनियम में संघीय कार्यकारिणी का आधार बिन्दु गवर्नर-जनरल था। वही भारत के सम्पूर्ण प्रशासन के लिए अन्तिम रूप से उत्तरदायी था। उसी से यह आशा की जाती थी कि वह भारतीय शासन के विभिन्न तथा प्राय: परस्पर संघर्षशील तत्वों में एकता बनाये रखते हुए पथ-प्रदर्शन का कार्य करेगा। सन् 1935 के अधिनियम से उसे इतनी शक्तियाँ प्रदान की गयीं थीं कि उसका स्वरूप 'विशाल दैत्य' (Leviathan) जैसा हो गया था। 23 फरवरी, 1938 को बर्मा से प्रसारित अपने एक वक्तव्य में गांधीजी ने कहा था कि 'गवर्नर-जनरल अब और भी सर्वाधिकार सम्पन्न और स्वेच्छाचारी शक्तिधारी है।' अधिनियम के अन्तर्गत गर्वनर-जनरल के अधिकारों को समझने के लिए उनका अध्ययन निम्नलिखित शीर्षकों में किया जा सकता है :

1. सम्राट के प्रतिनिधि के रूप में अधिकार।
2. रक्षित विषयों के प्रशासन का अधिकार।
3. स्वविवेक से प्रयोग किये जाने वाले अधिकार।
4. विशेष उतरदायित्व।
5. विधायी, प्रशासकीय और वित्तीय क्षेत्र की अन्य शक्तियाँ।
6. प्रान्तीय सरकारों पर अधिकार।
7. चीफ कमिश्नर के क्षेत्रों से सम्बन्धित अधिकार।
8. गवर्नर-जनरल की असाधारण शक्तियाँ।

(1) सम्राट के प्रतिनिधि के रूप में अधिकार—वायसराय के नाम से ब्रिटिश साम्राज्य के भारत स्थित सर्वोच्च प्रतिनिधि के रूप में गवर्नर-जनरल देशी रियासतों पर प्रभुता का प्रयोग करता था। इसमें हस्तक्षेप करने का संघीय व्यवस्थापिका को कोई अधिकार नही था। रियासतों के संघ में सम्मिलित हो जाने पर उसकी इन शक्तियों पर कोई प्रभाव नहीं पड़ता था। अधिनियम की धारा 128(2) में यह उपबन्ध था कि यदि वायसराय को यह प्रतीत हो कि संघ में शामिल किसी रियासत के नरेश ने संघीय सरकार के प्रति अपने उत्तरदायित्व पूरे नहीं किये हैं तो गवर्नर-जनरल उस रियासत के शासक को अपने विवेक के अनुसार आवश्यक निर्देश दे सकता था।

(2) रक्षित विषयों के प्रशासन का अधिकार—गवर्नर-जनरल को वायसराय के नाम से रक्षित विषयों के प्रशासन का पूर्ण अधिकार था। इसमें प्रतिरक्षा, वैदेशिक मामले, धार्मिक मामले तथा कबायली क्षेत्रों का प्रबन्ध—ये चार विभाग थे। वैदेशिक मामलों से अभिप्राय पड़ोस की रियासतों से था। भारत के अन्य स्वशासित देशों से सम्बन्धों का निर्धारण ब्रिटिश मन्त्रिमण्डल करता था। इन विषयों के प्रशासन में गवर्नर की सहायता के तीन कार्यकारी पार्षदों (Executive Councillors) की व्यवस्था की गयी थी। ये कार्यकारी पार्षद संघीय व्यवस्थापिका के प्रति नहीं बल्कि गवर्नर-जनरल और भारत मन्त्री के प्रति उत्तरदायी थे। रक्षित विषयों के प्रशासन में गवर्नर-जनरल को स्वविवेक से कार्य करने की पूरी छूट थी।

(3) स्वविवेक से प्रयोग किये जाने वाले अधिकार—रक्षित विषयों के प्रशासन के अतिरिक्त भी अन्य अनेक विषयों में गवर्नर-जनरल को विवेकात्मक अधिकार प्रदान किये गये। इन अधिकारों के प्रयोग के सम्बन्ध में गवर्नर-जनरल मन्त्रियों से परामर्श लेने को बाध्य नहीं था। निम्नलिखित कार्यों के सम्बन्ध में उसे इस प्रकार की शक्तियां प्राप्त थी :

(i) किसी विषय से सम्बन्धित विवाद का निर्णय उसी के हाथों में था, जैसे वह विषय गवर्नर-जनरल के विवेक अथवा व्यक्तिगत निर्णय के क्षेत्र के अन्तर्गत आता है अथवा नहीं।

(ii) मन्त्रियों को चुनने, आमन्त्रित करने व पद ग्रहण के सम्बन्ध में।

(iii) संघीय व्यवस्थापिका में भाषण।

(iv) विचाराधीन प्रस्तावों के बारे में संघीय व्यवस्थापिकाओं को सूचना देने के सम्बन्ध में।

(v) दोनों सदनों को आमन्त्रित करने, स्थगित करने तथा संघीय सभा को विघटित करने के सम्बन्ध में।

(vi) प्रस्तावों को स्वीकृत करने, अस्वीकृत करने तथा उन्हें सम्राट की स्वीकृति के लिए सुरक्षित रखने के सम्बन्ध में।

(vii) प्रश्न किये जाने पर यह निर्णय करने के सम्बन्ध में कि कोई व्यय संघ की आय से दिया जाये अथवा नहीं।

इन विवेकात्मक अधिकारों के कारण गवर्नर-जनरल एक स्वेच्छाचारी और निरंकुश शासक बन गया था।

(4) विशेष उत्तरदायित्व— हस्तान्तरित क्षेत्र में गवर्नर-जनरल को कई महत्वपूर्ण विशेष दायित्व सौंपे गये जिनसे सम्बन्धित मामलों में गवर्नर-जनरल के लिए मन्त्रियों से परामर्श लेना आवश्यक था जबकि निर्णय उसका व्यक्तिगत होता था। मन्त्रियों के परामर्श को मानना या न मानना उसकी इच्छा पर निर्भर करता था। अस्तु, उस परामर्श का कोई महत्व न था। गवर्नर-जनरल के विशेष उत्तरदायित्व ये थे :

(i) सम्पूर्ण भारतवर्ष अथवा उसके किसी एक भाग में शान्ति तथा सुरक्षा की व्यवस्था।

(ii) संघीय शासन की आर्थिक स्थिरता एवं साख की रक्षा।

(iii) लोक सेवाओं के सदस्यों के वैधानिक एवं अन्य अधिकारों का संरक्षण।

(iv) अल्पसंख्यकों के उचित हितों का सरंक्षण।

(v) ब्रिटेन और बर्मा के व्यापारिक हितों के विरुद्ध विभेद को रोकना।

(vi) देशी रियासतों के अधिकारों तथा उनके शासकों के अधिकारों एवं मर्यादा की रक्षा।

(vii) अपने विशेष उत्तरदायित्व को पूरा करने में किसी भी प्रकार की आने वाली बाधा को रोकना तथा प्रयोग किये गये वैयक्तिक अधिकारों की रक्षा।

इन विशेष उत्तरदायित्वों का वर्णन इतनी व्यापक भाषा में किया गया था कि गवर्नर-जनरल उनका मनचाहा अर्थ निकाल सकता था और इसके आधार पर सम्पूर्ण हस्तान्तरित क्षेत्र में किसी

भी प्रकार का हस्तक्षेप कर सकता था। आर्थिक स्थिरता और साख की रक्षा के नाम पर आर्थिक क्षेत्र में मनचाहा हस्तक्षेप किया जा सकता था। उदाहरण के लिये इस सम्बन्ध में डॉ० राजेन्द्र प्रसाद ने कहा था, ''विशेष उत्तरदायित्वों से सम्बन्धित ये शब्दावलियाँ इतनी व्यापक और सामान्य हैं कि कदाचित् ही ऐसा कोई कार्य हो, जिसे गवर्नर-जनरल इसके द्वारा अपने हाथ में न ले सकता हो, यदि वह अपनी सम्मति में ऐसा करना आवश्यक समझता हो तो और इस विषय में उसकी सम्मति ही अन्तिम निर्णायक थी। ये विशेष उत्तरदायित्व इतने संदिग्ध, अनिश्चित और व्यापक हैं कि समस्त विभाग इनके नियन्त्रण में लिये जा सकते हैं।''[18] मि० जिन्ना ने संघीय सभा में ठीक ही कहा था कि ''केन्द्र में 98 प्रतिशत सरंक्षण और 2 प्रतिशत उत्तरदायित्व हैं।''

(5) विधायी, प्रशासकीय और वित्तीय क्षेत्र की अन्य शक्तियाँ—उपर्युक्त शक्तियों के अतिरिक्त गवर्नर-जनरल को विधायी, प्रशासकीय और वित्तीय क्षेत्र की अन्य शक्तियाँ भी प्राप्त थीं:

(अ) प्रशासनिक शक्तियां

(i) मन्त्रियों की छाँट, प्रथम मन्त्रिमण्डल के सदस्यों के वेतन का निर्धारण और परामर्शदाताओं की नियुक्ति।

(ii) वित्तीय परामर्शदाता की नियुक्ति और सेवा की शर्तों का निर्धारण।

(iii) संघीय न्यायालय के कार्यवाहक मुख्य न्यायाधिपति, संघीय रेलवे बोर्ड के सदस्यों, रिजर्व बैक के गवर्नर, उपगवर्नरों व संचालकों की नियुक्ति और पदच्युति।

(iv) महत्वपूर्ण कानूनी प्रश्नों पर संघीय न्यायालय की सम्मति माँगना।

(v) विधायी क्षेत्र में अवशिष्ट शक्तियों का वितरण।

(vi) उपाधियाँ प्रदान करना।

(vii) दण्डित अभियुक्तों को क्षमा प्रदान करना।

(viii) संघ सरकार के अन्तर्गत नागरिक सेवाओं के विरुद्ध सरकारी कार्यों के लिए कानूनी कार्यवाही करने की सहमति देना।

(ix) भारतीय हाई कमीशनर की नियुक्ति और सेवा की शर्तों का निर्धारण।

(ब) विधायी शक्तियां

(i) कुछ विशेष प्रकार के विधेयकों को प्रस्तुत किये जाने से पहले पूर्व स्वीकृति देना और कुछ मामलों पर वाद-विवाद या प्रश्न पूछे जाने की स्वीकृति देना।

(ii) विधायी एवं वित्तीय प्रक्रिया के नियमन हेतु नियम बनाना।

(iii) राज्य परिषद के 6 सदस्यों की नामजदगी करना तथा विधानमण्डल में देशी रियासतों के प्रतिनिधियों के लिए निश्चित संख्या की पूर्ति करने के समर्थन में कुछ अधिकार।

---

18. डा० राजेन्द्र प्रसाद के बम्बई काँग्रेस सन् 1934 के अध्यक्षीय भाषण से।

(स) वित्तीय शक्तियां

(i) विधान मण्डल के दोनों सदनों के सामने वार्षिक वित्त विवरण अथवा पूरक विवरण रखना।

(ii) संघीय सभा द्वारा अनुदान की किसी माँग के कम अथवा अस्वीकृत किये जाने पर उसे मौलिक रूप से ही राज्य परिषद के सामने रखने का निर्देश देना।

(iii) विभिन्न अनुदानों की माँगों के लिए सिफारिश करना।

(iv) ऐसे विधेयकों अथवा संशोधनों की सिफारिश करना जिनका सम्बन्ध नये कर लगाने, पुराने कर में वृद्धि या ऋण लेने हेतु नियम बनाने से हो।

(v) अधिकृत व्यय की अनुसूची पर हस्ताक्षर करना।

(vi) किसी अनुदान की माँग पर दोनों सदनों में मतभेद हो जाने की स्थिति में संयुक्त बैठक बुलाना।

(6) प्रान्तीय सरकारों पर अधिकार—गवर्नर-जनरल को प्रान्तीय सरकारों पर देख-रेख रखने के निम्नलिखित अधिकार थे।

(i) भारत या उसके किसी भाग, जिसमें ब्रिटिश प्रान्त सम्मिलित थे, की शान्ति और सुरक्षा बनाये रखना।

(ii) प्रान्तीय गवर्नरों को अपने स्वविवेकीय अधिकारों तथा वैयक्तिक निर्णय के अधिकारों को उपयोग में लाने का निर्देश देना।

(iii) प्रान्तीय व्यवस्थापिका सभा में प्रस्तावित कुछ विधेयकों अथवा संशोधनों पर पूर्व अनुमति देना।

(iv) प्रान्तीय सरकार की अर्थ-व्यवस्था की देख-भाल करना।

(v) गवर्नरों को संघीय नियम को व्यवहार में लाने के लिए आदेश देना।

उपुर्यक्त शक्तियों का प्रयोग कर गवर्नर-जनरल प्रान्तीय स्वायत्तता का अन्त कर सकता था।

(7) चीफ कमिश्नर के प्रान्तों से सम्बधित अधिकार—इस श्रेणी में दिल्ली, अजमेर-मेरवाड़ा, कुर्ग, अण्डमान और निकोबार द्वीप समूह तथा पंथ पिपलौदा नामक क्षेत्र सम्मिलित थे। इनमें से प्रत्येक क्षेत्र के प्रशासन का भार चीफ कमिश्नर पर होता था परन्तु इन क्षेत्रों के प्रशासन के लिए अन्तिम रूप से गवर्नर-जनरल ही उत्तरदायी होता था। चीफ कमिश्नरों की नियुक्ति गवर्नर-जनरल द्वारा अपने विवेकानुसार की जाती थी। ब्रिटिश बिलोचिस्तान के प्रशासन के सम्बन्ध में निर्देशन और नियन्त्रण गवर्नर-जनरल अपने विवेकीय क्षेत्र में करता था।

(8) असाधारण शक्तियाँ

(i) अध्यादेश जारी करने की शक्ति—गवर्नर-जनरल दो प्रकार के अध्यादेश जारी कर सकता था। जिस समय संघीय विधान मण्डल का अधिवेशन चल रहा हो, तब आवश्यकता पड़ने पर मन्त्रियों के परामर्श से, अध्यादेश जारी करता था जिन का प्रभाव विधान मण्डल की बैठक प्रारम्भ होने के 6 सप्ताह बाद तक रहता था। दूसरे प्रकार के अध्यादेश गवर्नर-जनरल

अपने विशेष उत्तरदायित्वों को पूरा करने के लिए किसी भी समय मन्त्रियों के परामर्श के बिना जारी कर सकता था। इन की सूचना उसे भारत मन्त्री को देनी होती थी।

(ii) नियम बनाने व लागू करने की शक्ति–ऐसे कानून गवर्नर जनरल मन्त्रियों के परामर्श के बिना तथा विधान मण्डल में विचार के लिए रखे बिना ही कर सकता था। परन्तु इसका सम्बन्ध गवर्नर-जनरल के विवेक या व्यक्तिगत निर्णय के कार्यों से होना आवश्यक था। इस प्रकार के नियम बनाने का कार्य कुछ सीमाओं के अन्तर्गत रहते हुए विशेष परिस्थितियों में ही किया जा सकता था।

(iii) संकटकालीन शक्तियाँ– जब कभी संवैधानिक तन्त्र विफल हो जाता तो संघीय न्यायालय को छोड़कर अन्य सभी संघीय निकायों तथा अधिकारों की शक्तियाँ वह स्वयं धारण कर सकता था और उनका प्रयोग भी स्वयं ही अपने विवेकानुसार कर सकता था।

उपर्युक्त विवेचन से स्पष्ट है कि सन् 1935 के अधिनियम के अन्तर्गत गवर्नर-जनरल अत्यधिक शक्तिशाली एवं सामर्थ्यवान था। उसे भारतीय संवैधानिक तन्त्र की आधारशिला कहा जा सकता है। वह एक अधिनायक था। उसकी शक्तियों और विशेष स्थिति के समक्ष मन्त्री नगण्य थे। सर विस्टंल चर्चिल ने कहा था, "वायसराय अथवा गवर्नर-जनरल को हिटलर अथवा मुसोलिनी के समस्त अधिकार प्राप्त थे। अपने छोटे से लिखित आदेश से वह विधान के टुकड़े-टुकड़े कर सकता था तथा किसी आज्ञप्ति द्वारा कोई भी कानून, यहाँ तक कि मार्शल लॉ पास कर सकता था जो कोई कानून ही न था। इन सबका केवल वही निर्णायक था। ऐसा अधिकारी वास्तव में एक तानाशाह ही था और उसके पास एक विशाल सेना भी थी।"[19]

2. कार्यकारिणी परिषद

गवर्नर-जनरल को अपने स्वविवेक के अन्तर्गत रक्षित विभागों का प्रशासन कार्यकारिणी परिषद के सदस्यों की सहायता से चलाना था, जिनकी संख्या तीन से अधिक न हो। कार्यकारिणी परिषद के इन सदस्यों की नियुक्ति गवर्नर-जनरल करता था और वे प्रत्यक्ष रूप से उसी के प्रति उत्तरदायी थे। कार्यकारिणी परिषद के इन सदस्यों की स्थिति पुरानी कार्यकारिणी के सदस्यों के ही समान थी।

3. मन्त्रि परिषद

हस्तान्तरित विषयों के शासन के लिए गवर्नर-जनरल को एक मन्त्रि परिषद नियुक्त करनी थी, जिनकी संख्या 10 से अधिक न हो। इनका काम उसको सहायता तथा परामर्श देना था। अधिनियम की दसवीं धारा में स्पष्ट किया गया कि:

---

19. "The Viceroy or Governor General was armed with all the powers of Hitler or Mussolini. By a stroke of pen, he could scatter the constitution and decree any law to be passed or martial law which was no law at all of which he was the sole judge. Such functionary was a dictator and he had a very powerful army."
—Winston Churchill, Quoted by F. C. Arora., *The Constitution of India,* p. 61.

(i) गवर्नर-जनरल के मन्त्री उसी के द्वारा चुने जायेंगे, वही उन्हें शपथ ग्रहण करायेगा और उसकी इच्छा पर्यन्त ही वे कार्य-संचालन करेंगे।

(ii) कोई भी मन्त्री जो 6 माह तक संघीय व्यवस्थापिका के दोनों सदनों में से किसी का भी सदस्य नहीं होता है, तो उसे 6 माह के पश्चात् पद त्याग करना पड़ेगा।

(iii) मन्त्रियों का वेतन संघीय व्यवस्थापिका द्वारा निर्धारित किया जायेगा और उनकी कार्यावधि में उनके वेतन में परिवर्तन नहीं होगा।

(iv) मन्त्रियों ने किसी भी समस्या या प्रश्न पर गवर्नर-जनरल को क्या परामर्श दिया वह प्रश्न किसी भी न्यायालय में नहीं पूछा जा सकता।

यद्यपि भारत मन्त्री के आदेश पत्र में यह निर्देश था कि गवर्नर-जनरल व्यवस्थापिका में सबसे अधिक प्रभुत्वशाली तथा बहुमत सम्पन्न व्यक्ति के परामर्श से मन्त्रियों का चुनाव करेगा किन्तु गवर्नर-जनरल इससे बाध्य नहीं था और किसी को भी मन्त्रिमण्डल में शामिल कर सकता था। मंत्री परिषद के कार्यों के लिए वह अपनी इच्छानुसार नियम बनाता उन्हें विभाग सौंपता और जब चाहता उनकी बैठकों का सभापतित्व करता। मंत्रियों का कार्य उसे सहायता और परामर्श देना भर था। इस सम्बन्ध में प्रो॰ के॰ टी॰ शाह ने लिखा है कि "नये विधान (1935 के अधिनियम) के अनुसार संघीय मन्त्रियों की स्थिति ऐसे आभूषणों जैसी है, जिनका कोई उपयोग नहीं है। वे जनता के प्रतिनिधि माने जाते हैं किन्तु कभी भी उसकी भलाई करने के लिए स्वतन्त्र नहीं हैं, उनका उत्तरदायित्व बिना किसी शक्ति के है, उनका पद बिना किसी अधिकार तथा वास्तविक प्रभाव के है।"[19]

संघीय व्यवस्थापिका
(FEDERAL LEGISLATURE)

1935 के अधिनियम द्वारा संघीय क्षेत्र में द्विसदनात्मक व्यवस्थापिका का उपबन्ध किया गया था, जिनके दो सदन राज्य परिषद और संघीय सभा थे।

1. राज्य परिषद (Council of State)—संघीय व्यवस्थापिका के उच्च सदन राज्य परिषद के सदस्यों की संख्या 260 निश्चित की गयी थी। इसमें 156 प्रतिनिधि (150 निर्वाचित और 6 गवर्नर द्वारा मनोनीत) ब्रिटिश भारत का प्रतिनिधित्व करने को थे। शेष 104 सदस्यों को देशी रियासतों के प्रतिनिधियों के रूप में रियासतों के शासकों द्वारा मनोनीत किया जाता था। ब्रिटिश भारत के 150 निर्वाचित स्थानों का विभिन्न प्रान्तों के बीच अग्रलिखित प्रकार से वितरण निश्चित हुआ था :

19. K. T. Shah, *Federal Structure.*

बंगाल	20	उड़ीसा	5
मद्रास	20	पश्चिमोत्तर सीमा प्रान्त	5
संयुक्त प्रान्त	20	सिंध	5
बम्बई	16	बिलोचिस्तान	1
बिहार	16	दिल्ली	1
पंजाब	16	अजमेर-मेरवाड़	1
मध्य प्रान्त और बरार	8	कुर्ग	1
आसाम	5	अप्रान्तीय	10

इन 150 स्थानों का साम्प्रदायिक आधार पर निम्न प्रकार से बँटवारा निश्चित हुआ :

साधारण	75	सिख	4
मुस्लिम	49	यूरोपियन	7
अनुसूचित जातियाँ	6	आंग्ल-भारतीय	1
स्त्रियाँ	6	भारतीय इसाई	2

राज्य के सदस्यों का चुनाव जनता द्वारा साम्प्रदायिक आधार पर प्रत्यक्ष निर्वाचन के तरीके से किया जाना था और इसमें इकाइयों का प्रतिनिधित्व असमान था। मताधिकार संकुचित और साधारणतया सम्पत्ति सम्बन्धी योग्यताओं पर आधारित था। सम्पूर्ण ब्रिटिश भारत में मतदाताओं की संख्या केवल 1 लाख के लगभग थी। देशी रियासतों के प्रतिनिधि विभिन्न रियासतों में बाँट दिये गये थे, हैदराबाद के 5, मैसूर, कश्मीर, ग्वालियर आदि रियासतों में से प्रत्येक को 3, कुछ रियासतों में से प्रत्येक 1 और छोटी-छोटी रियासतों के समूह बनाकर 1-1 प्रतिनिधि भेजा जाता।

राज्य परिषद एक स्थायी सदन था, जिसका विघटन नहीं हो सकता था। सदस्यों का कार्यकाल 9 वर्ष था तथापि एक-तिहाई सदस्य तीन वर्ष के बाद हट जाने को थे।

2. संघीय सभा—संघीय व्यवस्थापिका के निम्न सदन का नाम संघीय सभा था। इसकी सदस्य संख्या 375 निश्चित की गयी थी, जिनमें से 125 देशी रियासतों के लिए थे। ब्रिटिश भारत के 250 स्थानों में से 4 स्थान अप्रान्तीय रूप में व्यापार, उद्योग तथा श्रम के लिए निश्चित किये गये थे। शेष 246 स्थान विभिन्न प्रान्तों में निम्न प्रकार से वितरित किये गये थे :

बंगाल	37	उड़ीसा	5
मद्रास	37	पश्चिमोत्तर सीमा प्रान्त	5
संयुक्त प्रान्त	37	सिन्ध	5
बम्बई	30	बिलोचिस्तान	1
पंजाब	30	दिल्ली	2
बिहार	30	अजमेर-मेरवाड़	1
मध्य प्रान्त और बरार	15	कुर्ग	1
आसाम	10		

साम्प्रदायिक और विभिन्न वर्गों एवं हितों के आधार पर इन स्थानों का बंटवारा इस प्रकार होने को था :

साधारण (अनुसूचित जाति के 19 स्थान सहित)			105
मुस्लिम	52	आंग्ल-भारतीय	4
यूरोपियन	7	स्त्रियाँ	9
आंग्ल-ईसाई	8	व्यापार और उद्योग	11
सिख	6	श्रम	10
		भूस्वामी	7

संघीय सभा का कार्यकाल 5 वर्ष था। लोकतन्त्रात्मक आचरण की सभी परम्पराओं के विरुद्ध संघीय सभा का निर्वाचन परोक्ष रीति से किया जाना था। राज्य परिषद और संघीय सभा दोनों के द्वारा अपने सदस्यों में से अध्यक्ष और उपाध्यक्ष का चुनाव किया जाता। सदनों के इन अध्यक्षों को केवल निर्णायक मत देने का अधिकार होता।

दोनों सदनों के सदस्यों को विधान मण्डल के कानून द्वारा निर्धारित वेतन और भत्ते मिलते। सदस्यों को पुनर्निर्वाचन का अधिकार था, परन्तु कोई भी सदस्य एक समय पर दो सदनों का सदस्य नहीं हो सकता था।

संघीय व्यवस्थापिका की शक्तियाँ—1935 के अधिनियम में प्रस्तावित व्यवस्था में संघीय व्यवस्थापिका शक्तियाँ अत्यन्त सीमित थीं। एम॰ वी॰ पायली के शब्दों में, ''व्यवस्थापिका प्रभुता सम्पन्न नहीं थी, वरन् इसे तो गवर्नर जनरल द्वारा शासित कार्यपालिका के अधीन संस्था के रूप में कार्य करना था।''

अ. विधायी शक्तियाँ—संघीय व्यवस्थापिका को संघीय सूची और समवर्ती सूची में उल्लिखित विषयों पर कानून बनाने की शक्ति प्रदान की गयी। यदि गवर्नर-जनरल संकट की घोषणा कर देता तो संघीय व्यवस्थापिका प्रान्तीय सूची के विषयों पर भी कानून का निर्माण कर सकती थी। प्रत्येक विधेयक के लिए दोनों सदनों द्वारा स्वीकृत होना आवश्यक था। पारस्परिक मतभेद की स्थिति में संयुक्त बैठक में बहुमत के आधार पर निर्णय किया जा सकता था।

(i) विधायी शक्तियों पर कई प्रतिबन्ध थे। न तो इसे विधान में संशोधन करने की शक्ति प्राप्त थी और न ही उसके द्वारा भारत के ऊपर लागू होने वाले ब्रिटिश संसद के अधिनियमों को संशोधित अथवा रद्द किया जा सकता था।

(ii) कुछ विशेष प्रकार के विधयेक गवर्नर-जनरल की पूर्व अनुमति के बिना विधान मंडल में प्रस्तावित नहीं किये जा सकते थे।

(iii) गवर्नर-जनरल के द्वारा विधान-मण्डल में किसी ऐसे विधेयक पर चल रहे वाद-विवाद को भी रोका जा सकता था जो उसके विशेष उत्तरदायित्वों से सम्बन्धित होता।

(iv) विधान मण्डल द्वारा पास किये गये विधेयकों पर गवर्नर-जनरल द्वारा निषेधाधिकार का प्रयोग किया जा सकता था।

(v) अध्यादेश जारी करने और अधिनियम निर्मित करने के सम्बन्ध में गवर्नर-जनरल की अत्यन्त व्यापक शक्तियों के कारण भी संघीय विधान मण्डल की विधायी शक्तियाँ बहुत सीमित हो गयी थीं।

(ब) **वित्तीय शक्तियाँ**–"संघीय व्यवस्थापिका की वित्तीय शक्तियाँ भी अत्यधिक सीमित थी।"[20] दोनों सदनों को वित्त के क्षेत्र में समान शक्तियाँ प्रदान की गयीं। पालन्दे के शब्दों में, "अधिनियम द्वारा उच्च सदन को वह शक्ति प्रदान की गयी थी जिसे प्रजातन्त्रात्मक व्यवस्था में निम्न सदन का एकमेव विशेषाधिकार समझा जाता है।"[21] करारोपण और व्यय से सम्बन्धित प्रस्ताव गवर्नर-जनरल की सिफारिश पर ही प्रस्तावित किये जा सकते थे। वार्षिक बजट गवर्नर-जनरल द्वारा तैयार करवाकर विधान मण्डल में प्रस्तुत करवाया जाता परन्तु बजट का 80 प्रतिशत से अधिक भाग मत-निरपेक्ष होता था। मत-निरपेक्ष व्यय की प्रमुख मदें निम्नलिखित थीं:

(i) गवर्नर जनरल का वेतन, भत्ता तथा अन्य सभी खर्च।

(ii) भारत सरकार द्वारा ऋण की अदायगी के लिए रखी हुई रकम और ब्याज।

(iii) मन्त्रियों, परामर्शदाताओं, आर्थिक सलाहाकार, एडवोकेट जनरल, चीफ कमिश्नरों के वेतन और भत्ते और आर्थिक सलाहकार के कार्यालय का व्यय।

(iv) संघीय न्यायालय और उच्च न्यायालय के न्यायाधीशों के वेतन, भत्ते तथा पेंशन।

(v) रक्षित विषयों के प्रशासन से सम्बन्धित व्यय।

(vi) प्रान्तों के अपवर्जित (Excluded) क्षेत्रों के प्रशासन के लिए आवश्यक धन।

(vii) किसी न्यायालय के निर्णय की क्रियान्विति के लिए आवश्यक धन।

(viii) रियासतों के सम्बन्ध में होने वाले सम्राट के कर्तव्य का पालन व्यय आदि।

शेष 20 प्रतिशत मत सापेक्ष (Votable) व्यय के सम्बन्ध में भी गवर्नर-जनरल को अधिकार था कि वह संघीय विधान मण्डल द्वारा अस्वीकृत या कम की गयी किसी अनुदान माँग को बहाल कर सके।

संघीय व्यवस्थापिका की वित्तीय शक्तियों के सम्बन्ध में प्रो० के० टी० शाह लिखते हैं "हमें यह मानना होगा कि संघीय व्यवस्थापिका की वित्तीय शक्तियाँ अत्यधिक सीमित थीं— अन्तिम निर्णय गवर्नर-जनरल के हाथ में था और राष्ट्रीय व्यवस्थापिका के दोनों सदनों को संयुक्त मत द्वारा उसके सुझाव का विरोध किये जाने पर भी उसका सुझाव मान्य होता था।"[22]

(स) **कार्यपालिका पर नियन्त्रण**– कार्यपालिका क्षेत्र में दोनों सदनों की शक्तियाँ समान नहीं थी। मन्त्री परिषद केवल निम्न सदन के प्रति उत्तरदायी थी। निम्न सदन मन्त्रीपरिषद के विरुद्ध अविश्वास प्रस्ताव पास कर सकता था और व्यक्तिगत रूप में किसी मन्त्री के विरुद्ध

20. N. Shrinivasan, *Democratic Govt. in India.* p. 58.
21. M.K. Palande, *Introduction to Indian Administration,* p. 78.
22. K. T. Shah, *Federal Structure*, pp. 322-323.

भी प्रस्ताव पास कर उसे हटा सकता था। दोनों सदनों द्वारा कार्यपालिका को प्रभावित करने के लिए प्रश्न और पूरक प्रश्न पूछने और कामरोको प्रस्ताव पेश करने का कार्य किया जा सकता था। गवर्नर-जनरल और परिषद के सदस्य विधान मण्डल के नियन्त्रण के बाहर थे।

संघीय व्यवस्थापिका के संगठन और शक्तियों के अध्ययन से यह स्पष्ट हो जाता है कि संघीय व्यवस्थापिका एक प्रभुत्व शक्ति सम्पन्न कानून निर्मात्री संस्था नहीं थीं। श्री पालन्दे ठीक ही लिखते हैं कि "वित्तीय शक्ति का अभाव उत्तरदायी शासन को अवास्तविक बना देता है और इसे एक विडम्बना एवं उपहास का रूप दे देता है।"[23]

संघीय न्यायालय
(FEDERAL COURT)

1. **संरचना** —सन् 1935 के अधिनियम में एक अखिल भारतीय संघ की अनिवार्य शर्त के रूप में एक संघीय न्यायालय की स्थापना की गयी। संघीय न्यायालय में एक मुख्य न्यायाधीश तथा अधिक से अधिक 6 अन्य न्यायाधीश हो सकते थे। न्यायाधीशों की नियुक्ति सम्राट द्वारा होती थी। ये सदाचार पर्यन्त, 65 वर्ष की आयु तक अपने पद पर रह सकते थे और इसके पूर्व कदाचार अथवा मन शरीर की दुर्बलता के आधार पर ही सम्राट द्वारा अपदस्थ किया जा सकता था। प्रधान न्यायाधीश का वेतन 7,000 रु० तथा अन्य न्यायाधीशों का वेतन 5,500 रु० मासिक था। यह वेतन केन्द्रीय राजस्व के मत-निरपेक्ष भाग में दिया जाता था और न्यायाधीशों के कार्यकाल में वेतन में कटौती नहीं की जा सकती थी।

2. **योग्यतायें**—निम्नलिखित व्यक्ति संघीय न्यायालय के न्यायाधीश पद को धारण करने के योग्य समझे जा सकते थे :

(i) ब्रिटिश भारत या संघातरित भारतीय रियासतों के हाई कोर्टों के पाँच साल के अनुभवी न्यायाधीश, या

(ii) इंगलैण्ड या उत्तरी आयरलैण्ड के 10 वर्ष के अनुभवी बैरिस्टर या 10 वर्ष के स्टॉकलैण्ड 'फेकल्टी ऑफ एडवोकेट' के सदस्य, या

(iii) ब्रिटिश भारतीय हाई कोर्ट या भारतीय रियासतों के हाई कोर्ट या दोनों को मिलाकर 10 वर्ष के अनुभव के वकील।

प्रधान न्यायाधीश के लिए उपर्युक्त प्रथम योग्यता में कोई परिवर्तन न था, परन्तु दूसरी और तीसरी योग्यताओं में 10 वर्ष के स्थान पर 15 वर्ष का अनुभव आवश्यक था।

3. **अधिकार क्षेत्र**— संघीय न्यायालय को दो प्रकार के विवादों में मौलिक अधिकार क्षेत्र प्राप्त था।

(i) **मौलिक अधिकार क्षेत्र**— संघीय न्यायालय को मौलिक और अपीलीय दोनों ही प्रकार का अधिकार क्षेत्र प्राप्त था—

23. "The absence of financial power imparted an air of unreality to the responsible government and tended to reduce it to a mockery."
—M.R. Palande, *Introduction to The Indian Administration,* p. 48.

(अ) वे सभी मामले जो संघ और इकाईयों, प्रान्त और देशी रियासत, दो या दो से अधिक प्रान्तों के बीच दो या दो से अधिक रियासतों के बीच किसी ऐसे प्रश्न के सम्बन्ध में होते, जिस पर कोई कानूनी अधिकार या उसकी मात्रा निर्भर थी, और

(ब) विधान की व्याख्या से सम्बन्धित सभी प्रकार के विवाद।

(ii) अपीलीय अधिकार क्षेत्र– अपीलीय क्षेत्राधिकार के अन्तर्गत यह न्यायालय प्रान्तों या संघातरित राज्यों के उच्च न्यायालयों से अपील सुन सकता था, यदि वे यह प्रमाणित कर देते कि अपील से सम्बन्धित मामले में संविधान अधिनियम अथवा उसके अधीन दिये गये आर्डर इन कौंसिल अथवा राज्य में प्रवेश पत्र द्वारा संघ में निहित विधायी या कार्यपालिका सत्ता के विस्तार की व्याख्या से सम्बन्धित कोई सारपूर्ण विधि प्रश्न अन्तर्गत था। 1938 में इस संघीय न्यायालय के क्षेत्राधिकार में वृद्धि कर दी गयी तथा उसे उच्च न्यायालय से उन विवादों को सुनने का अधिकार भी प्रदान कर दिया गया, जो 50 हजार रु० या इससे अधिक धनराशि से सम्बन्धित थे।

(iii) परामर्शदायी क्षेत्राधिकार–न्यायालय को परामर्शदायी अधिकार भी प्रदान किया गया था। गवर्नर-जनरल विधि सम्बन्धी किसी महत्वपूर्ण प्रश्न को संघीय न्यायालय के विचारार्थ सौंप सकता था तथा उसका परामर्श ले सकता था। गवर्नर जनरल व्यक्तिगत रूप से किसी भी न्यायाधीश को कोई कार्य सौंप सकता था।

(iv) अन्य अधिकार–संघीय न्यायालय को देश में सबसे बड़े न्यायालय का स्थान प्रदान किया गया था। इस रूप में संघीय न्यायालय को स्वयं अपने और भारत के अन्य न्यायालयों के कार्य संचालन के नियम-विनियम बनाने का अधिकार था। अधिनियम के द्वारा संघीय न्यायालय को अभिलेख न्यायालय (Court of Record) का पद भी प्रदान किया गया था।

4. न्यायालय के विरुद्ध अपीलीय क्षेत्र–संघीय न्यायालय के निर्णय के विरुद्ध लन्दन की प्रिवी कौंसिल की न्यायिक समिति में निम्नलिखित मामले में अपीलें की जा सकती थीं।

(i) वे विवाद जो संविधान के अथवा उसके अधीन जारी 'आर्डर इन कौंसिल' से सम्बन्ध रखते हों,

(ii) वे विवाद जो राज्य के प्रवेश पत्र संघ में निहित विधायी तथा कार्यपालिका शक्ति के विस्तार से सम्बन्धित हों, तथा

(iii) वे विवाद जो राज्य क्षेत्रों के अन्तर्गत संघीय विधि के प्रवर्तन के लिए किये गये समझौते की व्याख्या से सम्बन्धित हो।

ये अपीलें संघीय न्यायालय की अनुमति प्राप्त किये बिना ही की जा सकती थीं। अन्य विवादों में संघीय न्यायालय अथवा सपरिषद गवर्नर-जनरल की अनुमति प्राप्त करके प्रिवी कौंसिल की न्यायिक समिति में अपीलें की जा सकती थीं।

5. संघीय न्यायालय की स्थापना और कार्य– संघीय न्यायालय की स्थापना 1 अप्रैल, 1937 को की गयी। सर मॉरिस ग्वायर इसके प्रधान न्यायाधीश थे और इसमें दो अन्य न्यायाधीश थे। इस न्यायालय ने पूर्ण निष्पक्षता और स्वतन्त्रापूर्वक कार्य किया। यद्यपि संघ अस्तित्व में नहीं आया परन्तु संघीय न्यायालय ने उन सभी कार्यों को किया, जिनके करने की आशा संघीय व्यवस्था में निष्पक्ष न्यायिक सत्ता से की जा सकती है। संघीय न्यायालय ने नागरिक स्वतन्त्रताओं के रक्षक के रूप में भी अत्यन्त प्रशंसनीय कार्य किया।

अभ्यास के लिये प्रश्न

1. 1935 के भारत सरकार अधिनियम की मुख्य विशेषताओं की आलोचनात्मक व्याख्या कीजिये।
2. 1935 के अधिनियम द्वारा प्रस्तावित संघात्मक शासन की मुख्य विशेषताओं की आलोचनात्मक व्याख्या कीजिये।
3. '1935 का अधिनियम अविश्वास पर आधारित था' (एटली)। उपर्युक्त कथन के संदर्भ में 1935 के अधिनियम की आलोचनात्मक विवेचना कीजिये।
4. गवर्नर-जनरल को हिटलर अथवा मुसोलिनी की सभी शक्तियाँ प्राप्त थीं (चर्चिल) 1935 के अधिनियम के अन्तर्गत गवर्नर-जनरल की शक्तियों और स्थिति का वर्णन कीजिये।
5. 1935 के अधिनियम के अनुसार संघीय विधान मण्डल की रचना और शक्तियों का वर्णन कीजिये।
6. भारतीय शासन अधिनियम, 1935 के अनुसार संघीय न्यायालय की रचना तथा शक्तियों का वर्णन कीजिये।

18

1935 का भारतीय शासन (प्रान्तीय सरकारें) अधिनियम

Government of India (Provincial Government) Act, 1935

भारतीय शासन अधिनियम, 1935 ने प्रान्तीय शासन की स्थिति में आधारभूत परिवर्तन किया। प्रो. के. टी. शाह के शब्दों में "प्रान्तीय स्वायत्त शासन की तथाकथित व्यवस्था के अन्तर्गत मन्त्रियों की अपेक्षा गवर्नर को ही अधिक शक्तियाँ प्रदान की गयी हैं। गवर्नर, गवर्नर-जनरल, ब्रिटिश राजमुकुट तथा संसद को दी गयी व्यापक शक्तियों ने प्रान्तीय स्वशासन को नहीं के बराबर कर दिया है, जो कि भारतीयों के लिए सबसे बड़ा पुरस्कार समझा जाता है।" प्रान्तों को पहली बार पृथक वैधानिक सत्ता प्रदान की गयी। 1 अप्रैल, 1937 से प्रान्तों को कम या अधिक रूप में स्वायत्तता प्राप्त हो गयी और प्रान्तों के साथ संघीय आधार पर व्यवहार किये जाने लगे।

गवर्नर (Governor)

नियुक्तियाँ

1935 के अधिनियम ने प्रान्त की कार्यपालिका शक्ति गवर्नर में निहित की। गवर्नर सम्राट का प्रतिनिधि था। भारत मन्त्री की सिफारिश पर बम्बई, मद्रास और बंगाल के गवर्नरों को सम्राट नियुक्त करते थे। अन्य प्रान्तों के गवर्नरों को गवर्नर-जनरल की सिफारिश पर सम्राट नियुक्त करते थे। उनकी उपलब्धियाँ, पदावधि और सेवा की शर्तें वे ही रहीं जो 1919 के अधिनियम के अधीन थीं। भारत में गवर्नर-जनरल और गवर्नर के पद 'बैलगाड़ी के देश में राल्सरायस शाही सवारियों' के समान थे।

वैधानिक स्थिति में परिवर्तन

गवर्नर की वैधानिक स्थिति में परिवर्तन हो गया। जब गवर्नर उत्तरदायी मन्त्रियों की मन्त्रणा के आधार पर कार्य करता था तो गवर्नर-जनरल के नियन्त्रण से मुक्त होता था। जब वह अपने

विवेक अथवा व्यक्तिगत निर्णय के आधार पर कार्य करता था तो वह गवर्नर-जनरल के निरीक्षण और नियन्त्रण के आधीन होता था।

गवर्नर की शक्तियाँ

साधारण परिस्थितियों में गवर्नर से यह आशा की जाती थी कि वह मन्त्रियों की मन्त्रणा के आधार पर कार्य करेगा। चूंकि अधिनियम का उद्देश्य गवर्नर को एक वैधानिक शासक बनाना नहीं था अत: उसे अपने विवेक के अनुसार कार्य करने की महत्वपूर्ण शक्तियाँ प्रदान की गयीं।

इस प्रकार गवर्नर को तीन प्रकार की शक्तियाँ प्राप्त थीं:

(1) मन्त्रियों के परामर्श के आधार पर प्रयोग की जाने वाली शक्तियाँ। दूसरे शब्दों में वैधानिक प्रधान के रूप में उसकी शक्तियाँ।

(2) स्वविवेकी शक्तियाँ।

(3) विशेष उत्तरदायित्वों से सम्बन्धित शक्तियाँ।

इनमें दूसरे और तीसरे प्रकार की शक्तियाँ ही आधारभूत थीं।

1. गवर्नर की स्वविवेकी शक्तियाँ—इन शक्तियों का प्रयोग मन्त्रियों से परामर्श किये बिना ही गवर्नर अपने विवेक के अनुसार करता था। गवर्नर की स्वविवेकी शक्तियाँ निम्नलिखित थीं:

(क) कार्यपालिका क्षेत्र में—कार्यपालिका क्षेत्र में गवर्नर की स्वविवेकी शक्तियाँ निम्न थीं:

(i) अधिनियम की धारा 91 के अनुसार अपवर्जित (excluded) क्षेत्रों तथा पिछड़ी हुई और जंगली जाति के क्षेत्रों का प्रशासन।

(ii) मन्त्रियों की नियुक्ति तथा पदच्युति।

(iii) मन्त्रियों के वेतन, जबकि वे विधान मण्डलों के द्वारा निश्चित न कर दिये जाएँ, निश्चित करना।

(iv) शासनतन्त्र को नष्ट-भ्रष्ट करने के उद्देश्य से की गयी हिंसक और विनाशकर कार्यवाहियों को रोकना।

(v) गुप्तचर विभाग की सूचनाओं को, ऐसे व्यक्तियों (मन्त्रियों सहित) को दिये जाने से रोकना, जिनके लिए उसने आदेश न दिया हो।

(vi) प्रान्तीय लोक सेवा आयोग के अध्यक्ष और सदस्यों की नियुक्ति।

(vii) प्रतिरक्षा के सम्बन्ध में गवर्नर-जनरल के निर्देशों का पालन।

(viii) अपने वैयक्तिक कर्मचारी मण्डल की नियुक्ति और उनका वेतन निश्चित करना।

(ख) विधायी क्षेत्रों में—विधायी क्षेत्र में गवर्नर को प्राप्त स्वविवेकी शक्तियाँ निम्न थीं :

(i) प्रान्तीय विधान मण्डल की बैठक बुलाना, स्थगित करना तथा उन्हें विघटित करना।

(ii) प्रान्तीय व्यवस्थापिका में कुछ विशेष प्रकार के विधेयकों की पुन: स्थापना के लिये पूर्व अनुमति देना।

(iii) किसी विधेयक अथवा किसी धारा पर चल रहे वाद-विवाद को रोकना।

(iv) प्रान्तीय विधान मण्डल द्वारा विधेयकों पर स्वीकृति प्रदान करना, निषेधाधिकार का प्रयोग करना अथवा उन्हें गवर्नर-जनरल के विचारार्थ रक्षित रखना।

(v) अध्यादेश प्रवर्तित करना तथा गवर्नर के अधिनियम अधिनियमित करना।

(ग) वित्तीय क्षेत्र में—वित्तीय क्षेत्र में गवर्नर को यह निर्धारित करने का अधिकार प्राप्त था कि बजट की कौन-सी मद (item) सापेक्ष्य (Votable) है और कौन-सी मद निरपेक्ष (Non-votable) है। वह बजट के मत सापेक्ष्य भाग में विधान मण्डल द्वारा अस्वीकृत अथवा कम की गयी किसी अनुदान माँग को यथापूर्व स्थापित कर सकता था। इस प्रकार गवर्नर को व्यवहार में प्रान्त के सम्पूर्ण बजट पर अधिकार प्राप्त था।

(घ) आपातकालीन शक्ति—उपयुक्त शक्तियों के अतिरिक्त अधिनियम की धारा 93 के अनुसार गवर्नर को एक और यह अत्यन्त महत्वपूर्ण स्वविवेकी शक्ति प्राप्त थी कि आवश्यक होने पर प्रान्तीय शासन की सभी शक्तियाँ अपने हाथ में ले ले। इसके लिये उसे यह घोषणा करनी होती थी कि प्रान्त में संविधान के उपबन्धों के अनुसार शासन का संचालन नहीं किया जा सकता। घोषणा के बाद वह मन्त्रि परिषद को अपदस्थ कर सकता था, विधान सभा का विघटन कर सकता था और उच्च न्यायालय के अतिरिक्त प्रान्तीय सरकार के समस्त सरकारी निकायों का शासन अपने हाथ में ले सकता था। नवम्बर 1939 में काँग्रेसी मन्त्रिमन्डलों के त्यागपत्र के बाद गवर्नर के द्वारा उपर्युक्त शक्ति का ही प्रयोग किया गया था।

(ड.) गवर्नर के विशेष उत्तरदायित्व (व्यक्तिगत निर्णय की शक्तियाँ)—अधिनियम की धारा 52 के अनुसार गवर्नर के कुछ विशेष उत्तरदायित्व निश्चित किये गये थे। जिन के पालन के सम्बन्ध में वह मन्त्रियों का परामर्श लेने के लिए बाध्य था, परन्तु उसको मानने के लिए बाध्य नहीं था। वस्तुत: इस परामर्श का कोई महत्व नहीं था। अस्तु मन्त्रि परिषद के सदस्य विशेष उत्तरदायित्वों से सम्बन्धित कार्यों पर गम्भीरतापूर्वक विचार नहीं कर पाते थे। गवर्नर के ये विशेष उत्तरदायित्व निम्नलिखित थे।

(i) प्रान्त अथवा उसके किसी भाग में शान्ति की स्थापना अथवा शान्ति-भंग करने वाले खतरे का निवारण।

(ii) अल्पसंख्यक वर्गों के उचित हितों की रक्षा।

(iii) सरकारी नौकरों के अधिकारों व उचित हितों की रक्षा।

(iv) देशी रियासतों के अधिकारों तथा उसके शासकों के हितों और प्रतिष्ठा की रक्षा।

(v) व्यापारिक विभेदों की रोकथाम।

(vi) आंशिक रूप से अपवर्जित क्षेत्रों का प्रशासन।

(vii) गवर्नर-जनरल के आदेशों और निर्देशों का पालन करना, जो वे उसके लिए जारी किये जाएँ।

(viii) प्रान्त के एडवोकेट जनरल को नियुक्त करने में व प्रान्तीय पुलिस पर प्रभाव डालने वाले नियमों का संशोधन करने में गवर्नर अपने व्यक्तिगत निर्णय का प्रयोग करता था।

मूल्यांकन

इन उत्तरदायित्वों के सम्बन्ध में प्रो० कीथ लिखते हैं कि "यदि प्रान्तों के गवर्नर इन विशेष उत्तरदायित्वों के आधार पर गम्भीरता से कार्य करें तो यह निश्चित है कि उत्तरदायी शासन कभी उत्पन्न नहीं होगा।[1] भारत मन्त्री सर सेम्युअल होर ने यह स्वीकार किया था कि "ये इतने विस्तृत थे कि लगभग सम्पूर्ण शासन क्षेत्र ही उनके अन्तर्गत आ जाता था तथा वह प्रान्तीय क्षेत्र में उत्तरदायित्व के सिद्धान्त के लिए खतरनाक सिद्ध हो सकते थे।" सर चमनलाल सीतलवाड के शब्दों में, "संरक्षणों, आरक्षणों और विवेकात्मक शक्तियों के समूह में प्रान्तीय उत्तरदायित्व को नष्ट कर दिया गया था।"[2] व्यवहार में अवसर मिलने पर अनुचित रूप से भी गवर्नर इन शक्तियों का प्रयोग करते थे। उदाहरण के लिए, सिन्ध के मुख्य मन्त्री खानबहादुर अल्लाहबख्श को प्रान्तीय विधान मण्डल का विश्वास प्राप्त होने पर भी गवर्नर ने पदच्युत कर दिया था। वस्तुत: गवर्नर स्वेच्छाचारी शासक था। प्रो० के० टी० शाह के शब्दों में, 'गवर्नर सरकार को केवल अलंकृत करने वाला अध्यक्ष ही नहीं है। सरकार का प्रभावशाली नियन्त्रण तथा प्रभाव रखने वाला अध्यक्ष भी है।"[3] चिन्तामणि और मसानी के अनुसार, 'गवर्नर फौलादी ढाँचे का केन्द्रीय मेहराब था।"[4]

मन्त्रि परिषद (COUNCIL OF MINISTERS)

नियुक्तियाँ—1935 के अधिनियम के अनुसार गवर्नर को विविध कार्यों में मन्त्रणा तथा सहायता देने के लिए एक मन्त्रि परिषद होगी। कानून के अनुसार मन्त्रियों की नियुक्ति और पदच्युति का अधिकार गवर्नर को दिया गया था परन्तु गवर्नर के निर्देश पत्र में कहा गया था कि गवर्नर उसी व्यक्ति की परामर्श से मन्त्रियों की नियुक्ति करे, जिसके पीछे व्यवस्थापिका का बहुमत हो। अत: गवर्नर प्रान्तीय विधान मण्डल में बहुमत दल के नेता को मुख्य मन्त्री नियुक्त कर देता था और मुख्य मन्त्री की मन्त्रणा के आधार पर अन्य मन्त्रियों की नियुक्ति की जाती थी। विधान सभा के विश्वास पर्यन्त ही मन्त्री अपने पद पर रहते थे। कानूनी रूप में गवर्नर को मन्त्रियों को हटाने का अधिकार था, परन्तु उत्तरदायी शासन की परम्पराओं के कारण वह इस शक्ति का प्रयोग नहीं करता था।

मन्त्रियों की योग्यताएँ और वेतन

1935 के अधिनियम के अनुसार मन्त्रियों के लिए केवल यह योग्यता रखी गयी कि मन्त्री प्रान्तीय विधान मण्डल के दोनों में से किसी एक सदन का सदस्य अवश्य हो। यदि किसी ऐसे सदस्य को मन्त्री नियुक्त कर दिया जाता, जो प्रान्तीय विधान मण्डल का सदस्य न होता तो

1. A. B. Keith, *A Constitutional History of India*, p. 473.
2. Chiman Lal Sitalwad, *India's Constitution at Work*, p. 93.
3. K.T. Shah, *Federal Structure.*
4. Chintamani and Masani, *Ibid*, p .45.

मन्त्रिपद पर बने रहने के लिए उसे 6 माह के अन्दर विधान मण्डल की सदस्यता प्राप्त करनी आवश्यक थी। मन्त्रियों का वेतन विधान मण्डल द्वारा निश्चित किया जाता था और एक बार वेतन निश्चित कर देने पर उनके कार्यकाल में इस वेतन में परिवर्तन नहीं किया जा सकता था।

मन्त्रियों की संख्या

अधिनियम ने मन्त्रियों की संख्या का प्रश्न प्रान्त की आवश्यकता पर छोड़ दिया था। उड़ीसा में केवल 3 परन्तु बंगाल में 12 मन्त्री थे। मन्त्रियों के कार्यभार को हल्का करने के लिए संसदीय सचिवों (Parliamentary Secretaries) की नियुक्ति की जा सकती थी। गवर्नर को जारी किये गये निर्देश पत्र में कहा गया था कि जहाँ तक सम्भव हो, गवर्नर महत्वपूर्ण अल्पसंख्यक वर्गों को प्रतिनिधित्व अवश्य दिलवायें, जिससे उनके हितों की रक्षा हो सके परन्तु इसके साथ ही गवर्नर मन्त्रि परिषद में सामूहिक उत्तरदायित्व के सिद्धान्तों को प्रोत्साहित करे। ये दोनों बातें परस्पर विरोधी थीं। 1937 में मन्त्रि मण्डल निर्माण के समय विशेष रूप से संयुक्त प्रान्त में यह विरोध सामने आया। काँग्रेस ने संयुक्त प्रान्त में उन्हीं मुसलमानों को मन्त्रिमण्डल में शामिल करने का निश्चय किया जो काँग्रेस दल में शामिल होकर उसके कार्यक्रम को स्वीकार करने के लिए तत्पर हों क्योंकि सामूहिक उत्तरदायित्व के अनुसार कार्य करने के लिए इस शर्त का पूरा होना आवश्यक था। परन्तु अल्पसंख्यक दल मुस्लिम लीग ने काँग्रेस के इस कार्य को गलत बताते हुए कहा कि काँग्रेसी मुसलमानों को विधान मण्डल के मुसलमान सदस्यों का समर्थन प्राप्त न होने के कारण उन्हें मुसलमानों का वास्तविक प्रतिनिधि नहीं कहा जा सकता। गवर्नर ने लीग की आपत्ति पर कोई ध्यान नहीं दिया।

अपूर्ण शासन—1935 के अधिनियम से ब्रिटिश प्रान्तों में स्थापित उत्तरदायी शासन दो दृष्टियों से अपूर्ण था।

(i) प्रान्तीय विधान मण्डल जो मन्त्रियों पर नियन्त्रण रखते थे, वास्तव में जनता का प्रतिनिधित्व नहीं करते थे क्योंकि मताधिकार सीमित एवं वर्गगत और साम्प्रदायिक था।

(ii) विधान मण्डल के प्रति अनुत्तरदायी गवर्नर को प्रशासन के विविध क्षेत्रों में व्यापक शक्तियाँ प्राप्त थीं।

प्रान्तीय व्यवस्थापिका
(PROVINCIAL LEGISLATURE)

व्यवस्थापिका का संगठन—1935 के भारतीय शासन अधिनियम के अनुसार आसाम, बंगाल, बिहार, संयुक्त प्रान्त, मद्रास और बम्बई में व्यवस्थापिका के दो सदन थे, किन्तु पंजाब, सिन्ध, उत्तर-पश्चिमी सीमा प्रान्त, उड़ीसा और मध्य प्रान्त में एक सदन था। प्रथम सदन का नाम विधान सभा और द्वितीय का नाम विधान परिषद् था। विधान सभा के सब सदस्य निर्वाचित होते थे, किन्तु विधान परिषद में निर्वाचित सदस्यों के साथ नामजद सदस्य भी होते थे।

(1) विधान सभा का संगठन—भारतीय विधान सभा के सदस्यों की संख्या मद्रास में 215, बम्बई में 175, पंजाब में 175, बंगाल में 250, संयुक्त प्रान्त में 228, बिहार में 152, मध्य

प्रान्त और बरार में 112, आसाम में 108, उड़ीसा और सिन्ध में से प्रत्येक में 60 और उत्तर-पश्चिमी सीमा प्रान्त में 50 थी। पूना समझौते द्वारा संशोधित साम्प्रादायिक निर्णय के अनुसार विभिन्न प्रान्तों में स्थान बँट गये थे। सामान्य स्थानों में से कुछ स्थान अनुसूचित जातियों के लिए सुरक्षित थे। मुसलमानों, सिखों, आंग्ल-भारतीयों, यूरोपियन व भारतीय ईसाइयों को साम्प्रदायिक आधार पर और वाणिज्य, उद्योग, खान व बाग, जमींदार, मजदूर और विश्वविद्यालयों के लिए वर्गीय आधार पर सुरक्षित थे। स्त्रियों के लिए सुरक्षित स्थान भी हिन्दू, मुसलमानों, सिखों, आंग्ल-भारतीयों व ईसाइयों में बाँट दिये गये थे।

(2) विधान परिषदों का संगठन—विधान परिषदों की सदस्य संख्या बंगाल में 75, मद्रास में 56, संयुक्त प्रान्त में 60, बम्बई और बिहार में 30 और आसाम में 22 थी।

योग्यता एवं कार्यकाल

प्रान्तीय विधान सभा की सदस्यता के लिए 25 वर्ष और प्रान्तीय विधान परिषद के लिए 30 वर्ष की आयु होनी आवश्यक थी। उम्मीदवार के लिए निर्वाचन क्षेत्र में प्राय: 180 या 120 दिन का निवास आवश्यक था। विधान सभा का कार्यकाल 5 वर्ष रखा गया था और उसे इसके या इसका कार्यकाल 5 वर्ष से आगे भी बढ़ाया जा सकता था। सन् 1937 में जिस विधान सभा का गठन हुआ था, वह 1942 तक कार्य करती रही। प्रान्तीय विधान परिषद एक स्थायी परिषद थी। इसके सदस्यों की पदावधि 9 वर्ष थी पर उनमें से एक-तिहाई प्रति तीन वर्ष बाद अलग हो जाते थे।

निर्वाचन का आधार

प्रान्तीय व्यवस्थापिकाओं के निर्वाचन में मताधिकार समस्त जनसंख्या के लगभग 14 प्रतिशत को ही प्राप्त था। इसके लिए शिक्षा, सम्पत्ति या कर की योग्यता रखी गयी। उदाहरणार्थ, उत्तर प्रदेश में केवल वे ही व्यवस्थापिका सभा के लिए मतदाता हो सकते थे जो प्रतिवर्ष 150 रु० से अधिक आय-कर कर देते हों अथवा 5 रु० प्रतिवर्ष से कम लगान की भूमि के मालिक न हों अथवा जिन्होंने प्राइमरी शिक्षा प्राप्त की हो। उच्च सदन के लिए केवल उन्हीं व्यक्तियों को मताधिकार प्राप्त था जो 4 हजार रु० या इससे अधिक की आय पर कर देते हों। अथवा रायबहादुर हों या किसी विश्वविद्यालय की सीनेट के सदस्य या स्थानीय बोर्डों के अध्यक्ष हों।

प्रान्तीय व्यवस्थापिका की शक्तियाँ

(1) विधायी शक्तियाँ—प्रान्तीय व्यवस्थापिका को प्रान्तीय और समवर्ती सूची के विषयों पर कानून बनाने का अधिकार प्राप्त था। यदि समवर्ती सूची के किसी विषय पर प्रान्तीय और केन्द्रीय व्यवस्थापिका के कानून में विरोध हो, तो प्रान्तीय व्यवस्थापिका द्वारा निर्मित कानून उस सीमा तक रद्द हो जाता। द्विसदनात्मक व्यवस्थापिका वाले प्रान्तों में प्रत्येक कानून के लिए दोनों सदनों द्वारा पारित होना आवश्यक था। धन विधेयक को छोड़कर अन्य विधेयक किसी भी सदन में उपस्थित किये जा सकते थे। यदि किसी विधेयक के सम्बन्ध में दोनों सदनों में विभेद हो जाये तो गवर्नर दोनों की संयुक्त बैठक बुलाता था तथा विधेयक पर बहुमत से निर्णय लिया

जाता था। बजट पर दोनों सदनों में विचार किया जाता, पर अनुदान की माँगों पर मत देने का अधिकार केवल विधान सभा को ही प्राप्त था।

गवर्नर की विशेष शक्तियों के कारण प्रान्तीय विधान मण्डल की विधायी शक्तियों पर कई प्रतिबन्ध लगे हुए थे। कुछ विशेष प्रकार के विधेयकों को प्रस्तावित करने के लिए गवर्नर की पूर्व अनुमति आवश्यक थी। व्यवस्थापिका द्वारा पारित विधेयकों पर उसके द्वारा निषेधाधिकार का प्रयोग भी किया जा सकता था। गवर्नर को स्वन्त्रत विधायिनी शक्तियाँ भीं प्राप्त थीं जिनके द्वारा वह विधान मण्डल की सहमति के बिना ही अध्यादेश और गवर्नर के अधिनियम जारी कर सकता था।

(2) प्रशासन पर नियन्त्रण—विभिन्न साधनों से व्यवस्थापिका प्रशासन पर अपना नियन्त्रण रख सकती थी। वह प्रश्नों, पूरक प्रश्नों, कामरोको प्रस्तावों, आलोचना प्रस्तावों और बजट में अनुदानों की माँग को कम करके प्रशासन के प्रति अपना असन्तोष व्यक्त कर सकती थी। अविश्वास का प्रस्ताव पास करके विधान सभा मन्त्रियों को पद-त्याग के लिए विवश कर सकती थी।

(3) वित्तीय शक्तियाँ—प्रान्तीय स्वायतत्ता की स्थापना के साथ प्रान्तीय विधान मण्डल की वित्तीय शक्तियों में कुछ वृद्धि हो गयी थी। यदि व्यवस्थापिका द्विसदनात्मक होती, तो वार्षिक बजट को दोनों सदनों के सम्मुख उपस्थित करना आवश्यक था परन्तु अनुदान माँगों पर मतदान का अधिकार केवल विधान सभा को ही प्राप्त था। सम्पूर्ण व्यय का लगभग 75 प्रतिशत मत सापेक्ष होता था। गवर्नर को अधिकार था कि वह व्यवस्थापिका द्वारा अस्वीकृत या कम की गयी अनुदान की माँग को यथापूर्व कर सकता था। इससे वित्तीय क्षेत्र में भी व्यवस्थापिका की शक्ति बहुत कम हो गयी थी।

प्रान्तीय व्यवस्थापिकाओं का मूल्यांकन

1935 के अधिनियम ने प्रान्तीय व्यवस्थापिका की स्थिति में सुधार और उसकी शक्तियों में वृद्धि की। इन व्यवस्थापिकाओं की सदस्यता में वृद्धि की गयी, प्रत्यक्ष निर्वाचन के सिद्धान्त को अपनाया गया और निर्वाचकों की संख्या में वृद्धि की गयी।

इन सुधारों के आधार पर यह निष्कर्ष नहीं निकाला जा सकता कि प्रान्तीय व्यवस्थापिकाएँ जनता की सच्ची प्रतिनिध्यात्मक संस्थाएँ थीं और उन्हें वास्तविक शक्तियाँ प्राप्त थीं। साम्प्रदायिक और वर्गीय आधार पर निर्मित व्यवस्थापिकाएँ जनता की सच्ची प्रतिनिधि हो ही नहीं सकतीं। 'विधान परिषदों का गठन तो अलोकतन्त्रात्मक पद्धति पर किया गया और वे अनुदारवाद और प्रतिक्रियावादिता के गढ़ बन गयी थीं।'[5] विधान सभा के गठन में अब भी 86 प्रतिशत जनता मताधिकार से वंचित थी। अधिनियम द्वारा व्यस्थापिका की विधायी, प्रशासकीय एवं वित्तीय शक्तियों पर अनेक प्रतिबन्ध लगाकर इसे बहुत अधिक शक्तिहीन कर दिया गया था।

---

5. M. R. Palande, *Introduction to the Indian Constitution*, p. 126.

प्रान्तीय स्वशासन या स्वायत्तता (PROVINCIAL AUTONOMY)

प्रान्तीय स्वशासन सन् 1935 के अधिनियम का मुख्य पुरस्कार था। 1919 के अधिनियम द्वारा इसने द्वैध शासन का अन्त कर दिया रक्षित और हस्तान्तरित का कोई भेद नहीं रहा। प्रान्तों को एक नवीन वैधानिक दर्जा प्रदान किया गया। उन्हें स्वशासित राजनैतिक इकाई का रूप प्रदान किया गया। उन्हें अपने निश्चित क्षेत्र में केन्द्रीय हस्तक्षेप से स्वतन्त्र रूप में सत्ता प्रदान की गयी। उन्हें प्रान्तीय सूची के 54 विषयों पर विधायी, प्रशासकीय और वित्तीय क्षेत्र में एकमेव सत्ता प्रदान की गयी। इस प्रकार 1935 के अधिनियम ने प्रान्तीय क्षेत्र में 'प्रान्तीय स्वशासन' की स्थापना की।

प्रान्तीय स्वशासन का अर्थ

प्रान्तीय स्वशासन के दो अर्थ हैं :

1. प्रान्तों को अपने एक निश्चित क्षेत्र में स्वतन्त्रतापूर्वक कार्य करने का अधिकार होना चाहिये। अपने निश्चित क्षेत्र में वे केन्द्रीय नियन्त्रण अथवा बाहरी नियन्त्रण से स्वतन्त्र होने चाहिएं।

2. प्रान्त में शासन सत्ता ऐसे लोकप्रिय मन्त्रियों के हाथ में होनी चाहिए, जो व्यवस्थापिका के प्रति और व्यवस्थापिका के माध्यम से जनता के प्रति उत्तरदायी हों।

प्रान्तीय स्वशासन पर प्रतिबन्ध—1935 के अधिनियम को प्रान्तीय स्वशासन की उपर्युक्त कसौटी पर कसने से यह स्पष्ट हो जाता है कि उस के द्वारा प्रदत्त प्रान्तीय स्वशासन पर बाहरी और आन्तरिक दोनों ही क्षेत्रों में ऐसी सीमाएँ लगा दी थीं कि प्रान्तों के पास स्वायत्तता का एक अंश भी नहीं रहा। अधिनियम द्वारा स्थापित व्यवस्था के अन्तर्गत प्रान्त न तो बाहरी नियन्त्रण से स्वतन्त्र थे और न ही उन में उत्तरदायी शासन की स्थापना की गयी थी।

1. प्रान्तीय स्वशासन पर बाहरी प्रतिबन्ध—प्रान्तीय शासन को अपने निश्चित क्षेत्र में बाहरी हस्तक्षेप से पूर्ण स्वतन्त्र होना चाहिए था, परन्तु 1935 के अधिनियम के अन्तर्गत आन्तरिक स्वतन्त्रता पूर्ण नहीं थी। प्रान्तीय शासन में केन्द्रीय हस्तक्षेप की अनेक व्यवस्थाएँ थीं जिनके कारण तथाकथित प्रान्तीय स्वशासन एक मजाक बनकर रह गया था। अधिनियम के अन्तर्गत प्रान्तीय शासन में केन्द्रीय हस्तक्षेप की प्रमुख व्यवस्थाएँ निम्नलिखित थीं :

(i) संकटकालीन स्थिति—अधिनियम की धारा 102 के अनुसार गम्भीर आन्तरिक अव्यवस्था या अशान्ति तथा युद्ध के वास्तविक या सम्भावित खतरे के कारण गवर्नर-जनरल संकटकालीन स्थिति की घोषणा कर सकता था इस प्रकार की घोषणा हो जाने पर संघीय विधान मण्डल को प्रान्तीय सूची के विषयों पर भी कानून बनाने का अधिकार प्राप्त हो जाता था।

(ii) प्रान्तीय स्वशासन को रद्द करने का अधिकार—अधिनियम की धारा 156 के अनुसार गवर्नर-जनरल प्रान्तीय सरकारों को भारतीय शान्ति और सुरक्षा के लिए आवश्यक निर्देश जारी कर सकता था। यदि गवर्नर अपने प्रान्त में धारा 93 के अनुसार यह घोषणा कर देता था कि संवैधानिक यन्त्र विफल हो गया है और उसके अनुसार सरकार नहीं चलायी जा सकती, तो

प्रान्तीय शासन के सारे ढाँचे का अन्त हो जाता था और प्रान्तीय शासन का सारा भार स्वयं गवर्नर सँभाल लेता था। इस प्रकार की स्थिति में गवर्नर को गवर्नर-जनरल के आदेशों का पालन करना होता था। गवर्नर के द्वारा अब अपनी विवेकात्मक या व्यक्तिगत निर्णय की शक्तियों का प्रयोग किया जाता था, तो वह इनका प्रयोग गवर्नर-जनरल के नियन्त्रण में रहकर ही करता था।

(iii) प्रान्तीय कानूनी क्षेत्र में गवर्नर-जनरल का नियन्त्रण—कुछ विशेष प्रकार के विधेयक अथवा संशोधन गवर्नर-जनरल की पूर्व आज्ञा के बिना प्रान्तीय विधान मण्डल में पेश नहीं किये जा सकते थे।

(iv) विधेयकों पर स्वीकृति—प्रान्तीय विधान मण्डलों द्वारा पारित विधेयकों को गवर्नर द्वारा गवर्नर-जरनल की अनुमति के लिए सुरक्षित रखा जा सकता था। इन विधेयकों पर स्वीकृति देना या न देना गवर्नर-जनरल की इच्छा पर निर्भर था। यदि गवर्नर-जनरल चाहता तो इन विधेयकों को ब्रिटिश सम्राट की स्वीकृति के लिए रिजर्व कर सकता था। गवर्नर-जनरल के द्वारा इस प्रकार के किसी विधेयक को प्रान्तीय विधान मण्डल के पास पुनर्विचार के लिए भेजा जा सकता था।

(v) गवर्नर-जनरल के कुछ विशेष उत्तरदायित्व—प्रान्तीय मन्त्री गवर्नर-जनरल के नियन्त्रण से बाहर नहीं थे। वह अपने विशेष उत्तरदायित्व के पालन के लिए भी मन्त्री को कोई आदेश सकता था। उदाहरणार्थ, कानून और व्यवस्था का नियन्त्रण मन्त्री के हाथ में दिया गया था, भारत अथवा उसके किसी भाग में शान्ति भंग होने से रोकना गवर्नर-जनरल तथा गवर्नर का विशेष उत्तरदाायित्व था। डॉ॰ राजेन्द्र प्रसाद के शब्दों में, "यह घोषणा करना कि कानून और व्यवस्था मन्त्री को सौंप दी गयी है, जबकि उनके सम्बन्ध में विशेष उत्तरदायित्व गवर्नर-जनरल तथा गवर्नर को था, छल और कपट से कम नहीं था। गवर्नर, गवर्नर-जरनल, ब्रिटिश मुकुट तथा संसद को दी गयी विस्तृत शक्तियों ने प्रान्तीय स्वशासन को नहीं के बराबर कर दिया था, जोकि भारतीयों के लिए सबसे बड़ा पुरस्कार था।"[6]

2. आन्तरिक क्षेत्र में प्रतिबन्ध—आन्तरिक क्षेत्र में प्रान्तीय स्वशासन का तात्पर्य उत्तरदायी शासन से होता है। निम्नलिखित बातों में आन्तरिक क्षेत्र में प्रान्तीय स्वशासन पर प्रतिबन्ध थे :

(अ) गवर्नर द्वारा प्रतिबन्ध

(1) गवर्नर की विधायी शक्तियाँ—1935 के अधिनियम ने गवर्नर को एक संवैधानिक अध्यक्ष न बनाकर वास्तविक अध्यक्ष बना दिया था। उसे सम्पूर्ण प्रान्तीय शासन पर नियन्त्रण रखने की शक्ति प्राप्त थी। कानूनी क्षेत्र में उसे बहुत अधिक शक्तियाँ प्राप्त थीं। वह किसी भी विधेयक को अस्वीकृत कर सकता था पुनर्विचार के लिए लौटा सकता था। इनके अतिरिक्त उसे अध्यादेश जारी करने और अधिनियम बनाने की शक्ति प्राप्त थी।

---

6. डॉ॰ राजेन्द्र प्रसाद द्वारा 1934 के बम्बई अधिवेशन के अध्यक्ष पद से दिया गया भाषण।

(2) गवर्नर की वित्तीय शक्तियाँ—वित्तीय मामलों में गवर्नर को असाधारण शक्तियाँ प्राप्त थी। सारा बजट उसकी देखरेख में तैयार होता था और वह ऐसी किसी माँग को यथापूर्व कर सकता था, जिसे प्रान्तीय व्यवस्थापिका द्वारा कम या अस्वीकृत कर दिया गया हो।

(3) मन्त्रियों की नियुक्ति और पदच्युति की शक्ति— गवर्नर मन्त्रियों में विभागों का बँटवारा करता और उनकी बैठक बुलाता था। वह मन्त्रियों को पदच्युत करने की शक्ति का भी प्रयोग करता था। मुख्यमन्त्री अल्लाह बख्श को विधान सभा का विश्वास प्राप्त होने पर भी सिन्ध के गवर्नर द्वारा पदच्युत कर दिया गया। क्योंकि अल्लाहबख्श ने अपनी उपाधि "खान बहादुर' को त्यागने की घोषणा कर दी थी। इसी प्रकार गवर्नर ने बंगाल के मुख्य मन्त्री फजलुल हक तथा पंजाब के मन्त्री शौकत हयात खाँ को मामूली सी बात पर पदच्युत कर दिया।

(ब) सार्वजनिक सेवाओं द्वारा प्रतिबन्ध

इन सब प्रतिबन्धों के बावजूद जो थोड़े-बहुत अधिकार उत्तरदायी मन्त्रियों के पास बचे थे, उनमें सार्वजनिक सेवाओं ने भी अनेक बाधाएँ उपस्थित कीं। क्योंकि संवैधानिक रूप से मन्त्रियों का सेवाओं पर कोई नियन्त्रण नहीं था और सचिवों की सीधे गवर्नर से मिलने की आज्ञा थीं। डॉ० राजेन्द्र प्रसाद के अनुसार, "सेवाओं की इस उच्च स्थिति के कारण उनके द्वारा अपने अधिकारी मन्त्रियों की नीति, निश्चयों और आज्ञाओं की अवहेलना ही नहीं की गयी वरन् ऐसे गत्यावरोध उपस्थित किये गये जो मन्त्रियों के लिए अपयश के विषय में होते थे और जिनके आधार पर यह कहा जा सकता था कि इन अक्षम और अनुभवहीन मन्त्रियों को सत्ता का हस्तान्तरण करना ही गलत है।"[7] प्रान्तों ने तथाकथित उत्तरदायी शासन में मन्त्रियों की स्थिति के सम्बन्ध में पं० नेहरू लिखते हैं, "प्रान्तीय क्षेत्र में लोकप्रिय सरकार की स्थिति असाधारण थी। उस पर वायसराय और अनुत्तरदायी केन्द्रीय सरकार की शक्तियों के सभी प्रतिबन्ध थे और प्रान्त के गवर्नर भी वायसराय की तरह ही निषेधाधिकार और अपनी ही ओर से कानून निर्माण के आधार पर हस्तेक्षप कर सकता था। लोकप्रिय मन्त्रियों और प्रान्तीय व्यवस्थापिका के प्रत्यक्ष विरोध के बावजूद वह कुछ भी कर सकता था। उच्च सेवाओं और पुलिस को भी उच्च स्थिति प्रदान कर दी गयी थी और मन्त्री इस सम्बन्ध में कुछ नहीं कर सकते थे।"

नवीन योजना का महत्व

उपरोक्त बाधाओं के बावजूद प्रान्तीय शासन में नवीन योजना पुरानी व्यवस्था पर एक निश्चित सुधार थी। इसी प्रकार काँग्रेस और भारत के दूसरे राजनैतिक दलों ने 1935 के अधिनियम के प्रान्तीय अंश को स्वीकार कर उसके अनुसार कार्य करना मंजूर कर लिया था।

7. 1934 की बम्बई काँग्रेस में डॉ० राजेन्द्र प्रसाद के अध्यक्षीय भाषण से।

प्रान्तीय स्वायत्तता पर आचरण
(PROVINCIAL AUTONOMY AT WORK)

1937 के चुनाव

भारतीय शासन अधिनियम, 1935 की संघीय योजना को भारतीय जनमत के सभी पक्षों द्वारा अस्वीकार कर दिये जाने पर ब्रिटिश सरकार ने फरवरी 1937 में चुनाव की तिथियाँ घोषित कीं। राष्ट्रीय काँग्रेस ने चुनावों में भाग लेने का निश्चय किया। इसी प्रकार का दृष्टिकोण मुस्लिम लीग और उदारवादी दल आदि ने भी अपनाया। काँग्रेस के तत्कालीन अध्यक्ष श्री जवाहरलाल नेहरू ने देश का तूफानी दौरा किया और उन्होंने व काँग्रेस के दूसरे नेताओं ने देश के कोने-कोने में काँग्रेस का सन्देश पहुँचाया। 1 अप्रैल, 1937 तक चुनाव सम्पन्न हो गये। चुनावों में काँग्रेस को आशातीत सफलता प्राप्त हुई। 11 में से 6 प्रान्तों–संयुक्त प्रान्त, बिहार, उड़ीसा, बम्बई, मद्रास और मध्य प्रान्त में काँग्रेस को स्पष्ट बहुमत प्राप्त हुआ। दूसरे तीन प्रान्तों–आसाम, बंगाल और उत्तर-पश्चिमी सीमा प्रान्त में काँग्रेस सबसे बड़े राजनैतिक दल के रूप में सामने आयी। पंजाब और सिन्ध में काँग्रेस की स्थिति अच्छी नहीं थी। पंजाब में यूनियनिस्ट पार्टी ने 175 में से 106 स्थान प्राप्त किये। इस पार्टी में हिन्दू, सिख और मुसलमान सभी थे और इसका मुस्लिम लीग से कोई सम्बन्ध नहीं था। लीग को समस्त मुसलमान मतों के केवल 4.8 प्रतिशत मत मिले थे और उसे मुसलमानों के लिए सुरक्षित 482 स्थानों में से केवल 51 स्थान ही प्राप्त हुए थे। मुस्लिम लीग मुस्लिम बहुल प्रान्तों की अपेक्षा हिन्दू बहुल प्रान्तों में अधिक शक्तिशाली सिद्ध हुई।

पद ग्रहण के सम्बन्ध में विवाद

चुनाव जीत कर भी भविष्य के कार्यक्रम के सम्बन्ध में काँग्रेस के नेताओं के विचार एक से नहीं थे। दक्षिणपन्थी विचारधारा के अगुआ सरदार पटेल, डॉ० राजेन्द्र प्रसाद और सी० राजगोपालाचार्य नवीन संविधान के अधीन पद ग्रहण के पक्ष में थे। उनका विचार था कि पद ग्रहण से राष्ट्रीय स्वाधीनता के संघर्ष में काँग्रेस के हाथ और मजबूत होंगे। दूसरी विचारधारा के नेता श्री जवाहरलाल नेहरू और सुभाषचन्द्र बोस पद ग्रहण करने के विरुद्ध थे। उनका विचार था कि थोड़े समय के लिए भी शासन सत्ता प्राप्त कर लेने पर काँग्रेस का भारत की स्वतन्त्रता के लिए संघर्ष करने का उत्साह कम हो जायगा। 30 मार्च, 1937 को दिल्ली में कांग्रेस महासमिति की बैठक हुई और लम्बे विचार-विमर्श और वाद-विवाद के बाद यह निश्चय किया गया कि जिन प्रान्तों के विधान मण्डलों में कांग्रेस को बहुमत प्राप्त है, उन में काँग्रेस पद ग्रहण कर सकती है, बशर्ते मन्त्री पद तभी स्वीकार किये जाएँ जबकि विधान मण्डल के काँग्रेस दल के नेता सार्वजनिक रूप से यह कह सकें कि गवर्नर हस्तक्षेप की अपनी विशेष शक्तियों का प्रयोग नहीं करेगा और मन्त्रियों के संविधान संगत कार्यों में उनकी सलाह स्वीकार की जायेगी। प्रान्तों के गवर्नरों द्वारा इस सम्बन्ध में कोई आश्वासन न मिलने पर काँग्रेस बहुमत वाले प्रान्तों में काँग्रेस दल के नेताओं ने मन्त्रि पद अस्वीकार कर दिये।

इस सम्बन्ध में ब्रिटिश सरकार का मत था कि विधान में परिवर्तन किये बिना गवर्नर इस प्रकार का आश्वासन नहीं दे सकते। गांधीजी का मत था कि संविधान में ऐसी कोई बात नहीं थी जो इस प्रकार का आश्वासन देने से रोकती हो। उनका विचार था कि स्वायत्त शासन के प्रति अपनी सद्इच्छा प्रमाणित करने के लिए भी इस प्रकार का आश्वासन आवश्यक था।

अन्तरिम मन्त्रिमण्डल

काँग्रेस के पद ग्रहण करने से इन्कार करने पर काँग्रेस बहुमत वाले 6 प्रान्तों में गवर्नरों ने अल्पसंख्यक दलों के मन्त्रिमण्डलों को प्रतिष्ठित कर दिया। इन अन्तरिम मन्त्रिमण्डलों की असफलता नितान्त स्वाभाविक थी। थोड़े समय बाद इन प्रान्तों के शासन में संवैधानिक गतिरोध उत्पन्न हो गया। परन्तु कुछ समय बाद काँग्रेस और सरकार दोनों ने एक-दूसरे के दृष्टिकोण को समझा। जुलाई में गवर्नर-जनरल ने भारतीय जनता से अधिनियम का पूरा-पूरा उपयोग करने की अपील की। उन्होंने कहा कि "भारतीय जनता मुझ पर इस बात का भरोसा रख सकती है कि मैं भारत में संसदीय शासन के सिद्धान्तों की पूर्ण और चरम स्थापना के लिए अनथक गति से कार्य करेगा।"[8] गवर्नर जनरल लॉर्ड लिनलिथगो ने यह आश्वासन दे दिया कि गवर्नर की विशेष शक्तियों का प्रयोग दैनिक प्रशासन से हस्तक्षेप करने के लिए नहीं किया जायेगा।

प्रो० कूपलैण्ड के अनुसार, गवर्नर-जनरल के वक्तव्य ने कोई वैधानिक आधार नहीं छोड़ा परन्तु लार्ड लिनलिथगो के वक्तव्य पर काँग्रेस की प्रतिक्रिया अच्छी थी और 7 जुलाई, 1937 को काँग्रेस कार्य समिति ने मन्त्रिमण्डलों के निर्माण की अनुमति दे दी। मौलाना आजाद लिखते हैं, "यह एक ऐतिहासिक निर्णय था क्योंकि अब तक काँग्रेस ने नकारात्मक नीति अपनायी थी और शासन का दायित्व स्वीकार करने से इन्कार किया था। अब काँग्रेस ने प्रथम बार शासन के प्रति सकारात्मक दृष्टिकोण अपनाया और वह शासन का भार स्वीकार करने के लिए सहमत हो गयी।"[9]

काँग्रेस के निर्णय पर 6 प्रान्तों के अल्पसंख्यक मन्त्रिमण्डलों ने त्यागपत्र दे दिये और काँग्रेसी बहुमत वाले प्रान्तों में काँग्रेसी मन्त्रिमण्डल सत्तारूढ़ हो गये। कुछ समय बाद आसाम और उत्तर-पश्चिमी सीमा प्रान्त में भी काँग्रेस के मन्त्रिमण्डल बन गये। मन्त्रिमण्डलों के निर्माण में विशेष रूप से संयुक्त प्रान्त में काँग्रेस और मुस्लिम लीग में कुछ मतभेद उत्पन्न हो गये जिन्होंने मुस्लिम लीग को काँग्रेस का स्थायी विरोधी बना दिया।

मन्त्री तथा गवर्नर का सहयोग—पद ग्रहण के समय काँग्रेसी नेताओं को भय था कि गवर्नर अपनी विशेष शक्तियों का अत्याधिक प्रयोग करेंगे और उत्तरदायी शासन ठीक रूप में कार्य न कर सकेगा। काँग्रेसी नेताओं का भय अधिकांश अंशों में निराधार सिद्ध हुआ। काँग्रेस के 51वें अधिवेशन में यह स्वीकार किया गया कि 'गवर्नरों के द्वारा मन्त्रियों के साथ पर्याप्त सीमा तक सहयोग किया गया।' सन् 1939 में महात्मा गांधी ने यह भी कहा था कि 'गवर्नर ने

8. Quoted by Prof. Coupland, *Constitutional Problems,* p. 20.
9. Maulana Azad, *India Wins Freedom,* p. 15.

अपना कार्य भलीभाँति किया।' परन्तु इसका तात्पर्य यह नहीं कि गवर्नर संवैधानिक शासक मात्र बन गये थे।

(अ) राजनैतिक बन्दियों की रिहाई पर मतभेद–सन् 1938 के प्रारम्भ में संयुक्त प्रान्त और बिहार में राजनैतिक कैदियों को मुक्त करने के प्रश्न पर मन्त्रियों और गवर्नरों में मतभेद उत्पन्न हो गया। गवर्नर–जनरल ने विधान की धारा 126 के अधीन गवर्नरों को निर्देश दिया कि वे अपने मन्त्रियों की मन्त्रणा को न मानें क्योंकि इससे शान्ति और व्यवस्था बनाये रखने के उनके विशेष उत्तरदायित्व पर प्रभाव पड़ता है। ऐसी स्थिति में मन्त्रिमण्डलों ने केन्द्रीय हस्तक्षेप के विरुद्ध त्यागपत्र दे दिये। अन्त में समझौते की बातचीत से यह गतिरोध समाप्त हो गया।

(ब) उड़ीसा में विवाद–उड़ीसा में इसी प्रकार का संकट एक अधीनस्थ नौकरशाही पदाधिकारी उड़ीसा के रेवेन्यू कमिश्नर मि० जे० आर० डेन की कार्यवाहक गवर्नर के पद पर नियुक्ति के प्रश्न को लेकर उठ खड़ा हुआ।

(स) मध्य प्रान्त में 'खरे विवाद'–इस विवाद में मन्त्रियों के पारस्परिक सम्बन्धों में गवर्नर के हस्तक्षेप की घटना हुई। काँग्रेस हाई कमाण्ड ने साहसपूर्ण कदम उठाते हुए डॉ० खरे के स्थान पर रविशंकर शुक्ल को मध्य प्रान्त का मुख्यमन्त्री बना दिया।

शक्ति परीक्षण के रूप में घटित इन घटनाओं ने यह स्पष्ट कर दिया कि विधान मण्डलों के काँग्रेस दलों में शक्ति और अनुशासन था और उन्हें व्यवस्थापिका के विशाल बहुमत का दृढ़ समर्थन प्राप्त था। अतः प्रान्तों के गवर्नरों ने व्यावहारिकता और दूरदर्शिता के आधार पर लोकतन्त्रात्मक शक्तियों के साथ संघर्ष से बचना ही उचित समझा।

काँग्रेस हाई कमाण्ड का संसदीय बोर्ड–विभिन्न प्रान्तों में काँग्रेसी मन्त्रिमण्डलों के पद ग्रहण के साथ ही काँग्रेस संगठन ने इन काँग्रेसी मन्त्रिमण्डलों पर नियन्त्रण रखने के लिए 3 राष्ट्रीय नेताओं–सरदार पटेल, डा० राजेन्द्र प्रसाद और मौलाना आजाद के 'ससंदीय बोर्ड' का गठन किया। इस संसदीय बोर्ड ने बहुत प्रभावशाली रूप में कार्य किया। इसने केवल काँग्रेसी मन्त्रिमण्डलों के कार्य की देखरेख की और उन्हें नीति सम्बन्धी निर्देश भी दिये। संसदीय बोर्ड के इस हस्तक्षेप को उचित नहीं समझा था। प्रो० कूपलैण्ड ने टिप्पणी की, "कांग्रेस की एकात्मक नीति ने प्रान्तीय स्वायत्तता और उत्तरदायी शासन के सिद्धान्तों का उल्लंघन किया।" लेकिन प्रो० कूपलैण्ड काँग्रेस संसदीय बोर्ड (हाई कमाण्ड) के द्वारा प्रान्तों के आन्तरिक प्रशासन में हस्तक्षेप नहीं किया गया, वरन् उन्हें केवल गवर्नर के प्रति व्यवहार, सामान्य नीति और कार्यक्रम के सम्बन्ध में ही निर्देश दिये थे। तत्कालीन परिस्थितियों में काँग्रेस का यह कार्य भारतीय एकता बनाये रखने के लिए नितान्त आवश्यक था। पं० नेहरू लिखते हैं, "केन्द्रीय शासन के अनुत्तरदायी बने रहते हुए प्रान्तीय क्षेत्र में स्वशासन का प्रारम्भ प्रान्तीयवाद और पृथकतावाद की भावना उत्पन्न कर सकता था जिससे कि भारतीय एकता की भावना निर्बल होती।"[10] तत्कालीन काँग्रेस केवल एक राजनैतिक दल नहीं, वरन् भारतीय स्वतन्त्रता संग्राम में रत एक राष्ट्रीय शक्ति थी।

---

10. Jawaharlal Nehru, *Discovery of India,* p. 397.

काँग्रेस के कार्य का औचित्य स्वीकार करते हुए मारिस जोन्स लिखते है, "राष्ट्रीय आन्दोलन से इस बात की आशा करना उचित नहीं है कि उनके द्वारा संसदीय दलों के रूप में व्यवहार किया जायेगा।"[11]

काँग्रेस के दृढ़ अनुशासन और केन्द्रीय संगठन ने ही प्रान्तीय गवर्नरों को अपनी सीमाओं में रहने के लिए बाध्य किया और इस प्रकार प्रान्तीय स्वायत्तता व उत्तरदायी शासन को सफल बनाया।

गैर-काँग्रेसी प्रान्तों में स्वायत्तता

यद्यपि काँग्रेसी प्रान्तों में गवर्नरों ने संवैधानिक प्रधानों के रूप में ही कार्य किया था, गैर-काँग्रेसी प्रान्तों में गवर्नर अपनी असाधारण शक्तियों का प्रयोग करते रहे। उदाहरण के लिए 10 अक्टूबर, 1942 को सिन्ध के गवर्नर ने मुख्य मन्त्री नवाब अल्लाहबख्श को केवल इसलिए पदच्युत कर दिया था कि उन्होंने कुछ अवसरों पर ब्रिटिश सरकार की आलोचना की थी और अपनी 'खान बहादुर' की उपाधि का त्याग कर दिया था। इसी प्रकार की परिस्थितियों में बंगाल के मुख्य मन्त्री फजलुल हक को मार्च 1943 में त्यागपत्र देने के लिए बाध्य किया गया। बंगाल के एक दूसरे मन्त्री डॉ० श्यामाप्रसाद मुखर्जी के साथ भी ऐसा किया गया। पंजाब के गवर्नर ने अनेक महत्वपूर्ण बातों में पंजाब के मुख्य मन्त्री सर सिकन्दर हयात खाँ की बिल्कुल ही अवहेलना की। काँग्रेसी और गैर-काँग्रेसी प्रान्तों में प्रान्तीय स्वायत्तता पर आचरण के अन्तर को स्पष्ट करते हुए पं० नेहरू लिखते हैं, "कांग्रेसी प्रान्तों और पंजाब व बंगाल का अन्तर नागरिक स्वतन्त्रताओं और राजनैतिक बन्दियों के सम्बन्ध में स्पष्ट और तत्काल देखा गया। बंगाल और पंजाब में पुलिस और गुप्तचर सेवा की शक्ति में कोई कमी नहीं हुई और राजनैतिक बन्दियों को रिहा नहीं किया गया। बंगाल में, जहाँ कि मन्त्रिमण्डल यूरोपियन मतों पर आश्रित था, बन्दियों की संख्या में हजारों की वृद्धि हुई और बिना मुकदमा चलाये उन्होंने वर्धा जेल में रखा गया—जबकि काँग्रेसी प्रान्तों में सबसे पहला कार्य राजनैतिक बन्दियों की रिहाई का किया गया था।"

मुस्लिम लीग के आरोप

सन् 1937 में काँग्रेस और लीग में पद ग्रहण के सम्बन्ध में समझौता न होने के बाद से लीग ने काँग्रेस के प्रति स्थायी विरोध की नीति अपना ली थी। अब मि० जिन्ना और लीग ने यह विषैला प्रचार प्रारम्भ कर दिया कि सत्ता हाथ में आते ही बहुमत समुदाय ने यह स्पष्ट कर दिया हैं कि 'हिन्दुस्तान केवल हिन्दुओं के लिए है।' लीग ने हिन्दू सरकारों के हाथों मुस्लिम समुदाय पर अत्याचार की बातें प्रचारित करना प्रारम्भ करा दिया और मार्च 1938 में संयुक्त प्रान्त में इन अत्याचारों की जाँच के लिए पीरपुर के राजा की अध्यक्षता में एक कमेटी स्थापित की। कमेटी ने हिन्दू अत्याचारों की झूठी विस्तृत सूची पेश कर दी और इस रिपोर्ट कि आधार पर लीग ने काँग्रेसी मन्त्रिमण्डलों की आलोचना प्रारम्भ कर दी। काँग्रेस के तत्कालीन अध्यक्ष डॉ० राजेन्द्र प्रसाद ने इस सम्बन्ध में संघीय न्यायालय के मुख्य न्यायाधीश से जाँच का प्रस्ताव किया, जिसे

---

11. "It is not reasonable to expect nationalist movements as to behave parliamentary parties." —W.H. Morris, *Parliament in India,* p. 67.

मि० जिन्ना ने अस्वीकृत कर दिया। मौलाना आजाद लिखते हैं, "मैं अपने व्यक्तिगत अनुभव के आधार पर कह सकता हूँ कि ये आरोप निराधार थे। गवर्नर-जनरल और विभिन्न प्रान्तों के गवर्नरों का भी यह विचार था।" संयुक्त प्रान्त के गवर्नर मि० हेनरी हेग और काँग्रेस के आलोचक कूपलैण्ड ने भी लीग के आरोपों को नितान्त असत्य बताया।

काँग्रेसी मन्त्रिमण्डलों की सफलताएँ

अपनी पदावधि के 28 महीनों में काँग्रेसी मन्त्रिमण्डलों ने जनता की प्रशंसनीय सेवा की। प्राय: सभी काँग्रेसी मन्त्रिमण्डलों ने रचनात्मक कार्यों पर बल दिया। उन्होंने घरेलू व कुटीर उद्योग, मद्यनिषेध, ग्रामोत्थान, श्रम कल्याण, कृषि, प्राथमिक शिक्षा और हरिजनोत्थान आदि अनेक कार्य सफलतापूर्वक किये। उन्होंने खेतिहरों की जमींदारों के अत्याचार से रक्षा के भी प्रयत्न किये। सभी काँग्रेसी प्रान्तों में राजनैतिक बन्दियों को रिहा कर दिया गया। सन् 1938 में बम्बई की काँग्रेसी सरकार ने उन लोगों की जब्त जमीनें वापस लौटा दी, जिन्होंने सविनय अवज्ञा आन्दोलन में भाग लिया था।

प्रो० कूपलैण्ड स्वीकार करते हैं "28 महीने के शासन के दौरान काँग्रेस ने कतिपय ऐसी सफलताएँ प्राप्त कीं, जिन पर काँग्रेस उचित रूप में गर्व कर सकती थी। उसके नेताओं ने यह दिखाया कि जहाँ वे बात करना जानते थे, वहाँ उनमें काम करने की भी क्षमता थी। जहाँ वे आन्दोलन करना जानते थे, वहाँ वे प्रशासन में भी किसी से कम न थे। उनमें तथा उनके सहयोगियों में सामाजिक क्षेत्र में सुधार की सच्ची लगन थी।" लार्ड लिनलिथगो ने भी कांग्रेसी मन्त्रिमण्डलों के कार्य की प्रशंसा की। प० नेहरू लिखते हैं कि, "कांग्रेस के पद ग्रहण से मनोवैज्ञानिक परिवर्तन इससे भी भारी हुआ और सम्पूर्ण देश में उत्साह की एक लहर-सी दौड़ गयी।" परन्तु भारतीय स्वतन्त्रता के लक्ष्य को प्राप्त करने के लिए अक्टूबर सन् 1939 में कांग्रेसी मन्त्रिमण्डलों ने त्यागपत्र दे दिये गये।

अभ्यास के लिये प्रश्न

1. 'प्रान्तीय स्वायत्तता' से आप क्या समझते हैं? 1935 के अधिनियम के अन्तर्गत प्रान्तीय स्वायत्तता पर कौन से प्रतिबन्ध लगाये गये थे?

2. 1935 के अधिनियम के अन्तर्गत प्रान्तीय स्वायत्तता के स्वरूप एवं क्रियान्वयन की विवेचना कीजिये।

3. '1935 के अधिनियम के अन्तर्गत स्वायत्तता के क्रियान्वयन से सिद्ध हो गया कि गवर्नर अधिनायक की भाँति व्यवहार करता रहा एवं उत्तरदायी शासन के तत्व नितान्त अर्थहीन शब्द बन गये।' विवेचना कीजिये।

19

भारतीय स्वतन्त्रता अधिनियम, 1947
(The Indian Independence Act, 1947)

माउण्टबेटन योजना

भारत में लार्ड माउण्टबेटन ने 23 मार्च, 1947 को वायसराय के पद का कार्यभार सँभाला उन्होंने गांधीजी और अन्य भारतीय नेताओं से बातचीत की तथा इस निष्कर्ष पर जोर दिया कि वर्तमान परिस्थितियों में भारतीय समस्या का एकमात्र सम्भव हल पाकिस्तान की स्थापना को स्वीकार कर लेना है। परिस्थितियों के दबाव से कांग्रेस ने भी भारतीय समस्या के इस दुखद हल को स्वीकार कर लिया था। समस्त स्थिति का अध्ययन कर तथा दोनों प्रमुख राजनीतिक दलों का दृष्टिकोण समझकर लार्ड माउण्टबेटन 18 मई, 1947 को ब्रिटिश मन्त्रिमण्डल से परामर्श करने के उद्देश्य से लन्दन गये। ब्रिटिश मन्त्रिमण्डल से परामर्श करने के उपरान्त लार्ड माउण्टबेटन भारत आये। उन्होंने 3 जून, 1947 को 'माउण्टबेटन योजना' (Mountbatten Plan) प्रस्तावित की। इस योजना की मुख्य बातें निम्नलिखित हैं :

(1) **सत्तान्तरण**–ब्रिटिश सरकार की यह इच्छा है कि वह भारत का शासन शीघ्र ही ऐसी सरकार को सौंप दे, जिसका निर्माण जनता की इच्छानुसार हुआ हो। ब्रिटिश सरकार सत्ता हस्तान्तरित करने के लिए 1948 तक प्रतीक्षा नहीं कर सकेगी, वरन् वह 1947 में ही इस कार्य को विधिवत् समाप्त कर देना चाहती है।

(2) **पाकिस्तान की स्थापना**–भारतीय समस्या के हल के रूप में पाकिस्तान की स्थापना को स्वीकार किया गया, किन्तु लीग की माँग के अनुसार सम्पूर्ण बंगाल और पंजाब पाकिस्तान में सम्मिलित नहीं किये गये। यह निश्चित किया गया कि यूरोपियन सदस्यों को छोड़कर पंजाब और बंगाल की विधान सभाओं में अधिवेशन दो भागों में किये जायेंगे। एक भाग उन जिलों के प्रतिनिधियों का होगा, जिसमें मुसलमानों का बहुमत है और दूसरा भाग उन जिलों के प्रतिनिधियों का होगा, जिसमें मुसलमानों का बहुमत नहीं है। योजना में मुस्लिम बहुमत वाले जिलों के नाम गिनाये गये हैं। प्रत्येक भाग को साधारण बहुमत से यह निश्चित करना था कि उसके प्रान्त का विभाजन किया जाये या नहीं। यदि दोनों में से एक भाग ने भी विभाजन का पक्ष लिया, तो विभाजन किया जाये। यदि मत विभाजन के पक्ष में आये तो उनको यह निर्णय करना

होगा कि वे वर्तमान संविधान सभा में सम्मिलित होना चाहते हैं अथवा एक पृथक् संविधान सभा का निर्माण करना चाहते हैं।

(3) सिन्ध—सिन्ध की विधान सभा को भी अपनी एक विशेष बैठक में सिन्ध के भाग्य के निर्णय का अवसर प्रदान किया जायेगा।

(4) आसाम का सिलहट जिला—आसाम के मुस्लिम बहुमत वाले सिहलट जिले में इस बात का निर्णय जनमत संग्रह द्वारा किया जायेगा कि वहाँ की जनता आसाम के अन्तर्गत रहना चाहती है या पूर्वी बंगाल में सम्मिलित होना चाहती है।

(5) उत्तर-पश्चिमी सीमा प्रान्त—गवर्नर-जनरल के निर्देशन में उत्तर-पश्चिमी सीमा प्रान्त में इस बात का निर्णय करने के लिए जनमत संग्रह किया जायेगा कि सीमा प्रान्त को भारत में सम्मिलित किया जाये या पाकिस्तान में।

(6) बलूचिस्तान—बलूचिस्तान को भारतीय संघ में रहने या अलग होने के सम्बन्ध में निर्णय करने का अधिकार होगा। बलूचिस्तान की सभी प्रतिनिध्यात्मक संस्थाओं की संयुक्त बैठक में इस बात का निर्णय किया जायेगा।

(7) सीमा निर्धारण कमीशन—यदि उपर्युक्त योजना के अनुसार बंगाल, पंजाब और आसाम के द्वारा विभाजन का समर्थन किया गया, तो भारत और पाकिस्तान की सीमा का निर्धारण करने के लिए कमीशन की नियुक्ति की जायेगी।

(8) लेनदारियों और देनदारियों का विभाजन—भारत और पाकिस्तान के अधिराज्यों के बीच लेनदारियों और देनदारियों (Liabilities and Assets) को विभाजित करने के लिए समझौता होगा।

(9) देसी रियासतें—देसी रियासतों को भारत या पाकिस्तान में अपनी इच्छानुसार सम्मिलित होने की छूट होगी।

(10) राष्ट्रमण्डल की सदस्यता—भारत और पाकिस्तान को राष्ट्रमण्डल की सदस्यता त्यागने का अधिकार होगा। लीग तथा कांग्रेस द्वारा इस योजना को स्वीकार किये जाने के बाद लार्ड माउण्टबेटन ने इसे तुरन्त क्रियान्वित कर दिया। पश्चिमी पंजाब व पूर्वी बंगाल ने पाकिस्तान में रहने का निर्णय किया। उत्तर-पश्चिमी सीमा प्रान्त सिन्ध, बलूचिस्तान और आसाम के सिलहट जिले ने भी यही निर्णय किया। इस प्रकार 15 अगस्त, 1947 को भारत तथा पाकिस्तान के दो स्वतन्त्र राज्यों का प्रादुर्भाव हुआ।

भारतीय स्वतन्त्रता अधिनियम, 1947
(THE INDIAN INDEPENDENCE ACT, 1947)

ब्रिटिश पार्लियामेण्ट में 4 जुलाई, 1947 को 'भारतीय स्वतन्त्रता अधिनियम' प्रस्तावित किया गया, जो 18 जुलाई, 1947 को स्वीकृत हो गया। प्रो. नार्मन डी. पामर के अनुसार, ''ब्रिटिश पार्लियामेण्ट के इतिहास में शायद ही कोई इतना महत्वपूर्ण विधेयक इतने कम समय और इतने

कम वाद-विवाद के पास हुआ हो।''[1] अधिनियमों के महत्व पर प्रकाश डालते हुए भारत मन्त्री ने कहा था, ''हमारे देश के विधान निर्माण के इतिहास में यह अधिनियम अद्वितीय है। इससे पूर्व कभी भी संसार की आबादी के इतने बड़े भाग ने केवल एक विधान द्वारा पूर्ण स्वतन्त्रता प्राप्त नहीं की।''[2]

स्वतन्त्रता अधिनियम की धाराएँ

(1) दो अधिराज्यों की स्थापना—इस अधिनियम ने भारत का विभाजन कर पाकिस्तान की स्थापना कर दी। 15 अगस्त, 1947 को भारत और पाकिस्तान नामक दो अधिराज्य बना दिये जायेंगे और उनको ब्रिटिश सरकार सत्ता सौंप देगी।

(2) संविधान सभाओं को सत्ता सौंपना—ब्रिटिश सरकार दोनों अधिराज्यों की संविधान सभाओं को सत्ता का उत्तरदायित्व सौंप देगी। जिनको अपनी इच्छानुसार संविधान का निर्माण करने की स्वतन्त्रता होगी। इस प्रकार संविधान सभाएँ सम्पूर्ण प्रभुत्व सम्पन्न होंगी।

(3) दोनों के लिए एक अलग-अलग गवर्नर-जनरल—भारत और पाकिस्तान दोनों अधिराज्यों में एक-एक गवर्नर-जनरल होगा, जिसकी नियुक्ति उनके मन्त्रिमण्डल की सलाह से की जायेगी। गवर्नर-जनरल और प्रान्तों के गवर्नर भविष्य में केवल वैधानिक शासक होंगे।

(4) संविधान सभा का विधान मण्डल के रूप में कार्य करना—जब तक संविधान सभाएँ संविधान का निर्माण नहीं कर लेती हैं, तब तक वे विधानमण्डल के रूप में भी कार्य करती रहेंगी और उनकी विधायिनी शक्तियों पर किसी प्रकार का नियन्त्रण नहीं होगा। 15 अगस्त, 1947 के उपरान्त ब्रिटिश संसद द्वारा पारित कोई अधिनियम इन अधिराज्यों पर उनके विधानमण्डलों की स्वीकृति के बिना लागू नहीं होगा।

(5) प्रान्तीय विधानमण्डल—जब तक नवीन विधान के अनुसार प्रान्तों में निर्वाचन नहीं होते हैं, तब तक प्रान्तों में इस समय के विधान मण्डल ही कार्य करते रहेंगे।

(6) भारत मन्त्री के पद का अन्त—भारत मन्त्री का पद समाप्त कर दिया जायेगा, क्योंकि 15 अगस्त, 1947 के उपरान्त ब्रिटिश संसद का भारत और पाकिस्तान पर कोई नियन्त्रण नहीं रहेगा।

(7) 1935 के भारतीय शासन अधिनियम द्वारा शासन—जब तक वर्तमान संविधान सभा द्वारा नया संविधान बनाकर तैयार नहीं किया जाता है, तब तक 1935 के भारतीय शासन अधिनियम द्वारा ही शासन होगा। परिवर्तित परिस्थितियों के कारण इसमें से वे धाराएँ निकाल दी

---

1. "Seldom in the history of British Parliament had a measure of such epochal significance been put through so speedily and with so little debate."
—Norman D. Palmer, *Major Governments of Asia,* p. 298.
2. "This is a bill unique in the history of legislation in this country. Never before has such large portion of the world population achieved complete independence through legislation alone."
—A.C. Bannerjee, *The Constituent Assembly*, p. 1.

गयीं, जिनका सम्बन्ध गवर्नर-जनरल और प्रान्तीय गवर्नरों के विशेष उत्तरदायित्व, भारत मन्त्री के शासन सम्बन्धी नियन्त्रण, केन्द्रीय क्षेत्र में कुछ विषयों को सुरक्षित रखने, व्यवस्थापन पर सम्राट के विशेषाधिकार व इसी प्रकार के अन्य विषयों से था। 1935 के भारतीय शासन अधिनियम को इस प्रकार संशोधित कर दिया गया कि अन्तरिम काल में इन दोनों राज्यों का शासन प्रजातन्त्रात्मक पद्धति के आधार पर किया जा सके।

(8) देशी रियासतों पर 'सर्वोपरिता' का अन्त—देशी रियासतों पर ब्रिटेन की सर्वोपरिता का अन्त कर दिया गया और उनको किसी भी अधिराज्य में सम्मिलित होने व अपने भावी सम्बन्धों का निश्चय करने की स्वतन्त्रता प्रदान की गयी।

डॉ. राजेन्द्र प्रसाद ने कहा था, "भारत पर ब्रिटिश प्रभुत्व का काल आज समाप्त होता है और अब से ब्रिटेन के साथ हमारा अपना सम्बन्ध समानता, पारस्परिक सद्भावना और पारस्परिक लाभ के आधार पर रहेगा।"[3] कांग्रेस के समाचार पत्र 'दि हिन्दुस्तान टाइम्स' (The Hindustan Times) और लीग के समाचार पत्र 'द डान' (The Dawn) ने भी अधिनियम को ब्रिटिश शासन का एक गौरवपूर्ण कार्य बताया गया। 15 अगस्त, 1947 को भारतीय स्वतन्त्रता अधिनियम के अनुसार भारतीय महाद्वीप पर ब्रिटिश शासन का अन्त हुआ। भारत व पाकिस्तान दो स्वतन्त्र अधिराज्य अस्तित्व में आये। कांग्रेस चाहती थी कि दोनों के गवर्नर-जनरल एक ही रहें, ताकि संक्रमण काल (Transitional Period) की समाप्ति शान्तिमय ढंग से हो सके। पाकिस्तान ने इस प्रकार का प्रस्ताव स्वीकार नहीं किया अस्तु, भारत के गवर्नर-जनरल लार्ड माउण्टबेटन तथा पाकिस्तान के गर्वनर-जनरल श्री जिन्ना बने।

अभ्यास के लिये प्रश्न

1. भारतीय स्वतन्त्रता अधिनियम, 1947 की मुख्य धाराओं की विवेचना कीजिए।

---

3. Dr. Rajendra Prasad, *India Divided.*

20

भारत में समाजवादी विचारधारा एवं आन्दोलन (Socialist Ideology and Movement in India)

भारत में वामपंथी विचारधारा और आन्दोलन से जुड़ी हुई दो धाराएँ रही है: प्रथम समाजवादी आन्दोलन और द्वितीय, साम्यवादी आन्दोलन। समाजवादी आन्दोलन ने भारत के राष्ट्रीय आन्दोलन में प्रेरणा प्राप्त की और उसकी आस्था लोकतांत्रिक समाजवाद में रही। समाजवादी आन्दोलन का आशय और लक्ष्य आर्थिक और सामाजिक शोषण की समस्त स्थितियों को समाप्त कर ऐसी समाज-व्यवस्था की स्थापना करना रहा है जिसका मूल आधार समस्त जनता के लिए आर्थिक और सामाजिक न्याय हो। वेद-उपनिषद, गौतम और महावीर के उपदेश जनजन की पीड़ा को दूर करने के सन्देश से भरे हैं। मध्य युग के भक्ति आन्दोलन ने भारत में समाजवादी चिन्तन और आन्दोलन की ठोस आधारशिला रखी।

ऐतिहासिक पृष्टभूमि

आधुनिक युग में राष्ट्रीय आन्दोलन और समाजवादी आन्दोलन एक-दूसरे के समानान्तर चले उन्होंने एक-दूसरे के शक्ति स्रोत का कार्य किया। गांधीजी का **'हिन्दी स्वराज्य'** (1908) आधुनिक परिवेश में भारतीय समाजवाद की पहली और सम्भवतया सर्वप्रमुख रचना है। भारत का यह समाजवादी आन्दोलन अन्तर्राष्ट्रीय परिदृश्य और चिन्तन से प्रभावित रहा है। ब्रिटिश चिन्तक राबर्ट ओवन, हैरल्ड लास्की, जार्ज बर्नार्ड शा, हूज गैटस्कल, हैरल्ड राबिन्सन तथा जी० डी० एच० कोल एक ओर मार्क्सवादी धारा से प्रभावित थे, परन्तु दूसरी ओर उन पर उदारवादी दर्शन का प्रभाव था। मार्क्सवादी को अपने ही तरीके से संशोधित करते हुए उन्होंने 'फेबीयनवाद' का प्रतिपादन किया। **हैरल्ड लास्की** तथा 'लन्दन स्कूल ऑफ इकॉनामिक्स' इस विचाराधारा के केन्द्र बन गये। इंगलैण्ड के साम्यवादियों में **ब्रेडली, रजनी पामदत्त तथा किग्सले मार्टिन** जैसे लोग भारत में विद्यमान सामन्ती पूँजीवादी आर्थिक राजनीतिक व्यवस्था के विश्लेषण में गहरी रुचि ले रहे थे। अपनी समस्त मौलिकता के साथ मानवेन्द्रनाथ राय इसी दिशा

में आगे बढ़ रहे थे। ये सभी समाजवादी विश्वव्यापी आर्थिक मन्दी, व्यापक बेरोजगारी तथा कारखानों की धड़ा घड़ तालेबन्दियों से चिन्तित थे। ये मानते थे कि ये स्थितियाँ पूँजीवादी व्यवस्था की स्वाभाविक असफलता के परिणाम हैं तथा समाजवाद ही स्थिति का निदान हो सकता था। भारत के समाजवादी चिन्तन और आन्दोलन पर इस अन्तर्राष्ट्रीय परिदृश्य का प्रभाव अंकित है।

समाजवादी आन्दोलन के प्रेरणा स्त्रोत

समाजवादी आन्दोलन के प्रेरणा स्रोत निम्नलिखित रहे हैं:

(1) कार्ल मार्क्स और ऐंजिल्स का चिन्तन तथा 1917 में रूस में सम्पन्न हुई 'समाजवादी क्रान्ति'।

(2) 'लंदन स्कूल ऑफ इकॉनामिक्स' तथा इससे जुड़े हुए लास्की, कोल, बर्नार्डशॉ, बैब तथा गैटस्कल।

(3) महात्मा गाँधी का 'हिन्द स्वराज्य' (1908)।

(4) पश्चिमी यूरोप के अन्य विचारक-रोजा लक्जमबर्ग, कार्ल कोट्स्की, बर्नस्टीन तथा प्रोधो।

राष्ट्रीय समाजवादी आन्दोलन

भारत के समाजवादी आन्दोलन से जुड़े हुए प्रमुख नाम हैं: आचार्य नरेन्द्र देव, जयप्रकाश नारायण, डॉ राममनोहर लोहिया, अशोक मेहत्ता, मीनू मसानी, जवाहरलाल नहेरू, सुभाषचन्द्र बोस, युसुफ मेहर अली, अच्युत पटवर्धन, स्वामी सहजानंद सरस्वती, डॉ॰ सम्पूर्णानन्द और नारी मुक्ति आन्दोलन की नेत्री कमला देवी चट्टोपाध्याय आदि। 1910 से ही भारत के ये राष्ट्रीय नेता इस दिशा में विचार करने लगे थे कि हमारा लक्ष्य एक न्यायपूर्ण आर्थिक-सामाजिक व्यवस्था होना चाहिए। इन्होंने असहयोग आन्दोलन (1920-21) मे शक्ति के साथ भाग लिया गया। उन्हें इस आन्दोलन से बहुत आशाएँ थीं, परन्तु 1922 में असहयोग आन्दोलन के स्थगन के साथ उन्होंने किसानों, मजदूरों को संगठित करने और भारत के सबसे प्रमुख राजनीतिक संगठन भारतीय राष्ट्रीय काँग्रेस को इस दिशा में आगे बढ़ाने के लिए उस पर निरन्तर दबाब डालने की आवश्यकता अनुभव की। सन् 1925 से 1928 के काल में बंगाल, बम्बई, पंजाब तथा उत्तर प्रदेश में अनेक किसान-मजूदर पार्टियाँ गठित हुई। मद्रास कांग्रेस अधिवेशन (1927) में पहली बार वामपंथी खेमे का प्रभाव दिखाई दिया। सुभाष चन्द्र बोस और जवाहरलाल नेहरू के नेतृत्व में युवा वर्ग ने एक प्रस्ताव पास करके कांग्रेस को 'पूर्ण स्वराज्य का लक्ष्य' स्वीकार करने पर मजबूर किया। सन् 1931 ई॰ में सुभाषचन्द्र बोस तथा जवाहरलाल नेहरू के नेतृत्व में 'आल इण्डिया इण्डिपेण्डेन्स फॉर इण्डिया लीग' की स्थापना की गयी, जिसका लक्ष्य आर्थिक, सामाजिक तथा राजनीतिक स्वाधीनता को प्राप्त करना था। 9, 10, 11 अक्टूबर, 1993 को नेहरू ने 'भारत किधर' (Whither India) शीर्षक से कई लेख लिखे जिनमें उन्होंने इस अहम मुद्दे को उठाया कि 'हम किसकी आजादी के लिए लड़ रहे हैं।' आर्यसमाजी स्वामी सहजानंद सरस्वती ने बिहार तथा उत्तर प्रदेश के किसानों में घूम-घूमकर देश की स्वाधीनता और आर्थिक शोषण से मुक्ति के लिए ज्वाला धधकाई सन् 1930 में उन्होंने 'किसान सभाओं' की स्थापना की जिन्होंने भविष्य में स्थापित होने

वाले 'कांग्रेस समाजवादी दल' के आधार का कार्य किया। सितम्बर 1931 में 'बिहार सोशलिस्ट पार्टी' की स्थापना हुई और जुलाई सन् 1933 में बंगाल ने भी इस दिशा में पहल की।

कांग्रेस समाजवादी दल (1934)

नासिक ग्रुप—सन् 1933 की दूसरी छमाही में समाजवादी विचारधारा के साथ जुड़े हुए कांग्रेस के कुछ नेता नासिक जेल में बन्द थे-- इनमें जय प्रकाश नारायण, मीनू मसानी, अच्युतपटवर्धन, एन॰ जी॰ गोरे, एस॰ एम॰ जोशी और अशोक मेहता में गहरा विचार-विमर्श हुआ। 'नासिक ग्रुप' के इस विचार-विमर्श में निम्नलिखित मुद्दे प्रमुख रूप से उभरे:

1. गांधी के नेतृत्व के प्रति असन्तोष।
2. असहयोग आन्दोलन की असफलता।
3. वर्ग विश्लेषण की पद्धति लागू करने की ललक, तथा
4. कृषक-मजदूर से जुड़ जाने की अदम्य लालसा।

अखिल भारतीय कांग्रेस समाजवादी दल —इस के उपरान्त पटना के अंजुमन-ए-इस्लामिया हॉल में कांग्रेस के इस गुट की बैठक हुई, जो अपने आपको 'समाजवादी' कहता था। इस बैठक की अध्यक्षता आचार्य नरेन्द्र देव ने की। उन्होंने समाजवादियों से द्वन्द्वात्मक विचार पद्धति को अपनाने, निम्न मध्यम वर्ग को समाजवादी आन्दोलन से जोड़ने तथा प्रचार और संगठन के माध्यम से वर्ग चेतना जगाने की अपील की। इसी बैठक में 'अखिल भारतीय कांग्रेस समाजवादी दल' का संविधान और कार्यक्रम तैयार करने का निर्णय लिया गया। जयप्रकाश नारायण को संगठन मन्त्री या महासचिव नियुक्त कर उन पर विभिन्न प्रान्तों में 'कांग्रेस सोशलिस्ट गुट' तैयार करने की जिम्मेदारी सौंपी गयी।

नवीन संविधान के अन्तर्गत दल ने निम्न कार्यक्रम को अपनाया:

(1) देश के लिए पूर्ण स्वतन्त्रता।

(2) नियोजित अर्थ-तंत्र।

(3) प्रमुख उद्योगों का समाजीकरण तथा सभी तरह के अधिकारों को उत्पादक शक्तियों के हाथों सौंपना।

(4) जमींदारियों, जागीरदारियों और रियासतों पर राजाओं के शासन का अन्त (बिना मुआवजा दिये) और किसानों को कर्ज से मुक्ति।

(5) भूमि का पुनर्वितरण ताकि भूमिहीनों को जमीन दी जा सके।

(6) कर और लगान में उचित कमी तथा सहकारी खेती को अपनाना।

(7) जाति, धर्म भाषा तथा लिंग के आधार पर कोई भेदभाव नहीं किया जायगा।

अखिल भारतीय कांग्रेस समाजवादी दल का पहला अधिवेशन 22-23 अक्टूबर, 1934 को बम्बई में हुआ। इस में उपर्युक्त कार्यक्रम स्वीकार किया गया और कांग्रेस से माँग की गयी कि वह सार्वजनिक रूप से घोषणा करे कि उसका उद्देश्य एक समाजवादी राज्य की स्थापना करना है। समाजवादी कांग्रेस पर दबाब डालते रहे और कांग्रेस में बने भी रहे।

समाजवादी दल की विचारधारा– कांग्रेस समाजवादी दल की राय थी कि राष्ट्रवाद और आर्थिक सामाजिक क्रांति एक-दूसरे के अपरिहार्य अंग तथा परस्पर पूरक हैं। निम्न मध्यम वर्ग के साथ जुड़ने और वर्ग-चेतना फैलाने के लिए भारतीय राष्ट्रीय कांग्रेस में रहना परमावश्यक है। कांग्रेस-समाजवादी एकता को समय का तकाजा बताते हुए आचार्य नरेन्द्र देव ने कहा, ''विदेशी दासता से पूँजीवादी लोकतन्त्र कहीं बेहतर है। हम राष्ट्रीय मुक्ति संघर्ष से महज इस तर्क पर अलग नहीं रह सकते कि यह समाज के बुर्जुआ तत्वों द्वारा शुरू किया गया संघर्ष है। हम इस संघर्ष में शामिल होंगे और साथ-ही-साथ इसे समाजवादी दिशा देने का प्रयास भी करते रहेंगे। मौजूदा भारतीय परिस्थितियों में समाजवादी कांग्रेस के साथ मिलकर कार्य कर सकते हैं और राष्ट्रीय मुक्ति को समाजवाद से जोड़ सकते हैं।''

कांग्रेस से विचारात्मक मतभेद–कांग्रेस का एक अंग होते हुए भी कांग्रेस समाजवादी दल का कांग्रेस की विचारधारा से चार मुद्दों पर मतभेद था।

1. समाजवादी, गांधीजी की 'बातचीत और समझौता' की नीति के खिलाफ थे, वे गैर-समझौतावादी सतत संघर्ष के समर्थक थे।

2. गांधीजी अहिंसक जन आन्दोलन के पक्षधर थे, जबकि समाजवादियों को जरूरत पड़ने पर औपनिवेशिक सत्ता के खिलाफ हिंसक संघर्ष छेड़ने में कोई एतराज न था।

3. गांधीजी के भाषण, उनके लेख, जनता के नाम उनके संदेश, भारतीय समाज के आन्तरिक अन्तर्विरोधों को उजागर नहीं करते थे, जबकि कांग्रेस समाजवादी दल के सदस्य समाज के वर्गीय चरित्र का बार-बार उल्लेख करते थे और जनता की आर्थिक माँगों के आधार पर ही उसे संगठित करना चाहते थे।

4. गांधी जी किस तरह का भारत चाहते थे, यह पूरी तरह स्पष्ट नहीं था, जबकि कांग्रेस समाजवादी बराबर यह कह रहे थे कि वे आधुनिक औद्योगिक और राजकीय नियोजन वाले एक ऐसे समाजवादी लोकतान्त्रिक राष्ट्र का निर्माण करना चाहते हैं, जहाँ आय का समतावादी वितरण हो।

कांग्रेस रणनीति से भेद

कांग्रेस समाजवादी दल के कांग्रेस मतभेद, महज कार्यक्रमों को लेकर नहीं थे, रणनीति के मुद्दे पर भी उनमें मतभेद था। कांग्रेस राष्ट्रीय आन्दोलन के बहुवर्गीय चरित्र को बनाये रखने पर जोर देती थी। उसका विश्वास था कि वर्ग-समन्वय से भी समाज में बड़े पैमाने पर आर्थिक-सामाजिक व राजनीतिक परिवर्तन लाये जा सकते हैं। इन्हीं विचारों और सिद्धान्तों के आधार पर कांग्रेस नेतृत्व ने युवा समाजवादियों पर 'अति उत्साही' होने का आरोप लगाया और उनकी आलोचना की। 18 जून सन् 1934 को कांग्रेस कार्यकारिणी ने एक प्रस्ताव पास किया; जिसमें 'समाजवादी गुट' के गठन की प्रशंसा की गयी थी; परन्तु निजी सम्पत्ति के अन्त और वर्ग-संघर्ष की अनिवार्यता के सिद्धान्त की आलोचना की गयी थी। कांग्रेस ने इसे 'समाजवादियों की बकवास' कहा।

मेरठ अधिवेशन और 'नकली एकता' (1936)

मीनू मसानी, अच्युत पटवर्धन, डॉ लोहिया, अशोक मेहता और अन्य के विरोध के बावजूद 20 जनवरी, 1936 को मेरठ में कांग्रेस समाजवादी दल ने मार्क्सवाद को साम्राज्यवाद के विरुद्ध संघर्ष में विजय दिलाने वाली एकमात्र शक्ति घोषित किया। जयप्रकाश ने क्रान्ति की तकनीकों, वर्ग-संघर्ष के सिद्धान्त तथा व्यवहार और राज्य की प्रवृति के विषय में मार्क्सवादी प्रस्थापनाएँ स्वीकार की। इस नकली एकता के कारण थोड़े समय के लिए दल की शक्ति में वृद्धि प्रतीत हुई परन्तु शीघ्र झगड़ों की शुरूआत हुई। एम० एन० राय के अनुयायियों ने सन् 1937 में दिल्ली में एक सभा करके 'कांग्रेस समाजवादी पार्टी' छोड़ी। जब मीनू मसानी ने 'कामिन्टर्न' का गुप्त परिचय प्रस्तुत किया और जब 'मोलोटोव-रोबिनट्रोप संधि' हो चुकी; तब साम्यवादियों के प्रति जयप्रकाश का मोह भंग हुआ, सन् 1940 की रामगढ़ कांफ्रेस में जब उन्हें निष्कासित किया गया, तब वे केरल, आन्ध्र प्रदेश, तमिलनाडु तथा बंगाल की सारी छात्र, मजदूर तथा किसान सभा की शाखाओं को ही अपने साथ ले गये। इ० एम० एस० नम्बूद्रीपाद, ए० के० गोपालन, रणदिवे, वासवपुनैया जैसे प्रभावी सदस्यों ने दल त्यागकर कांग्रेस समजावादी दल की चूलें हिला दीं।

कांग्रेस समाजवादी दल की उपलब्धियाँ

(1) कांग्रेस ने उनके स्वीधानता, राष्ट्रीयकरण और भू-सुधार इत्यादि के प्रस्ताव मान लिये।

(2) नेताजी सुभाषचन्द्र बोस को कांग्रेस का अध्यक्ष बनाया गया।

(3) समाजवादी दल के सदस्य भारतीय श्रमिक आन्दोलन में उभरे।

(4) कांग्रेस समाजवादियों ने विधानमण्डलों के चुनावों का बहिष्कार किया और कांग्रेस मन्त्रिमण्डलों से भी अपने आपको बचाये रखा।

राष्ट्रीय आन्दोलन में योगदान

'भारत छोड़ो आन्दोलन' में कांग्रेस समाजवादी दल की अत्यधिक महत्वपूर्ण भूमिका और 1942-45 के काल को इस दल के 'स्वर्ण युग' की संज्ञा दी जाती है। 9 नवम्बर, 1942 को जयप्रकाश नारायण अपने पाँच साथियों के साथ हजारीबाग सेन्ट्रल जेल से निकल भागे और डॉ० लोहिया, अच्युत पटवर्धन और अरुणा आसफ अली के साथ 'केन्द्रीय संग्राम समिति' बनाकर अंग्रेजों के विरुद्ध सशस्त्र संग्राम का आहवान् किया, इन्होंने भूमिगत रहकर आन्दोलन का जिस प्रकार से संचालन किया, उससे ये समाजवादी नेता समस्त युवा वर्ग के हृदय सम्राट बन गये थे। राममनोहर लोहिया, अरुणा आसफ अली तथा प्रोफेसर उषा मेहता के आजाद हिन्द रेडियों के प्रसारणों ने धूम मचा दी और उनके बुलेटिनों ने सारे देश को गरमा दिया।

समाजवादी दल का विघटन

1. पहला आघात—सन् 1947 में संविधान सभा में प्रतिनिधियों को भेजने का मुद्दा उठाने पर कांग्रेस समाजवादी दल अपने जाने-पहचाने 'हैमलेटी अन्दाज' में था। दल न तो संविधान सभा की महत्वपूर्ण भूमिका को और न ही मौके की गम्भीरता को समझ पाया संविधान सभा का बहिष्कार भावनात्मक और बौद्धिक रोमानीपन मात्र था।

2. दूसरा आघात—सन् 1946 के उत्तरार्द्ध में जवाहरलाल नेहरू से एक काम चलाऊ समझौता करके स्थिति का फायदा उठाते हुए सरदार पटेल ने 1947 ई॰ में कांग्रेस से दोहरी सदस्यता (भारतीय राष्ट्रीय कांग्रेस और कांग्रेस समाजवादी दल की सदस्यता) रखने के विरोध में प्रस्ताव पारित करा दिया। 28 फरवरी और 1 मार्च, 1947 को होने वाले कांग्रेस समाजवादी दल के अधिवेशन ने यह निर्णय लिया कि वे अपने दल के नाम से 'कांग्रेस' शब्द का परित्याग कर देंगे। मार्च 1948 में उन्होंने कांग्रेस दल से अलग होकर पूर्णतया पृथक राजनीतिक दल के रूप में कार्य करने का निर्णय लिया। इस समय समाजवादी नेताओं पर 1942 की लोकप्रियता का खुमार चढ़ा हुआ था। सन् 1946-47 में केरल तथा बम्बई नगरपालिका के चुनावों से समाजवादियों को भ्रम हो गया कि वे जनता में काफी लोकप्रिय हैं। जयप्रकाश, अशोक मेहता और मीनू मसानी ने यह समझा कि 1942 के स्वर्णयुग को अब वोटों में बदला जा सकता है। आचार्य नरेन्द्रदेव और डॉ॰ लोहिया यह मानते थे कि अभी कांग्रेस पार्टी छोड़ने का वक्त नहीं आया है परन्तु उनकी विवेकपूर्ण बात को अनसुनी कर के समाजवादियों ने कांग्रेस दल को छोड़ने का निर्णय ले लिया।

3. दोहरी टूट—इस निर्णय से 1948 में ही कांग्रेस समाजवादी दल को दोहरी टूट का सामना करना पड़ा। एक ओर उत्तर प्रदेश में उनके कई साथी कांग्रेस में रह गये। दूसरी ओर प॰ बंगाल में उनके अनेक पक्षधर कम्युनिस्ट पार्टी की शरण में चले गये। सन् 1947 ई॰ में दल ने पहली बार सर्वाधिकारवादी साम्यवादी तथा लोकतांत्रिक समाजवाद के बीच लक्ष्मण रेखाएँ खींची और सर्वाधिकारवादी साम्यवाद को अस्वीकार करते हुए लोकतांत्रिक समाजवाद का वरण किया। इस अवसर पर जयप्रकाश ने 'मूल्यों पर आधारित नई जीवन प्रणाली की स्थापना' को अपने दल का लक्ष्य बतलाया था। दिसम्बर सन् 1948 में दल ने 'हिन्द मजदूर सभा' तथा हिन्द 'किसान पंचायत' (1949) की स्थापना की। ये दोनों संगठन कागजी सिद्ध हुए क्योंकि तब तक किसान और मजदूर वर्गों में साम्यवादी दल का वर्चस्व स्थापित हो गया था। बम्बई के श्रमिकों तथा उत्तर प्रदेश और बिहार के कुछ नेताओं में दल के कुछ नेताओं की थोड़ी साख जरूर थी। क्रांतिकारी समाजवादी पार्टी तथा बोल्शेविक लेनिनवादी पार्टी के विलय से भी इस दल को लाभ नहीं हुआ। मार्च सन् 1949 में दल ने 'सीमित सदस्यता' के स्थान पर 'व्यापक सदस्यता' का निर्णय लिया परन्तु इससे कोई विशेष अन्तर नहीं पड़ा।

प्रथम आम चुनाव और समाजवादी दल

प्रथम आम चुनावों में दल के महासचिव जयप्रकाश ने बड़े उत्साह से लोकसभा के 225 स्थानों तथा विधानसभा के 1,805 स्थानों पर अपने दल के उम्मीदवार खड़े किये। चुनावी वातावरण में दल के उम्मीदवारों की लोकप्रियता को देखकर ऐसा लगने लगा कि समाजवादी दल कांग्रेस का विकल्प देने की स्थिति में है। परन्तु जब चुनाव-परिणाम आये, तब पता चला कि 10.5 प्रतिशत मत प्राप्त कर दल ने दूसरा स्थान प्राप्त किया है। जबकि स्थानों की दृष्टि से उसका तीसरा स्थान है। दल के केवल 12 प्रतिनिधिगण लोकसभा पहुँचें। विधानसभाओं में उन्हें कुल 2,246 स्थानों में से मात्र 125 स्थान मिले। दल के 57.8 प्रतिशत उम्मीदवारों की जमानतें जब्त हो गयीं। स्थानों की दृष्टि से दूसरा स्थान तत्कालीन साम्यवादी दल को मिला, जिसके 23 उम्मीदवार लोकसभा में पहुँचे। साम्यवादी दल की सफलता का कारण यह था कि दल ने अपने सीमित

साधन सीमित स्थानों (केरल, प० बंगाल तथा आंध्र प्रदेश) तक ही केन्द्रित किये थे। दल के लिए यह आत्मनिरीक्षण और दलीय संगठन को मजबूत करने का अवसर था, परन्तु ऐसा कुछ करने की बजाय 'शिखर राजनीति' का ही सहारा लिया जाता रहा। सन् 1952 में ही जे० बी० कृपलानी के राजनीतिक दल 'किसान मजदूर पार्टी' के साथ मिलकर दल के लिए नये नाम 'प्रजा समाजवादी दल' को अपनाया गया। सन् 1952 से 1955 के काल में प्रजा समाजवादी दल को 6 लोकसभा सीटों तथा 19 विधानसभा सीटों पर सफलता मिली, परन्तु अपने आन्तरिक मतभेदों के कारण यह दल अन्दर ही अन्दर कमजोर होता जा रहा था।

निरन्तर विग्रह और फूट

सन् 1953 में जवाहरलाल ने जयप्रकाश को अपने मंत्रिमंडल में आने का न्यौता दिया और कांग्रेस को उग्र बनाने के कार्य में भी मदद करने का आग्रह किया। जयप्रकाश ने एक 14 सूत्रीय माँगपत्र पेश किया। नेहरू और जयप्रकाश के बीच आपसी सहयोग नहीं हुआ, लेकिन इस प्रस्ताव से उस समय के प्रजा समाजवादी दल में भारी विद्वेष तथा शंका का माहौल पैदा हो गया। 14-18 जून 1953 को दल के वैतूल अधिवेशन 1934 से दल के महासचिव पद पर चले आ रहे जयप्रकाश नारायण को भीषण आलोचना का सामना करना पड़ा और उन्होंने महासचिव पद से त्यागपत्र दे दिया। दिसम्बर 1953 में दल के इलाहाबाद अधिवेशन में आचार्य जे० बी० कृपलानी नये अध्यक्ष और डा० लोहिया दल के नये महासचिव बनाये गये। लोहियावादियों की आलोचना से अन्दर तक हिल जाने से जयप्रकाश समस्त दलीय राजनीति से दूर होते गये और उन्होंने 'सर्वोदय' में जाकर 'जीवनदानी' बनने का निर्णय ले लिया। उन्हें लगा कि समाज में राजनीतिक दलों की भूमिका अत्यन्त सीमित समाज रूपान्तरण की नई और व्यापक भूमिका के लिए सर्वथा अनुपयुक्त है।

प्रजा समाजवादी दल 1953 के बैतूल अधिवेशन में अशोक मेहता ने 'पिछड़ी हुई अर्थ-व्यवस्था की राजनीतिक बाध्यताएँ' शीर्षक से एक विचारधारा प्रस्तुत की; जिसमें कि उन्होंने कांग्रेस के साथ 'सहकार के क्षेत्र' ढूँढ़ने तथा एक रचनात्मक विरोध की भूमिका निभाने की मान्यता प्रस्तुत की। इसके विरोध में डा० लोहिया 'समान दूरी का सिद्धान्त' तथा 'समान रूप से अप्रासंगिकता का सिद्धान्त' प्रस्तुत किया। अपने इस सिद्धान्त में कहा कि समाजवादी दल को कांग्रेस और साम्यवादी दोनों दल से अलग रहते हुए लोगों को एक नया विकल्प देना है। यद्यपि दल ने डा० लोहिया की मान्यता को स्वीकार कर लिया, परन्तु अशोक मेहता की मान्यता ने दल में विग्रह की स्थिति को बनाये रखा।

नवम्बर 1954 में प्रजा समाजवादी दल के नागपुर अधिवेशन में आचार्य कृपलानी के अध्यक्ष पद से त्यागपत्र दे देने पर उत्पन्न विभाजन की स्थिति को दूर करने आचार्य नरेन्द्र देव को अध्यक्ष बनाया गया परन्तु वे भी अधिक समय तक विभाजन की स्थिति को टाल नहीं पाये व्यक्तित्वों की टकराहट के फलस्वरूप दिसम्बर सन् 1955 में लोहिया और उनके अनुयायियों ने प्रजा समाजवादी दल से अलग होकर 'समाजवादी पार्टी' की स्थापना कर ली। सन् 1956 में आचार्य नरेन्द्रदेव के निधन से भारतीय समाजवादी दल को ऐसा धक्का लगा, जिससे वह कभी उभर नहीं पाया।

दूसरे आम चुनाव के बाद जयप्रकाश नारायण ने प्रजा समाजवादी दल और लोहिया के समाजवादी दल में एकता स्थापित करने का असफल प्रयत्न किया। अब जयप्रकाश ने प्रजा समाजवादी दल और दलीय राजनीति से बचा-खुचा सम्बन्ध भी तोड़ लिया। सन् 1963 में योजना आयोग के उपाध्यक्ष का पद पा लेने पर अशोक मेहता अपने कुछ साथियों के साथ प्रजा समाजवादी दल से अलग हो गये। 'गैर-कांग्रेसवाद' का नारा लगाकर लोहिया ने फरवरी 1967 में चतुर्थ आम चुनाव में कांग्रेस की शक्ति को भारी आघात पहुँचाया। अक्टूबर सन् 1967 में लोहिया के निधन के साथ समाजवादी आन्दोलन ने अपना अन्तिम स्तम्भ खो दिया। इसके बाद समाजवादी दल के रूप में संयुक्त समाजवादी दल और समाजवादी दल आदि बने, और इनमें विभाजन हुआ तथा यह क्रम निरन्तर बना रहा।

समाजवादी दल का मूल्यांकन

सन् 1934 में विधिवत् संगठित 'कांग्रेस समाजवादी दल' और 1948 ई० में कांग्रेस से सम्बन्ध विच्छेद करके बने 'समाजवादी दल' ने समाजवादी आन्दोलन को आगे बढ़ाकर भारतीय राज-व्यवस्था और राजनीति को कोई दिशा नहीं दी और न ही अपने लिये भारतीय राजनीति में कोई स्थान बनाया। इसके कारण निम्नलिखित थे:

1. परस्पर मतभेद—समाजवादी आन्दोलन के अन्तर्गत जयप्रकाश, लोहिया, अशोक मेहता और मीनू मसानी आदि के बौद्धिक विचारों में कभी एकरूपता नहीं आ पायी। आचार्य नरेन्द्र देव जैसा व्यक्तित्व भी उन्हें कभी एक सूत्र में बाँधकर नहीं रख पाया। समाजवादी दल अपनी ऐसी कोई निश्चित नीति और कार्यपद्धति नहीं बना पाया, जिसके आधार पर मजदूर, किसान और छात्रों के बीच संगठनों को मजबूत बनाया जा सकता।

2. विकास का अभाव—समाजवादी दल ने 'लोकतांत्रिक-समाजवाद' को अपना लक्ष्य बनाया था। कालान्तर में इसे नेहरू के नेतृत्व वाली कांग्रेस और साम्यवाद से आक्रमण का सामना करना पड़ा। लोकतन्त्र के प्रति गहरी आस्था और सत्ता से जुड़ने की लालसा रखने वाले व्यक्ति नेहरू की कांग्रेस के साथ जुड़ गये। समाजवाद के प्रति जिनकी गहरी आस्था थी, उनमें से अधिकांश ने अपने आपको साम्यवादी दल के साथ जोड़ लिया। समाजवादी दल दबाव समूह से आगे बढ़कर शासक दल का विकल्प बनने के लिए व्यापक संगठन न खड़ा कर सका। ब्लैक्टेन कहते हैं, ''वे लोग सारी जिन्दगी अपने अनुयायी बनने के बजाय बहुलवादी कांग्रेस में 'वामपंथी लाबी' बनाते रहे। ये सदैव जिम्मेदारियाँ ओढ़ने से बचते रहे। अत: विचारधारायी सशक्तता के अलावा उनके पास और बचा ही क्या था?''[1] अपने सार्वजनिक जीवन के प्रारम्भ से ही प० नेहरू देश की स्वाधीनता और लोकतंत्र के साथ-साथ समाजवाद से भी जुड़े हुए थे। उन की अध्यक्षता में सन् 1929 ई० में राष्ट्रीय कांग्रेस ने समाजवाद सम्बन्धी प्रस्ताव पारित किया था अपने अध्यक्षीय भाषण में उन्होंने कहा था 'मुझे इस बात को स्पष्टतया स्वीकार का लेना चाहिए कि मैं समाजवादी और गणतन्त्रवादी हूँ। 'समाजवाद ही क्यों? विषय पर अपने विचार प्रकट करते हुए 12 अप्रैल, 1936 की लखनऊ कांग्रेस के 49 वें अधिवेशन में उन्होंने कहा था, ''मैं समाजवाद

1. John S. Blacktan: *Socialist Unity in India. A Case Study*, p. 2.

के सिवा कोई दूसरा रास्ता नहीं देखता जो गरीबी, बेकारी, बेइज्जती और गुलामी से हिन्दुस्तान के लोगों को छुटकारा दिला सकें।''

नेहरू का लोकतान्त्रिक समाजवाद

स्वतन्त्रता प्राप्ति के बाद पं० नेहरू ने भारत में लोकतान्त्रिक समाजवाद की दिशा में प्रगति प्रारम्भ की। भारतीय संविधान के अन्तर्गत लोकतांत्रिक समाजवाद के तत्वों को अपनाया गया। भारतीय संविधान की प्रस्तावना, नीति निर्देशक तत्वों और मौलिक अधिकारों में समाजवाद देखा जा सकता है। नीति निर्देशक तत्व तो समाजवादी व्यवस्था के सामान्य सिद्धान्त व उद्देश्य ही हैं। शासन द्वारा अपनायी गयी पंचवर्षीय योजनाओं का लक्ष्य समाजवाद ही था। 7 अप्रैल, 1948 को नेहरू जी ने जिस आर्थिक नीति की घोषणा की, वह मूल रूप से समाजवादी थी। अणुशक्ति रेलवे तथा 6 अन्य प्रमुख उद्योगों में सरकार ने अपना स्वामित्व स्थापित रखा।

आबड़ी कांग्रेस प्रस्ताव

सन् 1954 में एक संसदीय प्रस्ताव द्वारा समाजवाद में आस्था व्यक्त की गई। सन् 1955 के अबाड़ी कांग्रेस में यह प्रस्ताव पारित किया गया कि संविधान की प्रस्तावना व निर्देशक तत्वों को साकार करने के लिए योजना से 'समाजवादी ढाँचे के समाज' की स्थापना की जाय। इस प्रस्ताव में प्रमुख उद्योगों के साधनों पर समाज के नियन्त्रण भूमि सुधार, उद्योगों में श्रमिकों की भागीदारी, सहकारिता को प्रोत्साहन और सामाजिक न्याय की प्राप्ति के प्रस्ताव पारित किये गये।

नागपुर अधिवेशन

सन् 1956 के नागपुर अधिवेशन में कांग्रेस ने शान्तिपूर्ण और न्यायोचित साधनों द्वारा 'एक समाजवादी सहकारी राज्य के निर्माण' का प्रस्ताव पारित किया।

भावनगर अधिवेशन

जनवरी 1962 के 'भावनगर अधिवेशन' में इस समाजवादी प्रस्ताव को दोहराया गया। 9 जनवरी, सन् 1964 को पुनः लोकतांत्रिक समाजवाद का एक व्यापक प्रस्ताव पारित किया गया।

नेहरू काल में समाजवादी व्यवस्था की स्थापना की दिशा में प्रगति हुई। समस्त देश में सामुदायिक विकास योजनाओं का जाल-सा बिछाया गया। विकास कार्यों में जन-सहयोग प्राप्त करने एवं राज्य की शक्ति को विकेन्द्रित करने के लिए पंचायती राज की स्थापना की गयी। सामाजिक सरंक्षण और श्रम के क्षेत्र में भी सरकार ने अनेक कानून बना कर श्रमिक कल्याण की दिशा में महत्वपूर्ण कदम उठाये।

श्रीमती गांधी का समाजवाद

श्रीमती इन्दिरा गांधी के शासन काल में समाजवाद की दिशा में कुछ कदम उठाये गये। जिन में प्रमुख थे: 14 प्रमुख बैंकों का राष्ट्रीयकरण, नरेशों के प्रिवीपर्स की समाप्ति, सम्पत्ति के मौलिक अधिकार को सीमित करना, जोत की भूमि का सीमाकरण तथा शहरी सम्पत्ति का सीमाकरण आदि।1976 में 42 वें संवैधानिक संशोधन से भारतीय संविधान की प्रस्तावना में

परिवर्तन कर भारत को एक 'समाजवादी राज्य' घोषित किया गया। सन् 1976 में 'बंधुआ मजदूरों की समाप्ति' की दिशा में महत्वपूर्ण कदम उठाये गये। 1979 में जनता पार्टी के शासन काल में 44 वें संवैधानिक संशोधन' द्वारा 'सम्पत्ति के अधिकार को मौलिक अधिकारों की सूची से बाहर कर दिया गया और अब वह केवल एक 'कानूनी अधिकार' रह गया ।

भारत में समाजवादी आन्दोलन का मूल्यांकन –भारत के समाजवादी आन्दोलन ने 'लोकतान्त्रिक समाजवाद' को अपना लक्ष्य घोषित किया। लोकतान्त्रिक समाजवाद और निश्चित नहीं है। राष्ट्रीयकरण को किस सीमा तक अपनाया जाय और निजी सम्पत्ति पर किस सीमा तक नियन्त्रण रखा जाय? इन प्रश्नों का कोई स्पष्ट उत्तर लोकतान्त्रिक समाजवाद या भारत को समाजवादी आन्दोलन ने नहीं दिया। भारत के विभिन्न राजनीतिक दल बिना सिद्धान्त के समाजवाद को अपना लक्ष्य घोषित करते हैं, इससे भारत में समाजवाद का कोई महत्व नहीं है। पॉल रेमेडियर के अनुसार "सिद्धान्त के बिना समाजवाद निर्बल हो जाता है और अपनी शक्ति खो बैठता है।"[2]

समाजवाद 'आर्थिक-सामाजिक न्याय' की स्थिति है। भारत की आर्थिक स्थिति आज भी लगभग वैसी ही है जैसा कि स्वतन्त्रता प्राप्ति के समय थी। भारत में शासक दल लगभग प्रतिवर्ष समाजवाद विषयक प्रस्ताव पारित करता है, परन्तु इससे 'समाजवाद' की स्थापना नहीं हो जाती। 'सरदार पटेल स्मारक व्याख्यान माला' के अन्तर्गत 'संविधान और सामाजिक-आर्थिक परिवर्तन' पर बोलते हुए 16 दिसम्बर, 1977 को सर्वोच्च न्यायालय के भूतपूर्व न्यायाधीश हंसराज खन्ना ने कहा कि, "संविधान में जो सामाजिक-आर्थिक लक्ष्य और उद्देश्य निर्धारित किये गये, हम उनसे पहले की अपेक्षा अधिक दूर हो गये हैं। यह विडम्बना ही है कि इन लक्ष्यों को प्राप्त करने की दिशा में अब तक कुछ नहीं किया गया।"[3] लगभग दो दशक बाद भी न्यायमूर्ति खन्ना की बात सही है। आज भी भारत में उत्पादन के लगभग सभी साधन धनी और उच्च वर्ग के हाथों में केन्द्रित हैं। जो कल तक सामन्त थे, वे आज जनता के प्रतिनिधि और नेता हो गये है और जो सामन्त नहीं थे, उन जन प्रतिनिधियों ने भी सामन्ती आचरण को अपना लिया है। भारत में कथनी और करनी में बहुत अधिक भेद है। सामाजिक न्याय पर आधारित समाजवाद की स्थापना करने के लिए सामाजिक आर्थिक क्षेत्रों में ठोस कार्य करना होगा।

अभ्यास के लिये प्रश्न

1. भारत में समाजवादी विचारधारा का विकास दिखलाइए।
2. भारत में समाजवादी आन्दोलन का संक्षिप्त परिचय दीजिये।

---

2. " Socialism without doctrine becomes diluted and looses in vigour.
   --Paul Ramadier, Quoted Joseph S. Romeck : *Contemporary Political Ideologies, p. 133.*

3. *दैनिक हिन्दुस्तान,* 18 दिसम्बर, 1977, p. 3.

21

भारत में साम्यवादी (वामपंथी) विचारधारा और आन्दोलन (Communist--Leftist Ideology and Movement in India)

भारत में रूसी क्रान्ति का प्रभाव

भारत में समाजवादी चिन्तन और आन्दोलन वामपंथी चिन्तन और आन्दोलन का एक अंग रहा है; परन्तु वामपंथ की एक धारा 'साम्यवादी चिन्तन और आन्दोलन' के रूप में भी रही है। सर्वप्रथम, सन् 1912 ई० में केरल के देश भक्त प्रगतिशील पत्रकार रामकृष्णपिल्ले ने मलयालम में कार्ल मार्क्स के जीवन चरित्र को प्रकाशित किया। अक्टूबर सन् 1917 में जब सोवियत रूस में साम्यवादी क्रांति तो प्रबुद्ध भारतीय बीसवीं सदी की इस महानतम् घटना से प्रभावित हुए। लाल, बाल और पाल; जिन्हें भारत के राष्ट्रीय आन्दोलन में उग्रराष्ट्रवादियों के नेता के रूप में जाना जाता है, 'साहसिक उपलब्धि' के रूप में इसका अभिनन्दन किया। 'उग्र राष्ट्रवादी धारा के साथ जुड़े हुए व्यक्तियों ने रूसी क्रांति को उत्साह और प्रशंसा की दृष्टि से देखा; यद्यपि ये व्यक्ति कभी भी मार्क्सवाद के पुजारी नहीं रहें।[1]

धीरे-धीरे सोवियत संघ से भारत के क्रांतिकारियों और गदर पार्टी के संगठनकर्त्ताओं का सम्पर्क भी बढ़ने लगा। सन् 1919 में नलिनी गुप्ता और भूपेन्द्र दत्त मास्को गये थे। सन् 1920 के प्रारंभ में गदर पार्टी के कुछ प्रमुख सदस्य सन्तोष सिंह, रतनसिंह और गुरुमुखसिंह ने मास्को में आयोजित 'चतुर्थ कम्युनिस्ट इण्टरनेशनल' में भाग लिया। इन्होंने भारत में मजदूर आन्दोलन को संगठित करने की आवश्यकता अनुभव की और इस दिशा में उन्होंने कार्य भी किया, परन्तु उन्होंने वर्ग संघर्ष की व्याख्या को कभी स्वीकार नहीं किया।

जिन अन्य व्यक्तियों पर कार्ल मार्क्स की विचारधारा और रूसी क्रांति का गहरा प्रभाव था उनमें सबसे प्रमुख एम० एन० राय और रजनी पामदत्त थे। श्रीपत अमृत डाँगे ने सन् 1921 ई० में

1. Goyal Dr. O.P., *Contemporary Indian Political Thought*, p. 76.

'गांधी और लेनिन' शीर्षक से एक पुस्तक प्रकाशित की। उन्होंने मराठी भाषा में 'इन्दुप्रकाश' और आंग्ल भाषा में 'सोशलिस्ट' का प्रकाशन कर के भारतीय समस्याओं और परिस्थितियों के संदर्भ में मार्क्स के विचारों को प्रतिपादित किया। लाहौर के गुलाम हसन तथा बंगाल के मुजफ्फर अहमद ने भी मार्क्स के साहित्य का प्रचार-प्रसार किया। उत्तर-प्रदेश में शौकत उस्मानी ने इस दिशा में कार्य किया।

साम्यवादी दल की स्थापना

विश्व में साम्यवाद के प्रचार-प्रसार के उद्देश्य से मार्च सन् 1919 में सोवियत रूस के क्रांतिकारियों ने 'तृतीय कम्युनिस्ट इण्टरनेशनल' की स्थापना की। लेनिन की दृष्टि से भारत में साम्यवाद के प्रचार-प्रसार के लिये उपयुक्त पृष्ठ भूमि विद्यमान थी।[2] ब्रिटिश साम्यवादियों और भारतीय विचारक एम॰ एन॰ राय ने युवा भारतीयों के एक वर्ग को मार्क्सवादी विचार और दर्शन के प्रसार हेतु भारत में एक संगठन स्थापित करने के लिए प्रेरित किया। इस प्रकार का संगठन औपचारिक रूप में 26 दिसम्बर, 1925 को अस्तित्व में आया। उसे 'भारत का साम्यवादी दल' (CPI) नाम दिया गया। एम॰ एन॰ राय की सलाह पर 'भारत के साम्यवादी दल' को 'कम्युनिस्ट इण्टरनेशनल' की एक शाखा के रूप में मान्यता प्रदान कर दी गई। सन् 1928 में 'कम्युनिस्टइण्टरनेशनल' ने भारत के साम्यवादी दल के निम्नलिखित कार्य अथवा उद्देश्य निर्धारित किये।

साम्यवादी दल के उद्देश्य अथवा कार्य

(1) देश की मुक्ति के लिये ब्रिटिश साम्राज्यवाद के विरुद्ध संघर्ष;

(2) देश के विभिन्न भागों में फैले हुए साम्यवादी संघों और व्यक्तियों को एक ही स्वतन्त्र और केन्द्रीयकृत दल में गठित करना,

(3) भारतीय राष्ट्रीय कांग्रेस के राष्ट्रीय सुधारवाद का भण्डाफोड़ करना और स्वराज्यवादियों-गांधीवादियों के निष्क्रिय प्रतिरोध का विरोध करना,

(4) मजदूर संघों में सक्रिय राष्ट्रीय सुधारवादी नेताओं की गतिविधियों और कमजोरियों को पूरी शक्ति के साथ उजागर करते हुए मजदूर संघों का सर्वहारावर्ग के वास्तविक संगठन के रूप में रूपान्तरण हेतु निर्णायक संघर्ष करना और कामगारों को प्रचार तथा निर्देश के माध्यम से साम्यवादी सिद्धान्तों की शिक्षा देना,

(5) भारत के कृषक वर्ग को भी इसी प्रकार संगठित करना, और

(6) देश में हिंसक क्रांति के लिए आधार तैयार करना।[3]

भारत के साम्यवादी दल का कार्यक्रम 'कम्युनिस्ट इण्टरनेशनल' ने निर्धारित किया। मजदूर वर्ग का आन्दोलन संगठित करने और सशस्त्र क्रांति की दिशा में आगे बढ़ने के लिए उसने अनेक भारतीय साम्यवादियों को प्रशिक्षित भी किया। उनमें से कुछ थे एम॰ एन॰ राय, एस॰ ए॰

---

2. Lenin, *Selected Works,* Vol X, p. 731.
3. For details, see M.R. Masani's , *The Communist Party of India,* p.37.

डांगे, जी० एम० अधिकारी, सी० पी० दत्त, डॉ० हाफीज़, नलिनी गुप्ता, अयोध्या प्रसाद और शौकत उस्मानी। उन्हें यह प्रशिक्षण दिया गया कि देश का स्वतंत्रता संघर्ष किस प्रकार चलाया जाना चाहिए और शासन तथा कांग्रेस आदि संस्थाओं में प्रवेश कर उन्हें भीतर से किस प्रकार तोड़ा जा सकता है।

साम्यवादी आन्दोलन का दमन

भारत का साम्यवादी दल मजदूर वर्ग को संगठित करने में लग गया। सन् 1925-29 के बीच कई बड़ी रेल हड़तालें हुईं अब मजदूर आन्दोलन ब्रिटिश शासन को जड़ से उखाड़ फेंकने की बात भी करने लगा। ब्रिटिश सरकार यह जानती थी कि भारत के साम्यवादियों को सोवियत रूस से प्रेरणा प्राप्त हो रही है, जिसे ब्रिटेन का मित्र नहीं समझा जा सकता। अत: ब्रिटिश सरकार ने भारतीय साम्यवादियों पर दमनात्मक कार्यवाहियाँ प्रारम्भ कर दीं। 29 मार्च सन् 1929 को देश के 31 प्रमुख साम्यवादी नेताओं को 'मेरठ षड्यन्त्र केस' में बंदी बना लिया गया। इन्हें सरकार के विरुद्ध असन्तोष फैलाने और ब्रिटिश सरकार को उखाड़ फेंकने की चेष्टा करने के लिए उत्तरदायी ठहराया गया। इन पर मुकदमें चले और इन्हें लगभग 6 वर्ष जेल में बिताने पड़े। सन् 1930 में एम० एन० राय भारत आये। उन पर 1924 के 'कानपुर षड्यंत्र केस' के लिए उत्तरदायी होने का आरोप लगाकर मुकदमा चलाया गया और 6 वर्ष की सजा दी गई। 1934 में ब्रिटिश सरकार ने 'भारत के साम्यवादी दल' को प्रतिबंधित कर उसे एक गैर-कानूनी संगठन घोषित कर दिया।

साम्यवादियों की अन्य दलों में घुसपैठ

सन् 1933 ई० में जब हिटलर जर्मनी में सत्ता में आया तो स्टालिन के सामने जर्मनी से सोवियत रूस की रक्षा की समस्या थी। 'कम्युनिस्ट इण्टनेरशनल' ने समस्त विश्व के साम्यवादियों को हिलटर की 'युद्ध-पिपासु' के रूप में आलोचना करने का निर्देश दिया। उन्हें अपने-अपने देश में अन्य प्रमुख दलों के साथ मिलकर ऐसे संयुक्त मोर्चे खड़े करने को कहा गया, जिनका उपयोग दुश्मन के विरुद्ध किया जा सके; वह दुश्मन चाहे हिटलर का फात्सीवाद हो, पश्चिमी साम्राज्यवाद हो, या आन्तरिक पूँजीवाद हो। साम्यवादियों को यह भी कहा गया कि वे अपने आपको वास्तविक लोकतंत्र और संसदीय व्यवस्था का रक्षक बतलाया। भारतीय साम्यवादी सोवियत रूस के सच्चे सहायक के रूप में कार्य कर रहे थे। उनके सामने एक अन्य समस्या यह थी कि ब्रिटिश सरकार ने सन् 1934 में 'भारत के साम्यवादी दल' पर प्रतिबन्ध लगा दिया था। जो 1942 तक लागू रहा। अस्तु, भारतीय साम्यवादियों ने कांग्रेस में घुसपैठ करने का निश्चय किया। रजनी पामदत्त तथा ब्रिटेन के साम्यवादी नेता ब्रेडले के परामर्श से उन्होंने 'कांग्रेस समाजवादी दल' का उपयोग किया। कांग्रेस के कुछ नेता; विशेषतया जयप्रकाश नारायण, जवाहरलाल नेहरू और सुभाषचन्द्र बोस सोवियत रूप की उपलब्धियों से प्रभावित थे। इन नेताओं के प्रभाव से सन् 1936 ई० में कांग्रेस के दरवाजे भारतीय साम्यवादियों के लिए खोल दिये गये। 'कांग्रेस समाजवादी दल' ने भी प्रस्ताव पारित करके साम्यवादियों के लिए दल की सदस्यता का प्रावधान कर दिया। अस्तु अनेक प्रमुख साम्यवादियों ने भारतीय राष्ट्रीय कांग्रेस और कांग्रेस समाजवादी दल में प्रवेश

करके अपने लिए महत्वपूर्ण स्थान बना लिया। ये साम्यवादी नेता 'कांग्रेस कार्यकारिणी समिति' के प्रस्तावों को साम्यवादी विचारधारा और हितों के अनुकूल दिशा प्रदान करने लगे। कांग्रेस समाजवादी दल के माध्यम से इन्होंने विद्यार्थी संघों, मजदूर संघों और कृषक संघों पर नियंत्रण स्थापित करने में सफलता प्राप्त की। क्रमशः अखिल भारतीय विद्यार्थी संघ तथा अखिल भारतीय मजदूर संघ पर उनका प्रभाव और नियंत्रण बढ़ता गया। सन् 1936 ई० में प्रो० एन० जी० रंगा ने 'किसान सभा' की स्थापना की थी। साम्यवादियों ने इस सभा पर भी अपना नियंत्रण स्थापित कर लिया।

कांग्रेस समाजवादी दल में साम्यवादियों के बढते हुए प्रभाव को देखकर कांग्रेस समाजवादी दल के अनेक नेता सशंकित हो गये। सन् 1938 ई० में कांग्रेस समाजवादी दल के वार्षिक लाहौर अधिवेशन में दल के तत्कालीन अध्यक्ष एम० आर० मसानी ने सोवियत रूस की तानाशाही और यूरोपियन राजनीति में उसके संदिग्ध रवैये की कड़ी आलोचना की। अशोक मेहता, डा० राम मनोहर लोहिया और अच्युत पटवर्धन भी कांग्रेस समाजवादी दल में साम्यवादी घुसपैठ के खतरे पर बोले। अस्तु, सभी साम्यवादियों को कांग्रेस समाजवादी दल की कार्यकारिणी से त्यागपत्र देने पड़े। सन् 1939 ई० में महायुद्ध प्रारंभ हो जाने पर भारत के साम्यवादी दल ने जो दृष्टिकोण अपनाया; उससे कांग्रेस समाजवादी दल को यह ज्ञात हो गया कि भारतीय साम्यवादी दल की आस्था भारत की अपेक्षा सोवियत रूस के प्रति है। सन् 1940 में एम० आर० मसानी की प्रेरणा पर साम्यवादियों और उनके समर्थकों को कांग्रेस समाजवादी दल से निष्कासित कर दिया गया। कांग्रेस में जिन साम्यवादियों ने घुसपैठ कर ली थी, उनकी भी यही स्थिति हुई। इस प्रकार कांग्रेस और कांग्रेस समाजवादी दल साम्यवादियों के प्रभाव से मुक्त हो गए।

राष्ट्रीय आन्दोलन में साम्यवादी दल की भूमिका

भारत के साम्यवादी दल की स्थापना लेनिन-स्टालिन तथा 'कम्युनिस्ट इण्टरनेशनल' की प्रेरणा से हुई थी। अस्तु, साम्यवादी दल ने देश के स्वतंत्रता संग्राम में अपने योगदान की अपेक्षा अन्तर्राष्ट्रीय राजनीति में सोवियत रूस के हितों को सवोच्च महत्व देते हुए सोवियत रूस के 1926-39 का कार्यकाल साम्यवादी दल और कम्युनिस्ट इण्टरनेशनल के आदेशों-निर्देशों का पालन करने की ओर ध्यान दिया।

दिसम्बर, सन् 1925 में भारत के साम्यवादी दल की स्थापना हुई थी। सन् 1926-33 के वर्षों में इस दल ने भारत के मजदूर वर्ग को संगठित करने और उनमें राजनीतिक चेतना उत्पन्न करने का कार्य ही किया। इस काल में बम्बई और अहमदाबाद में कपड़ा मिल मजूदरों और देश के अनेक भागों में रेलवे कर्मचारियों ने हड़तालें कीं। मजदूर वर्ग ने आर्थिक माँगों से आगे बढ़कर घोषणा की कि उनका 'संघर्ष स्वराज्य के लिए संघर्ष है'। साम्यवादी दल की स्थापना के पूर्व भी मजदूर वर्ग में राजनीतिक चेतना थी, परन्तु सन् 1926-33 के वर्षों में मजदूर वर्ग की इस स्थिति में साम्यवादी दल का योगदान था। अस्तु ब्रिटिश सरकार ने सन् 1934 ई० में साम्यवादी दल को प्रतिबंधित कर दिया। मजदूर वर्ग को संगठित करने और उनमें राजनीतिक चेतना उत्पन्न करने का यह कार्य भी, 'कम्युनिस्ट इण्टरनेशनल' के निर्देशानुसार ही किया गया था।

1936-45 का कार्यकाल

सन् 1936-45 के वर्षों में भारत के साम्यवादी दल के आचरण से यह स्पष्ट हो गया कि भारत के साम्यवादी दल की रुचि देश के राष्ट्रीय आन्दोलन की अपेक्षा अन्तर्राष्ट्रीय राजनीति में साम्यवादी हितों के पोषण और 'कम्युनिस्ट इण्टरनेशनल' के निर्देशों का पालन करने में है। सन् 1933 में जर्मनी में हिटलर के उदय के समय से लेकर जुलाई 1939 तक भारत का साम्यवादी दल हिटलर को 'युद्ध-पिपासु' बतलाते हुए कठोरतम शब्दों में उसकी आलोचना करता रहा था। 23 अगस्त, सन् 1939 को जब सोवियत रूस और जर्मनी के बीच 'अनाक्रमण और तटस्थता' का समझौता हो गया, तो भारत के साम्यवादी दल ने हिटलर को 'शांति का मित्र' और ग्रेट ब्रिटेन तथा फ्रांस को 'युद्ध-पिपासु' घोषित कर दिया। दल ने यह भी कहा कि ब्रिटेन तथा फ्रांस के साम्राज्यवादी इरादों ने ही महायुद्ध को जन्म दिया है और वे इस साम्राज्यवादी युद्ध में ब्रिटेन का समर्थन नहीं करते। सन् 1939-40 में जब सोवियत रूस ने पोलैण्ड के बहुत बड़े क्षेत्र और सम्पूर्ण लेटविया, फिनलैण्ड, लिथुआनिया, इस्टोनिया, बेसारेबिया और बुकोविना पर अधिकार प्राप्त कर लिया; तो भारत के साम्यवादी दल ने तो इसका उत्साहपूर्वक समर्थन किया।

22 जून, 1941 को जब हिटलर की सेना ने सोवियत रूस पर आक्रमण कर दिया तो सोवियत रूस महायुद्ध में ब्रिटेन तथा अमरीका का सहयोगी बन गया। अब सोवियत रूस ने विश्व के समस्त साम्यवादी दलों को ब्रिटेन और अमरीका के प्रति अपने दृष्टिकोण में परिवर्तन करने का निर्देश दिया। कल तक के 'साम्राज्यवादी युद्ध' को भारत के साम्यवादी दल ने अब 'लोक युद्ध' (People's War) कहना प्रारंभ कर दिया। इसके साथ उन्होंने पूंजीवादी सरकारों को गिराने की नीति स्थगित कर दी और घोषित किया कि ब्रिटेन अब साम्राज्यवादी नहीं है और उसको सभी संभव सहायता देकर उसकी युद्ध शक्ति को बढ़ाया जाना चाहिये। भारत के साम्यवादी दल को इन सभी कार्यों का पुरस्कार देते हुए भारत सरकार ने 26 जुलाई, सन् 1942 ई॰ को साम्यवादी दल पर लगे प्रतिबन्ध को हटाते हुए उसे एक वैधानिक दल घोषित कर दिया।

सन् 1942-44 के वर्षों में जब महात्मा गांधी के नेतृत्व में कांग्रेस और भारतीय जनता का एक बड़ा भाग 'भारत छोड़ो आन्दोलन' के द्वारा भारत से ब्रिटिश शासन को उखाड़ फेंकने में संलग्न था, तब भारत के साम्यवादी दल ने इस आन्दोलन का पूरी शक्ति से विरोध करते हुए भारतीय जनता को ब्रिटिश सरकार के साथ सहयोग करने की राय दी। यह राय इसलिए दी गई थी कि अन्तर्राष्ट्रीय राजनीति में ब्रिटेन और सोवियत रूस एक दूसरे के सहयोगी थे। इसी काल में साम्यवादी दल ने लीग के साथ गठबंधन कर उनकी पाकिस्तान सम्बन्धी योजना के पक्ष में विचार प्रकट किये तथा कांग्रेस को आन्दोलन स्थगित करने की सलाह दी। साम्यवादी दल ने कांग्रेस, कांग्रेस समाजवादी दल, और फारवर्ड ब्लाक के नेताओं (आन्दोलन में संलग्न नेताओं) को 'देशद्रोही' (Fifth Columnists) की संज्ञा दी। युद्ध की समाप्ति के कुछ महीने बाद भारतीय साम्यवादियों पर प्रबल प्रहार करते हुए प॰ नेहरू ने 24 अक्टूबर, 1945 को अपने एक सार्वजनिक भाषण में कहा था: ''साम्यवाद के लक्ष्य को भारतीय साम्यवादियों के हाथों गहरा आघात लगा है। भारत के साम्यवादी दल की भूमिका ने सभी राष्ट्रवादियों को इसका 100 प्रतिशत विरोधी

बना दिया है। इस बात को भुलाया जा सकता कि जब हजारों भारतवासी देशहित के लिए अपना सर्वस्व न्यौछावर कर रहे थे, तब साम्यवादी उनके विरोधी शिविर में थे।''

जून 1947 में जब लार्ड माउण्टबेटन ने भारतीय हाथों में सत्ता हस्तान्तरण की योजना घोषित की, तो भारत के साम्यवादी दल ने मास्को से निर्देश प्राप्त करते हुए ही इस योजना को 'साम्राज्यवादी नीति की ऐसी दोहरी चाल बतलाया, जो भारत में विघटनकारी और प्रतिक्रियावादी शक्तियों को जन्म देगीं।, स्वतंत्रता प्राप्ति के बाद जब देश ने 26 जनवरी, सन् 1950 को नया संविधान अपनाया, तो भारत के साम्यवादी दल ने इस संविधान को 'दासता का घोषणा-पत्र' (Charter of Slavery) कहा था। सन् 1950 के बाद भी भारत के साम्यवादी दल के एक भाग ने राष्ट्रवाद की अपेक्षा अन्तर्राष्ट्रीय राजनीति में साम्यवाद के पक्ष-पोषण की प्रवृति बनाये रखी।

स्वतंत्र भारतीय राजनीति में साम्यवादी दल की भूमिका

24 से 27 फरवरी, 1948 को अपने कलकत्ता सम्मेलन में साम्यवादी दल ने कलकत्ता थीसिस स्वीकार की। इस 'थीसिस' के अनुसार सन् 1947 में प्राप्त 'स्वाधीनता' को सच्ची स्वाधीनता नहीं माना गया, नेहरू सरकार को पूंजीवादी हितों का रक्षक कहा गया और यह माना गया कि सरकार बड़े व्यावसायिक हितों का संरक्षण करने वाली है। साम्यवादी दल का विश्वास था कि सरकार आंग्ल-अमरीकी चंगुल में फँसी हुई है। अत: दल ने सभी क्रांतिकारी तत्वों को संगठित करके एक लोकतान्त्रिक गठबन्धन तैयार करने का निर्णय लिया। दल के महासचिव रणदिवे ने कहा कि भारत में भी रूस की अक्टूबर क्रांति के समतुल्य 'अन्तिम क्रांति' प्रारम्भ की जा सकती है। मार्च सन् 1947 में पश्चिमी बंगाल सरकार ने साम्यवादी दल को अवैध घोषित कर दिया। इस देश के विभिन्न भागों में कई साम्यवादी नेताओं को गिरफ्तार कर लिया गया। साम्यवादियों ने देश के विभिन्न भागों में हड़ताल और बन्द आयोजित किये। तेलंगाना प्रदेश में साम्यवादियों ने आतंक का राज्य स्थापित कर दिया। उनकी गतिविधियों से तंग आ करके केन्द्रीय सरकार ने उन्हें 'निवारक निरोध अधिनियम' के अन्तर्गत गिरफ्तार कर लिया। प्रथम आम चुनाव में साम्यवादी दल ने लोकसभा के 27 स्थानों पर और राज्य-विधानमण्डलों में 181 स्थानों पर विजय प्राप्त की। लोकसभा में सबसे बड़ा विरोधी दल होने के कारण उसके नेता ए०.के० गोपालन ने गैर-कांग्रेस दलों का संयुक्त गठबन्धन बनाने का प्रयास भी किया। दूसरे जन-निर्वाचन में दल को लोकसभा में 29 स्थान प्राप्त हुए। केरल राज्य में तीसरे चुनाव में साम्यवादियों को पूर्ण बहुमत प्राप्त हुआ और 5 अप्रैल, 1957 को उन्होंने अपना मन्त्रिमण्डल बनाया। विश्व के इतिहास में चुनावों के माध्यम से साम्यवादियों को सत्ता में आने का पहला यह मौका मिला था।

साम्यवादी दल में दरार और विभाजन

सितम्बर, सन् 1953 की तीसरी कांग्रेस में साम्यवादी नेताओं के मतभेद खुले तौर से सामने आने लगे। राष्ट्रीय लोकतान्त्रिक गठबन्धन के सवाल को लेकर नेताओं के बीच विवाद बढ़ा। अजय घोष, पी० सी० जोशी तथा अधिकारी का कहना था कि नेहरू सरकार प्रगतिशील नीतियों में विश्वास करती है; अत: उसके साथ सहयोग किया जा सकता है। भूपेश गुप्त, रमन

मूर्ति इत्यादि नेहरू सरकार को पूंजीवाद परस्त मानते थे और उसका विरोध करना चाहते थें। खुश्चेव की नि: स्टालिनीकरण की नीति भी साम्यवादी दल में मतभेद का कारण थी। सन् 1962 के भारत-चीन संघर्ष में दल के एक वर्ग ने चीन को आक्रमणकारी घोषित करते हुए भारतीय पक्ष को समर्थन प्रदान किया, परन्तु दल का उग्रवादी वर्ग चीन को 'आक्रमणकारी देश' कहने के लिये तैयार नहीं था। सन् 1963 के बाद तो साम्यवादी दल के दोनों गुटों में तनाव और अधिक बढ़ा। फरवरी सन् 1964 में डांगे से लिखे कुछ पत्रों को लेकर साम्यवादी दल में गम्भीर वाद-विवाद छिड़ गया। दल का वामपक्षी गुट चाहता था कि डांगे अपने पद से त्याग-पत्र दे दें; किन्तु डांगे उनकी बात को मानने के लिए तैयार नही थें। अस्तु, दल के कुछ प्रमुख सदस्य जैसे सुन्दरैया, ज्योतिं बसु, ए० के० गोपालन, नम्बूद्रीपाद, भूपेश गुप्त, प्रमोद दास गुप्ता इत्यादि दल से अलग हो गये। दोनों गुटों में समझौते के प्रयास किये गये किन्तु वामपक्षी गुट के लोगों ने गोपालन के नेतृत्व में 11 सदस्यों का एक नया गुट संगठित कर लिया जिस को भारतीय साम्यवादी दल (मार्क्सवादी) कहा जाने लगा।

सन् 1969-77 के वर्षों में भारतीय साम्यवादी दल और मार्क्सवादी दल के मध्य मतभेद का सबसे प्रमुख बिन्दु सत्ता कांग्रेस और उसकी नेता श्रीमती गांधी के प्रति दृष्टिकोण था। भारतीय साम्यवादी दल तत्कालीन शासक दल के प्रति सहयोग की नीति अपनाये हुए था। मार्क्सवादी दल ने विरोध और 1972-77 के वर्षों में पूर्ण विरोध की नीति अपनाई। साम्यवादी दल ने सन् 1975 में घोषित आपात काल का भी 1976 के मध्य तक पूर्ण समर्थन और उसके बाद आंशिक समर्थन किया था। सन् 1977 के लोकसभा तथा विधानसभा चुनावों में भी (केरल, प० बंगाल, तमिलनाडु और बिहार) में भारतीय साम्यवादी दल और सत्ता कांग्रेस के बीच समझौता था।

सन् 1975 ई० से साम्यवादी दल यह विचार अपना रहा था कि 1975 में उसने आपातकालीन घोषणा और आपातकालीन कार्यों का जो समर्थन किया था, वह एक गलत कदम था। अब इस दल ने इस बात पर जोर देना शुरू किया कि देश के सभी प्रगतिशील और वामपंथी तत्वों को मिलाकर कांग्रेस का ऐसा विकल्प तैयार करना चाहिए; जिसका उद्देश्य साम्प्रदायिकता, प्रतिक्रियावादिता और तानाशाही प्रवृत्तियों का विरोध करना हो। साम्यवादी दल की इस नीति के परिणामस्वरूप भारतीय साम्यवादी दल और मार्क्सवादी दल निकट आये। सन् 1980 में सातवीं लोकसभा और दिसम्बर सन् 1984 में आठवीं लोकसभा के चुनाव में इन दोनों दलों ने आपसी सहयोग के आधार पर चुनाव लड़े। चुनाव परिणामों से आपसी सहयोग की प्रवृतियों को बल मिला। सन् 1982 में केरल तथा प० बंगाल विधान सभा के चुनाव और पुन: 1987 में इन्हीं दो राज्यों की विधानसभाओं के चुनाव भारतीय साम्यवादी दल ने मार्क्सवादी दल के नेतृत्व में लड़े और अपेक्षित सफलता प्राप्त थी। इन दो साम्यवादी दलों में मार्क्सवादी दल की स्थिति ही मजबूत रही है। भारतीय साम्यवादी दल के प्रभाव में निरन्तर कमी होती गई भारतीय संघ के केवल तीन राज्यों प० बंगाल, केरल और त्रिपुरा में ही मार्क्सवादी दल कांग्रेस का विकल्प बन सका है।

वर्तमान काल में भारतीय राजनीति में 'वामपंथी मोर्चे के रूप में 'तीसरे विकल्प' के उदय की संभवनाएँ कम हैं। यद्यपि पिछले 10 वर्ष की भारतीय राजनीति का तथ्य भारतीय साम्यवादी

दल और मार्क्सवादी दल का एक-दूसरे के निकट आना है, परन्तु निकट भविष्य में इन दोनों दलों के एक हो पाने की सम्भावना नहीं है। इस प्रसंग में मार्क्सवादी दल का दृष्टिकोण व्यक्त करते हुए दल के महामंत्री ई० एम० एस० नम्बूद्रीपाद कहते है; राजनीतिक एकता और विलय दूर की चीज है, जबकि एक साथ काम करने का समय आ गया है। वामपंथी दलों के प्रभाव क्षेत्र बहुत सीमित हैं और देश के बहुत बड़े क्षेत्र में उसका प्रभाव लगभग नगण्य ही है। वामपंथी दलों को भारतीय राजनीति में तीसरे और प्रभावी विकल्प की स्थिति प्राप्त करने की एक निकट भविष्य में कोई संभावना नहीं हैं।

अभ्यास के लिए प्रश्न

1. स्वतन्त्रता प्राप्ति के पूर्व और पश्चात् कांग्रेस समाजवादी दल और समाजवादी दलों के कार्यकरण की विवेचना कीजिये। 'भारत में समाजवादी आन्दोलन' की दृष्टि से इन दलों का मूल्यांकन प्रस्तुत कीजिये।
2. पं० नेहरू और तदुपरान्त श्रीमती गांधी के नेतृत्व में भारत के समाजवादी आन्दोलन की विवेचना और उसका मूल्यांकन प्रस्तुत कीजिये।
3. स्वतंत्रता प्राप्ति के पूर्व और पश्चात् 'भारत के साम्यवादी दल' के कार्यकरण का आलोचनात्मक मूल्यांकन प्रस्तुत कीजिये।
4. भारत के राष्ट्रीय आन्दोलन के प्रति साम्यवादी दल का दृष्टिकोण क्या था?

22

भारतीय राजनीतिक दल
(Indian Political Parties)

लार्ड ब्राइस के अनुसार "राजनीतिक दलों का अस्तित्व अनिवार्य है। किसी भी बड़े स्वतन्त्र देश का कार्य उनके बिना नहीं चला है। कोई यह नहीं बता सका है कि प्रतिनिधि शासन उनके बिना किस प्रकार सम्भव है? वे मतदाताओं के अव्यवस्थित समूह में व्यवस्था उत्पन्न करते हैं।

राजनीतिक दल की परिभाषा

1. **एडमंड बर्क**—"राजनीतिक दल मनुष्य के उस समूह को कहते हैं, जो किसी स्वीकृत सिद्धान्त के आधार पर अपने सम्मिलित प्रयत्नों द्वारा सार्वजनिक हित की वृद्धि के लिए संगठित होता है।"

2. **गिलक्राइस्ट**—"राजनीतिक दल नागरिकों के उस संगठित समुदाय को कहते हैं, जिसके सदस्य समान राजनीतिक विचार रखते हों और राजनीतिक इकाई के रूप में कार्य करते हुए शासन को अपने हाथ में लेने में रत हों।"[1] राजनीतिक दल उस संगठित समुदाय को कहते हैं जो किसी एक सिद्धान्त पर सहमत हों तथा वैधानिक उपायों से शासन सत्ता को अपने अधिकार में करके अपने सामान्य सिद्धान्त को कार्यान्वित करें। इस प्रकार निम्नलिखित चार बातों से मिलकर राजनीतिक दलों का बोध होता है—

(1) राजनीतिक दल एक संगठित समुदाय होता है।

(2) इसके सदस्य एक सामान्य सिद्धान्त पर सहमत होते हैं।

(3) यह शासन पर अधिकार करने की चेष्टा करता है।

(4) शासन पर केवल वैधानिक उपायों द्वारा अधिकार करके अपने सिद्धान्तों को कार्यान्वित करता है।

---

1. "A political party is an organised group of citizens who profess to share the same political views and who by acting as a political unity try to control the government."
—*Gilchrist*

राजनीतिक दलों का महत्व—प्रतिनिधि सरकार के चलाने के लिए संगठित राजनीतिक दलों का होना अनिवार्य है। ये मतदाताओं के अव्यवस्थित समूह में व्यवस्था उत्पन्न करते हैं। संक्षेप में ये निम्नलिखित महत्वपूर्ण कार्य सम्पादित करते हैं।

(1) जनता को शिक्षित करना—राजनीतिक दल जनमत को व्यवस्थित करते हैं और उसका प्रशिक्षण करते हैं। वे अपने कार्यक्रम व नीतियों को जनता के सम्मुख रखकर जनता को शासन की समस्याओं से परिचित कराते है। फाइनर (Finer) के शब्दों में "दलों के अभाव में मतदाता या तो नपुँसक हो जायेंगे या विनाशकारी जो ऐसी असम्भव नीतियों का अनुगमन करेंगे जिनसे राजनीतिक यन्त्र ध्वस्त हो जायेंगे।"

(2) जनता की इच्छाओं की पूर्ति—दलीय शासन जनता की इच्छा पूर्ति का सर्वोत्तम साधन है। उसका आधार जनमत है। जनता जिस दल के सिद्धान्तों को अपने लिए कल्याणकारी समझती है, निर्वाचन में उसी का समर्थन करती है। जिस दल की सरकार बनती है उसके सिद्धान्त और जनता की इच्छा में कोई भेद नहीं होता। प्रत्येक दल स्वाभाविक रूप से अपने सिद्धान्तों को कार्यान्वित करता है। इस प्रकार जनता की इच्छा कार्य रूप में परिणत हो जाती है। अत: दलीय शासन जनता की इच्छापूर्ति करने का सर्वश्रेष्ठ उपाय है।

(3) कार्यपालिका पर नियन्त्रण—राजनीतिक दलों का एक महत्वपूर्ण लाभ यह है कि ये किसी दल की तानाशाही स्थापित नहीं होने देते। विरोधी दलों की आलोचना के कारण कार्यपालिका बहुत से अनुचित कार्य करने से बच जाती है। कार्यपालिका के मनमाने पक्ष पर अंकुश रखकर राजनीतिक दल जनता के अधिकारों की रक्षा करते हैं।

(4) निर्वाचकों की सेवा—सर्वसाधारण में लोकप्रिय बनने के उद्देश्य से विभिन्न राजनीतिक दल जनता की अनेक प्रकार की सेवायें करते हैं। वे समय-समय पर जनता के कष्टों की ओर सरकार का ध्यान आकर्षित करते हैं। राजनीतिक दल जन सभाओं में जो प्रस्ताव पास करते हैं उनका भी सरकार की नीति पर विशेष प्रभाव पड़ता है। राजनीतिक दलों की उपस्थिति के कारण सरकार जनता की आवशकताओं के प्रति उदासीन नहीं रहने पाती।

(5) सर्वक्षेत्रीय उन्नति—विभिन्न राजनैतिक दल विभिन्न सिद्धान्तों को महत्व देते हैं। कुछ दल धर्म विशेष को महत्व देते हैं कुछ आर्थिक सिद्धान्तों का प्रबल समर्थन करते हैं तथा अन्य दल अनेक सिद्धान्तों को कार्यान्वित करने का प्रयत्न करते हैं जो दल निर्वाचन में विजयी होता है वह सरकार पर अधिकार करके अपने सिद्धान्तों को कार्यान्वित करता है। उसे अन्य दलों की मांगों को भी ध्यान में रखना पड़ता है क्योंकि उसकी नीति अन्य दलों के कार्यक्रमों से भी प्रभावित होती है। अत: दलीय शासन में सर्वक्षेत्रीय उन्नति होती है।

इस प्रकार राजनीतिक दल जनमत के निर्माण और उसकी अभिव्यक्ति का सबसे अच्छा माध्यम है। प्रत्येक राजनीतिक दल की एक नीति होती है और उसी के अनुसार उसका कार्यक्रम होता है। व्याख्यानों तथा लेखों द्वारा दल के नेता लोकमत को अपने पक्ष में करते हैं। वे जनता के सामने राजनीतिक समस्यायें रखते हैं। इस प्रकार जनता को राजनीतिक शिक्षा मिलती है। राजनीतिक शिक्षा के अतिरिक्त ये दल सामाजिक कुरीतियों को दूर करने का भी प्रयत्न करते हैं।

भारतीय दल प्रणाली की मुख्य विशेषतायें

(1) बहुदलीय पद्धति—ब्रिटेन तथा अमेरिका के विपरीत तथा फ्रांस के समान भारत में बहुदलीय पद्धति है। भारतीय संसद में लगभग एक दर्जन तथा विधान मण्डलों में भी उससे अधिक राजनीतिक दल हैं। बहुदलीय पद्धति संसदात्मक सरकार के लिये हानिकारक है। ब्रिटेन की भाँति संसदात्मक शासन में एक शक्तिशाली विरोधी दल की परम आवश्यकता होती है परन्तु भारत में इसका पूर्णतया अभाव रहा है क्योंकि देश में अनेक राजनीतिक दल थे और उनके थोड़े-थोड़े सदस्य ही संसद तथा विधान मण्डलों में निर्वाचित दल थे।

(2) संगठित विरोधी दल का अस्तित्व—प्रजातन्त्र को सफल बनाने तथा सरकार की निरंकुशता पर प्रतिबन्ध लगाने के लिये सत्तारूढ़ दल के समान ही संगठित विरोधी दल होना चाहिये। ऐसा होने पर ही सत्तारूढ़ दल अपने कर्त्तव्यों का पालन ठीक प्रकार से करता है, क्योंकि उसे भय बना रहता है कि ऐसा न होने पर विरोधी दल उसका स्थान ग्रहण कर लेगा। हमारे विरोधी दल स्वस्थ परम्परा स्थापित करने में पूर्णतया असफल रहे। सत्तारूढ़ दल की त्रुटियों की विधिपूर्वक अलोचना करने के स्थान पर वे स्वयं ही आपस में झगड़ते रहते हैं।

(3) स्वतन्त्र सदस्य—यद्यपि भारत में अनेक राजनीतिक दल है, फिर भी संसद तथा राज्य विधान मण्डलों में अनेक स्वतन्त्र सदस्यों ने भी स्थान प्राप्त किये हैं। ऐसे सदस्यों की कोई निश्चित नीति नहीं होती और वे किसी भी दल में मिल सकते हैं। स्वतन्त्र उम्मीदवार अपने व्यक्तिगत प्रभाव के कारण, उस क्षेत्र में जनता की दलों के प्रति नाराजगी तथा उनकी राजनीतिक चेतना के अभाव के कारण निर्वाचनों में विजय प्राप्त कर लेते हैं। ऐसे सदस्य प्रजातन्त्र के मार्ग में बाधक ही होते हैं। स्वतन्त्र उम्मीदवारों के पर्याप्त संख्या में निर्वाचन से यह स्पष्ट होता है कि अब भी मतदाताओं का एक बड़ा भाग राजनीति में किसी दल की दृष्टि से नहीं सोचता।

(4) नीतियों व कार्यक्रमों की अस्पष्टता— भारत में सामान्य रूप से विचारधाराओं और कार्यक्रमों के आधार पर राजनीतिक दलों का संगठन नहीं हुआ है। भारत में कुछ ऐसे भी राजनीतिक दल हैं, जिनकी कोई स्पष्ट नीति व कार्यक्रम नहीं है। राजनीतिक दलों की नीति सदैव परिवर्तनशील रही है।

(5) साम्प्रदायिक और क्षेत्रीय दल—भारत में कुछ राजनीतिक दलों का संगठन साम्प्रदायिक आधार पर हुआ है। इस प्रकार के दल लोकतन्त्र के लिए घातक हैं। साम्प्रदायिकता एवं पृथकता की भावना का प्रचार करके ये दल देश की एकता को नष्ट करते हैं।

भारत के प्रमुख राजनीतिक दल

जनता पार्टी

(i) निर्माण—1 मई, 1977 को संगठन कांग्रेस, भारतीय लोक दल, जनसंघ और सोशलिस्ट पार्टी ने मिलकर जनता पार्टी का निर्माण किया। कांग्रेस फॉर डेमोक्रेसी के अध्यक्ष श्री जगजीवन राम ने भी अपने दल का जनता पार्टी में विधिवत विलय कर दिया।

छठे लोक सभा चुनाव में विजय प्राप्त करके जनता पार्टी ने अपनी सरकार बनाई। श्री मोरारजी देसाई इस सरकार के प्रधान मन्त्री बने।

(ii) घोषणा पत्र—10 फरवरी, 1977 को जनता पार्टी का घोषणा पत्र जारी करते हुए पार्टी के उपाध्यक्ष चौधरी चरणसिंह ने कहा, ''उनका दल गांधीवादी समाजवाद की स्थापना करेगा जिसमें आर्थिक और राजनीतिक सत्ता का केन्द्रीयकरण नहीं होगा। जनता पार्टी कृषि को प्रमुखता देगी और योजना की कम से कम एक तिहाई राशि कृषि, सिंचाई, पशुपालन और सामुदायिक विकास पर खर्च की जायेगी। कृषि और उद्योग की प्राथमिकताओं पर बल दिया जायेगा। हम भारी उद्योगों के विरुद्ध नहीं है, पर बड़े पैमाने पर रोजगार देने और अर्थव्यवस्था को सुधारने के लिए छोटे और घरेलू उद्योगों पर बल दिया जायेगा। जनता पार्टी देश में विकेन्द्रीकृत अर्थव्यवस्था और विकेन्द्रीकृत राजनीतिक प्रणाली स्थापित करना चाहती है जिसमें सबको विकास का अवसर प्राप्त होगा और आर्थिक हालत भी सुदृढ़ होगी। चौधरी चरणसिंह ने कहा कि चुनाव के बाद इस दल के चारों घटक (संगठन कांग्रेस, जनसंघ, भारतीय लोक दल और सोशलिस्ट पार्टी) कानूनी तौर से एक हो जायेंगे। व्यवहारिक रूप से वे एक होचुके हैं।''

घोषणा की विशेषतायें

1. गांधीवादी विकल्प—''रोटी और आजादी, गांधीवादी विकल्प'' के शीर्षक से जारी इस घोषणा-पत्र में उन्नीस सूत्री राजनीतिक, तेरह सूत्री आर्थिक और पन्द्रह सूत्री सामाजिक कार्यक्रम प्रस्तुत किये गये।

2. निर्धनता का उन्मूलन—अपने घोषणा पत्र में जनता पार्टी ने जनता को वचन दिया कि वह हर गरीब परिवार को दस वर्ष में गरीबी के स्तर से ऊपर उठायेगी, काम को मौलिक अधिकार बनायेगी और पूर्ण रोजगार की कार्य नीति अपनायेगी, व्यक्तिगत आयकर में 10,000 रु० तक आय पर छूट दी जायेगी, ढाई हेक्टेयर जमीन तक लगान माफ किया जायेगा और सम्पत्ति को मौलिक अधिकार के रूप से हटाकर इसे कानूनी अधिकार बनाया जायेगा, जिसे अदालतों में चुनौती दी जा सकेगी।

3. मौलिक अधिकार—जनता पार्टी ने घोषणा कि वह आपात स्थिति उठा लेगी राष्ट्रपति के आदेश से जिन मौलिक अधिकारों को स्थगित किया गया है, उन्हें जनता को लौटा दिया जायेगा। मीसा का अन्त करके सब राजनीतिक बन्दियों को छोड़ दिया जायेगा और अन्यायपूर्ण कानूनों को बदल दिया जायेगा। संविधान की धारा 352 में जनता पार्टी ऐसा संशोधन करेगी कि कोई भी व्यक्ति अथवा गुट इसका दुरुपयोग न कर सके। वह धारा 356 में ऐसा संशोधन करेगी, जिससे सत्तारूढ़ पार्टी अथवा उसके किसी गुट का स्वार्थ साधने के लिये किसी भी राज्य में राष्ट्रपति शासन लागू न किया जा सके, मताधिकार की आयु 21 वर्ष से घटाकर 18 वर्ष करने का भी वचन जनता पार्टी के घोषणा पत्र में दिया गया। भ्रष्ट प्रतिनिधियों को वापस लौटाने का अधिकार जनता को दिया जायेगा और चुनाव खर्च में कमी की जायेगी, सैसरशिप हटाई जायेगी। ऐसा प्रबन्ध किया जायेगा कि सरकारी कर्मचारियों पर कोई राजनीतिक दबाव न पड़ सके और उन्हें गैर-कानूनी आदेश मानने और अवैध कार्य करने के लिये बाध्य न किया जा सके। नारी के

अधिकारों की रक्षा की जायेगी और युवा वर्ग को समृद्ध किया जायेगा। पार्टी एक खुले समाज की रचना करेगी, जिसके लिये सरकार के दरवाजे खुले होंगे। वह अपने खुफिया विभाग का प्रयोग किसी व्यक्तिगत अथवा दलगत स्वार्थ की रक्षा के लिये नहीं करेगी। समाज के सबसे दीनहीन वर्ग को ऊपर उठाकर नये समाज की रचना की जायेगी। दल ने सामाजिक बीमे की एक बड़ी योजना लागू करने, नागरिक अधिकारों के सम्बन्ध में एक जाँच आयोग बिठाने, हरिजनों और आदिवासियों के लिए एक नये युग का सूत्रपात करने जिसमें उनके अधिकारों की पूर्ण रक्षा हो, ग्राम विकास का नया आन्दोलन आरम्भ करने, आय, वेतन, दाम की पक्की नीति बनाने, गरीबों को कानूनी सहायता देने और कानून को सस्ता बनाने का भी वचन दिया।

जनता पार्टी के चुनाव घोषणा पत्र में आपात स्थिति के दौरान संविधान में हुए संशोधनों को रद्द करने का आश्वासन देते हुए, चौधरी चरणसिंह ने कहा कि चुनाव कानून में संशोधन कर प्रधान मन्त्री को कानून से भी ऊपर मानने की व्यवस्था सत्तारूढ़ कांग्रेस पार्टी ने की है, हम उसे बदल देंगे। साथ ही संसद से किस प्रकार अनेक कानून संशोधित करा लिये गये हैं और जनता की सभी प्रकार की स्वतन्त्रता पर अंकुश लगा दिया गया है, उसे भी खत्म कर दिया जायेगा।

4. विकेन्द्रीकरण—घोषणा पत्र के आरम्भ में कहा गया कि देश के सामने यह चुनाव स्वतन्त्रता के बाद का सबसे महत्वपूर्ण चुनाव है जिसमें जनता के सामने स्पष्ट प्रश्न है कि उसे आजादी चाहिये या गुलामी, लोकतन्त्र चाहिये या तानाशाही, जनता से अधिकार और सत्ता छिनते देखना है या उसे फिर से प्राप्त करना है, गांधीजी का रास्ता अपनाना है या वह तरीका जिससे अनेक राष्ट्र तानाशाही, अस्थिरता, सैनिक दुस्साहस और राष्ट्रीय विनाश को पहुँच गये हैं। घोषणा पत्र में सत्ता के विकेन्द्रीकरण का समर्थन किया गया। उसमें कहा गया कि राज्यों को पूरे अधिकार दिये जाने चाहियें। परिवार नियोजन में जोर जबरदस्ती नहीं होनी चाहिये।

5. संविधान संशोधन—घोषणा पत्र में कहा गया कि संविधान में संशोधन से जनता और संसद के बीच, संसद और न्यायपालिका के बीच, न्यायपालिका और कार्यपालिका (सरकार) के बीच, केन्द्र और राज्यों के बीच तथा नागरिक और सरकार के बीच पहले से चला आ रहा सन्तुलन खत्म कर दिया गया है। संशोधनों ने हमारे संघीय संविधान का स्वरूप ही खत्म कर दिया है। केबिनेट प्रणाली, सामूहिक दायित्व आदि सब कुछ खत्म हो गया हैं और इस रूप में एक ही व्यक्ति के हाथ में सत्ता का केन्द्रीयकरण किया गया है, जिससे उसे ही राष्ट्र का पर्याय अथवा राष्ट्र से भी ऊपर माना जाये। आपात स्थिति से भय और असुरक्षा का वातावरण पैदा हुआ है। इस दौरान हुई उपलब्धियाँ वास्तविक नहीं है और कुछ क्षेत्रों में जो उत्पादन बढ़ा है वह सरकार की ही अकुशलता के कारण पहले नहीं बढ़ाया जा सका था। जनता पार्टी ने इन्ही परिस्थितियों में जन्म लिया है और यह कुछ दलों का गठबन्धन न होकर एक राष्ट्रीय संगठन है और देश को नई दिशा देने के लिये तथा जन अधिकारों की रक्षा के लिए चुनाव के मैदान में कूदा है।

6. विदेश नीति—विदेश नीति के सम्बन्ध में पार्टी ने कहा कि इसमें राष्ट्रीय हित, आकाँक्षायें और प्राथमिकतायें परिलक्षित हो गयीं। पार्टी विशुद्ध गुटनिरपेक्षता की नीति अपनायेगी और शक्ति के किसी गुट से सम्बन्ध नहीं रखेगी।

7. अन्य विशेषतायें–मितव्ययिता के गांधीवादी सिद्धान्त पर बल और विकेन्द्रित अर्थव्यवस्था की परिकल्पना, नागरिक अधिकार आयोग का गठन वेतन तथा मूल्य नीति, सभी सरकारी नियुक्तियों में पिछड़े वर्गों के लिये 15 से 33 प्रतिशत के बीच स्थान सुरक्षित रखना और हरिजनों को आवास स्थल प्रदान करना घोषणा पत्र की अन्य विशेषतायें हैं।

8. संथानम समिति की सिफारिशें–घोषणा पत्र में सार्वजनिक जीवन और प्रशासन में भ्रष्टाचार के बारे में संथानम समिति की सिफारिशों को लागू करने तथा लोकपाल, लोकायुक्त विधेयक पारित करने आदि के कार्यक्रम प्रस्तुत किये गये हैं। लोकपाल, लोकायुक्त विधेयक की परिधि में अन्यों के अलावा प्रधान मन्त्री और मुख्यमन्त्रियों को भी रखा जायेगा।

जनता पार्टी में घटकवाद

जनता पार्टी में सम्मिलित पाँच घटकों में समन्वय व एकता स्थापित नहीं हो सकी। ये घटक अपने पूर्वस्वरूप को नहीं भुला सके। 22 जून, 1978 को प्रधान मन्त्री श्री मोरारजी देसाई के निवास स्थान पर आयोजित जनता पार्टी के संसदीय बोर्ड की बैठक में इस शिकायत पर विचार-विमर्श किया गया कि श्री राजनारायण तथा पार्टी के कुछ अन्य नेता राष्ट्रीय कार्यकारिणी द्वारा पारित प्रस्ताव के विरुद्ध जनता पार्टी के पदाधिकारियों पर सार्वजनिक रूप से आक्षेप लगा रहे हैं। दो घण्टे की बहस के उपरान्त यह फैसला किया गया कि अध्यक्ष चन्द्रशेखर में सभी सदस्यों को पूर्ण विश्वास है। पार्टी के महा मन्त्री श्री रामकृष्ण हेगडे को यह आदेश दिया गया कि श्री राजनारायण और अन्य 17 व्यक्तियों के विरुद्ध नोटिस जारी किये जायें और उनसे सार्वजनिक रूप से दिये गये अपने वक्तव्यों के लिये सफाई देने को कहा जाए। बोर्ड अनुसार यह वक्तव्य 22 अप्रैल, 1978 को पारित उस प्रस्ताव का उल्लंघन है, जिसमें सदस्यों से अनुरोध किया था कि अपने मतभेदों को सार्वजनिक रूप से व्यक्त न करें। कार्यकारिणी ने यह भी कहा कि उन सब सदस्यों के विरुद्ध अनुशासनात्मक कार्यवाई की जाए, जो पार्टी के अनुशासन को जान-बूझकर तोड़ें, चाहे वे कितने ही बड़े क्यों न हों।

24 जून, 1978 को अपनी कोटा यात्रा के समय प्रधान मन्त्री श्री मोरारजी देसाई ने पार्टी के कार्यकर्त्ताओं के समक्ष यह घोषणा की, कि यदि राजनारायण पार्टी छोड़ना चाहते है तो खुशी से छोड़ सकते हैं। उन्होंने कहा कि जनता पार्टी संसदीय बोर्ड किसी भी व्यक्ति के विरुद्ध जो अनुशासन को भंग करने पर तुला हुआ हो कार्यवाही करने से नहीं चूकेगा, क्योंकि बिना अनुशासन के कोई संगठन चल नहीं सकता। श्री मोराजी देसाई ने यह विचार भी व्यक्त किया कि पार्टी के आन्तरिक मामलों में श्री जयप्रकाश नारायण को नहीं घसीटा जाना चाहिये। जनता पार्टी के अध्यक्ष श्री चन्द्रशेखर ने भी इस प्रस्ताव का समर्थन किया।

श्री चरण सिंह ने जनता संसदीय बोर्ड के उक्त फैसले को जनता पार्टी के लिये मौत का पैगाम बतलाया। विदेश मन्त्री श्री अटल बिहारी बाजपेयी से बातचीत करते हुए उन्होंने कहा कि जनता संसदीय बोर्ड के द्वारा भूतपूर्व स्वास्थ्य मन्त्री श्री राजनारायण के खिलाफ जो वातावरण तैयार किया जा रहा है उसमें उनके लिए सरकार में बने रहना सम्भव नहीं है। संसदीय बोर्ड के फैसले से क्षुब्ध होकर चौधरी चरण सिंह ने यह अनुभव किया कि बोर्ड का उक्त फैसला श्री राजनारायण के ही विरुद्ध नहीं है, अपितु परोक्ष रूप से उनके ऊपर भी प्रहार था।

जनता पार्टी के प्रमुख नेता तथा मन्त्री श्री जयप्रकाश नारायण से पटना में उनके निवास स्थान पर मिले और इस संकट के निवारण के लिए उनसे विचार-विमर्श किया। स्वयं श्री राजनारायण भी उनसे मिलने पटना गए, किन्तु संकट का निवारण न हो सका। अन्त में विवश होकर प्रधान मन्त्री श्री मोरारजी देसाई ने 26 जून, 1978 को श्री चरणसिंह तथा श्री राजनारायण से मन्त्री पद से त्याग पत्र देने की माँग की। उन्होंने केन्द्रीय मन्त्रियों को भेजे गये पत्रों में कहा कि अब उनका मन्त्रिमण्डल में बने रहना उचित नहीं हैं। पत्र भेजने से पूर्व मन्त्रिमण्डल की आपात बैठक में उपस्थित सभी मन्त्रियों ने श्री मोरारजी देसाई का पूर्ण समर्थन किया तथा श्री राजनारायण तथा श्री चरणसिंह के विरुद्ध उचित कार्यवाही करने का पूर्ण अधिकार दिया। श्री चरणसिंह को भेजे गए पत्र में प्रधान मन्त्री ने यह आरोप लगाया कि श्रीमती इन्दिरा गांधी के सम्बन्ध में वक्तव्य देकर उन्होंने सामूहिक जिम्मेदारी के सिद्धान्त की उपेक्षा की है। श्री मोरारजी देसाई ने कहा कि सरकार की सामूहिक जिम्मेदारी के इस प्रकार के उल्लंघन का कोई उदाहरण नहीं मिलेगा। उन्होंने श्री चरणसिंह से कहा कि सरकार से उनका इस्तीफा मांगना मेरा कष्टदायक कर्त्तव्य है। श्री राजनारायण को भेजे गए पत्र में कहा गया कि उन्होंने शिमला में निषेधाज्ञा का उल्लंघन करके और राज्य के मुख्य मन्त्री की आलोचना करके केन्द्रीय सरकार की बदनामी की है। पत्र भेजने के बाद प्रधान मन्त्री श्री मोरारजी देसाई ने जनता पार्टी के अध्यक्ष श्री चन्द्रशेखर को इन पत्रों के सम्बन्ध में अवगत कराया।

30 जून, 1978 को श्री चरणसिंह तथा श्री राजनारायण ने अपने त्याग-पत्र प्रधान मन्त्री को भेज दिये जिन्होंने वे एक विशेष सन्देशवाहक के हाथ कलकत्ता भेज दिये, जहाँ कि राष्ट्रपति श्री नीलम संजीव रेड्डी अपनी यात्रा पर गए हुए थे। प्रधान मन्त्री ने सिफारिश की कि ये इस्तीफे स्वीकार कर लिये जायें। 1 जुलाई, 1978 को राष्ट्रपति ने ये इस्तीफे स्वीकार कर लिये। चौधरी चरण सिंह के समर्थन में चार राज्य मन्त्रियों -श्री नरसिंह, श्री रामकिंकर, श्री जगवीर सिंह और श्री जनेश्वर मिश्र ने भी प्रधान मन्त्री को अपने त्याग-पत्र भेज दिये। राजस्थान सरकार के दो राज्य मन्त्रियों श्री लालचन्द तथा श्री विज्ञान मोदी ने भी त्याग-पत्र दे दिये। श्री चरणसिंह तथा उनके सहयोगियों ने अपने विरोधियों पर षड्यन्त्र का आरोप लगाया। श्री चरणसिंह ने संकेत दिया कि मैं पार्टी के अन्दर अपने समर्थकों को संगठित करके सरकार और दल में प्रभावशाली पदों पर आसीन व्यक्तियों का विरोध करूँगा।

दूसरी ओर अनेक नेताओं ने श्री मोरारजी देसाई के इस कार्य को उनका साहसिक कदम बतलाया और ये विचार व्यक्त किये कि इन परिस्थितियों में उनके लिये इसके अतिरिक्त अन्य कोई चारा नहीं था।

जनता पार्टी के नेताओं में बड़ा मतभेद उत्पन्न हो गया तथा इसके कारण पार्टी के समक्ष गम्भीर संकट उपस्थित हुआ। इस संकट का निवारण करने तथा सदस्यों के बीच सद्भाव उत्पन्न करने का पार्टी के शीर्ष के नेताओं ने प्रयास किया। पार्टी के सदस्यों के इस मतभेद का निश्चित रूप से जनता पर बुरा प्रभाव पड़ा। जिसके कारण जनता पार्टी की लोकप्रियता कम हुई।

फरवरी, 1979 में बजट अधिवेशन से पूर्व चौधरी चरणसिंह को प्रधान मन्त्री श्री मोरारजी देसाई ने पुनः केन्द्रीय मन्त्रिमण्डल में सम्मिलित कर लिया और उन्हें वित्त मन्त्री एवं उप-प्रधान मन्त्री बनाया गया। इससे पार्टी का संकट कम हुआ। जिन चार राज्य मन्त्रियों ने श्री चरणसिंह के समर्थन में त्याग-पत्र दे दिये थे उन्हें भी मन्त्रिमण्डल में शामिल कर लिया गया किन्तु श्री राजनारायण को केन्द्रीय मन्त्रिमण्डल में शामिल नहीं किया गया। आगे चलकर श्री रविराय को केन्द्रीय स्वास्थ्य एवं परिवार कल्याण मन्त्री नियुक्त कर दिया गया।

संसद के वर्षाकालीन (मानसून) अधिवेशन में जनता पार्टी में घटकवाद अपनी पराकाष्ठा पर पहुँच गया। संसद में कांग्रेस के नेता वाई॰ बी॰ चव्हाण ने जनता पार्टी सरकार के विरुद्ध अविश्वास का प्रस्ताव रख दिया। संसद अधिवेशन के दूसरे दिन ही श्री राजनारायण के साथ अनेक सदस्यों ने जनता पार्टी से त्याग पत्र दे दिया। इसके बाद 12 जुलाई से 16 जुलाई, 1979 तक त्याग पत्रों का वह सिलासिला शुरू हुआ, जिसके फलस्वरूप जनता पार्टी संसद में अल्पमत में रह गई। श्री राजनारायण ने जनता (एस॰) पार्टी का पृथक संगठन बना लिया और चौधरी चरणसिह इसके सर्वसम्मति से नेता चुने गये।

वाद-विवाद के बाद श्री मोरारजी देसाई ने प्रधान मन्त्री पद से त्याग पत्र दे दिया और 28 महीने पुराने जनता मन्त्रिमण्डल का पतन हो गया। कई दिनों तक प्रधान मन्त्री पद के लिए राजनीतिक नेताओं में दांव-पेंच चलते रहे। अन्त में राष्ट्रपति श्री संजीव रेड्डी ने अपने विवेक से कार्य लेकर जनता (एस॰) के नेता चौधरी चरणसिंह का प्रधान मन्त्री पद के लिए मनोनीत किया और उन्हें मन्त्रिमण्डल का निर्माण करने का निमन्त्रण दिया।

28 जुलाई, 1979 को चौधरी चरणसिंह ने कांग्रेस (आई॰) तथा अन्य दलों का समर्थन पाकर प्रधान मन्त्री पद ग्रहण कर लिया और श्री जगजीवनराम संसद में जनता पार्टी के नेता और विपक्षी दल के नेता बन गये चौधरी चरणसिंह की सरकार कुछ ही माह में खत्म हो गई।

अखिल भारतीय राष्ट्रीय कांग्रेस

यह भारत का सबसे प्राचीन राजनीतिक दल है। इस दल की आधारशिला सन् 1885 में श्री ए॰ ओ॰ ह्यूम (A.O.Hume) ने रखी थी। द्वितीय गोलमेज सम्मेलन में महात्मा गांधी ने कहा था, "मेरे लिये यह कहना बड़े हर्ष का विषय है कि कांग्रेस का जन्म सर्वप्रथम एक अंग्रेज ए॰ ओ॰ ह्यूम के मन में हुआ था, जिन्हें हम कांग्रेस के जनक के रूप में मानते हैं।" प्रारम्भ में कांग्रेस विधान में कुछ सुधार करना चाहती थी और शासन में भारतीयों को भी स्थान प्राप्त कराने का प्रयत्न करती रही।

सन् 1907 के सूरत अधिवेशन में कांग्रेस उदार तथा उग्र दो दलों में विभक्त हो गई, किन्तु 1916 में पुन: दोनों दल एक हो गये और कांग्रेस का कार्य तीव्र गति से चलने लगा। ब्रिटिश कूटनीति ने भारतीयों के हृदय में देश प्रेम की भावनाओं को जन्म दिया और अब भारतवासी अपने देश को स्वतन्त्र कराने का प्रयत्न करने लगे। सन् 1916 में श्री बाल गंगाधर तिलक ने यह घोषणा की कि स्वराज्य हमारा जन्मसिद्ध अधिकार है। इस नारे ने देशवासियों को जगाया और वे स्वतन्त्रता के मूल्य को समझने लगे।

महात्मा गांधी के नेतृत्व में कांग्रेस ने अहिंसात्मक आन्दोलन अपनाया और असहयोग आन्दोलन चलाया। यद्यपि यह आन्दोलन पूर्णतः सफल नहीं हुआ, किन्तु इससे लोगों में राष्ट्रीय एकता की भावना की उत्पत्ति हुई। सन् 1926 के कांग्रेस अधिवेशन में भारतीय राष्ट्रीय कांग्रेस ने पूर्ण स्वतन्त्रता को अपना लक्ष्य घोषित किया। इसके बाद महात्मा गांधी के नेतृत्व में 'असहयोग आन्दोलन' सविनय अवज्ञा आन्दोलन' और 'भारत छोड़ो आन्दोलन' चलाये गये। लगभग तीस वर्ष के कठोर संघर्ष के उपरान्त कांग्रेस को अपने उद्देश्य में सफलता मिली। 15 अगस्त, 1947 को भारत स्वतन्त्र हो गया। स्वतन्त्रता की प्राप्ति के उपरान्त महात्मा गांधी का यह सुझाव था कि अब राष्ट्रीय कांग्रेस को राजनीतिक दल का रूप बदलकर एक समाज सेवा दल के रूप में कार्य करना चाहिये, किन्तु कांग्रेस की कार्य समिति ने इस सुझाव को स्वीकार नहीं किया तथा देश के शासन की बागडोर अपने हाथ में सम्भाल ली। सन् 1947 से यही दल केन्द्र में सत्तारूढ़ दल के रूप में कार्यरत रहा और लगातार 22 मार्च, 1977 तक सत्तारूढ़ रहा। इसके बाद केवल तीन वर्ष के व्यवधान के बाद सन् 1980 के सातवें आम चुनाव के बाद फिर से कांग्रेस की सरकार स्थापित हुई जो 1996 तक चली।

मूल उद्देश्य—कांग्रेस के संविधान के प्रथम अनुच्छेद में इस दल के मूल उद्देश्य की स्पष्ट व्याख्या की गई है, जो इस प्रकार है—

''भारतीय राष्ट्रीय कांग्रेस का उद्देश्य भारतीय लोगों का कल्याण करना तथा उनकी उन्नति करना है और भारत में शांतिपूर्ण तथा संवैधानिक उपायों से संसदीय लोकतन्त्र पर आधारित एक ऐसे समाजवादी राज्य की स्थापना करना है, जिसमें अवसरों की, राजनीतिक, आर्थिक तथा सामाजिक अधिकारों की क्षमता हो और जिसका लक्ष्य विश्वशान्ति तथा भ्रातृत्व हो।''

कांग्रेस दल का संगठन—कांग्रेस में केन्द्रीय संगठन के दो प्रमुख विभाग है-(1) अखिल भारतीय कांग्रेस कमेटी (All India Congress Committee) तथा (2) कांग्रेस कार्यकारिणी समिति (Congress Working Committee) प्रान्तों में प्रान्तीय कांग्रेस कमेटियां, जिलों में जिला कांग्रेस कमेटियां, नगरों में मण्डल तथा ग्रामों में ग्राम समितियों की स्थापना की गई है। इस प्रकार समस्त देश में कांग्रेस कमेटियां फैली हुई हैं।

इस दल की सबसे महत्वपूर्ण कमेटी अखिल भारतीय कांग्रेस कमेटी है। इसके बाद कार्यकारिणी समिति आती है। इसमें कांग्रेस अध्यक्ष तथा अखिल भारतीय कांग्रेस कमेटी के 20 सदस्य सम्मिलित होते हैं। कांग्रेस कार्यकारिणी समिति के अतिरिक्त संसदीय बोर्ड (Parliamentary Board) तथा केन्द्रीय निर्वाचन समिति (Central Election Committee) नामक दो समितियां हैं, जो कांग्रेस कार्यकारिणी समिति को आवश्यक सूचनायें एवं सहायता देती हैं। संसदीय बोर्ड का कार्य राज्य सरकारों के कार्यों का निरीक्षण करना तथा निर्वाचन समिति का कार्य लोक सभा और राज्य विधान मण्डलों के लिये प्रत्याशियों का चयन करना है।

कांग्रेस के सदस्य—कांग्रेस दल में दो प्रकार के सदस्य हैं—(1) प्रारम्भिक, (2) सक्रिय। प्रथम श्रेणी में वे सदस्य हैं, जो कांग्रेस के सिद्धान्तों एव उसकी नीतियों में विश्वास रखते हैं और उनकी लिखित रूप से घोषणा करते हैं तथा जिनकी आयु 18 वर्ष है। ये सदस्य

1 रु० वार्षिक चन्दा देते हैं। इन सदस्यों को कांग्रेस दल के समस्त निर्वाचनों में भाग लेने का अधिकार है। द्वितीय श्रेणी में सक्रिय सदस्य हैं। द्वितीय श्रेणी के सदस्यों के लिये कुछ शर्तें निर्धारित की गई हैं। प्रथम तो उनकी आयु 21 वर्ष की हो, द्वितीय वे हाथ की बुनी खादी के वस्त्र पहनते हों तृतीय अस्पृश्यता की भावना से मुक्त हों, चतुर्थ, किसी मादक वस्तु का प्रयोग न करते हों, तथा जो दो बर्ष तक लगातार कांग्रेस के प्रारम्भिक सदस्य रह चुके हों। इस प्रकार के सदस्य 25 रुपये का चन्दा देकर अथवा प्रारम्भिक सदस्यों की भरती करके कांग्रेस की सक्रिय सदस्यता प्राप्त कर सकते हैं।

कांग्रेस दल की नीति व कार्यक्रम—स्वतन्त्र प्राप्ति से पूर्व कांग्रेस का मुख्य लक्ष्य देश को स्वन्त्रत कराना था। राजनीतिक उद्देश्यों के अतिरिक्त इसके निम्नलिखित उद्देश्य रहे है:—

(1) हिन्दू-मुस्लिम एकता।

(2) समाज सुधार।

(3) आर्थिक उन्नति, कृषि तथा उद्योग धन्धों की उन्नति।

(4) अन्तर्राष्ट्रीय क्षेत्र में भारत के मान को बढ़ाना।

कांग्रेस के महान् कार्यक्रमों के परिणामस्वरूप भारत को स्वराज्य प्राप्त हुआ इसके प्राचीन नेताओं में गोखले, तिलक, दादा भाई नौरोजी तथा सुरेन्द्रनाथ बनर्जी आदि उल्लेखनीय हैं। बाद के नेताओं में राष्ट्रपिता महात्मा गांधी, पं० मोतीलाल नेहरू, प० जवाहर लाल नेहरू, सरदार बल्लभ भाई पटेल, राजगोपलाचारी एवं डॉ० राजेन्द्र प्रसाद आदि प्रमुख हैं।

स्वराज्य प्राप्ति के उपरान्त—स्वराज्य प्राप्ति के उपरान् सन् 1948 में कांग्रेस ने यह नवीन उद्देश्य स्वीकार किया, "भारत में शान्तिपूर्ण वैध उपायों द्वारा अवसर की समता एवं जनता के राजनीतिक, सामाजिक एवं आर्थिक अधिकारों की समानता पर आधारित ऐसे सहयोग मूलक जन राज्य की स्थापना करना है, जिसका उद्देश्य विश्वशान्ति तथा भ्रातृत्व है।"

कांग्रेस सदैव सहयोग एवं धर्म निरपेक्षता की समर्थक रही है। आर्थिक क्षेत्र में इसने समाजवादी व्यवस्था को स्वीकार किया है। सन् 1955 के अवाडी अधिवेशन में कांग्रेस ने अपना उद्देश्य समाजवादी समाज का स्वामित्व, उत्पादन की निरन्तर वृद्धि तथा समाज की सम्पत्ति का न्यायपूर्ण विभाजन घोषित किया।

सन् 1947 में कांग्रेस ने शासन की बागडोर अपने हाथ में ली। दल के नेता होने के कारण स्वर्गीय प० जवाहरलाल नेहरू प्रधान मन्त्री बने और उन्होंने मृत्यु पर्यन्त भारत के प्रधान मन्त्री पद को सुशोभित किया। उनके नेतृत्व में भारत ने जो प्रगति की तथा अन्तर्राष्ट्रीय जगत में जो ख्याति प्राप्त की वह सर्वविदित है। सन् 1952 के आम चुनाव में कांग्रेस को शानदार सफलता प्राप्त हुई। केन्द्र तथा लगभग सभी राज्यों में कांग्रेस दल की सरकारें स्थापित हुईं। सन् 1957 के चुनाव में कांग्रेस को केन्द्र में तो पूर्ण सफलता मिली, किन्तु राज्यों में उसकी स्थिति पहले की अपेक्षा कुछ दुर्बल हो गई। कांग्रेस दल में कुछ शिथिलता आने लगी और दल के दोषों की ओर नेताओं का ध्यान नहीं गया।

सन् 1959 ई० में कांग्रेस ने अपने नागपुर अधिवेशन में सहकारी खेती खाद्यान्न में राजकीय व्यापार तथा भूमि की अधिकतम सीमा निर्धारित करने का निश्चय किया कांग्रेस ने नागपुर अधिवेशन प्रस्तावों को पारित करके एक नवीन दिशा ग्रहण की।

सन् 1964 में भुवनेश्वर में कांग्रेस अधिवेशन में यह प्रस्ताव पारित किया गया कि भारत में लोकतन्त्रात्मक ढंग के समाजवाद की स्थापना करनी है। सन् 1966 के जयपुर अधिवेशन में भुवनेश्वर अधिवेशन में पारित किये गये प्रस्ताव की समीक्षा की गई तथा यह यह प्रश्न उठाया गया कि पूर्व प्रस्ताव पर अमल क्यों नहीं हुआ।

सन् 1967 के आम चुनावों में कांग्रेस को भारी असफलता का मुंह देखना पड़ा। दल के कई बड़े-बड़े महारथी चुनाव में हार गये। केन्द्र में अवश्य ही कांग्रेस दल की सरकार की स्थापना हुई। देश के 16 राज्यों में से आठ में गैर-कांग्रेसी सरकारें बनीं।

कांग्रेस दल में फूट—सन् 1969 के बंगलौर अधिवेशन के उपरान्त कांग्रेस में दरार पड़ गई। राष्ट्रपति पद के उम्मीदवार के चयन के प्रश्न एवं बैंकों के राष्ट्रीयकरण के मामले पर कांग्रेसी नेताओं में मतभेद के कारण फूट पड़ गयी। राष्ट्रपति के निर्वाचन के समय उदासीन तत्कालीन प्रधान मन्त्री श्रीमती इन्दिरा गांधी रहीं इसलिये कांग्रेसी उम्मीदवार श्री संजीव रेड्डी चुनाव हार गये तथा स्वतन्त्र उम्मीदवार श्री वी० वी० गिरी चुनाव में विजयी रहे।

राष्ट्रपति के निर्वाचन से पूर्व ही तत्कालीन प्रधान मन्त्री श्रीमती इन्दिरा गांधी ने श्री मोरारजी देसाई से वित्त विभाग ले लिया। इससे असन्तुष्ट होकर श्री मोरार जी देसाई ने मन्त्री पद से त्यागपत्र दे दिया। श्रीमती इन्दिरा गांधी ने बैंकों के राष्ट्रीयकरण की घोषणा कर दी। निर्वाचन में कांग्रेसी उम्मीदवार श्री संजीवा रेड्डी की पराजय के उपरान्त श्रीमती इन्दिरा गांधी के विरुद्ध अनुशासन भंग करने का आरोप लगाकर उनके विरुद्ध अनुशासनात्मक कार्यवाही करने का निश्चय किया गया। इससे कांग्रेस की एकता भंग हो गयी और कांग्रेस दो दलों में विभक्त हो गयी—(1) इण्डीकेट तथा (2) सिण्डीकेट। श्रीमती इन्दिरा गांधी के दल का नाम इण्डीकेट तथा श्री निजलिंगप्पा के समर्थकों के दल का नाम सिण्डीकेट पड़ा। कांग्रेस के दो अध्यक्ष बन गये। नई कांग्रेस के अध्यक्ष श्री जगजीवन राम हुए तथा संगठन काँग्रेस के अध्यक्ष श्री निजलिगप्पा हुए।

कांग्रेस के दोनों दलों में संघर्ष छिड़ गया। तत्कालीन प्रधान मन्त्री श्रीमती इन्दिरा गांधी की सिफारिश पर 27 दिसम्बर, 1970 को तत्कालीन राष्ट्रपति श्री वी० वी० गिरी ने लोक सभा को भंग कर दिया। सन् 1971 में लोक सभा के मध्यवधि चुनाव हुए। पुरानी कांग्रेस ने जनसंघ, संसोपा तथा स्वतन्त्र पार्टी से गठबन्धन किया और चुनाव लड़ा। इन चुनावों में नई कांग्रेस को आशातीत सफलता मिली और उसे 352 स्थान प्राप्त हुए।

सन् 1972 में राज्यों की विधान सभाओं के चुनाव हुए जिन में भी कांग्रेस को पूर्ण बहुमत प्राप्त हुआ और अनेक राज्यों में कांग्रेसी सरकारें बनी।

किन्तु कांग्रेस सरकार की लोकप्रियता धीरे-धीरे समाप्त होने लगी। 25 जून, 1975 को तत्कालीन प्रधान मन्त्री श्रीमती इन्दिरा गांधी के परामर्श पर तत्कालीन राष्ट्रपति स्वर्गीय फखरुद्दीन

अली अहमद ने आपातकाल की घोषणा कर दी। इस काल में लोगों पर अनेक अत्याचार किये गये। विरोधी दलों के सभी नेताओं को नजरबन्द कर दिया गया। 42वें संविधान संशोधन द्वारा लोक सभा का कार्यकाल 6 वर्ष कर दिया गया तथा विधान सभाओं की अवधि भी 6 वर्ष कर दी गई। भारतीय समाचारपत्रों पर प्रतिबन्ध लगा दिया गया था। अतः वे सरकार के खिलाफ एक शब्द भी नहीं लिख सकते थे और जनमत को व्यक्त नहीं कर सकते थे। विदेशों में भारत की आपातकालीन स्थिति की कटु आलोचना की गई।

18 जनवरी, 1977 को तत्कालीन प्रधान मन्त्री श्रीमती इन्दिरा गांधी ने तत्कालीन लोक सभा को भंग कर मार्च में देश में नये चुनाव कराने का आदेश जारी करने के लिए तत्कालीन राष्ट्रपति स्वर्गीय फखरुद्दीन अली अहमद से अनुरोध किया। उन्होंने इस अनुरोध को स्वीकार करके लोक सभा को भंग कर दिया तथा मार्च में चुनाव कराने का आदेश जारी कर दिया।

लोक सभा के चुनाव कराये जाने की घोषणा का सर्वत्र स्वागत किया गया। जेलों से रिहाई के उपरान्त राजनीतिक दलों के नेताओं ने एक जुट होकर चुनाव लड़ने का दृढ़ संकल्प लिया। संगठन कांग्रेस, जनसंघ, भारतीय लोकदल तथा सोशलिस्ट पार्टी ने मिलकर जनता पार्टी का निर्माण किया। 16 मार्च से 20 मार्च तक लोक सभा के चुनाव हुए। प्रत्येक स्थान पर जनता पार्टी तथा कांग्रेस के प्रत्याशियों में सीधी टक्कर थी। लोकतान्त्रिक कांग्रेस ने भी जनता पार्टी का सहयोग दिया और उसी के चुनाव चिन्ह पर चुनाव लड़ा। लोक सभा के इन चुनावों में 9 राज्यों में कांग्रेस का सफाया हो गया तथा उत्तर प्रदेश में उसे एक भी स्थान नहीं मिला। जनता पार्टी तथा इसके सहयोगी दल लोकतांत्रिक कांग्रेस को मिलाकर लोक सभा में 300 स्थान प्राप्त हुए। 15 मई, 1977 को लोकतान्त्रिक कांग्रेस का भी जनता पार्टी से विधिवत विलय हो गया।

इस प्रकार छठी लोक सभा में कांग्रेस को केवल 153 स्थान प्राप्त हुए और उसका पतन हो गया। 22 मार्च सन् 1977 को तत्कालीन प्रधान मन्त्री श्रीमती इन्दिरा गांधी ने प्रातः दस बजे अपने मन्त्रिमंडल की अन्तिम बैठक करने के बाद 11 वर्ष 56 दिन पुराने अपने शासन की समाप्ति करते हुए कार्य वाहक राष्ट्रपति श्री बी॰ डी॰ जत्ती को अपना तथा अपने मन्त्रिमण्डल का त्यागपत्र दे दिया। 24 मार्च, 1977 को जनता पार्टी के नेता श्री मोरारजी देसाई ने भारत के प्रधान मन्त्री पद को शपथ ली। कांग्रेस ने लोक सभा में विराधी दल का स्थान ग्रहण किया और श्री वाई॰ वी॰ चव्हाण उसके नेता निर्वाचित किये गए। जनता पार्टी केन्द्र में सतारूढ़ हो गई।

10 जून से 14 जून, 1977 तक 10 राज्यों की विधान सभाओं तथा केन्द्र शासित प्रदेश दिल्ली में चुनाव हुए। इन चुनावों में भी कांग्रेस को भारी पराजय प्राप्त हुई और जनता पार्टी को 7 राज्यों तथा केन्द्र शासित प्रदेश दिल्ली में दो तिहाई से भी अधिक स्थान प्राप्त हुए। इन दोनों चुनावों में जनता ने कांग्रेस दल का सफाया कर दिया।

कांग्रेस का पुनः विभाजन—मार्च 1977 के लोक सभा के चुनावों में कांग्रेस की पराजय के उपरान्त कांग्रेस दल में पुनः मतभेद उभरने लगे। श्री ब्रह्मानन्द रेड्डी को कांग्रेस का अध्यक्ष और श्री यशवन्त राव चव्हाण को संसद में कांग्रेस दल का नेता निर्वाचित किया गया और उन्हें लोक सभा में विरोधी दल के नेता का स्थान प्राप्त हुआ।

श्रीमती इन्दिरा गांधी के प्रबल समर्थक कर्नाटक के मुख्य मंत्री श्री देवराज अर्स को कांग्रेस उच्च कमान द्वारा पार्टी से निलम्बित कर दिया गया। विधान सभा में बहुमत न रहने के कारण कर्नाटक के राज्यपाल श्री गोविन्द नारायण ने कर्नाटक विधान सभा तथा कर्नाटक सरकार को भी भंग कर दिया। श्रीमती इन्दिरा गांधी ने कांग्रेस कार्य समिति से त्याग पत्र दे दिया। उनके बाद उनके समर्थकों ने भी कार्य समिति से त्यागपत्र दे दिये। 1 जनवरी, 1978 को श्रीमती इन्दिरा गांधी के समर्थकों ने विट्ठल भाई पटेल भवन के प्रांगण में एक अखिल भारतीय अधिवेशन का आयोजन किया। श्रीमती इन्दिरा गांधी ने कांग्रेस का झण्डा लहराया और कमलापति त्रिपाठी ने उद्घाटन भाषण दिया। सम्मेलन के दूसरे दिन अर्थात् 2 जनवरी, 1978 को श्री कमलापति त्रिपाठी ने एक प्रस्ताव प्रस्तुत किया, जिसमें इन्दिरा गांधी के गुट को ही असली कांग्रेस घोषित करते हुए श्रीमती इन्दिरा गांधी को उसका अध्यक्ष निर्वाचित किया गया। प्रस्ताव में श्रीमती इन्दिरा गांधी को यह अधिकार दिया गया कि वह कमलापति त्रिपाठी और कांग्रेस कार्य समिति से त्याग पत्र देने वाले अन्य सदस्यों से विचार विमर्श करके संगठन को हर स्तर पर पुनर्गठित करने का कार्य करें। कुछ स्थानीय तथा प्रादेशिक नेताओं के समर्थन के पश्चात् इस प्रस्ताव को तुरन्त पारित करवाया गया। इसकी प्रतिक्रिया में कांग्रेस कार्य समिति ने 3 जनवरी, 1978 को एक सर्वसमस्त प्रस्ताव पारित करके श्रीमती इन्दिरा गांधी तथा उनके समर्थकों को दल से निष्कासित कर दिया और इस प्रकार रिक्त स्थानों को भरने का अधिकार तत्कालीन कांग्रेस अध्यक्ष श्री ब्रह्मानन्द रेड्डी और जिला तथा प्रदेश कांग्रेस अध्यक्ष को सौंप दिया। इस प्रकार कांग्रेस पुनः दो दलों—रेड्डी कांग्रेस तथा इन्दिरा कांग्रेस में विभक्त हो गई।

सन् 1980 के आम चुनावों के बाद फिर से केन्द्र में इन्दिरा गांधी की सरकार बनी। उसकी हत्या के बाद उनके पुत्र राजीव गांधी प्रधान मन्त्री बने। और 31 अक्तूबर 1984 से 1 दिसम्बर 1989 तक इस पद पर रहे। श्री राजीव गांधी की हत्या के बाद श्री बी॰ पी॰ सिहं और श्री चन्द्रशेखर की जनता सरकार ने राज्य किया।

21 जून सन् 1991 से पुनः कांग्रेस दल की सत्ता स्थापित हुई और श्री नरसिंह राव प्रधान मन्त्री बने।

भारत का साम्यवादी दल

कम्युनिस्ट पार्टी आफ इंडिया (C. P. I.) का जन्म सन् 1924 में हुआ था, किन्तु जून 1942 तक इस पर प्रतिबन्ध लगा रहा। सैद्धान्तिक मतभेदों के कारण सन् 1942 के आन्दोलन में साम्यवादी दल ने भाग नहीं लिया। परन्तु उसने कांग्रेसी नेताओं की गिरफ्तारी का विरोध किया और उनकी रिहाई के लिए आन्दोलन किया। 1943-44 में जितने भी लोग राजनीतिक आन्दोलनों के कारण गिरफ्तार हुए, उनमें साम्यवादी ही सर्वाधिक थे। पाबन्दी हट जाने के बाद इस दल को खुले रूप में काम करने का अवसर प्राप्त हो गया। देश की स्वतन्त्रता के समय इस दल ने देश की नव-निर्मित सरकार का समर्थन किया, क्योंकि उस समय देश साम्प्रदायिक दंगों की आग में जल रहा था, परन्तु साम्यवादी दल का यह समर्थन बहुत दिन तक नहीं चला। सन् 1948 में बी॰ टी॰ रणदिवे इस दल के महा मन्त्री चुने गए तो इस दल ने भारत सरकार के बारे में यह

मान्यता स्थापित की कि यह पूंजीपतियों और सामन्तों की सरकार है। इसी अवधि में तेलंगाना में सशस्त्र क्रान्ति का नारा कार्यान्वित किया गया। परन्तु इस कार्य में उन्हें सफलता नहीं मिली। अत: 1952 के आम चुनाव से पूर्व इस दल ने हिंसात्मक क्रान्ति की नीति त्याग दी और भारतीय संविधान के अनुसार कार्य करने की प्रतिज्ञा की। साम्यवादियों पर पश्चिमी बंगाल में जो प्रतिबन्ध लगा हुआ था, इस चुनाव से पहले उसे हटा लिया गया। सरकार मद्रास, ट्रावनकोर, कोचीन और हैदराबाद में साम्यवादियों को दबाने का पर्याप्त प्रयत्न करती रही। केरल तथा कुछ अन्य राज्यों में साम्यवादी दल के लोग निर्दलीय उम्मीदवारों तथा संयुक्त वामपंथी मोर्चे के उम्मीदवारों की हैसियत से आम चुनाव में खड़े हुए और सफलता प्राप्त की।

सन् 1957 के आम चुनाव में साम्यवादी दल ने अपना कार्यक्रम जनता के समक्ष इस प्रकार प्रस्तुत किया, ''राष्ट्र मण्डल से भारत का सम्बन्ध विच्छेद, बिना क्षतिपूर्ति के भूस्वामित्व की समाप्ति, विदेशी उद्योगों तथा पूँजी का राष्ट्रीयकरण, मजदूरों को पूर्ण वेतन, पुलिस की समाप्ति तथा राष्ट्रीय सैन्यदल का संगठन, नागरिक स्वतन्त्रताओं की पूर्ण सुरक्षा, राज्यों का भाषा के आधार पर गठन, पूर्ण रोजगार तथा पूर्ण सामाजिक सुरक्षा तथा उद्योगों और राष्ट्रीय सम्पत्ति की वृद्धि।''

सन् 1957 के आम चुनाव में साम्यवादी दल को पर्याप्त सफलता मिली। लोक सभा में इस दल को 27 सीटें प्राप्त हुईं और विभिन्न राज्यों की विधान सभाओं में 162 स्थान मिले। केरल में इसको 126 में से 60 स्थान प्राप्त हुए जहां पर कुछ निर्दलीय सदस्यों को मिलाकर साम्यवादियों ने अपना मन्त्रिमण्डल बनाया। साम्यवादी शासन के विरुद्ध अव्यवस्था, पक्षपात की शिकायतें राष्ट्रपति के पास पहुंची और केरल में संवैधानिक संकट की घोषणा करके वहाँ 31 जुलाई, 1959 को राष्ट्रपति शासन लागू कर दिया गया। सन् 1960 में पुन: मध्यावधि चुनाव हुए, जिनमें कांग्रेस को 63 स्थान मिले और साम्यवादियों को केवल 27 स्थान प्राप्त हुए। अत: प्रजा समाजवादी दल को साथ मिलाकर केरल में कांग्रेस ने अपना मन्त्रिमण्डल बना लिया।

साम्यवादी दल का संगठन—साम्यवादी दल का संगठन बहुत दृढ़ है। वह व्यक्ति जिसकी आयु 18 वर्ष हो, जिसे साम्यवाद में पूर्ण विश्वास हो तथा जो दल का सदस्य बनकर कार्य करने को तत्पर हो साम्यवादी दल का सदस्य बन सकता है।

इसके विरोधी भी इस दल के अनुशासन एवं त्याग की प्रशंसा करते हैं। इस दल का प्रत्येक कार्यक्रम रूसी साम्यवादी दल के ही अनुसार चलता रहा है। यह मास्को से निर्देश लेता है तथा इसी के कार्यक्रम के अनुसार काम करता है। भारतीय साम्यवादी दल मार्क्सवादी-लेनिनवादी सिद्धान्तों का अनुकरण करता है।

साम्यवादी दल के नीति एवं कार्यक्रम

साम्यवादी दल यह घोषणा करता है कि वह कृषकों व श्रमिकों का दल है तथा भारत में साम्यवाद की स्थापना इसका प्रमुख लक्ष्य है। इसकी नीति तथा कार्यक्रम अग्रलिखित हैं :

(1) इस दल का परम लक्ष्य भारत में पूंजीवाद का पूर्णरूपेण विनाश करना है।

(2) यह दल एक वर्गहीन समाज की स्थापना करना चाहता है, जिसमें मुनष्य द्वारा मनुष्य का शोषण समाप्त हो जाये।

(3) यह उत्पादन के सभी साधनों पर समाज का अधिकार चाहता है।

(4) यह बिना किसी मुआवजे के जमींदारी उन्मूलन चाहता है। बिना किसी मुआवजे के किसानों को भूमि का वितरण करना चहाता है।

(5) जो सरकारी भूमि कृषि योग्य है और वैसी ही पड़ी हुई है, उसे भूमिहीन किसानों को दिया जाए।

(6) भारी उद्योगों का विकास सरकारी धन से और उसी के निरीक्षण में हो। विदेशी माल के आयात पर प्रतिबन्ध लगांया जाये तथा राष्ट्रीय उद्योगों की रक्षा की व्यवस्था की जाए।

(7) देश की सुरक्षा के लिए शस्त्रीकरण को उचित महत्व प्रदान किया जाए तथा वायुयानों एवं समुद्री जहाजों के कारखानों को विकसित किया जाये।

(8) भारत में लगी हुई विदेशी पूंजी का राष्ट्रीयकरण किया जाये।

(9) राष्ट्रमण्डल की सदस्यता का त्याग करना भारत के लिए श्रेयस्कर है।

(10) बड़े राष्ट्रों के बीच मैत्री स्थापित करना, उपनिवेशवाद की समाप्ति तथा पाकिस्तान के साथ मैत्रीपूर्ण संधियाँ आवश्यक हैं।

(11) सम्प्रदायवाद, सामाजिक असमानता एवं जाति-पाँति का उन्मूलन हो।

(12) राष्ट्रीय पुनर्गठन के लिये आवश्यक साधनों में वृद्धि के लिये बैंकों, बीमा कम्पनियों, कोयले की खानों आदि का तुरन्त राष्ट्रीयकरण किया जाये।

(13) मजदूरों के लिए अधिक राष्ट्रीय वेतन निर्धारित किया जाये तथा उनको उचित मजदूरी दी जाये। छोटे बड़े सभी को सब प्रकार की सुविधायें प्राप्त हों। मजदूरों के लिये अच्छे मकान की व्यवस्था हो। 14 वर्ष तक के बालकों के लिये निःशुल्क एवं अनिवार्य शिक्षा की व्यवस्था हो।

(14) हरिजनों तथा पिछड़ी हुई जातियों को विशेष सुविधायें दी जायें। नारियों को समानाधिकार मिलें। द्वितीय सदनों की समाप्ति हो, न्याय-विभाग का कार्यकारिणी से पृथक्करण हो तथा निवारक निरोध कानून की समाप्ति की जाये।

(15) देश की एकता तथा अखण्डता को बनाये रखने के लिए विघटनकारी तत्वों को कुचला जाये।

मार्क्सवादी कम्युनिस्ट पार्टी

सन् 1961 विजयवाडा अधिवेशन के उपरान्त साम्यवादी दल में फूट के लक्षण दृष्टिगोचर होने लगे। फिर भी 1962 के चुनावों में दल ने सम्मिलित रूप से भाग लिया। सन् 1962 के बाद दक्षिणी पंथी तथा वामपंथी दोनों गुटों में मतभेद बढ़ता ही गया। दोनों विचारधाराओं के लोगों में

1962 में भारत पर चीनी आक्रमण के सम्बन्ध में भी मतभेद था। कम्युनिस्ट पार्टी (वाम पंथी दल) ने उसे सीमा विवाद का नाम दिया जो युद्ध में परिणत हो गया। कम्युनिस्ट पार्टी ने चीनी आक्रमण का प्रतिकार करने के लिए तत्कालीन भारत सरकार को समर्थन देने का वचन दिया, किन्तु मार्क्सवादी पार्टी ने विवाद को शान्ति पूर्ण ढ़गं से सुलझाने की बात कही। कम्युनिस्ट पार्टी ने मार्क्सवादी पार्टी के इस दृष्टिकोण की आलोचना की। उसने कहा कि उसकी विचार धारा चीनी कम्युनिस्ट पार्टी की मान्यताओं से मेल खाती है।

जुलाई 1964 में विरोधी कम्युनस्टिों का एक सम्मेलन तेनाली में हुआ। तेनाली अधिवेशन में कम्युनिस्टों ने अपनी नीति की घोषणा करते हुए कहा–"वर्तमान भारतीय राज्य (तत्कालीन सरकार) के साथ उनका कोई समझौता नहीं हो सकता तथा नेहरू की नीतियों के साथ उन्हें पूर्ण विरोध है, क्योंकि उनसे संयुक्त राज्य अमेरिका की नव उपनिवेशवादी एवं आक्रमणकारी योजनाओं के कार्यान्वित होने के लिए मार्ग प्रशस्त होता है।"

8 सितम्बर, 1964 को लोक सभा के 32 साम्यवादी सदस्यों में से 11 ने श्री पंथी गोपालन के नेतृत्व में एक पृथक गुट बना लिया। 14 सितम्बर, 1964 को तेनाली सम्मेलन में भाग लेने वाले सब सदस्यों को राष्ट्रीय परिषद् ने पार्टी की सदस्यता से निष्कासित कर दिया। इस नयी पार्टी ने अपना नाम मार्क्सवादी कम्युनिस्ट पार्टी रखा। अविभाजित साम्यवादी दल के लगभग एक-तिहाई सदस्यों ने इस नयी पार्टी की सदस्यता ग्रहण कर ली।

इस प्रकार साम्यवादी दल स्पष्ट रूप से दो दलों–भारतीय साम्यवादी दल (C. P. I.) तथा मार्क्सवादी साम्यवादी दल (C. P. M.) में बंट गया। इन्हें दक्षिण साम्यवादी दल तथा वामपंथी साम्यवादी दल भी कहते है।

चतुर्थ आम चुनाव में दोनों साम्यवादी दलों ने अपने-अपने पृथक चुनाव घोषणा पत्र जारी किए। मार्क्सवादी दल का कथन था कि वर्तमान पूंजीवादी सामन्ती राज्य (तत्कालीन शासन) को अपदस्थ करने के लिए जनता का लोकतान्त्रिक मोर्चा गठित किया जाना चाहिए। भारतीय साम्यवादी दल के घोषणा पत्र में वर्तमान राज्य (तत्कालीन शासन) को अपदस्थ करने की कोई बात नहीं कही गई थी।

1971 के लोक सभा मध्यावधि चुनाव तथा 1972 के विधान सभाओं के चुनावों में मार्क्सवादी दल ने पृथक् रूप से भी भाग लिया। सन् 1967 के आम चुनावों में इसने राज्य की विधान सभाओं में 127 स्थान प्राप्त किए तथा लोक सभा में 19 स्थान प्राप्त किये। सन् 1972 के मध्यावधि चुनावों मे लोक सभा में इस दल ने 25 स्थान प्राप्त किये। 1972 के विधान सभाओं के चुनावों में पश्चिमी बगांल में मार्क्सवादी दल को 14 स्थान प्राप्त हुए।

मार्च 1977 के लोक सभा चुनाव में मार्क्सवादी दल ने अपना नवीन चुनाव घोषणा पत्र जारी किया। उसे तत्कालीन लोक सभा में 22 स्थान प्राप्त हुए। जून 1977 में होने वाले विधान सभा चुनावों में पश्चिमी बंगाल में चुनाव लड़ने के लिये इस दल ने सात वापपथी दलों का एक संयुक्त मोर्चा बनाया और इसे पश्चिमी बंगाल की विधान सभा में तीन स्थान प्राप्त हुए।

भारतीय जनता पार्टी

पूर्ववर्ती जनता पार्टी के कुछ सदस्यों में, दल के राष्ट्रीय स्वयं सेवक संघ से सम्बन्धों को लेकर मतभेद था क्योंकि जनसंघ घटक, इस संगठन के साथ, भावनात्मक रूप से जुड़ा हुआ था। ऐसी स्थिति में अपने पृथक् अस्तित्व की घोषणा करते हुए जनसंघ घटक ने श्री अटल बिहारी वाजपेयी के नेतृत्व में, अप्रैल 1980 में, ''भारतीय जनता पार्टी'' के नाम से नये दल की स्थापना की। भारतीय जनता पार्टी ने अपने दलीय कार्यक्रम में निम्नलिखित पाँच सिद्धांतों पर जोर दिया—

(1) दल ने राष्ट्रीयता और राष्ट्रीय एकीकरण पर बल दिया। राष्ट्रीय हितों के सम्मुख प्रान्तीय, क्षेत्रीय अथवा जातीय हितों को गौण माना।

(2) प्रजातन्त्र और नागरिकों के मौलिक अधिकारों की सुरक्षा के लिये दल कटिबद्ध है।

(3) दल ने सकारात्मक धर्म निरपेक्षता की नीति अपनाने पर जोर दिया। इस नीति के अन्तर्गत, अल्पसंख्यकों के हितों का भी पूरा ध्यान रखा जायेगा। तथा उनके जीवन और सम्पत्ति को पूर्ण सुरक्षा प्रदान की जायेगी।

(4) दल ने, गाँधीवादी समाज के लक्ष्य को अपनाना निश्चित किया। इसके अर्न्तगत, आर्थिक व्यवस्था के प्रत्येक क्षेत्र में सहकारी पद्धति और न्याय पद्धति का प्रयोग किया जायेगा। प्रत्येक व्यक्ति को जीविका के साधन उपलब्ध कराये जायेंगे तथा नागरिकों को चहुँमुखी विकास के लिये, अपेक्षित स्वतन्त्रतायें प्रदान की जायेंगी। उपर्युक्त लक्ष्य को प्राप्त करने के लिये, दल अहिंसात्मक साधनों को अपनायेगा।

(5) निर्धनता तथा व्यक्ति द्वारा व्यक्ति के शोषण को दूर किया जायेगा जिससे जीवन, कुछ मानकों तथा मूल्यों द्वारा मार्ग दर्शित हो।

प्रशासन द्वारा उपर्युक्त नीतियों के कार्यान्वयन पर, दल शासक दल को पूरा सहयोग देगा। तथा दूसरी ओर अधिनायकवादी, भ्रष्टाचारपूर्ण और राष्ट्र विरोधी गतिविधियों का खुलकर विरोध करेगा। दिसम्बर 1984 में सामान्य निर्वाचन में भारतीय जनता पार्टी को पराजय का सामना करना पड़ा तथा मात्र 2 सीटें प्राप्त हो सकीं। किन्तु 1989 के निर्वाचन में इसको लोक सभा में 88 सीटें प्राप्त हुईं। फरवरी, 1990 के विधान सभाओं के निर्वाचनों में, राजस्थान व हिमाचल प्रदेश व मध्य प्रदेश में पूर्ण बहुमत प्राप्त कर दल अपनी स्वतन्त्र सरकार स्थापित करने में सफल हुआ। 1991 के लोक सभा चुनावों में भाजपा, दूसरे बड़े दल के रूप में उभरकर सामने आया। उसे 119 स्थान प्राप्त हुये। साथ ही ऊ प्र० में उसे भारी बहुमत से अपनी सरकार बनाने का अवसर प्राप्त हुआ। 1996 के लोक सभा चुनाव में भाजपा सबसे बडी पार्टी बनकर आई परन्तु उसे स्पष्ट बहुमत नहीं मिल सका। राष्ट्रपति ने श्री अटलबिहारी वाजपयी को सरकार बनाने को आंमत्रित किया। संसद में विश्वास मत प्राप्त न होने के कारण भाजपा सरकार केवल 13 दिन में समाप्त हो गई।

भारतीय जनता पार्टी की विचारधारा

भारतीय जनता पार्टी पं० दीनदयाल उपाध्याय द्वारा व्याख्यायित 'एकात्मक मानववाद' दर्शन पर आधारित है।

(1) भारत– भारत एक राष्ट्र है, एक जन है, एक संस्कृति एवं एक प्राचीन राष्ट्र है। इसका अतीत गौरवमय रहा है। राष्ट्रीयता की जैविक भू-सांस्कृतिक संकल्पना को 'हिन्दू राष्ट्र' की संज्ञा दी गयी है। हिन्दू राष्ट्र और पांथिक राज्य अलग-अलग अवधारणायें है। भा० ज० पा० भारत को **''इन्डिया दैट इज भारत''** (India that is Bharat) नहीं अपितु भारत मानती है और भारत को एक देश, एक जन तथा एक ऐसे राष्ट्र के रूप में स्वीकार करती है, जहाँ सभी प्रदेशों को समान दर्जा तथा सभी नागरिकों को समान अधिकार प्राप्त हों।

(2) स्वच्छ राजनैतिक व्यवस्था–भा० ज० पा० भारत में शीघ्र आर्थिक विकास और विकेन्द्रीकरण को महत्व देना चाहती है तथा सभी प्रकार के भ्रष्टाचार से मुक्त राजनैतिक व्यवस्था स्थापित करना चाहती है। अपने इन उद्देश्यों की प्राप्ति के लिये भा० ज० पा० ने निम्नलिखित नीतियों और कार्यक्रमों को अपनाने का संकल्प लिया है:–

(i) केन्द्र और राज्य सम्बन्धों की पुनर्संरचना तथा केन्द्र-राज्य सम्बन्धों की सरकारिया रिपोर्ट लागू करना।

(ii) आर्थिक और प्रशासनिक आधार पर भारत में छोटे राज्यों के निर्माण के लिये रिपोर्ट देने हेतु एक आयोग का गठन करना।

(iii) भारतीय संविधान की अस्थायी ''धारा 370'' को समाप्त करना, जिससे जम्मू और कश्मीर राज्य को शेष भारत से अलग मानने की मानसिकता समाप्त हो।

(iv) धार्मिक और भाषिक अल्पसंख्यकों को शान्ति, सुरक्षा व विकास के अवसरों की गारंटी देने हेतु कार्यक्रमों का निर्माण करना।

(v) एक ऐसे विधि आयोग की स्थापना करना, जो प्राचीन, मध्यकालीन और आधुनिक नागरिक कानूनों का अध्ययन करके सम्पूर्ण देश के लिये एक समान नागरिक कानून का निर्माण करने की सिफारिश करे।

(vi) सार्वजनिक जीवन की पवित्रता को सबसे अधिक महत्व देकर देश और राज्यों के उच्च स्थानों पर व्याप्त भ्रष्टाचार के गम्भीर आरोपों की जाँच कराना।

(vii) सभी प्रकार की शिकायतों को दूर करने के लिये लम्बे समय से चली आ रही क्षेत्रीय समस्याओं की समीक्षा करना और दृढ़ता से कानून-व्यवस्था की स्थापना करना।

(viii) पुलिस बल को कानून और व्यवस्था का एक चुस्त और विश्वसनीय यन्त्र बनाना।

(ix) ग्रामीण विकास के कार्यों में पंचायतों को पूरी तरह सम्मिलित करना तथा उन्हें विकास बजट का दस प्रतिशत भाग सीधे उपलब्ध कराना।

(x) वर्तमान चुनाव प्रणाली में सुधार करना।

(3) जीवंत सामाजिक व्यवस्था की स्थापना—भारतीय जनता पार्टी अपनी समस्त योजनाओं एवं कार्यक्रमों को जनता के कल्याणार्थ आयोजित करना चाहती है। पार्टी ने एक जीवित सामाजिक व्यवस्था की स्थापना के लिये निम्नलिखित नीतियों एवं कार्यक्रमों के आयोजन का संकल्प लिया है—

(i) परिवार सम्बन्धी प्रकरणों-मामलों के विचार के लिये महिला पीठासीन न्यायाधीशों वाले परिवार न्यायालयों को और अधिक सशक्त बनाना ताकि पारिवारिक असन्तुलन असंतोष, झगड़े, दहेज एवं अन्य अनुचित प्रथाओं एवं क्रियाकलापों का समुचित निदान हों।

(ii) युवकों की शिक्षा और पूर्ण रोजगार नियोजन की व्यवस्था करने के अतिरिक्त उनकी ऊर्जा एवं शक्ति का प्रयोग करके समाज के बदलने के लिये कार्यक्रमों का निर्माण करना।

(iii) सभी जातियों और समुदायों के वास्तविक निर्धन परिवारों के वास्तविक होने पर बच्चों के लिये अति उत्तम आवासीय विद्यालयों की शृंखला स्थापित करना, जहाँ उन्हें प्रवेश दिया जायेगा, शिक्षित किया जायेगा तथा उनकी समुचित देखभाल की जायेगी।

(iv) अस्पृश्यता विरोधी कानूनों को उत्साहपूर्वक सख्ती से लागू करना।

(v) गाँव के सभी कुओं को सभी जातियों एवं समुदाय के लोगों के लिये उपलब्ध कराने के लिये कार्यक्रमों का निर्माण करना।

(vi) दीर्घकालीन जनसांख्यिकी लक्ष्यों को प्राप्त करने के लिये पर्याप्त प्रोत्साहनों और निरुत्साहकों के माध्यम से स्वेच्छापूर्वक "दो बच्चों" के नारे को अपनाने पर निरन्तर बल देना।

(vii) पर्यावरण को शुद्ध परिष्कृत (प्रांजल) स्वच्छ, तथा अक्षुण्ण बनाये रखने के लिये विभिन्न कार्यक्रमों को आयोजन करना।

(viii) प्रैस की स्वतन्त्रता को एक सुव्यक्त मूल अधिकार बनाने के लिये प्रयास करना।

(ix) प्रत्येक परिवार को अपना एक घर सुलभ कराने के लिये सभी आवश्यक नीतियाँ अपनाना।

(4) सांस्कृतिक क्षेत्र में नीतियाँ व कार्यक्रम

(i) जन-स्वास्थ्य व शक्ति बनाये रखने और प्रसन्न जीवन व्यतीत करने की विधि के रूप में खेलों को प्रोत्साहन देना।

(ii) जिस भारतीय धरोहर ने भारत को एक निजी पहचान, एकात्मकता (अखण्डता) और क्रान्ति प्रदान की है, उसके सरंक्षण परिरक्षण और अभिवृद्धि में सहायता करना।

(5) भारत का आर्थिक विकास

भारत जनता पार्टी ने भारत में जिस अर्थव्यवस्था की स्थापना का संकल्प लिया है, उसका केन्द्र व्यक्ति है। आर्थिक विकास के लिये, जो नारा दिया है, वह है—"जनता द्वारा, जनता के लिये, जनता का विकास। भा॰ ज॰ पा॰ आज की राजनैतिक व्यवस्था को आर्थिक आजादी के लिये सबसे बड़ा संकट मानती है।

भारत के त्वरित आर्थिक विकास के लिये भा० ज० पा० ने जिस व्यावहारिक आर्थिक नीति का निर्माण किया है, जिसकी रूपरेखा निम्नलिखित है–

(i) मूल्यों पर नियन्त्रण रखना और रोजनदार मजदूरों की सहायता के लिये दैनिक राशन मिलने का प्रबन्ध करना,

(ii) आर्थिक व्यवस्था को नौकरशाही के नियन्त्रण से मुक्त करना।

(iii) पाँच वर्षों तक आम आदमी की उपभोक्ता वस्तुओं पर उत्पाद शुल्क में वृद्धि न करना, तथा सम्पूर्ण कर-ढाचें का सुव्यवस्थीकरण और सरलीकरण करना।

(iv) सरकार के अनियोजित खर्च को अधिक से अधिक सीमा तक कम करना, किसानों को लाभकारी कीमतें देना तथा कृषि आधारित औद्योगिक ढाँचा खड़ा करने के लिये नीतियाँ निर्मित करना।

(v) सार्वजनिक क्षेत्र को उत्पादनशील तथा लाभकारी बनाना, कुछ सार्वजनिक क्षेत्रों में 'इक्विटी' (Equity) आधारित भागीदारी को समुचित सुरक्षा प्रावधानों के साथ आमन्त्रित करना।

(vi) दस्तकारी और ग्रामीण उद्योगों के लिये एक पृथक मन्त्रालय की स्थापना करना।

(vii) अन्त्योदय योजना को सम्पूर्ण देश में उत्साहपूर्वक लागू करना।

(viii) सम्पूर्ण देश में राष्ट्रव्यापी रोजगार गारण्टी योजना को आरम्भ करना।

(ix) विज्ञान टैक्नोलोजी और स्वदेशी जानकारी का उपयोग करके वार्षिक आर्थिक विकास दर को वर्तमान 5 प्रतिशत के स्तर से 7.5 प्रतिशत तक पहुँचाने के लिये विभिन्न कार्यक्रमों एवं योजनाओं का निर्माण करना।

(x) विज्ञान आधारित औद्योगिक पार्कों का निर्माण करना, जिसमें अनिवासी अथवा प्रवासी भारतीयों की आवश्यकतायें पूरी होंगी। इन विज्ञान आधारित औद्योगिक पार्कों के निर्माण से अनेक संसाधन तो जुटेंगे ही, साथ ही साथ प्रतिभा-पलायन की प्रक्रिया भी रुकेगी।

(xi) भारत के निर्यात के संवर्धन के लिये भा० ज० पा० सरकार विशेष प्रयत्न करेगी और साथ ही साथ आयात को इस तरह सुव्यवस्थित करेगी कि विदेशों से केवल अति अनिवार्य वस्तुयें ही खरीदी जायें। निर्यात में वृद्धि करना भा० ज० पा० की सर्वाधिक महत्वपूर्ण प्राथमिकता है।

(6) विश्वबन्धुत्व की भावना–भारतीय जनता पार्टी में भारत के प्राचीन आदर्श **'वसुधैव कुटुम्बकम्'** के अनुरूप विश्व बन्धुत्व की भावना में वृद्धि करने के लिये प्रतिबद्ध है। आज विश्व में अन्तर्राष्ट्रीय समीकरण बदल रहे हैं। विश्व की नयी वास्तुस्थिति को भा० ज० पा० एक चुनौती मानती है। विश्व में इन नवीन उत्साहजनक निराली भूमिका को विश्व-बन्धुत्व की भावना के आधार पर निभाने के लिये भा० ज० पा० अग्रलिखित नीतियों एवं योजनाओं को अपनाने के लिये प्रतिबद्ध है–

(i) स्वराष्ट्रीय हितों की रक्षा करते हुए विश्व शान्ति के पथ को प्रशस्त करना।

(ii) भारत के लिये एक सार्वकालिक चिरस्थाई विदेशी नीति का निर्माण एवं संचालन करने के लिये एक नीति योजना आयोग की स्थापना करना।

(iii) संयुक्त राष्ट्र को शक्तिशाली बनाना, क्योंकि बदली हुई परिस्थितियों में विश्व शक्तियाँ एक पक्षीय रूप से या पुराने गुटों के द्वारा कार्य करने के स्थान पर संयुक्त राष्ट्र के द्वारा कार्य करने के लिये अधिक झुकाव रखती हैं।

(iv) एक दक्षिण एशिया पर्यावरण सुरक्षा प्राधिकरण की व्यवस्था करना, जिसमें सभी सम्बन्धित राष्ट्रों में से गैर-सरकारी पर्यावरण संस्थाओं को भी प्रतिनिधित्व दिया जायेगा।

(v) भारत को संयुक्त राष्ट्र की **सुरक्षा परिषद** (Security Council) का स्थायी सदस्य बनकर एक स्वायत्त शक्ति केन्द्र के नाते विश्व शांति और विश्व हित के लिये कार्य करना चाहिए।

(7) भारत की सुरक्षा नीति की सुदृढ़ व्यवस्था—भा० ज० पा० का विचार है कि कूटनीति और सुरक्षा एक सिक्के के दो पहलू हैं या एक देश के बाह्य सम्बन्धों की दो दिशायें हैं। एक सुदृढ़ विदेश नीति देश के लिये एक सुदृढ़ सुरक्षा नीति को समुचित एवं ठोस आधार भी प्रदान करती है। इसके लिये उसने निम्नलिखित नीतियों एवं कार्यक्रमों को अपनाने के लिये विशेष ध्यान दिया है—

(i) भारत की सुरक्षा सेनाओं को न्यूक्लियर दांत प्रदान करना।

(ii) भारत की सुरक्षा क्षमता में निरन्तर वृद्धि करते हुये भी आर्थिक विकास की गति को निरन्तर बढ़ाना।

(iii) भारत की सुरक्षा पर एक बौद्धिक चर्चा की सुविधा देने के लिये "**आफीशियल गुप्त अधिनियम**" के विषय में स्वतन्त्र विचार प्रकट करने की नीति को अपनाना।

(8) एकात्मक मानववाद—एकात्मक मानववाद की परिभाषा देते हुये पं० दीनदयाल उपाध्याय ने लिखा है कि, "हमारी श्रद्धा का केन्द्र आराध्य और उपास्य हमारे पराक्रम और प्रयत्न का उपकरण तथा उपलब्धियों का मापदण्ड वह मानव होगा, जो आज शब्दशः अनिकेत अपरिग्रही है। जब उस मानव को पुरुषार्थ चतुष्टयशील बनाकर समुत्कर्ष का स्वामी और विद्या-विनय सम्पन्न करके हम आध्यात्मिकता के साक्षात्कार से राष्ट्र और विश्व सेवा परायण अनिकेत तभी एकात्मक मानववाद साकार हो सकेगा।"

एकात्मक मानववाद की अवधारणा की आगे व्याख्या करते हुये उन्होंने लिखा है कि, "एकात्मक मानववाद की आवधारणा है कि आर्थिक चिन्तन का मूल बिन्दु मनुष्य होना चाहिये, मशीनीकरण अथवा धनोपार्जन मात्र किसी व्यवस्था का लक्ष्य नहीं हो सकता। एक तरह से मानव का विकास और कल्याण सम्पूर्ण चिन्तन का आधार होना चाहिये। कोई ऐसी व्यवस्था, जिसमें आधुनिक मशीनों का उपयोग करने से लाखों मनुष्य बेरोजगार हो जायें, हमें स्वीकार नहीं।"

"एकात्मक मानववाद के अनुसार आदमी ही सर्वप्रमुख है। हमारी सब आर्थिक नीतियों की तराजू में आदमी की पूर्णता और सुख प्राप्ति होनी चाहिये।"

"एकात्मक मानववाद की अवधारणा है कि उत्पादन और उपभोग एक ही सिक्के के दो पहलू हैं। अपरिग्रह के पुरातन भारतीय विचार, जिसको पं० दीनदयाल जी ने पुनः जाग्रत किया

था, के अनुसार मुनष्य की आवश्यकताओं और इच्छाओं पर संयम और नियन्त्रण, खान-पान अथवा किसी प्रकार के उपभोग में अति करना अशोभनीय और अस्वास्थ्यकारक है।''

''एकात्मक मानववाद केवल अर्थव्यवस्था मात्र का प्रश्न नहीं है, अपितु सम्पूर्ण मानव जाति के लिये एक नयी व्यवस्था है। इसका अर्थ है—एक नयी संस्कृति, नयी सभ्यता और नया जीवन.........एकात्म मानववाद एक पूर्ण समाज दर्शन है। उसकी उचित अभिव्यक्ति 'वसुधैव कटुम्बकम्' से हो सकती है।''

(9) धर्म-निरपेक्षता के प्रति नवीन दृष्टिकोण—धर्म निरपेक्षता के सम्बन्ध में प्रचलित अर्थों को भ्रामक बताते हुये भारतीय जनता पार्टी ने कहा हैं कि, ''दुर्भाग्य है कि अपने देश में तथाकथित सैक्यूलरवादियों ने इस सिद्धान्त को वोट बैंक के लालच में अल्पसंख्यक तुष्टीकरण तथा बहुसंख्यक उत्पीड़न का हथियार बना लिया है।'' भा० ज० पा० ने धर्म निरपेक्षता के इन प्रचलित अर्थों पर सख्त आपत्ति की है।

भा० ज० पा० के अनुसार, ''जब हम धर्म निरपेक्ष राज्य कहते हैं, तो उसका आशय एक ऐसे राज्य से किया जाना चाहिये, जिसकी रीति-नीति किसी पंथ या सम्प्रदाय पर आधरित नहीं अर्थात पंथातीत है।......... पंथों के विचारों एवं मान्यताओं के प्रति वह उदासीन या तटस्थ रहेगा। वह किसी भी धर्म यानी पंथ का पक्षधर नहीं होगा।'' संक्षेप में धर्म निरपेक्षता लौकिक जीवन परक एक ऐसी सकारात्मक अवधारणा है, जो धर्मों (पंथों) के प्रति पूर्णतः नकारात्मक है।''

(10) कश्मीर में धारा 370 के भारतीय जनता पार्टी— कश्मीर के सम्बन्ध में संविधान में अनुच्छेद 370 समाप्त करने के लिये सदैव ही जोर देती रही है।

(11) सामाजिक बुराइयों को समाप्त करना—भा० ज० पा० का आरक्षण के प्रश्न पर युक्ति संगत दृष्टिकोण है। उसका विचार है कि समस्त देशों में एक समान नागरिक कानून हो, उत्तराधिकार का श्रेष्ठतम कानून हो, विवाह, तलाक, नारियों की हालत, सम्पत्ति में उनका अधिकार आदि के सम्बन्ध में समस्त देश में एक जैसे कानून हों तथा वे एक राष्ट्रीय एकता को पुष्ट करते हों।

अभ्यास के लिये प्रश्न

1. भारत के प्रमुख राजनीतिक दलों के सिद्धान्तों तथा नीतियों का संक्षिप्त वर्णन कीजिए।
2. संक्षिप्त टिप्पणी लिखो—

   (1) भारतीय राष्ट्रीय कांग्रेस।

   (2) भारतीय जनता पार्टी।